AMÉRICA DEL SUR

BELICE
HONDURAS
NICARAGUA
Lago de Nicaragua
EL SALVADOR
GUATEMALA
PANAMÁ
COSTA RICA

MAR CARIBE

OCÉANO ATLÁNTICO

Barranquilla
Cartagena
Maracaibo
Caracas
Lago de Maracaibo
San Cristóbal
Río Orinoco
Georgetown
Paramaribo
Cayena
Medellín
VENEZUELA
GUAYANA
SURINAM
Bogotá
Cali
Boa Vista
GUAYANA FRANCESA
COLOMBIA

Quito
ECUADOR
Guayaquil
Cuenca
Iquitos
ECUADOR
Río Amazonas

ISLAS GALÁPAGOS (Ecuador)

PERÚ
LOS ANDES
A M A Z O N A S
BRASIL

Lima
Machu Picchu
Ayacucho
Cuzco
BOLIVIA
Brasilia

OCÉANO PACÍFICO
Lago Titicaca
La Paz
Santa Cruz
Sucre
Potosí

PARAGUAY
Río Paraná
São Paulo
Río de Janeiro

Asunción
Iguazú
OCÉANO ATLÁNTICO

TRÓPICO DE CAPRICORNIO
CHILE
LOS ANDES

Cordoba
URUGUAY
Viña del Mar
Valparaíso
Santiago
Buenos Aires
Montevideo
Río de la Plata
Concepción
ARGENTINA
Bahía Blanca

Viedma

ISLAS MALVINAS (Br.)
Estrecho de Magallanes
TIERRA DEL FUEGO

Elevación en metros

4.000+
2.000–4.000
500–2.000
200–500
0–200
Nivel del mar

0   250   500   750 MILLAS

0   500   1.000 KILÓMETROS

ÁFRICA

ÁFRICA

NIGERIA
CAMERÚN
Malabo
GUINEA ECUATORIAL
GABÓN

0   MILLAS   250

0   KILÓMETROS   500

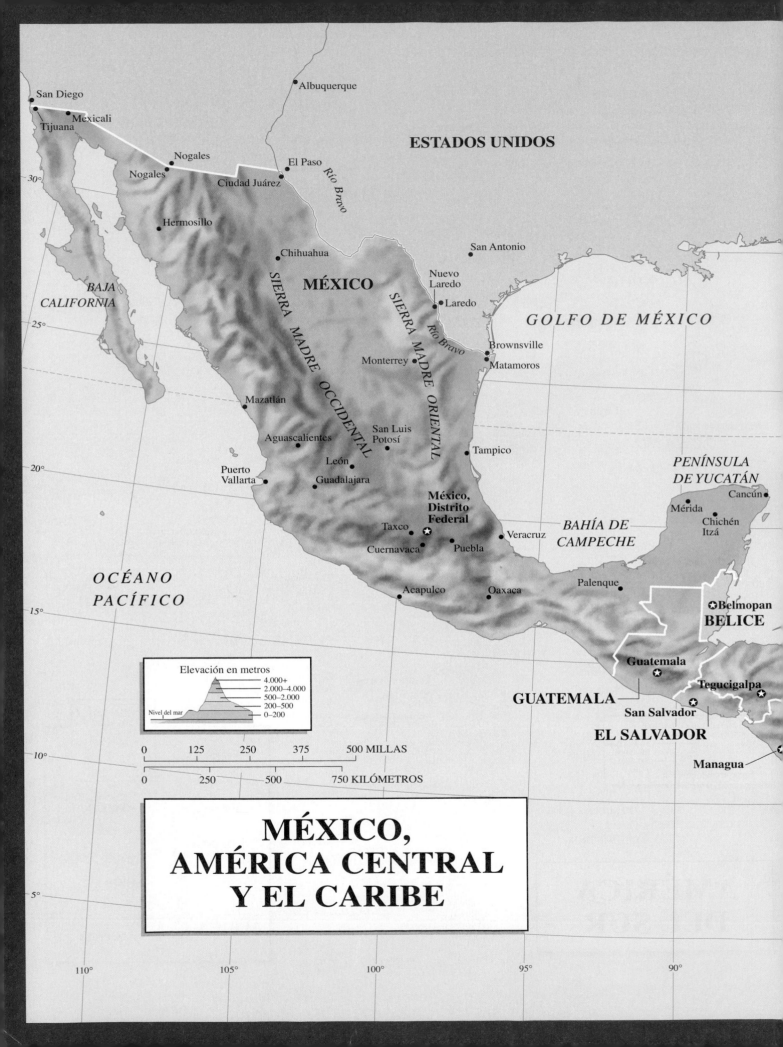

MÉXICO, AMÉRICA CENTRAL Y EL CARIBE

ESTADOS UNIDOS

San Diego
Mexicali
Tijuana
Albuquerque
Nogales
Nogales
El Paso
Ciudad Juárez
Río Bravo
Hermosillo
Chihuahua
San Antonio
Nuevo Laredo
Laredo
Río Bravo
Brownsville
Matamoros
Monterrey
MÉXICO

SIERRA MADRE OCCIDENTAL
SIERRA MADRE ORIENTAL

BAJA CALIFORNIA

GOLFO DE MÉXICO

Mazatlán
San Luis Potosí
Aguascalientes
Tampico
León
Puerto Vallarta
Guadalajara
México, Distrito Federal
Taxco
Cuernavaca
Puebla
Veracruz

OCÉANO PACÍFICO

Acapulco
Oaxaca
Palenque

BAHÍA DE CAMPECHE

PENÍNSULA DE YUCATÁN

Cancún
Mérida
Chichén Itzá

Belmopan
BELICE

Guatemala
GUATEMALA
Tegucigalpa
San Salvador
EL SALVADOR
Managua

Elevación en metros
4.000+
2.000–4.000
500–2.000
200–500
0–200
Nivel del mar

0   125   250   375   500 MILLAS

0   250   500   750 KILÓMETROS

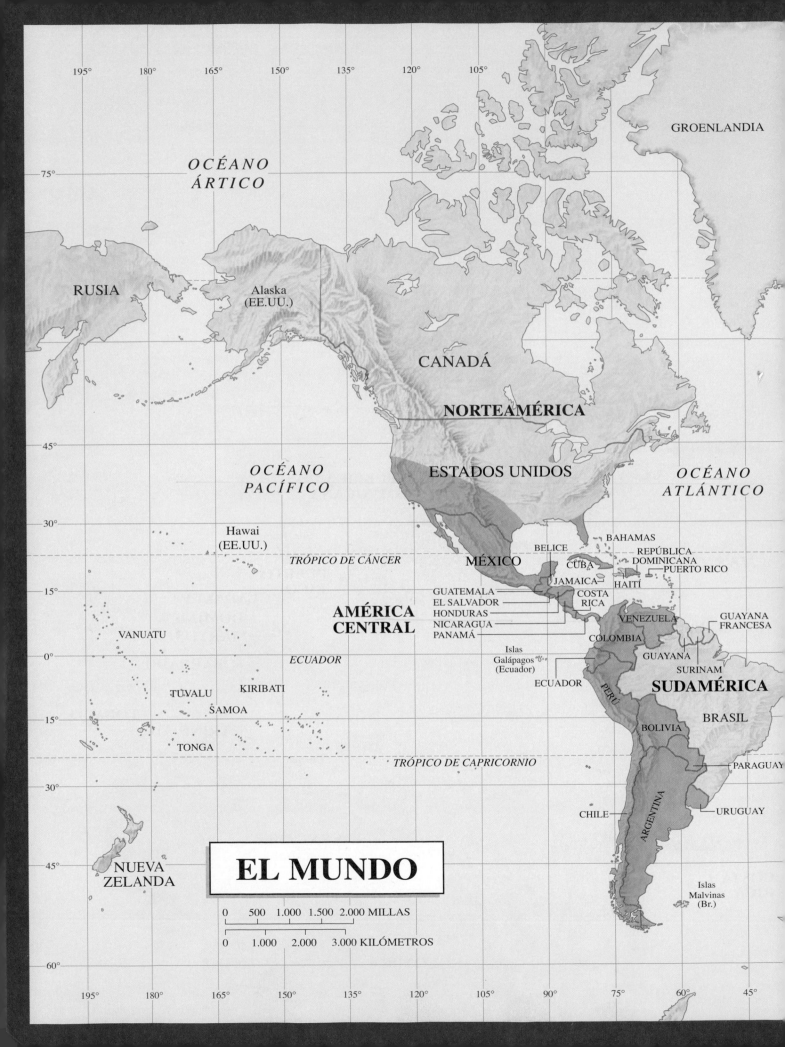

EL MUNDO

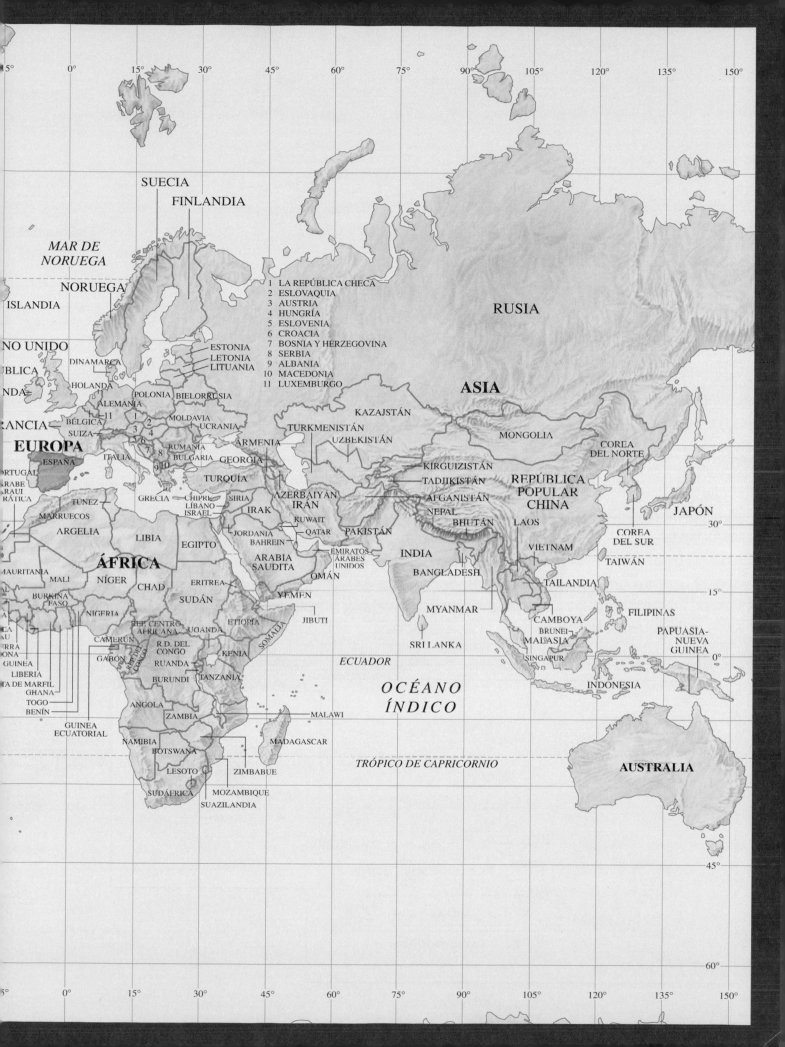

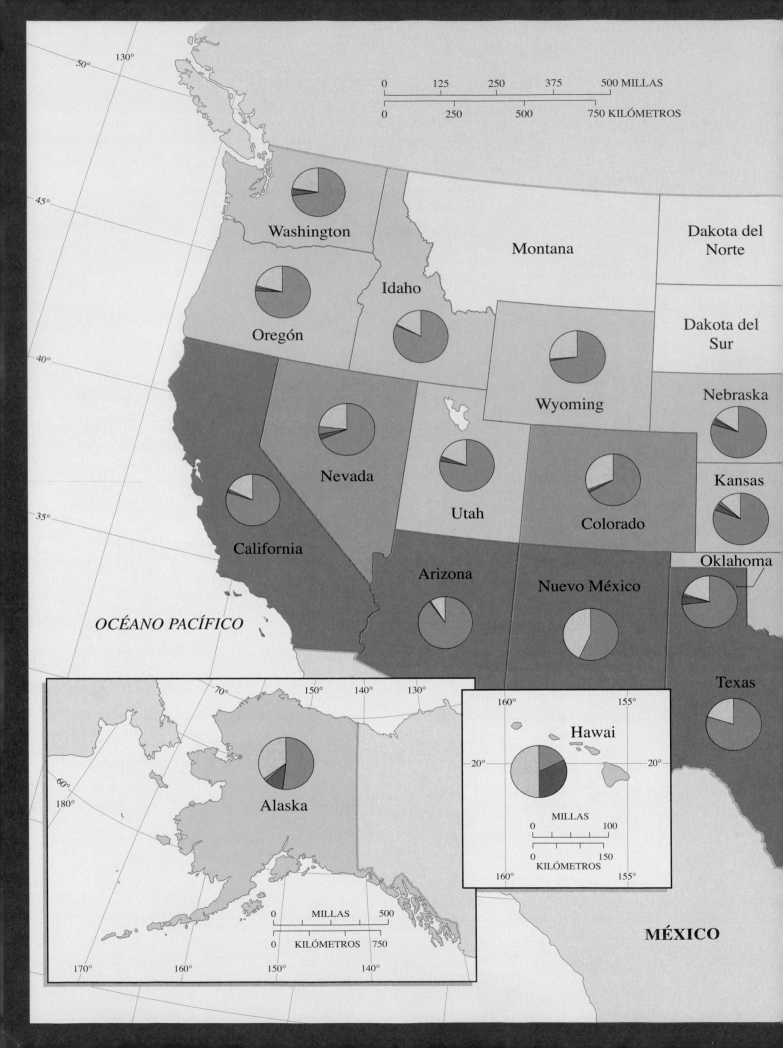

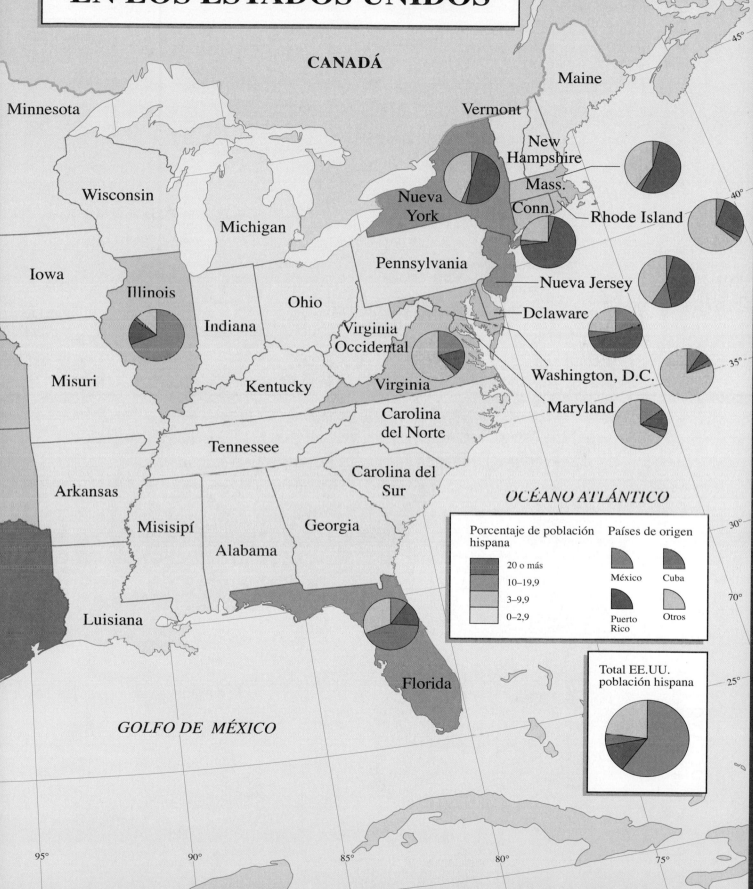

LOS HISPANOHABLANTES EN LOS ESTADOS UNIDOS

CANADÁ

Maine

Minnesota

Vermont

New Hampshire

Mass.

Wisconsin

Nueva York

Conn.

Michigan

Rhode Island

Iowa

Pennsylvania

Illinois

Ohio

Nueva Jersey

Indiana

Delaware

Misuri

Virginia Occidental

Kentucky

Virginia

Washington, D.C.

Carolina del Norte

Maryland

Tennessee

Arkansas

Carolina del Sur

OCÉANO ATLÁNTICO

Misisipí

Georgia

Alabama

Luisiana

Florida

GOLFO DE MÉXICO

Porcentaje de población hispana

Países de origen

20 o más

10–19,9

3–9,9

0–2,9

México

Cuba

Puerto Rico

Otros

Total EE.UU. población hispana

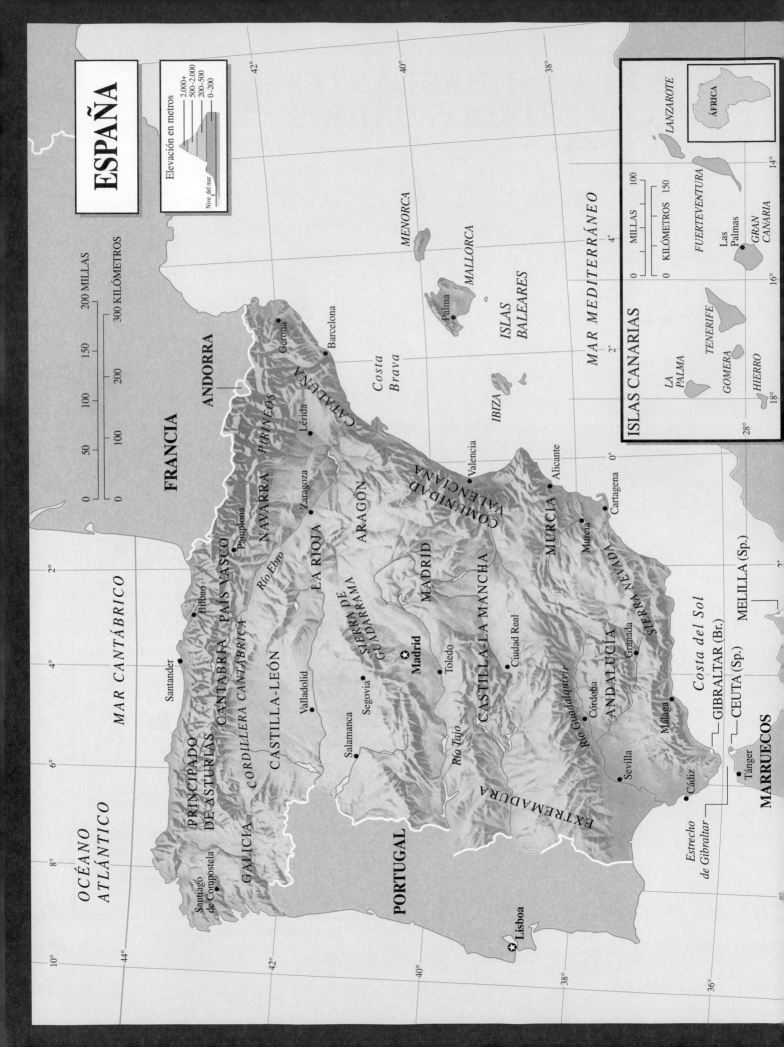

ESPAÑA

Elevación en metros

2.000+
500–2.000
200–500
0–200

Nivel del mar

OCÉANO ATLÁNTICO

MAR CANTÁBRICO

FRANCIA

ANDORRA

200 MILLAS
300 KILÓMETROS

Santiago de Compostela

GALICIA

PRINCIPADO DE ASTURIAS

Santander

CANTABRIA

PAÍS VASCO

Bilbao

CORDILLERA CANTÁBRICA

CASTILLA-LEÓN

NAVARRA

Pamplona

Río Ebro

LA RIOJA

Zaragoza

PIRINEOS

ANUJATAC

Lérida

Gerona

Barcelona

Costa Brava

Valladolid

Salamanca

Segovia

SIERRA DE GUADARRAMA

ARAGÓN

★ Madrid

MADRID

Toledo

MENORCA

MALLORCA

Palma

ISLAS BALEARES

IBIZA

COMUNIDAD VALENCIANA

Valencia

Alicante

MAR MEDITERRÁNEO

EXTREMADURA

Río Tajo

CASTILLA-LA MANCHA

Ciudad Real

MURCIA

Murcia

Cartagena

PORTUGAL

ANDALUCÍA

Río Guadalquivir

Córdoba

Granada

SIERRA NEVADA

Sevilla

Málaga

Costa del Sol

Cádiz

Estrecho de Gibraltar

GIBRALTAR (Br.)

CEUTA (Sp.)

Tánger

MELILLA (Sp.)

MARRUECOS

★ Lisboa

ISLAS CANARIAS

LANZAROTE

FUERTEVENTURA

Las Palmas

GRAN CANARIA

TENERIFE

LA PALMA

GOMERA

HIERRO

ÁFRICA

MILLAS
KILÓMETROS

100
150

0

28°

18°

16°

14°

2°

36°

¡Dímelo tú!

A Complete Course

SIXTH EDITION

FRANCISCO RODRÍGUEZ NOGALES
Santa Barbara City College

FABIÁN A. SAMANIEGO
Emeritus, University of California–Davis

THOMAS J. BLOMMERS
California State University–Bakersfield

ELIUD CHUFFE
University of Arizona
Contributing Author

HEINLE
CENGAGE Learning

Australia • Brazil • Japan • Korea • Mexico • Singapore • Spain • United Kingdom • United States

HEINLE
CENGAGE Learning™

**¡Dímelo tú!: A Complete Course,
Sixth Edition**
Rodríguez ▪ Samaniego ▪ Blommers ▪ Chuffe

Executive Editor: Lara Semones

Acquisitions Editor: Heather M. Bradley

Development Editor: Karin Fajardo

Managing Development Editor:
Harold Swearingen

Editorial Assistant: Jessica Chance

Assistant Editor: Katie Latour

Media Editor: Morgen Murphy

Executive Marketing Manager: Lindsey
Richardson

Marketing Assistant: Jill D'Urso

Senior Marketing Communications Manager:
Stacey Purviance

Senior Content Project Manager: Esther
Marshall

Senior Art Director: Cate Rickard Barr

Senior Print Buyer: Elizabeth Donaghey

Permissions Editor: Ignacio Ortiz Monasterio

Production Service: PrePress PMG

Text Designer: Lisa Buckley

Interior Design: Lisa Buckley Design with
Glenna Collette

Photo Manager: Deanna Ettinger

Photo Researcher: Jill Engebretson

Cover Designer: Lisa Kuhn, Curio Press, LLC

Cover Image: RF © Stockbyte / Veer

Compositor: Pre-Press PMG

For product information and technology assistance, contact us at
Cengage Learning Academic Resource Center, 1-800-423-0563

For permission to use material from this text or product,
submit all requests online at **www.cengage.com/permissions**
Further permissions questions can be e-mailed to
permissionrequest@cengage.com

Library of Congress Control Number: 2008939228

Student Edition
ISBN-13: 978-1-4282-1148-3
ISBN-10: 1-4282-1148-9

Loose-Leaf
ISBN-13: 978-0-495-79898-9
ISBN-10: 0-495-79898-3

Heinle
20 Channel Center St.
Boston, MA 02210
USA

For your course and learning solutions, visit **www.cengage.com**

Purchase any of our products at your local college store or at our preferred
online store **www.ichapters.com**

Printed in Canada
5 6 7 13 12

Contenido

Scope and Sequence

Connections

Comparisons

Communities

Scope and Sequence

Connections

Comparisons

Communities

Scope and Sequence

Scope and Sequence

Scope and Sequence

Communication	Grammar and Vocabulary	Cultures

Scope and Sequence

Connections

Comparisons

Communities

Scope and Sequence

Communication	Grammar and Vocabulary	Cultures

CAPÍTULO 9 ¡Qué buen día para... los hispanos en los Estados Unidos!

Scope and Sequence

Connections

Comparisons

Communities

Connections

Comparisons

Communities

Scope and Sequence

Connections

Comparisons

Communities

Communication	Grammar and Vocabulary	Cultures

Scope and Sequence

Preface to the Student Edition

Developing Competency in Spanish

To develop competency in Spanish, you must learn to perform a wide variety of communicative language tasks (e.g., asking and answering questions, describing, narrating, making comparisons, expressing opinions, hypothesizing). You must learn to perform these tasks in a multiplicity of contexts that include, for example, at home, at school, in a department store, at a restaurant, at a travel agency, while traveling abroad, at a hotel, at a concert, at a lecture, in a movie theater, or at a night club. Finally, you must learn to perform these tasks within an appropriate range of accuracy. In *¡Dímelo tú!,* you will accomplish this by *interacting* in Spanish with your classmates and with your instructor on a daily basis.

Organization of *¡Dímelo tú!,* Sixth Edition

¡Dímelo tú!, Sixth Edition, consists of an introductory lesson called **Para empezar** and fourteen regular chapters.

Para empezar

In this short introductory lesson, you will learn how to greet people, make introductions, and say good-bye. You will also read about Latin America and the global importance of the Spanish language and culture and learn a number of very useful classroom expressions in Spanish, of course.

Chapters 1–14

The fourteen chapters of *¡Dímelo tú!,* Sixth Edition, are each divided into three **Pasos,** or lessons, with the following components:

¡Las fotos hablan! *Photos talk!* This two-page photo spread opens every chapter of the text. The photos have been selected to introduce the chapter theme and the country of focus, while the activity that accompanies the photos is designed to familiarize you with new lesson vocabulary.

Tarea *Homework* These homework assignment instructions appear at the beginning of each **Paso.** They direct you to study the lesson's grammatical structures in **En preparación** and write out the answers to the corresponding exercises in **¡A practicar!** In addition, you are instructed to listen to the first part of the **Paso** dialogue or narrative and to answer specific questions before beginning the **Paso** in class.

¿Eres buen observador? *Are you a good observer?* This section introduces more of the **Paso**'s active vocabulary and new structures by having you look at specific photos or drawings, or at a variety of advertisements from all over the Spanish-speaking world, and answer questions using the new vocabulary.

¿Qué se dice... ? *What do you say…?* Built into the illustrated narratives and dialogues in this section are the new lesson functions, vocabulary, and structures. Your instructor will use the drawings to help you understand as he or she narrates each part of the story or dialogue. You are not expected to understand every word, but you should be able to grasp the main points. The narratives in every **Paso** are recorded on your Text Audio CDs so that you may listen to them again at home.

Ahora, ¡a hablar! *Now, let's talk!* In this section, you will be guided through your first productive efforts with the structures and vocabulary that you learned to understand in the previous section, **¿Qué se dice... ?**

Y ahora, ¿por qué no conversamos? *And now, why not converse?* In this section, you will do a variety of pair and group, cooperative activities, designed to encourage creativity with the language using the new active vocabulary and structures and to help you develop fluency in speaking. Here, you are expected to fully participate in a variety of interactive activities, which can include such items as look-alike pictures, interview grids, or cooperative activities. This section ends with **¡Luces! ¡Cámara! ¡Acción!,** a role-play activity which will allow you to see for yourself if you have mastered the communicative language tasks of the lesson. In addition, in **Paso 1** of every chapter, the **¡Nuestra comunidad!** activity is designed to get you out into your community to interview local Hispanics.

Un paso atrás, dos adelante *One step back, two forward* This section, which occurs only in **Paso 1,** is a vocabulary/structure review activity that systematically recycles the grammar and vocabulary from the previous chapter.

Saber comprender *Knowing how to understand* The first two **Pasos** in each chapter include this listening section. In **Paso 1,** you will listen to brief dialogues, short radio and television newscasts, weather reports, and the like. In **Paso 2,** you will view a cultural video on the Spanish-speaking country presented in the chapter. These sections always introduce specific listening strategies that are practiced extensively in pre-listening/pre-viewing activities.

Noticiero cultural *Cultural news* The first **Paso** of each chapter also includes a short cultural reading on the country being studied or on a specific location within that country. These readings are always illustrated with appropriate photos and charts.

Por el ciberespacio *Through cyberspace* In every **Noticiero cultural** there is a section that encourages you to travel through cyberspace to every Spanish-speaking country featured in this book.

¡Escríbelo! *Write it!* This section, which occurs at the end of **Paso 2,** allows you to develop your writing skills in Spanish in much the same way that you would develop your writing skills in English. Each writing task begins with initial planning and brainstorming. Then you write a first draft, which is shared, reviewed, and edited by your peers. Ultimately, you prepare and turn-in for grading a final draft, incorporating your peers' suggestions and corrections.

El rincón de los lectores *The reader's corner* This section, which occurs at the end of **Paso 3,** contains a reading selection preceded by specific reading strategies and pre-reading activities in a section called **Estrategias para leer.** The reading selections are taken from literary works and cultural essays authored by writers from the countries being featured.

En preparación *In preparation* All major grammatical explanations appear in this section, which is color-shaded, at the end of each chapter. For easy reference, grammatical points numerically correspond to each chapter of the text. In addition, the numerically-coded exercises in the sections titled **Ahora, ¡a hablar!** also coincide with these numbers. Finally, this same numbering system is used in the homework assignments that appear in the **Tarea** boxes that introduce each **Paso.** Before beginning each **Paso,** you need to study the corresponding grammatical sections at home and come to class prepared to ask questions about anything you did not understand.

¿Sabías que... ? *Did you know that. . . ?* These sections provide specific cultural information on many aspects of contemporary life in Latin America and Spain. You are always asked to make cross-cultural comparisons in the questions that follow these short readings.

A propósito... *By the way. . .* These sections have several functions: they present grammatical structures, as needed, to perform specific communicative tasks; they preview major grammatical structures explained in later chapters; and they present vocabulary clusters related to the **Paso** topic.

Vocabulario *Vocabulario* These thematically-organized Spanish-English Vocabulary lists at the end of each chapter include all words and expressions actively used in each **Paso.** You can practice your pronunciation as each of them is read on your Text Audio CDs.

Reference section

Appendices. *Appendix A* contains information that a second student needs in order to complete the pair-work activities in the **Y ahora, ¿por qué no conversamos?** sections that require such materials as look-alike pictures or data for information-gap tasks. *Appendix B* includes information on accentuation; *Appendices C–F* provide extensive charts of regular, stem-changing, and irregular verbs; and *Appendix G* has brief explanations of supplemental grammar points not formally presented in *¡Dímelo tú!*; *Appendix H* is a Grammar Guide.

Vocabularies. Both the Spanish-English and English-Spanish end vocabularies include most of the words and expressions used in the text. Active vocabulary is followed by the number of the **Capítulo** and **Paso** where it is first introduced.

Index. This textbook contains three indexes, an *Index of Grammar,* an *Index of Culture* and an *Index of Functions and Contexts.*

Visual icons used throughout the text

 The listening icon is used in the **¿Qué se dice... ?** sections to indicate that you must listen to the Student Audio CD before coming to class. This icon is also used in the **Saber comprender** section in **Paso 1** to indicate that you will be listening to an audio CD.

 The video icon is used in the **Saber comprender** section in **Paso 2** to indicate that you will be viewing and listening to a DVD.

 The writing icon is used in the **¡Escríbelo!** section to indicate that this is the major writing section of the chapter.

The Internet icon occurs in each **Paso** to direct you to specific search engines as on the Internet or to the *¡Dímelo tú!* Website, where you can do the **Por el ciberespacio** activities.

Workbook/Lab Manual: Cuaderno de actividades y Manual de laboratorio

This is an integral part of the *¡Dímelo tú!,* Sixth Edition, program. It provides you with the additional reading, writing, and listening comprehension practice necessary to attain competency in Spanish. The workbook provides numerous vocabulary-building exercises, writing activities, and cultural readings, all focusing on the specific structures and vocabulary being presented in each chapter.

In the audio program, you will listen to radio broadcasts and advertisements, public address announcements, phone conversations, and the like, and participate actively by doing such things as checking off the correct responses, taking notes, and identifying people, concepts and actions. These listening activities are specially designed to incorporate the structures and vocabulary presented in each chapter.

In the **Actividades con el video** section those of you looking for a greater challenge in understanding spoken Spanish, will get to know five people from different Spanish-speaking countries that have come together to live and learn from each other in "La Hacienda Vista Alegre" outside San Juan, Puerto Rico. Before watching each segment you'll review strategies that will help you to better comprehend what you see and hear. Then, you'll do activities in which you will demonstrate your understanding of the information.

Companion Website

academic.cengage.com/spanish/dimelotu

The *¡Dímelo tú!* Website has a student section where you can access activities and information correlated to specific **Pasos.** You can travel throughout the Spanish-speaking world via cyberspace. The activities at this site allow you to participate in Spanish-speaking chat rooms; check what movies are showing this week in Buenos Aires, Guatemala City, or Mexico City; read today's headlines in newspapers in Madrid, Havana, or Lima; or visit Lake Titicaca in Bolivia, the Museo del Oro in Bogota, or the rain forests of Costa Rica.

Acknowledgments

A revision of this magnitude cannot be completed without the help and participation of many individuals. The authors wish to express their sincere appreciation to all who supported us in preparing the Sixth Edition, in particular to the many users of the previous editions. Without their continued support and input, this Sixth Edition would not be possible.

We wish to express a very special thank you to our development editor, Karin Fajardo, for guidance in helping us prepare this edition. We also appreciate the support throughout the project of our Acquisitions Editor, Heather Bradley. We would like to thank Assistant Editor, Katie Latour, for her careful development of the ancillary program. We are grateful for the participation of the following contributors in the new edition: Eliud Chuffe, University of Arizona, for his insightful comments chapter-by-chapter and his revisions to the *Escríbelo* sections; AnChung Cheng, University of Toledo, for her revision of the Website; Peter Lindquist, San Diego State University, for his work on the interactive practice activities; Amanda Boomershine, University of North Carolina-Wilmington, for her revision of the Instructor Resource package; and Florencia Henshaw, University of Illinois-Urbana-Champaign, for her revision of the testing program. Our sincere thanks also go to Harold Swearingen, Managing Development Editor, for his "behind the scenes" work, to Morgen Murphy, Media Editor, for her assistance with the program's new technology offerings, to Jessica Chance, Editorial Assistant, for her expert coordination of the review campaign, and of course to Lindsey Richardson, Executive Marketing Manager, and Jill D'Urso, Marketing Assistant, for their creative and enthusiastic promotion of the new edition.

We extend a very special word of thanks and our gratitude to our production editor, Esther Marshall, for the support and hard work throughout the production of the book, and who so patiently made sure we met all our production deadlines. Our thanks also go to Peggy Hines, Karin Fajardo and María Elena Gonzales, proofreaders; Jill Engebretson, photo researcher; Glenna Collett, interior designer; Lisa Kuhn, cover designer; and to the great team at PrePress PMG for the composition and project management, and in particular to Melissa Sacco for her great coordination and management.

We also gratefully acknowledge the instructors who reviewed the Sixth Edition manuscript. Their insightful comments and constructive criticism were indispensable in the development of this edition. In particular, we thank:

Bruno Arzola
Tacoma Community College

Maria Asuncion-Gomez
Florida International University

Fleming Bell
Harding University

Amanda Boomershine
University of North Carolina Wilmington

Jana M. DeJong
Hampden-Syndey College

Juliet Falce-Robinson
UCLA

Erin Fernandez-Mommer
Green River Community College

Carol Fridley
Messiah College

Ana Gonzales
George Mason University

Sarah Granstrom
Green River Community College

Sue Griffin
Boston University

Dominque Hitchcock
Riverside Community College

Brittany Kennedy
Tulane University

Mark D. Larsen
Utah State University

Jeff Longwell
New Mexico State University

Andrew Lynch
University of Miami

John Markovich
Messiah College

Ivan Martinez
Ball State University

Markus Muller
California State University-Long Beach

Daniel Nappo
University of Tennessee-Martin

Beatriz Pariente
University of Massachusetts-Amherst

Teresa Perez-Gamboa
University of Georgia

Marian Quintana
George Mason University

Michelle Ramos-Pellicia
George Mason University

Cheryl Tano
Emmanuel College

Ivonne Vailakis
University of Redlands

Marcus Welsh
Pacific University

Helga Winkler
Moorpark College

Andrew S. Wiseman
Cedarville University

Finally we wish to express heartfelt thanks to Janet, Bryan and Noah Rodríguez and Junyi Lu, who through their patience and encouragement have supported us throughout this project.

How Should I Study Spanish?

Learning Spanish, like learning to play the piano or tennis, requires daily practice. Your ability to understand and to communicate in Spanish will increase each day if you are willing to use the language. Take advantage of every minute you are in the classroom. Don't be afraid to make mistakes when speaking, as this is a normal part of the learning process.

Here is a list of recommendations for how to study Spanish.

1. **Practice every day.** In class, make every effort to use what you already know. Outside of class, practice what you are learning with classmates or find a student who speaks the language to practice with you. Repeated use of Spanish will help you internalize the language.

2. **Learn to make intelligent guesses.** This will be especially important when doing the Internet activities. Spanish has hundreds of cognates, words that look or sound the same as their English equivalents. Learn to recognize and use them. For example, what do the following words mean in English?

   clase   conversación   grupo   información   repite   universidad

3. **Find what works for you!** Experiment to find your own learning style and use what works best for you! Some possibilities are: Make vocabulary cards with Spanish on one side and the English equivalent or a picture on the other; write the answers to all textbook exercises; say words aloud as you study them; use the audio CD that goes with the text at home; look at pictures in magazines or newspapers and try to describe them in Spanish.

4. **Organize your study time.** When planning your schedule, decide on a certain time each day to study Spanish and stick to it. If you miss a day, make it up! It's much easier to learn a foreign language in small segments each day, rather than trying to study an entire chapter in a few hours.

5. **Participate!** Create learning opportunities for yourself. Don't wait to be called on or for someone else in class to take the initiative. Be aggressive.

6. **Don't be afraid.** Don't panic because you don't know a particular word. Listen to what you do understand and guess at the unknown.

7. **Draw on your own life experience.** Listen to the context and try to anticipate what you will hear each day. For example, if talking about McDonald's, what would you expect the following to mean?

   | hamburguesa | lechuga | salsa de tomate | cebolla |
   | mayonesa | tomate | mostaza | patatas fritas |

8. **Listen to Spanish-language radio and TV programs.** Learn the lyrics to songs in Spanish you like, and be daring—get involved with one of the many soap operas, called **tele-novelas,** currently being shown on TV in the United States.

9. **Take advantage of the many Websites in Spanish.** Try to read what they print. Use visual images and cognates to help you understand. If they have an audio component available, listen to it several times if necessary and try to get the gist of what is being said.

10. **When reading, don't expect to understand every word you see.** You will often be asked to work with authentic materials that clearly have some language that you understand and some that you are not expected to know. Always focus on what you *do know* and use that information to make intelligent guesses about the words and expressions you do not know. All other information probably is not within reach for you at this time. That is perfectly OK. In the questions about a reading, you might be asked to consider the information that is within reach and try to guess at the rest. The questions are likely to guide you towards correct answers.

Ahora, ¡manos a la obra! ¡Buena suerte! (*Now, let's get to work! Good luck!*)

¡Hola! ¡Bienvenidos!

In this chapter, you will learn how to . . .

- greet people and say good-bye at different times of the day.
- introduce yourself and others.
- address people in formal and informal situations.
- spell your name.

Comunicación

¿QUÉ SE DICE... ?

- Al saludar/presentar a una persona/ despedirse de una persona

Cultura

¿SABÍAS QUE... ?

Hispanic greetings: Handshake and kiss

NOTICIERO CULTURAL

Las Américas: tierras de contrastes

EL RINCÓN DE LOS LECTORES

Spanish as a Global Language
Spanish in the United States
Enhancing Your Career Opportunities

En preparación

- PE.1 The Spanish alphabet and pronunciation: Vowels and diphthongs
- PE.2 **Saludos, presentaciones y despedidas**
- PE.3 **Tú** and **usted,** and titles of address

Destrezas

¡A ESCUCHAR!

Getting the gist of what you hear

¡A LEER!

Why study Spanish?

¡A EMPEZAR!

Useful Classroom Expressions

Search Alhambra de Granada *in Google*™ *Images to see many more photos of this beautiful site.*

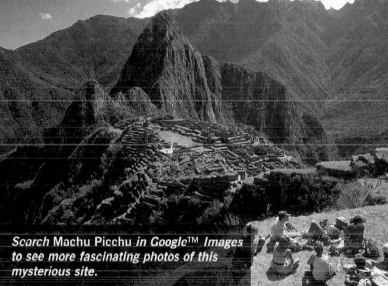

Search Machu Picchu *in Google*™ *Images to see more fascinating photos of this mysterious site.*

Search Iguazú Falls *in Google*™ *Images to see many more spectacular photos of the falls.*

¡Las fotos hablan!

A que ya sabes... Answer these questions in pairs first. Then compare your answers with those of the rest of the class.

1. Look at the photos. How many of the sites can you recognize? Tell the class what and where they are.
2. Which of these adjectives would you use to describe the sites?

☐ a. espectacular ☐ e. sofisticado ☐ i. sensacional

☐ b. impresionante ☐ f. monumental ☐ j. fabuloso

☐ c. fantástico ☐ g. exótico ☐ k. artístico

☐ d. exuberante ☐ h. mágico ☐ l. elegante

3. If you were asked to select three or four important sites to represent the United States, which would you choose?

¡Hola! ¡Mucho gusto! ¡Adiós!

TAREA

Before beginning this *Paso,* study the vocabulary list on page 15 and listen to the vocabulary on track 4 of your Text Audio CD1. Then study *En preparación.*

- PE.1: The Spanish alphabet and pronunciation, pages 16–18
- PE.2: **Saludos, presentaciones y despedidas,** pages 19–20
- PE.3: **Tú** and **usted** and titles of address, page 21

In this introductory chapter you will do the corresponding *¡A practicar!* activities in class.

¿Eres buen observador?

Un beso al saludarse en Costa Rica

Dos jóvenes se dan la mano en Cuzco, Perú

Dos amigos se abrazan en México

Ahora, ¡a analizar!

1. How do people in the United States greet each other in formal and informal situations? How do the Spanish-speaking people in the photos greet each other? What similarities and differences do you observe?
2. The men in one photo are shaking hands. Why do you think that they do not extend their arms out, as men in the United States do when shaking hands?
3. Why do you think the men in the other photo are hugging? Is it customary for men to hug when greeting each other in the United States?

¿Sabías que...?

When shaking hands, men in the United States usually extend their arms way out, creating a greater distance between them. Hispanic men, on the other hand, tend to bend their arms at the elbow, creating a more intimate distance between them. Also, when Hispanics kiss while greeting, it is usually on one cheek. In some places, like Spain, a kiss is usually given on both cheeks.

En tu opinión: Why do you think Hispanic men prefer a more intimate distance than men in the United States when greeting? Is a kiss on the cheek used in the United States when women greet? When a man and a woman greet? When two men greet? Why do you think this is so?

¿Qué se dice...? CD1, Track 2

Al saludar/presentar a una persona/ despedirse de una persona

LUCÍA: ¡Hola!
ANA: ¡Hola!
LUCÍA: Me llamo Lucía. ¿Y tú? ¿Cómo te llamas?
ANA: ¿Yo? Me llamo Ana, Ana Valdez.

ELVIRA: Buenos días, Carlos. ¿Cómo estás?
CARLOS: Bastante bien. ¿Y tú?
ELVIRA: ¡Excelente! Carlos, te presento a mi amigo Andrés.
CARLOS: Mucho gusto, Andrés.
ANDRÉS: El gusto es mío, Carlos.

GABRIEL: Señor Gómez, le presento a mi amiga Teresa.
EL SR. GÓMEZ: Encantado, Teresa.
TERESA: Igualmente, Sr. Gómez.

A propósito...

Notice that when introducing a person to a friend or family member, you use **Te presento a...,** but when introducing someone to a person who is outside your circle of friends or family, such as your teacher, boss, or manager, you use **Le presento a...** When responding to a person who thanks you saying **¡Muchas gracias!,** you should respond **¡De nada!** When greeting a person in the morning, you say **buenos días;** in the afternoon, **buenas tardes;** and in the evening, **buenas noches.** All three are both a greeting and a good-bye.

How would you introduce your new friend Irene to your best friend? How would you greet your instructor at 10:30 A.M.?

YouTube™ Search: Spanish greetings

PROFESORA: Buenas tardes.
ESTUDIANTE: Buenas tardes, profesora.
PROFESORA: ¿Cómo se llama usted?
ESTUDIANTE: Matías Suárez. Y usted es la profesora Torres, ¿no?
PROFESORA: Sí, soy Angélica Torres. Mucho gusto, Matías.
ESTUDIANTE: El gusto es mío, profesora Torres.

RAÚL: ¿Qué tal, Mario?
MARIO: Muy bien, gracias. ¿Y tú?
RAÚL: No muy bien. No... ¡terrible!

SAMUEL: Hasta luego, Lisa.
LISA: Hasta pronto, Samuel. Adiós, Pepe.
PEPE: Adiós. Hasta mañana.

HUGO: ¿Cómo te llamas?
ZORAIDA: Zoraida.
HUGO: ¿Cómo escribes tu nombre?
ZORAIDA: Zeta, o, erre, a, i, de, a.
HUGO: Muchas gracias.
ZORAIDA: De nada.

Working in pairs, prepare a list of all the **saludos** (greetings), **presentaciones** (introductions), and **despedidas** (good-byes) used in the seven dialogues. One is already listed in each category.

Saludos	**Presentaciones**	**Despedidas**
¡Hola!	Te presento a...	Hasta luego.

Ahora, ¡a hablar!

A. Saludos y respuestas. With a partner, take turns using a greeting from the left column and an appropriate response from the right column. Note that for some greetings there are several correct responses.

PE. 2

MODELO Tú: **¡Hola!**
COMPAÑERO(A): **Buenos días.**

Saludos	**Respuestas**
¿Qué tal?	Buenas noches.
¿Cómo estás?	¡Terrible!
¡Hola!	Buenas tardes.
Buenas tardes.	Buenos días.
Buenos días.	Bastante bien.
Buenas noches.	No muy bien.
	Muy bien, gracias.
	Excelente.
	¡Hola!

B. Nuevos amigos. Ask three classmates how they spell their names. Write them down on a blank sheet of paper as they spell them for you. When finished, show them what you have written to see if you understood them correctly.

PE. 1

MODELO Tú: **¿Cómo escribes tu nombre?**
COMPAÑERA: **K-I-M-B-E-R-L-Y S-C-H-R-I-E-R (ka, i, eme, be, e, erre, ele, i griega; ese, che, erre, i, e, erre)**

C. Presentaciones. With a partner, take turns making introductions.

PE. 2, 3

MODELO profesora / Enrique
Profesora, le presento a Enrique.
mamá / Juan
Mamá, te presento a Juan.

1. profesor Durán / Carlos
2. Carmen / doctora López
3. mamá / Rosita
4. papá / señora Guzmán
5. profesor Trujillo / José Antonio
6. señor Vegas / profesora Cárdenas

D. Una tarde de domingo. It is Sunday afternoon. Your mother, Mr. and Mrs. Ramírez, and your friends Luis, Julia, and Amalia are all out on the street. With a partner, write short dialogues, **en español por supuesto,** that may be taking place among them as they greet or introduce each other or say good-bye. Be prepared to read your dialogues to the class.

PE. 2, 3

Y ahora, ¿por qué no conversamos?

E. ¡Hola! Identify four persons in the class that you do not know and introduce your-self. Ask how they spell their names and write them down as they tell you.

MODELO Tú: **¡Hola! Soy** [your name]. **¿Cómo te llamas?**

Compañero(a): **Me llamo Andrea Chávez.**

Tú: **¿Cómo escribes tu nombre?**

Compañero(a): **A-N-D-R-E-A C-H-A-V-E-Z (a, ene, de, erre, e, a; che, a, ve corta, e, zeta)**

F. ¡Encantado(a)! Introduce two classmates who may have not met yet.

MODELO Tú: **Carlos, te presento a mi amiga Susana.**

Carlos: **Mucho gusto, Susana.**

Susana: **Encantada.**

G. ¡Luces! ¡Cámara! ¡Acción! Your parents are having coffee with you in the campus café. When your Spanish professor walks in, you decide to impress him/her by introducing your parents in Spanish. Role-play this situation with three classmates. Be prepared to present your role play in front of the class.

H. ¡Nuestra comunidad! On campus or in your community, introduce yourself to a couple of Hispanic students, professors, or community members. Tell who you are, ask their names, and ask how they spell their names. Be sure to write down their answers. Be prepared to tell the class how successful you were or what problems you encountered.

Saber comprender CD1, Track 3

Estrategias para escuchar: comprender lo esencial

When listening to people speak, you don't need to understand every word spoken in order to comprehend the gist of what is being said. As you listen to these dialogues, don't worry if you do not understand every word. Simply try to understand enough to answer the following questions.

♪ *¡Dímelo tú! Playlist* Listen to: **"Yo no soy esa mujer"** by Paulina Rubio

Ahora, ¡a escuchar!

Listen as your instructor plays two dialogues. Then complete the following sentences with the correct responses.

1. ...es más *(more)* formal.
   a. El diálogo 1
   b. El diálogo 2

2. ...es más *(more)* informal.
   a. El diálogo 1
   b. El diálogo 2

3. Julio presenta a...
   a. María.
   b. Lidia.

4. En el diálogo 1, las personas son...
   a. estudiantes.
   b. profesores.

5. En el diálogo 2, las personas son...
   a. estudiantes.
   b. profesores.

Las Américas: tierras de contrastes

⬚ **Google™ Images**: Search keywords in reading: Cancún; desierto Atacama; South American volcanoes; mayas; mestizos

El continente americano se divide en tres secciones: Norteamérica, Centroamérica y Sudamérica. Este continente ofrece muchos contrastes naturales, como por ejemplo,...

hermosas costas y playas...

extensos desiertos...

e impresionantes lagos y volcanes.

También hay ruinas del glorioso pasado indígena y ciudades modernas...

como las ruinas mayas en el sur de México y Centroamérica...

y la Ciudad de México.

Observamos muchos contrastes en la gente de las Américas, como...

los indígenas: mayas, taínos, quechuas,
mapuches, guaraníes y muchos más;

los de ascendencia africana;

los de ascendencia europea y
asiática;

y la nueva raza, los mestizos: la combinación de indígena y europeo(a).

Y ahora, dime...

Cierto (True)	Falso (False)	
☐	☐	En las Américas hay muchos grupos indígenas.
☐	☐	En las Américas hay ruinas mayas.
☐	☐	No hay contrastes entre las personas del continente americano.
☐	☐	Los mestizos tienen ascendencia indígena y europea.

⚡ Por el ciberespacio... a las Américas

Keywords to search:

Las Américas
El mestizaje
Los indígenas de las Américas
La ruta maya

To learn more about **las Américas,** go to the *¡Dímelo tú!* website at academic. cengage.com/spanish/dimelotu

El rincón de los lectores

¡A leer!

Why study Spanish?

This is what your friends say:

—Because I have friends who speak Spanish, and I want to speak with them in Spanish.
—My husband is Mexican, and I would like to understand his family when we visit Mexico.
—I would like to travel to Costa Rica this summer, and I want to be able to communicate in Spanish.
—Because my program requires two semesters of a foreign language.
—Because I live in California, and everybody speaks Spanish. I am sure I will use it!
—I need it for my work. We have a lot of Spanish-speaking patients.
—I think it is great to be able to learn about other people's culture and how they see life and enjoy it.

¿Y tú? Now, what do you say? Why do you study Spanish?

Lectura: Spanish as a Global Language

Did you know that . . .

- Spanish, with 425 million speakers, is the third most commonly spoken language on the planet.
- Spanish evolved from the Latin language spoken in the Iberian Peninsula during the Roman occupation.
- Spanish is the official language in 21 countries.
- The United States is currently the third largest Spanish-speaking country of the world.
- There is actually less difference in the Spanish spoken throughout the Americas and the Spanish spoken in Spain than there is between the English spoken in the United States and the English spoken in England.

Palacio de los Gobernadores en Santa Fe, Nuevo México

Spanish in the United States

You probably didn't know that . . .

- The first permanent European settlement in today's continental United States was founded by Spanish colonists at St. Augustine, Florida, in 1565, fifty years before the arrival of the Mayflower at Plymouth Rock.
- In Santa Fe, New Mexico, the Palace of the Governors, the oldest government building still in use in the continental United States, was built in 1610.

- Spanish is spoken by 44.3 million people in the United States. (2007 estimate)
- The number of Hispanics living in the United States is larger than the entire population of Canada.
- The projected Hispanic population of the United States for the year 2050 is 102.6 million, which means that one of every four people living in the United States will be Hispanic.
- As of 2005, only Mexico (106.2 million) and Colombia (43 million) had larger Hispanic populations than did the United States (42.7 million).
- Hispanics are the largest minority group in 22 states.

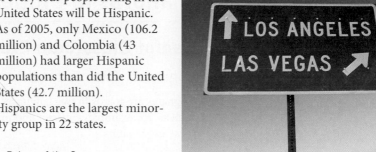

 Google™ Search: Historic St. Augustine; New Mexico Palace of the Governors

The Spanish language in the United States

You can probably answer these questions.

1. Name eight states that have Spanish names. Do you know what each name means?
2. How many major cities in the United States with Spanish names can you list?
3. Which of the following words have been borrowed from the Spanish language?

bronco	chocolate	patio
canasta	conquistador	potato
canoe	corral	ranch
canyon	hurricane	rodeo
chaparral	lasso	tobacco
chili	machete	tomato

Enhancing Your Career Opportunities

You definitely should know that . . .

- It is statistically proven that students of foreign languages score higher on standardized tests conducted in English.
- In its 1992 report, the College Entrance Examination Board reported that students with four or more years of foreign language study scored higher on the verbal section of the Scholastic Aptitude Test (SAT) than those with four or more years in any other subject area.
- The average SAT mathematics score for individuals who had taken four or more years of foreign language study was identical to the score of those who had studied the same number of years of mathematics.
- According to an article in *Changing Times Magazine*, "foreign language study is often looked upon as the best all-purpose cross-training."

Working with three other students, discuss how speaking Spanish can be instrumental in working in the fields below. Select a person from the group to report to the class on your discussion.

Business	Medical fields	Law and Criminal Justice
Newspaper	Government	Art
Translation/Interpretation	Teaching	Radio/Television
Social Services	Sales and Marketing	

Por el ciberespacio... al mundo hispano

Keywords to search:

Spanish language
How to learn Spanish
Spanish for professionals
Latin American Spanish
Spanish in the United States
Heritage Spanish speakers

To learn more about **el mundo hispano,** go to the *¡Dímelo tú!* website at academic.cengage.com/spanish/dimelotu

 Google™ Search: Business Spanish; Hispanic business

Y ahora, ¡a empezar!

Useful Classroom Expressions

Cognates: The really obvious ones

Cognates are words in two languages that look similar and have the same meaning such as, for example, *professor* and **profesor.** Use cognates to guess the meaning of these expressions.

- Dramatiza esta situación.
- En tu opinión, ¿quién...?
- No comprendo.
- Prepara una lista por escrito.
- Selecciona una respuesta apropiada.
- En grupos pequeños...
- Repite, por favor.

Cognates: The not so obvious ones

In groups of three or four, match each expression with its translation.

1. Comparte la información.	a.	*Read this advertisement.*
2. Contesta la(s) pregunta(s).	b.	*Describe the drawing.*
3. Escucha la conversación.	c.	*What do you do . . . ?*
4. Lee este anuncio.	d.	*In pairs*
5. Describe el dibujo.	e.	*Answer the question(s).*
6. ¿Qué haces... ?	f.	*Listen to the conversation.*
7. En parejas	g.	*Share the information.*
8. ¿Cómo se dice... ?	h.	*What does . . . mean?*
9. ¿Qué quiere decir... ?	i.	*How do you say . . . ?*

When there is only one cognate: compañero(a)

You already know the word **compañero(a)** that appears in these expressions. The verbs in these expressions mean *Interview, Ask,* and *Tell,* respectively. Can you guess what the complete expressions mean?

1. Entrevista a un(a) compañero(a)...
2. Pregúntale a un(a) compañero(a)...
3. Dile a un(a) compañero(a)...

Yes, now you are ready to begin the first chapter of *¡Dímelo tú!* If you haven't noticed already, there are some excellent suggestions on how to study a foreign language in the front of your textbook. If you follow that advice, you should truly enjoy taking these first steps into the fascinating Spanish-speaking world.

Saludos (Greetings)

Buenas noches.	Good evening. Good night.
Buenas tardes.	Good afternoon.
Buenos días.	Good morning.
¡Hola!	Hello!
¿Cómo estás? (tú)	How are you? (familiar)
¿Cómo está? (usted)	How are you? (formal)
¿Qué tal?	How are you?

Respuestas (Answers/Responses)

Bastante bien.	Quite well.
Bien, gracias.	Fine, thank you.
¿Y tú?	And you?
¡Excelente!	Excellent!
Muy bien, gracias.	Very well, thank you.
¿Y Ud.?	And you?
No muy bien.	Not very well.
¡Terrible!	Terrible!

Presentaciones (Introductions)

¿Cómo se llama usted?	What's your name? (formal)
¿Cómo te llamas?	What's your name? (familiar)
Esta es...	This is . . . (f.)
Este es...	This is . . . (m.)
Le presento a...	I'd like you to meet . . . (formal)
Te presento a...	I'd like you to meet . . . (familiar)

Respuestas a presentaciones

¿Cómo escribes tu nombre?	How do you spell your name?
El gusto es mío.	The pleasure is mine.
Encantado(a).	Delighted.
Igualmente.	Likewise.
Me llamo...	My name is . . .
Mucho gusto.	Pleased to meet you.
Yo soy ...	I am . . .

Despedidas (Farewells)

Adiós.	Good-bye.
Hasta la vista.	Good-bye. See you.
Hasta luego.	See you later.
Hasta mañana.	See you tomorrow.
Hasta pronto.	See you soon.

Personas (People)

amigo(a)	friend
clase (f.)	class
compañero(a)	companion, classmate, partner
estudiante	student
mamá (f.)	mom
papá (m.)	dad
profesor(a)	professor

Palabras y expresiones útiles (Useful words and expressions)

¡Bienvenido(a)!	Welcome!
mi	my
no	no
presentar	to introduce someone or something
respuesta (f.)	answer
sí	yes
soy	I am

Alfabeto (Alphabet)

See page 16.

En preparación

PE.1 The Spanish alphabet and pronunciation

CD1
Track 5

Spelling and forming vowel sounds

The Spanish Alphabet

▶ YouTube™
Search: Spanish
alphabet

a	a	j	jota	r	erre
b	be, be larga	k	ka	s	ese
c	ce	l	ele	t	te
ch	che	ll	elle	u	u
d	de	m	eme	v	ve, ve corta, uve
e	e	n	ene	w	doble ve, uve doble
f	efe	ñ	eñe	x	equis
g	ge	o	o	y	i griega, ye
h	hache	p	pe	z	zeta
i	i	q	cu		

The Spanish alphabet includes three letters that are not part of the English alphabet: **ñ, ch,** and **ll.** A ruling by the *Real Academia* in 1994 established that the **ch** and **ll** are not to be considered separate letters when alphabetizing. This decision was made primarily to facilitate alphabetizing on the Web. The letters **k** and **w** appear only in words borrowed from other languages. There are no double consonants except **rr, cc,** and **nn.** The sound represented by *ph* in English is always written as **f** in Spanish. Vowels can be marked with an accent to indicate that they are to be stressed (**á, é, í, ó, ú**). For a complete reference to the Spanish accentuation, go to Appendix B. Learn the Spanish alphabet so that you can spell and read words in Spanish.

¡A practicar!

A. El examen de la vista. You are getting your driver's license renewed. Take the eye test for your license. What do you say? Your partner will let you know how well you did. Then you evaluate as your partner takes the test.

E

c n d

z m o p h

m r l y x v u w

a l j g s a ñ h rr f z b i

B. Su nombre completo, por favor. With a partner, role-play the following situation. You are on the phone with your local bank and want to know the current balance in your checking account. The bank teller (your partner) asks you to spell out your name, as it appears on your account, and your mother's maiden name. Spell them in Spanish while your partner writes them out. Then check to see that your partner wrote them correctly. Reverse roles.

MODELO   YOU SAY: **jota, o, e; ese, eme, i, te, hache; jota, o, ene, e, ese**
YOUR PARTNER WRITES: **J-O-E S-M-I-T-H J-O-N-E-S**

Always when translating, one translates not just words, but ideas. With these proverbs, your instructor will translate the words so that you can select the phrase that best conveys the idea expressed in the proverb.

> «Dura el **nombre** más que el hombre». (proverbio)
>
> ___ A man's name lives on forever.
>
> ___ When a man dies, so does his name.

Pronunciation: Vowels

YouTube™
Search: Spanish vowels

Heinle Grammar Tutorial: Spanish Pronunciation: Vowels

The Spanish vowels—**a, e, i, o, u**—are pronounced in a short, clear, and tense manner. Unlike English vowels, their sound is hardly influenced by their position in a word or sentence, nor by the stress they receive. English speakers must avoid the tendency to lengthen and change the sound of Spanish vowels. Note the difference in length and sound as you recite the vowels in English first and then repeat them in Spanish after your instructor.

Very few sounds are identical in Spanish and English. Therefore, the comparisons given here between English and Spanish vowels are to be used merely as a point of reference. To develop "native" pronunciation, you should listen carefully and imitate your instructor's pronunciation and that of the native speakers on the recordings.

¡A practicar!

A. Las vocales. Repeat the following sounds after your instructor, being careful to keep the vowels short and tense.

a = hop	e = hep	i = heap	o = hope	u = hoop
ma	me	mi	mo	mu
na	ne	ni	no	nu
sa	se	si	so	su
fa	fe	fi	fo	fu

B. Vocales en palabras. Escucha y repite. *(Listen and repeat.)*

Ana	él	ir	otro	uno
llama	mente	infinito	como	gusto
mañana	excelente	dividir	ojo	Uruguay

C. Vocales en oraciones. Lee en voz alta. *(Read aloud.)*

1. Ana llama a la mamá de Carmen mañana.
2. Elena es de Venezuela.
3. Gullón es otro crítico literario famoso.
4. La profesora Uribe es uruguaya.

> «**A E I O U** El burro sabe más que tú». (canción de niños)
>
> ___ A E I O U Everyone knows more than you.
>
> ___ A E I O U Pin the tail of the donkey on you.

Pronunciation: Diphthongs

YouTube™
Search: Spanish pronunciation

Heinle Grammar Tutorial: Spanish Pronunciation; Diphthongs

A diphthong is the union of two vowel sounds pronounced in a single syllable. In Spanish, diphthongs occur in syllables containing two weak vowels (**i, u**) or a combination of a strong vowel (**a, e, o**) with a weak vowel.

¡A practicar!

A. Diptongos. In diphthongs consisting of a strong vowel and a weak vowel, the strong vowels are more fully enunciated.

Escucha y repite.

ai	ei	oi	ia	ie
baile	ley	soy	gracias	bien
airoso	afeitar	oigo	especial	viejo
gaita	veinte	Goytisolo	Colombia	miedoso

io	ua	ue	au	eu
Mario	Paraguay	buenas	auto	Eugenia
diosa	Ecuador	cuentista	Paula	Europa
miope	lengua	abuelo	pausar	deuda

B. Dos vocales débiles. When two weak vowels occur together in a word, the second vowel is more fully enunciated.

Escucha y repite.

ui	iu
ruido	veintiuno
Luisa	viuda
cuidar	ciudad

C. Diptongos en oraciones. Lee en voz alta.

1. Luisa baila muy bien.
2. Eugenio y Mario viajan a la ciudad.
3. Mi abuelo siempre viene a las cuatro.
4. Hay nueve estudiantes nuevos.

D. Dos vocales fuertes. When two strong vowels occur together, or when there is a written accent over the weak vowel in a syllable containing both a strong and a weak vowel, the vowels are pronounced as two separate syllables.

Escucha y repite.

caos	idea	día	baúl
leal	crear	lío	paraíso
cacao	Rafael	comían	continúa

E. Separación de vocales. Lee en voz alta.

1. La idea de Rafaela es puro caos.
2. Mi perra es fea pero leal.
3. Mi tía salía de día.
4. Raúl no conocía a tu tío.

Juan juega jugando,
Juanito jugando juega,
con juegos juega Juan,
juega con juegos Juanito;
Juntos juegan con juegos,
Juan y Juanito jugando.

PE.2 Saludos, presentaciones y despedidas

Saludos (Greetings)

YouTube™
Search: Spanish greetings; Spanish good-bye

Heinle Grammar Tutorial: Travel Helper; Meeting People

Proper use of greetings, introductions, and saying good-bye is deeply ingrained into Hispanic people. Whether done informally with friends or family members or formally with adults, professionals, and people you don't know, you are expected to greet people when you first meet them and to say good-bye when you take your leave. It is also almost a requirement that when you see someone you know, you stop, shake hands or kiss, and talk to them for a few minutes. Following is a list of the more common greetings and the usual responses to those greetings.

Saludos

Buenas noches. *Good evening. Good night.*
Buenas tardes. *Good afternoon.*
Buenos días. *Good morning.*
¡Hola! *Hello!*
¿Cómo estás? *How are you?* (fam.)
¿Cómo está (usted)? *How are you?* (formal)
¿Qué tal? *How are you?*

Respuestas

Buenas noches. *Good evening. Good night.*
Buenas tardes. *Good afternoon.*
Buenos días. *Good morning.*
¡Hola! *Hello!*
Bastante bien. *Quite well.*
Bien, gracias. ¿Y tú? *Fine, thank you. And you?* (fam.)
Muy bien, gracias. ¿Y Ud.? *Very well, thank you. And you?* (formal)
¡Excelente! *Excellent!*
No muy bien. *Not very well.*
¡Terrible! *Terrible!*

Despedidas (Good-byes)

As in English, there are many ways to say good-bye. The other person can reply with the same expression or a different one.

Despedidas
Adiós. *Good-bye.*
Hasta la vista. *Good-bye. See you.*
Hasta luego. *See you later.*
Hasta mañana. *See you tomorrow.*
Hasta pronto. *See you soon.*

¡A practicar!

¡Buenas tardes! Practice greeting people and responding correctly when greeted in Spanish. Match each **saludo** with an appropriate **respuesta**. In class, use a variety of these **saludos** with a partner to see if your partner responds correctly and be sure to use correct **respuestas** when your partner greets you using a number of these **saludos**.

Saludos

1. Buenas noches.
2. Buenos días.
3. ¡Hola!
4. ¿Cómo estás?
5. ¿Qué tal?
6. ¡Hasta la vista!

Respuestas

a. Bastante bien.
b. Bien, gracias. ¿Y tú?
c. ¡Excelente!
d. Muy bien, gracias. ¿Y Ud.?
e. ¡Adiós!
f. No muy bien.
g. Buenas noches.
h. Buenos días.

«Amigo no es el que te pregunta **cómo estás** sino el que se preocupa por la respuesta».
(proverbio)

___ *A real friend will not only ask "how are you" but also be genuinely interested in your response.*

___ *Good friends always ask "How are you" even when they know that you are well.*

Presentaciones (Introductions)

Introductions in Spanish are either formal or informal. Following are some of the more common formulas used and common responses to those introductions.

Presentaciones formales

SEÑOR: **Perdón. ¿Cómo se llama Ud.?** *Pardon me. What's your name?*
SEÑORA: **Me llamo Amalia Gómez.** *My name is Amalia Gomez.*
SEÑOR: **Mucho gusto.** *Pleased to meet you.*
SEÑORA: **El gusto es mío.** *The pleasure is mine.*
EDUARDO: **Profesor, le presento a mi amiga Julia.** *Professor, I would like you to meet my friend Julia.*
PROFESOR: **Encantado, Julia.** *Delighted, Julia.*
JULIA: **Igualmente, Profesor.** *Likewise, Professor.*

Presentaciones informales

IGOR: **¡Hola! Me llamo Igor. ¿Y tú? ¿Cómo te llamas?** *Hi! My name is Igor. And you? What's your name?*
RODRIGO: **Soy Rodrigo. Mucho gusto. Y esta es mi amiga Laura.** *I'm Rodrigo. Pleased to meet you. And this is my friend Laura.*
IGOR: **Mucho gusto, Laura.** *Pleased to meet you, Laura.*
LAURA: **Encantada.** *Delighted.*

▲ YouTube™
Search: Spanish introductions

¡A practicar!

A. **¡Te presento a mi amigo!** Practice making introductions by matching each **presentación** with the appropriate **respuesta.** In class, introduce several of your classmates to other classmates and use appropriate responses when you are introduced.

Presentaciones	Respuestas
1. José, esta es mi amiga María.	a. Mucho gusto, Sandra.
2. Ricardo, te presento a Sandra.	b. Encantado, María.
3. ¿Cómo te llamas?	c. El gusto es mío.
4. Mucho gusto, Isabel.	d. Encantado, Manuel.
5. Este es Manuel.	e. Me llamo Francisco.

B. **Una recepción.** You and your new roommate are at a reception sponsored by the Dean of your college. As you mingle with the crowd, you each see several friends and professors that your partner does not know. In groups of four or five, role-play making the appropriate introductions.

«Mirar y no tocar **se llama** respetar». (proverbio)

____ *Show a little respect; look but don't touch.*

____ *Don't handle the merchandise.*

PE.3 *Tú* and *usted* and titles of address

Tú and *usted*

Spanish has two ways of expressing *you*: **tú** and **usted. Tú** is a familiar form generally used among peers, acquaintances, or friends. **Usted** is a more polite, formal form used to show respect and to address anyone with a title such as *Mr., Mrs., Ms.,* or *Miss, Dr., Prof.,* or *Rev.* It is also used to address individuals you do not know well. Students generally use **tú** when speaking to each other and **usted** when addressing their teachers. Note that in the **¿Qué se dice... ?** section, **te llamas** and **estás** are in the familiar **tú** form, and **se llama** and **está** are in the more formal **usted** form.

Formal and informal language

YouTube™
Search: Spanish **tú,**
usted

Besides the use of **tú** and **usted,** Spanish, like English, can be used formally, as often occurs in textbooks or professional journals, or informally, as is the case when people are talking casually. In *¡Dímelo tú!* both formal and informal Spanish are used throughout. The direction lines for the activities address the student informally but use mostly a formal Spanish, whereas the activities themselves may elicit formal or informal language depending on the situation being addressed.

Titles of address

The most frequently used titles in Spanish are the following.

señor	*Mr.*
señora	*Mrs.*
señorita	*Miss*
profesor(a)	*professor*
doctor(a)	*doctor*

Note that titles in Spanish are not capitalized, only abbreviations of the titles. As in English, titles are frequently abbreviated in writing when used with a person's last name.

señor	**Sr.**	*Mr.*
señora	**Sra.**	*Mrs.*
señorita	**Srta.**	*Miss*
señores	**Sres.**	*Mr. and Mrs.*
profesor	**Prof.**	*Prof.*
doctor(a)	**Dr./Dra.**	*Dr.*

The definite article **el** is used in front of titles for males and the definite article **la** is used in front of titles for females.

Es **la** doctora Sánchez.	*She is Dr. Sánchez.*
El profesor Díaz es bueno.	*Professor Díaz is good.*

¡A practicar!

A. **¿Tú o usted?** With a partner, take turns indicating whether **tú** or **usted** should be used to address the following people.

1. your professor
2. your brother or sister
3. a stranger
4. your dog
5. a member of the clergy
6. your roommate
7. your doctor
8. your girlfriend/boyfriend
9. a bank clerk
10. a waitress

B. **¿El o la?** Complete the following introductions by indicating if a definite article (**el, la**) should be used with each person's name as you introduce these people to your mother.

MODELO   Mamá, _____ señor Pérez y mi amigo José.

Mamá, el señor Pérez y mi amigo José.

1. Mamá, mi amiga, _____ Rosa María.
2. Mamá, _____ profesor González.
3. Mamá, _____ señorita Perea. Ella es la directora del laboratorio.
4. Mamá, _____ mi mejor *(best)* amigo(a).
5. Mamá, _____ señor Padilla.
6. Mamá, _____ José Aguilar.

«**Usted** no sabe lo que se pierde». (dicho popular)

____ *You never find what you are looking for.*

____ *You don't know what you are missing.*

CAPÍTULO 1

¡A la universidad... en las Américas!

In this chapter, you will learn how to . . .

- describe yourself, your friends, and your professors.
- tell where people are from.
- name your favorite classes and activities.
- describe your classes.
- talk about your activities during the first week of the semester.
- describe future plans.

Comunicación

¿QUÉ SE DICE...?
- Al describir a nuevos amigos
- Al hablar de amigos, clases y profesores
- Al describir actividades

Cultura

¿SABÍAS QUE...?
Naming Latin American nationalities
Comparison of U.S. and Hispanic universities
Student activities: **La semana universitaria**

NOTICIERO CULTURAL
Centroamérica... ¡impresionante!

VIDEO CULTURAL
Latinoamérica, ¡al ritmo del siglo veintiuno!

EL RINCÓN DE LOS LECTORES
Tesoros naturales de Sudamérica

En preparación

Destrezas

¡A ESCUCHAR!
Making lists

¡A VER!
Recognizing cognates

¡A ESCRIBIR!
Understanding the main idea

¡A LEER!
Cognates

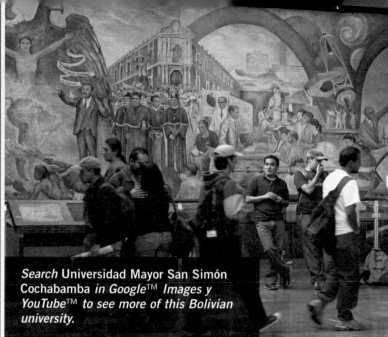

Search Universidad Mayor San Simón Cochabamba *in Google*™ *Images y YouTube*™ *to see more of this Bolivian university.*

Search Universidad de Buenos Aires *in Google*™ *Images to see additional photos of this Argentine campus.*

Search UNAM *in Google*™ *Images to see many more photos of the beautiful National Autonomous University of Mexico campus.*

¡Las fotos hablan!

A que ya sabes... En tu opinión, y basándote en los estudiantes de estas fotos, los estudiantes latinoamericanos son...

☐ interesantes   ☐ atléticos   ☐ estudiosos

☐ elegantes   ☐ serios   ☐ impacientes

☐ pasivos   ☐ románticos   ☐ inteligentes

☐ pacientes   ☐ tímidos   ☐ activos

Mis compañeros...
centroamericanos y caribeños

TAREA

Before beginning this *Paso,* study the vocabulary list on page 46 and listen to the vocabulary on track 15 of your Text Audio CD1. Then study *En preparación.*

1er día 1.1 Subject pronouns and the verb **ser:** Singular forms, pages 48–49

1.2 Adjectives: Singular forms, pages 50–51

2do día 1.3 Gender and number: Articles and nouns, pages 51–53

Do the corresponding *¡A practicar!* activities.

¿Eres buen observador?

NOMBRE: Mónica Fernández
PAÍS DE ORIGEN: Nicaragua
DEPORTES FAVORITOS: baloncesto, voleibol, fútbol, tenis, béisbol
PERSONALIDAD: inteligente, paciente, sincera, sociable, seria
CIUDAD NATAL: Managua ○

NOMBRE: Carlos Enrique Rodríguez
PAÍS DE ORIGEN: El Salvador
DEPORTES FAVORITOS: béisbol, tenis
PERSONALIDAD: serio, tímido, introvertido
CIUDAD NATAL: San Salvador ●

NOMBRE: Yolanda Ramírez
PAÍS DE ORIGEN: Costa Rica
DEPORTES FAVORITOS: béisbol, ciclismo de montaña
PERSONALIDAD: simpática, atlética, extrovertida, inteligente, sociable
CIUDAD NATAL: San José ○

Ahora, ¡a analizar!

A. Yolanda, Mónica y Carlos Enrique. Completa estas oraciones.

1. Yolanda es de (ciudad, país). Mónica es de (ciudad, país). Carlos Enrique es de (ciudad, país).
2. Los deportes de Yolanda, Mónica y Carlos Enrique son...
3. ... es el deporte favorito de todos los tres *(all three)* estudiantes.

B. Mis opiniones. Completa estas oraciones.

1. Mi deporte favorito es...
2. En mi opinión, la persona con la personalidad más interesante es... porque...
3. Mi personalidad es similar a la de (Yolanda / Mónica / Carlos Enrique) porque yo soy...

¿Qué se dice...? 🎧

Al describir a nuevos amigos

🎧 Hola, soy Édgar Ricardo Arjona Morales, aunque todos
CD1, me llaman Ricardo Arjona. Soy de Guatemala, de
Track 6 Jocotenango, un pueblo cerca de Antigua. Soy cantante
profesional. Mi deporte favorito es el fútbol... y también
el baloncesto. Soy graduado de la Escuela de Ciencias
de la Comunicación de la Universidad de San Carlos
de Guatemala (USAC). De 1983 a 1988 fui maestro en
Antigua.

🎵 *¡Dímelo tú! Playlist* Escucha: «Ella y él» de Ricardo Arjona

⬈ **Google™ Images** y **YouTube™**
BUSCA: Ricardo Arjona

⬈ **Google™ Images** y **YouTube™**
BUSCA: América Ferrera

🎧 Esta es América Ferrera. América es de Los Ángeles, California, pero sus padres son
CD1, hondureños. América es actriz. Estudia teatro y relaciones internacionales. América
Track 7 es la famosa protagonista de la serie de televisión *Ugly Betty*. Pero América no es fea,
¿verdad? Por el personaje de *Ugly Betty* recibió el Premio Emmy a la mejor actriz de
comedia en 2007.

🎧
CD1,
Track 8

¿Y tú? ¿Cómo te llamas?
¿De dónde eres? ¿Eres de los Estados Unidos?
¿De dónde son tus padres?
¿Eres estudiante? ¿De qué universidad?
¿Eres inteligente y estudioso(a)?
¿Eres tímido(a) o extrovertido(a)?
¿Eres romántico(a)?
¿Tu deporte favorito es...?

> **A propósito...**
> Note that upside-down question and
> exclamation marks (¿ ¡) must be
> placed at the beginning of a question
> or exclamation. This allows a reader
> to apply the proper intonation at the
> beginning of the sentence.

Completa estas oraciones.

Ricardo Arjona es...	☐ mexicano	☐ hondureño	☐ guatemalteco
Ricardo Arjona es...	☐ estudiante	☐ cantante	☐ actor
Su deporte favorito es...	☐ el baloncesto	☐ el golf	☐ el fútbol
América Ferrera es...	☐ talentosa	☐ tímida	☐ trabajadora
América Ferrera no es...	☐ famosa	☐ actriz	☐ introvertida

Yo soy _____, _____ y _____.

Mi deporte favorito es _____.

As in English, there are adjectives in Spanish used to indicate the country of origin of a person. Unlike English, these adjectives of nationality are not capitalized in Spanish.

norteamericanos	centroamericanos y caribeños	sudamericanos
	bahameño(a)	
canadiense	barbadense	argentino(a)
estadounidense	beliceño(a)	boliviano(a)
mexicano(a)	costarricense	brasileño(a)
	cubano(a)	chileno(a)
	dominicano(a)	colombiano(a)
	guatemalteco(a)	ecuatoriano(a)
	haitiano(a)	paraguayo(a)
	hondureño(a)	peruano(a)
	jamaicano(a)	uruguayo(a)
	nicaragüense	venezolano(a)
	panameño(a)	
	puertorriqueño(a)	
	salvadoreño(a)	

Ahora, ¡a hablar!

EP 1.1, 1.2

A. ¿Quién es? Identifica y describe a estas personas famosas con las características indicadas.

Shakira

Oprah Winfrey

Gloria Estefan

Arnold Schwarzenegger

Jerry Seinfeld

MODELO   **Shakira es inteligente y atractiva.**

1. activo(a)
2. inteligente y atractivo(a)
3. tímido(a)
4. muy serio(a)
5. muy atlético(a)
6. cómico(a)
7. divertido(a) y especial
8. fuerte

B. ¿Quién es y de dónde es? Con un(a) compañero(a), prepara una lista de cinco (5) o seis (6) latinos famosos. Luego informen a la clase quiénes son y de dónde son.

MODELO   Javier Bardem

Javier Bardem es de España.

EP 1.1

C. Mi mejor amigo(a). Describe a tu mejor amigo(a). Luego lee tu descripción a la clase.

EP 1.2, 1.3

Mi mejor amigo(a) se llama *(nombre)*.
Es *(adjetivo de nacionalidad)*.
Es *(2 adjetivos)*.
También es *(2 adjetivos más)*.
Es *(2 características positivas)* pero es un poco *(2 características negativas)*.
Ah, también es *(1 característica especial)*.

D. Comparaciones. Compara a tu compañero(a) con varias de estas personas. Luego tu compañero(a) va a compararte con otras personas. Repitan sus comparaciones a la clase.

EP 1.2, 1.3

MODELO   TÚ: **La chica es atlética y tímida. Su deporte favorito es el baloncesto. Tú eres estudiosa y fuerte. Tu deporte favorito es el tenis.**

COMPAÑERO(A): **No, yo soy inteligente y estudiosa. Y sí, mi deporte favorito es el tenis.**

Y ahora, ¿por qué no conversamos?

E. ¿Son los mismos? Alicia, Carmen, José y Daniel son estudiantes de la clase de español de tu compañero(a) de cuarto. Tú también tienes unos amigos que se llaman Alicia, Carmen, José y Daniel. La descripción de tus amigos aparece *(appears)* aquí. La descripción de los amigos de tu compañero(a) aparece en el Apéndice A. ¿Son la misma *(same)* persona? *(To decide if they are the same person, ask your partner questions. Do not look at each other's descriptions.)*

MODELO   ¿Es Alicia de El Salvador?
           Sí, es salvadoreña. o **No, no es salvadoreña.**

ALICIA: salvadoreña, introvertida, muy activa, seria y muy paciente

CARMEN: costarricense de San José, seria, no extrovertida, inteligente, muy estudiosa y algo conservadora

JOSÉ: hondureño, muy activo, muy simpático, sociable y chistoso

DANIEL: nicaragüense de la capital, muy extrovertido y un poco perezoso

F. ¿Viajamos juntos? Tienes la oportunidad de hacer un intercambio *(student exchange)* en un país centroamericano. Habla con otro(a) estudiante de la clase de tu ciudad/país preferido, de tu perfil *(profile)* y de tus deportes favoritos. Luego tu compañero(a) va a hablar de sus preferencias. Decidan si pueden viajar juntos *(if you can travel together)* o no.

Mi ciudad/país preferido(a) es...
Yo soy...
Mis deportes favoritos son...

G. ¡Luces! ¡Cámara! ¡Acción! Tú y tu compañero(a) son participantes en el programa de televisión «¿Novios o amigos?» *(Sweethearts or friends?)*. Habla con tu compañero(a) y describe tu personalidad y escucha a él (a ella) describir su personalidad. Decidan si sus personalidades son lo suficiente compatibles para ser novios o amigos. Informen a la clase de su decisión. La clase va a indicar si está de acuerdo *(if they agree)* o no. Dramatiza la situación con tu compañero(a) y con toda la clase como su público.

H. ¡Nuestra comunidad! En tu universidad o comunidad, entrevista *(interview)* a tres (3) personas de origen latino. Determina de dónde son y de dónde son sus padres y sus abuelos *(grandparents)*. Comparte *(Share)* la información con la clase. Decidan de qué país son la mayoría de los latinos en su universidad o comunidad.

Para empezar

Repasemos. En *Para empezar* aprendiste *(you learned)* a saludar a otros. Repasa *(Review)*, completando los diálogos.

Diálogo 1

Tú: ¡_____, profesora! *[formal morning greeting]*
La profesora: ¡_____! *[informal greeting]*

Diálogo 2

Tú: Buenas tardes, profesora. _____ *[introducing your friend to your teacher]* a mi amigo Rafael.
La profesora: ¡_____, Rafael! *[responding to the introduction]*
Rafael: ¡_____, profesora! *[reponding to the greeting]*

Diálogo 3

Lisa: ¡_____! *[taking leave]*
Tú: ¡_____! *[responding]*

Saber comprender CD1, Track 9

Estrategias para escuchar: extraer la idea principal

A frequent first reaction when listening to spoken Spanish is to assume it is spoken "too fast" and that you "don't understand anything." In fact, it is probably being spoken at a normal rate of speech and you can understand much more than you think. Nevertheless, you won't understand every word you hear, and you are not expected to do so. Simply listen for the words that you do understand and don't worry about the others. In this section, you should understand enough to get the gist of what is being said.

¡Ahora, a escuchar!

Extraer la idea principal. Now listen as your instructor plays a dialogue in which Carlos and Elena talk about Alberto Lozano, a new student in their chemistry class. Focus only on the words you do understand and don't worry about the others. Then answer the questions that follow.

¿Cómo es Alberto Lozano según *(according to)* Carlos? ¿Según Elena?

Según Carlos	Según Elena
1.	1.
2.	2.
3.	3.
	4.

Centroamérica... ¡impresionante!

Centroamérica se encuentra situada entre la frontera sur de México en Norteamérica y la frontera norte de Colombia en Sudamérica. Centroamérica consta de un país en donde el idioma oficial es el inglés y de seis (6) países de habla española:

GUATEMALA

Población
12.728.111

Capital
Ciudad Guatemala; 951.000

Moneda
quetzal, dólar estadounidense

Índice de longevidad
69,7 años

Alfabetismo
69 por ciento

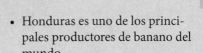

Tikal, uno de los centros culturales más importantes de la civilización maya ■ Google™ Images y YouTube™ BUSCA: indígenas de Guatemala; ciudades de Guatemala

- Más de la mitad de la población de Guatemala es de origen maya.
- En Guatemala se habla una gran variedad de lenguas: 21 distintos tipos de lenguas derivadas del maya, más el español, el xinca y el garífuna.

- Honduras es uno de los principales productores de banano del mundo.
- En 1998, el Huracán Mitch causa pérdidas de casi cuatro mil millones de dólares ($4.000.000.000) en la producción del café y banano.

El famoso altar maya en Copán, Honduras ■ Google™ Images y YouTube™ BUSCA: pueblos de Honduras; arte de Honduras

HONDURAS

Población
7.639.327

Capital
Tegucigalpa; 1.007.000

Moneda
lempira

Índice de longevidad
69 años

Alfabetismo
80 por ciento

EL SALVADOR

Población
7.066.403

Capital
San Salvador; 1.424.000

Moneda
colón, dólar estadounidense

Índice de longevidad
72 años

Alfabetismo
80 por ciento

Ilamatepec, el volcán más alto de El Salvador, hizo erupción en el año 2005. ■ Google™ Images y YouTube™ BUSCA: El Salvador; salvadoreños

- Después de casi 12 años de guerra civil, en 1972 se firman los Acuerdos de Paz Salvadoreños, que sirven de ejemplo para el mundo.
- El Aeropuerto Internacional de El Salvador es el más moderno y más grande de Centroamérica.

- Se dice que Nicaragua es una tierra de lagos, volcanes... y poetas.
- Nicaragua es el país más grande de Centroamérica pero tiene la densidad de población más baja del área, con excepción de Belice.

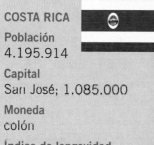

Isla de Ometepe en el Lago Nicaragua ■ Google™ Images y YouTube™ BUSCA: Nicaragua; nicaragüense

NICARAGUA

Población
5.785.846

Capital
Managua; 1.098.000

Moneda
córdoba oro

Índice de longevidad
71,2 años

Alfabetismo
67,5 por ciento

COSTA RICA

Población
4.195.914

Capital
San José; 1.085.000

Moneda
colón

Índice de longevidad
77,4 años

Alfabetismo
96 por ciento

Tabacón, un exuberante jardín de aguas termales calentadas por el volcán Arenal ■ Google™ Images y YouTube™ BUSCA. Costa Rica; biodiversidad

- La constitución de Costa Rica de 1949 disuelve el ejército y da prioridad a la educación.
- Costa Rica es más pequeño que el estado de West Virginia. Tiene treinta parques nacionales y varios refugios naturales y reservas biológicas.

Por el ciberespacio... a Centroamérica

Keywords to search:
- parques nacionales de Centroamérica
- biodiversidad de Centroamérica
- civilización maya

To learn more about **Centroamérica**, go to the *¡Dímelo tú!* website at academic.cengage.com/spanish/dimelotu

- El Canal de Panamá, construido entre 1904 y 1914, es uno de los mayores logros de la ingeniería del siglo XX.
- En 1999, Mireya Moscoso Rodríguez fue proclamada presidenta de Panamá, la primera mujer que llega a la presidencia en ese país. Ese mismo año también los Estados Unidos entrega oficialmente el control del canal a Panamá.

El comercio y el turismo florecen en las aguas del canal de Panamá ■ Google™ Images y YouTube™ BUSCA: Panamá; canal de Panamá; canal de Panamá Timelapse (YouTube™ only)

PANAMÁ

Población
3.292.693

Capital
Ciudad de Panamá; 930.000

Moneda
balboa, dólar estadounidense

Índice de longevidad
75 años

Alfabetismo
91,9 por ciento

Y ahora, dime...

1. Los países de habla española de Centroamérica son...
2. El país centroamericano más grande es...
3. El país centroamericano con más (+) población es...; el país con menos (–) población es...
4. El país centroamericano con el más alto (*highest*) índice de longevidad es...; el de menor (*lowest*) índice de longevidad es...

¡Los latinoamericanos son... estupendos!

TAREA

Before beginning this *Paso,* study the vocabulary list on pages 46–47 and listen to the vocabulary on track 16 of your Text Audio CD1. Then study *En preparación.*

1er día   1.4 Infinitives, page 53

          1.5 Subject pronouns and the verb **ser:** Plural forms, pages 54–55

2do día   1.6 Adjectives: Plural forms, pages 55–56

Do the corresponding *¡A practicar!* activities.

⬀ Google™ **Images** BUSCA: Universidad Rafael Landívar

¿Eres buen observador?

Mensaje de la rectora	**CAMPUS CENTRAL**
Proceso de admisión	**Facultad de Arquitectura y Diseño**
Carreras de pregrado	• Lic. en Arquitectura

CAMPUS CENTRAL

Mensaje de la rectora
Proceso de admisión
Carreras de pregrado
Campus Central
Campus de Quetzaltenango
Campus de La Verapaz
Sede de Zacapa
Sede de Huehuetenango
Sede de Antigua Guatemala
Sede de Retalhuleu
Sede de Coatepeque
Guía y formulario de Admisión
Centro de Orientación Universitaria
Dirección de Asistencia Económica y Financiera
Guía Landivariana
Cuotas y tarifas vigentes
Preguntas frecuentes

Facultad de Arquitectura y Diseño
• Lic. en Arquitectura
• Lic. en Diseño Gráfico
• Lic. en Diseño Industrial

Facultad de Ciencias de la Salud
• Lic. en Nutrición
• Lic. en Medicina

Facultad de Ciencias Económicas y Empresariales
• Lic. en Economía Empresarial
• Lic. en Contaduría Pública y Auditoría
• Lic. en Administración de Empresas
• Lic. en Administración de Hoteles y Restaurantes

Facultad de Ciencias Políticas y Sociales
• Lic. en Relaciones Internacionales
• Lic. en Ciencia Política

Facultad de Humanidades
• Lic. en Ciencias de la Comunicación
• Lic. en Psicología Clínica
• Lic. en Letras y Filosofía
• Lic. en Educación Inicial y Preprimaria

Facultad de Ingeniería
• Lic. en Ingeniería Química
• Lic. en Ingeniería Informática y Sistemas
• Lic. en Ingeniería Civil
• Lic. en Ingeniería Mecánica

Ahora, ¡a analizar!

A. Universidad Rafael Landívar. En tu opinión, en esta universidad...

1. la facultad más (+) difícil es _____ y la menos (−) difícil es _____.
2. la facultad más interesante es _____.
3. los profesores de la Facultad de ____ probablemente son...
   a. los más pacientes.   c. los más divertidos.
   b. los más conservadores.   d. los más desorganizados.
4. las tres licenciaturas (*degrees*) más interesantes son ____.
5. las clases de la Facultad de ____ probablemente son...
   a. las más grandes.   c. las más organizadas.
   b. las más interesantes.   d. las más difíciles.

B. Preferencias personales. En tu opinión, indica en qué facultad de la Universidad Rafael Landívar se ofrecen los siguientes (*following*) cursos:

arte	ciencias políticas	educación	literatura
biología	economía	ingeniería	química

¿Qué se dice...? 🎧

Al hablar de amigos, clases y profesores

CD1,
Track 10 🎧 Esta es Tania García. Tania es una estudiante graduada muy formal, independiente, trabajadora, inteligente y muy amable.

Tania es nicaragüense. Sus pasatiempos favoritos son como los pasatiempos de todo el mundo: nadar, leer, bailar, ver películas, ir al gimnasio, ir de compras y chatear con sus amigos.

CD1,
Track 11 🎧 Santiago es guatemalteco. Es estudiante graduado de la Universidad Rafael Landívar y también es profesor asistente de Ciencias de la Comunicación. Santiago es simpático, organizado, sociable y trabajador. Sus estudiantes dicen que sus clases son divertidas, interesantes, bien organizadas y muy populares.

Indica cuáles son actividades favoritas de Tania.

☐ bailar   ☐ fumar   ☐ comprar   ☐ pasear
☐ ir al cine   ☐ nadar   ☐ leer   ☐ esquiar

Indica las características opuestas (opposite) a las (to those) de las clases de Santiago.

☐ aburridas   ☐ chistosas   ☐ desorganizadas   ☐ buenas

De esta lista, indica los rasgos de la personalidad de Tania (**T**) y los de Santiago (**S**).

___ informal   ___ perezoso(a)   ___ sociable
___ inteligente   ___ trabajador(a)   ___ simpático(a)
___ amable   ___ independiente   ___ antipático(a)

Ahora, ¡a hablar!

EP 1.4

A. ¡Somos muy activos! ¿Cuál es el pasatiempo favorito (o la actividad favorita) de tus amigos?

> MODELO   **El pasatiempo favorito de mis amigos... y... es bailar.**

1.
2.
3.
4.

5.
6.
7.
8.

EP 1.5, 1.6

B. ¿Cómo son? Con tu compañero(a), túrnense *(take turns)* para describir las clases, los profesores y los amigos.

> MODELO   **En general, mis clases son fáciles y divertidas. Pero unas clases son difíciles y aburridas.**

Vocabulario útil

aburrido	divertido	impaciente	perezoso
callado	fácil	inteligente	torpe
difícil	hablador	paciente	trabajador

1. mis clases
2. los estudiantes
3. los profesores
4. unas profesoras
5. mis amigos y yo
6. mis amigas

C. ¡Muchas opiniones! ¿Qué opinas de *(What do you think of)* estas personas? Escribe *(Write)* tus opiniones en una hoja de papel. Luego compara tus opiniones con las de tres compañeros. Informa a la clase de sus *(your)* opiniones.

EP 1.1, 1.5, 1.6

MODELO   **Keira Knightley es inteligente, divertida y muy liberal.**

Vocabulario útil

bueno / malo	organizado / desorganizado
chistoso / aburrido	paciente / impaciente
divertido / serio	popular / tímido
grande / pequeño	trabajador / perezoso
inteligente / torpe	introvertido / extrovertido
liberal / conservador	simpático / antipático
listo / torpe	

1. El (La) presidente(a) de los Estados Unidos...
2. Un actor (Una actriz) famoso(a)...
3. El (La) profesor(a) ...
4. Un(a) cantante famoso(a)...
5. Los compañeros de la clase de español...
6. Mi mejor amigo(a)...

D. ¿Es como tu universidad? ¿Es esta universidad como tu universidad? Con tu compañero(a) decidan qué diferencias hay e informen a la clase de sus conclusiones.

EP 1.5, 1.6

MODELO   **En esta universidad los profesores son muy divertidos. En la Universidad de..., los profesores son muy formales.**

Vocabulario 🎧

Paso 1 CD1, Track 15

Descripción de personas

activo(a)	active
alto(a)	tall
atlético(a)	athletic
atractivo(a)	attractive
chistoso(a)	funny
conservador(a)	conservative
divertido(a)	funny, amusing
elegante	elegant
especial	special
estudioso(a)	studious
estupendo(a)	stupendous, great, terrific
extrovertido(a)	extroverted, outgoing
famoso(a)	famous
feo(a)	ugly
fuerte	strong
grande	big
impaciente	impatient
inteligente	intelligent
interesante	interesting
introvertido(a)	introverted, shy
liberal	liberal
paciente	patient
perezoso(a)	lazy
romántico(a)	romantic
serio(a)	serious
simpático(a)	nice, pleasant, likable
sincero(a)	sincere
sociable	outgoing, friendly
talentoso(a)	talented
tímido(a)	shy
trabajador(a)	hardworking

Personas

cantante (m. f.)	singer
compañero(a)	companion, partner
compañero(a) de cuarto	roommate
doctor(a)	doctor
señor (Sr.)	Mr.
señora (Sra.)	Mrs.
señorita (Srta.)	Miss
todo el mundo	everyone

Adjetivos de nacionalidad
See page 26.

Pasatiempos, actividades

baloncesto	basketball
béisbol (m.)	baseball
ciclismo	bike racing
ciclismo de montaña	mountain biking
deporte (m.)	sport
fútbol (m.)	soccer
golf (m.)	golf
tenis (m.)	tennis
voleibol (m.)	volleyball

Datos personales

ciudad (f.)	city
ciudad natal	birthplace
nombre (m.)	name
país (m.)	country
país de origen	country of origin
personalidad (f.)	personality

En la librería

bolígrafo	pen
librería	bookstore
lápiz (m.)	pencil
libro	book
mochila	backpack
papel (m.)	paper

Artículos definidos e indefinidos
See *1.3 Gender and number: Articles and nouns*

Pronombres sujetos singulares

yo	I
tú	you (fam.)
usted	you (formal)
él	he, it (m.)
ella	she, it (f.)

El verbo *ser*
See page 48.

Palabras y expresiones útiles

actividad (f.)	activity
algo	somewhat
¿no?	isn't it?
perdón	pardon, sorry
pero	but
preferido(a)	preferred
también	also
y	and

Paso 2 CD1, Track 16

En la universidad

arte (m.)	art
biología	biology
ciencias	business
ciencias empresariales	management
ciencias políticas	political science
comunicación (f.)	communication
contabilidad (f.)	accounting
economía	economics
educación (f.)	education
educación física	physical education
enfermería	nursing
facultad (f.)	college
física	physics
historia	history
informática	computer science
ingeniería	engineering
matemáticas	mathematics
química	chemistry
universidad (f.)	university

Descripción de personalidad

aburrido(a)	boring
amable	kind, nice
antipático(a)	unpleasant
bueno(a)	good
callado(a)	quiet
desorganizado(a)	disorganized
difícil	difficult
estupendo(a)	stupendous, great, terrific
egoísta	selfish, egotistical
fácil	easy
formal	formal
grande	big, large
hablador(a)	talkative
independiente	independent, self-reliant
informal	informal
listo(a)	smart, clever
malo(a)	bad
organizado(a)	organized
pequeño(a)	small, short, little
popular	popular
torpe	clumsy

Diversiones

cine (m.)	movie theater
gimnasio	gym
radio (f.)	radio
restaurante (m.)	restaurant
teléfono	telephone
televisión (f.)	television

Actividades y pasatiempos

bailar	to dance
chatear	to chat on the Internet
comer	to eat
comprar	to buy
describir	to describe
enviar	to send
escribir	to write
escuchar	to listen to
estudiar	to study
esquiar	to ski
fumar	to smoke
hablar	to talk, to speak
ir	to go
leer	to read
llamar	to call
mirar	to look at, to watch
nadar	to swim
necesitar	to need
pagar	to pay
pasatiempo	pastime, amusement
pasear	to go for a walk or ride
poder	to be able
preparar	to prepare
saber	to know
tomar	to drink, to take
trabajar	to work
usar	to use

Pronombres sujetos plurales

ellos(as)	they
nosotros(as)	we
ustedes	you (pl.)

Palabras y expresiones útiles

cena	dinner
en general	in general, generally speaking
leche (f.)	milk
más	more
menos	less
mucho(a)	much, a lot

Paso 3 CD1, Track 17

Lugares

banco	bank
biblioteca	library
café (m.)	coffee house
cafetería	cafeteria
campo	countryside; field
casa	house
cuarto	room
discoteca	discotheque
fiesta	party
fraternidad (f.)	fraternity
laboratorio	laboratory
patio	patio
película	movie
piscina	swimming pool
planta baja	lower level; lower floor
primer piso	first floor
segundo piso	second floor
supermercado	supermarket
teatro	theater

Cosas de estudiantes

carrera	degree; career
carta	letter
celular	cellular phone
cerveza	beer
comida	food, meal
correo electrónico	e-mail
cuaderno	notebook
cuenta	bill
maestro(a)	teacher
plato	plate
refresco	soft drink
ropa	clothes
tarea	homework; job; task
tele (m.)	television (slang)

Música

banda	music band
concierto	concert
guitarra	guitar
instrumento	instrument
programa (m.)	program

Palabras descriptivas

desafiante	challenging
monótono(a)	monotonous
privado(a)	private
público(a)	public
urbano(a)	urban
variado(a)	varied, assorted
varios(as)	various, several

Verbos

bailar	to dance
buscar	to look for
comprar	to buy
escuchar	to listen to
hablar	to speak
ir	to go
lavar	to wash
limpiar	to clean
llamar	to call
llevar	to carry, to take; to wear
mirar	to look at, to watch
nadar	to swim
necesitar	to need
pagar	to pay
practicar	to practice
preguntar	to ask (a question)
preparar	to prepare
tocar	to play (an instrument); to touch
tomar	to drink, to take

Palabras y expresiones útiles

adónde	where (to)
al	to the
del	from the
generalmente	generally
si...	if . . .

EL ESPAÑOL... Variaciones

futbol (m.)	soccer
volibol (m.)	volleyball

Paso 1

1.1 Subject pronouns and the verb *ser*: Singular forms

Clarifying, emphasizing, contrasting, and stating origin

Subject pronouns	
Singular	
I	**yo**
you (familiar)	**tú**
you (formal)	**usted**
he	**él**
she	**ella**

⬈ Google™
BUSCA: Spanish
Subject Pronouns

**Heinle Grammar
Tutorial:** Subject
Pronouns

■ Subject pronouns are usually omitted in Spanish because the verb endings indicate the person doing the action. Subject pronouns are used for clarity, emphasis, or contrast.

clarity:	—**Usted** es de México, ¿no?
emphasis:	—No, **yo** soy de Panamá.
contrast:	—Ah, **tú** eres panameña y **ella** es mexicana.
BUT:	—Sí, soy panameña.

■ The subject pronoun *it* in English is *never* expressed in Spanish.

Es muy importante.	***It** is very important.*
No es hoy, es mañana.	***It** is not today, **it's** tomorrow.*

The verb *ser*

⬈ Google™
BUSCA: Spanish
verb **ser**

**Heinle Grammar
Tutorial:** Uses of **ser**

ser	
Singular	
I am	yo **soy**
you are	tú **eres**
you are	usted **es**
he is	él **es**
she is	ella **es**

■ In Spanish, there are two verbs that mean *to be*: **ser** and **estar.** These two verbs differ greatly in usage. In this chapter, you will learn various uses of **ser.**

■ **Ser** is used to define or identify. It tells who or what the subject of the sentence is. It acts as an equal sign (=) between the subject and the noun that follows. In this context, it is used to express nationality or profession or to give a description.

Soy estadounidense.	Yo = estadounidense
Ella **es** estudiante.	Ella = estudiante
Tú **eres** inteligente.	Tú = inteligente

Just as **ser** is used to express nationality, a form of **ser + de** is used to express origin.

García Márquez **es de** Colombia. **Es** colombiano.   *García Márquez is from Colombia. He is Colombian.*

El Sr. Acuña **es de** México. **Es** mexicano.   *Mr. Acuña is from Mexico. He is Mexican.*

Remember that it is not necessary to use subject pronouns unless clarity, emphasis, or contrast is desired.

¡A practicar!

A. ¿Quién es? Indicate which subject pronoun(s) in the column on the right can be either added to each sentence or used in place of the existing subject.

MODELO   Es el profesor de español.   **él**

1. Es estadounidense.   yo
2. Me llamo Matías.   tú
3. La profesora se llama Elena.   usted
4. Perdón, señor, ¿cómo se llama?   él
5. ¿Cómo te llamas?   ella

B. ¿Tú? ¿Usted? Tell what subject pronouns the Spanish department receptionist would use when speaking directly to the following people.

1. el Sr. Ríos Menéndez, the department chairperson
2. el Sr. Gaitán Rojas, a professor
3. Pedro, a good friend
4. Ana, a roommate
5. la Sra. López Ríos, your advisor

Now tell what subject pronouns the receptionist would use when speaking *about* the following people.

6. el Sr. Ríos Menéndez
7. el Sr. Gaitán Rojas
8. herself
9. Ana
10. Pedro
11. la Sra. López Ríos

C. Venimos de todas partes. Students come to your campus from North America (*Norteamérica*), Central America (*Centroamérica*), the Caribbean (*el Caribe*), and South America (*Sudamérica*). Ask your partner where these students come from. Use the list from **¿Sabías que...?** on page 26.

MODELO   Mario / Uruguay
            Tú: **Mario es uruguayo, ¿no?**
Compañero(a): **Sí, es de Sudamérica.**

1. José / El Salvador
2. Teresa / Ecuador
3. el profesor Meza / Bolivia
4. tu compañero de cuarto / la República Dominicana
5. yo / Puerto Rico
6. ¿Y tú?

«La crítica **es** fácil, el arte difícil». (proverbio)

____ *An artist is his own best critic.*

____ *It's easy to criticize, more difficult to create.*

1.2 Adjectives: Singular forms
Describing people, places, and things

Adjectives are words that tell something about the nature of the noun they describe (color, size, nationality, affiliations, condition, and so on). Spanish adjectives usually follow the noun they describe and always agree in gender and number with it.

■ Adjectives may be masculine or feminine. Masculine singular adjectives that end in **-o** have a feminine equivalent that ends in **-a.**

Singular	
Masculine	**Feminine**
alt**o**	alt**a**
simpátic**o**	simpátic**a**

⊘ Google™ y
YouTube™ BUSCA:
Spanish adjectives

**Heinle Grammar
Tutorial:** Adjectives

■ Adjectives that end in **-e,** and most adjectives that end in a consonant (except those denoting nationality or that end in **-dor**), do not have separate masculine/feminine forms.

el país **grande**   el libro **especial**
la ciudad **grande**   la librería **especial**
BUT:
un doctor **trabajador**   un libro **español**
una profesora **trabajadora**   una novela **española**

¡A practicar!

A. Los amigos de María y Mario. María and Mario are studying at a private school in Buenos Aires. Tell how they describe their new friends.

Amigos de María: **Angélica**   Amigos de Mario:

Javier   **Horacio**

José   **Raimundo**

Vocabulario útil

atlético	elegante	simpático
conservador	estudioso	tímido
divertido	inteligente	trabajador

B. ¡Es mi familia! You and your roommate are recalling what you did during your first show-and-tell report at school. Tell what you said as you showed a family picture and your partner will tell what he/she said.

MODELO   Tú: mi hermana; tu compañero(a): mi hermano
          Tú: **Ella es mi hermana. Es activa y atlética.**
COMPAÑERO(A): **Él es mi hermano. Es impaciente y perezoso.**

Vocabulario útil

activo	bueno	elegante	impaciente	simpático
alto	conservador	especial	inteligente	tímido
atlético	divertido	estudioso	perezoso	trabajador

1. tú: mi papá; tu compañero(a): mi mamá
2. tú: mi hermano *(brother)*; tu compañero(a): mi hermana *(sister)*

3. tú: mi tía *(aunt)*; tu compañero(a): mi tío *(uncle)*
4. tú: mi mamá; tu compañero(a): mi papá
5. tú: mi abuela *(grandmother)*; tu compañero(a): mi abuelo *(grandfather)*
6. tú: mi perro *(dog)*; tu compañero(a): mi perra *(dog)*

«Más vale **feo** y **bueno** que **guapo** y **perverso**». (proverbio)

___ *You cannot judge a book by its cover.*

___ *Good looks are deceiving.*

1.3 Gender and number: Articles and nouns

Indicating specific and nonspecific people and things

■ There are two kinds of articles: definite and indefinite. Both the definite article (*the* in English) and the indefinite articles (*a, an* [singular] and *some* [plural] in English) have four forms in Spanish.

◢ Google™ **Images** y **YouTube**™ BUSCA: Spanish articles

Singular			Plural		
	Masculine	**Feminine**		**Masculine**	**Feminine**
the	**el**	**la**	*the*	**los**	**las**
a, an	**un**	**una**	*some*	**unos**	**unas**

1. Definite and indefinite articles must agree in number (singular/plural) and gender (masculine/feminine) with the nouns they accompany.

Necesito **un** bolígrafo y **una** calculadora.	*I need a ballpoint pen and a calculator.*
Los cuadernos y **las** mochilas están en el escritorio.	*The notebooks and the backpacks are on the desk.*

2. The definite article is frequently used before the name of certain countries and not with others. Following is a list of countries that usually use the definite article. However, the Spanish language, like all spoken languages, is alive and constantly changing. In spoken Spanish, the trend is to not use the definite article with the names of countries. You will note this practice in *¡Dímelo tú!*

la Argentina	la China	la India	el Perú
el Brasil	el Ecuador	el Japón	la República Dominicana
el Canadá	los Estados Unidos	el Paraguay	el Uruguay

■ A noun is the name of a person, place, or thing. In Spanish, all nouns are either masculine or feminine, even when they refer to inanimate objects. The following rules will help you predict the gender of many nouns; however, the gender of nouns is not always predictable. You should always learn the gender with every new noun.

◢ Google™ y **YouTube**™ BUSCA: Spanish nouns

1. Nouns that refer to males are masculine, and nouns that refer to females are feminine. Many nouns referring to people and animals have identical forms except for the masculine **-o** or feminine **-a** endings.

el herman**o**	*the brother*	la herman**a**	*the sister*
el gat**o**	*the male cat*	la gat**a**	*the female cat*

A few nouns that refer to people and animals have completely different masculine and feminine forms.

el hombre	*the man*	la mujer	*the woman*
el padre	*the father*	la madre	*the mother*

2. Generally, nouns that end in **-o** are masculine and those that end in **-a, -dad, -tad,** and **-ción** or **-sión** are feminine.

el libr**o**	la activi**dad**	la liber**tad**
el bolígraf**o**	la universi**dad**	la amis**tad**
la mochil**a**	la educa**ción**	la televi**sión**
la sill**a**	la emo**ción**	la explo**sión**

Some important exceptions to this rule are:

la mano *(the hand)*   el día   el mapa *(the map)*

Other exceptions are words of Greek origin ending in **-ma**. Most have English cognates.

el dra**ma**	**el** proble**ma**	**el** siste**ma**
el poe**ma**	**el** progra**ma**	**el** te**ma**

3. Sometimes the same noun is used for both genders as in words that end in **-ista.** In these cases, gender is indicated by the article that precedes the noun.

el/la artista	el/la periodista *(the newspaper reporter)*
el/la dentista	el/la turista

4. Many nouns, especially those ending in **-e** or a consonant, do not have predictable genders and must be memorized.

el café *the coffee*   la clase *the class*   la tarde *the afternoon*

■ All plural nouns end in **-s** or **-es.** The plural forms of nouns are derived in the following manner.

1. Singular nouns that end in a vowel form their plural by adding **-s.**

el diccionario *the dictionary*	los diccionarios *the dictionaries*
una silla *a chair*	unas sillas *some chairs*

2. Singular nouns that end in a consonant form their plural by adding **-es.**

el papel *the paper*	los papeles *the papers*
una universidad *a university*	unas universidades *some universities*

3. A final **-z** always changes to **-c** before adding **-es.**

el lápi**z** *the pencil*	los lápi**c**es *the pencils*
una ve**z** *one time*	unas ve**c**es *a few times*

Google™ y **YouTube**™ BUSCA: Spanish plural nouns

Heinle Grammar Tutorial: Nouns and Articles

¡A practicar!

A. ¿Qué buscan Micaela y Rodrigo? Indicate what Micaela and Rodrigo are looking for in the bookstore.

MODELO   **Micaela busca unos libros.**

B. Es de... There are several items students checked in at the entrance to the bookstore. Tell to whom they belong.

MODELO   mochila (3) / Luis
                   Las mochilas son de Luis.

1. papel (5) / Andrés
2. cuaderno (2) / Julia
3. bolígrafo (4) / Raúl
4. lápiz (7) / Rodrigo
5. libro (14) / Micaela
6. mochila (1) / Carlos

> «**El problema** es del arquero, no de la flecha». (proverbio)
>
> ____ *Archers that don't know how to make arrows will have problems.*
>
> ____ *Don't blame your problems on your tools.*

Paso 2

1.4 Infinitives

Naming activities

Spanish verbs fall into three categories according to their endings: **-ar**, **-er**, and **-ir**. The verb form that ends in **-ar**, **-er**, or **-ir** is called an infinitive. **Necesitar** *(to need),* **ser** *(to be),* and **vivir** *(to live)* are three examples of Spanish infinitives. Notice that English infinitives are formed by *to + verb.*

Some frequently used **-ar**, **-er**, and **-ir** verbs are as follows:

bailar	*to dance*	necesitar	*to need*
buscar	*to look for*	pagar	*to pay*
comprar	*to buy*	preparar	*to prepare*
escribir	*to write*	tomar	*to drink, to take*
escuchar	*to listen to*	trabajar	*to work*
estudiar	*to study*	comer	*to eat*
hablar	*to talk, to speak*	leer	*to read*
llamar	*to call*	poder	*to be able*
mirar	*to look at, to watch*	saber	*to know*
nadar	*to swim*	ir	*to go*

Google™
BUSCA: Spanish infinitives

Heinle Grammar Tutorial: Regular Verbs

¡A practicar!

¿Con qué frecuencia? Indicate by checking the appropriate column if you do these activities often (**a menudo**) or seldom (**raramente**). In class, compare your results with those of several classmates to find who in the class is most like you.

	a menudo	raramente
1. tomar leche *(milk)*	_____	_____
2. hablar por teléfono	_____	_____
3. ir a conciertos	_____	_____
4. estudiar	_____	_____
5. mirar la televisión	_____	_____
6. leer libros	_____	_____
7. preparar la cena *(dinner)*	_____	_____
8. llamar a tus padres	_____	_____
9. comer en restaurantes	_____	_____
10. escuchar la radio	_____	_____

> «**Saber** es **poder**». (proverbio)
>
> ____ *Knowledge is power.*
>
> ____ *To know is to be able to grow.*

1.5 Subject pronouns and the verb *ser*: Plural forms

Stating origin of several people

Subject pronouns	
Plural	
we	**nosotros, nosotras**
you (familiar)	**vosotros, vosotras**
you (formal)	**ustedes**
they	**ellos, ellas**

In **Para empezar,** you learned that **tú** is a familiar form generally used when speaking to a friend, and **usted** is a more polite, formal form used to show respect or to address an individual you do not know well. **Vosotros(as)** (the plural of **tú**) and **ustedes** (the plural of **usted**) are used in the same way when speaking directly to more than one person. However, in the Americas, **ustedes** is used in place of **vosotros(as).** In your class, you should ask your instructor if both will be used or if preference will be given to **ustedes.**

⃗ Google™
BUSCA: Spanish
verb **ser**

**Heinle Grammar
Tutorial:** Uses of **ser**

The verb *ser*			
Singular		**Plural**	
yo	**soy**	nosotros(as)	**somos**
tú	**eres**	vosotros(as)	**sois**
usted	**es**	ustedes	**son**
él, ella	**es**	ellos, ellas	**son**

¡A practicar!

A. **¿De todas partes?** Classes begin next week and foreign students are starting to arrive on campus. Tell what countries they are from and give their nationality. You may want to refer to the **¿Sabías que...?** section on page 26 to complete activities A and B.

MODELO   Roberto Rojas y José Antonio Méndez / Colombia
**Roberto Rojas y José Antonio Méndez son de Colombia.
Son colombianos.**

1. Isabel y Julia Martínez / Venezuela
2. José Trujillo y Marta Cabezas / Cuba
3. Cecilia y Pilar Correa / Paraguay
4. Carlos Barros y tú / Costa Rica
5. Sonia Urrutia y Tomás Arias / Perú
6. tú y yo / Uruguay

B. Presentaciones. What do you say when your partner introduces these new friends to you?

MODELO   Víctor y Daniel / Nuevo México.
COMPAÑERO(A): **Víctor y Daniel son de Nuevo México.**
        Tú: **¡Ah, son norteamericanos!**

1. mis amigos Rafael y Lalo / Cuba
2. Teresa / Bolivia
3. Ángela y Manuel / Guatemala
4. Jaime y yo / México
5. Eduardo / Nicaragua
6. mi amiga Ángela / Argentina

«A veces **somos** clavito y a veces martillito». (proverbio)

___ *Sometimes we are victims, sometimes aggressors.*

___ *A hammer always hits the nail on the head.*

1.6 Adjectives: Plural forms
Describing people, places and things

You have learned that adjectives are words that describe a person, place, or thing and that, in Spanish, they usually follow the noun they describe.

■ The plural of adjectives that end in a vowel is formed by adding -**s**.

Singular		Plural	
Masculine	**Feminine**	**Masculine**	**Feminine**
alt**o**	alt**a**	alt**os**	alt**as**
grand**e**	grand**e**	grand**es**	grand**es**

■ The plural of adjectives that end in a consonant is formed by adding -**es**. As noted in **1.2**, exceptions to this rule are adjectives of nationality and those ending in -**dor**.

Singular	Plural
especial	especial**es**
liberal	liberal**es**
BUT:	
español	español**es**
española	español**as**
trabajador	trabajador**es**
trabajadora	trabajador**as**

■ Adjectives of nationality that end in a consonant add -**a** to form the feminine singular, -**es** to form the masculine plural, and -**as** to form the feminine plural.

Singular		Plural	
Masculine	**Feminine**	**Masculine**	**Feminine**
alemán *(German)*	alemana	alemanes	alemanas
inglés	inglesa	ingleses	inglesas
español	española	españoles	españolas

Google™ y
YouTube™ BUSCA:
Spanish adjectives
gender and number

**Heinle Grammar
Tutorial:** Adjectives

■ When one adjective describes two or more nouns, one of which is masculine, the masculine plural form of the adjective is used.

Ana y José son muy seri**os**.	*Ana and José are very serious.*
Gloria, Isabel y Pepe son muy desorganizad**os**.	*Gloria, Isabel, and Pepe are very disorganized.*

■ Nouns that refer to a group of people, called collective nouns, are usually singular: **la gente, la clase, todo el mundo, la familia, la policía, la mayoría,** etc. Adjectives modifying these nouns match them in gender and number.

Esta gente es muy trabajador**a**.	*These people are very hardworking.*
Todo el mundo está aburrid**o**.	*Everybody is bored.*

¡A practicar!

A. ¿Cómo son? People usually select friends who are similar to themselves. How would you describe the following pairs?

1. Julio es divertido. (Julio y José)
2. Paco es impaciente. (Paco y yo)
3. Lupita es liberal. (Lupita y Jorge)
4. Eduardo es muy atlético. (Eduardo y tú)
5. Marcelo es simpático. (Marcelo y Andrés)
6. Teresa es inteligente. (Teresa y Carmen)
7. Tú eres... (Tú y yo)

B. Hispanos famosos. Individually, describe these famous people. Write your descriptions on separate sheets of paper. Then compare your descriptions with those of your partner. Tell the class if you agreed on any.

MODELO **Penélope Cruz es inteligente y estupenda.**

Vocabulario útil

activo	divertido	inteligente
alto	elegante	serio
atlético	especial	simpático
bueno	estudioso	tímido
conservador	estupendo	trabajador

1. Jennifer López
2. Antonio Banderas
3. Shakira
4. Andy García
5. Frida Kahlo
6. Carlos Arroyo

«A palabras **necias** oídos **sordos**». (proverbio)

___ *Don't listen to foolish talk.*

___ *You say silly words when you are hard of hearing.*

1.7 Present tense of -ar verbs

Stating what people do

🔍 Google™ y YouTube™ BUSCA: Spanish grammar -ar verbs

Heinle Grammar Tutorial: The Present Indicative Tense

■ Spanish verbs are conjugated, that is, their forms are changed to reflect the person doing the action, the time of the action, and the attitude of the speaker. To conjugate a Spanish verb, the **-ar, -er,** or **-ir** ending of the infinitive is substituted with an appropriate ending.

Present-tense verb endings: -ar verbs	
Singular	**Plural**
(yo) necesit **-o**	(nosotros/as) necesit **-amos**
(tú) necesit **-as**	(vosotros/as) necesit **-áis**
(usted) necesit **-a**	(ustedes) necesit **-an**
(él, ella) necesit **-a**	(ellos, ellas) necesit **-an**

■ Since the conjugated endings of Spanish verbs indicate the subject, the use of personal pronouns (**yo, tú, nosotros**) is unnecessary.

■ The present tense of any Spanish verb has three possible equivalents in English statements and questions.

Compro ropa nueva.
{ *I buy new clothes.*
I am buying new clothes.
I do buy new clothes.

¿Compras ropa nueva?
{ *Do you buy new clothes?*
Are you buying new clothes?
You buy new clothes?

Note in the examples above that **ser** is never used in combination with another present-tense verb to express that someone is doing something. Also, the English auxiliary verb forms *do* and *does* do not exist in Spanish. When asking questions, the conjugated verb by itself communicates the idea of *do* or *does*. If the subject pronoun is stated in a question, it can follow or precede the verb.

¿Compra usted ropa nueva?
¿Usted **compra** ropa nueva?
{ *Do you buy new clothes?*
Are you buying new clothes?

■ As in English, a Spanish present-tense verb may have a future meaning.

Mañana **pago** las cuentas. *Tomorrow I will pay (I'm paying) the bills.*
¿Cuándo **lavamos** el coche? *When will we (do we) wash the car?*

■ Some frequently used **-ar** verbs are the following.

bailar	*to dance*	llevar	*to carry, to take, to wear*
buscar	*to look for*	mirar	*to look at, to watch*
comprar	*to buy*	nadar	*to swim*
escuchar	*to listen to*	necesitar	*to need*
hablar	*to speak*	pagar	*to pay*
lavar	*to wash*	preguntar	*to ask (a question)*
limpiar	*to clean*	preparar	*to prepare*
llamar	*to call*	tomar	*to drink, to take*

¡A practicar!

A. El fin de semana. What do you and your friends do on a typical Saturday?

MODELO   **Mi amigo Bryce habla por teléfono.**

Vocabulario útil

bailar en una discoteca	limpiar la casa
comprar refrescos	mirar la tele
escuchar la radio	nadar en la piscina *(swimming pool)*
hablar por teléfono	pagar las cuentas *(bills)*
lavar ropa *(clothes)*	preparar la comida

1. Yo
2. Mis amigas... y ...
3. Mi amigo...
4. ... y ...
5. Mi amiga...
6. Mis amigos..., ... y ...

B. ¡Los domingos siempre son especiales! Why are Sundays so special for you and your friends? Tell your partner what you and your friends do on Sundays, then listen as your partner tells you what he/she and his/her friends do. Inform the class if you do any of the same activites. Feel free to use the **Vocabulario útil** in the previous activity. You may want to begin with:
Por la mañana, yo...

«**Baila** y bebe, que la vida es breve». (proverbio)

___ *Drink and make merry while you can.*

___ *Life is too short to spend it drinking and dancing.*

1.8 The verb *ir*

Stating destination and what you are going to do

Google™ y YouTube™ BUSCA: Spanish grammar verb **ir**

Some Spanish verbs, such as the verb **ir** *(to go)*, are irregular. These verbs may have irregularities in the stem of the verb or in the verb endings. The verb **ir** has both.

ir *(to go)*			
(yo)	voy	(nosotros/as)	vamos
(tú)	vas	(vosotros/as)	vais
(usted)	va	(ustedes)	van
(él, ella)	va	(ellos, ellas)	van

When a destination is mentioned, **a** is always used.

Voy a la librería.	*I'm going to the bookstore.*
Ella **va a** un banco.	*She is going to a bank.*

Ir a + infinitive

The combination **ir a** + *infinitive* is used to express immediate future actions.

Vamos a estudiar esta noche en la biblioteca.	*We're going to study tonight in the library.*
Van a llamar mañana.	*They're going to call tomorrow.*

Contractions in Spanish: *al, del*

Whenever the definite article **el** is preceded by **a** or **de**, it contracts and becomes **al** or **del**. These are the only contractions in the Spanish language. In this lesson you will practice **al**.

Vamos **al** teatro.	*We're going to the theater.*
La profesora va **al** laboratorio.	*The professor is going to the laboratory.*
Es Pepe. Llama **del** banco.	*It's Pepe. He's calling from the bank.*

¡A practicar!

A. ¿Adónde van todos? Where does your roommate say your friends are going when you try to guess what plans they have?

MODELO ¿Adónde *(Where)* va Marta? ¿A la cafetería? (Café Bistro)
No, Marta no va a la cafetería, va al Café Bistro.

1. ¿Adónde va Ángela? ¿A la discoteca? (teatro)
2. ¿Adónde van Rodrigo y José? ¿Al laboratorio? (biblioteca)
3. ¿Adónde va el profesor Castillo? ¿A la librería? (banco)
4. ¿Adónde van tú y Alicia? ¿Al teatro? (fiesta)
5. ¿Adónde van Julio y Raquel? ¿A Miami? (San Francisco)
6. ¿Adónde van tú y Paco? ¿Al laboratorio? (gimnasio)

B. ¿Qué van a hacer? You want to know what your friends are going to do tomorrow. Ask your partner.

MODELO TÚ: **¿Qué van a hacer... y...?**
COMPAÑERO(A): **Van a estudiar en la biblioteca.**

Vocabulario útil

comer en el café/la cafetería/el restaurante
comprar libros/refrescos/ropa en la librería/el supermercado/Macy's
comprar refrescos/comida/cerveza para la fiesta
llamar a sus padres/amigos/tíos/abuelos
lavar ropa/platos
limpiar su cuarto/casa
mirar tele/DVD
nadar en la piscina de la universidad/fraternidad
pagar cuentas
preparar la lección de español/biología/matemáticas

1. tú	3. ... y ...	5. ..., ... y ...
2. ...	4. tú y ...	6. tú, ... y ...

«**Vamos** de Guatemala a Guatepeor». (dicho popular)

____ *We're going from bad to worse.*

____ *We're going on the worst road to Guatemala City.*

CAPÍTULO 2

Hay tanto que hacer... ¡en Puerto Rico!

In this chapter, you will learn how to . . .

- name and describe various jobs.
- ask and answer job-related questions and more.
- talk about what people are doing.
- talk about what you do and when you do it.

Comunicación

¿QUÉ SE DICE... ?

- Al hablar del trabajo
- Al hacer preguntas
- Al describir en el presente

Cultura

¿SABÍAS QUE... ?

Los puertorriqueños en Nueva York
La industrialización en Puerto Rico
El Viejo San Juan, El Morro y El Yunque

NOTICIERO CULTURAL

Puerto Rico: la isla del encanto

VIDEO CULTURAL

Puerto Rico, ¡destino de turistas!

EL RINCÓN DE LOS LECTORES

Los caribeños: fusión de tres razas

En preparación

PASO 1

2.1 Present tense of **-er** and **-ir** verbs
2.2 Three irregular verbs: **tener, salir, venir**

PASO 2

2.3 Interrogative words
2.4 Numbers 0–199
2.5 Possessive adjectives

PASO 3

2.6 Telling time
2.7 Days of the week, months, and seasons

Destrezas

¡A ESCUCHAR!

Anticipating what you will hear

¡A VER!

Anticipating what you will see and hear

¡A ESCRIBIR!

Brainstorming and listing

¡A LEER!

Using titles and visual images to predict content

Search Puerto Rican **food** *in YouTube*™ *to see some culinary delights from the island.*

Search Puerto Rican **medicine** *in YouTube*™ *to get an idea of how advanced this field is on the island.*

¡Las fotos hablan!

A que ya sabes... Selecciona las profesiones y actividades de cada una de las personas de las fotos.

- ☐ médica
- ☐ habla con pacientes
- ☐ jugador de béisbol
- ☐ prepara comida
- ☐ jugador de baloncesto
- ☐ selecciona el menú
- ☐ cocinero
- ☐ practica el béisbol
- ☐ visita enfermos en el hospital

Search Puerto Rican **baseball players** *in YouTube*™ *to see other Puerto Rican baseball players in action.*

¿Vienes a trabajar en... San Juan?

TAREA

Antes de empezar este *Paso*, estudia la lista de vocabulario de la página 82 y escucha el corte 28 de tu Text Audio CD1. Luego estudia *En preparación*.

1er día   2.1 Present tense of **-er** and **-ir** verbs, páginas 84–85

2do día   2.2 Three irregular verbs: **tener, salir, venir,** página 86

Haz por escrito los ejercicios de *¡A practicar!* correspondientes.

🔍 **Google™ Images** BUSCA: Clasificados

¿Eres buen observador?

Solicitamos para área de Carolina. Director(a) de escuela primaria, Bibliotecario(a) o Asistente, Maestros(as) Bilingües. Español Superior, Física, Inglés, Economía Doméstica.

Enviar Resumé: P.O. Box 41957, Minillas Sta., San Juan, PR 01940–1177. Compañía con Igualdad de Oportunidad en el Empleo.

Se solicita: Farmacéutico(a) con licencia

Horarios de lunes a viernes diurnos o nocturnos. Buenas prestaciones. Salario más de $65.000 anuales. Estacionamiento exclusivo. Para más información llamar al: 723-708-2239 o enviar currículum vitae por fax al 723-708-2250.

Se solicita: Empleado(a) con Bachillerato en Administración de Empresas con concentración en recursos humanos para puesto de Gerente. Debe ser completamente bilingüe, con excelente conocimiento en computadoras y tener experiencia previa. Interesados favor enviar currículum vitae al fax 723-708-2280.

Mesero(a). Cocineros(as). Lavaplatos. Restaurantes de: San Patricio 787-778-7557 y Caguas 787-765-0923. Requisitos: mayores de 18 años. Disponibilidad para trabajar fines de semana y días feriados. Orientado(a) al servicio al cliente. Oportunidades de crecimiento profesional. Si te interesa ven a hablar con nosotros en el restaurante de lunes a jueves de 2:30 P.M. a 5:00 P.M.

Ahora, ¡a analizar!

A. En los clasificados. Completa estas oraciones con la información correcta, según la información de los clasificados. Usa las palabras: gerente, farmacéutico(a), maestro(a), cocinero(a).

1. Necesitan un(a)... bilingüe para trabajar con niños.
2. Necesitan un(a)... para vender medicinas durante el día o por la noche.
3. Necesitan un(a)... para trabajar en la cocina de un restaurante.
4. Buscan un(a)... para entrevistar a los nuevos empleados.
5. Necesitan un(a)... en restaurante para trabajar los fines de semana.

B. Combinaciones. Indica la actividad de la columna B que mejor combina con cada palabra de la columna A.

A	B
maestra	vender medicinas
director de escuela	servir comidas
bibliotecario	enseñar
mesero	dirigir una escuela
cocinera	administrar una biblioteca
farmacéutico	cuidar la salud de los animales
veterinaria	preparar comida

¿Qué se dice...? 🎧

Al hablar del trabajo

🎧
CD1,
Track 18
Esmeralda Santiago es una famosa escritora puertorriqueña que vive en los Estados Unidos. Ella narra su experiencia que tiene como inmigrante puertorriqueña en los Estados Unidos tanto en inglés como en español. Los estudiantes de muchas universidades norteamericanas leen las memorias de Esmeralda Santiago para estudiar la conciencia emocional y la identidad cultural. Graduada de la Universidad de Harvard con honores de magna cum laude, Esmeralda después continúa una maestría en Sarah Lawrence College. En su primer libro, *Cuando era puertorriqueña/When I Was Puerto Rican*, Esmeralda Santiago narra su niñez y explica su infancia en Puerto Rico, donde pasa los días muy feliz con su familia. (¡Ella es la mayor de once hermanos!)

↗ Google™ **Images** y **YouTube**™
BUSCA: Esmeralda Santiago

🎧
CD1,
Track 19
Rosie Pérez es una actriz puertorriqueña que actúa en muchas películas importantes. Para llegar a ser actriz, Rosie abandona la idea de ser bióloga marina y estudiar la vida de los animales y plantas marítimos. Rosie es también una dedicada activista que sale con frecuencia a la calle a luchar contra la epidemia del SIDA en el mundo. Como activista también contribuye a otras causas importantes: la paz y los derechos de la mujer.

↗ Google™ **Images** y **YouTube**™
BUSCA: Rosie Pérez

🎧
CD1,
Track 20
William Rodríguez, el portero puertorriqueño de la Torre Norte del World Trade Center, es un héroe de fama mundial. Ese día, el 11 de septiembre de 2001, William viene como siempre a su trabajo, pero ese día ayuda a más de 15 personas gravemente heridas por las primeras explosiones a salir del edificio. Además, con su llave maestra, William abre rápidamente las puertas a los bomberos y los ayuda a rescatar a muchas personas que gracias a él salen con vida.

↗ Google™ **Images** y **YouTube**™
BUSCA: William Rodríguez

Indica quién de estas personas puede decir las siguientes oraciones, según la información de arriba: Esmeralda Santiago (**ES**), Rosie Pérez (**RP**) o William Rodríguez (**WR**).

_____ Tengo 10 (diez) hermanos.
_____ Salgo a la calle a defender los derechos de la mujer.
_____ Vengo de Puerto Rico con mi mamá.
_____ Tengo acceso a todas las zonas de la Torre Norte.
_____ La profesión que tengo es de actriz.
_____ Vengo todos los días a trabajar a una de las torres del World Trade Center.

Casi una tercera parte (1/3) de todos los puertorriqueños vive en Nueva York. En efecto, hay más puertorriqueños en Nueva York que en San Juan, la capital de la isla. Cada año, a principios de junio, se celebra la Semana Puertorriqueña de Nueva York, la cual termina con el Desfile Puertorriqueño, el más grande de todos los desfiles de la ciudad.

En tu opinión: ¿Por qué hay más puertorriqueños en Nueva York que en San Juan? Si consideramos el clima tan agradable de Puerto Rico, ¿cuál es la atracción de ir a Nueva York para ellos? ¿Por qué participa tanta gente en el Desfile Puertorriqueño?

Ahora, ¡a hablar!

EP 2.1

A. ¿Qué es? Lee estas descripciones para que tu compañero(a) identifique qué profesión se describe: maestro(a), secretario(a), cocinero(a), portero(a), arquitecto(a), médico(a), juez, mesero(a), abogado(a), dependiente(a).

Empleos para estudiantes

1. Vende libros y otros artículos en una librería. También recibe el dinero de los clientes y tiene control de la caja *(cash register)*.

2. Trabaja en el restaurante Borinquén de Ponce. Toma la orden cuando los clientes deciden qué van a comer o beber.

3. Trabaja en un edificio del Viejo San Juan. No llega al trabajo hasta la medianoche pero no sale hasta las 9:00 de la mañana. Es responsable de algunas zonas y aspectos del edificio, especialmente la seguridad.

4. Trabaja en la oficina del vice presidente de la universidad. Recibe a visitas y escribe varias comunicaciones en la computadora.

5. Trabaja en el restaurante Los Chavales en San Juan. Generalmente llega al restaurante muy temprano por la mañana y prepara comida para mucha gente. No sale del restaurante hasta casi la medianoche. Decide el menú.

Empleos para graduados

6. Tiene oficina, pero también visita a las personas en los hospitales. Receta medicamentos y recomienda dietas y ejercicio.

7. Trabaja generalmente con niños y adolescentes. Tiene que preparar muchas clases y es muy dedicado y muy trabajador. Con frecuencia viene al trabajo por la noche y se reúne con los padres de los niños y adolescentes.

8. Trabaja con diseños de casas y otros edificios: fábricas, centros comerciales, hospitales...

9. Es especialista en cuestiones legales. Representa a las personas a veces ante los tribunales.

10. Persona con mucha autoridad que juzga y decide las sentencias de los casos que se presentan en su corte.

B. ¿Qué hacen? Con tu compañero(a), describan las profesiones y actividades de estos puertorriqueños. Usen las palabras a continuación u otras palabras.

EP 2.1

Jugador de béisbol puertorriqueño Carlos Beltrán

Cocinero puertorriqueño Roberto Alegría

Médica puertorriqueña Isabel Romero

Escritora puertorriqueña Esmeralda Santiago

Actriz puertorriqueña Rosie Pérez

Héroe puertorriqueño William Rodríguez

MODELO   **Esmeralda Santiago escribe libros.**

Vocabulario útil

practicar	pacientes	salir
examinar	hablar	películas
venir	la comida	ayudar
deportes	libros	trabajar
enfermos	escribir	a la gente
preparar	hacer	abrir

C. ¿Qué es y qué hace? Con tu compañero(a), túrnense para decir qué trabajo o profesión tienen estas personas y describir lo que hacen. La idea es ver quién puede describir más puestos correctamente.

EP 2.1, 2.2

MODELO   Carlos Lagunas: arquitecto
       Carlos Lagunas es arquitecto. Él diseña casas y edificios.

1. la Sra. Julia Mendieta: arquitecta
2. Juvenal Ortiz y Teresa Lozada: abogados
3. Ramona Méndez: cocinera
4. la Sra. Kitty Durán y el Sr. Oswaldo Almendarez: maestros
5. la Srta. Josefina Valle: juez
6. el Dr. Ricardo Castillo: médico
7. la Dra. Carmen Alemán: veterinaria
8. Jennifer López
9. tú y tus mejores amigos(as)
10. Francisco Rodríguez, Fabián Samaniego y Thomas Blommers

D. ¡Hacen varias cosas! Describe lo que hace una de estas personas. Luego tu compañero(a) va a añadir (add) a la lista de responsabilidades y describir lo que hace otra persona. Tú debes añadir a su lista y continuar con otra persona hasta describir a todas las personas.

MODELO   Tú: **El periodista escribe artículos y lee el periódico.**
       COMPAÑERO(A): **Tiene otras responsabilidades. Busca errores en sus artículos y entrevista a personas. Ahora, la secretaria...**

EP 2.1, 2.2

Y ahora, ¿por qué no conversamos?

E. ¿A quién describe? Selecciona tres (3) de estos empleos y, sin decir cuáles son, describe cada uno para ver si tu compañero(a) adivina *(guesses)* cuál describes.

profesor(a)	escritor(a)	cantante	soldado	pintor(a)
dependiente(a)	periodista	cocinero(a)	médico(a)	mesero(a)
gerente	secretario(a)	veterinario(a)	enfermero(a)	actor/actriz

F. ¡Luces! ¡Cámara! ¡Acción! Es el año 2015 y estás en una reunión con varios de tus compañeros de clase en la universidad. Ahora todos describen su profesión. Claro *(Of course)*, todos tratan de *(try to)* impresionar a los otros. Dramatiza la situación con tres compañeros.

G. ¡Nuestra comunidad! En tu universidad o comunidad, entrevista a un(a) profesional hispano(a). Determina dónde trabaja, qué hace, si considera que es un buen puesto o no y por qué. Ven a clase preparado(a) para compartir los datos de tu entrevista.

Un paso atrás, dos adelante

Capítulo 1

Repasemos. En el Capítulo 1 aprendiste a hablar de ti y de otras personas. Aprendiste a hablar de tus clases y de tus actividades, así como de tus planes en un futuro inmediato. Repasa lo que sabes, completando el siguiente texto con las palabras necesarias.

¡Hola! Me llamo _____ [tu nombre] y soy de _____ [el nombre de tu ciudad]. Yo _____ [verbo] en _____ [lugar *(place)*] y también _____ [verbo] en _____ [lugar]. Mis amigos opinan que yo soy _____ [tu personalidad] y _____ [tu personalidad] pero yo opino que soy _____ [tu personalidad] y _____ [tu personalidad].

Mis actividades favoritas son _____ [un deporte], _____ [un pasatiempo] y _____ [otra actividad]. Mi clase favorita es _____ [nombre de la clase].

Este año, para las vacaciones, voy a ir a _____ [país en Latinoamérica] porque los _____ [nacionalidad del mismo país] son muy _____ [característica] y _____ [característica].

¡_____! [despedida]

Saber comprender 🎧 CD1, Track 21

Estrategias para escuchar: predecir

Anticipating or predicting what people are likely to talk about makes it much easier to understand spoken Spanish. When listening to spoken Spanish, it always helps to consciously anticipate or predict what the conversation could be about before you listen.

Predecir. In this recorded dialogue you will hear Estela and Julio, two working students, talk about their part-time jobs. Write down three things that you think they might say, and then, after you listen to the recording, check to see if you anticipated correctly.

1. _____
2. _____
3. _____

Ahora, ¡a escuchar!

Now listen as your instructor plays the dialogue between Julio and Estela and, working in pairs, answer the questions that follow.

1. ¿Qué hacen Julio y Estela? Indica si Estela (**E**) o Julio (**J**) hacen las siguientes actividades.

    _____ a. Tiene muchos clientes.

    _____ b. Necesita mirar los anuncios clasificados en el periódico.

    _____ c. Está aburrido.

    _____ d. Escribe en la computadora todo el día.

    _____ e. Vende ropa.

    _____ f. Es dependienta.

    _____ g. Dice que su trabajo es interesante.

    _____ h. Trabaja en una clínica.

2. ¿Cómo es el trabajo de Julio?

    ☐ divertido

    ☐ aburrido

    ☐ muy interesante

3. ¿Qué prefiere hacer Estela?

    ☐ mirar los anuncios clasificados

    ☐ buscar empleo

    ☐ estar en contacto con los clientes

Puerto Rico: la isla del encanto

San Juan

PUERTO RICO

La hermosa isla de Puerto Rico, llamada «Borinquén» por los indígenas, está situada en el mar Caribe. Con una extensión de tres mil cuatrocientas treinta y cinco millas cuadradas (3.435 mi^2), es más pequeña que Cuba, Haití, la República Dominicana y Jamaica y un poquito más grande que el estado de Delaware.

La relación entre los Estados Unidos y Puerto Rico está marcada por la cuestión de la independencia, la estadidad (convertirse en un estado más de los EE.UU.) o simplemente seguir como Estado Libre Asociado (como lo es desde 1952). Los puertorriqueños debaten desde hace muchos años si deben convertirse en el estado número cincuenta y uno (51), o bien convertirse en un país independiente. Sin embargo, mantenerse como Estado Libre Asociado es la opción más popular hasta ahora.

Campaña por la estadidad
Google™ **Images** y **YouTube**™
BUSCA: Borinquén; Puerto Rico

PUERTO RICO

Nombre oficial
Estado Libre Asociado de Puerto Rico

Capital
San Juan

Población
4.000.000 aprox. otros 3.000.000 en los EE.UU. continentales

Unidad monetaria
dólar estadounidense

Índice de longevidad
78,5 años

Alfabetismo
94,1 por ciento

Los puertorriqueños...

- son ciudadanos de los EE.UU. desde 1917
- no necesitan pasaporte para entrar en los EE.UU.
- que viven en los EE.UU. votan en las elecciones presidenciales de los EE.UU.
- que viven en la isla no pagan impuestos federales
- aprobaron en 1991 tener dos lenguas oficiales, el español y el inglés
- tienen grandes industrias textiles, farmacéuticas, petroquímicas y electrónicas

■ Google™ **Images** y **YouTube**™ BUSCA: Rita Moreno, Héctor Elizondo, Raúl Juliá ...

Los embajadores culturales puertorriqueños siguen impactando el campo del cine, del teatro, del arte, de la literatura, de la música y de los deportes en los Estados Unidos y el mundo. A continuación nombramos a solo unos cuantos de los muchos multitalentosos escritores, pintores, actores, cantantes, músicos y deportistas puertorriqueños: Rita Moreno, Héctor Elizondo, Raúl Juliá, Rosie Pérez, Freddie Prinze, Jennifer López, Jimmy Smits, Ricky Martin, Esmeralda Santiago, Piri Thomas, Miguel Piñero, Rosario Ferré, Pablo Casals, Marc Anthony, José Feliciano, Tito Puente, los Alomar, Héctor "Macho" Camacho, Juan "Chi-Chi" Rodríguez y muchos más.

⚡ **Por el ciberespacio... a Puerto Rico**

Keywords to search:

Estadidad
Vieques
Puerto Rican Hall of Fame

To learn more about Puerto Rico, go to the *¡Dímelo tú!* website at academic.cengage.com/spanish/dimelotu

Y ahora, dime...

Contesta estas preguntas con un(a) compañero(a) de clase.

1. ¿Cómo se compara Puerto Rico con tu estado? En tu comparación considera la población, el tamaño *(size)* y la historia.
2. En tu opinión, ¿se beneficia Puerto Rico al convertirse en el estado 51 de los Estados Unidos? Y los Estados Unidos, ¿se benefician al tener 51 estados en lugar de 50? ¿Por qué sí o por qué no?
3. ¿Qué puertorriqueños famosos conoces *(do you know)*? ¿Cuál te gusta más *(do you like the most)*? ¿Por qué?
4. ¿Tiene Puerto Rico una relación especial con los Estados Unidos? Da cuatro o cinco ejemplos para apoyar *(support)* tu opinión.

¿Qué tal va tu vida... en Puerto Rico?

TAREA

Antes de empezar este *Paso*, estudia la lista de vocabulario de las páginas 82–83 y escucha el corte 29 de tu Text Audio CD1. Luego estudia *En preparación*.

1er día   2.3 Interrogative words, páginas 87–88

2.4 Numbers 0–199, páginas 89–90

2do día   2.5 Possessive adjectives, páginas 90–91

Haz por escrito los ejercicios de *¡A practicar!* correspondientes.

✦ **Google**™ **Images** y **YouTube**™
BUSCA: Ricky Martin

¿Eres buen observador?

Ahora, ¡a analizar!

Livin' la vida loca. Mira la carátula de este CD, y luego responde a estas preguntas.

1. ¿Qué tipo de disco es?
2. ¿Cómo se llama el disco?
3. ¿Cuántas canciones tiene?
4. ¿De qué cantante son las canciones?
5. ¿Cuánto crees que puede costar, más o menos?
6. ¿En qué ocasión (ocasiones) se usa este disco?
7. ¿Cuál es tu canción favorita del disco?
8. Según tu opinión, ¿cuál es la canción más famosa de este cantante?

¿Qué se dice...? 🎧

🎧 Al hacer preguntas

CD1,
Track 22

—Hola, buenos días, señorita Pérez. Soy Janet
Rodríguez y escribo para el diario *El Nuevo
Día* de Puerto Rico. ¿Cómo está usted hoy?
—Muy bien.
—Muchas gracias por su tiempo. Comprendo
que usted es una persona muy ocupada. Estas
son mis preguntas, ¿me las puede responder?

- ¿Cómo describe usted su infancia?
- En su infancia, ¿cuántas personas hay en su
  familia?
- ¿Quién es la persona que descubre a Rosie
  Pérez en su carrera como actriz?
- ¿Qué opina usted del Desfile Puertorriqueño de Nueva York? ¿Es importante para
  nuestra identidad?

Janet Rodríguez

▶ **YouTube**™ BUSCA: Interview with
Rosie Pérez

🎧 En su entrevista con Esmeralda Santiago, Janet Rodríguez pregunta lo siguiente.

CD1,
Track 23

- ¿Qué cree que la gente va a recordar de su vida y su carrera?
- ¿Cuándo viaja por primera vez desde Puerto Rico a los Estados Unidos?
- ¿Cuál de los tres libros de sus memorias es más famoso?
- ¿Dónde vive usted ahora?
- ¿En qué idioma escribe normalmente, en inglés o en español? ¿Por qué?

▶ **Google**™ **Images** BUSCA: Interview
with Esmeralda Santiago

🎧 En su entrevista con William Rodríguez, Janet Rodríguez pregunta lo siguiente.

CD1,
Track 24

- La mañana del 11 de septiembre, ¿dónde está usted?
- ¿Cuántas personas viven hoy gracias a su heroísmo?
- ¿Cómo vive usted hoy la tragedia del 11 de septiembre?
- ¿Qué lecciones podemos y debemos aprender del 11 de septiembre?
- La muerte de más de 3.000 personas es especialmente terrible para sus familias.
  ¿Hay entre esas víctimas algún amigo de usted?

▶ **Google**™ **Images** y **YouTube**™
BUSCA: Interview with William
Rodríguez

Marca las palabras interrogativas que la reportera Janet Rodríguez usa con Rosie Pérez
(**1**), Esmeralda Santiago (**2**) o William Rodríguez (**3**). Es posible usar las mismas palabras con varias personas.

_____ ¿Cómo?   _____ ¿Cuándo?   _____ ¿Por qué?   _____ ¿Qué?
_____ ¿Cuál?   _____ ¿Dónde?   _____ ¿Cuántos(as)?   _____ ¿Quién?

¿Sabías que...?

Desde 1980, la economía de Puerto Rico se basa principalmente en el sector
industrial. En particular, un cuarenta por ciento (40%) de la producción anual
incluye la industria biotecnológica, la farmacéutica, la petroquímica y la electrónica. Muchos de los graduados universitarios puertorriqueños trabajan en estas
industrias.

En tu opinión: ¿Por qué crees que estas industrias se establecen en Puerto
Rico? ¿En qué industrias trabaja la mayoría de graduados en los Estados Unidos
continentales?

Ahora, ¡a hablar!

EP 2.3

A. Es muy interesante. Hay un(a) nuevo(a) empleado(a) muy interesante donde tú trabajas. Hazle *(Ask him/her)* estas preguntas. Tu compañero(a) va a hacer el papel *(play the role)* del empleado y contestar tus preguntas.

MODELO   Hola. ¿_____ te llamas?

Tú: **Hola. ¿Cómo te llamas?**

Compañero(a): **Hola, soy [nombre].** o

Me llamo [nombre].

1. ¿_____ estás hoy?
2. ¿_____ eres?
3. ¿_____ vives ahora *(now)*?
4. ¿_____ tipo de trabajo haces aquí?
5. ¿_____ horas trabajas?
6. ¿_____ es tu jefe(a)?
7. ¿_____ tomas un descanso?
8. ¿_____ no tomamos un café? Yo invito.

EP 2.4

A propósito...

The verb **hay** is both singular and plural and means *there is* and *there are*. The question **¿Hay...?** means *Is there...?* or *Are there...?*

B. ¡Es increíble! En un control de seguridad en el acceso *(entrance)* a la universidad, la policía encontró una gran cantidad y variedad de objetos. Ahora unos estudiantes preguntan por sus objetos. ¿Qué preguntan los estudiantes y qué contesta la policía? Tu compañero(a) hace el papel de la policía.

MODELO   libros de biología (18)

Tú: **¿Hay un libro de biología?**

Compañero(a): **¿Uno? ¡Hay dieciocho libros de biología!**

1. iPods (26)
2. libros de español (73)
3. lápices y bolígrafos (152)
4. computadoras portátiles (15)
5. diccionarios español-inglés (10)
6. botellas de agua (19)
7. tarjetas de crédito (197)
8. hojas de papel (174)
9. teléfonos celulares (21)
10. discos compactos (113)

EP 2.5

C. ¿De quién es? Después del control de la policía muchos objetos todavía están sin dueño *(without an owner)*. Es la hora de reclamarlos, por turnos. (Cada estudiante en la clase debe poner algo suyo en la mesa: un lápiz, una mochila, un libro, ... Luego su instructor(a) va a pedirles a varios estudiantes que pasen al frente *(front)* de la clase y pregunten de quién es cada objeto. Los dueños van a reclamarlos).

MODELO

Estudiante 1: **Hay unos bolígrafos. ¿Es tu bolígrafo?**

Estudiante 2: **Sí, es mi bolígrafo.** o

Dueño(a): **No es su bolígrafo. Son mis bolígrafos.**

EP 2.3, 2.5

D. ¿Tú también? Tú estás muy entusiasmado(a) porque acabas de conseguir *(just got)* empleo de tiempo parcial. Llamas a tu mejor amigo(a) para darle las noticias *(news)* y descubres que tu mejor amigo(a) también acaba de conseguir empleo de tiempo parcial. Pregúntale acerca de su nuevo puesto y cuéntale *(tell him/her)* cómo es tu puesto, basándote en los dibujos en la página 73. Hablen de estos temas... y otros.

MODELO   Tú: **¿Qué tipo de empleo es?**
Compañero(a): **Trabajo de dependienta en la tienda de ropa del padre de mi amigo. Y tú, ¿qué haces?**
Tú: **Trabajo de cocinero(a) en el restaurante de mi padre.**

1. tipo de trabajo
2. horas
3. jefe(a)
4. compañeros(as) de empleo
5. salario
6. ¿...?

Y ahora, ¿por qué no conversamos?

E. ¡Aló! Escribe un número de teléfono en un papelito y en tu cuaderno para recordarlo *(remember it)*. Tu instructor(a) va a recoger *(pick up)* los números y redistribuirlos. Ahora lee el número que tienes en el papelito. La persona que reconoce *(recognizes)* el número que escribió debe decir *¡Aló!* Luego los dos deben conversar al hacerse cuatro preguntas o más.

F. ¡Luces! ¡Cámara! ¡Acción! El departamento de mercadotecnia *(marketing research)* de tu universidad te contrata para entrevistar a varios estudiantes sobre sus empleos, con el objetivo de mostrar *(show)* a futuros estudiantes cómo trabajan. Con tres compañeros(as), dramaticen la entrevista.

- Saludos
- Presentaciones
- Preguntas generales sobre su empleo
- Preguntas sobre las actividades que hacen en ese empleo
- Preguntas sobre si disfrutan *(enjoy)* el trabajo o no
- Otras cosas de tu interés

¡Escríbelo!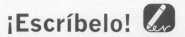

Estrategias para escribir: concebir ideas

When preparing to write, it always helps to brainstorm first, that is, to list as many thoughts as possible about what you are going to write. When brainstorming, it is important to write down as many ideas as come to mind on a given topic. Always try to think in Spanish when brainstorming. This will help you to stay focused on the vocabulary and concepts that you have already acquired. Thinking in English first and then translating into Spanish will inevitably lead you to use structures and vocabulary that you may not have acquired yet.

Concebir ideas. Prepare to interview a fellow classmate by taking a moment to brainstorm a list of questions you might ask a new student you just met. For example, you might begin with:

¿Cómo te llamas?
¿De dónde eres?
¿Qué estudias?
¿Cuál es tu especialización *(major)?*

Ahora, ¡a escribir!

A. En preparación. Prepárate para hacer las preguntas y entrevistar a un(a) compañero(a) usando la lista de preguntas que concebiste durante tu lluvia de ideas *(brainstorming).*

B. Ahora, a compartir. Comparte tu lista de preguntas con dos compañeros(as) de clase. Toma notas de las preguntas que tienen ellos. Haz comentarios sobre las preguntas que han concebido tus compañeros(as) y escucha los comentarios de ellos(as) sobre tus preguntas. Si hay errores de ortografía *(spelling)* o de gramática, corrígelos.

C. El primer borrador. Decide qué compañero(a) deseas entrevistar y usa las ideas que concebiste en las partes **A** y **B** para escribir la lista de preguntas que vas a hacerle a ese(a) estudiante. Haz por lo menos ocho preguntas y escribe las respuestas de tu compañero(a). Puedes hacer preguntas adicionales sobre algún tema que encuentres interesante.

D. La versión final. Decide si es necesario hacer cambios en tu escritura en base a las respuestas de tu compañero(a). Prepara una versión final de tu entrevista con preguntas y respuestas y entrégala al (a la) instructor(a).

Puerto Rico...
¡esto es vida!

¿Eres buen observador?

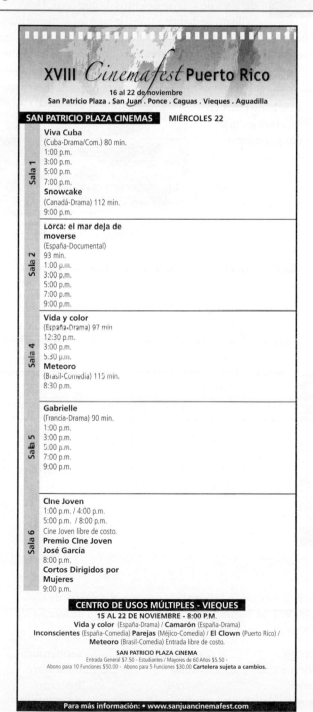

XVIII *Cinemafest* Puerto Rico

16 al 22 de noviembre
San Patricio Plaza . San Juan . Ponce . Caguas . Vieques . Aguadilla

SAN PATRICIO PLAZA CINEMAS   MIÉRCOLES 22

Sala 1

Viva Cuba
(Cuba-Drama/Com.) 80 min.
1:00 p.m.
3:00 p.m.
5:00 p.m.
7:00 p.m.
Snowcake
(Canadá-Drama) 112 min.
9:00 p.m.

Sala 2

Lorca: el mar deja de moverse
(España-Documental)
93 min.
1:00 p.m.
3:00 p.m.
5:00 p.m.
7:00 p.m.
9:00 p.m.

Sala 4

Vida y color
(España-Drama) 97 min
12:30 p.m.
3:00 p.m.
5:30 p.m.
Meteoro
(Brasil-Comedia) 115 min.
8:30 p.m.

Sala 5

Gabrielle
(Francia-Drama) 90 min.
1:00 p.m.
3:00 p.m.
5:00 p.m.
7:00 p.m.
9:00 p.m.

Sala 6

Cine Joven
1:00 p.m. / 4:00 p.m.
5:00 p.m. / 8:00 p.m.
Cine Joven libre de costo.
Premio Cine Joven José García
8:00 p.m.
Cortos Dirigidos por Mujeres
9:00 p.m.

CENTRO DE USOS MÚLTIPLES - VIEQUES
15 AL 22 DE NOVIEMBRE - 8:00 P.M.
Vida y color (España-Drama) / **Camarón** (España-Drama)
Inconscientes (España-Comedia) **Parejas** (Méjico-Comedia) / **El Clown** (Puerto Rico) /
Meteoro (Brasil-Comedia) Entrada libre de costo.

SAN PATRICIO PLAZA CINEMA
Entrada General $7.50 - Estudiantes / Mayores de 60 Años $5.50 -
Abono para 10 Funciones $50.00 - Abono para 5 Funciones $30.00 **Cartelera sujeta a cambios.**

Para más información: • www.sanjuancinemafest.com

TAREA

Antes de empezar este *Paso*, estudia la lista de vocabulario de la página 83 y escucha el corte 30 de tu Text Audio CD1. Luego estudia *En preparación.*

1er día   2.6 Telling time, páginas 92–93

2do día   2.7 Days of the week, months, and seasons, páginas 94–95

Haz los ejercicios de ¡*A practicar!* correspondientes.

Ahora, ¡a analizar!

Mucho cine. Selecciona la mejor respuesta según la información del programa.

1. Este horario de Cinemafest es para...
   a. una semana.   b. un día.   c. un mes.

2. Las películas de estos días se proyectan en...
   a. una sala.   b. varias salas.   c. varias ciudades.

3. Si estás libre solo a las cuatro de la tarde del miércoles y no tienes dinero, puedes ver...
   a. *Vida y color.*
   b. *Gabrielle.*
   c. *Cine joven.*

¿Qué se dice...?

Al describir en el presente

 You Tube™ BUSCA: William Rodríguez Ignoring 9–11

CD1, Track 25

El martes 11 de septiembre de 2001, el puertorriqueño William Rodríguez viene a su trabajo en una mañana ordinaria de sus 19 años en las torres del World Trade Center. Ese día tiene la terrible experiencia de perder a más de doscientos amigos. Esa mañana de otoño en Nueva York, William es el último civil que sale con vida de la Torre Norte, después de ayudar a cientos de personas. Hoy, William se dedica a trabajar para las víctimas hispanas del 11 de septiembre, y ha reunido más de 122 millones de dólares de ayuda para las víctimas. Su percepción sobre los hechos del 11 de septiembre es también muy interesante.

CD1, Track 26

En la película *Te puede pasar a ti* (también llamada *La lotería del amor*), Charlie Lang (Nicolas Cage), un policía de Nueva York, entra en una cafetería un día en el mes de julio y conoce a Yvonne (Bridget Fonda), una mesera. Como no tiene dinero para la propina, Charlie decide compartir un boleto de lotería y promete volver para compartir el premio con ella en caso de ganar. Sorprendentemente, el boleto resulta ganador con cuatro millones de dólares y Charlie mantiene su promesa. Su esposa Muriel (Rosie Pérez) tiene

Google™ **Images** BUSCA: *It could happen to you*

otros planes para el dinero, y Charlie ignora los problemas que su decisión va a traer.

CD1, Track 27

CUANDO ERA PUERTORRIQUEÑA

"Conmovedoras y reveladoras... [estas memorias] asumen un lugar singular dentro de la literatura latina contemporánea." —Los Angeles Times

ESMERALDA SANTIAGO

La mamá de Esmeralda decide salir de Puerto Rico con tres de sus hijos un mes de agosto. En un viaje que dura algunas horas, Esmeralda pasa de ser puertorriqueña en Macún a hispana en Brooklyn. Para el mes de octubre, y ya en los Estados Unidos, van a comprar ropa para el invierno. Los puertorriqueños temen el invierno de Nueva York, especialmente el primer año, porque no están acostumbrados al frío. El 7 de octubre de 1961, Esmeralda y su mamá van al aeropuerto a buscar a los cuatro hermanos que llegan desde Puerto Rico, y así finalmente juntos, la familia Santiago inicia una nueva vida en los Estados Unidos.

 Google™ **Images** BUSCA: Esmeralda Santiago

Indica en qué mes del año y en qué estación ocurre lo siguiente: el desastre de las torres del World Trade Center (**WT**), Charlie Lang comparte su boleto de lotería (**CL**) y la familia Santiago (**FS**) decide salir de Puerto Rico.

_____ enero	_____ verano	_____ noviembre	_____ septiembre
_____ abril	_____ febrero	_____ otoño	_____ diciembre
_____ julio	_____ mayo	_____ marzo	_____ invierno
_____ octubre	_____ agosto	_____ junio	_____ primavera

El Viejo San Juan es la ciudad original fundada en 1508. De la misma época se puede visitar San Felipe del Morro ("El Morro"). A unas veinte millas de San Juan está El Yunque, una selva tropical *(rainforest)*. El Yunque tiene una gran variedad de flora y fauna, con hermosas orquídeas y el coquí, la ranita *(little frog)* que ha llegado a ser un símbolo de Puerto Rico.

En tu opinión: ¿Hay ciudades en los Estados Unidos que son tan antiguas como San Juan? ¿En qué estado o región están? ¿Cuál es el símbolo de los Estados Unidos? ¿Cómo se selecciona el símbolo de un país?

Ahora, ¡a hablar!

A. La línea ecuatorial. Las estaciones del año son totalmente opuestas al norte y al sur de la línea ecuatorial. Por eso, con excepción de Venezuela y Colombia, las estaciones en toda Sudamérica son exactamente opuestas a las de Norteamérica y Centroamérica. ¿Qué estación corresponde al mes indicado en estos países?

EP 2.7

MODELO   julio en Uruguay
         En julio es invierno en Uruguay.

1. abril en Chile
2. enero en Costa Rica
3. octubre en Argentina
4. mayo en Venezuela
5. noviembre en Puerto Rico
6. agosto en Perú

B. ¿Cuándo? Entrevista a tu compañero(a) usando estas preguntas.

EP 2.6, 2.7

MODELO   Tú: **¿A qué hora sales para la universidad por las mañanas?**
COMPAÑERO(A): **Salgo a las diez menos cuarto de la mañana.**

1. ¿A qué hora sales de tu última clase?
2. ¿Qué días tienes clase?
3. ¿Qué días no tienes clase?
4. ¿Cuándo comes con tu familia?
5. ¿Qué meses del año hace más frío en esta ciudad?
6. ¿Qué meses del año hace más calor en esta ciudad?

C. ¡Se van de vacaciones! Con tus compañeros(as), determinen qué hacen estas personas durante sus vacaciones. Mencionen en qué estación viajan, qué día de la semana y mes salen, qué fecha regresan y algunas actividades que hacen durante sus vacaciones. Usen la información de los calendarios.

EP 2.7

D. ¿Y tu compañero(a)? Pregúntale a tu compañero(a) cuándo hace las siguientes actividades en una semana típica. Luego tu compañero(a) te va a hacer preguntas a ti.

Vocabulario útil

aprender	enseñar
beber	escribir
chatear	pagar
cocinar	salir
comer	trabajar
comer fuera	viajar

Y ahora, ¿por qué no conversamos?

E. Entrevista. Esmeralda Santiago va a visitar su universidad la semana próxima. Tú y tu compañero(a) son reporteros para el periódico de su universidad y tienen la responsabilidad de entrevistar a Esmeralda. Preparen las preguntas que van a hacerle a Esmeralda y también las posibles respuestas de Esmeralda. Usen la imaginación.

F. Los fines de semana. Pregúntales a tus compañeros de clase si hacen las actividades de estos cuadrados *(squares).* Cada vez que uno diga que sí, pídele que firme (escriba su nombre) en el cuadrado apropiado. La idea es tener una firma en cada cuadrado. **¡Ojo!** No se permite que una persona firme más de un cuadrado.

Correr en el invierno	Lavar la ropa los lunes	Ir a la universidad en el verano	Comer en la cafetería todos los días
_____ *Firma*	_____ *Firma*	_____ *Firma*	_____ *Firma*
Beber muchos refrescos	Leer el periódico todas las mañanas	Estudiar los sábados en la biblioteca	Chatear con sus padres los fines de semana
_____ *Firma*	_____ *Firma*	_____ *Firma*	_____ *Firma*
Hablar por teléfono a larga distancia	Venir a clases 5 días a la semana	Escuchar CDs con frecuencia	Tener más de 100 CDs y/o DVDs
_____ *Firma*	_____ *Firma*	_____ *Firma*	_____ *Firma*
Escribir en la computadora	Limpiar su cuarto los sábados	Escuchar música clásica los domingos	Salir a restaurantes con su familia
_____ *Firma*	_____ *Firma*	_____ *Firma*	_____ *Firma*

G. ¡Luces! ¡Cámara! ¡Acción! Tres de ustedes representan a Esmeralda Santiago, William Rodríguez y Rosie Pérez mientras *(while)* esperan un avión en el aeropuerto JFK. Uno de ustedes inicia la conversación, y poco a poco se presentan y hablan de su vida, de dónde son, qué hacen, adónde van y qué van a hacer. También se hacen muchas preguntas el uno al otro. En grupos de tres, preparen el diálogo y represéntenlo delante de la clase.

Saber comprender

Estrategias para ver y escuchar: predecir

In the previous **Paso** *you learned that anticipating what is going to be heard makes it much easier to understand a foreign language. This certainly is true when viewing and listening to a video in Spanish. In this case, for example, you are going to be viewing a video about Puerto Rico.*

Predecir. Based on what you already know about this place, which of the following topics would you expect to be included in a brief travelogue about the island? In the first column put an X by the topics you feel quite certain will be included.

Antes de ver el video	Después de ver el video	
_____	_____	a. el Viejo San Juan
_____	_____	b. la industria farmacéutica
_____	_____	c. Jennifer López, Rosie Pérez, Esmeralda Santiago
_____	_____	d. una ciudad española antigua
_____	_____	e. un parque nacional
_____	_____	f. el beisbolista Carlos Beltrán
_____	_____	g. la música puertorriqueña
_____	_____	h. la comida puertorriqueña
_____	_____	i. monumentos históricos

Vista del Viejo San Juan desde El Morro

Puerto Rico, ¡destino de turistas!

Al ver el video

¿Comprendes lo que se dice? As you watch the video for the first time, go back and in the second column in the activity above, mark the items that are actually mentioned. Compare the items you marked with the ones you anticipated. How many did you anticipate correctly? Compare your results with those of others in the class.

Después de ver el video

Indica ahora si esta *(this)* información aparece en el video.

Sí	No	a. San Juan es la capital de Puerto Rico.
Sí	No	b. El castillo del Morro está en la Florida.
Sí	No	c. Hay hermosas playas en San Juan.
Sí	No	d. El Yunque es un bosque espectacular.
Sí	No	e. No hay animales en El Yunque.
Sí	No	f. Ponce es la segunda ciudad más grande de Puerto Rico.
Sí	No	g. Hay flores de muchos colores en Ponce.
Sí	No	h. Los ponceños llaman su ciudad la «Perla del Sur».
Sí	No	i. Puerto Rico es la «Isla del encanto».

El rincón de los lectores

Estrategias para leer: predecir a partir del título y las imágenes visuales

The title of a reading and the visual images that accompany it often help give you a very clear idea about the reading's content. Make it a habit to always examine them carefully to help you correctly anticipate the content of the reading.

Predecir al partir del título. Lee los títulos de las lecturas a continuación y marca con una equis (X) lo que anticipas va a ser el contenido del poema y del párrafo.

_____ colores   _____ cubanos / dominicanos / puertorriqueños

_____ diversidad   _____ 1.000 personas

_____ números   _____ Ricky Martin

Predecir a partir de las imágenes visuales. Mira las fotos que acompañan estas lecturas y escribe tres temas que crees que se van a mencionar en estas lecturas.

1. _____

2. _____

3. _____

Lectura

Los caribeños: fusión de tres razas

El escritor cubano Alejo Carpentier afirma que el Caribe es, en la historia, el lugar donde se encuentran por primera vez tres razas (la blanca de Europa, la indígena de América y la africana), produciendo una simbiosis monumental que crea una civilización completamente original.

En la misma línea, el antropólogo brasileño Darcy Ribeiro dice que existen muchos rasgos que unen a los distintos pueblos caribeños como son: un clima tropical con paisajes verdes y temperaturas moderadas, la fauna con animales pequeños y el mar rico en recursos marinos, sobre todo la pesca. La sociabilidad, el sentido del humor y del ritmo, la pasión por los juegos, la danza, las fiestas, la música, la religión, la superstición y la curiosidad por todo lo nuevo son características que percibimos en la mentalidad común del hombre y la mujer caribeños.

A ver si comprendiste

1. ¿Quién es Alejo Carpentier?
2. Según Carpentier, ¿cuáles son las tres razas del Caribe que forman una civilización completamente original?
3. ¿Quién es Darcy Ribeiro?
4. Según Ribeiro, ¿cuáles son tres de las características que los pueblos caribeños tienen en común?
5. ¿Cuáles son algunas características de la mentalidad común de los caribeños?

Artista: Ricky Martin
Álbum: *Almas del silencio*

Razas de mil° colores

a thousand

Fragmento

Son los ecos de mi tierra°	*land*
El sonido de mi tambor°	*drum*
El sonido de mi tambor	
Lo que corre por mis venas	
Y que sale del corazón°	*heart*
Y que sale del corazón	
[...]	
Y del blanco tengo el alma°	*soul*
Y del negro los sabores°	*taste, flavors*
Y del indio la nobleza	
Soy raza de mil colores	
Soy raza de mil colores	
[...]	

¡Dímelo tú! Playlist Escucha: «Razas de mil colores» de Ricky Martin

6. El sonido del tambor es...
   a. el palpitar del corazón.
   b. el ritmo de la canción.

7. La mención de «mi tierra» se refiere a...
   a. una propiedad del cantante.
   b. Puerto Rico.

8. Los «ecos» se refieren...
   a. a la música.
   b. al palpitar del corazón.

9. El blanco, el negro y el indígena son...
   a. las razas de Puerto Rico.
   b. los colores de Puerto Rico.

10. «Soy raza de mil colores» significa que los puertorriqueños tienen sangre *(blood)*...
    a. mixta.
    b. pura.

Vocabulario

Empleos y profesiones

abogado(a)	lawyer
arquitecto(a)	architect
activista	activist
actor (m.)	actor
actriz (f.)	actress
bibliotecario(a)	librarian
cantante	singer
cocinero(a)	cook
dependiente(a)	salesperson
director(a) de escuela	school principal
empleado(a)	employee
empleo	job, employment
escritor(a)	writer, author
farmacéutico(a)	farmacist
gerente	manager
juez	judge
jugador(a) de béisbol	baseball player
maestro(a)	teacher
médico(a)	doctor
mesero(a)	waiter
periodista	journalist
policía	police officer
portero(a)	janitor
profesión (f.)	profession
puesto	position, job
secretario(a)	secretary
veterinario(a)	veterinarian

Lugares

calle (f.)	street
clínica	clinic
edificio	building
fábrica	factory
hospital (m.)	hospital
oficina	office
sala de los profesores	teachers' lounge

Objetos

artículo	article
dinero	money
menú (m.)	menu
periódico	newspaper
reporte (m.)	report
puerta	door

Personas y animales

adolescente	adolescent
animal (m.)	animal
cliente	client
especialista	specialist
gente (f.)	people
persona	person
voluntario(a)	volunteer

Causas

autoridad (f.)	authority
corte (f.)	court
error (m.)	error
héroe	hero
legal	legal
responsabilidad (f.)	responsibility
sentencia	sentence
tribunal (m.)	court, tribunal

Verbos

abrir	to open
beber	to drink
contestar	to answer
correr	to run
decidir	to decide
diseñar	to design
enseñar	to teach; to show
entrevistar	to interview
examinar	to examine
explicar	to explain
juzgar	to judge
mover	to move
recetar	to prescribe
recibir	to receive
recorrer	to travel; to look around
representar	to represent
salir	to leave; to go out
tener	to have
tener que	to have to, to be obligated to
tomar la orden	to take an order (at a restaurnat)
vender	to sell
venir	to come
visitar	to visit
vivir	to live

Palabras y expresiones útiles

¡les encanta!	they love it!
responsable	responsible
seguridad (f.)	security
tanto(a)	so much

Entrevistas

compañero(a) de empleo	co-worker
entrevista	interview
hacer	to do, to make
jefe(a)	boss
pregunta	question
salario	salary
trabajo	work

En un café

botella de agua	bottle of water
café (m.)	coffee
canción (f.)	song
costar	to cost
descanso	rest, break
teléfono celular	cellular phone

Herramientas escolares (School tools)

computadora portátil	portable computer
diccionario	diccionary
disco compacto	compact disc, CD
hoja de papel	sheet of paper
tarjeta de crédito	credit card

Palabras interrogativas

¿Adónde?	Where to?
¿Cómo?	How?
¿Cuál(es)?	Which one(s)? What? Which?
¿Cuándo?	When?
¿Cuánto(a)?	How much?
¿Cuántos(as)?	How many?
¿Dónde?	Where?
¿Por qué?	Why?
¿Qué?	What?
¿Quién(es)?	Who?

Adjetivos posesivos

mi / mis	my
tu / tus	your (fam./s.)
su / sus	your (formal); his/her/their
nuestro(a) / nuestros(as)	our

Números 0–199
See page 89

Frases y expresiones útiles

¡Aló!	Hello! (when answering the telephone)
infancia	infancy
hay	there is / there are
¿hay...?	is there...? / are there...?
más o menos	more or less
número	number
reportero	reporter

ropa	clothing	
tienda de ropa	clothing store	
tipo	type	

Paso 3 CD1, Track 30

Cinemafest

durar	to last
calendario	calendar
fecha	date
festival de cine (m.)	film festival
libre	free
puedes ver	you can see
tiene lugar	it takes place

Estaciones

primavera	spring
verano	summer
otoño	fall
invierno	winter

Meses del año

año	year
mes (m.)	month
enero	January
febrero	February
marzo	March
abril	April
mayo	May
junio	June
julio	July
agosto	August
septiembre	September
octubre	October
noviembre	November
diciembre	December

Días

día de la semana (m.)	day of the week
fin de semana (m.)	weekend
domingo	Sunday
lunes (m.)	Monday
martes (m.)	Tuesday
miércoles (m.)	Wednesday
jueves (m.)	Thursday
viernes (m.)	Friday
sábado (m.)	Saturday

Dar la hora

a la(s)...	at ...
¿A qué hora?	¿At what time?
cuarto	quarter, 15-minute fraction of the hour
hora	hour, time
mañana / tarde / noche (f.)	morning / afternoon / evening
de la/en la/por la mañana/tarde/ noche	in the morning/ afternoon/evening
medianoche (f.)	midnight
mediodía (m.)	noon
menos	minus, less
¿Qué hora es?	What time is it?
y	plus (minutes)

Verbos

aprender	to learn
cocinar	to cook
comer fuera	to eat out
llegar	to arrive
regresar	to return
viajar	to travel

Palabras y expresiones útiles

con frecuencia	frequently
frío	cold
hace calor	it's hot
larga distancia	long distance
último(a)	last, final

Enero 3 Jan

En preparación 2

2.1 Present tense of *-er* and *-ir* verbs
Stating what people do

The personal endings of **-er** and **-ir** verbs are identical, except for the **nosotros** and **vosotros** forms. As with **-ar** verbs, the personal endings of **-er** and **-ir** verbs always reflect the subject of the sentence.

Verb endings: *-er, -ir* verbs			
Subject pronouns	**Singular endings**	**Subject pronouns**	**Plural endings**
	-er/-ir		*-er/-ir*
(yo)	**-o**	(nosotros/as)	**-emos, -imos**
(tú)	**-es**	(vosotros/as)	**-éis, -ís**
(usted)	**-e**	(ustedes)	**-en**
(él, ella)	**-e**	(ellos, ellas)	**-en**

Sample *-er* verb: comer			
(yo)	com**o**	(nosotros/as)	com**emos**
(tú)	com**es**	(vosotros/as)	com**éis**
(usted)	com**e**	(ustedes)	com**en**
(él, ella)	com**e**	(ellos, ellas)	com**en**

Sample *-ir* verb: escribir			
(yo)	escrib**o**	(nosotros/as)	escrib**imos**
(tú)	escrib**es**	(vosotros/as)	escrib**ís**
(usted)	escrib**e**	(ustedes)	escrib**en**
(él, ella)	escrib**e**	(ellos, ellas)	escrib**en**

Remember that the present indicative in Spanish has three possible equivalents in English.

Los niños **comen** chocolate.
{ *The children **eat** chocolate.*
*The children **do eat** chocolate.*
*The children **are eating** chocolate.*

Some frequently used -er and -ir verbs are:

beber	*to drink*
comer	*to eat*
correr	*to run*
decidir	*to decide*
escribir	*to write*
leer	*to read*
recibir	*to receive*
vender	*to sell*
vivir	*to live*

Google™
BUSCA: Spanish conjugation / Spanish verbs

Heinle Grammar Tutorial: The Present Indicative Tense

¡A practicar!

A. ¡Mucha actividad! It is 11:00 A.M. on a typical Wednesday and there's a lot of activity going on at the Antonio Badillo School in Puerto Rico. What is going on?

Vocabulario útil

abrir	correr	leer
beber	decidir	recibir
comer	escribir	vivir

1. La directora / un café en la sala de los profesores.
2. Tú y Sandra / unos reportes en el laboratorio de computadoras.
3. Ustedes / en la cafetería de la escuela.
4. El maestro / las puertas de la clase.
5. Yo / el libro de Esmeralda Santiago, *El amante turco*.

B. ¡Qué día! It is 11:00 A.M. on a typical Wednesday at your university and there's a lot of activity going on. What is going on? Use the **Vocabulario útil** in the previous activity as you tell what you, your teacher, and your friends are doing.

1. Mi profesor(a) de español...
2. Mis amigos... y ...
3. Mi mejor amiga...
4. Yo...
5. Tú y tus compañeros(as) de cuarto...

C. Tu y tu compañero(a). To help make ends meet, you and your roommate have part-time jobs. You work at a fast food place and your roommate at the university bookstore. Because this is just the first week of work for both of you, you are each very interested in what the other does. Question each other about what you do in your jobs. Ask at least four yes/no questions.

Vocabulario útil

beber	escuchar	llamar
buscar	explicar	llevar
comer	ir	mover
contestar	lavar	organizar
decidir	leer	recibir
escribir	limpiar	vender

MODELO   Tú: **¿Contestas el teléfono?**
COMPAÑERO(A): **No, no contesto el teléfono.**

«**Comer** para **vivir**, no **vivir** para **comer**». (proverbio)

____ *To eat in order to live is not the same as to live in order to eat.*

____ *One should give priority to the really important things in life.*

2.2 Three irregular verbs: *tener, salir, venir*

Expressing obligations, departures, and arrivals

	tener			salir		venir	
	to have			*to leave*		*to come*	
(yo)	tengo	(nosotros/as)	tenemos	salgo	salimos	vengo	venimos
(tú)	tienes	(vosotros/as)	tenéis	sales	salís	vienes	venís
(usted)	tiene	(ustedes)	tienen	sale	salen	viene	vienen
(él, ella)	tiene	(ellos, ellas)	tienen	sale	salen	viene	vienen

■ When you want to express obligation, you use the expression **tener que** followed by an infinitive.

Tengo que organizar mi apartamento.   *I have to organize my apartment.*
Tenemos que comprar muchas cosas.   *We have to (must) buy many things.*

Google™
BUSCA: Spanish irregular conjugation/ Spanish irregular verbs

Heinle Grammar Tutorial: Tener, venir

■ When you want to say that you leave to go do something, you say **salir a** + infinitive. Similarly, to say to come to do something, you use the expression **venir a** + infinitive.

Salgo a correr a las 10:00.   *I go running at 10:00.*
Yo **vengo a** estudiar, y Eva **viene a**   *I come to study, and Eva comes*
    ayudarme.   *to help me.*

¡A practicar!

A. Muy ocupados. Many of the participants of the Puerto Rican documentary *Yo soy boricua, pa' que tú lo sepas* have interesting roles. What do these people do?

1. Sixto Ramos (tener) recorrer las calles de Nueva York como policía.
2. Muy temprano por la mañana, Rosie Pérez (salir) hacer el casting y dirigir el documental.
3. Pedro Pietri (venir) hablar con mucha gente como activista social.
4. Ramón Rodríguez y Rafael Tufiño (venir) trabajar con la producción como voluntarios.
5. Sí, todos los actores (tener) trabajar mucho pero, ¡les encanta!

B. Responsabilidades. Ask your partner if he/she has as many responsibilities as you do.

MODELO   preparar tu comida
         TÚ: **¿Tienes que preparar tu comida?**
COMPAÑERO(A): **Sí, yo preparo mi comida.** o
          No, no preparo mi comida.

1. limpiar tu cuarto
2. salir a comer con tus padres
3. venir a casa antes de las 10:00 (diez)
4. correr con tu padre
5. lavar el coche (*car*) de tu padre
6. trabajar los veranos (*summers*)

«Al que mucho **tiene**, más le **viene**». (proverbio)

____ *The more you have, the more you get.*

____ *He that earns the most, has the most.*

2.3 Interrogative words

Asking questions

In previous chapters you have seen, heard, and used several interrogative words. The following chart summarizes all of them.

¿Cómo?	How? What?	¿Cuánto(a)?	How much?
¿Cuál(es)?	Which one(s)? What?	¿Cuántos(as)?	How many?
¿Cuándo?	When?	¿Qué?	What? Which?
¿Dónde?	Where?	¿Quién(es)?	Who?
¿Por qué?	Why?	¿Adónde?	Where to?
¿De dónde?	Where from?	¿A qué hora?	At what time?

■ All interrogative words require a written accent, even when used in a statement rather than a question.

No sabemos **dónde** vive.	*We don't know where she lives.*
Ella va a decirnos **qué** es.	*She is going to tell us what it is.*

■ When these words do not have a written accent, they lose their interrogative meaning.

Siempre escucho música **cuando** estudio.	*I always listen to music when I study.*
Yo creo **que** vive en Toledo.	*I believe that he lives in Toledo.*
Donde yo vivo hay más gente joven.	*Where I live there are more young people.*

■ **¿Cuál(es)?** meaning *What?* (as in *Which one?*) is used instead of **¿Qué?** before the verb **ser,** except when a definition of a word is being requested.

¿Cuál es tu dirección?	*What's your address?*
¿Cuál es tu especialización?	*What's your major?*
¿Qué es la filosofía?	*What's philosophy?*

■ In English, when asking someone to repeat a question, one frequently says *What?* In Spanish, one would never say **¿Qué?** but rather **¿Cómo?** when making a one-word response. **¿Qué?** is used only in a complete-sentence response.

¿Cómo? No te oigo.	*What? I can't hear you.*
¿Qué dices?	*What are you saying?*
¿Qué me preguntas?	*What are you asking me?*

■ The interrogative word **cuánto** always agrees in number and gender with the noun that follows.

¿Cuánto dinero tienes?	*How much money do you have?*
¿Cuántas oficinas tiene el médico?	*How many offices does the doctor have?*

Google™
BUSCA: Spanish interrogatives

Heinle Grammar Tutorial:
Interrogative Words

¡A practicar!

A. ¡Qué interesante! You have just met a new and really interesting student at your university. What do you ask him/her to help break the ice? Match the words in the two columns to formulate your questions. Then put the questions in the order you would ask them.

A	B
	tal?
¿Con quién	te llamas?
¿Qué	estudias?
¿Cuál	clases tomas?
¿Dónde	son tus profesores?
¿Cómo	vives?
	es tu número de teléfono?

B. El Desfile Puertorriqueño. It is mid-June and you are visiting friends in New York City. Of course they invite you to the Puerto Rican Parade. Since you had never heard anything about the parade, you ask the following questions.

Tú	Tus amigos
1. ¿ _____ es el desfile?	Es el sábado, 16 de junio.
2. ¿ _____ es?	A las 11:30.
3. ¿ _____ es?	En la Quinta Avenida.
4. ¿ _____ celebra el desfile?	La identidad puertorriqueña.
5. ¿ _____ personas van con nosotros?	Veinte (20), más o menos.
6. ¿ _____ son tus amigos?	Son todos puertorriqueños.

C. Y después… ¡las fiestas! Of course there are all sorts of parties after the parade. Your friends have planned to take you to a couple of them. You, being the curious person you are, ask a lot of questions about what, where, what time, how many, who, why, … You ask the questions and your partner will answer them creatively.

> «Dime con **quién** andas y te diré **quién** eres». (dicho popular)
>
> ___ *Tell me who your friends are and I will tell you who you are.*
>
> ___ *Who you run around with will determine your future.*

2.4 Numbers 0–199 🎧 CD1, Track 31

Counting, solving math problems, and expressing cost

0	cero	16	dieciséis	40	cuarenta
1	uno	17	diecisiete	42	cuarenta y dos
2	dos	18	dieciocho	50	cincuenta
3	tres	19	diecinueve	53	cincuenta y tres
4	cuatro	20	veinte	60	sesenta
5	cinco	21	veintiuno	64	sesenta y cuatro
6	seis	22	veintidós	70	setenta
7	siete	23	veintitrés	75	setenta y cinco
8	ocho	24	veinticuatro	80	ochenta
9	nueve	25	veinticinco	86	ochenta y seis
10	diez	26	veintiséis	90	noventa
11	once	27	veintisiete	97	noventa y siete
12	doce	28	veintiocho	100	cien
13	trece	29	veintinueve	101	ciento uno
14	catorce	30	treinta	178	ciento setenta y ocho
15	quince	31	treinta y uno	199	ciento noventa y nueve

■ The number **uno (veintiuno, treinta y uno...)** changes to **un** before masculine nouns and **una** before feminine nouns.

Tengo solo **un** dólar.	*I just have one dollar.*
Hay cincuenta y **una** camas dobles en el hotel.	*There are fifty-one double beds in the hotel.*
La reservación es para **una** persona.	*The reservation is for one person.*

■ The numbers 16 to 29 are usually written as one word: **dieciséis, dieciocho, veintidós, veintinueve.** They may, however, be written as three words: **diez y seis, diez y ocho, veinte y dos, veinte y tres, veinte y nueve,** and so on.

■ Numbers from 31 to 99 must be written as three words.

Tengo **cuarenta y cuatro** DVDs y **sesenta y nueve** CDs.	*I have forty-four DVDs and sixty-nine CDs.*

■ **Cien** is an even hundred. Any number between 101 and 199 is expressed as **ciento** and the remaining number. Note that **y** never occurs directly after the number **ciento.**

101 ciento uno	**149** ciento cuarenta y nueve
110 ciento diez	**199** ciento noventa y nueve

■ Use the following expressions for solving math problems.

y *or* más (+)	menos (–)	es / son (=)
(multiplicado) por (×)	dividido entre (÷)	

⬀ Google™ y YouTube™ BUSCA: Spanish numbers

Heinle Grammar Tutorial: Numbers

¡A practicar!

A. **¿Cuánto es?** Because Puerto Rico is a U.S. territory, prices in Puerto Rico are very similar to those in the continental United States. What would you guess the following items would cost on the island? Write out your estimates, **en español, por favor** *(please)*. Make intelligent guesses.

MODELO una hamburguesa
Cuesta tres dólares, noventa y nueve centavos.

1. un iPod
2. una comida para dos personas en un restaurante italiano
3. un café
4. un boleto *(ticket)* para ver una película
5. una pizza extra grande

B. **Matemáticas.** Solve these math problems with a partner. You read each problem aloud, in Spanish of course, and your partner will give the correct answer. If necessary, correct your partner.

1. 4 + 9 = ?
2. 90 + 10 = ?
3. 28 – 12 = ?
4. 17 + 50 = ?
5. 42 ÷ 6 = ?
6. 11 + 152 = ?
7. 3 * 5 = ?
8. 175 – 30 = ?

> «**Una** hora duerme el gallo, **dos** el caballo, **tres** el santo, **cuatro** el que no es tanto, **cinco** el capuchino, **seis** el peregrino, **siete** el caminante, **ocho** el estudiante, **nueve** el caballero, **diez** el pordiosero, **once** el muchacho y **doce** el borracho». (dicho popular)
>
> ____ *Do you agree that animals sleep less than humans, that religious people (monks and nuns) sleep less than travelers, that students sleep less than kids, and that drunkards sleep more than anybody?*

2.5 Possessive adjectives

Indicating ownership

■ Unlike English, possessive adjectives in Spanish must agree in number with the person, place, or thing possessed. **Nuestro** and **vuestro** must also agree in gender.

Possessive adjectives					
Singular possessor	1 Thing possessed	2+ Things possessed	Plural possessor	1 Thing possessed	2+ Things possessed
yo	**mi**	**mis**	nosotros(as)	**nuestro(a)**	**nuestros(as)**
tú	**tu**	**tus**	vosotros(as)	**vuestro(a)**	**vuestros(as)**
usted	**su**	**sus**	ustedes	**su**	**sus**
él, ella	**su**	**sus**	ellos, ellas	**su**	**sus**

Tu apartamento es estupendo y **tus** amigos son muy simpáticos.	*Your apartment is fantastic and your friends are very nice.*
Nuestra casa es nueva.	*Our house is new.*
Nuestras habitaciones son muy grandes.	*Our rooms are very big.*

Note that these possessive adjectives are always placed *before* the noun they modify.

■ Usually the context will clarify any ambiguity that may result with **su/sus** (*your, his, her, their, its*). However, when ambiguity does occur, one of the following combinations of **de** + *pronoun* is used in place of **su/sus**.

su libro = el libro
{
de usted	*your*
de él	*his*
de ella	*her*
de ustedes	*your*
de ellos	*their*
de ellas	*their*
}

sus libros = los libros
{
de usted	*your*
de él	*his*
de ella	*her*
de ustedes	*your*
de ellos	*their*
de ellas	*their*
}

—¿Es más grande el apartamento **de ustedes**?   *Is your apartment bigger?*
—Sí, pero la casa **de ellos** es más elegante.   *Yes, but their house is more elegant.*

⤴ **Google**™
BUSCA: Spanish possessive adjectives

Heinle Grammar Tutorial: Possessive Adjectives and Pronouns

¡A practicar!

A. Compañeros de cuarto. Complete this letter with the appropriate possessive adjectives to find out how your friend Julio describes his roommates to his friend Andrea.

Querida Andrea:

_____ compañeros de cuarto, Carlos y Toni, son muy simpáticos. Carlos es puerto-rriqueño. _____ familia vive en Ponce. Toni también es puertorriqueño. _____ padres viven en el Viejo San Juan con _____ abuelos (*grandparents*). ¿Y yo? _____ papás son de San Antonio, Texas. ¿Y tú? ¿Dónde viven _____ padres?

B. ¡Robo en el dormitorio! There was a robbery in your dorm but fortunately the robber was caught and all stolen items were recovered. As floor supervisor, ask your partner if these items are his/hers. Your partner will tell you to whom they really belong.

MODELO   la computadora portátil: de ella
   TÚ: **¿Es tu computadora?**
COMPAÑERO(A): **No, no es mi computadora. Es su computadora.**

1. los tres diccionarios: de ellas
2. el iPod: de él
3. los CDs de Shakira: de ella
4. la computadora: de nosotros
5. los DVDs: de ustedes
6. la impresora: de ellos

«Envejecemos cuando **nuestros** recuerdos superan **nuestros** proyectos». (refrán)

___ *We know we are getting old when our memories are greater than our projects.*

___ *Our memories become old when we lose our projects.*

2.6 Telling time

Stating at what time things occur

■ The Spanish word for *time* (referring to clock time) is **hora**, which is always feminine. To tell the hour, **es la** is used only with **una**; otherwise, **son las** followed by the hour is used.

¿Qué hora es?	*What time is it?*
Es la una.	*It's one o'clock.*
Son las doce en punto.	*It's twelve sharp.*

■ Minutes from the hour to the half hour are added to the hour and connected with **y**. Between the half hour and the next hour, minutes are subtracted from the next hour and connected with **menos**.

1:24	Es la una **y** veinticuatro.
6:10	Son las seis **y** diez.
1:40	Son las dos **menos** veinte.
12:42	Es la una **menos** dieciocho.

Digital clocks have changed this more traditional way of stating time. Now, one also hears **Son las doce y cuarenta y dos** instead of **Es la una menos dieciocho**.

■ In addition to **quince** and **treinta**, you can use **cuarto**, which means *quarter*, and **media**, which means *half past the hour*.

Vienen a la una y **cuarto** (quince).	*They are coming at a quarter past one.*
Mañana salen a las siete y **media** (treinta).	*Tomorrow they leave at 7:30.*

■ To ask at what time something takes place, Spanish uses **¿A qué hora...?** To state that something happens at a particular time, Spanish uses **a las...** This should not be confused with **son las...**, which means *It is* a specific clock time.

¿A qué hora es el concierto?	*At what time is the concert?*
El concierto es **a las** nueve.	*The concert is at nine.*
¡Apúrese! **Son las** siete menos cuarto y él llega **a las** siete en punto.	*Hurry up! It's a quarter to seven and he arrives at seven sharp.*

Note that **a las...** means *at* only when speaking about specific clock time. In most other instances, *at* is translated as **en** (**el concierto es *en* el teatro**).

■ **Mediodía** and **medianoche** are used to express *noon* and *midnight*.

Tengo una cita al **mediodía**.	*I have an appointment at noon.*
El autobús sale a (la) **medianoche**.	*The bus leaves at midnight.*

■ The phrase **de la mañana/tarde/noche** is used only when a *specific* time in the morning/afternoon/evening is being stated.

El avión llega a **las dos de la mañana**.	*The plane arrives at 2:00 A.M.*
Salgo a **la una y diez de la tarde**.	*I leave at 1:10 in the afternoon.*
Son **las once de la noche**.	*It's 11:00 P.M.*

The phrases **en** or **por la mañana/tarde/noche** are used to express a general time (not a specific clock time).

⎘ Google™ y
YouTube™ BUSCA:
Spanish telling time

En la mañana tengo que cancelar mi reservación.	*In the morning I have to cancel my reservation.*
Llegamos **por la tarde**.	*We arrive in the afternoon.*

Tomás abre su restaurante a las seis de la mañana.

¡A practicar!

A. ¿A qué hora? Tell what time you do the following activities.

> **MODELO** llamar a tus padres: 11:45 P.M.
> **Llamo a mis padres a las doce menos cuarto de la noche.**

1. salir a correr: 6:00 A.M.
2. tomar un café: 11:15 A.M.
3. comer: 12:00 noon
4. ir al laboratorio de computadoras: 1:22 P.M.

5. salir de la clase de química: 2:45 P.M.
6. venir a la cafetería: 1:05 P.M.
7. salir de la biblioteca: 9:40 P.M.
8. venir a casa a dormir *(sleep)*: 12:50 A.M.

B. Rutina diaria. Find out what your partner's daily routine is like by asking these questions. Then describe your daily routine when your partner asks you the same questions.

1. ¿A qué hora sales para la universidad por la mañana?
2. ¿A qué hora comienza tu clase de español? ¿A qué hora termina *(does it end)*?
3. ¿Qué clases tienes por la mañana? ¿Por la tarde? ¿Por la noche?
4. ¿A qué hora es tu primera clase del día? ¿Y tu última *(last)* clase del día?
5. ¿A qué hora tomas el almuerzo *(lunch)*? ¿Al mediodía o más tarde?
6. ¿Vas a bares a la medianoche?

«Ninguno ganó fama dándole **las doce** en cama». (proverbio)

___ *You cannot be successful if you are not early to rise.*

___ *The rich and famous get up late every day.*

2.7 Days of the week, months, and seasons
Giving dates and stating when events take place

▪ The days of the week are *not* capitalized in Spanish, and they are all masculine.

Los días de la semana

lunes	*Monday*
martes	*Tuesday*
miércoles	*Wednesday*
jueves	*Thursday*
viernes	*Friday*
sábado	*Saturday*
domingo	*Sunday*
El lunes trabajo medio día.	*This Monday I (will) work half day.*
El viernes por la noche salgo con mis amigos.	*On Friday evening I go out with my friends.*

▪ The months of the year are also *not* capitalized in Spanish and are also masculine.

Los meses del año

enero	mayo	septiembre
febrero	junio	octubre
marzo	julio	noviembre
abril	agosto	diciembre

▪ As in English, the four seasons also are not capitalized.

Las estaciones

el otoño	*fall*	la primavera	*spring*
el invierno	*winter*	el verano	*summer*

▪ To indicate that something happens on a particular day, Spanish always uses the definite article, never the preposition **en.**

Hay una fiesta **el** lunes.	*There's a party on Monday.*
No hay clases **los** sábados ni **los** domingos.	*There are no classes on Saturdays or Sundays.*

▪ Note that the singular and plural forms of **lunes, martes, miércoles, jueves,** and **viernes** are identical, except for the article.

▪ The preposition **en** is used to indicate that something happens in a particular month or season.

Google™ y YouTube™ BUSCA: Spanish seasons

No hay vuelos **en** enero.	*There are no flights in January.*
En verano hay dos excursiones.	*In the summer there are two excursions.*

▪ Dates **(las fechas)** in Spanish are given using the formula **el + (número) + de + (mes) + de + (año).** To ask for the date, in Spanish use **¿Qué fecha es...?**

Heinle Grammar Tutorial: Months and seasons

¿Qué fecha es el concierto?	*What's the date of the concert?*
El concierto es **el 7 de julio de 2009.**	*The concert is on July 7, 2009.*

En abril, aguas mil.

¡A practicar!

A. Días, meses y estaciones. Contesta las preguntas.

1. ¿Cuántos meses hay en un año? ¿Cuántos días hay en cada mes?
2. ¿En qué meses hay clases? ¿En qué meses no hay clases?
3. ¿Qué días hay clases de español? ¿Qué días no hay clases?
4. ¿Cuál es tu estación favorita? ¿En qué estación naciste *(were you born)*?
5. ¿Cuántos días hay en una semana?
6. ¿Cuántas semanas hay en un año?

B. Fechas. In Spanish, find out your partner's birth date, high school graduation date, and see if he/she knows either his/her mother's or father's birth date. Of course your partner will ask you for the same information.

Vocabulario útil

fecha de nacimiento	*birth date*
fecha de graduación	*graduation date*
fecha de cumpleaños	*birthday date*

«Si en **septiembre** ves llover, el **invierno** seguro es». (dicho popular)

____ *If you see rain in September, then you know that winter is around the corner.*

____ *September rains are a sure sign that it will be a cold winter.*

CAPÍTULO 3

Estamos pasándolo en grande en... ¡España!

In this chapter, you will learn how to . . .

- describe how people are feeling emotionally.
- tell where people are.
- describe what is happening around you.
- tell what you like and what you don't like.

Pasarlo en grande is a popular expression in Spain that means "to have a great time."

Comunicación

¿QUÉ SE DICE...?
- Al describir emociones e indicar ubicación
- Al describir lo que está pasando
- Al hablar de nuestros gustos

Cultura

¿SABÍAS QUE...?
La Tomatina
Tapas y tortillas españolas
Cante y baile flamenco

NOTICIERO CULTURAL
España, siglo XXI

VIDEO CULTURAL
Enrique Iglesias
Andalucía, ¡región fascinante!

EL RINCÓN DE LOS LECTORES
«A Margarita» de Federico García Lorca

En preparación

PASO 1
3.1 The verb **estar**

PASO 2
3.2 Present progressive tense

PASO 3
3.3 **Ser** and **estar** with adjectives
3.4 The verb **gustar**

Destrezas

¡A ESCUCHAR!
Recognizing specific information

¡A VER!
Predicting based on comprehension questions

¡A ESCRIBIR!
Brainstorming and using clusters

¡A LEER!
Recognizing verses, stanzas, and sentences

Busca La Tomatina *en Google*™ *Images para ver fotos divirtidísimas del festival.*

Busca San Fermín *en Google*™ *Images para ver fotos espectaculares del encierro.*

Busca sardana *en Google*™ *Images para ver más fotos de gente bailando la sardana.*

¡Las fotos hablan!

A que ya sabes... Según las fotos, estos jóvenes universitarios...

☐ están furiosos   ☐ están corriendo

☐ están muy aburridos   ☐ están bailando en las calles

☐ están preocupados   ☐ están contentos

☐ están divirtiéndose   ☐ están entusiasmados

De vacaciones en... ¡España!

¿Eres buen observador?

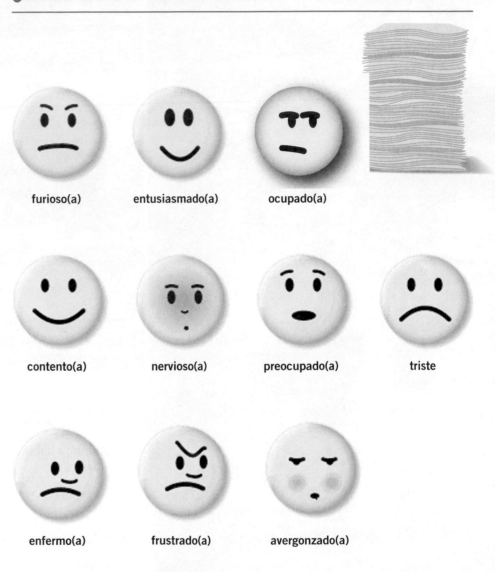

furioso(a)   entusiasmado(a)   ocupado(a)

contento(a)   nervioso(a)   preocupado(a)   triste

enfermo(a)   frustrado(a)   avergonzado(a)

Ahora, ¡a analizar!

1. ¿Cuáles de estas emociones crees que son más típicas de los españoles cuando están en fiestas?
2. ¿Cuáles emociones sientes tú durante un día normal?
3. ¿Cuáles emociones sientes tú durante la semana de exámenes?

¿Qué se dice...? CD1, Track 32

Al describir emociones e indicar ubicación

Queridos mamá y papá: Estamos en Sevilla. Estas fotos son de la Feria de abril, que los sevillanos celebran ahora. Es una fiesta muy alegre, que dura siete días. En esta foto, la gente baila «sevillanas», un tipo de baile flamenco. Todos estamos contentos y felices porque es feria y porque la vida es bella en Sevilla en primavera.

Las Fallas de Valencia (*Falles* en valenciano) son las fiestas en las que queman fallas, grandes figuras satíricas de cartón y madera, en honor a San José. En estas emocionantes fiestas la gente siempre está muy entusiasmada toda la semana de celebración. Pero el último día, el 19 de marzo, cuando queman todas las fallas, los bomberos de Valencia están atentos y preocupados por los fuegos. Al final, la gente está un poco triste porque queman en un día todo el trabajo de un año.

Y esta foto es de los carnavales de Tenerife, que está en las Islas Canarias. Los chicharreros (la gente de Tenerife) están todo el día en la calle y celebran unos días muy bonitos. Estos carnavales son diferentes porque participa todo el mundo y el ambiente de fiesta está por todos los barrios.

⬈ Google™ Images y YouTube™ BUSCA: Feria de abril

⬈ Google™ Images y YouTube™ BUSCA: Fallas de Valencia

⬈ Google™ Images y YouTube™ BUSCA: Carnaval de Tenerife

España es emocionante en todos los sentidos... y los españoles también. ¿Cómo te imaginas que están las personas en estas fiestas? Indica cómo crees que están.

_____ furiosas   _____ entusiasmadas   _____ enfermas
_____ contentas   _____ nerviosas   _____ frustradas
_____ preocupadas   _____ aterrorizadas   _____ avergonzadas
_____ ocupadas   _____ tristes   _____ interesadas

¿Sabías que...?

La Tomatina es una fiesta que se celebra en el municipio valenciano de Buñol, en la que los participantes se arrojan tomates los unos a los otros. Se celebra el último miércoles del mes de agosto, dentro de la semana de fiestas de Buñol. El origen de la fiesta no está bien definido, pero parece que unos jóvenes comenzaron a tirarse tomates en 1944, y poco a poco establecieron esta costumbre. Desde el año 1980 el ayuntamiento de Buñol ofrece más y más toneladas de tomates.

En tu opinión: ¿Por qué crees que el ayuntamiento de Buñol sigue apoyando esta fiesta? ¿Hay alguna fiesta en los Estados Unidos parecida a la Tomatina? Si no la hay, ¿qué impide tenerla? Explica tu respuesta.

Ahora, ¡a hablar!

EP 3.1

A. ¡Fiestas españolas! Según la información de *¿Qué se dice...?*, ¿cómo son estas fiestas españolas y cómo reacciona la gente? Combina estas frases y palabras para formar seis oraciones.

La Feria de abril		un tipo de baile flamenco.
En los carnavales, la gente		un poco triste.
Las sevillanas	es/está/son/están	contenta.
Los bomberos		una fiesta muy alegre.
Al final de las Fallas, la gente		en honor a San José.
Las Fallas		preocupados durante las Fallas.

EP 3.1

B. Situaciones y reacciones. Con tu compañero(a), túrnense para decir cómo reaccionan estas personas en las situaciones indicadas. Usen estas palabras u otras del vocabulario de la página 120.

aburrido	frustrado
avergonzado	interesado
cansado	nervioso
contento	preocupado
enfermo	triste

MODELO Javier está en el examen final de química y no está bien preparado.
TÚ: **Está nervioso y muy preocupado.**
Mónica está en el examen final de química y está bien preparada.
COMPAÑERO(A): **Está tranquila y no está preocupada.**

1. La esposa *(wife)* de un amigo está en el hospital, para tener un bebé.
2. María está en una fiesta en Sevilla con todas sus amigas.
3. Tus amigos están en la clase de español y hoy es especialmente interesante. La profesora es muy inteligente.
4. Tenemos un examen muy difícil esta tarde y no estamos preparados.
5. Voy al doctor porque no estoy bien.
6. Trabajas todo el día sin descansar *(without resting)*.

C. ¿Dónde es y cuándo es? Este mapa indica el nombre de algunas ciudades españolas donde hay grandes festivales. El mapa del Apéndice A indica el nombre y la fecha de esos festivales. Pregunta a tu compañero(a) qué fiestas hay en las ciudades del mapa y cuáles son las fechas. Antes de contestar, tu compañero(a) te va a preguntar dónde está cada ciudad. Escriban la nueva información en el mapa. Al final, compara con el mapa de tu compañero(a) para ver si todas las ciudades y fiestas corresponden. No se permite comparar mapas hasta terminar esta actividad.

EP 3.1

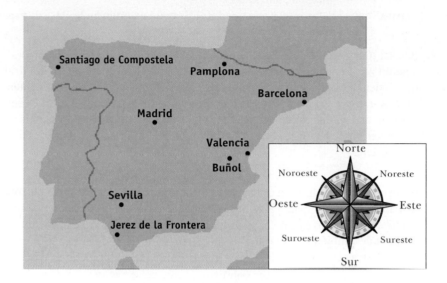

MODELO	TÚ:	**¿Qué fiesta hay en Barcelona?**
	COMPAÑERO(A):	**¿Dónde está Barcelona?**
	TÚ:	**Está en el noreste de España.**
	COMPAÑERO(A):	**La fiesta de Sant Jordi.**
	TÚ:	**¿Y cuándo es?**
	COMPAÑERO(A):	**Es el 23 de abril.**

Tú escribes junto a Barcelona: **Sant Jordi, 23 de abril**
Tu compañero(a) escribe junto a Sant Jordi, 23 de abril:
Barcelona

D. ¡Domingo en el parque! Hoy es domingo y tú y tu compañero(a) deciden pasar *(spend)* el día en el parque. Todo el mundo está allí. Túrnense para describir a las personas que ven. ¿Qué hacen? ¿Cómo están? Comparen sus descripciones con las de sus compañeros de clase para ver si coinciden en algunas.

EP 3.1

Y ahora, ¿por qué no conversamos?

E. ¡Charada! En grupos pequeños, dramaticen —sin decir una sola palabra— la situación que su instructor(a) les va a dar. Sus compañeros tienen que adivinar (*guess*) la situación.

> MODELO   Tú: *(Act worried, but don't say anything. Open and close your Spanish book pretending to be studying/memorizing certain vocabulary and grammar, and so on.)*
>
> COMPAÑEROS: **Estás muy preocupado(a). Hay un examen en la clase de español mañana.**

F. ¡Luces! ¡Cámara! ¡Acción! Estás en una fiesta fantástica con tu mejor amigo(a) cuando ven a una persona del sexo opuesto increíblemente atractiva. Uds. deciden que tienen que conocer a esa persona pero primero hablan de cómo se sienten (*how you feel*) y de qué táctica van a usar para impresionar a la persona. Dramatiza la situación con dos compañeros(as). Usen saludos apropiados al presentarse y pregunten sobre el origen de la persona, sus clases, profesores, actividades favoritas, etcétera.

G. ¡Nuestra comunidad! En tu universidad o comunidad, entrevista a una persona hispana, de origen español si es posible. Pídele que describa el carácter de su gente: cómo son los españoles (o mexicanos, cubanos, etcétera) en general. Pregúntale también sobre las fiestas en su país: cómo son, quiénes participan, qué hacen. Ven a clase preparado(a) para comparar a los estadounidenses con la gente del país de la persona que entrevistaste.

Un paso atrás, dos adelante

Capítulo 2

Repasemos. En el Capítulo 2 aprendiste a hablar de los empleos. También aprendiste a hacer preguntas, a trabajar con números (0–199), a hablar de las cosas que te pertenecen (*belong*) a ti y a otros, a decir la hora y a hablar de los días de la semana, del mes y de las estaciones. Repasa lo que sabes, completando el siguiente texto con las palabras necesarias.

En una entrevista para trabajar en un restaurante.

GERENTE: ¿ _____ [palabra interrogativa] se llama usted?

Tú: Me llamo _____ [tu nombre].

GERENTE: ¿De _____ [palabra interrogativa] es y _____ [palabra interrogativa] vive?

Tú: Soy de _____ [tu ciudad de origen] y vivo en _____ [ciudad donde vives].

GERENTE: ¿Cuál es _____ [adjetivo posesivo] experiencia de trabajo en restaurantes?

Tú: La verdad es que no _____ [verbo **tener**] mucha experiencia. Bueno sí, _____ [adjetivo posesivo] amigos y yo _____ [verbo **salir**] a comer todos los _____ de _____ [sábados y domingos].

GERENTE: Está bien. _____ [adjetivo posesivo] trabajo _____ [**ir a**] consistir en trabajar en la cocina los _____ __ _____ [fines de semana]. El salario es de _____ __ _____ [75] dólares por día. ¿ _____ [**Tener**] usted alguna pregunta?

Tú: No, está todo claro. Gracias.

Saber comprender

Estrategias para escuchar: reconocer y deducir información específica

In Chapter 2 you learned that knowing what people are talking about and anticipating what they are going to say makes it easier to understand a foreign language. Knowing what to look for when listening also aids comprehension. In these recorded sections and on the listening comprehension questions of your exams, you can always get a good idea of what to listen for if you read the questions before you listen to the recording. You should also try to anticipate the content of the dialogue by following the clues given in the questions and answers.

Reconocer y deducir información específica. Read the questions and answer choices in **Ahora, ¡a escuchar!** carefully, and try to extract some clues from them. Then, write down four things that you know you need to listen for in order to answer the questions correctly.

1. _____
2. _____
3. _____
4. _____

Ahora, ¡a escuchar!

Now listen as your instructor plays a dialogue between Cristina and Victoria, two guests at a party, and answer the questions that follow. Use the information you wrote down that you anticipated you would need to answer these questions.

1. Cristina está...
   a. contenta.
   b. preocupada.
   c. enferma.

2. ¿Qué hora es?
   a. Son las seis de la mañana.
   b. Son las doce del mediodía.
   c. Son las once de la noche.

3. Jorge...
   a. no está todavía en la fiesta.
   b. está en otra fiesta.
   c. tiene problemas con el teléfono.

4. Los sábados por la noche en Madrid...
   a. hay mucho tráfico.
   b. hay poco tráfico.
   c. no permiten tráfico en el centro de la ciudad.

5. Victoria y Cristina...
   a. salen a buscar a Jorge.
   b. van a bailar y tomar sangría.
   c. van a llamar a la policía.

España: intensa como la vida

España, siglo XXI

Con más de cuarenta millones de habitantes, España es un país de personas trabajadoras, orgullosas de sus tradiciones y directas y expresivas en su habla. La gente pasa la mayor parte de su tiempo libre en la calle: en los bares, las terrazas, las plazas, los patios, los cafés, los mercados...

ESPAÑA

Nombre oficial
Reino de España

Capital
Madrid

Población
40.491.051 (est. 2008)

Unidad monetaria
euro

Índice de longevidad
79,9 años

Alfabetismo
97,9 por ciento

Plaza Mayor, Madrid

Contraste: vida en España y en los EE.UU.

- El desayuno español es muy ligero (café y un dulce o una tostada).
- El almuerzo es entre la 1 y las 3 de la tarde.
- La cena es entre las 9 y las 11 de la noche.
- Las oficinas y tiendas cierran tradicionalmente de las 2 a las 4 de la tarde para descansar.
- Es común ver a los niños en las calles con sus padres o abuelos hasta las dos o las tres de la mañana.

La familia unida

La selección nacional de baloncesto, campeona del mundo en Japón 2006

- Los deportes más populares de España son el fútbol y el baloncesto. También se practica tenis, atletismo, ciclismo, motociclismo, automovilismo, deportes acuáticos y otros. El béisbol y el fútbol americano se practican muy poco.

- La corrida de toros es la llamada «fiesta nacional», una tradición muy antigua con la que no todos los españoles están de acuerdo.

- Los españoles visten elegantemente, en especial para salir por las noches, para las fiestas o para las celebraciones.

- En España los jóvenes con frecuencia viven en casa de sus padres muchos años, hasta los 30 ó 40 o más.

En Madrid, de noche

La España del siglo XXI es muy diferente a la España de hace cuarenta o cincuenta años. Es un país plenamente integrado en la Comunidad Europea, moderno, con mucho turismo, trenes de alta velocidad y grandes autopistas. Pero hay cosas que no cambian: España sigue siendo un país hospitalario, simpático y muy festivo.

⊕ Por el ciberespacio... a España

Keywords to search:

costumbres de España
vida nocturna en España
la movida en España

To learn more about **España,** go to the *¡Dímelo tú!* website at academic. cengage.com/spanish/dimelotu

---

Y ahora, dime...

Contrastes. Usa este diagrama Venn para hacer los siguientes contrastes y comparaciones del estilo de vida que son comunes en España y en los Estados Unidos y lo que es exclusivo en cada uno de ellos.

	España	España y los EE.UU.	los EE.UU.
1. gente	1.	1.	1.
2. horas de comer	2.	2.	2.
3. vida nocturna	3.	3.	3.
4. deportes	4.	4.	4.
5. vestir	5.	5.	5.

Tu casa en... ¡España!

TAREA

Antes de empezar este *Paso*, estudia la lista de vocabulario de la página 120 y escucha el corte 37 de tu Text Audio CD1. Luego estudia *En preparación*.

1er día 3.2 Present progressive tense, páginas 123–124

Haz por escrito los ejercicios de *¡A practicar!* correspondientes.

¿Eres buen observador?

ARMILLA

Piso de 3 dormitorios. Cocina amueblada.
Completamente exterior.
¡Tan solo 139.891€! REF.00253

MARACENA

Gran piso de 4 dormitorios y 2 baños.
Calefacción. Garaje. Piscina.
¡Zona Camino de Albolote!
REF.00221

HUETOR VEGA

"Oportunidad" adosada en zona tranquila,
3 dormitorios, baño y aseo, cocina
amueblada, aire acondicionado, plaza de
garaje, buenas calidades **REF.00269**

GABIAS

Patio 70 m2. Calefacción. 2 Chimeneas.
Dormitorios abuhardillados.
El mejor precio de la zona **REF.00248**

Ahora, ¡a analizar!

Tu casa en Granada. Indica si las siguientes afirmaciones son ciertas (C) o falsas (F) basándote en la información de estos anuncios de bienes raíces. Compara tus respuestas con las de tu compañero(a).

C F 1. En Maracena están vendiendo un piso de cuatro dormitorios y un baño.

C F 2. El piso de Armilla tiene ventanas en todas las habitaciones.

C F 3. La casa adosada de Huetor Vega está situada en el distrito financiero del pueblo.

C F 4. El piso de las Gabias tiene un solo dormitorio.

¿Qué se dice...? 🎧 CD1, Track 34

Al describir lo que está pasando

Queridos mamá y papá:

Esta es nuestra casa en España. No es muy grande. Tiene dos dormitorios, la cocina, un baño y una terraza. El comedor no es grande, pero la cocina está bien. El garaje es suficiente para mi bicicleta y el coche de Isabel.

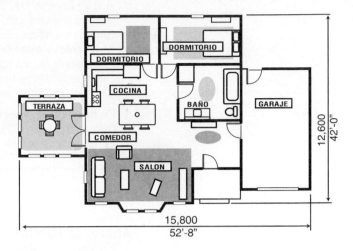

🔎 **Google™ Images** BUSCA: casas España

Hoy estamos de fiesta en nuestra casa. Están aquí nuestros amigos españoles Miguel y María, Pedro y Juanita con sus hijos y otros nuevos amigos. Aquí estamos todos en el salón, bailando y tomando sangría. Todos menos los niños, claro. Ellos están comiendo tapas: una sabrosa tortilla española y aceitunas. José y Paco están tocando la guitarra y cantando unos boleros y unos pasodobles maravillosos. Sara está en este momento en la cocina.

Indica qué están haciendo todos los adultos (**A**), los niños (**N**) y José y Paco (**JyP**). Luego marca (✔) dónde hay gente en la casa.

_____ están comiendo tapas
_____ están tocando la guitarra
_____ están conversando
_____ están tomando sangría
_____ en el salón
_____ en el comedor

_____ están comiendo tortilla
_____ están comiendo aceitunas
_____ están bailando
_____ están cantando boleros y pasodobles
_____ en la cocina
_____ en el dormitorio

🔎 **Google™ Images** BUSCA Y PREPARA: tortilla española recipe; sangría recipe

Las **tapas**, los platitos de todo tipo de comida española, representan un estilo de vida en España. Hay de todo: chorizo, jamón serrano, queso manchego, patatas, gambas (camarones)... Son una tradición en los bares españoles, donde se comen con una copita de vino o una cerveza antes del almuerzo (entre la una y las dos de la tarde) y antes de la cena (entre las siete y las nueve de la noche). La **tortilla española** es una tapa favorita de todos. No es como la tortilla mexicana, sino como un *omelette* de patatas. Y como ocurre con todas las tapas, ¡hay una gran variedad de tortillas españolas!

En tu opinión: ¿Crees que en los bares españoles es necesario pagar por las tapas o son gratis? ¿Por qué crees eso? ¿Existe un equivalente a las tapas en los EE.UU.? ¿Qué comen en los bares norteamericanos? ¿Es gratis esa comida?

Ahora, ¡a hablar!

EP 3.2

🔗 Google™ Images y YouTube™
BUSCA: Spanish tapas

A. **¡Una fiesta española!** Tú y tus compañeros de la clase de español van a tener una fiesta española esta noche en la casa de su profesor(a). Ahora todos están muy ocupados con los preparativos. ¿Qué están haciendo?

MODELO   **Mi amiga Paula está decorando las tapas.**

Mi amiga...		preparar / tortilla
Yo		hacer / sangría
Mis amigos... y...	estar	decorar / tapas
El profesor(a)...		comprar / refrescos
Tú...		decidir / qué música tocar
..., ... y yo		hablar / con...

EP 3.2

B. **¡Qué fiesta más rica!** Tú y tus compañeros de clase están pasándolo en grande en su fiesta española. Desafortunadamente, tu mejor amigo(a) no está en la fiesta porque está enfermo(a). ¿Qué pregunta cuando llamas por teléfono?

MODELO   Carmen: bailar sevillanas
Tu AMIGO(A):   **¿Qué está haciendo Carmen?**
        Tú: **Está bailando sevillanas.**

1. Luisa: comer unas tapas
2. Ricardo: fumar en el garaje
3. Marta y María: tomar sangía
4. tú: leer un periódico español
5. Francisco: tocar la guitarra en el patio
6. tú y Victoria: pasarlo en grande

EP 3.2

C. **¡¿Están dónde?!** La casa de su profesor(a) es grande y ahora ustedes, los invitados, están haciendo cosas muy interesantes en lugares muy interesantes. ¿Qué contestas cuando tu compañero(a) te pregunta dónde están estas personas y qué están haciendo?

MODELO   Janet: comedor

COMPAÑERO(A): **¿Dónde está Janet? ¿En el comedor?**

Tú: **Sí, está en el comedor. Está tomando sangría y comiendo unas tapas.**

1. Bryce y Drew: garaje
2. Marta: cocina
3. Andrea y Sumner: dormitorio
4. Richi y Cristina: patio
5. Isabel y Larry: sala
6. Robbie: terraza

D. ¡La fiesta más loca! Esta es la fiesta de la clase de otro(a) profesor(a) en tu universidad. Tu compañero(a) está en esta fiesta. Ahora tu compañero(a) va a describir lo que están haciendo en su fiesta y tú vas a decirle lo que están haciendo en tu fiesta. (Usa tu imaginación.) Finalmente, ustedes van a decidir cuál es la fiesta más loca. Informen a la clase de su decisión y expliquen por qué llegaron a esa conclusión.

EP 3.2

Y ahora, ¿por qué no conversamos?

E. Excusas. Tú tienes un(a) amigo(a) que constantemente te está invitando a hacer cosas con él (ella) y tú simplemente quieres descansar por un tiempo. ¿Qué excusas inventas para no aceptar cuando tu amigo(a) te llama por teléfono para invitarte a hacer lo siguiente? Tu compañero(a) va a hacer el papel de ese(a) amigo(a). Al final, tu compañero(a) va a informar a la clase de las mejores excusas usadas.

MODELO   para hablar por teléfono

TU AMIGO(A): **Aló. Estoy muy triste ahora y necesito hablar contigo.**

TU EXCUSA: **Lo siento, pero estoy comiendo.**

1. para invitarte al cine
2. para pedirte ayuda con la tarea para la clase de español
3. para invitarte a cenar
4. para invitarte a jugar al fútbol
5. para pedirte una receta
6. para pedirte dinero

F. ¿Cuántas diferencias hay? ¿Cuántas diferencias hay entre este dibujo y el de tu compañero(a) en el Apéndice A? Describe tu dibujo para ver cuántas diferencias puedes encontrar con el dibujo de tu compañero(a). Recuerda que no se permite mirar el dibujo de tu compañero(a) hasta terminar esta actividad.

MODELO   **Cuatro personas están bailando.**

G. ¡Luces! ¡Cámara! ¡Acción! Este es el fin de semana de *Homecoming* en tu universidad. Ahora estás en una de muchas fiestas y tu mejor amigo(a) está en otra fiesta. Tu amigo(a) te llama en su celular para preguntarte sobre tu fiesta. Tú contestas sus preguntas explicando qué están haciendo en tu fiesta y tu amigo(a) te explica lo que están haciendo en su fiesta. Finalmente ustedes deciden a cuál fiesta van a asistir los dos. Dramatiza esta conversación con un(a) compañero(a).

¡Escríbelo!

Estrategias para escribir: agrupación de ideas

In **Capítulo 2** you learned the importance of brainstorming to gather ideas for writing on a specific topic. Taking the idea one step forward, it is helpful to organize those ideas into various groups called clusters. Brainstorming clusters are listings of closely related ideas.

Agrupación de ideas. Prepare to write about your life at the university by creating a cluster similar to the one that follows.

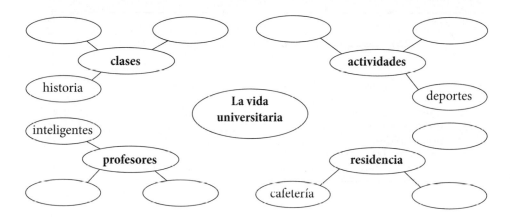

Take a moment to think about how you would fill in the blank bubbles and add more bubbles to the cluster until you have all the elements that you consider necessary to write a letter about your life at the university.

Ahora, ¡a escribir!

Universidad de Salamanca

A. En preparación. Prepara una lista de ideas para escribir una carta a tus amigos sobre tu vida universitaria. Incluye ideas para escribir sobre tus clases, tu trabajo y tus actividades, entre otras cosas. Organiza tu lista en grupos de ideas similares, por ejemplo, todas las ideas relacionadas con las clases en un grupo, las relacionadas con los profesores en otro grupo, etcétera.

B. El primer borrador. Usa tu **agrupación de ideas** para escribir el primer borrador de tu carta. Escribe toda la información que tienes de un grupo en un párrafo. Tu carta probablemente va a ser de tres o cuatro párrafos.

C. Ahora, a compartir. Comparte tu primer borrador con dos o tres compañeros(as). Haz comentarios sobre el contenido y el estilo de la carta de tus compañeros(as) y escucha sus comentarios sobre tu carta. Indiquen los errores de ortografía o gramática que detecten.

D. La versión final. Prepara una versión final de tu carta en la computadora y entrégala.

Me gusta España, «me gustas tú»

TAREA

Antes de empezar este *Paso*, estudia la lista de vocabulario de las páginas 120–121 y escucha el corte 38 de tu Text Audio CD1. Luego estudia *En preparación*.

1er día   3.3 **Ser** and **estar** with adjectives, páginas 125–126

2do día   3.5 The verb **gustar,** páginas 126–127

Haz por escrito los ejercicios de *¡A practicar!* correspondientes.

♪ *¡Dímelo tú! Playlist* Escucha: «Me gustas tú» de Manu Chao

¿Eres buen observador?

Las películas más taquilleras de España

	Título	País	Millones de €
1.	STAR WARS, LA VENGANZA DE LOS SITH	EE.UU	17.6 €
2.	GUERRA DE LOS MUNDOS, LA	EE.UU	14.8 €
3.	PADRES DE EL, LOS	EE.UU	13.4 €
4.	MADAGASCAR	EE.UU	12.2 €
5.	MILLION DOLLAR BABY	EE.UU	12.1 €
6.	**REINO DE LOS CIELOS, EL**	**ESPAÑA**	**11.2 €**
7.	ALEJANDRO MAGNO	R. UNIDC	10.9 €
8.	4 FANTASTICOS, LOS	EE.UU	10.6 €
9.	ROBOTS	EE.UU	7.1 €
10.	BATMAN BEGINS	R. UNIDC	6.5 €
11.	HITCH: ESPECIALISTA EN LIGUES	EE.UU	6.5 €
12.	AVIADOR, EL	EE.UU	6.1 €
13.	INTERPRETE, LA	EE.UU	5.9 €
14.	DESCUBRUENDO NUNCA JAMAS	R. UNIDC	5.6 €
15.	BLADE TRINITY	EE.UU	5.5 €
16.	CONSTANTINE	EE.UU	5.4 €
17.	ESCONDITE, EL	EE.UU	5.1 €
18.	RING 2 (LA SEÑAL 2), THE	EE.UU	5.0 €
19.	CHICOS DEL CORO, LOS	FRANCIA	5.0 €
20.	CLOSER	EE.UU	4.8 €
21.	**PENALTI MAS LARGO DEL MUNDO, EL**	**ESPAÑA**	**4.7 €**
22.	UN CANGURO SUPERDURO (THE PACIFIER)	EE.UU	4.6 €
23.	OCEAN'S TWELVE	EE.UU	4.6 €
24.	ISLA, LA	EE.UU	4.3 €
25.	ENTRE COPAS	EE.UU	4.0 €

Ahora, ¡a analizar!

El cine en España. Contesta las siguientes preguntas basándote en la información de esta lista de películas taquilleras. Compara tus respuestas con las de tu compañero(a).

1. Las películas que más gustan en España son...
   - ☐ de aventura.
   - ☐ de ciencia ficción.
   - ☐ de terror.
   - ☐ de aventura y ciencia ficción.

2. A los españoles les gusta el cine...
   - ☐ español.
   - ☐ de los EE.UU.
   - ☐ de Inglaterra.
   - ☐ de España y de Inglaterra.

3. ¿Por qué crees que a los españoles les gustan tanto las películas estadounidenses?

4. ¿Cuál de estas películas te gusta más? ¿Cuál te gusta menos?

5. ¿Cuántos títulos que están en español puedes reconocer? ¿Cuáles son? Compáralos con los que tu compañero(a) reconoce.

¿Qué se dice...? CD1, Track 35

Al hablar de nuestros gustos

JUAN: Y a ustedes, ¿qué es lo que más les gusta de España?

LUISA: A mí lo que más me gusta es la gente. Me encanta ver a los niños y sus padres de paseo con los abuelos y abuelas.

ANDRÉS: Pues a mí me gusta el horario, la siesta y salir hasta bien tarde por las noches.

ISABEL: Sí, es muy divertido estar de fiesta en la calle hasta las cuatro o las cinco de la mañana.

Paseo con la familia

Atasco en Madrid

LUISA: Las cosas que menos me gustan son las corridas de toros, el humo del tabaco en los bares es horroroso y los atascos de algunas ciudades son insoportables. Las corridas son crueles y deben estar prohibidas.

ISABEL: Pues a mí sí me gustan los toros, sobre todo las corridas profesionales. Y el flamenco. Me encanta escuchar y ver bailar el flamenco.

JUAN: Y de la comida, ¿qué les gusta más?

ANDRÉS: Me encanta el aceite de oliva. Es muy sano y es delicioso.

ISABEL: A mí me gusta mucho el marisco, sobre todo las gambas, que son exquisitas.

Gambas

Indica qué le gusta a Andrés (**A**), a Luisa (**L**) y a Isabel (**I**).

_____ las gambas   _____ el flamenco   _____ el aceite de oliva

_____ el horario   _____ la gente   _____ salir tarde
_____ las corridas de toros _____ los mariscos   _____ la siesta
_____ los padres y niños   _____ la calle por la noche _____ los abuelos y abuelas

Marca con una X lo que no le gusta a Luisa.

☐ los bares   ☐ la siesta   ☐ las corridas de toros
☐ el tráfico   ☐ los niños   ☐ los cigarillos

📍 **Google™ Images** y **YouTube™**
BUSCA: corrida de toros; tapas; Madrid de marcha; Barcelona de noche; la familia en España; día sin coche

El baile y el canto son importantes manifestaciones artísticas de la cultura española. El flamenco es, hoy día, una de las músicas más características y fácilmente identificables de Europa. Esta música, cante y baile se identifica con los gitanos *(gypsies)* de Andalucía, en el sur de España. Hay diferentes variedades (palos) de flamenco. Los palos más populares son las soleares, tonás, siguiriyas, tangos y fandangos. Los temas son diversos: religión, amor, humor, etcétera. El cante y baile flamencos pueden ir acompañados de guitarristas; entre los más populares guitarristas destacan Paco de Lucía, Ramón Montoya y Manolo Sanlúcar.

En tu opinión: ¿Cómo es posible tener temas tan variados como la religión, el amor y el humor en el flamenco? ¿Hay algunas importantes manifestaciones artísticas que han existido desde el siglo XIX en los EE.UU.? Explica tu respuesta.

Ahora, ¡a hablar!

EP 3.3

A. ¿Cómo es? ¿Cómo describen Luisa, Isabel y Andrés lo siguiente, según el *¿Qué se dice...?* de este *Paso?*

El aceite de oliva		prohibidas
Estar en la calle tarde		crueles
Las gambas		insoportables
Las corridas de toros	ser/estar	divertido
El humo en los bares		deliciosos
Las corridas deben		exquisitas
Los atascos		horroroso
Los mariscos		sano

EP 3.4

B. ¿Qué tenemos en común? Estás hablando con Soledad Torreblanca, una estudiante española en tu universidad. ¿Qué te pregunta Soledad y qué le contestas? Tu compañero(a) va a hacer el papel de Soledad.

MODELO   ver bailar flamenco

SOLEDAD: **Me gusta ver bailar flamenco. ¿Y a ustedes, los estadounidenses?**

TÚ: **También nos gusta ver bailar flamenco.** o
No nos gusta ver bailar flamenco.

1. las corridas de toros
2. los mariscos
3. la política
4. el aceite de oliva
5. escuchar música flamenca
6. salir de noche

EP 3.4

C. ¡Qué fiestas! Soledad, la estudiante española, es muy popular porque siempre organiza fiestas muy buenas. Toma turnos con tu compañero(a) para explicar por qué les gustan a ustedes y a sus amigos las fiestas de Soledad.

MODELO   a mi amiga...

A mi amiga Carmen le gusta la música flamenca en las fiestas de Soledad.

Vocabulario útil

amigos latinos	música	tortilla española
gambas	sangría	vino
guitarra	tapas	

1. a mí
2. a todos nosotros
3. a mis amigos... y...
4. a ti y a mí
5. a mi mejor amigo(a)
6. a mi amigo...

D. Después de la fiesta. Acaba de terminar una fiesta de Soledad. Con tu compañero(a), describan a sus amigos que participaron en la fiesta. Mencionen cómo son normalmente y cómo están ahora al terminar la fiesta de Soledad.

Y ahora, ¿por qué no conversamos?

E. ¡Qué cambiados están! Estos son Daniel y Gloria antes de estudiar un año en la Universidad de Salamanca. En el Apéndice A, tu compañero(a) tiene un dibujo de Daniel y Gloria después de regresar de España. Describan a las personas que aparecen en sus dibujos para saber cómo son los cambios *(changes)*. No se permite mirar el dibujo de tu compañero(a) hasta terminar esta actividad.

Vocabulario útil

cambiado(a)	honesto(a)
corto(a)	informal
delgado(a)	lacio(a)
diferente	limpio(a)
formal	rizado(a)
guapo(a)	rubio(a)
hermoso(a)	sucio(a)

MODELO **Daniel es alto y algo hippie.**

F. ¡Encuesta! Usa este cuadro para entrevistar a tres compañeros(as) de clase. Escribe sus respuestas en los cuadrados apropiados.

MODELO Tú: **¿Tocas el piano?**
Compañero(a): **No, no toco el piano.**
   You Write. *[Nombre]* **no toca el piano.**

	Compañero(a) 1	Compañero(a) 2	Compañero(a) 3
No le gusta bailar.			
Le encantan las tapas.			
Le fascinan las películas de terror.			
Baila muy bien.			
Le gusta salir de noche.			
Le gusta la música latina.			
Habla cuatro idiomas.			

G. ¡Luces! ¡Cámara! ¡Acción! Imaginen que están en una fiesta en casa de su profesor(a) de español y que están hablando de los invitados. Trabajando en grupos de tres o cuatro, preparen su diálogo por escrito *(in writing)*. Luego léanlo *(read it)* delante de la clase.

MODELO —**Nuestro(a) profesor(a) está muy elegante esta noche.**
—**Sí, pero, ¿quién es la persona que está bailando con...?**
—**Es su novio(a). Es muy guapo(a), ¿no?...**

Saber comprender

Estrategias para ver y escuchar: predecir a partir de las preguntas de comprensión

*In **Paso 1**, you learned that knowing what to listen for or listening for specific information aids listening comprehension considerably. This holds true when listening to and viewing a video. As in the recorded sections and on the tests, you can always get a good idea of what you can expect to see and hear on the video if you read the questions before you view the video.*

Predicir a partir de preguntas de comprensión. Read the comprehension check questions in **Después de ver el video,** and try to extract some clues from them. Then write down one or two things for each question that you know you need to listen for in order to answer the questions correctly.

Información que necesito

1. _____
2. _____
3. _____
4. _____
5. _____
6. _____

Enrique Iglesias

Al ver el video

¿Comprendes lo que se dice? Mientras *(While)* ves el video por primera vez *(first time)*, escribe la información que predijiste *(predicted)* que necesitas para contestar cada pregunta.

Información en el video

1. _____
2. _____
3. _____
4. _____
5. _____
6. _____

Después de ver el video

Ahora, usa la información que predijiste para contestar las preguntas. ¿Predijiste las respuestas a todas las preguntas? Compara tus resultados con los de dos compañeros(as).

1. ¿Dónde nació Enrique Iglesias? ¿Cuándo es su cumpleaños?
2. ¿Dónde vive ahora? ¿De dónde es su pasaporte?
3. ¿De dónde son la madre y el padre de Enrique?
4. Frente a su público, ¿cómo está Enrique, nervioso o alegre?
5. ¿Qué opina Enrique Iglesias del bilingüismo?
6. ¿Qué opina Enrique Iglesias del español?

Predecir a partir de las preguntas de comprensión. Use the same strategy as you prepare to view the second part of the video, which focuses on Andalusia. Read the sentences to be completed in **Después de ver el video,** and try to extract some clues from them. Then write down one or two things for each question that you know you need to listen for in order to answer the questions correctly.

Andalucía, ¡región fascinante!

Al ver el video

¿Comprendes lo que se dice? Mientras ves el video por primera vez, escribe la información que predijiste vas a necesitar para completar cada oración.

1. _____
2. _____
3. _____
4. _____
5. _____
6. _____

Después de ver el video

Ahora, usa la información que coleccionaste para completar estas oraciones. ¿Predijiste la respuesta correcta de cada oración? Compara tus resultados con los de dos compañeros(as).

1. La región de Andalucía fue habitada por los griegos, los romanos y los...

   ☐ franceses. ☐ africanos. ☐ árabes.

2. El espíritu de Andalucía viene de...

   ☐ las Américas. ☐ los árabes. ☐ los romanos.

3. La mezquita (*mosque*) más grande del occidente está en...

   ☐ Córdoba. ☐ Granada. ☐ Sevilla.

4. La Costa del Sol se conoce por sus excelentes...

   ☐ caballos. ☐ mezquitas. ☐ playas.

5. Un estilo de baile y canto que nace en Andalucía es...

   ☐ el pasodoble. ☐ las sevillanas. ☐ el flamenco.

6. La ciudad más grande en Andalucía es...

   ☐ Córdoba. ☐ Sevilla. ☐ Granada.

Vocabulario

Emociones y condiciones

alegre	happy, lively
aterrorizado(a)	terrified
avergonzado(a)	embarrassed, ashamed
cansado(a)	tired
contento(a)	happy, pleased
enfermo(a)	sick
entusiasmado(a)	enthused
feliz	happy, joyful
fenomenal	phenomenal
frustrado(a)	frustrated
furioso(a)	furious
interesado(a)	interested
nervioso(a)	nervous
ocupado(a)	busy, occupied
preocupado(a)	preoccupied, worried
tranquilo(a)	quiet, calm
triste	sad

Fiestas

bombero(a)	firefighter
chico(a)	boy/girl
feria	fair
invitado(a)	guest
torero(a)	bullfighter
toro	bull

Puntos cardinales

este (m.)	east
norte (m.)	north
oeste (m.)	west
sur (m.)	south
noreste (m.)	northeast
noroeste (m.)	northwest
sureste (m.)	southeast
suroeste (m.)	southwest

Frases y palabras útiles

bebé (m. f.)	baby
especialmente	especially
examen (m.)	exam
fin (m.)	end, conclusion
principio	beginning
todos(as)	everyone, everybody, all

Fiestas

aceituna	olive
chorizo	sausage
jamón (m.)	ham
música	music
pasarlo en grande	to have a great time
pizza	pizza
platito	small plate or dish
queso	cheeze
vino	wine

En la casa

baño	toilet, restroom
cocina	kitchen
comedor (m.)	dining room
dormitorio	bedroom
garaje (m.)	garage
habitación (f.)	room, bedroom
jardín (m.)	garden
patio	courtyard, patio
piso	apartment
sala	living room
salón (m.)	lounge, living room
terraza	flat roof, terrace
ventana	window

Verbos y actividades

asistir	to attend, be present
cantar	to sing
cenar	to eat dinner
conversar	to chat, to converse
decorar	to decorate
estar	to be
invitar	to invite
organizar	to organize
pedir	to ask for
saludar	to greet
seleccionar	to select

Palabras y expresiones útiles

ayuda	help
excusa	excuse
loco(a)	crazy
lo siento	I'm sorry
contigo	with you
receta	recipe
un poco	a little, a small amount

Películas

película de aventura	action and adventure film
película de ciencia ficción	science fiction film
película de terror	horror film
taquillera	box office hit
título	title

Comidas

marisco	*seafood*
aceite de oliva *(m.)*	*olive oil*

Bares

alcohólico(a)	*with alcohol, alcoholic*
bar *(m.)*	*bar*
cigarrillo	*cigarette*
gaseosa	*carbonated water*
humo	*smoke*
tinto	*red wine*

Descripción

alto(a)	*tall*
corto(a)	*short (length)*
cruel	*cruel*
delgado(a)	*slim, thin*
delicioso(a)	*delicious*
diferente	*different*
exquisito(a)	*exquisite*
guapo(a)	*good-looking, cute*
hermoso(a)	*beautiful, lovely*
honesto(a)	*honest*
horroroso(a)	*horrifying, awful*
insoportable	*unbearable*

lacio(a)	*straight (hair)*
limpio(a)	*clean*
prohibido(a)	*banned, prohibited*
rico(a)	*rich; delicious*
rizado(a)	*curly*
rubio(a)	*blond(e)*
sano(a)	*healthy*
sucio(a)	*dirty*

Pronombres del complemento indirecto

me	*to/for me*
te	*to/for you (s. fam.)*
le	*to/for you (s. formal); to/for him, her, it*
nos	*to us*
les	*to/for you (pl. formal); to/ for them*

Verbos y actividades

encantar	*to charm, to please highly*
fascinar	*to love, to really like*
gustar	*to like*
ver	*to see*

Palabras útiles

atasco	*traffic jam*
corrida de toros	*bullfight*
horario	*schedule*
idioma *(m.)*	*language*
mí	*me (obj. of prep.)*
muy	*very*
novio(a)	*boyfriend/girlfriend*
niño(a)	*child*
playa	*beach*
política	*politics*
siesta	*afternoon nap*
tráfico	*traffic*

EL ESPAÑOL... de España

Comidas

gambas	*prawns*
jamón serrano	*Spanish smoked ham*
patata	*potato*
queso manchego	*cheese (from La Mancha region)*
sangría	*a fruity Spanish wine drink*
tapas	*appetizers, hors d'oeuvres*
tortilla española	*Spanish potato omelette*

Fiestas

Fallas	*popular festival in Valencia, Spain; group of large cardboard and wood figures that are burned on March 19*
flamenco	*Spanish gypsy dance, music, and songs*
pasodoble *(m.)*	*Spanish dance; march step*
sevillanas	*flamenco dance*

Actividad nocturna

el botellón	*gathering of 16–24-year-olds to listen to music and share drinks in a plaza or public space*
la marcha	*nightlife, amusement, fun gathering*
la movida	*nightlife in Madrid*
pasarlo en grande	*to have a great time*

En preparación 3

3.1 The verb *estar*
Giving location and indicating change

The verb *estar*			
Singular		**Plural**	
yo	**estoy**	nosotros(as)	**estamos**
tú	**estás**	vosotros(as)	**estáis**
usted	**está**	ustedes	**están**
él, ella	**está**	ellos, ellas	**están**

The verb **estar** is used to tell where someone or something is located and to describe how one is feeling or one's condition. It is also used with the present participle to form the present progressive tense. (See **En preparación 3.2.**)

■ **Location**

Los niños **están** en el parque.	*The children are in the park.*
¿Dónde **están** las tapas?	*Where are the appetizers?*
¿No **está** tu papá?	*Isn't your father here?*
No. **Está** en Barcelona.	*No. He's in Barcelona.*

BUT, to indicate where an event takes place, the verb **ser** is used.

¿Dónde es la reunión?	*Where is the meeting?*
La fiesta es en mi casa.	*The party is at my house.*

Google™
BUSCA: Using **estar**

■ **Conditions and feelings**

La fiesta **está** muy aburrida.	*The party is very boring.*
Roberto **está** enfermo otra vez.	*Roberto is sick again.*
Natalia **está** muy preocupada (triste, nerviosa, contenta).	*Natalia is very worried (sad, nervous, happy).*

Heinle Grammar Tutorial: *Ser* and *Estar* III

¡A practicar!

A. **¡Fiesta tras fiesta!** It seems that every time you call your ex-roommate, who is spending the year abroad studying in Spain, he and his friends are attending some major festival or other. Where does he say they are when you call on the following dates?

> **MODELO** Es el 12/10. Mis amigos...
> **Es el doce de octubre. Mis amigos están en Zaragoza para la Fiesta del Pilar.**

febrero:	Carnaval en Tenerife	julio:	Encierro de San Fermín en Pamplona
marzo:	Fallas en Valencia	agosto:	Tomatina en Buñol
abril:	Semana Santa en Sevilla	octubre:	Fiesta del Pilar en Zaragoza
junio:	Fiesta de San Juan en Barcelona		

1. Es el 23/6. Mi amigo Daniel y yo...

2. Es fines de agosto. Todos mis amigos...

3. Es el 7/7. Yo...

4. Es el 19/3. Mi familia española...

5. Es principios de febrero. Cuatro amigos y yo...

6. Es abril. Yo...

B. ¿Cómo están? All your classmates have shown up at your Spanish teacher's house for a Spanish evening of flamenco dancing, tapas, and sangría. Tell how you and your classmates are feeling at this moment.

MODELO   mi compañera de clase...
                  Mi compañera de clase Ángela está muy contenta y entusiasmada.

Vocabulario útil

aburrido	enfermo	furioso	preocupado
cansado	entusiasmado	interesado	tranquilo
contento	fenomenal	nervioso	triste

1. mis compañeras de clase... y...
2. yo
3. mi profesor(a) y...

4. mi amigo...
5. tú
6. todos los chicos

C. ¡Fiesta! With a partner, complete the following letter, that Roberto wrote his high school buddy who is attending another university, with the proper form of **estar**. Then together, use this letter as a model to write an old buddy of yours and tell him what you are doing on Friday night.

Hay una fiesta en mi casa esta noche porque mis padres _____ en Chicago. Yo _____ muy contento porque todos mis amigos _____ aquí. También _____ muy ocupado con los invitados. Mi amigo Gonzalo _____ muy nervioso porque su ex novia _____ aquí en la fiesta también. Mi amiga Amalia _____ furiosa porque Juan Carlos, su novio, no baila con ella. Los otros invitados _____ contentos porque hay mucha comida y la música _____ buena.

> «Más vale **estar** solo que (**estar**) mal acompañado». (proverbio)
>
> ____ *You are better off alone than in bad company.*
>
> ____ *It is better to be in someone's company than risk becoming a loner.*

Paso 2

3.2 Present progressive tense

Describing what is happening now

■ In English, the present progressive is formed with the verb *to be* and an *-ing* verb form: *I am eating; he is driving.* In Spanish, the present progressive is formed with the verb **estar** and a present participle.

¿Qué **están haciendo?**	*What are they doing?*
Todos **están bailando.**	*Everyone is dancing.*
Estamos comiendo paella.	*We're eating paella (a chicken, rice, and seafood dish).*

In English, the present participle is the verb + -*ing*: *talking, walking, buying*. In Spanish, the present participle is formed by dropping the infinitive ending and adding -**ando** to -**ar** verbs, and -**iendo** to -**er** and -**ir** verbs.

Present participles		
-*ar* verbs: -*ando*	**-*er*, -*ir* verbs: -*iendo***	
trabajar: trabaj**ando** *working*	poner: pon**iendo** *putting*	
bailar: bail**ando** *dancing*	escribir: escrib**iendo** *writing*	

Some present participles are irregular. For example, the -**iendo** ending becomes -**yendo** whenever the stem of the infinitive ends in a vowel.

le-er: le**yendo**   *reading*
tra-er: tra**yendo**   *bringing*

▶ YouTube™
BUSCA: Spanish
present progressive

In Spanish, the present progressive tense is used only to describe or emphasize an action that is taking place right at the moment.

**Heinle Grammar
Tutorial:** Present
Progressive Tenses

Estoy escribiendo una carta.   *I'm writing a letter.*
Pablo y Ana **están leyendo** el periódico.   *Pablo and Ana are reading the newspaper.*
BUT: Llegan mañana a las diez.   *They are arriving tomorrow at ten.*

¡A practicar!

A. ¿Qué están haciendo? You and your housemates are planning to throw a party this evening. Now everyone is rushing around getting ready. Tell who is doing the following things.

MODELO   preparar la comida
          Mi amigo Ernesto está preparando la comida.

1. organizar la música
2. abrir los refrescos
3. seleccionar la música
4. comprar la pizza
5. beber una cerveza
6. descansar un poco

B. ¿Y ahora? Everyone is having a great time at your house party, but you, being the worrywart that you are, are checking to make sure no one is left out. What do you ask and how does your housemate respond? Your partner will play the role of your housemate.

MODELO   mi amiga...
          TÚ: **¿Qué está haciendo Patricia?**
          COMPAÑERO(A): **Está bailando con el profesor.**

1. mis amigos... y...
2. mi compañero de cuarto...
3. el profesor...
4. ... y...
5. tú
6. tus amigas... y...

«El que hace trampas **jugando**, al infierno se va **caminando**». (proverbio)

____ *He who cheats at cards, slowly condemns himself.*

____ *He who walks with the devil, plays with his own fate.*

3.3 *Ser* and *estar* with adjectives

Describing attributes, location of an event, and indicating changes

■ **Ser** is used with adjectives to describe attributes such as the following:

1. physical characteristics, essential traits, and qualities

Nicolás **es** muy guapo.	*Nicolás is very handsome.*
Cecilia **es** delgada.	*Cecilia is thin.*
Las tortillas españolas **son** deliciosas.	*Spanish omelettes are delicious.*

2. personality

Eva **es** muy simpática.	*Eva is very nice.*
Teresa **es** inteligente.	*Teresa is intelligent.*
Héctor **es** perezoso.	*Héctor is lazy.*

3. inherent characteristics

La nieve **es** blanca.	*Snow is white.*
El cielo **es** azul.	*The sky is blue.*
El edificio **es** muy alto.	*The building is very tall.*

■ **Estar** is used with adjectives to indicate a more subjective, temporal evaluation of any of the following:

1. appearance, taste, and physical state of being

Esta paella **está** deliciosa.	*This paella is (tastes) delicious.*
Carlos **está** delgado.	*Carlos is (looks) thin.*
Teresa, ¡**estás** hermosa!	*Teresa, you are (look) lovely (today)!*

2. behavior that varies from what is normally expected

Estás muy antipático hoy.	*You are (being) very disagreeable today.*
Estela, **estás** perezosa.	*Estela, you are (being) lazy.*

3. conditions

Víctor **está** cansado.	*Víctor is tired.*
Todos **están** contentos.	*Everyone is happy.*
La nieve **está** sucia.	*The snow is dirty.*

⚐ Google™
BUSCA: **Estar**
feelings and
conditions

Heinle Grammar
Tutorial: *Ser* and
Estar IV

¡A practicar!

A. ¿Mis amigos? Focus on yourself and your friends. Who fits these descriptions?

MODELO   honesta y muy guapa
           Mi amiga Beverly es honesta y muy guapa.

1. tímido e inteligente
2. divertidas y muy simpáticas
3. un poco perezoso
4. muy sociables
5. sinceros y muy guapos
6. romántica pero muy estudiosa

B. ¡Están muy cambiados! You have just returned home after spending time as an exchange student in Barcelona. You find that everybody has changed considerably. What do you say to the following people?

1. ¡Mamá, tú _____ muy diferente!
2. Tío, _____ más grande.
3. Chicas, _____ más trabajadoras.
4. Abuelos, _____ muy activos.
5. Papá, _____ más paciente.
6. Todos ustedes _____ muy bien.

C. ¡Rin-rin! Your cell phone rings and it is your roommate who is having a wonderful time at a fraternity **¡Viva España!** party. Complete the conversaton you have with the appropriate form of **ser** or **estar** to see what your roommate has to say about the party.

¿Bueno?

¡Hola, amigo(a)! ¿Dónde _____? Todo el mundo _____ aquí. Todos _____ bailando. En este momento, Carlos y yo _____ preparando más sangría. Sí, _____ una bebida alcohólica. _____ de vino tinto, gaseosa y frutas y _____ deliciosa. ¿Conoces a Luis? Él _____ el amigo de Marcelo. Él _____ muy guapo y muy rico... y no tiene novia. ¿Por qué no vienes? Todos nosotros te _____ esperando aquí.

D. En una boda. You and your friend are talking about the guests at your friend's sister's wedding. Working with a partner, complete the conversaton with the appropriate form of **ser** or **estar**.

Tú: La señora Davis _____ hermosa hoy.
Amigo(a): Sí, y el señor Davis _____ muy delgado, ¿verdad?
Tú: Tienes razón. Creo que _____ enfermo.
Amigo(a): Pobre. Y en tu opinión, ¿cómo _____ el novio de tu hermana?
Tú: _____ muy simpático. También _____ muy inteligente ¡y _____ rico!
Amigo(a): Sí, pero ahora _____ nervioso y _____ muy cansado.

> «Para muchos el cielo **es** California: allí **están** Los Ángeles, San José, San Clemente, San Leandro, Santa Mónica, Santa Bárbara...». (refrán)
>
> ___ *How many additional, appropriate city names can you add?*

3.4 The verb *gustar*

Talking about what you like or dislike

The verb **gustar** means *to be pleasing to* and is the Spanish equivalent of *to like*. When talking about one thing or an activity people like or dislike, **gusta,** the singular form of **gustar,** is used. When talking about more than one thing people like or dislike, **gustan,** the plural form of **gustar,** is used. This verb is *always preceded* by an indirect-object pronoun: **me, te, le, nos, os,** or **les.***

gusta *(liking one thing)*

me gusta	nos gusta	
te gusta	os gusta	la casa
le gusta	les gusta	bailar

gustan *(liking more than one thing)*

me gustan	nos gustan	
te gustan	os gustan	las tapas
le gustan	les gustan	las playas mediterráneas

Me gusta bailar salsa.   *I like to dance salsa. (Dancing salsa is pleasing to me.)*

■ Note that with the verb **gustar,** the subject of the sentence is always *what* or *who* is liked.

* You will learn more about these pronouns in **Capítulo 8.**

■ The verbs **encantar** and **fascinar** *(to love, to enchant, to fascinate)* are used just like **gustar.**

Les encanta la sangría.   *They love sangria.*
¡Me encantan las tortillas españolas!   *I love Spanish omelettes!*
Me fascina bailar.   *I love to dance. (To dance fascinates me).*

The object pronouns **le** and **les** may refer to a varied number of people.

Singular		Plural	
le =	a él (a Ricardo) a ella (a Alicia) a usted	**les** =	a ellos (a Tomás, Jaime,...) a ellas (a Marta, Lupe,...) a ustedes

To avoid confusion, the phrase **a** + *(noun or pronoun)* is often used with **le** and **les** to clarify who is doing the liking.

A Yolanda le gusta servir tapas.   *Yolanda likes to serve tapas. (Serving tapas is pleasing to Yolanda.)*
A ellas no les gusta cocinar.   *They do not like to cook.*

The phrase **a** + *(noun or pronoun)* can also be used for emphasis or to establish a distinction. This phrase does not translate literally into English.

—Me gusta el café.   —*I like coffee.*
—Pues **a mí** me gusta el té.   —*Well, I like tea.*

⬈ Google™ y YouTube™ BUSCA: the verb **gustar**

Heinle Grammar Tutorial: *Gustar* and similar verbs

¡A practicar!

A. Nuestras clases favoritas. ¿Qué clases les gustan a ti y a tus amigos?

MODELO   a mí y a mi mejor amigo / español
A mí y a Skyler nos gusta la clase de español.

1. a mi mejor amiga...
2. a... y...
3. a mi amigo...
4. a ti y a...
5. a... y a mí
6. a ti

B. Gustos. Con un(a) compañero(a), túrnense para decir qué actividades les gusta o no les gusta hacer a sus amigos. Cada uno(a) menciona a por lo menos tres amigos.

MODELO   **A mi amiga Paula le gusta leer. No le gusta mirar la tele.**

Vocabulario útil

bailar	lavar los platos
chatear en la computadora	limpiar la casa
correr	preparar la cena
escribir cartas	regresar a clases en el otoño
hablar por teléfono	salir de vacaciones
invitar a amigos a comer	tocar la guitarra

«A cada pajarillo **le gusta** su nidillo». (proverbio)

____ *All birds like to nest.*

____ *A man's home is his castle.*

CAPÍTULO 4

¡De visita en... México, D.F.!

In this chapter, you will learn how to...

- describe art works and express preferences.
- describe what people are wearing.
- make comparisons and discuss prices.
- shop in the clothing section of a department store.
- discuss what you and others did.

Comunicación

¿QUÉ SE DICE...?

- Al describir obras de arte y expresar preferencias
- Al hablar de precios y hacer comparaciones
- Al hablar de dónde fuimos de vacaciones

Cultura

¿SABÍAS QUE...?

La Ciudad de México
Regalos de México al mundo entero
La Guelaguetza

NOTICIERO CULTURAL

El Zócalo: centro de la ciudad por más de 500 años

VIDEO CULTURAL

México, ¡centro del mundo cultural!

EL RINCÓN DE LOS LECTORES

Como agua para chocolate (fragmento) de Laura Esquivel

En preparación

PASO 1

4.1 Demonstrative adjectives
4.2 Present tense of **e → ie** and **o → ue** stem-changing verbs

PASO 2

4.3 Numbers above 200
4.4 Comparisons of equality and inequality

PASO 3

4.5 Idioms with **tener**
4.6 Preterite of **ir, ser, poder,** and **tener**

Destrezas

¡A ESCUCHAR! & ¡A VER!

Identifying cognates

¡A ESCRIBIR!

Identifying key words and phrases

¡A LEER!

Paying attention to punctuation marks

Busca mercados México en Google™ Images para ver otras fotos interesantísimas de los mercados mexicanos.

Busca Zona Rosa México en Google™ Images para ver más fotos de las elegantes tiendas de categoría de la zona.

Busca Chichen Itza en Google™ Images para ver fascinantes fotos de esta ciudad maya del siglo IV antes de Cristo.

¡Las fotos hablan!

A. De visita. Durante mi visita a México quiero...

☐ subir las pirámides.

☐ ir de compras a un mercado al aire libre.

☐ ir al Museo Nacional de Antropología.

☐ visitar el Zócalo.

☐ ir de compras a la Zona Rosa.

☐ ver el calendario azteca.

B. ¿La Zona Rosa o un mercado al aire libre? Para comprar..., ¿prefieres ir a la Zona Rosa o a un mercado al aire libre?

☐ una blusa

☐ un agua de limón

☐ un suéter

☐ jeans

☐ botas

☐ un sombrero

☐ libros usados

☐ una corbata

☐ un café expreso

La magia de...
México, D.F.

TAREA

Antes de empezar este *Paso*, estudia la lista de vocabulario de la página 152 y escucha el corte 8 de tu Text Audio CD2. Luego estudia *En preparación*.

1er día 4.1 Demonstrative adjectives, páginas 154–155

2do día 4.2 Present tense of **e → ie** and **o → ue** stem-changing verbs, páginas 156–157

Haz por escrito los ejercicios de *¡A practicar!* correspondientes.

⊿ **Google™ Images** BUSCA: El calendario azteca

¿Eres buen observador?

LA ROCA: monolito volcánico
DIÁMETRO: 3.60 metros (12 pies)
PESO: 25 toneladas
FECHA DE CREACIÓN: 1479
REDESCUBIERTO EN: 1790
APORTACIÓN CIENTÍFICA: La Piedra del Sol comúnmente se conoce como el «Calendario Azteca». Es un libro pictográfico que relata la cosmovisión del mundo nahua.

Ahora, ¡a analizar!

A. La Piedra del Sol. Esta réplica de la Piedra del Sol, también conocida como Calendario Azteca, muestra los colores auténticos del calendario azteca. ¿Cuántos de estos colores aparecen en el calendario?

■ azul	■ verde	□ blanco	■ anaranjado	■ gris
■ rojo	■ rosado	■ negro	■ amarillo	■ crema

B. Iconos aztecas. Calcula los días e identifica los distintos iconos aztecas representados en el calendario azteca.

1. El calendario azteca tiene dieciocho meses de veinte días cada uno más cinco días religiosos al final de cada año. A cada mes se le da un nombre propio. ¿Cuántos días hay en el año azteca?
2. Los veinte días de un mes aparecen en el calendario en un círculo con veinte símbolos distintos. Encuéntralos.
3. Identifica a las dos personas que salen de la boca de dos serpientes. Se llaman los Cuates *(twins)* y representan el día y la noche.
4. ¿Dónde crees que está el símbolo del sol que representa el centro del universo azteca y al que llaman Tonatiuh?

¿Qué se dice...?

Al describir obras de arte y expresar preferencias

CD2, Track 2

En este retrato de Frida Kahlo vemos a la artista y a su esposo Diego Rivera. Como pueden ver, la camisa azul de Diego contrasta bien con su traje y pantalón grises, y el rebozo rojo de Frida contrasta con su vestido verde. ¡Qué elegantes están! Él con ese traje oscuro y ella con ese vestido largo.

Google™ Images BUSCA: Diego Rivera y Frida Kahlo

CD2, Track 3

En este cuadro de Frida Kahlo, titulado *Las dos Fridas*, el cielo oscuro y gris contrasta bien con la blusa blanca de una Frida y la blusa azul y amarilla de la otra Frida. La falda blanca y roja también contrasta con el marrón claro de la otra falda. No obstante, lo más llamativo son los corazones, rojos, rosados y palpitantes, que conectan a las dos Fridas.

Google™ Images y **YouTube™** BUSCA: Frida Kahlo

CD2, Track 4

Este cuadro de Diego Rivera se titula *Dos mujeres y un niño*. Las figuras de esas dos mujeres representan a dos mujeres indígenas. Una lleva un vestido rosado, la otra una blusa blanca y una falda azul claro. La figura de las dos mujeres es tan impresionante que el niño casi desaparece en el cuadro.

Google™ Images y **YouTube™** BUSCA: Diego Rivera

Indica lo que las personas en los tres cuadros llevan.

___ 1. Diego Rivera	a. una falda azul claro
___ 2. Frida Kahlo	b. un vestido rosado
___ 3. una de las dos Fridas	c. una camiseta azul
___ 4. la otra de las dos Fridas	d. una falda blanca y roja
___ 5. una señora	e. un traje gris
___ 6. la otra señora	f. una blusa azul y amarilla
___ 7. el niño	g. un vestido verde

¿Sabías que...?

La Ciudad de México es la ciudad capital más antigua de las Américas. Originalmente fue fundada en el año 1325 como Tenochtitlan, ciudad capital de los aztecas. En las ruinas de esa gran ciudad, los españoles empezaron la construcción de la ciudad moderna en 1521. Hoy día, la población del Distrito Federal es de más de diez millones, veinte millones si se incluyen los alrededores, haciéndola la segunda ciudad capital más grande del mundo.

En tu opinión: ¿Por qué crees que los españoles construyeron la moderna Ciudad de México en las ruinas de Tenochtitlan? ¿Qué motiva a tanta gente a vivir en zonas urbanas tan congestionadas como la Ciudad de México, Nueva York o Tokio? En tu opinión, ¿qué ventajas y desventajas tiene el vivir en una de las ciudades más grandes del mundo?

Ahora, ¡a hablar!

EP 4.1

A. Retratos. Según *¿Qué se dice...?*, indica a qué cuadro, *Frida y Diego Rivera* (**FD**), *Las dos Fridas* (**DF**) o *Dos mujeres y un niño* (**DM**), corresponden estas oraciones.

FD DF DM

1. La falda de esa mujer es clara.
2. Ese traje gris contrasta bien con esa camisa azul.
3. Esos corazones son rojos y palpitantes.
4. Este cuadro no es un autorretrato.
5. Ese rebozo rojo es muy elegante.
6. El niño no es el centro de este cuadro.
7. Esta blusa es azul y amarilla.
8. Ese vestido verde contrasta muy bien con el rebozo.

EP 4.1

B. ¿De quién son...? Cada estudiante va a poner un objeto personal (un libro, un lápiz, una calculadora, un iPod, un bolígrafo, etcétera) en la mesa de su profesor(a). Luego su profesor(a) va a pedir a voluntarios que pasen al frente de la clase y pregunten de quién es cada objeto. Cualquier *(Any)* persona en la clase o el (la) dueño(a) de los objetos puede reclamarlos.

MODELO — ¿De quién es este bolígrafo? — ¿De quiénes son estos libros?
— Ese bolígrafo es de Dolores. o — Esos libros son de ... y ... o
— Ese es mi bolígrafo. — Esos son nuestros libros.

EP 4.2

C. Dos familias... ¡imposibles! Estás en México, D.F., con tu familia. Hoy tu familia y una familia italiana van a visitar la ciudad juntas con un guía. El guía quiere saber qué prefieren hacer. Di lo que tú y los miembros de tu familia quieren hacer y tu compañero(a) va a decir lo que los miembros de su familia prefieren.

MODELO yo / querer ver
Yo quiero ver la Piedra del Sol.

Piedra del Sol

el Zócalo y la Catedral

Museo Nacional de Antropología

Palacio de Bellas Artes

Bosque de Chapultepec

Casa de los Azulejos

Tu familia

1. nosotros / querer ver
2. mis hermanas / preferir ir de compras
3. mi familia / pensar visitar
4. mi padre / preferir comer

Familia italiana

5. mi esposa y yo / preferir pasar la tarde
6. mi padre / querer visitar
7. mi esposa / entender que todos poder escuchar música
8. yo / preferir visitar

D. Su familia en México. Esta es una foto de la familia de tu compañero(a) en México. Pregúntale a tu compañero(a) quiénes son las distintas personas.

EP 4.1

MODELO   Tú: **¿Quién es esa señora de blusa blanca y falda anaranjada?**
COMPAÑERO(A): **Esta señora es mi madre.**

Y ahora, ¿por qué no conversamos?

E. Encuesta. Pregúntales a tus compañeros de clase si hacen las cosas indicadas en este cuadro. Si contestan afirmativamente, pídeles que firmen el cuadrado apropiado. Recuerda que no se permite que la misma persona firme más de un cuadrado.

MODELO   **¿Entiendes dos idiomas?**

entender dos idiomas *Firma:*_____	querer visitar Latinoamérica *Firma:*_____	querer ir a otra universidad *Firma:*_____	encontrar el español fácil *Firma:*_____
preferir llevar ropa elegante *Firma:*_____	pensar ir a México este verano *Firma:*_____	poder hablar tres idiomas *Firma:*_____	querer visitar el Museo de Antropología *Firma:*_____
volver a casa tres veces al día *Firma:*_____	dormir en una clase *Firma:*_____	entender español muy bien *Firma:*_____	empezar las clases a las ocho de la mañana *Firma:*_____
encontrar el español difícil *Firma:*_____	tener cuatro clases en un día *Firma:*_____	almorzar a las 11:30 todos los días *Firma:*_____	querer ir a bailar esta noche *Firma:*_____

F. ¡Luces! ¡Cámara! ¡Acción! Tú y tu mejor amigo(a) están en el aeropuerto. Para pasar el tiempo, decides seleccionar en secreto a una persona en el aeropuerto y describir **en detalle** lo que lleva: blusa, falda, pantalones, zapatos... para ver si tu amigo(a) puede identificar a la persona que describes. Dramatiza la situación con un(a) compañero(a). Describe a personas en la clase para ver si tu compañero(a) puede identificar a quién describes. Tomen varios turnos describiendo a diferentes personas. Pueden usar el verbo **llevar** y el vocabulario del Paso 1 de la página 152.

G. ¡Nuestra comunidad! En tu universidad o comunidad, entrevista al menos a dos personas de origen mexicano, y pregúntales sobre su vida en los Estados Unidos, sobre las cosas que les gustan y las que no les gustan de la vida en este país. Hagan una lista de cosas y luego, con su clase, traten de encontrar las cosas que tienen en común las distintas personas a las que entrevistaron.

Un paso atrás, dos adelante

Capítulo 3

Repasemos. En el Capítulo 3 aprendiste a describir lo que ocurre en una fiesta, a hablar con desconocidos, a mantener una conversación y a describir a alguien que te gusta de verdad. Con tu compañero(a) repasa lo que saben, completando el siguiente texto.

Hablando en una fiesta

TÚ: Hola, yo me llamo _____. ¿Y _____[pronombre personal]?

SARA: Me llamo Sara. Encantada.

TÚ: Encantado(a), Sara. [**Ser/Estar**] _____ una fiesta aburrida ¿no?

SARA: A mí _____ [**gustar**] la música. Las tapas también _____ [**ser/estar**] bien, ¿no?

TÚ: La música sí _____[**ser/estar**] bien, y las tapas. Pero la gente está aburrida.

SARA: No, hay algunos que están _____ [**bailar**] salsa en el patio. Otros están _____ [**hablar**] de cosas interesantes en la sala.

TÚ: Y a ti, ¿ _____ [**gustar**] bailar?

SARA: Sí, pero _____ [presente progresivo: **esperar**] el merengue. La salsa no _____ [**gustar**] mucho.

Saber comprender CD2, Track 5

Estrategias para escuchar: identificar cognados

In Chapter 1 you learned that identifying cognates when reading helps you understand better what you read. Recognizing cognates can also help you understand when listening. However, even cognates that are spelled similarly in Spanish and English are frequently not pronounced the same. This is often because accentuation (the emphasis or stress) in Spanish is different from that of English. For example, the word "total" in English is stressed on the first syllable (TO-tal) while in Spanish it is stressed on the last syllable (to-TAL).

Identificar cognados. Now listen as your instructor reads the list of cognates below. Note how they are pronounced in Spanish, and draw a circle around the stressed syllable. Then go back and write the English equivalent and underline the syllable that is stressed in the English word. Note how both the spelling and pronunciation may vary.

Spanish	English	Spanish	English
na-cio-nal	_____	ar-qui-tec-to	_____
co-lec-ción	_____	cir-cu-la-ción	_____
an-tro-po-lo-gí-a	_____	con-tem-po-rá-ne-o	_____

[↗] **YouTube**™ BUSCA: Museo Nacional de Antropología México

Ahora, ¡a escuchar!

Listen now to a guide in a tour bus talking about the **Museo Nacional de Antropología** as the bus arrives at the museum. As you listen, check all the facts and places that you hear being mentioned by the guide.

- ☐ año de construcción
- ☐ nombre del arquitecto
- ☐ libros de guía
- ☐ salida del museo
- ☐ patio central
- ☐ restaurante del museo
- ☐ arte sudamericano
- ☐ edificio contemporáneo
- ☐ Bosque de Chapultepec
- ☐ enorme colección
- ☐ fuente *(fountain)*
- ☐ salas precolombinas

El Zócalo: centro de la ciudad por más de 500 años

La Ciudad de México, con su población de más de veinte millones de habitantes, es ahora la segunda ciudad más grande del mundo. Como los otros grandes centros urbanos (Tokio, Londres, Buenos Aires, Nueva York, Moscú y Shanghai), la Ciudad de México ofrece de todo: hoteles elegantes, excelentes museos, cines y teatros innovadores, una tremenda variedad de restaurantes, centros de estudio, establecimientos industriales, tráfico y... contaminación.

🔍 Google™ Images y YouTube™
BUSCA: Ciudad de México

🔍 Google™ Images y YouTube™ BUSCA:
el Zócalo México

En el centro de la ciudad está el Zócalo, una grande e impresionante plaza cuadrada con la bandera de México en el centro. Todos los edificios que rodean esta plaza están en contacto con la rica historia mexicana: la catedral y los edificios de gobierno de los tiempos coloniales de la Nueva España como también las ruinas del Templo Mayor, un centro religioso azteca de Tenochtitlan descubierto el 28 de febrero de 1978.

Antes de llegar los españoles en el siglo XV (quince), Tenochtitlan ya era una gran ciudad muy poblada y el Zócalo, que se remonta a 1390, cuando se empezó a construir el Templo Mayor, era su centro ceremonial rodeado de pirámides, templos y palacios. Los españoles destruyeron las construcciones aztecas y en el mismo sitio construyeron su catedral y edificios de gobierno. Después de varias transformaciones, el Zócalo es ahora una plaza abierta que permite una vista directa de la Catedral Metropolitana, del Palacio Presidencial y de varios edificios coloniales. Es también el sitio de festivales, reuniones políticas y manifestaciones.

🔍 Google™ Images y YouTube™ BUSCA:
Catedral Metropolitana

MÉXICO
Población
117.000.000 (est. 2010)

Capital
Ciudad de México
Moneda
peso

Índice de longevidad
75,8 años
Alfabetismo
91 por ciento

Las grandes civilizaciones mesoamericanas

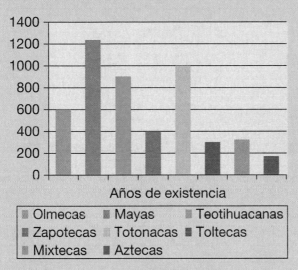

Años de existencia

- Olmecas
- Mayas
- Teotihuacanas
- Zapotecas
- Totonacas
- Toltecas
- Mixtecas
- Aztecas

GoogleᵀᴹImages y YouTubeᵀᴹ BUSCA: Mesoamérica

olmecas	1200 a.C. — 600 a.C.
mayas	250 a.C — 1000 d.C.
teotihuacanas	150 a.C. — 750 d.C.
zapotecas	400 d.C. — 800 d.C.
totonacas	500 d.C. — 1521 d.C.
toltecas	900 d.C. — 1200 d.C.
mixtecas	1200 d.C. — 1525 d.C.
aztecas	1350 d.C. — 1521 d.C.

Y ahora, dime...

Contrastes. Compara el Zócalo de la Ciudad de México con el centro ceremonial de Tenochtitlan en tiempos de los aztecas.

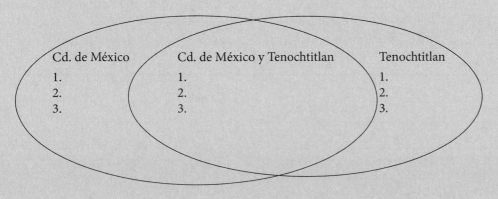

Cd. de México
1.
2.
3.

Cd. de México y Tenochtitlan
1.
2.
3.

Tenochtitlan
1.
2.
3.

⊿ Por el ciberespacio... a México
Keywords to search.
Tenochtitlan
Templo Mayor de México
Historia Ciudad de México
To learn more about **México**, go to the *¡Dímelo tú!* website at academic. cengage.com/spanish/dimelotu.

¡De compras en el... D.F.!

¿Eres buen observador?

Ella

* Chaqueta de algodón a cuadros.
  100% algodón. $999

* Pantalón de mezclilla.
  100% algodón. $699

* Zapatos modelo sandalia.
  Piel. $350

Él

* Camisa de mangas cortas.
  100% rayón
  satinado. $599

* Pantalón de mezclilla.
  100% algodón. $799

* Cinturón de cuero.
  Piel. $399

* Zapatos bajos.
  Piel. $499

Ahora, ¡a analizar!

1. ¿Qué lleva él? ¿Qué lleva ella?

   ☐ camisa de mangas cortas
   ☐ pantalón de mezclilla
   ☐ chaqueta de algodón

   ☐ zapatos bajos
   ☐ zapatos modelo sandalia
   ☐ cinturón de cuero

2. ¿Cuánto cuesta la chaqueta? ¿El cinturón? ¿Los pantalones de él?

   ☐ novecientos noventa y nueve pesos*
   ☐ seiscientos noventa y nueve pesos

   ☐ doscientos setenta y nueve pesos
   ☐ trescientos noventa y nueve pesos

*At the time this ad came out, one dollar was equal to ten Mexican pesos. Therefore to get the dollar value of $999 pesos, divide by 10 and get $99.90.

¿Qué se dice...? CD2, Track 6

Al hablar de precios y hacer comparaciones

En México el precio de muchos productos varía según la ciudad o la región. Por ejemplo, el estado de Guanajuato es muy famoso por su industria del calzado donde se utilizan pieles de muy buena calidad para hacer zapatos tanto de hombre como de mujer. León, Guanajuato, ocupa el cuarto lugar a nivel mundial en la producción de calzado de piel. Los precios de los productos de la piel en esta región (bolsos, zapatos, chamarras, etcétera) son más baratos que en otras ciudades del país.

En Taxco, el precio de los objetos hechos de plata (pendientes o aretes, pulseras, collares) es más bajo que en otras partes del país, y son mucho más baratos que en los Estados Unidos, por ejemplo. Las joyas, además, son preciosas.

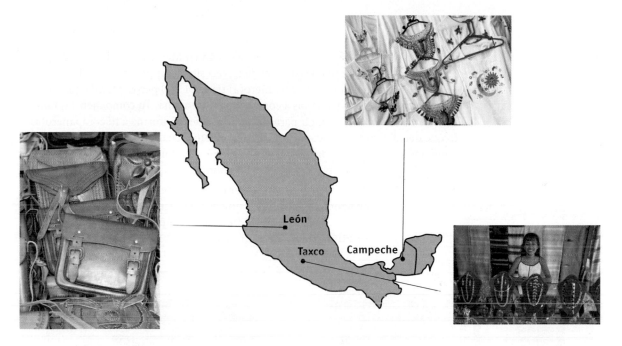

Y en el estado de Campeche, en la península de Yucatán, se pueden comprar textiles bordados a un mejor precio y de una mejor calidad que en otras partes del país. Las blusas bordadas, los rebozos, las faldas o sayas, son muy elegantes y vistosas. Y para comprarlas debemos emplear un tiempo menor que en otras partes del país, porque es posible encontrar unas auténticas bellezas en casi todos los municipios de Campeche.

Google™ Images BUSCA: exportaciones mexicanas

Indica dónde en México se pueden comprar estos objetos a mejor precio.

___ 1. zapatos
___ 2. pulseras de plata
___ 3. chamarras de piel
___ 4. blusas bordadas   a. Taxco
___ 5. aretes de plata   b. Campeche
___ 6. faldas bordadas   c. León, Guanajuato
___ 7. bolsos de piel
___ 8. pendientes
___ 9. collares

Cuando los españoles llegan a las Américas, una de las primeras cosas que descubren, probablemente de más valor que todo el oro que sacan de la región, es la gran variedad de frutas y vegetales desconocidos en Europa. En México encuentran el maíz, los frijoles, el aguacate, el tomate, las calabazas, el chayote y muchas más. Imagínate a los exploradores expañoles comiendo por primera vez deliciosas frutas como las chirimoyas, mameyes, guanábanas, tunas, guayabas y jícamas. La cocina europea sin duda cambia totalmente con esta fantástica contribución.

En tu opinión: ¿Por qué dicen que la cocina europea cambia totalmente? ¿Puedes pensar en algunos ejemplos? ¿Qué efecto tienen estas frutas y vegetales en la cocina estadounidense?

Ahora, ¡a hablar!

EP 4.3

A. El Palacio de Hierro. Tú y tu compañero(a) están en México en El Palacio de Hierro durante las vacaciones de Navidad. Necesitan comprar regalos. Tú tienes $3.000 pesos para gastar y tu compañero(a) tiene $1.500 pesos. Decide qué vas a comprar para tu papá y qué vas a comprar para tu mamá. Tu compañero(a) también va a decidir qué comprar para sus padres. Luego informa a tu compañero(a) lo que decides comprar, cuánto cuesta cada objeto y cuál es el total. Tu compañero(a) te va a informar a ti de sus gastos. Finalmente informen a la clase del total para ver quién en la clase es más económico y quién es más gastador.

MODELO   **Para mi padre voy a comprar un suéter de hombre por cuatrocientos treinta y nueve pesos y una corbata por ciento ochenta y dos pesos. El total para mi padre es seiscientos veintiún pesos. Para mi madre...**

Google™ Images BUSCA: El Palacio de Hierro

EP 4.4

B. Yo soy... Escribe una descripción de ti mismo(a) *(of yourself)*, comparándote con tres compañeros(as) de clase. Tu compañero(a) también va a escribir una descripción comparándose con tres compañeros(as) de clase. Cuando terminen, léele tu descripión a tu compañero(a) y escucha a tu compañero(a) leer su descripción. Indica si estás de acuerdo *(agree)* o no con su descripción y explica por qué. Finalmente, muéstrenle *(show)* sus descripciones a las personas con quienes se compararon *(you compared yourselves to)*.

MODELO   **Soy tan inteligente y trabajador como la profesora, pero no soy tan elegante como ella.**

Posibles categorías de comparación

alto	interesante	perezoso	tímido
atlético	listo	serio	trabajador
elegante	motivado	simpático	¿...?

C. Comparaciones. Tú y tu compañero(a) están comparando los precios del Palacio de Hierro con los de una tienda de ropa de mujer muy popular, Liverpool. ¿Cómo son los precios? Túrnense para hacer las comparaciones. Finalmente, decidan qué van a comprar para sí mismos (*yourselves*) y calculen el total para ver cuál de los dos es más económico.

EP 4.4

⬧ Google™ Images BUSCA: Liverpool México

> **MODELO** **Las botas en Liverpool son tan caras como en El Palacio de Hierro.** o **Las botas en Liverpool son más caras que en El Palacio de Hierro.** o **Las botas en Liverpool son menos caras que en El Palacio de Hierro.**

	Liverpool	**Palacio de Hierro**
1. impermeable	$1.099	$1.059
2. suéteres	$475	$389
3. pantalones	$427	$466
4. faldas	$289	$289
5. blusas	$455	$454
6. aretes, pulsera y collar de plata	$1.569	$1.569

D. A la moda. Xochitl y Diego están de compras por la Zona Rosa, en México, D.F. Selecciona uno de los tres intercambios y con tu compañero(a), escribe el diálogo que tiene lugar. Mencionen los colores y la tela o el material de las varias prendas de ropa que están considerando comprar. Finalmente, en grupos de cuatro o seis, dramaticen sus diálogos.

EP 4.3, 4.4

a.　　　　　　　　b.　　　　　　　　c.

Y ahora, ¿por qué no conversamos?

E. En el escaparate. Tú estás de compras en la Ciudad de México y quieres comprar todas las prendas de esta lista. Por desgracia, muchas prendas no tienen etiqueta (*price tag*). Pregúntale a tu compañero(a) los precios que quieres saber y dale los precios que él o ella necesita basándote en este dibujo. El escaparate de tu compañero(a) está en el Apéndice A. No se permite mirar el escaparate de tu compañero(a) hasta terminar esta actividad.

Tú quieres comprar:

1. una blusa para tu mamá
2. una corbata para tu papá
3. zapatos para ti
4. una camisa para tu hermano
5. un sombrero para tu hermana

F. ¡Luces! ¡Cámara! ¡Acción! El Día de las Madres es dentro de una semana y tú tienes que comprar un regalo para tu madre. Vas al almacén y hablas con el (la) dependiente(a) de la sección de ropa de señoras. El (La) dependiente(a) te recomienda varias prendas de ropa de diferentes colores y precios. Tú preguntas acerca de los precios, distintos colores y telas y haces comparaciones para decidir qué comprar. Dramatiza la situación con un(a) compañero(a).

¡Escríbelo!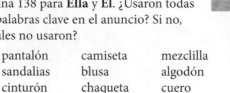

Estrategias para escribir: palabras y frases clave

*When writing advertisements, it is necessary to have a list of key words and phrases (**palabras y frases clave**) that must be worked into the advertisement. These key words or phrases usually contain the essence of the message to be conveyed.*

Palabras y frases clave. Esta es la lista de palabras clave que los autores hicieron antes de preparar el anuncio de la página 138 para **Ella** y **Él**. ¿Usaron todas las palabras clave en el anuncio? Si no, ¿cuáles no usaron?

pantalón	camiseta	mezclilla	mangas cortas/largas
sandalias	blusa	algodón	rayón
cinturón	chaqueta	cuero	seda

Ahora, ¡a escribir!

A. En preparación. Imagina que trabajas en una compañía de promociones y que necesitas preparar un anuncio para una tienda de ropa muy famosa en México. Prepara una lista de palabras clave que crees que vas a usar en tu anuncio. Tal vez quieras agrupar las palabras en tu lista en dos categorías: ropa para hombres y ropa para mujeres.

B. El primer borrador. Usando tu lista de palabras relacionadas con ropa y frases clave, diseña el primer borrador de tu anuncio para la tienda en México que vas a promocionar.

C. Ahora, a compartir. Comparte tu primer borrador con dos o tres compañeros(as). Comenta la manera en que se promueve el producto de tus compañeros y el estilo del anuncio. Escucha los comentarios y sugerencias *(suggestions)* que tus compañeros hacen sobre tu anuncio. Si hay errores de ortografía o gramática, menciónalos.

D. La versión final. Si necesitas hacer cambios basados en los comentarios de tus compañeros(as), hazlos ahora. Si quieres, puedes usar colores, fotos y dibujos para hacer tu anuncio más atractivo.

Ayer fuimos al... ¡D.F.!

¿Eres buen observador?

TAREA

Antes de empezar este *Paso*, estudia la lista de vocabulario de la página 153 y escucha el corte 10 de tu Text Audio CD2. Luego estudia *En preparación*.

1ᵉʳ día   4.5 Idioms with **tener**, páginas 161–162

2ᵈᵒ día   4.6 Preterite of **ir, ser, poder**, and **tener**, páginas 162–163

Haz por escrito los ejercicios de *¡A practicar!* correspondientes.

Ahora, ¡a analizar!

1. Si tu amigo(a) y tú tienen mucha hambre y prisa, ¿qué opciones les ofrece México, D.F.?
2. Si tú y tu amigo(a) tienen ganas de comer comida mexicana de origen precolombino, ¿adónde pueden ir?
3. Si tienen ganas de pizza, ¿qué zona de la ciudad les conviene visitar?
4. Si no tienen mucho dinero, o no quieren comer en un lugar formal, ¿cuáles son sus opciones?

¿Qué se dice...?

Al hablar de dónde fuimos de vacaciones

Los primeros días en México fueron fenomenales. El domingo fuimos a Teotihuacán, las ruinas de la ciudad precolombina más grande de las Américas. Fue una experiencia irrepetible. Allí pudimos subir a la Pirámide del Sol y disfrutar de unas vistas increíbles... y de una sed increíble. Tiene razón Miguel cuando opina que Teotihuacán es la ciudad en ruinas más hermosa de la tierra.

Al regresar a la ciudad, fuimos a almorzar a Tus Enchiladas Favoritas, un restaurante muy mexicano. Fue de lo más interesante porque allí pudimos seleccionar entre 200 distintas enchiladas. Como Miguel siempre tiene mucha hambre, creo que tuvo la oportunidad de probar al menos 190 tipos. Fue una experiencia única. Yo pude probar el agua de tamarindo. Fue una bebida muy refrescante.

El lunes fuimos al Bosque de Chapultepec, un enorme parque desde donde tuvimos unas vistas preciosas de la ciudad. Por la tarde visitamos el Museo Nacional de Antropología, con la colección de arte precolombino más grande del planeta.

El día siguiente fuimos a Coyoacán, un hermoso barrio a las afueras de la ciudad. Allí pudimos visitar la casa de Frida Kahlo que ahora es un museo. Fue muy interesante ver el auténtico diario de Frida ilustrado por ella misma. Tuvimos suerte porque fue el primer día abierto al público después de unos meses de restauración. Como yo siempre tengo frío por las tardes, tuvimos prisa por visitar el museo y regresar al hotel.

La casa de Frida Kahlo

Indica dónde ocurrió esto.

____ 1. Pudimos ver arte precolombino.
____ 2. Pudimos subir la Pirámide del Sol.
____ 3. Tuvimos preciosas vistas de la ciudad.
____ 4. Tuve mucha sed.
____ 5. Fuimos a un hermoso barrio.
____ 6. Vimos un diario auténtico.
____ 7. Tuvimos prisa.
____ 8. Fuimos a almorzar enchiladas.

a. casa de Frida Kahlo
b. Bosque de Chapultepec
c. Teotihuacán
d. Tus Enchiladas Favoritas
e. Museo Nacional de Antropología
f. Coyoacán

Los grandes artistas mexicanos

- José María Velasco (1840–1912))
- José Clemente Orozco (1883–1949)
- Diego Rivera (1886–1957)
- David Alfaro Siqueiros (1896–1974)
- Rufino Tamayo (1899–1991)
- María Izquierdo (1902–1955
- Frida Kahlo (1907–1954)
- Rocío Heredia (n. 1963)
- Juan Soriano (1920–2006)
- José Luis Cuevas (n. 1934)

⊿ Google™ Images y YouTube™
BUSCA: Cualquier de estos artistas

¿Sabías que...?

La Guelaguetza es una de las fiestas más conocidas de México. Se celebra en Oaxaca las últimas dos semanas de julio. Es una versión moderna de la costumbre prehispánica de hacer la ofrenda a los dioses, especialmente a la diosa del maíz (Centeotl), para solicitar una cosecha (*harvest*) abundante. Hoy día, cada pueblo o región del estado de Oaxaca manda una delegación para hacer una petición pública del gobernador del estado. Pero antes de hacer su petición (que puede ser pedir la construcción de un puente, o una carretera, o un parque,...) los líderes del pueblo le ofrecen al gobernador una «guelaguetza» («regalo» en zapoteca) que siempre consiste en los mejores productos de la región. Luego algunos jóvenes presentan los bailes tradicionales de la región. Los bailadores siempre llevan los hermosos trajes tradicionales de las distintas regiones de Oaxaca. Miles de turistas, no solo de México sino de todo el mundo, asisten para disfrutar del colorido, la música y esta rica tradición mexicana de gran sabor indígena.

En tu opinión: ¿Por qué crees que en México existen esta y otras muchas tradiciones claramente prehispánicas? ¿Existen estos tipos de fiestas en tu ciudad o región? ¿Por qué crees que sí los hay o no los hay?

Ahora, ¡a hablar!

EP 4.5

A. **¿Cuándo?** ¿Cuándo tomas estas bebidas o comes estas comidas en un café o restaurante?

> **MODELO**   **Tomo agua cuando tengo sed.**

1. refresco bien frío   a. tener sed
2. café   b. tener hambre
3. té caliente   c. tener calor
4. leche   d. tener frío
5. torta   e. tener prisa
6. agua mineral   f. tener que tomar una aspirina
7. hamburguesa   g. tener sueño

EP 4.5

B. **Sí, popular, pero...** Lo bueno es que el restaurante Mi Casa, Tu Casa es sumamente popular; lo malo es que todo el mundo tiene que esperar *(to wait)* y esperar y esperar. Para pasar el tiempo, mientras tú y tu amigo(a) esperan que el mesero les traiga *(bring you)* su comida, deciden tratar de adivinar lo que *(guess what)* cada persona de la familia sentada frente a ustedes va a pedir. Túrnense para expresar sus opiniones.

> **MODELO** Tú: **El papá probablemente va a pedir una taza de café.**
> Tu amigo(a):   **¿Por qué dices eso?**
>   Tú: **Porque parece que** *(it appears that)* **tiene mucho sueño.**

EP 4.6

C. **¡Qué día!** Hazle preguntas a tu compañero(a) para saber cómo fue el día de ayer *(yesterday)*. Luego prepárate para presentar un breve resumen oral de lo que te dijo *(what he told you)*.

> **MODELO**   ir a la biblioteca
>   Tú: **¿Fuiste a la biblioteca?**
> Compañero(a):   **Sí, fui a la biblioteca.** o
>   **No, no fui a la biblioteca. Fui al cine.**

1. ir a un restaurante   5. poder hacer toda la tarea
2. tener un examen   6. ir al cine
3. poder hablar con tus padres 7. tener que trabajar mucho
4. ir a todas tus clases   8. poder estudiar mucho

D. Un día memorable. Ayer en el Bosque de Chapultepec todos tuvieron una experiencia distinta. Con tu compañero(a), expliquen qué experiencia tuvieron, cómo fue, qué pudieron hacer y adónde fueron después.

Y ahora, ¿por qué no conversamos?

E. Un fin de semana muy productivo. ¿Cómo fue el fin de semana de tus compañeros de clase? Hazles preguntas para saberlo. Cada vez que respondan afirmativamente, pídeles que firmen en el cuadrado apropiado. Recuerda que no se permite que una persona firme más de un cuadrado.

MODELO   ir al gimnasio

TÚ: **¿Fuiste al gimnasio durante el fin de semana?**

COMPAÑERO(A): **No, no fui al gimnasio.** (No firma.) o

Sí, fui al gimnasio el sábado por la noche. (Firma.)

Ir al gimnasio	Tener que estudiar mucho	Tener ganas de bailar	Tener mucho sueño todo el fin de semana
———— Firma	———— Firma	———— Firma	———— Firma
Tener una fiesta en casa	Ir de compras para toda la semana	Ir a comprar ropa	Tener que limpiar su cuarto
———— Firma	———— Firma	———— Firma	———— Firma
Tener un fin de semana divertido	Tener un fin de semana productivo	Poder descansar mucho	Tener alguna experiencia interesante
———— Firma	———— Firma	———— Firma	———— Firma
Ser afortunado(a)	Tener un momento difícil	Ser paciente en su trabajo	Ir a un concierto o a un recital
———— Firma	———— Firma	———— Firma	———— Firma

F. **¡Luces! ¡Cámara! ¡Acción!** Tú y dos amigos(as) andan de compras en la Zona Rosa del D.F. Deciden entrar a un café porque tienen sed, calor y mucha hambre. Hablan un poco de su día (adónde fueron, qué compraron, qué pudieron o tuvieron que hacer) y cuando el mesero viene, cada uno pide algo de beber y de comer. En grupos de cuatro dramaticen la situación. El(La) cuarto(a) compañero(a) hace el papel de mesero(a).

Saber comprender

Estrategias para ver y escuchar: reconocer cognados

*In the first **Paso** of this **Capítulo** you learned to recognize cognates by listening for changes in accentuation. But not all cognates are different. It is important to determine how cognates are pronounced in Spanish and compare them with the way they are pronounced in English. This helps in memorizing known cognates and recognizing new ones.*

Para reconocer cognados. Mira los siguientes cognados que se usan en la narración y nota cómo la sílaba en negrita *(boldface)* en cada palabra se pronuncia con más énfasis. Escribe el equivalente de estas palabras en inglés y nota cómo algunas palabras tienen el énfasis sobre la misma sílaba, mientras otras lo tienen sobre una sílaba diferente.

En la misma sílaba:

centro _____

ins**pi**ra _____

eco**nó**mico _____

di**ná**mica _____

En una sílaba diferente:

cul**tural** _____

restau**ran**tes _____

socie**dad** _____

his**to**ria _____

México, ¡centro del mundo cultural!

Al ver el video

¿Comprendes lo que se dice? Ahora mira el video. Escucha con cuidado la narración. Mientras escuchas escribe en español todos los cognados que reconoces y subraya *(underline)* la sílaba enfatizada. Fíjate *(Pay attention)* si hay variación entre el inglés y el español o no. Aquí aparecen los primeros tres cognados que vas a escuchar.

Español	Inglés
_____	<u>va</u>lley
_____	<u>cen</u>ter
_____	<u>cul</u>tural

Después de ver el video

Marca todos los sitios que se mencionan en el video.

- [ ] el Valle de México
- [ ] la ciudad más grande del mundo
- [ ] las casas indígenas
- [ ] una ciudad cosmopolita
- [ ] el Valle del Sol
- [ ] el centro del mundo
- [ ] una ciudad interesantísima
- [ ] las ruinas de Tenochtitlan
- [ ] museos, mercados, teatros y restaurantes
- [ ] las ruinas de Teotihuacán
- [ ] los edificios modernos
- [ ] el valle de los aztecas

El rincón de los lectores

Estrategias para leer: ojo a la puntuación

*In the **A propósito...** of **Capítulo 1, Paso 1**, you learned that Spanish requires upside-down question and exclamation marks in order to make the reader aware when a question or exclamation begins. Think of these marks as a courtesy of the writer to the reader. In addition, commas, colons, semicolons, parentheses, and periods help us read smoothly and obtain the maximum comprehension of the reading. They act as traffic signs that warn us of curves and obstacles, of the need to speed up, slow down or stop, or simply to not change lanes, so that our reading produces a safe and fruitful journey. The following list describes the role of some of the main punctuation marks in Spanish.*

Signos de puntuación

Dash (—) **(guión largo)**	Used to indicate the beginning of a dialogue, much as quotation marks are used in English.
Colon (:) **(dos puntos)**	Used to introduce a word, a sentence, a phrase, a quotation, or a list. You should always pause after a colon when reading.
Comma (,) **(coma)**	Used primarily to indicate a short pause or to itemize.
Semicolon (;) **(punto y coma)**	Used to connect two ideas or sentences that are relatively close in content. It signals a pause, longer than a comma but shorter than a period.
Period (.) **(punto)**	Used as a stop sign to signal a much longer pause before starting with a new idea.

Ojo a la puntuación. Con dos compañeros(as) de clase, preparen una lectura dramática de este fragmento. Uno(a) lee la parte de Tita, otro(a) la de Mamá Elena y el (la) tercero(a) la del narrador. Presten mucha atención a los signos de puntuación para saber cómo y cuándo pausar.

La autora

Laura Esquivel (México D.F., 1950) estudió educación, teatro y creación dramática, especializándose en teatro infantil. Durante la década de los 80 escribió programas infantiles para la cadena cultural de la televisión mexicana y guiones cinematográficos. En 1987 su obra de teatro infantil *Viaje a la isla de Kolitas* obtuvo una acogida muy favorable, manteniéndose en cartel durante un año en la capital mexicana. En 1989 obtuvo un gran éxito con la novela *Como agua para chocolate*, que obtuvo en 1994 el Premio American Bookseller Book of the Year en los Estados Unidos.

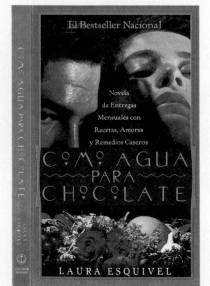

Lectura

Como agua para chocolate (1992) fue llevada a la pantalla por el director mexicano Alfonso Arau. Es la historia de Tita, una joven que es forzada por su madre a abandonar a su novio y aceptar que él se case con la hermana mayor de Tita. Esquivel toma el título de su novela de una típica expresión mexicana: «estar como agua para chocolate» que significa «estar furioso(a)».

In the fragment that follows, Tita has just told her mother that her boyfriend wants to come talk to her. Her mother responds that if he is coming to ask for Tita's hand in marriage, he is wasting his time (because tradition dictates that Tita, the youngest daughter, remain single to care for her mother until her death).

Como agua para chocolate (fragmento)

por Laura Esquivel

—¿Y de qué me tiene que venir a hablar ese señor?

Dijo Mamá Elena luego de un silencio interminable que encogió el alma de Tita. Con voz apenas perceptible respondió:

—Yo no sé.

Mamá Elena le lanzó una mirada que para Tita encerraba todos los años de represión que habían flotado sobre la familia y dijo:

—Pues más vale que le informes que si es para pedir tu mano, no lo haga. Perdería su tiempo y me haría perder el mío. Sabes muy bien que por ser la más chica de las mujeres a ti te corresponde cuidarme hasta el día de mi muerte.

A ver si comprendiste

1. ¿Quién viene a hablar con Mamá Elena?
2. ¿De qué quiere hablar con ella?
3. ¿Por qué dice Mamá Elena que si viene perdería su tiempo?
4. En tu opinión, ¿es probable que todavía exista esta tradición en México? Explica.
5. ¿Hay tradiciones similares en otras culturas? ¿En los Estados Unidos? Explica. ¿Qué opinas tú de tradiciones culturales? ¿Cuándo crees que deben respetarse y cuándo no? Explica.

⟨↗⟩ Por el ciberespacio... al cine mexicano

Keywords to search:

cine mexicano
Alfonso Cuarón
Alejandro González Iñárritu
Gael García Bernal

To learn more about **cine mexicano,** go to the *¡Dímelo tú!* website at academic.cengage.com/spanish/dimelotu

La Pedida de Mano

Esta escena de *Como agua para chocolate* se refiere a otra costumbre todavía muy extendida en los países de tradición hispana. Según esta costumbre, el novio tiene el deber de hablar formalmente con los padres de la novia, y solicitarle «la mano» de su hija. Es un momento de nervios, sobre todo para el novio, y de expectación para la novia. Tan común es esta costumbre que en varios sitios de Internet se encuentran consejos sobre el proceso para novios.

Antes de leer esta guía para novios, responde con tu compañero(a) a las siguientes preguntas.

1. ¿Existe esta costumbre en tu cultura? Si así es, descríbela. Si no, ¿cómo se incluye a los padres de la novia?
2. Lee ahora los consejos que siguen. ¿Crees que son buenos consejos? ¿Por qué?
3. Imaginen que son novios «virtuales» y que van a solicitar la mano de alguien por e-mail. Con tu compañero(a) escriban un breve e-mail solicitando la mano de su novia(o).

Ayuda... ¡para los novios!

En realidad el momento no tiene por qué generar tensión. A continuación algunos consejos:

- Evita la improvisación, ensaya frente al espejo.
- Es importante hablar naturalmente. No escribas en un papel lo que vas a decir.
- No hables mucho. Sé breve: di que te quieres casar en la primera o segunda oración y explica, brevemente, por qué.
- Tú no eres el único nevioso. Probablemente el padre de tu novia va a estar tan o más nervioso que tú.
- Es preferible hablar sentado— ayuda calmar los nervios.
- Habla con respeto, directamente con el padre de tu novia.
- En la forma clásica de Pedida de Mano, el novio debe decir al padre que quiere su consentimiento para casarse con su hija.
- En los tiempos modernos con frecuencia solo se informa que los novios han decidido casarse y que quieren compartir su decisión con sus padres.
- Es importante mantener cierta dignidad. No digas bromas.
- Cuando termines de hablar, espera que el padre de tu novia exprese su consentimiento.
- Cierra la Pedida de Mano con un brindis de champán.

Finalmente, recuerda que no hay palabras mal dichas cuando se dicen con el corazón.

Paso 1 CD2, Track 8

Colores
amarillo(a)	yellow
anaranjado(a)	orange
azul	blue
beige	beige
blanco(a)	white
claro(a)	light
color crema	light brown
gris	gray
negro(a)	black
oscuro(a)	dark
rojo(a)	red
rosado	pink
verde	green

Ropa
blusa	blouse
camisa	shirt
camiseta	T-shirt
falda	skirt
rebozo	Mexican shawl
traje (m.)	suit
vestido	dress

Personas
esposo(a)	husband/wife
hombre (m.)	man
muchacho(a)	boy/girl
mujer (f.)	woman

Cultura
autorretrato	self-portrait
catedral (f.)	cathedral
Calendario Azteca (m.)	Aztec Calendar
corazón (m.)	heart
cuadro	painting
guía (m. f.)	guide
mercado	market
museo	museum
palacio	palace
parque (m.)	park
plaza	plaza, town square
retrato	portrait

Transporte
auto	car
autobús (m.)	bus
bicicleta	bicycle
estacionamiento	parking

Descripción
caro(a)	expensive
cómodo(a)	comfortable
moderno(a)	modern
original	original
palpitante	palpitating, throbbing
terrible	terrible

Demostrativos
aquel (aquella)	that over there
aquellos(as)	those over there
ese(a)	that
eso (neuter)	that
esos(as)	those
este(a)	this
esto (neuter)	this
estos(as)	these

Actividades y verbos
almorzar (ue)	to eat lunch
cerrar (ie)	to close
contar (ue)	to count
contrastar	to contrast
desaparecer	to disappear
dormir (ue)	to sleep
empezar (ie)	to begin
encontrar (ue)	to find
entender (ie)	to understand
ir de compras	to go shopping
pensar (ie)	to think
perder (ie)	to lose
poder (ue)	to be able, can
preferir (ie)	to prefer
querer (ie)	to want
volar (ue)	to fly
volver (ue)	to return

Palabras útiles
administración (f.)	administration
constantemente	constantly
todo(a)	everything
todos los días	every day
vez (f.) [pl. veces]	time, instance

Paso 2 CD2, Track 9

Almacén
almacén (m.)	department store
escaparate (m.)	display window
gastar	to spend
prenda	garment, article (of clothing)

precio	price
regalo	gift

Ropa
botas (f. pl.)	boots
botón (botones) (m.)	button(s)
chaleco	vest
chamarra	jacket
corbata	necktie
impermeable (m.)	raincoat
jeans (m. pl.)	jeans
pantalones (m. pl.)	pants, trousers
pijamas (m. pl.)	pajamas
sombrero	hat
suéter (m.)	sweater
zapato	shoe

Telas
algodón (m.)	cotton
lana	wool
mezclilla	denim
piel (f.)	leather
rayón (m.)	rayon
seda	silk

Joyas
aretes (m. pl.)	earrings
collar (m.)	necklace
pendientes (m. pl.)	earrings
plata	silver
pulsera	bracelet

Gastos escolares (School expenses)
acceso a Internet	Internet access
alquiler (m.)	rent
diversión (f.)	entertainment
matrícula	registration
préstamo	loan
televisión por cable	cable TV

Descripción
abundante	abundant
agresivo(a)	aggresive
barato(a)	cheap, inexpensive
bonito(a)	pretty
bordado(a)	embroidered
flaco(a)	skinny
indígena	indigenous, native
metálico(a)	metallic
motivado(a)	motivated

numeroso(a)	numerous
rápido(a)	rapid, fast
sabroso(a)	savory, delicious
típico(a)	typical
tormentoso(a)	stormy, turbulent

Comparaciones

mayor	older
menor	younger
mejor	better
peor	worse
tan... como	as...as

Números mayores a 200
Véase la página 157.

Paso 3 CD2, Track 10

Bebidas y comidas

agua mineral (f.)	mineral water
bebida	drink
caliente	hot
chocolate (m.)	chocolate
hamburguesa	hamburger
taza	cup
té (m.)	tea
torta	sandwich (Mexico); cake (South America)

Turista

auténtico(a)	authentic
barrio	neighborhood
crucero	cruise
diario	diary
experiencia	experience
extraordinario(a)	extraordinary, uncommon
fotografía	photograph
lugar (m.)	place
planeta (m.)	planet
recital (m.)	recital
recuerdo	souvenir
ruina	ruin
temperatura	temperature
tren (m.)	train
vista	view

Modismos

tener calor	to be hot
tener éxito	to succeed
tener frío	to be cold
tener ganas de	to feel like
tener hambre	to be hungry
tener miedo de	to be afraid of
tener prisa	to be in a hurry
tener que	to have to
tener razón	to be right
tener sed	to be thirsty

tener sueño	to be sleepy
tener suerte	to be lucky
tener... años	to be...years old

Actividades y verbos

esperar	to wait
ganar	to win
descubrir	to discover
parecer	to seem like, to appear like
subir	to go up, climb
sufrir	to suffer
terminar	to finish

Palabras y expresiones útiles

afortunado(a)	fortunate
aspirina	aspirin
ayer	yeserday
bien	well; very
cada	every, each
durante	during
fin de semana (m.)	weekend
irrepetible	unrepeatable
momento	moment
probablemente	probably
productivo(a)	productive
precioso(a)	precious
siempre	always

En preparación 4

4.1 Demonstrative adjectives*

Pointing out specific people, places, events, or things

Masculine		Feminine
este	*this*	esta
estos	*these*	estas
ese	*that*	esa
esos	*those*	esas
aquel	*that (over there)*	aquella
aquellos	*those (over there)*	aquellas

■ Demonstrative adjectives in English and Spanish are used to point out the relative distance of the speaker from a specific person, place, or thing.

1. When the person, place, event, or thing being pointed out is perceived to be at a physically close distance from the speaker, a form of **este** is used.

Este niño es muy inteligente.	*This child is very intelligent.*
Estas señoras son guías del museo.	*These ladies are guides in the museum.*

2. When perceived to be a little farther away from the speaker, a form of **ese** is used.

Esa mujer es mi esposa.	*That woman is my wife.*
Esos chicos son muy buenos.	*Those youngsters are very good.*

3. Finally, when perceived to be a far distance away from the speaker and the listener, a form of **aquel** is used.

Aquel hombre es mi profesor de español.	*That man (over there) is my Spanish professor.*
Aquellas computadoras son muy buenas.	*Those computers (over there) are very good.*

■ In Spanish, demonstrative adjectives must agree in *number* and *gender* with the nouns they modify.

Esas niñas son altas y delgadas.	*Those girls are tall and slim.*
Este señor es mi papá.	*This man is my father.*
Aquella joven baja y hermosa es mi hermana.	*That short and beautiful young woman is my sister.*

🔍 Google™
BUSCA: Spanish demonstrative adjectives

Heinle Grammar Tutorial: Demonstratives

■ When referring to an abstract concept, an idea, a previous statement, or a situation—none of which has gender—or to an unknown object, the neuter forms of the demonstrative pronouns—**esto, eso,** and **aquello**—are used.

Eso es muy interesante.	*That is very interesting. (That idea or what you just said.)*
Esto es para ti.	*This is for you. (The object is intentionally being kept unknown.)*

*Demonstrative pronouns are explained in Appendix F.

A. ¡Nunca satisfecho! You are traveling in Mexico with a friend who is a constant complainer. What does your friend say when you go into a restaurant to eat?

MODELO **Estos niños son terribles.**

	refrescos son muy caros
Este	sillas no son cómodas
Esta	restaurante es muy caro
Estos	comida está muy fría
Estas	mesero es antipático
	señoras hablan constantemente

B. ¡Yo soy su guía! You are enrolled in a special summer course at the university before you begin your first semester there. Your parents just drove you to the campus and before they leave, you are giving them a guided tour of the campus. What do you say as you point to various people and buildings?

MODELO _____ edificio es la biblioteca.

Ese edificio es la biblioteca.

1. _____ señor es el profesor de arte.
2. _____ estudiantes son mis compañeras de cuarto.
3. _____ casa es la casa del rector de la universidad.
4. _____ personas trabajan en la cafetería.
5. _____ edificio es la administración.
6. Y _____ autobús va a mi casa.

C. ¡Qué guapos somos! You and your roommate are talking about pictures you took when your parents visted your campus. Alternate pointing out who the various people in the pictures are. As you do so, replace the underlined word in each statement with the word in parentheses and make all other necessary changes.

1. Aquel señor es mi <u>papá</u>. Él es alto y simpático. (mamá)
2. Esa <u>chica</u> es mi amiga. Es baja y delgada. (chicos)
3. Aquellas muchachas rubias son mis <u>hermanas</u>. (amiga)
4. Esos <u>edificios</u> son muy modernos y originales. (casa)
5. Esta <u>mujer</u> es mi amiga. (hombres)
6. Ese <u>auto</u> rojo es de mi profesora de español. (bicicleta)

«A otro perro con **ese** hueso». (dicho popular)

___ Dogs love bones.

___ Tell it to the Marines!

4.2 Present tense of *e → ie* and *o → ue* stem-changing verbs

Describing activities

Certain Spanish verbs undergo an **e → ie** or **o → ue** vowel change in all persons, except the **nosotros** and **vosotros** forms, whenever the stem vowel is stressed.

e → ie: cerrar *(to close)*		**o → ue: poder** *(to be able; can)*	
cierro	cerramos	puedo	podemos
cierras	cerráis	puedes	podéis
cierra	cierran	puede	pueden

Other frequently used stem-changing verbs are the following.

empezar (ie)	*to begin*	almorzar (ue)	*to have lunch*
entender (ie)	*to understand*	contar (ue)	*to count*
pensar (ie)	*to think; to plan*	dormir (ue)*	*to sleep*
perder (ie)	*to lose*	encontrar (ue)	*to find*
preferir (ie)*	*to prefer*	volar (ue)	*to fly*
querer (ie)	*to want*	volver (ue)	*to return*

Google™ y YouTube™ BUSCA: Spanish stem-changing verbs

Heinle Grammar Tutorial: Stem-changing Verbs e → ie, o → ue

NOTE: In this text, stem changes will always appear in parentheses after the verb when listed in the vocabulary section and in the Appendix. If two stem changes are indicated in parentheses, the first refers to the stem change in the present tense and the second to the stem change in the preterite tense.

¡A practicar!

A. ¡Qué diferente! How has your life changed since you began your university studies?

> MODELO   Mis clases (empezar) a las ocho de la mañana.
> **Mis clases empiezan a las ocho de la mañana.**

1. Mis profesores (pensar) que soy un buen estudiante.
2. (Dormir) tres o cuatro horas al día.
3. (Almorzar) una hamburguesa todos los días.
4. Yo nunca (encontrar) estacionamiento. ¡Es imposible!
5. Por eso (preferir) ir en bicicleta.
6. (Pensar) que mi vida en casa es más fácil.

B. Mis padres de vacaciones... ¡solos! Your parents are on vacation alone in Mexico City. Find out what they have planned for the day by completing the paragraph with the correct form of the verbs in parentheses.

Hoy nosotros _____ (pensar) ir al Museo Nacional de Antropología. Yo _____ (querer) aprender algo de la cultura azteca. Mi esposo _____ (preferir) ir de compras al mercado, pero yo _____ (pensar) que si nosotros _____ (empezar) muy temprano _____ (poder) ver todo lo que él _____ (querer) ver por la mañana y él _____ (poder) ir al mercado por la tarde. Él no _____ (entender) que para mí es imposible ver todo en un día. Pero no importa, mañana yo _____ (volver) a pasar todo el día aquí en el museo y él _____ (poder) ir de compras.

---

*All **-ir** stem-changing verbs also undergo a one-vowel change **e → i** or **o → u** in the present participle form of the verb: **prefiriendo, durmiendo**.

C. Somos guías. With a partner, get to know Felipe and David, museum guides in Mexico City, by completing the paragraph with the correct form of the verbs in parentheses. Then use this paragraph as a model to write a similar one about two working students that both of you know. If necessary make up information. Finally, read your paragraphs to the class.

Me llamo Felipe y mi amigo es David; somos guías aquí en el museo. David y yo hablamos inglés, francés y, por supuesto, español. Muchas personas no _____ (entender) español y _____ (preferir) una excursión en otro idioma. Nosotros _____ (empezar) a trabajar a las diez de la mañana. Las visitas _____ (empezar) a las diez y media de la mañana. A las dos de la tarde yo _____ (almorzar) en la cafetería del museo. David no _____ (almorzar) hasta las tres. Nosotros _____ (volver) al trabajo una hora y media después de almorzar. El museo _____ (cerrar) a las seis y media.

> «Lo que mal **empieza**, mal acaba». (proverbio)
> ____ *If you get off to a bad start, you're likely to fail.*
> ____ *He who begins many things, finishes but a few.*

Paso 2

4.3 Numbers above 200 🎧

Counting and writing checks

200	doscientos
225	doscientos veinticinco
300	trescientos
400	cuatrocientos
500	quinientos
600	seiscientos
700	setecientos
800	ochocientos
900	novecientos
1.000	mil
1.005	mil cinco
2.000	dos mil
7.000	siete mil
12.045	doce mil cuarenta y cinco
99.999	noventa y nueve mil novecientos noventa y nueve
154.503	ciento cincuenta y cuatro mil quinientos tres
1.000.000	un millón
25.100.900	veinticinco millones cien mil novecientos

✱ When the numbers between 200 and 900 precede a feminine noun, they must end in **-as**.

300 camisas	trescient**as** camisas
450 blusas	cuatrocient**as** cincuenta blusas

Remember that the numbers between 30 and 90 always end in **-a**.

ciento treint**a** hombres	cuatrocientos cincuent**a** libros

■ **Mil** means *one thousand* or *thousand*. It is *never* preceded by **un.** Its plural, **miles,** meaning *thousands*, is never used when counting.

1.994	mil novecientos noventa y cuatro
100.000	cien mil

¡De visita en... México, D.F.! ■ ciento cincuenta y siete **157**

An even million is expressed as **un millón.** Two or more million are expressed with the plural form **millones.** When a number in the millions precedes a noun, it is always followed by **de.**

1.000.000	un millón
2.000.000	dos millones
habitantes: 4.000.000	cuatro millones **de** habitantes

In most Spanish-speaking countries, written numerals use a period where English uses a comma, and vice versa.

Google™
Images y YouTube™
BUSCA: Spanish
numbers

Heinle Grammar
Tutorial:
Numbers

1.500 estudiantes	1,500 *students*
79,5 por ciento	79.5 *percent*

As in English, the year in a date is generally written without punctuation. However, where the numbers in a date in English are often expressed in pairs, Spanish uses whole numbers.

1632	*sixteen thirty-two*
1632	**mil seiscientos treinta y dos**

¡A practicar!

A. ¡A pagar cuentas! Imagine that you are spending your junior year abroad at the Universidad de las Américas in Puebla, Mexico. Today you are writing checks to pay your bills. Write out the following amounts.

1. alquiler: 630 pesos
2. comida con la Sra. Rocha: 269 pesos
3. matrícula: 4.579 pesos
4. libros: 315 pesos
5. televisión por cable/acceso a Internet: 519 pesos
6. préstamo del Banco Nacional: 7.753 pesos

B. ¡Presupuesto! How much do you (or your parents) spend on your education? Work out a budget for one semester by indicating how much you spend in each of the following categories. Then write out each number as if you were writing a check to cover that amount. **(¡En español, por supuesto!)**

1. habitación
2. comida
3. auto
4. libros
5. ropa
6. matrícula
7. diversiones

C. Concurso de dictado. You and your partner are going to have a dictation contest. Begin by reading the first date on your list while your partner writes it down in Spanish and then in Arabic numerals on a separate sheet of paper. Then your partner will read his/her list and you will write it in Spanish and then in Arabic numerals. Continue this way until you get through all the dates. Throughout the process, your partner should keep your list covered and you should keep your partner's list covered. Uncover the lists when you finish to compare what you have writtten and see who made the fewest errors.

Tu lista

1. Dos mil veinticinco
2. Mil novecientos sesenta y uno
3. Dos mil nueve
4. Mil quinientos treinta y cuatro

Lista de tu compañero(a)

5. Mil setecientos treinta y cuatro
6. Dos mil cincuenta
7. Mil ochocientos catorce
8. Dos mil quince

«En abril, aguas **mil**». (proverbio)

____ *April showers bring May flowers.*

____ *It always rains a lot in April.*

4.4 Comparisons of equality and inequality

Stating equivalence

When people and things share the same quality, use the following expression. Remember that the adjective must agree in number and gender with the subject.

tan + adjective + **como**

Esta falda es **tan cara como** la blusa.   *This skirt is as expensive as the blouse.*

Google™
BUSCA: Spanish comparisons of equality

Heinle Grammar Tutorial:
Comparisons of Equality and Inequality

¡A practicar!

A. Son gemelas. Tania and Tatania are identical teenage twins in every sense of the word. Compare the two of them.

MODELO   simpático
              Tania es tan simpática como Tatania.

1. inteligente
2. rubio
3. alto
4. simpático
5. amable

B. No tienes que ser gemelo para.... You don't have to be a twin to be almost identical to other people. With a partner, come up with several comparisons of equality among your classmates and/or friends.

MODELO   **Caden y Jason son tan atléticos como Parker.**

Vocabulario útil

agresivo	flaco	motivado
alto	guapo	rubio
atlético	inteligente	simpático
bonito	interesante	¿...?

«**Tan** sinvergüenza es el pinto **como** el colorado». (refrán)

____ *It's hard to distinguish between two dishonest people.*

____ *All horses are dishonest.*

Comparing and contrasting

To compare people or things that share different qualities, use the following expression.

más/menos   +   adjective   +   **que**

Mi hermana es **más alta que** yo.   *My sister is taller than I.*
Tú estás **menos ocupado que** nosotros.   *You are less busy than we.*

■ **Más** is the comparative of superiority, and **menos** is the comparative of inferiority. Note that **más** and **menos** always precede the adjective being used to compare.

■ There are four adjectives with irregular comparatives.

mayor *older*   menor *younger*
mejor *better*   peor *worse*

¿Conoces a mi hermano **menor**?   *Do you know my younger brother?*
Este café es **peor** que el otro.   *This coffee is worse than the other one.*
¿Quién es **mayor,** tú o yo?   *Who's older, you or me?*

Google™
BUSCA: Spanish comparisons of inequality

Heinle Grammar Tutorial:
Comparisons of Equality and Inequality

¡A practicar!

A. Sudamérica. Complete the following comparisons of Latin American countries. You may want to refer to the map in front of your textbook.

1. Ecuador es _____ grande _____ Venezuela.
2. La población de México es _____ numerosa _____ la población de España.
3. La civilización azteca es _____ antigua _____ la civilización maya.
4. Las reservas biológicas de Costa Rica son _____ abundantes _____ las de otro país en Centroamérica.
5. La historia de Nicaragua es _____ tormentosa _____ la de otros países centroamericanos.

B. ¡Hay varios restaurantes buenos! There are several restaurants near your university. To find out which are the best, ask your partner these questions. Your partner will respond by making comparisons of the food served. When you finish, decide among the two of you which are the best restaurants and inform the class.

MODELO   ¿Cuál es más cara?
                    La comida del restaurante... es más cara que la del restaurante....

1. ¿Cuál es más típica de México?
2. ¿Cuál es menos sabrosa?
3. ¿Cuál es más abundante?
4. ¿Cuál es más barata?
5. ¿Cuál es más rápida?
6. ¿Cuál es peor?

«A pesar de ser tan pollo, tengo **más** plumas **que** un gallo». (dicho popular)

____ *Some chicks are born with more feathers than a rooster.*

____ *He's very tough for his age.*

4.5 Idioms with *tener*

Expressing feelings, obligations, and age

An idiom is a group of words with a clear meaning in one language that, when translated word for word, doesn't make any sense or sounds strange in another language. For example, in English the expression *to be tied up at the office* means "to be busy" and not "to be tied up with ropes." Many ideas, both in English and in Spanish, are expressed with idioms and simply must be learned. Literal translation does not work with idioms.

Following is a list of idioms with the verb **tener** that are frequently expressed with the verb *to be* in English.

tener calor	*to be hot*
tener éxito	*to succeed, to be successful*
tener frío	*to be cold*
tener hambre	*to be hungry*
tener miedo de	*to be afraid of*
tener prisa	*to be in a hurry*
tener razón	*to be right*
no tener razón	*to be wrong*
tener sed	*to be thirsty*
tener sueño	*to be sleepy*
tener suerte	*to be lucky*
tener... años	*to be... years old*

Tengo mucha prisa ahora.	*I'm in a big hurry right now.*
Tenemos mucho calor y los niños **tienen mucha sed**.	*We're very hot, and the children are very thirsty.*

Other frequently used idioms with **tener** are the following.

tener que + *infinitive*	*to have to (do something)*
tener ganas de + *infinitive*	*to feel like (doing something)*

Tengo que estudiar ahora.	*I have to study now.*
No tengo ganas de comer.	*I don't feel like eating.*

(🔗) Google™ y YouTube™ BUSCA: **tener** idioms

Heinle Grammar Tutorial: Verbal Expressions (tener, haber, deber)

¡A practicar!

A. ¿Cómo se sienten? Select the response that best explains each description.

1. La señora Rivera dice que necesita su suéter inmediatamente.
   a. Tiene frío.
   b. Tiene miedo.
   c. Tiene suerte.
2. El señor González necesita agua bien fría, ¡rápido!
   a. Tiene hambre.
   b. Tiene razón.
   c. Tiene sed.
3. Hace tres días que los niños no comen nada.
   a. Tienen prisa.
   b. Tienen hambre.
   c. Tienen éxito.

4. ¡Mi autobús sale en un minuto!
   a. Tengo que dormir.
   b. Tengo que leer.
   c. Tengo prisa.
5. Mi profesora insiste en que Colón llegó a América en 1492.
   a. Tiene prisa.
   b. Tiene razón.
   c. Tiene miedo.
6. ¡El señor Peña regresa de Las Vegas con cinco mil dólares!
   a. Tiene sueño.
   b. Tiene suerte.
   c. No tiene ganas.

B. Asociaciones. With a partner, alternate making the following statements and giving the appropriate responses to each one. Use **tener** idioms in your responses.

   MODELO   No, hijo. 1 + 4 = 7
                   No tiene razón.

1. ¡Pobres niños! Acaban de ver la película *Frankenstein*.
2. No puedo creerlo. ¡Es enero y mis abuelos andan en un crucero en Alaska!
3. ¿Cómo es posible? ¿Pediste *(You asked for)* cuántas hamburguesas?
4. Hoy todo el mundo está sufriendo. Hace 115°F de temperatura en Puerto Vallarta.
5. Ahora sí, hijo. 5 – 5 = 0
6. En Las Vegas gané *(I won)* $400 y en Atlantic City $999. Siempre...
7. Está muy cansado. Ya son las tres y media de la mañana.
8. ¡Corran, el tren sale en cinco minutos!

«Gran pena debe ser, **tener hambre** y ver comer». (proverbio mexicano)

_____ *All food tastes good when you are hungry.*

_____ *It must be very painful to see others eat when you are hungry.*

4.6 Preterite of *ir, ser, poder,* and *tener*
Narrating in past time

The preterite is a past tense. It is used to talk about what has already happened.

ir/ser		poder		tener	
fui	fuimos	pude	pudimos	tuve	tuvimos
fuiste	fuisteis	pudiste	pudisteis	tuviste	tuvisteis
fue	fueron	pudo	pudieron	tuvo	tuvieron

Nosotros **fuimos** ayer.	*We went yesterday.*
¿Cuándo **fue** la fiesta?	*When was the party?*
No **pude** ir.	*I wasn't able to go.*
Ellos no **tuvieron** tiempo.	*They didn't have time.*

■ The preterite of **poder, tener,** and most irregular verbs is formed by adding -e, -iste, -o, -imos, -isteis, -ieron to their irregular stems: **poder: pud-** and **tener: tuv-**.

■ The preterite forms of **ser** and **ir** are identical. Context will clarify the meaning.

Anoche Joaquín **fue** a ver la película *Lo que el viento se llevó.*

Last night Joaquín went to see the movie Gone with the Wind.

Vivien Leigh **fue** la actriz principal.

Vivien Leigh was the leading actress.

⤤ Google™
BUSCA: preterite **ir, ser**; preterite **poder, tener**

Heinle Grammar Tutorial: Preterite of ir, ser, poder, tener

¡A practicar!

A. ¡Qué rutina! You had a busy schedule yesterday. How busy was it?

MODELO   (Tener / yo) tres clases por la mañana.
Tuve tres clases por la mañana.

1. A las ocho _____ (tener / yo) un examen.
2. El examen _____ (ser) largo y muy difícil.
3. Yo no _____ (poder) terminarlo.
4. Por la tarde, _____ (ir / yo) a mi trabajo.
5. Mi compañero no _____ (poder) ir a trabajar.
6. Entonces Miguel y yo _____ (tener) que trabajar hasta la noche.
7. ¡ _____ (Ser) un día terrible!

B. Y ahora... de vacaciones. You and three friends just returned from spending two weeks traveling in Mexico. Now two of your traveling buddies are sharing their experiences with their parents. With a partner, complete their paragraph with the correct past tense forms of the verbs in parentheses. Then use this as a model as you and your partner write a description of the trip to send your parents. Finally, share your paragraph with the class.

Nuestras vacaciones a México _____ (ser) excelentes. _____ (Poder / nosotros) visitar muchos lugares. Cerca de la Ciudad de México, _____ (ir / nosotros) a las ruinas de Teotihuacán. Allí Tomás _____ (poder) sacar fotografías extraordinarias, especialmente de las Pirámides del Sol y de la Luna. Cuando yo _____ (ir) al Museo Nacional de Antropología, _____ (poder / yo) comprar muchos recuerdos. El arte de México es fenomenal.

> «El que se **fue** a la villa, perdió su silla». (dicho mexicano)
>
> ___ *If you go to a village, you are likely to be robbed.*
>
> ___ *Move your feet, lose your seat.*

CAPÍTULO 5

¡Caminito a... Argentina!

In this chapter, you will learn how to . . .

- inquire about renting an apartment.
- describe an apartment and its furnishings.
- discuss means of transportation.
- describe your family.

Comunicación

¿QUÉ SE DICE...?

- Al buscar un departamento
- Al hablar de cómo viajar en una ciudad
- Al hablar de la familia

Cultura

¿SABÍAS QUE...?
El voseo
Argentina canta
Los apellidos hispanos

NOTICIERO CULTURAL
Argentina inmensa

VIDEO CULTURAL
Buenos Aires, ¡al ritmo de un tango!

EL RINCÓN DE LOS LECTORES
«Hombre pequeñito» de Alfonsina Storni

En preparación

Destrezas

¡A VER! & ¡A ESCUCHAR!
Recognizing suffixes

¡A ESCRIBIR!
Being precise

¡A LEER!
Linking words

Busca departamentos Buenos Aires *en Google™ Images y YouTube™ para ver el interior de departamentos en B.A.*

Busca La Boca Buenos Aires *en Google™ Images y YouTube™ para ver más de este fascinante barrio bohemio.*

Busca barrio Recoleta *en Google™ Images y YouTube™ para ver más de este elegante barrio y su singular cementerio.*

¡Las fotos hablan!

La vivienda. ¿Dónde crees que los estudiantes universitarios de Buenos Aires pueden encontrar lo siguiente, en Recoleta **(R)**, La Boca **(B)** o en un barrio popular **(P)**?

☐ departamentos sin muebles

☐ pensiones

☐ residencias estudiantiles

☐ departamentos amueblados

☐ casas privadas

☐ alquiler bajo

☐ edificios de departamentos

☐ habitación en casa privada

☐ alquiler caro

¡Vos tenés que ver ese departamento, che!*

TAREA

Antes de empezar este *Paso*, estudia la lista de vocabulario de la página 190 y escucha el corte 17 de tu Text Audio CD2. Luego estudia *En preparación*.

1er día   5.1 **Ser** and **estar**: A second look, páginas 192–193

2do día   5.2 Prepositions, páginas 193–194

Haz por escrito los ejercicios de *¡A practicar!* correspondientes.

¿Eres buen observador?

PRECIOSO DEPARTAMENTO EN BUENOS AIRES–BELGRANO. PARA 2 PERSONAS.

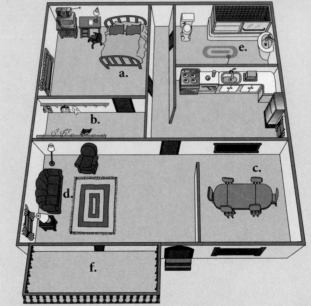

a. cama de matrimonio

b. vestidor

c. mesa y sillas

d. sofá

e. bañera

f. balcón

Departamento de unos 110m² con vistas panorámicas al río, cancha de polo y golf, en el Barrio de Belgrano sobre la exclusiva Av. del Libertador.

Servicios comunitarios del edificio: ascensor, pileta, sauna, gym, solarium y seguridad 24 horas. Parking privado. Puede alojar a 2 personas, cuenta con balcón terraza, un dormitorio con cama de matrimonio y vestidor. El living/comedor tiene cómodo sofá, TV por cable, mesa con sillas y salida al balcón. El baño es completo con bañera.

Precio: U$s 1200 Semanal/ U$s 5400 Mensual
Barrio: Belgrano
Tamaño: 110 m²

Ahora, ¡a analizar!

🔍 **Google™ Images** BUSCA: Alquiler departamento Buenos Aires

Indica ☑ si este departamento en Belgrano tiene lo siguiente.

☐ litera   ☐ mesa   ☐ chimenea
☐ vestidor   ☐ sillas   ☐ balcón
☐ bañera   ☐ cama de matrimonio   ☐ sofá

*En Argentina y Uruguay, así como en otras regiones de Latinoamérica, se usa el voseo, es decir, el pronombre **vos** y sus formas verbales. En estos países se dice **vos sos** en lugar de **tú eres** y **vos tenés** por **tú tienes**. También se usan expresiones como **¡che!** para llamar la atención a alguien o como exclamación.

¿Qué se dice...? 🎧

Al buscar un departamento

Dolores

Señor P.

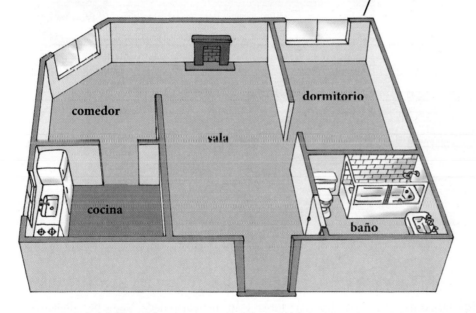

CD2,
Track 12

SEÑOR P.: ¿Aló?

DOLORES: Buenos días. Estoy interesada en el departamento que se anunció en *La Nación* de esta mañana. ¿Está todavía disponible?

SEÑOR P.: Sí, señorita, está disponible.

DOLORES: Mire, yo soy estudiante de la Universidad de Buenos Aires. ¿Está el departamento cerca de la universidad?

SEÑOR P.: En realidad está lejos de la ciudad universitaria, señorita. Pero tiene una parada del colectivo muy cerca de casa. Además es un departamento hermoso, con unas vistas que son inmejorables.

DOLORES: ¿Cuál es la dirección exacta?

SEÑOR P.: Está en la calle José Pagano, número 167, al lado de la Plaza Rubén Darío. El lugar es maravilloso.

DOLORES: Ah, sí, conozco esa zona, y me encanta.

SEÑOR P.: ¡Bárbaro, pues!

DOLORES: ¿Cuántas habitaciones tiene?

SEÑOR P.: Cuatro: un dormitorio que es enorme, el living con mucha luz, el comedor y la cocina que es prácticamente nueva... y tiene usted que ver el baño, es como el de un hotel de cinco estrellas.

DOLORES: ¿Está amueblado?

SEÑOR P.: No, no incluye muebles.

DOLORES: ¿Cuánto es el alquiler?

SEÑOR P.: Es barato, solo 900 pesos al mes, y la cochera está incluida.

DOLORES: ¿Está desocupado y disponible ahora?

SEÑOR P.: Sí, puede mudarse a fines de este mes.

DOLORES: ¡Ah! Una pregunta más. ¿Permite animales domésticos? Tengo una linda gatita.

SEÑOR P.: Lo siento, señorita, pero no permito ni gatos ni perros.

DOLORES: Ah, ¿no? Entonces, no me interesa. Gracias por la información. ¡Adiós!

A propósito...

En Argentina se dice **departamento** en lugar de **apartamento**, **pileta** en lugar de **piscina**, **living** en lugar de **sala de estar**, **heladera** en lugar de **nevera**, **cochera** en lugar de **garaje**, **colectivo** en lugar de **autobús** y **subte** en lugar de **subterráneo** o **metro**. En este capítulo damos preferencia a este vocabulario que, además, es comprensible para la mayoría de los hispanohablantes.

⬈ Google™ Images y YouTube™
BUSCA: Departamento Barrio Buenos Aires

CD2, Track 13

DOLORES: ¡Es terrible! Busco y busco y no encuentro nada. Nadie permite tener animales domésticos... y yo no puedo vivir sin mi gatita.

BEATRIZ: Pues es una pena, porque tu gatita es muy limpia y no hace daño a nadie.

CLAUDIA: Calmate, che. No te preocupes. Vas a encontrar algo.

BEATRIZ: Claudia, ¿y en el edificio de departamentos que está al lado de casa?

CLAUDIA: ¡Tenés razón, Beatriz! Escuchame, che. Cerca de casa hay unos departamentos con un cartel de «Se alquila». Se ven que son muy lindos. Y creo que allí sí aceptan animales domésticos.

DOLORES: ¡Bárbaro! ¡Vamos a llamar enseguida!

En Argentina y Uruguay, así como en grandes partes de Paraguay, Guatemala, El Salvador, Costa Rica y en ciertas regiones de Nicaragua, Colombia, Chile, Bolivia y Ecuador, se usa el voseo, es decir, se sustituyen con el pronombre **vos** y sus formas verbales, el **tú** y sus formas verbales. En estos países se dice «**vos sos**» en lugar de «**tú eres**», «**vos tenés**» por «**tú tienes**», «**vos venís**» por «**tú vienes**», y «**vos hablás**» por «**tú hablas**»,... En Argentina y Uruguay también se usan expresiones como «**che**», que viene del guaraní y significa «**hombre**» o «**mujer**», y «**chau**», que viene del italiano y se usa como saludo informal para decir «**hasta luego**» o «**adiós**».

En tu opinión: ¿Cuál será el origen del voseo? ¿Por qué crees que el voseo se usa solamente en ciertas regiones de Latinoamérica y no en otras? ¿Por qué crees que los argentinos y uruguayos usan expresiones que vienen del guaraní y del italiano?

Ahora, ¡a hablar!

A. **¡Esto es un desastre!** La mamá de Cristina está de visita en su departamento, criticando la condición en que está. Completa la conversación de Cristina y su mamá con la forma correcta de **ser** o **estar**.

EP 5.1

MAMÁ: ¡Este living _____ un desastre!

CRISTINA: Simplemente _____ viejo, mamá.

MAMÁ: Sí, pero _____ sucio, hija.

CRISTINA: Ay, mamá, _____ imposible limpiarlo.

MAMÁ: ¡Ay! Mira esa silla, hija. ¡_____ de plástico!

CRISTINA: Sí, mami, pero _____ muy cómoda.
¡Pero qué difícil _____ hoy, mamá!

MAMÁ: _____ que no comprendo cómo podés vivir aquí, hija.

CRISTINA: Yo _____ cómoda aquí, y el departamento _____ cerca de todo.

B. ¿Dónde lo pongo? Tú y un(a) amigo(a) acaban de alquilar un departamento idéntico al de la página 167. Ahora tienen que decidir dónde poner los muebles. Con un(a) compañero(a), túrnense para preguntar dónde deben poner estos muebles.

MODELO   TÚ: **¿Dónde pongo el sofá?**
         COMPAÑERO(A): **En la sala, por favor.**

sofá	cama	sillón
escritorio	mesita	mesa
sillas	mesita	lámparas

C. ¿Dónde está la gatita? Tú tienes una hermosa gatita. Se llama Perla y es muy activa. Constantemente tienes que vigilarla *(keep an eye on her)*. Ahora que tú y tu compañero(a) están estudiando en tu casa, túrnense para preguntarse *(ask each other)* dónde está Perla.

Vocabulario útil

a la izquierda / a la derecha   cerca de / lejos de   encima de / debajo de
delante de / detrás de   enfrente de   entre / sobre

MODELO   TÚ: **¿Dónde está Perla?**
         COMPAÑERO(A): **La gatita está encima de la heladera.**

1.   2.   3.   4.

5.   6.   7.   8.

EP 5.1, 5.2

D. Amigos dispares. Este es el cuarto de tu amiga Rosana. Tu compañero(a) tiene el dibujo del cuarto de tu amigo Ernesto. Usa este dibujo para describir cómo es el cuarto de Rosana y en qué condición está. Tu compañero(a) va a usar el dibujo del cuarto de Ernesto en el Apéndice A para describirlo y decir en qué condición está. Decidan cuál es más/menos lujoso y más/menos ordenado.

Y ahora, ¿por qué no conversamos?

E. Mi habitación. Dibuja tu habitación. Incluye todos los muebles, ventanas, ropero/armario, televisor, etcétera. Luego, en otra hoja de papel dibuja un esquema *(outline)* de tu habitación e indica el sitio de la cama, nada más. Dale el esquema a tu compañero(a) y mientras tú describes tu habitación, mencionando el sitio de cada objeto, tu compañero(a) va a dibujar todos los muebles en su lugar. Al terminar, compara tu dibujo original con el de tu compañero(a) para ver si explicaste bien. Repitan el proceso, pero esta vez tu compañero(a) describe su habitación y tú dibujas.

F. ¡Luces! ¡Cámara! ¡Acción! Tú y un(a) compañero(a) necesitan un departamento para el próximo semestre. Van a hablar con el dueño de unos departamentos. Hacen muchas preguntas sobre el lugar, el tamaño, los muebles, el precio y la disponibilidad del departamento. En grupos de tres, dramaticen la situación.

G. ¡Nuestra comunidad! En tu universidad o comunidad, entrevista a una persona latina, de origen argentino si es posible. Conversa sobre cómo y dónde vive la gente en su país de origen, y haz preguntas específicas sobre la cantidad de cuartos de las casas en la ciudad y en el campo. Comparte la información con toda la clase y decidan si más o menos todos presentaron una idea similar sobre la vida y la vivienda en Latinoamérica.

Un paso atrás, dos adelante

Capítulo 4

Repasemos. En el Capítulo 4 aprendiste a describir la apariencia física y la personalidad de la gente; aprendiste a expresar preferencias, a discutir precios, a hacer comparaciones, a comprar ropa y a hablar de lo que tú y otros hicieron. Repasa ahora lo que sabes, completando el siguiente texto con las palabras necesarias.

Una tarde en el Palacio de Hierro, en México...

La dependienta: _____ (saludo formal). ¿En qué _____ (**poder**) ayudarlo?

Tú: _____ (saludo informal). Sí, _____ (presente progresivo del verbo **buscar**) una blusa para un regalo.

La dependienta: Usted _____ (expresión con **tener**) ver _____ (demostrativo) blusas que tenemos aquí. Mire, _____ (demostrativo) blusas _____ (**tener**) el 30% de descuento *(discount)*, y están de moda.

Tú: ¿Y _____ (palabra interrogativa) cuestan?

La dependienta: El precio original es de _____ (699) pesos, pero con el descuento se quedan en menos de _____ (500). ¡Es muy barato! Son _____ _____ _____ (comparación de igualdad: **baratos**) _____ (demostrativo) que, honestamente, están pasadas de moda.

Tú: Sí, yo _____ (pretérito del verbo **tener**) unas así el año pasado.

Saber comprender CD2, Track 14

Estrategias para escuchar: reconocer sufijos

*In **Capítulo 4** you learned to listen for stress variations (accents) in English and Spanish cognates. You will recognize more cognates if you learn to listen for corresponding suffixes and common word endings.*

Following is a list of three corresponding suffixes or word endings in Spanish and English. Recognizing them makes cognates much easier to understand.

Español	Inglés	Español		Inglés
perfecta**mente**	*perfectly*	-**mente**	=	*-ly*
generosi**dad**	*generosity*	-**dad**	=	*-ty*
urg**ente**	*urgent*	-**ente**	=	*-ent*

Reconocer sufijos o terminaciones de palabras. Escucha la conversación de Guillermo, un estudiante universitario, con su amiga Dolores. Con tu compañero(a), traten de identificar los siete cognados con los sufijos **-mente, -dad** o con la terminación **-ente**. Escríbanlos y comparen su lista con las del resto de la clase.

1. _____   4. _____   6. _____
2. _____   5. _____   7. _____
3. _____

Departamentos en el barrio de La Boca en Buenos Aires

Ahora, ¡a escuchar!

Vuelve a escuchar la conversación de Guillermo con su amiga Dolores. Luego compara el lugar donde tú vives ahora con el nuevo departamento de Guillermo. Describe tu alojamiento en la columna de la izquierda, el de Guillermo en la columna de la derecha y lo que tienen en común en la columna del medio.

Mi departamento
1.
2.
3.
4.
5.

Mi departamento y el de Guillermo
1.
2.
3.
4.
5.

El departamento de Guillermo
1.
2.
3.
4.
5.

Argentina inmensa

Antes de empezar, dime...

Contesta estas preguntas en relación a los Estados Unidos.

1. Población en millones: ☐ más de 600 ☐ más de 300 ☐ más de 100
2. Inmigrantes en millones: ☐ más de 10 ☐ más de 20 ☐ más de 30
3. Mujeres presidentas: ☐ 2 ☐ 1 ☐ 0

Argentina es un país inmenso, cuatro veces más grande que el estado de Texas, y es el país hispanohablante más grande del mundo. Su geografía es muy variada: en el norte las pampas (las grandes y ricas llanuras), en el sur una enorme meseta llamada Patagonia, en la frontera oeste los impresionantes Andes, y en el este una larga costa. La distancia entre el norte y el sur es casi tan grande como la que existe entre Nueva York y Los Ángeles. Entre sus muchos parques nacionales, se destacan el Parque Nacional Los Glaciares declarado «Patrimonio Mundial de la Humanidad» y el Parque Nacional Iguazú, declarado «Patrimonio Natural de la Humanidad» por la UNESCO en 1981 y en 1984 respectivamente.

La población de Argentina supera los 40.000.000 de habitantes, muchos de ellos descendientes de inmigrantes europeos. Durante la primera mitad del siglo XX, más de diez millones de inmigrantes europeos llegaron a Buenos Aires, la capital, y de allí se fueron a todas partes del país. La mayoría de los inmigrantes vinieron de España e Italia. Pero muchos también llegaron de Alemania, Francia, Inglaterra, Polonia, Rusia y Ucrania.

⚑ Google™ Images y YouTube™ BUSCA: Representación de la llegada de los inmigrantes a la Argentina, en la XVII Fiesta Nacional del Inmigrante en Oberá, Misiones

En su historia más reciente, Argentina sufrió una dictadura militar de 1976 hasta 1983. Como resultado, la «guerra sucia» de los militares argentinos contra los opositores dejó miles de muertos y de desaparecidos. En octubre de 1987 volvió la democracia, con la elección como presidente de Raúl Alfonsín. A lo largo de su historia, la mujer argentina representa una fuerza muy importante en el país, tanto en las letras como en la política. Esto se hizo muy obvio el 28 de octubre de 2007 cuando Argentina nombró a Cristina Fernández de Kirchner su primera presidenta.

Google™ **Images** y **YouTube**™
BUSCA: Cristina Fernández de Kirchner, Presidenta de Argentina

ARGENTINA

Nombre oficial
República Argentina

Capital
Buenos Aires

Población
40.677.348 (2008 est.)

Unidad monetaria
peso argentino

Índice de longevidad
76,5 años

Alfabetismo
97,2 por ciento

Datos interesantísimos sobre Argentina

- «Argentina» significa «de plata».
- El tango se desarrolló en los bares del puerto de Buenos Aires.
- Todos los jueves en la Plaza de Mayo mujeres se reúnen para recordar los desaparecidos durante la llamada guerra sucia.
- El futbolista argentino Diego Maradona es considerado por muchos el mejor jugador de fútbol de la historia.
- En 2001 Argentina tuvo cinco presidentes en menos de quince días debido a una gran crisis económica.

Y ahora, dime...

Con un(a) compañero(a) de clase, preparen un esquema como el siguiente y complétenlo con información de la lectura.

Por el ciberespacio... a Argentina
Keywords to search:
Inmigración en Argentina
Buenos Aires
Parques nacionales de Argentina
To learn more about Argentina, go to the *¡Dímelo tú!* website at academic.cengage.com/spanish/dimelotu

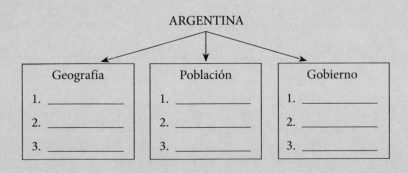

ARGENTINA

Geografía	Población	Gobierno
1. _____	1. _____	1. _____
2. _____	2. _____	2. _____
3. _____	3. _____	3. _____

De paseo por Buenos Aires

TAREA

Antes de empezar este *Paso*, estudia la lista de vocabulario de las páginas 190–191 y escucha el corte 18 de tu Text Audio CD2. Luego estudia *En preparación*.

1er día   5.3 **Por** and **para**, páginas 194–196

2do día   5.4 Adverbs of time and frequency, páginas 196–197

Haz por escrito los ejercicios de *¡A practicar!* correspondientes.

⊞ **Google™ Images** y **YouTube™**
BUSCA: Subte Buenos Aires

¿Eres buen observador?

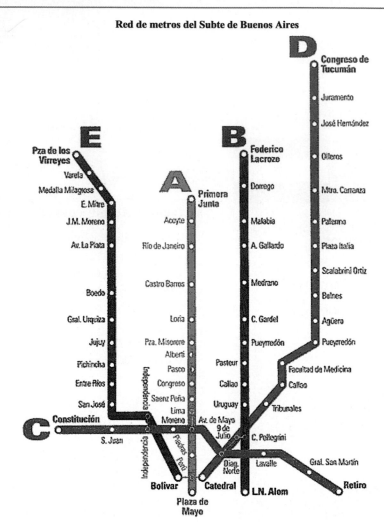

Red de metros del Subte de Buenos Aires

Ahora, ¡a analizar!

Indica si son ciertas o falsas las siguientes afirmaciones.

1. C   F   Para llegar a Carlos Gardel desde San Juan, es necesario tomar la línea C y cambiar en Tribunales.
2. C   F   Para ir a Congreso de Tucumán desde Catedral, hay que pasar por todas las estaciones de la línea D.
3. C   F   Para ir desde Varela hasta Retiro hay que tomar la línea E y cambiar en Independencia, con destino a Constitución.
4. C   F   Para ir de Bolívar a Catedral es preferible ir a pie.
5. C   F   De Palermo a Scalabrini Ortiz hay que pasar por Plaza Italia.

¿Qué se dice...? CD2, Track 15

Al hablar de cómo viajar en una ciudad

Buenos Aires es una ciudad muy bien comunicada. El sistema subterráneo de metro (Subte) funciona todo el día. La línea A, por ejemplo, funciona de las 6 de la mañana a las 11 de la noche. También tiene dos estaciones de ómnibus, una en el barrio de Retiro y la otra en el barrio de Liniers. La terminal de Retiro es la más importante, y de allí salen todos los días y a todas horas, micros para otras regiones de la Argentina y países fronterizos. Buenos Aires tiene dos aeropuertos, y desde ellos viajan en avión el 85% de los pasajeros que entran o salen de la Argentina.

Si prefieres viajar en coche, los taxis de Buenos Aires se distinguen por su característico color negro y amarillo. En Buenos Aires hay más de 40.000 taxis y, lógicamente, siempre hay uno disponible a cualquier hora del día y de la noche.

Existen 180 líneas de colectivo que funcionan todo el día, sin horario fijo. De noche la frecuencia del colectivo es de cada hora, para aquellos que prefieren viajar en autobús.

Pero para tener una experiencia más auténtica de Buenos Aires, la recomendación es disfrutar de un paseo en bicicleta o a pie por muchos de los maravillosos barrios de esta impresionante ciudad.

Indica cuál frase o frases mejor completan cada oración.

1. El Subte funciona...
   - [ ] medio día.
   - [x] todo el día.
   - [ ] media noche.
   - [ ] toda la noche.

2. De la terminal de Retiro salen micros...
   - [ ] lunes a viernes.
   - [x] todos los días.
   - [ ] a cada hora.
   - [ ] sábado y domingo.

3. En Buenos Aires, hay taxis disponibles...
   - [ ] medio día.
   - [x] todo el día.
   - [ ] media noche.
   - [x] toda la noche.

4. De noche, los colectivos en Buenos Aires funcionan...
   - [ ] sin horario fijo.
   - [x] con horario fijo.
   - [ ] hasta la medianoche.
   - [ ] cada media hora.

5. Para regresar a casa, no se puede tomar el Subte en Buenos Aires...
   - [ ] por la mañana.
   - [ ] por la noche.
   - [ ] a mediodía.
   - [x] a medianoche.

YouTube™ BUSCA: Cualquiera de estos cantantes

¿Sabías que...?

De Argentina son algunos de los músicos y cantantes más prestigiosos del mundo hispanohablante. **Carlos Gardel** (1890–1935), poeta, compositor y cantante de tango, es una leyenda viva venerada por millones de argentinos. **Astor Piazzolla** (1921–1990) es otro genio musical que revolucionó el mundo del tango. De origen modesto, consiguió un nivel de preparación musical elevadísimo, combinando los elementos más expresivos de la música culta y del jazz. **Atahualpa Yupanqui** (1908–1992) es el gran representante de la música folklórica argentina. Conoce profundamente el interior de la Argentina y trata temas simples de la dura vida rural. **Rodolfo «Fito» Páez** (1963) es el cantante de rock argentino más popular de todos tiempos. **Mercedes Sosa** (1935) es una de las voces más importantes de Argentina y América Latina, y cantó a la vida y la esperanza mientras la dictadura militar impuso la persecución y la muerte.

En tú opinión: ¿Qué piensas que quiere decir esto que canta Mercedes Sosa?

«Qué ha de ser de la vida si el que canta
no levanta su voz en las tribunas
por el que sufre, por el que no hay ninguna razón
que lo condene a andar sin manta».

¡Dímelo tú! Playlist Escucha: «Canción con todos» de Mercedes Sosa

Ahora, ¡a hablar!

EP 5.3

A. Definitivamente... ¡argentinas! Tú estás tomando un refresco en un café cerca de la universidad cuando oyes a dos chicas hablar con un acento definitivamente argentino. No puedes resistir escuchar su conversación. Para saber qué dicen, selecciona **por** o **para.**

CHICA #1: ¿Por qué no vamos de compras esta tarde?

CHICA #2: ¡Qué buena idea, che! Si querés, paso (por / para) tu casa a la una y media. ¿Adónde vamos?

CHICA #1: Al Patio Bullrich, es mi centro comercial favorito. Sabés cómo llegar, ¿no?

CHICA #2: Bueno, siempre voy allí (por/ para) subte (por / para) evitar el tráfico. Pero, a ver,... (por / para) llegar al Patio Bullrich, primero tenés que pasar (por / para) la Plaza San Martín. Luego si seguís (por / para) la Avenida del Libertador una buena distancia, llegás, ¿no?

CHICA #1: No me preguntes a mí. Como no manejo, (por / para) mí es siempre un misterio cómo llegar allí.

CHICA #2: Mirá, Dolores, ¿por qué no vamos (por / para) subte? Es más fácil.

EP 5.3, 5.4

B. ¿Con qué frecuencia? Pregúntale a tu compañero(a) con qué frecuencia hace estas cosas. Luego, tu compañero(a) te va a hacer las mismas preguntas a ti.

MODELO   viajar en autobús

TÚ: **¿Con qué frecuencia viajas en autobús?**

COMPAÑERO(A): **Viajo en autobús todos los días.**

siempre	todos los días	a veces	nunca

1. pasear por el parque
2. enviar mensajes por correo electrónico
3. ir en metro o subte
4. ir a pie a la universidad
5. viajar en avión para las vacaciones
6. viajar en taxi o colectivo

EP 5.4

C. ¿Juerguistas, musculitos o superresponsables? ¿Cómo categorizas a tus compañeros(as) de clase? ¿Son **juerguistas** *(party animals)*, **musculitos(as)** *(muscle men/women)* o **superresponsables**? Entrevista a tres compañeros(as) para determinarlo. Luego haz un informe a la clase sobre tus compañeros(as) basándote en sus respuestas.

MODELO   TÚ: **¿Con qué frecuencia vas a la biblioteca?**

COMPAÑERO(A): **Voy todos los días para estudiar.** o

Nunca para estudiar, solo para pasar el rato.

el bar		bailar
el cine		beber
el gimnasio		correr
el jacuzzi	a veces	descansar
el laboratorio	de día	escuchar música
el teatro	de noche	estudiar
la biblioteca	nunca	investigar
la cafetería	siempre	levantar pesas
la clase de español	tarde	mirar la tele
la discoteca	temprano	no hacer nada
la piscina	todos los días	pasar el rato
la sauna		tomar café
la tutoría		

D. La casa tiene mucho uso. Tus padres están preocupados porque pagan mucho por el alquiler de la casa que compartes con un(a) amigo(a), y piensan que puedes vivir en otro lugar más pequeño y más barato. Con tu compañero(a), preparen una lista de actividades que hacen por la mánana/tarde/noche en distintas partes de la casa e indiquen la frecuencia con la cual hacen esas actividades para justificar que necesitas esa casa, y no otra.

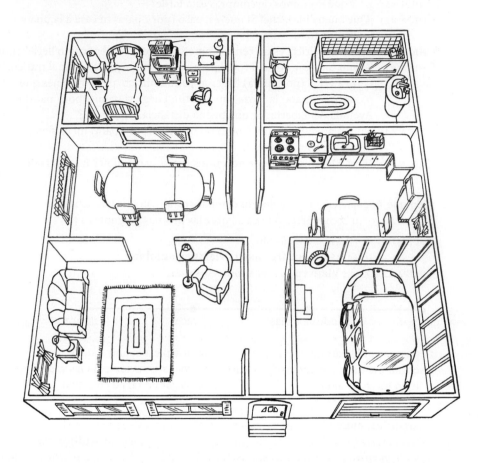

Y ahora, ¿por qué no conversamos?

E. ¿Fiestas? ¡Todos los días! Tú estás hablando por teléfono con tu mejor amigo(a) de secundaria *(high school)*. Como asisten a distintas universidades, están comparando sus vidas universitarias. Hablen de distintas actividades que hacen (fiestas, exámenes, esquiar, nadar...), la frecuencia con cual las hacen y planeen cuándo y dónde van a hacer las siguientes actividades. ¡Claro! Ustedes dos exageran bastante para impresionar el uno al otro. Representen su conversación frente a la clase para que la clase decida qué universidad es la más interesante.

F. ¡Luces! ¡Cámara! ¡Acción! Tú te encuentras en Buenos Aires en camino a la fiesta de unos amigos, pero en este momento estás muy confundido(a). Estás en Palermo, una entrada del Subte en la línea D, y quieres ir a la salida Boedo en la línea E. Le preguntas a una persona que va a explicarte la ruta en el Subte. Tú haces varias preguntas para asegurarte de que entiendes. Dramatiza la situación con un(a) compañero(a). Deben usar el mapa del Subte del *¿Eres buen observador?* de la página 176.

¡Escríbelo!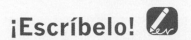

Estrategias para escribir: precisar

In **Capítulo 4** you learned that when writing advertisements, it is necessary to have a list of key words and phrases that must be worked into the advertisement. These key words or phrases usually contain the essence of the message to be conveyed. When writing advertisements, especially when writing classified ads, it is very important to be precise. Since space is limited and costly in newspapers, classified ads must be expressed in very few words.

Precisar. Estudia estos modelos y luego contesta las preguntas que siguen.

Núñez y Saavedra	Zona Norte
ALQUILER NUÑEZ, DPTO. Dpto de excelente categoría c/pileta olímpica, sauna, gimnasio, restaurante, salón. Amplio (120m²) e impecable. Amueblado. Tres dormitorios y tres baños. $700, $80 de gastos de comunidad. Comunicarse de lun a vier de 10 a 18 hs al 6881–9939 sr. Eduardo o Karina.	DPTO ZONA NORTE tipo casa/ alquilo/ Dpto tipo casa entrada individual, patio amplio, uso comercial o familiar, sin gastos de comunidad ni impuestos, superficie 90m² $650. Dos dormitorios y un baño. Teléfono 15 4800–3804 sólo sáb y dom.

1. ¿Cuál de los dos tiene piscina?
2. ¿Cuál es más pequeño?
3. ¿Cuál tiene un horario más amplio para llamar?
4. ¿Cuál de los dos tiene incluidos los gastos de la casa?
5. ¿Cuál de los dos prefieres? ¿Por qué?

Ahora, ¡a escribir!

A. En preparación. Para precisar, prepara una lista de toda la información esencial que debes incluir en un anuncio clasificado para alquilar el cuarto o departamento donde vives ahora o para alquilar la casa o departamento de tus padres.

B. El primer borrador. Ahora prepara un primer borrador de tu anuncio clasificado. Compara tu anuncio con tu lista original para asegurarte que incluiste toda la información esencial. Para precisar, usa abreviaturas como en los dos modelos.

C. Ahora, a compartir. Comparte tu borrador con dos o tres compañeros(as). Comenta sobre el contenido y el estilo de los anuncios de tus compañeros(as) y escucha los comentarios de ellos sobre tu anuncio. Si hay errores de ortografía o gramática, menciónalos. Si necesitas hacer unos cambios basados en los comentarios de tus compañeros(as), hazlos ahora.

D. La versión final. Prepara la versión final de tu anuncio en limpio. Escribe la versión final en la computadora con un estilo periodístico, usando columnas de tres pulgadas (inches). Cuando ya esté listo, pon tu anuncio en la página de anuncios clasificados que tu profesor(a) va a proveer.

Mi familia argentina

TAREA

Antes de empezar este *Paso*, estudia la lista de vocabulario de la página 191 y escucha el corte 19 de tu Text Audio CD2. Luego estudia *En preparación*.

1er día   5.5 Comparisons: Actions and quantities, páginas 197–198

2do día   5.6 Adverbs derived from adjectives, página 199

Haz por escrito los ejercicios de *¡A practicar!* correspondientes.

¿Eres buen observador?

Dos familias argentinas

Ahora, ¡a analizar!

En la familia argentina de arriba, la pareja en el centro son los abuelos.

1. ¿Cuántos hijos crees que tienen los abuelos?
2. ¿Cuántos hijos de los abuelos crees que están casados?
3. ¿Cuántos hijos y cuántas hijas tiene cada pareja?
4. En tu opinión, ¿quién es la madre del chico, la rubia o la morena?
5. Si la señora rubia y el señor a su lado son los tíos de las dos chicas que están en la silla, ¿cómo está relacionada la pareja morena con el niño y la niña a la derecha?
6. Los abuelos tienen cuatro nietos. ¿Cuántos son varones y cuántas son hembras?

En la familia argentina de abajo

7. ¿Quién consideras que es hijo/hija de quién? ¿Por qué lo crees?
8. ¿Crees que es una familia tan extensa como la de arriba? ¿Por qué sí o no?
9. ¿Prefieres las familias grandes o pequeñas? ¿Por qué?

¿Qué se dice? CD2, Track 16

Al hablar de la familia

⚡ **Google**™ BUSCA: Tiras de Mafalda

Mafalda es la protagonista de los comics del dibujante argentino Joaquín Salvador Lavado (Quino). Es profundamente crítica a la sociedad. Solo tiene 6 años pero se preocupa excesivamente por lo que ocurre en el mundo, escuchando todos los días la radio o la televisión. Odia la sopa.

Felipe es un año mayor que Mafalda. Está locamente enamorado de una vecinita de su barrio. Piensa obsesivamente en las tareas de la escuela que no hace y en cómo los otros niños trabajan mucho más y mejor que él.

Manolito es hijo de españoles (tiene apellido gallego), y es el personaje más bruto. Está muy orgulloso del Almacén Don Manolo, propiedad de su padre. Su ídolo es Rockefeller y espera un día tener tanto dinero como él.

Susanita está constantemente peleando con Manolito. Su vida es aparentemente normal y le gusta ser el centro de la atención.

Guille es el hermano pequeño de Mafalda. No se relaciona prácticamente con el grupo, por lo que aparece en tiras propias o con su hermana *Mafaddita*, como él la llama.

Los padres de Mafalda y Guille son de clase media. Ella es ama de casa (que abandona los estudios por casarse con su actual marido) y él agente de seguros. Ante la insistencia de Mafalda, compran un coche que les ayuda a viajar más cómodamente.

Indica a qué personajes de Quino se describen aquí.

1. Es bruto.
2. Es profundamente crítica a la sociedad.
3. Es aparentemente normal.
4. Es prácticamente independiente.
5. Está constantemente peleando.
6. Está locamente enamorado.
7. Se preocupa excesivamente por el mundo.
8. Piensa obsesivamente en la escuela.

¿Sabías que...?

En los países hispanos es común usar dos apellidos *(last names),* por ejemplo, Castillo Torres o Gambarini Gunther. El primer apellido, en este caso Castillo, siempre es el apellido del padre; el segundo, Torres, es el apellido de la madre. Si piensas que el apellido Gambarini suena más italiano que español y que el apellido Gunther suena alemán, tienes razón. A principios del siglo *(century)* pasado muchos europeos inmigraron a Argentina, especialmente italianos, y, por lo tanto, un gran porcentaje de la población argentina no tiene apellidos hispanos sino italianos, alemanes e ingleses.

En tu opinión: ¿Crees que es buena idea usar ambos apellidos, el de tu padre y el de tu madre? Explica tu respuesta.

Ahora, ¡a hablar!

A. ¿Quién es quién? ¿Cómo está relacionada cada una de las personas con Dolores? Para practicar tu vocabulario de la familia en español, contesta las preguntas de tu compañero(a), que tiene la información en el Apéndice A.

> **MODELO**   TÚ: **¿Cómo están relacionadas Irene y Dolores?**
> COMPAÑERO(A): **Irene es hermana de Dolores.**

EP 5.5

B. Cada deporte es un mundo. Todos los deportes tienen algo especial. Habla con al menos tres compañeros(as) para ver si opinan como tú cuando comparas estos deportistas.

esquiadores   levantador de pesas   patinadores   beisbolista

futbolistas   jugadores de baloncesto   nadadora

tenista   golfista   corredores

Vocabulario útil

aburrir al público	pasar frío/calor
disfrutar	pasar tiempo en el campo
ganar más dinero	quemar *(burn)* calorías
hacer ejercicio	recorrer distancias
marcar goles	tener accidentes
necesitar práctica	tener paciencia

MODELO   Tú: **El golfista tiene menos accidentes que los patinadores.**
COMPAÑERO(A): **Sí, pero los patinadores tienen tantos accidentes como los esquiadores.**

C. ¿Quiénes? ¿Cómo hacen tú y tus compañeros(as) de clase las siguientes cosas? Con un(a) compañero(a), túrnense para decir quiénes hacen esto y cómo lo hacen.

EP 5.6

MODELO   estudiar
                Mi amigo... estudia raramente.

Vocabulario útil

calmado	eficaz	lento	serio
cortés	exacto	mensual	silencioso
cuidadoso	fácil	preciso	sincero
diario	frecuente	rápido	tranquilo
difícil	fuerte	raro	violento

1. hablar español
2. enojarse con los amigos
3. estudiar
4. comer comida mexicana
5. jugar al fútbol
6. practicar piano
7. admitir limitaciones personales
8. saludar
9. ¿?

D. ¿Quién es quién? Con tu compañero(a), túrnense para decir cómo creen que cada una de estas personas está relacionada con las otras. Informen a la clase cuando estén los dos completamente de acuerdo.

Y ahora, ¿por qué no conversamos?

E. Mi árbol genealógico. Dibuja el árbol genealógico de tu familia. Sigue el modelo de la Actividad A de la sección anterior. Luego, sin permitir que nadie lo vea, descríbele tu árbol a un(a) compañero(a) mientras él (ella) lo dibuja. Cuando termines de describirlo, compara tu dibujo con el dibujo de tu compañero(a) para ver si lo explicaste bien. Finalmente, repite el proceso pero esta vez tú debes dibujar mientras tu compañero(a) describe su árbol genealógico.

F. ¡Luces! ¡Cámara! ¡Acción! ¡Esta es tu oportunidad de exagerar! Estás hablando con un(a) amigo(a) que constantemente está jactándose. Ahora lo hace al describir a su familia. Decides que tú también vas a jactarte un poco al describir a tu familia. Dramatiza esta situación con un(a) compañero(a).

Saber comprender

Estrategias para ver y escuchar: reconocer cognados por sus sufijos

In the previous **Paso** *you learned that the Spanish equivalent of the English suffixes -ly, -ty, and -ent is* **-mente, -dad,** *and* **-ente.** *There are many other suffixes in English words that have Spanish equivalents, and learning to recognize them will greatly expand your vocabulary and your listening comprehension.*

For example, note the relationship between the following Spanish and English suffixes:

elev**ado**	*elevat**ed***	na**ción**	*nat**ion***
cambi**ado**	*chang**ed***	combina**ción**	*combinat**ion***

Reconocer cognados por sus sufijos. Trata de identificar los sufijos de estas palabras. Primero escribe los equivalentes de estas palabras en inglés, luego los sufijos en inglés y en español.

	Español	Inglés	Sufijo: español	Sufijo: inglés
1.	ejemplo	_____	_____	_____
	templo	_____	_____	_____
2.	dentista	_____	_____	_____
	artista	_____	_____	_____
3.	joyero	_____	_____	_____
	jardinero	_____	_____	_____
4.	museo	_____	_____	_____
	petróleo	_____	_____	_____

Buenos Aires, ¡al ritmo de un tango!

Al ver el video

Ahora mira el video. Escucha con cuidado la narración. Mientras escuchas, escribe por lo menos dos cognados que reconoces con los sufijos **-ado, -ada** y **-ción**.

-ado	-ada	-ción
_____	_____	_____
_____	_____	_____

Después de ver el video

Mira otra vez el video y marca las expresiones que completen mejor cada oración.

1. Buenos Aires combina... al ritmo de un tango.

   ☐ la música y el baile
   ☐ el pasado y el presente
   ☐ barrios y monumentos

2. Los habitantes de Buenos Aires son conocidos como...

   ☐ emigrantes.
   ☐ cosmopolitas.
   ☐ porteños.

3. Por toda la ciudad de Buenos Aires hay...

   ☐ monumentos.
   ☐ caminitos.
   ☐ barrios italianos.

4. La Boca es un barrio de tradición italiana con...

   ☐ mucha historia.
   ☐ casas coloridas.
   ☐ artistas franceses.

5. Buenos Aires es conocida por muchos como...

   ☐ el París de Sudamérica.
   ☐ el Pueblo de Río de la Plata.
   ☐ La Boca.

El rincón de los lectores

Estrategias para leer: proceso de enlace

When reading poetry aloud in Spanish, it is extremely important to maintain the rhythm the poet intended. This is clearly defined by the widely accepted rules for linking certain words and not others; instead of pronouncing each word separately, they are run together. There are three basic rules.

1. *Always link a final consonant with an initial vowel.*
   levanta los_ojos_al...

2. *Always link a final vowel with an initial vowel.*
   con su_amable...

3. *Always link identical final and initial consonants.*
   Los sueños_son

The only exception to these rules is when there is punctuation that requires a pause, such as a comma, a colon, a semicolon, and the like.

Proceso de enlace. Ahora con dos compañeros(as) de clase, hagan una lectura dramática del poema de Alfonsina Storni, «Hombre pequeñito». Cada uno debe leer una estrofa. Prepárense para leer indicando por escrito el enlace entre palabras de su estrofa. Comparen sus enlaces con las de otra persona en la clase que va a leer la misma estrofa.

Monumento dedicado a Alfonsina Storni

La autora

Alfonsina Storni se suicidó en el Mar del Plata en octubre de 1938, después de sufrir de cáncer por un largo período y de ver morir del mismo tipo de cáncer a una amiga, tras mucho dolor y agonía. La noche antes de morir, Alfonsina Storni mandó al periódico local un poema que tituló «Voy a dormir» y que se publicó la mañana de su muerte. La leyenda dice que Alfonsina Storni se suicidó por un amor no correspondido. Pero Alfonsina escribió poemas como este «Hombre pequeñito» que muestran que en realidad no fue así. En este y en otros poemas, Alfonsina se presenta como una mujer liberada que no depende de los hombres.

Lectura

Hombre pequeñito

Hombre pequeñito, hombre pequeñito,
suelta a tu canario que quiere volar.
Yo soy tu canario, hombre pequeñito,
déjame saltar.

Estuve en tu jaula, hombre pequeñito,
hombre pequeñito que jaula me das.
Digo pequeñito porque no me entiendes
ni me entenderás.

Tampoco te entiendo, pero mientras tanto
ábreme la jaula, que quiero escapar;
hombre pequeñito, te amé media hora,
no me pidas más.

A ver si comprendiste

Contesta estas preguntas basándote en el poema de Alfonsina Storni.

1. ¿Cómo caracteriza el poema a los hombres?
2. ¿Cómo se representa la narradora a sí misma?
3. ¿Está la narradora enamorada (in love)? ¿Cómo lo sabemos?
4. ¿Qué tipo de mujer crees que fue Alfonsina Storni? ¿Tradicional? ¿Feminista? ¿Religiosa? ¿Liberal? Explica.

⬀ **Por el ciberespacio... las mujeres argentinas**

Keywords to search:

Mercedes Sosa
Luisa Valenzuela
Madres de la Plaza de Mayo
Alfonsina Storni
Gabriela Sabatini
Cecilia Roth
María Luisa Bemberg
Eva Perón

To learn more about **las mujeres argentinas**, go to the *¡Dímelo tú!* website at academic.cengage. com/spanish/dimelotu

Paso 1 CD2, Track 17

Apartamento

amueblado(a)	furnished
apartamento	apartment
armario	closet, wardrobe
ascensor (m.)	elevator
balcón (m.)	balcony
bañera	bathtub
cuarto de baño	bathroom
disponibilidad (f.)	availability
disponible	available
ducha	shower
lavadero	laundry
ropero	closet
vestidor (m.)	walk-in closet

Muebles

cama de matrimonio (f.)	double bed
escritorio	desk
espejo	wall mirror
heladera	refrigerator
horno	oven
lámpara	lamp
litera	bunkbed
mesa	table
mesita	coffee table, bedside table
mueble (m.)	(piece of) furniture
nevera	refrigerator
silla	chair
televisor (m.)	TV set
sillón (m.)	armchair

Preposiciones compuestas

a la derecha	to the right
a la izquierda	to the left
al lado de	beside, next to
antes de	before
cerca de	near
debajo de	under
delante de	in front of
después de	after
detrás de	behind
encima de	on top of
enfrente de	facing, opposite
junto a	next to, by
lejos de	far from

Preposiciones sencillas

a	to, at (with time)
con	with
de	of, from
desde	from
en	on, in, at
entre	between
para	for, (in order) to
por	for, by, through
sin	without
sobre	over, on top of, about

Ciudad

centro	downtown
comunitario(a)	public
dueño(a)	owner, landlord (landlady)
parada del autobús (f.)	bus stop
residencia	residence

Descripción

cómodo(a)	comfortable
desastre (m.)	disaster
imposible	imposible
incluido(a)	included
lujoso(a)	luxurious
plástico	plastic
viejo(a)	old

Palabras y expresiones útiles

animal doméstico (m.)	pet
aquí	here
en seguida	right away
Es que...	It is just that ...
gato(a)	cat
mudarse	to move, to relocate
perro(a)	dog
simplemente	simply
sopa	soup

Paso 2 CD2, Track 18

Transporte

a pie	walking, on foot
avión (m.)	airplane
distancia	distance
micro	minibus
terminal (f.)	terminal
taxi (m.)	taxi

El subte

entrada	entrance
con destino a	headed toward
estación (f.)	station
línea	line
red (f.)	system, network
ruta	route
salida	exit
subterráneo	subway, underground, metro

Celebración

celebrar	to celebrate
cumpleaños (m.)	birthday
juerguista (m. f.)	party animal
pastelería	pastry shop

Descripción

confundido(a)	confused
fijo(a)	fixed, nonchangeable
distinto(a)	distinct, different
musculitos	muscle men/women
medio(a)	half
preferible	preferable
superresponsable	superresponsible

Tiempo y frecuencia

ahora	now
anoche	last night
a veces	sometimes
frecuencia	frequency
nunca	never
siempre	always
tarde	late
temprano	early

Actividades y verbos

bajar	to go down, to get off
cambiar	to change
continuar	to continue
compartir	to share
comunicar	to communicate
funcionar	to function, to work
investigar	to investigate
levantar pesas	to lift weights
manejar	to drive
pasar	to pass
pasar el rato	to pass the time

Palabras y expresiones útiles

como	as, since
desde	from
hasta	until
mensaje (m.)	message
misterio	mystery
paquete	package
porque	because
¡Qué pena!	What a shame!
¡Qué suerte!	What luck!

solo	*only*			frecuentemente	*frequently*
tutoría	*tutelage, place for tutoring*			inmediatamente	*immediately*
				lentamente	*slowly*
vacaciones (*f. pl.*)	*vacation*			lógicamente	*logically*

solo   *only*
tutoría   *tutelage, place for tutoring*
vacaciones (*f. pl.*)   *vacation*

Paso 3   CD2, Track 9

La familia

abuelo(a)	*grandfather (grandmother)*
abuelos	*grandparents*
hermano(a)	*brother (sister)*
hermanos	*siblings*
hijo(a)	*son (daughter)*
hijos	*children*
madre	*mother*
nieto(a)	*grandson(daughter)*
padre	*father*
hermanastro(a)	*stepbrother(sister)*
madrastra	*stepmother*
padrastro	*stepfather*
pariente (*m.*)	*relative*
primo(a)	*cousin*
sobrino(a)	*nephew (niece)*
tío(a)	*uncle (aunt)*
relacionado(a)	*related*

Aspecto

bruto(a)	*stupid, ignorant, brutish*
común	*common*
crítico(a)	*critical*
enamorado(a)	*in love*
Joven	*young*
moreno(a)	*brunet(te)*
normal	*normal*

Datos personales

casado(a)	*married*
hembra	*female*
pareja	*couple*
varón (*m.*)	*male*

Deportes y deportistas

beisbolista (*m. f.*)	*baseball player*
campeón (campeona)	*champion*
corredor(a)	*runner*
esquiador(a)	*skier*
futbolista (*m. f.*)	*football player*
golfista (*m. f.*)	*golfer*
hacer ejercicio	*to do exercise*
jugador(a)	*player*
levantador(a) de pesas	*weight lifter*
marcar goles	*to score goals*
nadadora(a)	*swimmer*
patinador(a)	*skater*
quemar calorías	*to burn calories*
recorrer distancias	*to cover a lot of ground*
tenista (*m. f.*)	*tennis player*

Manifestaciones

discurso	*lecture*
manifestación (*f.*)	*demonstration*
participar	*to participate*
protestar	*to protest*

Comparaciones

más que	*more than*
menos que	*less than*
tanto(a)	*as much*
tantos(as)	*as many*

Descripción de acciones

aparentemente	*apparently*
calmadamente	*calmly*
constantemente	*constantly*
cortésmente	*courteously*
cuidadosamente	*carefully*
culturalmente	*culturally*
diariamente	*daily*
eficazmente	*efficiently*
exactamente	*exactly*
excesivamente	*excessively*

frecuentemente	*frequently*
inmediatamente	*immediately*
lentamente	*slowly*
lógicamente	*logically*
mensualmente	*monthly*
obsesivamente	*obsessively*
prácticamente	*practically*
precisamente	*precisely*
profundamente	*profoundly*
raramente	*rarely*
silenciosamente	*silently*
totalmente	*totally*

Verbos

aburrir	*to bore*
admitir	*to admit*
agradecer	*to appreciate*
dibujar	*to draw*
disfrutar	*to enjoy*
enojarse	*to get angry*
jactarse	*to brag*
pasar frío/calor	*to experience cold/hot temperatures*
preocupar	*to worry*
reaccionar	*to react*

Palabras y expresiones útiles

accidente (*m.*)	*accident*
coche (*m.*)	*car*
dibujante (*m. f.*)	*cartoonist*
ejercicio	*exercise*
fuera	*out*
ladrón (ladrona)	*thief*
limitación (*f.*)	*limit*
media jornada	*part time*
osito de peluche	*teddy bear*
paciencia	*patience*
peleando	*fighting*
práctica	*practice*
sociedad (*f.*)	*society*
tira cómica	*comic strip*
verdad (*f.*)	*truth*

Cama – Bed

EL ESPAÑOL... de Argentina

che	*pal, hey, listen*
cochera	*garage*
colectivo	*bus*
departamento	*apartment*
living (m.)	*living room*
pileta	*swimming pool*
subte (m.)	*subway, underground, metro*
vos	*you*

En preparación 5

5.1 *Ser* and *estar:* A second look

Describing people and things and telling time

■ **Ser** is used

1. with adjectives to describe physical traits, personality, and inherent characteristics.
   Tu habitación **es** grande.
   Mamá **es** muy particular.
   Los muebles viejos **son** más cómodos.

2. to identify people or things.
   Yo **soy** estudiante de química y estos **son** mis libros de texto.

3. to express origin and nationality.
   Somos de Bariloche; **somos** argentinos.

4. to tell of what material things are made.
   ¡Los muebles **son** de plástico!

5. to tell time.
   ¡Ya **son** las nueve!

6. with impersonal expressions (those that don't have a specific subject).
   ¿**Es** necesario vivir aquí?

7. to tell where an event takes place.
   La fiesta **es** en la casa de Rossana.

■ **Estar** is used

1. with adjectives to describe temporal evaluation of states of being, behavior, and conditions.
   Hijo, **estás** imposible hoy. *(behavior)*
   El baño **está** sucio. *(condition)*

2. to indicate location.
   El departamento **está** cerca del centro.

3. to form the progressive tense.
   Carlos **está limpiando** el departamento.

[↗] Google™ y YouTube™ BUSCA: **Ser** vs. **Estar**

Heinle Grammar Tutorial: Ser vs. **Estar**

4. with idiomatic expressions such as the following.

estar de acuerdo	*to agree with*
estar de moda	*to be in style*
estar enamorado de	*to be in love with*
estar seguro	*to be sure*

¡A practicar!

A. ¡Pobre Eva! You just ran into your friends Eva and Ramón at the cafeteria and neither of them looks very happy. Complete the following paragraph with the appropriate form of **ser** or **estar** to see why the two of them, especially Eva, look so miserable today.

Eva y Ramón *están* en la cafetería. No _____ hablando mucho. Ellos _son_ de San Antonio, pero ahora _____ aquí. Ellos _son_ estudiantes de la universidad. Eva _____ inteligente y generalmente ella _____ muy simpática pero hoy _____ antipática. Eva _es_ furiosa porque Ramón _es_ muy ocupado y no puede salir con ella esta noche. Ramón tiene un examen importante mañana y él _____ muy nervioso. ¡Pobre Eva!

B. ¡Qué misterio! Mario really is quite misterious. He always sticks to himself and no one knows much about him. With a partner see what you can find out about Mario by taking turns as you use an item in each column to make complete sentences.

Mario		muy sucia
Él	es	limpiando la casa
Mario hoy	está	muy ocupados
Ahora	están	muy nervioso
Mario y sus compañeros	son	las diez de la mañana
Todos		de Nueva Jersey
La casa		un estudiante de filosofía

«**Somos** arquitectos de nuestro propio destino». (frase célebre)

___ One is destined to be one's own arquitect.

___ Your future depends on you and what you do now.

5.2 Prepositions

Expressing relationships of time, place, material, and possessions

■ Prepositions express relationships with respect to time, place, material, and possession, among others. The relationships may be between nouns (*vaso de vino*) or pronouns (*él está contra mí*) and the adjectives or verbs that refer to them (*¡Maneja con cuidado!*).

■ There are simple prepositions, which always consist of one word, and compound prepositions, which consist of two or more words. Following are some of the most commonly used simple and compound prepositions.

Compound Prepositions		Simple Prepositions	
a la izquierda/ derecha de	*to the left/ right of*	**a**	*to, at (with time)*
al lado de	*next to, beside*	**con**	*with*
antes de	*before*	**de**	*of, from*
cerca de	*near*	**desde**	*from*
debajo de	*under*	**en**	*in, at, on*
delante de	*in front of*	**entre**	*between*
después de	*after*	**para**	*for, in order to*
detrás de	*behind*	**por**	*for, by, through*
encima de	*on top of*	**sin**	*without*
enfrente de	*facing, opposite*	**sobre**	*over, on top of, about*
junto a	*next to, by*		
lejos de	*far from*		

El departamento está **detrás del** supermercado. *The apartment is behind the supermarket.*
También está **cerca de** la universidad. *It's also near the university.*

🔼 **Google**™ **Images** y **YouTube**™ BUSCA: Spanish prepositions

Heinle Grammar Tutorial: Compound Prepositions

¡A practicar!

A. A estudiar. Julia, a new friend of yours at your university, is walking out of her apartment. To find out what she plans to do, complete this paragraph with the appropriate prepositions.

Ahora voy _____ la biblioteca. Voy _____ estudiar _____ Inés. Necesito el libro _____ física que está _____ mi mochila. Por la tarde tengo una hora libre _____ *(before)* la clase de química y la de física. Para pasar el rato, voy al gimnasio, que está _____ *(far from)* la residencia pero _____ la facultad. Pero, ¿dónde están mis compañeros de clase de español? ¡Ah! Están _____ el laboratorio de lenguas, practicando _____ el examen del miércoles.

B. ¿Dónde está? You and your friend still have not found an apartment for next semester. Right now you are calling three apartment owners to find out where their buildings are located. What do they tell you? Take turns completing their statements.

1. El edificio está... (*at 162 Corrientes, behind the library and to the right of the supermarket*).
2. El departamento está... (*in front of the tall building at 145 San Isidro, not far from downtown*).
3. La residencia está... (*at 66 Rivadavia, to the left of the new bookstore*).
4. La oficina está... (*to the right, near the park*).
5. El hospital está... (*next to the office*).

> «**Debajo de** la manta florida, está la culebra escondida». (refrán)
>
> _____ *Danger lurks where you least expect it.*
>
> _____ *Snakes look for warmth in flower beds.*

Paso 2

5.3 *Por* and *para*

Expressing direction and means

The prepositions **por** and **para** have many English equivalents, including *for*. **Por** and **para** are not interchangeable, however. Study the many meanings of **por** and **para**.

Por

■ *By, by means of*
¿Mando el paquete **por** avión?   *Should I send the package by plane?*

■ *Through, along*
¿Pasa el tren **por** aquí?   *Does the train pass through here?*

■ *Because of*
Estuvieron tristes **por** su amiga.   *They were sad because of their friend.*

■ *During, in*
Fueron allí **por** el verano.   *They went there in the summer.*

■ *For: in place of, in exchange for*
¿Quién fue **por** ella?   *Who went in her place?*

■ *For: for a period of time*
Siempre jugamos **por** tres horas.   *We always play for three hours.*

Para

- *In order to*
  Para ganar, hay que practicar.

  In order to win, it is necessary to practice.

- *For: compared with, in relation to others*
  Para ser futbolista, no es muy agresivo.

  For a soccer player, he is not very aggressive.

- *For: intended for, to be given to*
  Estudiamos **para** el examen.
  Compré las entradas **para** tus padres.

  We study for the test.
  I bought the tickets for your parents.

- *For: in the direction of, toward*
  De aquí se fueron **para** Lima.

  From here they left for Lima.

- *For: by a specified time*
  Vamos a tener los resultados **para** mañana.

  We'll have the results for tomorrow.

- *For: in one's opinion*
  Para nosotros, Maradona es el mejor.

  For us, Maradona is the best.

⚡ **Google**™ **Images** y **YouTube**™ BUSCA: **Por** vs. **Para**

Heinle Grammar Tutorial: Por versus **Para**

¡A practicar!

A. Los planes de Andrea. Your friend Andrea, who studies in San Francisco, is going next weekend to visit her parents in Lake Tahoe. What are her plans? Find out by filling in the blanks with **por** or **para**.

1. El sábado voy _____ la casa de mis padres.
2. _____ la mañana voy a salir temprano de casa.
3. ¿Por qué? Porque primero debo comprar un regalo _____ mi madre. Es su cumpleaños.
4. También voy a pasar _____ la pastelería.
5. Sí, por supuesto, _____ comprar una rica torta.
6. Pero ¡qué pena! El domingo _____ la tarde, ya debo regresar _____ prepararme _____ los exámenes finales.

B. En diciembre, ¡vacaciones! Alicia is from Arizona but she studies in Iowa. Find out what she does before the Christmas break by completing the paragraph with **por** or **para**.

Hoy debo estudiar _____ dos exámenes y el fin de semana voy a escribir mi composición _____ la clase de filosofía, y después de eso... ¡vacaciones! Salgo _____ mi casa el lunes _____ la mañana, y esta vez voy _____ avión. Ahora voy a estar con mi familia _____ todas las vacaciones. ¡Qué suerte!

C. ¡Viajes! Your friend Fernando has family spread all over the country. How does he keep in touch with everyone? To find out, complete his ideas with **por** or **para**.

1. _____ ir a visitar a mis primos en Seattle, _____ mí, es mejor ir _____ tren.
2. Tengo primas que viven cerca de la universidad. _____ ir a su casa el camino es más corto si paso _____ Sacramento.
3. Tengo que comunicarme _____ teléfono con mis padres. Ellos viven en Lexington.
4. Cuando mis padres me visitan, _____ ellos, es más fácil viajar _____ avión.
5. _____ mis tíos, el viaje es más fácil. Ellos solo necesitan tomar el subte _____ llegar a mi departamento.

D. Paso por ahí. How does Mónica get to school every day? With your partner, answer the question by completing this paragraph with **por** or **para.** Then together, use this paragraph as a model to write a short paragraph telling how you get to the university every day. You may need to stretch the truth a little bit.

_____ llegar a la universidad tomo el colectivo que pasa _____ la Avenida Santa Fe. Siempre viajo en colectivo porque es más barato que ir en auto. Después de bajarme del colectivo tengo que pasar _____ la Plaza San Antonio. Tomo el colectivo en la Avenida Central y continúo caminando _____ la calle San Ramón _____ llegar a la Facultad de Filosofía. _____ la tarde, hago parte del camino a pie _____ evitar todo el tráfico del centro.

> «El agua **por** San Marcelino*, buena **para** el pan, mejor **para** el vino». (refrán)
>
> ___ Holy water, blessed by St. Marcelino, makes good bread and great wine.
>
> ___ Rain that falls in June is good for the harvest of wheat and still better for the grapevine.

5.4 Adverbs of time and frequency

Expressing time and frequency

Adverbs are words that qualify or modify an adjective, a verb, or another adverb. There are many types of adverbs. Some common adverbs of time and frequency are the following.

ahora	_now_
anoche/de noche	_last night/at night_
a veces	_sometimes_
nunca	_never_
siempre	_always_
tarde	_late_
temprano	_early_
todos los días	_every day_

Google™ y Google™ Images BUSCA: Spanish adverbs of time

Ahora necesito ver la casa.   _I need to see the house now._
Siempre pedimos el alquiler con   _We always ask for the rent one month in_
   un mes de adelanto.   _advance._

¡A practicar!

A. ¿Qué? In Spanish, tell some things that you . . .

1. never do.
2. always do late.
3. do once in a while.
4. always do early.
5. do nowadays.
6. sometimes do.

B. ¿Con qué frecuencia? Ask your partner with what frecuency he does these things. Then your partner will ask you the same questions.

Vocabulario útil

a veces   nunca   siempre   todas las semanas   todos los días

1. llegar tarde a sus clases
2. ir a la iglesia
3. hacer la tarea
4. limpiar su cuarto
5. trabajar hasta la medianoche
6. jugar al fútbol en la nieve (snow)
7. ¿...?

*el 2 de junio

Paso 3

5.5 Comparisons: Actions and quantities

Stating equivalence

■ **Equivalent actions**

When comparing equivalent actions, the following formula is used.

verb +	**tanto como**

Miguel **viaja tanto como** yo.   *Miguel **travels as much as** I do.*
Ustedes no **están produciendo tanto**   *You are not **producing as much as** we are.*
como nosostros.

■ **Equivalent quantities**

When comparing equivalent amounts of things, the following formula is used.

verb +	**tanto/tanta/tantos/tantas**	noun +	**como**

Sandra **tiene tantos problemas* como** tú.   *Sandra **has as many problems as** you.*
Hoy **espero tantas cartas* como** ayer.   *Today, I **expect as many letters as** yesterday.*

¡A practicar!

A. ¡Hermanitos! Little brothers are the same everywhere; they always do exactly what their big brothers do. Tell what you do and what your little brother does.

MODELO   hacer ejercicio tres días por semana
             Yo hago ejercicio tres días por semana y mi hermanito hace tanto ejercicio como yo.

1. ir al cine una vez por semana
2. tener tres ositos de peluche
3. ver deportes en la tele todos los días
4. nadar en la piscina
5. comer pizza dos veces por semana
6. tener muchos amigos

B. Comparando familias. Compara tu familia con la de tu compañero(a).

MODELO   TÚ: **Tengo cuatro tías.**
COMPAÑERO(A): **No tengo tantas tías como tú. Solo tengo dos tías.** o
             Tengo tantas tías como tú. Tengo cuatro tías también. o
             Tengo más tías que tú. Tengo seis tías.

*Note: The number and gender of the object being compared determines whether **tanto, tantos, tanta, tantas** is used.

■ **Google™**
BUSCA: Spanish comparisons of equality

Heinle Grammar Tutorial:
Comparisons of Equality

Comparisons of inequality

When comparing or contrasting actions, use the following formula:

verb +	más/menos +	que

Google™
BUSCA: Spanish comparisons of inequality

Heinle Grammar Tutorial:
Comparisons of Equality and Inequality

Santiago **compra más que** su madre.   *Santiago **shops more than** his mother.*
Raramente **duermo menos que** tú.   *I rarely **sleep less than** you.*

¡A practicar!

A. ¿Más o menos? How do you compare the members of your family with regard to the following?

MODELO   gastar
Mi hermano gasta más que mi hermana. o
Mi madre gasta menos que todos.

1. manejar por la ciudad
2. comer fuera *(eat out)*
3. ir de compras
4. visitar a mis abuelos
5. usar el teléfono
6. chatear en la computadora

B. ¿Y sus amigos? With a partner, compare yourselves to your classmates with regard to the following activities.

MODELO   Tú: **Yo estudio más que todos mis compañeros de clase.**
Compañero(a): **No es verdad. Tú no estudias tanto como yo.**

Vocabulario útil

más que   menos que   tanta(s) como   tanto(s) como

1. practicar español
2. salir de noche
3. cocinar
4. ir en colectivo
5. trabajar
6. ¿...?

«La alegría es un tesoro que **vale más que** el oro». (proverbio)

____ *Happiness is a treasure worth more than anything.*
____ *Money brings happiness.*

5.6 Adverbs derived from adjectives

Expressing how an event happened

Many adverbs are directly derived from adjectives.

■ Adverbs are commonly formed from adjectives by adding **-mente** to the feminine singular form of the adjective. This is equivalent to adding *-ly* in English. Written accents on adverbs formed this way are required only if they appear on the adjective form.

tranquilo(a)	**tranquilamente**	*leisurely, calmly*
lento(a)	**lentamente**	*slowly*
rápido(a)	**rápidamente**	*rapidly, fast*

■ Adjectives that do not have a separate feminine form add **-mente** to the singular form.

total	**totalmente**	*totally*
cortés	**cortésmente**	*courteously*
fuerte	**fuertemente**	*strongly, loudly*

■ When two or more adverbs occur in a series, only the last one takes the **-mente** ending; the others use the feminine, singular form of the adjective.

El gato camina **silenciosa y lentamente** por la casa.

*The cat walks **silently and slowly** throughout the house.*

■ Adverbs are normally placed *before* adjectives or *after* the verb they modify.

El tren es **poco** rápido.
Lo golpearon **violentamente**.

*The train is **not very** fast.*
*They beat him **violently**.*

Google™
BUSCA: Spanish adverbs derived from adjectives

Heinle Grammar Tutorial: Formation of Adverbs

¡A practicar!

A. ¡Simplemente el mejor! You are explaining to your friends why you think your roommate is an excellent security guard. What do you say? Answer by changing the adjectives in parentheses to adverbs.

1. Él trabaja _____ (serio).
2. Cuando hay una emergencia él llega _____ (inmediato).
3. Se dedica _____ (total) a su trabajo.
4. Él siempre sabe _____ (exacto) qué hacer en una emergencia.
5. Él siempre piensa _____ (cuidadoso y lógico) antes de actuar.
6. Hace _____ (rápido) todo lo que sus jefes le piden.
7. Siempre habla con el público muy _____ (cortés).
8. En una emergencia, él actúa _____ (inteligente y eficaz).

B. ¡Un incidente en el Miramar! A friend is explaining what happened last night at the Miramar Restaurant. Working with a partner, complete her report. Then, using her description as a model, write a brief description of a similar incident that the two of you observed. If necessary, invent one. Read your description to the class.

La policía llega _____ (rápido) y captura al ladrón _____ (inmediato). Luego salen todos del restaurante _____ (tranquilo), pero al subir al carro policial, el ladrón reacciona _____ (violento). El jefe de la policía habla _____ (cortés) con los periodistas y los clientes del restaurante. Luego agradece *(expresses appreciation)* _____ (sincero) la cooperación de los meseros del lugar.

> «Usa tu mente **sabiamente**». (refrán)
>
> ____ *Think before speaking.*
> ____ *Use your head wisely.*

CAPÍTULO 6

Guatemala: nación maya en el siglo XXI

In this chapter, you will learn how to . . .

- talk about activities performed in the past.
- talk about the news and discuss what you read in the newspaper.
- tell what happened on your favorite TV program.
- prepare want ads.

Busca Chichicastenango *en Google*™ *Images y YouTube*™ *para conocer mejor este antiguo pueblo y su famoso mercado.*

Busca Antigua, Guatemala *en Google*™ *Images para dar un paseo por esta encantadora ciudad colonial.*

Busca huipil *en Google*™ *Images y YouTube*™ *para ver la gran variedad de huipiles y cómo los hacen las tejedoras mayas.*

¡Las fotos hablan!

A que ya sabes... Indica cierto (C) o falso (F) según tu opinión.

C F 1. En la iglesia de Santo Tomás de Chichicastenango, los indígenas mayas hacen ofrendas a los dioses mayas y al Dios cristiano.

C F 2. La ciudad de Antigua puede ser destruida por un volcán.

C F 3. El tejer *(weaving)* es una importante actividad de la mujer maya.

C F 4. Probablemente, los colores del huipil (la blusa maya) no tienen un significado *(meaning)* especial.

C F 5. Antigua, la primera capital de Guatemala, es todavía una hermosa ciudad de arquitectura maya.

¡Por fin en Guatemala!

TAREA

Antes de empezar este *Paso*, estudia la lista de vocabulario de la página 224 y escucha el corte 25 de tu Text Audio CD2. Luego estudia *En preparación*.

1er día   6.1 Preterite of regular verbs, páginas 226–227

Haz por escrito los ejercicios de *¡A practicar!* correspondientes.

¿Eres buen observador?

Una ruta inolvidable

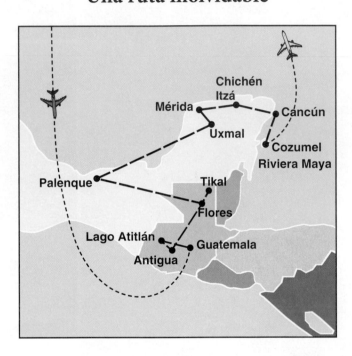

Ahora, ¡a analizar!

1. ¿Qué ruta crees que cubre este viaje?
   a. la ruta azteca
   b. la ruta maya
   c. la ruta incaica

2. ¿Qué países están incluidos en esta ruta?
   a. los EE.UU. y México
   b. México y Guatemala
   c. Guatemala y El Salvador

3. En tu opinión, ¿cuál es la atracción de un viaje como este?

⊿ BUSCA Guatemala tours en **Google**™ **Images** para ver otras rutas interesantes de Guatemala.

¿Qué se dice...? CD2, Track 20

Al hablar del pasado

Queridos papás:

Llegué al aeropuerto de Guate, como los
guatemaltecos llaman a la capital, hace tres
días, el sábado. Estoy muy contenta. Rosa, mi
mamá guatemalteca, me recibió en el aeropuerto. El primer día fue muy interesante
porque conocí mi nueva casa y a toda la
familia: mi nuevo papá Rafael y mi nuevo hermano Miguel Ángel. Rosa, mi mamá, es una
persona encantadora.

⌖ BUSCA Guatemala City en **Google**™
Images para conocer mejor esta hermosa
ciudad capital.

El domingo por la mañana visitamos el Mercado Central y descubrí los huipiles, unas blusas de colores maravillosos. Compré dos, uno
para ti, mamá, y otro para mí.

Ayer visité el lago de Atitlán, uno de los lagos más hermosos del mundo. Me acom-
pañaron Rosa y Rafael. Comimos en un restaurante cerca del lago que, por cierto,
está rodeado de volcanes y doce pueblos que llevan el nombre de los doce apóstoles.
Disfruté de hermosas vistas y un fascinante paseo por el lago. Por la tarde Rosa y Rafael
me llevaron a Antigua, una ciudad colonial maravillosa.

⌖ BUSCA **lago de Atitlán** en **Google**™
Images para ver la increíble hermosura
de este lago.

⌖ BUSCA **Antigua** y/o
Chichicastenango en **Google**™ **Images**
para ver lo atractivo de estos pueblos.

El domingo manejamos hasta Chichicastenango. Caminamos por el mercado donde
las indígenas mayas siempre van vestidas de huipiles y faldas con los colores tradicionales de sus pueblos. Por la noche, después de la cena, regresé con mi nueva
familia a Guate.

Indica si lo siguiente es cierto o falso. Si es falso, corrígelo.

C F 1. Rosa y Rafael, los padres guatemaltecos de Kimberly, la recibieron en el aeropuerto.
C F 2. En el Mercado Central Kimberly compró dos huipiles.
C F 3. Rosa visitó el lago de Atitlán con su nuevo hermano, Miguel Ángel.
C F 4. El domingo, Kimberly, Rosa, Rafael y Miguel Ángel visitaron el mercado de Chichicastenango.
C F 5. Rosa y su nueva familia regresaron a cenar en Guate.

¿Sabías que...?

Tikal, las ruinas arqueológicas de los mayas en la parte norte de Guatemala, es uno de los sitios más impresionantes de las Américas. Hay más de 3.000 templos, casas y otras construcciones allí, entre ellas, cinco hermosas pirámides de más de veinte pisos que se destacan entre la selva guatemalteca. Este centro maya tuvo (had) su comienzo 600 años antes de Cristo y llegó a su apogeo 900 años después de Cristo.

En tu opinión: ¿Cómo fue posible para los mayas el construir sin máquinas de construcción modernas y sin la rueda? ¿Cuánto tiempo duró el imperio maya? ¿Cuánto tiempo han existido los Estados Unidos como país? ¿Crees que va a durar tanto como el imperio maya? ¿Por qué sí o por qué no?

Ahora, ¡a hablar!

EP 6.1

A. Yo también fui. Tú también visitaste Guatemala y ahora le cuentas a tu compañero(a) lo que hiciste. ¿Qué dices?

MODELO   Ayer tarde yo visitar / ruinas / Tikal
Ayer tarde visité las ruinas de Tikal.

1. mi vuelo llegar / Guate / la noche
2. el lunes mi mamá y yo comprar / ropa / Chichicastenango
3. esta mañana yo escuchar / música de marimba / las calles de Guate
4. el sábado yo fotografiar / unos edificios coloniales impresionantes / Antigua
5. mis amigos y yo leer / mucho / la Ruta Maya
6. Rafael manejar / el lago de Atitlán

EP 6.1

B. Hechos importantes. La historia de Guatemala cuenta con eventos importantes. Toma turnos con tu compañero(a) para ver cuáles pueden identificar. Informen a la clase de sus resultados.

MODELO   **Los mayas edificaron Tikal.**

	escribir	Tikal
los mayas	arrasar	Tikal «Patrimonio de la Humanidad» en 1979
la UNESCO	usar	la Antigua Guatemala
un terremoto	ser	el cero antes que otras civilizaciones
la civilización maya	declarar	el premio Nobel de la Paz
Rigoberta Menchú	recibir	grandes astrónomos y matemáticos
	edificar	su biografía

C. Cálculos mayas. En tu viaje a Guatemala aprendiste a contar usando los números mayas, y ahora tienes la oportunidad de demostrarlo. Con tu compañero(a), digan estas oraciones (en el pretérito) con sus números correspondientes. Usen como referencia esta tabla que representa los números del 1 al 20.

BUSCA Mayan numerals EP 6.1 en **Google**™ **Images** para aprender más del sistema de numeración maya.

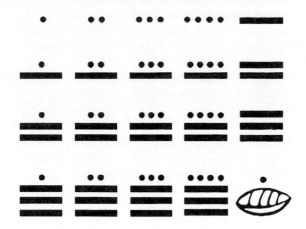

1. El vuelo de Los Ángeles a Guatemala _____ (durar) ▬ horas.
2. El viaje _____ (ser) más largo de lo que pensamos; llegamos a las •••• de la tarde.
3. Yo _____ (cumplir) ≣ años en Guatemala.
4. Nosotros ••• _____ (ir) a Atitlán.
5. Mis amigos _____ (tener) que cambiar 🪙 dólares por 150 quetzales.

D. Itinerarios. Con tu compañero(a), investiguen lo que hizo ayer Kimberly. Para saberlo, respondan a las siguientes preguntas con base en el dibujo.

EP 6.1

1. ¿A qué aeropuerto llegó?
2. ¿Con qué línea aérea viajó?
3. Si Kimberly fue ayer a Tikal y llegó a las 18:45, ¿cuál de los vuelos tomó?
4. ¿Por qué hay varios vuelos que salen a la misma hora?
5. ¿Cuáles de estos vuelos salieron por la mañana, y cuáles por la tarde?

AEROPUERTO LA AURORA

AVIATECA

Aviateca
Vuelos diarios de Cd. Guatemala a...

	Salidas	Llegadas
Antigua	8:30	9:15
Lago Atitlán	8:30	16:00
Flores	11:15	14:30
Tikal	11:15	18:45

Y ahora, ¿por qué no conversamos?

E. ¿Y tú? ¿Cómo pasaron el fin de semana tú y tu compañero(a)? Hazle estas preguntas y luego contesta las preguntas que él (ella) te va a hacer.

1. ¿Dónde pasaste el fin de semana? ¿Con quién lo pasaste?
2. ¿Cómo pasaste el sábado por la mañana? ¿Por la tarde?
3. Y el domingo, ¿saliste por la mañana? ¿Con quién? ¿Adónde fueron?
4. ¿Hablaste con alguien por teléfono? ¿Llamaste tú o te llamaron? ¿De qué hablaron?
5. ¿Saliste el viernes o el sábado por la noche? ¿Con quién? ¿Adónde fueron?
6. ¿A qué hora regresaste a tu casa el sábado por la noche?
7. ¿...?

F. ¡Luces¡ ¡Cámara! ¡Acción! Es domingo y son las 11:30 de la mañana, y tú acabas de levantarte. Llamas a tu mejor amigo(a) para contarle la increíble noche del sábado que pasaste. Dramatiza la conversación con tu compañero(a). Cuenta en detalle las actividades de la noche anterior y contesta todas sus preguntas.

G. ¡Nuestra comunidad! En tu universidad o comunidad, entrevista a una persona latina, de origen guatemalteco si es posible. Conversa sobre cuándo, cómo y por qué decidió venir a los Estados Unidos. Pregúntale si regresa frecuentemente a Guatemala, o a su país de origen, y si tiene muchos amigos(as) de su país. Comparte la información con toda la clase y decidan si más o menos todos presentaron una idea similar sobre las motivaciones para emigrar de las personas a las que entrevistaron.

Un paso atrás, dos adelante

Capítulo 5

Repasemos. En el Capítulo 5 aprendiste a hablar de tu familia y a comparar las cualidades y las características de las personas. Aprendiste también a informarte sobre el alquiler de un apartamento y a describir el apartamento y sus muebles. Repasa lo que sabes, completando el siguiente texto con las palabras necesarias.

El dueño del apartamento

El apartamento _____ [presente del verbo **ser/estar**] en excelentes condiciones. Está situado _____ [preposición] del centro de la ciudad. _____ [presente del verbo **tener**] _____ [número] habitaciones. El alquiler es _____ dólares al mes, mucho _____ _____ _____ [comparación: **barato**] otros en esta misma zona.

Tú

Yo _____ [presente del verbo **querer**] vivir allí con mi _____ [miembro de mi familia], que tiene una gatita. ¿Acepta usted _____ _____ [gatos, perros, etcétera]?

El dueño del apartamento

No hay problema. ¿_____ [presente del verbo **poder**] ustedes venir a verlo mañana _____ [preposición] las _____ [9:00 A.M.]?

Saber comprender 🎧

Estrategias para escuchar: identificar pausas lógicas

When speaking, especially when providing extensive information as in news reports, the speaker must decide where to stop to take a breath. The words that are said before each pause the speaker makes are called "breath groups." Learning to form logical breath groups is central to speech in all languages.

Identificar pausas lógicas. Ahora, al escuchar la primera parte de este noticiero, indica con dos rayas *(//)*, en el guión *(script)* que sigue, todas las pausas que los locutores hacen, ya sea al final de una oración tanto como en medio de una oración. Luego vuelve al guión a ver dónde hicieron una pausa y con tus compañeros(as) de clase traten de decidir si hay algún patrón *(pattern)* en dónde hacen una pausa.

🎧 Guión

CD2,
Track 21

SONIA ZÚÑIGA: Buenas tardes, señores radioyentes. Les hablan Sonia Zúñiga...

PACO LOMELÍ: ... y Paco Lomelí.

SONIA ZÚÑIGA: La Unión de Trabajadores de Quetzaltenango, UTQ, realizó un plantón frente al Hospital regional de Occidente en protesta por el aumento de salario que se otorgaron los diputados del Congreso de la República. Señalan que este aumento es injustificado, mientras los hospitales no cuentan con medicinas, ni suficiente equipo médico.

🎧 Ahora, ¡a escuchar!

CD2,
Track 22

Escucha este noticiero especial de Radio Nacional con noticias sobre movimientos sociales en Guatemala. Luego selecciona la frase que mejor completa cada oración.

1. Sonia Zúñiga y Paco Lomelí son...
   a. miembros de un movimiento ambientalista.
   b. miembros de un comité de derechos humanos.
   c. locutores de Radio Nacional.

2. Según el noticiero, miembros de la UTQ...
   a. protestaron por el aumento de salario de los diputados.
   b. protestaron por el aumento de pacientes en los hospitales.
   c. protestaron por el excesivo número de médicos en los hospitales.

3. El Foro de Guatemala **no** presentó propuestas sobre...
   a. desarrollo rural.
   b. cuestiones ambientales y ecológicas.
   c. mujeres.

4. _____ integrantes del movimiento ambientalista *Madre Selva* protestaron contra la concesión petrolera del área cerca del río Sarstún, en Izabal.
   a. Más de cien
   b. Menos de cien
   c. Cien mil

Guatemala: el país más bello

Antes de empezar, dime...

1. ¿Adónde en los Estados Unidos se puede viajar para conocer el pasado indígena del país? ¿El pasado colonial?
2. ¿Cuáles son algunos restos *(remains)* del pasado indígena de los Estados Unidos? ¿Cuáles son las ruinas más impresionantes?
3. ¿Cómo se explica que el porcentaje de indígenas en los Estados Unidos es inferior al uno por ciento y en Guatemala es casi un setenta por ciento?

Guatemala reúne tres elementos que lo hacen uno de los países más atractivos de las Américas: su patrimonio arqueológico, su riqueza natural y su cultura viva y activa.

La República Democrática de Guatemala es una tierra riquísima en contrastes y colorido. Su superficie incluye montañas que se elevan hasta los 12.000 pies de altura, volcanes activos, selvas vírgenes, ricas planicies, ríos y lagos. En general, solo tiene dos estaciones: seis meses de lluvia y seis meses en los que no llueve.

Selva, lago y volcanes en Guatemala

Indígenas maya-quichés de Guatemala

Casi el 70 por ciento de los habitantes de Guatemala son descendientes de los mayas y mantienen vivas las tradiciones y costumbres de sus antepasados. Esto se ve en todas sus comunidades, pueblos y ciudades. Cada pueblo tiene su propio modo de vestir, con su simbolismo tejido en diferentes patrones y colores, y se dedican a la agricultura o a la artesanía, como hacían sus antepasados. Esto, tanto como las impresionantes ruinas precolombinas de la cultura maya, sigue fascinando a arqueólogos y a turistas.

Miguel Ángel Asturias

Rigoberta Menchú Tum

Entre los guatemaltecos más ilustres destacan Miguel Ángel Asturias (1899–1974), escritor que recibió el Premio Nobel de Literatura en 1967, y Rigoberta Menchú Tum, que recibió el Premio Nobel de la Paz en 1992. Los dos, cada uno desde su campo de acción, lucharon por el reconocimiento y respeto de los indígenas de Guatemala. Y los dos lo consiguieron, aunque la lucha continúa, porque todavía las condiciones de vida de los indígenas son muy duras, ya sea en el campo o en la ciudad.

[↗] BUSCA Rigoberta Menchú Tum y Miguel Ángel Asturias en **Google**™ **Images** y **YouTube**™ para aprender algo de sus fascinantes vidas.

GUATEMALA

Capital
Guatemala

Población
13.002.206
(julio 2008 est.)

Unidad monetaria
quetzal

Índice de longevidad
69,7 años

Alfabetismo
69,1 por ciento

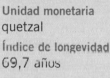

Datos interesantísimos sobre Guatemala

- En las ruinas mayas de El Mirador, se construyó la pirámide más grande del mundo, 200.000 m³ de volumen, mayor que la gran pirámide de Keops en Egipto, considerada la mayor del mundo.
- A fines del siglo XX, más de 450 pueblos mayas fueron destruidos por paramilitares guatemaltecos y más de un millón de indígenas fueron exiliados.
- Guatemala tiene treinta y siete volcanes, cuatro de ellos todavía activos.
- El 4 de febrero de 1976, un terremoto dejó más de 25.000 muertos en Guatemala.
- El gobierno guatemalteco reconoce veintiuna lenguas mayas distintas.
- Bajo el gobierno del dictador militar Efraín Ríos Montt (1982–1983), más de 200.000 guatemaltecos murieron.

[↗] **Por el ciberespacio… a Guatemala**
Keywords to search:
   Guatemala
   Tikal
   Ruta Maya
   El Mirador
To learn more about Guatemala, go to the *¡Dímelo tú!* website at academic. cengage.com/spanish/dimelotu

Y ahora, dime…

Con un(a) compañero(a) de clase, completen estas listas para obtener un cuadro de los maravillosos atractivos de Guatemala. Usen la información de esta lectura y del resto de este Capítulo 6, dedicado a Guatemala.

Guatemala

Su patrimonio arqueológico	Su riqueza natural	Su cultura viva
1.	1.	1.
2.	2.	2.
3.	3.	3.
4.	4.	4.
5.	5.	5.

En Guatemala leemos *Prensa Libre*

TAREA

Antes de empezar este *Paso*, estudia la lista de vocabulario de la página 224 y escucha el corte 26 de tu Text Audio CD2. Luego estudia *En preparación*.

1ᵉʳ día   6.2 Preterite of verbs with spelling changes, páginas 227–228

Haz por escrito los ejercicios de *¡A practicar!* correspondientes.

BUSCA www.prensalibre.com/ en **Google™ Images** para leer las noticias de hoy día.

¿Eres buen observador?

Ahora, ¡a analizar!

1. ¿Cómo se llama este periódico?
2. ¿Cuántas secciones principales tiene? ¿Cuáles son?
3. ¿Cuál es la diferencia entre las noticias de la primera plana y la sección internacional?
4. ¿En qué sección podrías encontrar información sobre eventos en otros países? ¿El partido de fútbol de anoche? ¿Casas en venta? ¿La cotización del dólar estadounidense frente al quetzal?
5. ¿Te sorprenden las noticias principales en alguna de las secciones? ¿Por qué?

¿Qué se dice...? 🎧 CD2, Track 23

Al hablar de las noticias del día

Asaltan a turistas en parque Tikal

Grupo de turistas europeos asaltados en interior de parque arqueológico.

Ayer, aproximadamente a las cinco de la madrugada, un grupo de turistas europeos fue asaltado por unos desconocidos en el parque Tikal. Al parecer, los ladrones substrajeron relojes, cámaras fotográficas y de video y dinero en efectivo, según uno de los guías: «Anoche cuando llegué con mi grupo de 23 turistas europeos, los llevé directamente al hotel porque ya era muy tarde. Aparentemente 13 de ellos decidieron visitar el parque solos muy temprano esta mañana porque cuando yo los busqué a las 6:30 de la mañana no los encontré. Otros del grupo dijeron que creyeron que entraron al parque solos a eso de las cinco de la mañana para observar la salida del sol sobre el templo. También dijeron que oyeron un ruido, como un disparo al aire, poco después. Enseguida yo me empecé a preocupar y corrí al parque, adonde llegué en menos de tres minutos y busqué a mi grupo hasta que lo encontré. Inmediatamente empezaron a narrarme

los hechos. Los ladrones huyeron entre la selva con todo lo robado».

Aunque por suerte no lastimaron a nadie, los turistas vivieron momentos de gran tensión. Uno de los turistas, visiblemente nervioso, indicó: «Llegué a pensar que este era mi final».

Le dan la bienvenida al año nuevo maya

Los ritos y ceremonias para la celebración del año nuevo maya comenzaron a principios de semana y concluyeron anoche, después de los cinco días de período sagrado llamado «Wayeb». Leopoldo León, jefe espiritual de la comunidad de Mezatenango, Suchitepéquez, aseguró: «Finalicé la jornada muy cansado, pero con el espíritu muy alegre. Con mi comunidad, celebré con nuestra oración en que quemamos incienso y encendimos velas y hogueras en Kaminal Juyú. Destaqué para ellos que debemos promover la solidaridad, la igualdad y el respeto en cada persona. Y rogué por una transformación en una nueva vida». Este año que comienza es el 5124 de la era maya.

Indica quién dijo o hizo lo siguiente, el guía (**G**), los delincuentes (**D**) o Leopoldo León, el líder espiritual maya (**L**).

_____ 1. Rogué por la transformación en una nueva vida.
_____ 2. Los busqué a las 6:30 de la mañana.
_____ 3. Huyeron entre la selva.
_____ 4. Quemó incienso.
_____ 5. Llegué en tres minutos al parque.
_____ 6. Acabó el día muy cansado.
_____ 7. Dispararon al aire.

Ahora, ¡a hablar!

EP 6.2

A. ¡Qué día tan horroroso! Ayer Kimberly pasó un día extraño. Para saber por qué, completa este párrafo.

Ayer _____ (ser) un día terrible. Todo _____ (comenzar) mal. Yo _____ (empezar) a leer el periódico, pero solo _leí_ (leer) noticias malas. Dejé de leer y _busqué_ (buscar) algo de comer, pero no _____ (encontrar) nada. Tampoco _____ (almorzar) en la universidad porque no _____ (encontrar) mi cartera donde la dejo normalmente, aunque la _____ (buscar) por una hora. Luego _____ (organizar) mis notas para el examen de español, pero tampoco encontré varias de las páginas. Por esta razón _____ (sacar) una mala nota. Yo _____ (hablar) con el profesor y él _____ (leer) todas mis respuestas con cuidado, pero mi excusa no _____ (influir) para cambiar el resultado. Así que por fin yo _____ (llegar) a casa de mal humor y con mucha hambre.

EP 6.2

B. Secciones. Indica a qué sección crees que pertenece cada una de estas noticias. Luego tu compañero(a) te va a decir cuáles son los titulares en esa sección en la *Prensa Libre* de la página 210.

Internacional   Negocios   Entretenimiento   Nacional   Deportes   Buena Vida

1. «Jugué lo mejor que pude» dijo Florencio Martínez, recién inscrito a la Liga Nacional, después de la pérdida a Zacapa.
2. Comenzaron a disminuir los casos de cáncer en Aguadulce.
3. Desafortunadamente, el presidente de Guatemala no oyó la presentación del representante cubano en la cumbre de la OEA.
4. *Lo oyeron en Antigua* en el cine Tikal Futura 6.
5. El doctor Genaro Nájera leyó una conferencia sobre los niveles de antígeno prostático.

EP 6.2

C. Guatemala y el mundo. Di qué ocurrió en Guatemala en los años indicados y tu compañero(a) va a decir algo que ocurrió en el mundo en esa misma época.

MODELO   1524 Pedro de Alvarado / iniciar la conquista de Guatemala
En 1524 Pedro de Alvarado inició la conquista de Guatemala.

En Guatemala	En el mundo
1. 1523 / Pedro de Alvarado / empezar a construir la primera capital en Iximche	1. 1517 / Martin Luther / leer su tesis al público alemán por primera vez
2. 1847 / lograr / su independencia de España	2. 1823 / los Estados Unidos / empezar a implementar la Doctrina de Monroe
3. 1944 / guatemaltecos sacar / al dictador Jorge Ubico	3. 1936 / se empezar / a sacar petróleo de Saudita Arabia
4. 1950 / Presidente Jacobo Arbenz / comenzar ambiciosas reformas económicas y sociales	4. 1955 / Rosa Parks / creer que debía afrentarse al prejuicio racial
5. 1992 / el mundo / oír la voz de los indígenas guatemaltecos cuando Rigoberta Menchú ganó el Premio Nobel de la Paz	5. 1992 / Bill Clinton / alcanzar la presidencia en los Estados Unidos

D. ¿Y tú qué? Ahora, decide algunos de los momentos más importantes de tu vida en los últimos años. Tu compañero(a) va a hacer lo mismo, y van a alternar explicándolos.

MODELO   En _____ (comenzar a)...
          En 2009 comencé a estudiar en esta universidad.

1. En _____ (comenzar a)...
2. En _____ (buscar)...
3. En _____ (llegar a)...
4. En _____ (empezar a)...
5. En _____ (jugar en)...
6. En _____ (sacar)...

E. Continúa en la página... Al leer el periódico, es frecuente que las noticias de la portada (*front page*) continúen en el interior o en la contraportada (*back page*). Con tu compañero(a), decidan qué noticias de la contraportada completan las de la portada de este periódico. Luego escriban un breve resumen, de una o dos oraciones, de cada uno de los cuatro incidentes. Lean su resumen a la clase.

EL SOL DE GUATEMALA
Diario independiente de la mañana

Última hora

Noticias Nacionales

Héroe de Quetzaltenango

11:59 En Quetzaltenango, un gran fuego se declaró en una refinería. Al llegar, el sargento de la policía dijo...

11:17 Roban a cónsul guatemalteco en Tapachula. Desconocidos entraron al domicilio del cónsul guatemalteco en Tapachula, Manuel Romero Páez, de donde sustrajeron objetos de valor y dinero, reportó la prensa...

10:04 La Policía Nacional Civil (PNC) detuvo en Escuintla a tres hombres con combustible robado en la parte trasera de un camión...

9:15 La Policía de Izabal detuvo ayer a Lilian Martina Gálvez, 33, de nacionalidad hondureña, por posesión de droga...

Viene de la portada...

Los vecinos fueron sorprendidos por la detención de los ladrones

...mexicana. Un informe de la Policía Estatal Preventiva (PEP) señaló que el diplomático buscó el auxilio de las autoridades, y afirmó ser objeto de un atraco en su domicilio, indicó el diario Milenio. «Cuando llegué, los ladrones huyeron» afirmó.

...con nueve tambos llenos de gasolina, un tambo de gas propago y un tonel con capacidad para 60 galones. Los vecinos, que oyeron los disparos de la policía, no quisieron hacer declaraciones, según indicó el comisario Leonel Gracia Vázquez.

...que las llamas alcanzaron unos niveles imposibles de controlar. «Empecé con las tareas de extinción pero lo importante fue que el voluntario arriesgó su vida, y sacó a las tres personas del incendio».

...que la policía pudo encontrar en su domicilio. Su mamá, la famosa actriz hondureña Esperanza Gálvez no quiso hacer comentarios.

Y ahora, ¿por qué no conversamos?

F. De la niñez. En Guatemala conociste a un(a) estudiante que quiere saber algo de tu origen y de tu vida en general. Escríbele una carta contestando sus preguntas. Luego, en grupos de tres o cuatro, lean sus cartas en voz alta.

1. ¿Dónde naciste? ¿En qué año naciste?
2. ¿En qué año empezaste la escuela primaria? ¿Dónde?
3. ¿Dónde viviste los diez primeros años de tu vida?
4. ¿Dónde buscaste trabajo la primera vez? ¿Lo conseguiste?
5. ¿En qué año empezaste a manejar? ¿Cuál fue el primer coche que compraste?
6. ¿Cuál fue el primer cuento que leíste? ¿En qué año leíste tu primera novela?
7. ¿En qué año comenzaste tus estudios universitarios?

G. ¡Luces! ¡Cámara! ¡Acción! Tú trabajas para la revista *Hola*. Hoy vas a entrevistar al simpático cantante guatemalteco, Ricardo Arjona. ¿Lo recuerdas? Lo conociste en el *¿Qué se dice...?* del Capítulo 1. En parejas dramaticen esta situación. Tu compañero(a) puede hacer el papel de Ricardo y tú de entrevistador(a). Si quieres, puedes usar las preguntas de la actividad anterior como modelo. Tu compañero(a) puede refrescar su memoria sobre este cantante en el Capítulo 1.

¡Escríbelo!

Estrategias para escribir: seguir un orden cronológico

Como el objeto de una biografía es la narración de los hechos de la vida de una persona, lo importante a la hora de escribir es la selección de los hechos que hace el (la) autor(a) y el orden en que los presenta. En cuanto a la selección de los hechos, puede presentar solo los que considera importantes, o también aquellos que son informativos, aunque no relevantes. En cuanto al orden, puede usar uno cronológico, empezando por la infancia, hasta seguir a la edad adulta. O puede también hacerlo al contrario, empezando en el presente y regresando a la infancia.

Seguir un orden cronológico. Si tú estuvieras preparándote para escribir la biografía de la indígena maya-quiché Rigoberta Menchú Tum siguiendo un orden cronológico, indica con los números 1, 2, 3,... cómo organizarías estos datos.

_____ A. Siguiendo la tradición de muchas mujeres de las zonas rurales, se mudó a la capital para trabajar en el servicio doméstico.

_____ B. En el año 2007, Rigoberta Menchú Tum se presentó como candidata a la presidencia de Guatemala.

_____ C. Nació el 9 de enero de 1959 en un pueblo llamado Chinel.

_____ D. Por esta intensa labor, Rigoberta recibió el Premio Nobel de la Paz en 1992.

_____ E. Decidió dedicarse a defender a su gente, los indígenas, después de la violenta muerte de sus padres y un hermano a manos de los militares del gobierno guatemalteco.

_____ F. Desde muy niña empezó a trabajar en las cosechas de café, ganando un salario muy bajo.

Rigoberta Menchú Tum, honrada con el Premio Nobel de la Paz

Ahora, ¡a escribir!

A. En preparación. Decide cuáles fueron los eventos más importantes de tu vida. Escribe una lista de estos eventos, por ejemplo, dato de nacimiento, dónde vivió tu familia durante los primeros años, escuela primaria, etcétera.

B. El primer borrador. Ahora organiza la información de tu lista en orden cronológico y prepara un primer borrador de tu autobiografía. Incluye toda la información de tu lista que consideres relevante.

C. Ahora, a compartir. Comparte tu primer borrador con dos o tres compañeros(as). Comenta sobre el contenido y el estilo de las composiciones de tus compañeros(as) y escucha los comentarios de ellos sobre tu autobiografía. Si necesitas hacer cambios basados en los comentarios de tus compañeros(as), hazlos ahora.

D. La versión final. Prepara la versión final de tu autobiografía y entrégala. Escribe la versión final en la computadora siguiendo las instrucciones de tu instructor(a).

Canal Tres presenta...
Los misterios de Tikal

TAREA

Antes de empezar este *Paso*, estudia la lista de vocabulario de las páginas 224–225 y escucha el corte 27 de tu Text Audio CD2. Luego estudia *En preparación*.

1er día   6.3 Preterite of **estar, decir,** and **hacer,** páginas 228–229

2do día   6.4 The pronoun **se**: Special use, página 229

Haz por escrito los ejercicios de *¡A practicar!* correspondientes.

¿Eres buen observador?

A mí ya me conocen. Soy Susana, la mala.

A ella la llaman Susana, la buena.

¿Y saben qué tenemos en común?
Las dos los entretenemos
cinco días a la semana de 7:30 a 8:30 P.M.
en la telenovela más exitosa y divertida de la temporada...
Los misterios de Tikal
Canal 3, el Super Canal

Ahora, ¡a analizar!

Los clichés. Las telenovelas, aunque pueden ser muy interesantes y entretenidas, están llenas de clichés. ¿Cuáles de estos clichés creen que aparecen en *Los misterios de Tikal*? Decídelo con dos compañeros(as) y luego añadan *(add)* algunos más.

☐ 1. Se presenta una como «la buena», la otra como «la mala».

☐ 2. Se considera a una «fea y mala», a la otra «hermosa y buena».

☐ 3. Se repite que «la buena» sufre la violencia de «la mala».

☐ 4. Se dice que una mató a un hombre y que la otra fue injustamente acusada.

☐ 5. Se establece que una estudió una carrera; la otra no pudo estudiar porque trabajó toda su vida.

☐ 6. Se insiste en que el protagonista ama a una y la otra quiere destruir ese amor.

☐ 7. Se determina que una tuvo un hijo ilegítimo; la otra sabe todo lo qué ocurrió y quiere chantajearla.

☐ 8. ¿...?

¿Qué se dice...? CD2, Track 24

Al hablar de tu programa favorito

ROSA: ¡Qué pena! Ayer me perdí mi telenovela favorita. ¿Sabe alguien lo que pasó ayer en *Los misterios de Tikal*?

KIMBERLY: Yo la vi. ¡Fue espectacular! La policía arrestó a la pobre Susana, la buena, que siempre vende huipiles en el mercado de artesanías.

RAFAEL: Se venden libros a mitad de precio en la librería universitaria. Debes ir, hijo.

MIGUEL ÁNGEL: Ya lo hice, papá. Estuve ayer allí y compré todos los libros del semestre que viene.

ROSA: ¿Pero cómo? ¿Qué hizo la pobre Susana?

KIMBERLY: Ella fue la que asesinó a don Roberto en el rancho, según dijo Susana la fea. Pero yo creo que no lo hizo.

ROSA: ¡Yo tampoco! Estoy segura de que es inocente. Si ese día no estuvo ni en el rancho.

RAFAEL: Se busca carpintero a media jornada, hijo. Debes solicitar este trabajo. Siempre dices que necesitas más dinero.

MIGUEL ÁNGEL: Ya te dije, papá, que encontré trabajo en el restaurante de la universidad.

ROSA: Susana la hermosa no lo mató. Hasta los vecinos lo dijeron.

KIMBERLY: Sí, el problema es que, como Susana la hermosa solo habla quiché, la policía ni comprendió lo que dijo. La llevaron directamente a la cárcel. ¡Qué pena!

RAFAEL: Mmm, hay una buena oferta de ropa en Almacén Embajador.

MIGUEL ÁNGEL: Ya lo dijiste, papá. De hecho, estuvimos Kimberly y yo ayer.

Indica quién dijo lo siguiente, Rosa (**RO**), Kimberly (**K**), Rafael (**RA**) o Miguel Ángel (**MA**).

_____ 1. Susana la fea le dijo a la policía.

_____ 2. Siempre dices que necesitas más dinero.

_____ 3. Ella ni estuvo en el rancho el día del asesinato.

_____ 4. La llevaron directamente a la cárcel.

_____ 5. De hecho estuvimos Kimberly y yo.

_____ 6. ¿Qué hizo la pobre Susana?

¿Sabías que...?

Las telenovelas son programas melodramáticos que aparecen diariamente en televisión. En casi todas las novelas se cuenta una historia de amor imposible, generalmente de una joven humilde, un individuo guapo y rico y una villana. Las telenovelas _Barrera de amor_ y _La fea más bella_, ambas transmitidas por Univisión en los Estados Unidos, alcanzaron una audiencia de más de cuatro millones. La actriz y cantante mexicana Thalía, por ejemplo, se ganó el título de «reina de las telenovelas» como protagonista en _María Mercedes_ (1992) y _María la del barrio_ (1995). También la actriz mexicana Salma Hayek inició su carrera artística al protagonizar la telenovela _Teresa_ en 1992. A diferencia de las series norteamericanas, que duran años y años, las telenovelas latinoamericanas duran solo tres o cuatro meses.

En tu opinión: ¿Por qué crees que las telenovelas son tan populares? ¿Por qué crees que duran tantos años en los Estados Unidos? ¿Cuál es tu telenovela favorita? ¿Por qué te gusta?

Ahora, ¡a hablar!

EP 6.3, 6.4

A. Testigo. En el siguiente episodio de _Los misterios de Tikal_, el inspector Humanes interroga a dos testigos sobre el asesinato del que acusaron a Susana la hermosa. ¿Qué dicen los dos testigos? Tú puedes hacer el papel del primer testigo y tu compañero(a) del segundo.

MODELO

Testigo 1: yo / observar / todo lo que / pasar

Yo observé todo lo que pasó.

1. un coche estar / estacionado enfrente de la casa / más de una hora
2. una mujer hacer / mucho ruido en la casa
3. se / escuchar / un disparo
4. la mujer / decir / «yo no / hacer nada» / al salir de la casa
5. unas mujeres / comenzar / a gritar en la casa

MODELO

Testigo 2: no / ser / así

No, no fue así.

6. dos coches / estar / estacionados enfrente de la casa / más de tres horas
7. dos hombres / entrar / en la casa
8. se / escuchar / dos disparos
9. los dos hombres / hacer / mucho ruido antes de salir de la casa
10. una mujer / empezar / a gritar en la casa

B. ¿Y tú y tu compañero(a)? Susana la fea tuvo que explicar a la policía su coartada *(alibi)* del día del asesinato. Si tú y tu compañero(a) tuvieran que explicar su coartada a la policía el sábado pasado, ¿qué dirían *(would you say)*? Tomen turnos en decir en gran detalle todo lo que hicieron el sábado por la mañana, tarde y noche. Pueden usar las sugerencias que siguen o crear sus propias coartadas.

MODELO   **Por la mañana dormí hasta tarde, hice ejercicio, fui al supermercado, limpié la casa, estudié y...**

1. Por la mañana:
   salir a correr / tomar café / escribir cartas / ir al centro / mandar cartas / limpiar la casa / no hacer ejercicio / estar muy cansado(a) / tener que descansar / llamar a mis padres / ...

2. Por la tarde:
   ir de compras / caminar a... / hacer la tarea / mirar deportes en la televisión / chatear con papá en la computadora / decirle los resultados del partido de fútbol / escuchar la radio / dormir un poco / practicar deportes / ir a la biblioteca / ...

3. Por la noche:
   mirar televisión / preparar algo para comer / hacer hamburguesas / llamar a unos amigos / salir con mis amigos / ir a una fiesta / estar en la fiesta hasta las 4:00 a.m. / ...

C. Sucesos. Hoy en su telenovela favorita vivieron una situación muy dramática durante un juicio. Con tu compañero(a), expliquen qué pasó inventando las respuestas a estas preguntas.

1. ¿Quién estuvo en el juicio?
2. ¿De qué se acusó a la señora?
3. ¿Quién fue la víctima?
4. Según el fiscal, ¿qué hizo la acusada?
5. ¿Qué dijo la acusada? ¿Qué dijo el juez?
6. ¿A qué veredicto se llegó?

D. ¡A la comisaría de policía! Seguro que saben cómo se debe actuar si la policía decidiera llevarlos a la comisaría por inconsistencias en su coartada. Tomen turnos para decir qué se hace o no se hace en la comisaría de policía.

MODELO   decir la verdad   pedir cigarrillos
               Se dice la verdad.   **No se piden cigarrillos.**

1. responder groseramente
2. contradecir los testimonios anteriores
3. mentir
4. hablar claramente
5. insultar a la policía
6. tratar de escapar
7. pedir un abogado
8. gritar
9. fumar
10. ¿...?

Y ahora, ¿por qué no conversamos?

E. ¿Quién es? En grupos de tres o cuatro, escojan una persona famosa del mundo de la política o del espectáculo que hizo algo por lo que fue acusado(a) y juzgado(a). Luego, sin mencionar el nombre de la persona, den algunos datos personales o hechos específicos del incidente en que estuvo involucrada *(involved)* la persona. El resto de la clase tiene que adivinar quién es. Se permite hacer preguntas para saber más detalles.

F. ¡Luces! ¡Cámara! ¡Acción! Ustedes se encuentran en un juicio donde uno(a) de ustedes es el (la) acusado(a), otro(a) un(a) testigo(a), otro(a) el (la) abogado(a) defensor(a), y otro(a) el (la) fiscal. Dramaticen esta situación entre cuatro compañeros hasta alcanzar un veredicto.

Saber comprender

Estrategias para ver y escuchar: predecir a partir del título y fotos

In Chapters 3 and 5, you learned that you can always get a good idea of what to expect to hear and see on a video by reading the questions at the end of the viewing section before you view the video. Another good way to anticipate what you will hear and see is by reading the title of the video and carefully looking at any photos or drawings that accompany it.

Predecir a partir del título y fotos. Lee el título de este video y estudia las fotos en la página 221. Luego escribe dos o tres cosas que estás seguro(a) que se van a mencionar en el video y dos o tres cosas que estás seguro(a) que vas a ver en el video. Vuelve a estas listas después de ver el video para confirmar si predijiste correctamente o no.

Lo que voy a escuchar	**Lo que voy a ver**
☐ 1. _____	☐ 1. _____
☐ 2. _____	☐ 2. _____
☐ 3. _____	☐ 3. _____

Guatemala, ¡el corazón de la cultura maya!

Al ver el video

Ahora mira el video. Mientras escuchas la narración, marca (✓) lo que predijiste que ibas a escuchar y ver en la sección anterior. Compara lo que tú predijiste correctamente con lo de dos compañeros(as) de clase. Digan a la clase todo lo que los tres predijeron correctamente.

Después de ver el video

Ahora di en tus propias palabras qué evidencia visual u oral hay en el video para confirmar estos comentarios.

1. Guatemala es un país de bellos contrastes.
2. Guatemala es el corazón de la cultura maya.
3. Algunas fiestas religiosas combinan las tradiciones cristianas con las costumbres indígenas.

El rincón de los lectores

Estrategias para leer: reconocer las pistas del contexto

A good reader uses a variety of problem-solving techniques. Using context clues when you don't know the meaning of a specific word is one such strategy. The context referred to here is the sentence in which the unknown word occurs. Although there is no easy formula to help you always guess the correct meaning of unknown words, the following suggestions can be very helpful.

1. *Use the meaning of the rest of the sentence to reduce the number of meanings the unknown word may have.*
2. *Be satisfied with getting at the general meaning of unfamiliar words. More often than not, the exact meaning is not necessary in order to get the gist of what you are reading.*
3. *Look for help in punctuation and grammar. Knowing the relationship between various parts of a sentence can help you understand the sentence.*
4. *Don't feel you have to know the meaning of every unfamiliar word. Learn to recognize key words needed to understand the sentence, and don't worry about less important unfamiliar words.*

Reconocer las pistas del contexto. Busca las palabras y las frases de la columna A en la lectura (todas aparecen en negrita) y estudia el contexto de las oraciones donde las encuentres. Luego selecciona, según el contexto, la frase de la columna B que mejor defina cada palabra. No olvides que la gramática y la puntuación también ayudan a entender el contexto de la oración.

A	B
1. ladinos	a. siempre pensamos
2. politeístas	b. que inspira profunda veneración
3. sagrado	c. parientes que anteceden
4. no hay que desperdiciar	d. personas que han adoptado el habla y las costumbres europeas
5. antepasados	e. objetos procesados con máquinas
6. nunca se le quita a uno de pensar	f. que no se debe mal usar, malgastar
7. cosas compuestas	g. personas que creen en varios dioses

La autora

Rigoberta Menchú Tum, indígena maya-quiché, nació el 9 de enero de 1959. La muerte violenta de sus padres y un hermano la hicieron dedicarse a defender a su gente, los indígenas y los de las clases menos favorecidas. Por esta intensa labor recibió el Premio Nobel de la Paz en 1992, que le permitió crear una fundación que apoya su causa en Guatemala.

Lectura

Me llamo Rigoberta Menchú y así me nació la conciencia (fragmento)

Desde niños recibimos una educación diferente de la que tienen los blancos, los **ladinos.** Nosotros, los indígenas, tenemos más contacto con la naturaleza. Por eso nos dicen **politeístas.** Pero, sin embargo, no somos politeístas... o, si lo somos, sería bueno, porque es nuestra cultura, nuestras costumbres. De que nosotros adoramos, no es que adoremos, sino que respetamos una serie de cosas de la naturaleza, las cosas más importantes para nosotros, por ejemplo, el agua es algo **sagrado**... la explicación que nos dan nuestros padres desde niños es que **no hay que desperdiciar** el agua... El agua es algo puro, es algo limpio y es algo que da vida al hombre. Sin el agua no se puede vivir, tampoco hubieran podido vivir nuestros **antepasados.** Entonces, el agua la tenemos como algo sagrado y eso está en la mente desde niños y **nunca se le quita a uno de pensar** que el agua es algo puro. Tenemos la tierra. Nuestros padres nos dicen «Hijos, la tierra es la madre del hombre porque es la que da de comer al hombre». Y más nosotros, que nos basamos en el cultivo. Nosotros los indígenas comemos maíz, frijol y yerba del campo y no sabemos comer, por ejemplo, jamón o queso, **cosas com- puestas** con aparatos, con máquinas. Entonces se considera que la tierra es la madre del hombre. Y de hecho nuestros padres nos enseñan a respetar esa tierra.

[✈] Busca Rigoberta Menchú en **YouTube**™ para escuchar a esta mujer otorgada el Premio Nobel de la Paz.

A ver si comprendiste

Contesta estas preguntas a base de la selección que leíste.

1. ¿Cuál es la diferencia entre la educación de los indígenas y la de los demás?
2. ¿Qué significa el agua para los indígenas? ¿Y la tierra?
3. ¿Por qué dicen los padres de los indígenas que no hay que desperdiciar el agua?
4. Usa este diagrama Venn para comparar tus actitudes y acciones con respecto a la madre naturaleza con las de los indígenas guatemaltecos.

Mis actitudes y acciones

1.
2.
3.

Lo que tenemos en común

1.
2.
3.

Las actitudes y acciones de los indígenas

1.
2.
3.

Vocabulario

Paso 1 CD2, Track 25

Viajar

aeropuerto	airport
declarar	to declare
fotografiar	to photograph
línea aérea	airline
viaje (m.)	trip
volcán (m.)	volcano
vuelo	flight

Historia

biografía	biography
civilización (f.)	civilization
colonial	colonial
paz (f.)	peace
terremoto	earthquake

Profesiones

astrónomo(a)	astronomer
matemático(a)	mathematician
presidente(a)	president
representante (m. f.)	representative

Descripción

impresionante	impressive
increíble	unbelievable, incredible
maravilloso(a)	marvelous
mismo(a)	same
otro(a)	other, another

Acciones y verbos

arrasar	to raze, to destroy
arrestar	to arrest
cumplir... años	to be ... years old
edificar	to build
dejar	to leave

Palabras útiles

cero	zero
diamante (m.)	diamond
equipo	team
marimba	marimba (musical instrument similar to xylophone)
premio	prize
también	also

Paso 2 CD2, Track 26

Periódicos

clasificados (m. pl.)	classified ads
entretenimiento	entertainment

evento	event
internacional	international
nacional	national
negocios (m. pl.)	business
noticias (f. pl.)	news
prejuicio	prejudice
presentación (f.)	presentation
primera plana (f.)	front page
principal	main
racial	racial
rebaja	sale, discount
revista	magazine
sección (f.)	section
venta	sale

Deportes

liga	league
partido	game (competitive)

Educación

cuento	short story
escuela primaria (f.)	elementary school
inscrito(a)	enrolled
nota	grade
novela	novel
tesis (f.)	thesis

Incidentes

disparo	shot
fuego	fire
incendio	fire
llamas (f. pl.)	flames
quemar	to burn
robo	robbery

Gobierno

dictador(a)	dictator
independencia	independence
mundo	world
presidencia	presidency
reforma	reform
voz (f.)	voice

Transporte

camión (m.)	truck, (Mex.) bus
llave (f.)	key
petróleo	petroleum oil
refinería	refinery

Descripción

alemán (alemana)	German
ambicioso(a)	ambitious
con cuidado	carefully, with care
de repente	suddenly

desafortunadamente	unfortunately
económico(a)	economical
primero(a)	first
social	social
trasero(a)	back, rear

Acciones y verbos

acabar	to finish
afrentar	to confront
alcanzar	to reach, to attain
asesinar	to murder
comenzar (ie)	to begin
conseguir (i)	to obtain, to get
construir	to construct
disminuir	to diminish, to decrease
disparar	to fire (a gun), to shoot
huir	to run away
implementar	to implement
influir	to influence, to have influence
lograr	to get, to achieve
nacer	to be born
ocurrir	to occur
robar	to rob, to steal
rogar	to beg, to plead
sacar	to take out
sorprender	to surprise
sustraer	to remove, to take away

Palabras útiles

cartera	purse
conmigo	with me
domicilio	domicile, residence
nadie	no one, nobody
por fin	finally
recién	just, recently, newly
resto	rest, remaining
ruido	noise
suerte (f.)	luck
tambo	barrel
tampoco	neither
valor (m.)	value
vida	life

Paso 3 CD2, Track 27

Telenovelas

amar	to love
asesinato	assassination
cárcel (f.)	jail
camarero(a)	waiter

chantajear	to blackmail	testigo (m. f.)	witness	decir (i)	to say, to tell
comisaría	police station	testimonio	testimony	descansar	to rest
destruir	to destroy	veredicto	verdict	entrar	to enter
gritar	to scream, to yell	víctima (f.)	victim	escapar	to escape
ilegítimo(a)	illegitimate			establecer	to establish
matar	to kill	**Descripción**		insultar	to insult
mecánico(a)	mechanic	algo	something	mandar	to send
protagonista (m. f.)	protagonist	anterior	previous, before	mentir (ie)	to lie
telenovela	soap opera	así	like that	pasar	to occur, to happen
violencia	violence	competente	competent	reparar	to repair
		estacionado(a)	parked	responder	to respond, to answer
El juicio		grosero(a)	coarse, crude		
abogado(a) defensor	defense lawyer	injustamente	unjustly	**Palabras útiles**	
acusado(a)	accused			anuncio	advertisement,
acusar	to accuse	**Acciones y verbos**			classified ad
fiscal (m. f.)	prosecutor	alquilar	to rent	artesanía	handicrafts, crafts
juicio	trial	contradecir (i)	to contradict	nada	nothing
juzgado(a)	judged	deber	to be obliged, must,		
resultado	result		should		

En preparación 6

6.1 Preterite of regular verbs

Providing and requesting information about past events

Spanish has two simple past tenses: the preterite and the imperfect. In this chapter you will study various uses of the preterite. Following are the preterite verb endings for regular verbs.

Preterite: -ar verb endings		Preterite: -er, -ir verb endings	
hablar		**comer**	
habl-**é**	habl-**amos**	com-**í**	com-**imos**
habl-**aste**	habl-**asteis**	com-**iste**	com-**isteis**
habl-**ó**	habl-**aron**	com-**ió**	com-**ieron**

encontrar		vender		recibir	
encontr**é**	encontr**amos**	vend**í**	vend**imos**	recib**í**	recib**imos**
encontr**aste**	encontr**asteis**	vend**iste**	vend**isteis**	recib**iste**	recib**isteis**
encontr**ó**	encontr**aron**	vend**ió**	vend**ieron**	recib**ió**	recib**ieron**

■ The preterite is used to describe an act that has already occurred; it focuses on the beginning, the end, or the completed aspect of an act. The preterite is translated in English as the simple past or as *did* + verb.

Encontré los boletos.
I found the tickets.
I did find the tickets.

¿**Vendiste** el coche?
You sold the car?
Did you sell the car?

■ Note that in the preterite, the first- and third-person singular endings of regular verbs *always* require a written accent on the last vowel.

Regresé a eso de las once.
I returned at about 11:00.
La policía lo **arrestó** anoche.
The police arrested him last night.

■ Note also that the first-person plural endings (the **nosotros(as)** forms) of **-ar** and **-ir** verbs are identical to the present indicative endings. Context determines whether the verb is in the past, the present, or the future.

Mañana **jugamos** en Ocós.
Tomorrow we play in Ocós.
Ayer **jugamos** en Antigua.
Yesterday we played in Antigua.

■ All stem-changing **-ar** and **-er** verbs in the present tense are *regular* in the preterite. Stem-changing **-ir** verbs in the preterite will be discussed in **Capítulo 10.**

Encontraron el avión en Petén.
They found the plane in Petén.
¿**Entendiste** las noticias?
Did you understand the news?
Perdieron el campeonato, ¿verdad?
They lost the championship, right?

Google™ y YouTube™ BUSCA: preterite regular verbs; preterite

Heinle Grammar Tutorial: Preterite Part 1

¡A practicar!

A. Noticias. Paula está leyéndole las noticias a su esposo mientras él prepara el desayuno. ¿Qué le dice ella? Al contestar, completa estas oraciones con el pretérito.

1. La policía _____ (arrestar) al ladrón.
2. El presidente y su esposa _____ (recibir) al presidente de Guatemala.
3. Unos niños _____ (encontrar) un millón de dólares.
4. Una actriz _____ (vender) sus diamantes.
5. El equipo de Antigua _____ (perder) anoche.

B. Me interesan los detalles. El marido de Paula está muy interesado en lo que pasó ayer. Tú vas a decir qué pregunta el marido de Paula y tu compañero(a) va a inventar las respuestas de Paula.

1. ¿ _____ (encontrar) tú el libro que perdiste *(you lost)*?
2. ¿Cuándo _____ (llegar) tus padres a su casa tras la fiesta?
3. ¿Dónde _____ (comprar) ese perfume tan bueno?
4. ¿Sabes si yo _____ (dejar) mi coche dentro del garaje anoche?
5. ¿Contra quién _____ (jugar) tu equipo favorito?
6. ¿Crees que nosotros _____ (ganar) la lotería anoche?

«**Salió** peor el remedio que la enfermedad». (proverbio)

____ The worst illness is one without remedy.

____ The solution was worse than the problem.

Paso 2

6.2 Preterite of verbs with spelling changes

Describing in past time

■ To maintain the consonant sound of the infinitive, verbs that end in **-car, -gar,** and **-zar** undergo a spelling change in the preterite in the first person singular. (These rules apply not only to verbs in the preterite but to verbs in any tense whenever the following circumstances occur.)

1. Ending in **-car: c** changes to **qu** in front of **e**
   sacar: sa**qué**, sacaste, sacó...
   buscar: bus**qué**, buscaste, buscó...

2. Ending in **-zar: z** changes to **c** in front of **e**
   empezar: empe**cé**, empezaste, empezó...
   comenzar: comen**cé**, comenzaste, comenzó...

3. Ending in **-gar: g** changes to **gu** in front of **e**
   llegar: lle**gué**, llegaste, llegó...
   jugar: ju**gué**, jugaste, jugó...

■ Whenever an unstressed **i** occurs between two vowels, it changes to **y**. Note that these verbs require a written accent in all persons except the third-person plural and **ustedes** forms.

🔎 Google™
BUSCA: preterite spelling changes

leer		creer		oír	
leí	leímos	creí	creímos	oí	oímos
leíste	leísteis	creíste	creísteis	oíste	oísteis
leyó	leyeron	creyó	creyeron	oyó	oyeron

Heinle Grammar Tutorial: Preterite Part IV

¡A practicar!

A. ¡Qué día! Ayer Angélica tuvo un día terrible. ¿Qué pasó?

Ayer (yo) _____ (empezar) el día con el pie izquierdo *(wrong side of the bed)*. Cuando _____ (comenzar) a preparar el café, _____ (oír) sonar el teléfono. Era mi mamá. Ella _____ (hablar) más de una hora. Luego _____ (buscar) las llaves de mi auto pero no las _____ (encontrar). Finalmente (yo) _____ (decidir) tomar el autobús, pero _____ (llegar) muy tarde a la parada. Yo _____ (regresar) a casa y no _____ (salir) el resto del día.

B. Norberto. Por lo general, Norberto lleva una vida muy aburrida. Con tu compañero(a), completa este párrafo para saber qué pasó ayer en la vida de Norberto. Luego, usen este párrafo como modelo para escribir un breve párrafo explicando qué pasó ayer en su vida. Lean su párrafo a la clase.

Norberto: «Ayer _____ (llegar) tarde a clase. Después de clase _____ (practicar) fútbol por dos horas. Cuando _____ (volver) a casa, _____ (preparar) la cena y _____ (leer) el periódico. Por la noche no _____ (empezar) a hacer mi tarea hasta que _____ (llegar) mi amigo Ricardo. Ricardo y yo _____ (estudiar) dos o tres horas. De repente Ricardo _____ (oír) un ruido. Yo _____ (buscar) por todas partes pero no _____ (encontrar) a nadie. ¡Parece que Ricardo tiene una imaginación muy activa!»

«Huyendo del toro **cayó** en el arroyo». (proverbio)

___ *The bull was running so hard, it tripped and fell in the stream.*

___ *Running away from the problem made it worse.*

Paso 3

6.3 Preterite of *estar*, *decir*, and *hacer*

Narrating about the past

Google™ y **YouTube**™ BUSCA: preterite **estar**; preterite **decir**; preterite **hacer**

Heinle Grammar Tutorial: Preterite Part V & VI

estar		decir		hacer	
estuve	estuvimos	dije	dijimos	hice	hicimos
estuviste	estuvisteis	dijiste	dijisteis	hiciste	hicisteis
estuvo	estuvieron	dijo	dijeron	hizo	hicieron

Note that these irregular verbs do not have written accents in the preterite.

¿Quién **hizo** eso?	*Who did that?*
Te **dije** que yo lo **hice** ayer cuando **estuve** aquí.	*I told you I did it yesterday when I was here.*

¡A practicar!

A. En busca de empleo. Completa el párrafo que sigue para saber qué pasó cuando Martín visitó Guatemala.

El verano pasado _estuve_ (estar/yo) dos meses en Guatemala. Yo les _dije_ (decir) a mis padres: «Voy a vender mi carro. Necesito dinero porque quiero conocer Centroamérica». _hice_ (hacer) mis planes y el itinerario con un agente de viajes para pasar un mes en Centroamérica. Pero finalmente _estuve_ (estar) por mucho más tiempo. Mi amigo Hernán me _dije_ (decir): «No puedes visitar Guatemala sin conocer Antigua. ¡Es impresionante!». La verdad es que tenía razón. _____ (estar/yo) en Antigua casi un mes completo. De allí _fui_ (ir/yo) a Tikal. ¡La vegetación, la naturaleza, las ruinas de Tikal y la gente son excelentes! Ellos me _hicieron_ (hacer) muchas comidas locales, y todas exquisitas. El próximo verano definitivamente tengo que volver, pero, ¿qué carro voy a vender ahora?

B. Cumpleaños. Con tu compañero(a), completa este párrafo para saber cómo celebraron el cumpleaños de Jaime. Luego, usen este párrafo como modelo para escribir un breve párrafo explicando cómo celebraron el cumpleaños de uno de sus amigos. Lean su párrafo a la clase.

Ayer fue el cumpleaños de Jaime. Jorge, su compañero de cuarto, _____ (organizar) una fiesta para él. Marta y yo _____ (ir) a la tienda para comprar champán. Carmen _____ (hacer) un pastel delicioso. Isabel y Juana _____ (hacer) unos sándwiches. Todos nosotros _____ (ir) a la casa de Jorge y esperamos a Jaime. Cuando Jaime _____ (llegar) todos le _____ (decir): «¡Felicitaciones!». La fiesta _____ (estar) estupenda. Jaime _____ (decir): «Fue la mejor fiesta de cumpleaños de mi vida».

«No se **hizo** la miel para la boca del asno». (refrán)

___ *This is too good for you.*

___ *A donkey's mouth does not taste of honey.*

6.4 The pronoun *se:* Special use

Making announcements

When writing notices such as classified ads, placards, recipes, and signs on windows or walls, the pronoun **se** is used in Spanish.

Se alquilan bicicletas.	*Bicycles for rent.*
Se necesita secretaria.	*Secretary wanted.*
Se habla inglés aquí.	*English spoken here.*
Se prohíbe estacionar.	*No parking.*

Note that the verb form following **se** is in the third-person singular when followed by a singular noun or an infinitive (**secretaria, inglés, estacionar**) and in the third-person plural when it is followed by a plural noun (**bicicletas**).

📡 Google™
BUSCA: pronoun **se**

¡A practicar!

A. Anuncios. Imagínate que trabajas en el departamento de anuncios clasificados en las oficinas de un periódico de tu ciudad. Prepara algunos anuncios.

MODELO   vender / bicicleta nueva
                 Se vende bicicleta nueva.

1. vender / televisor en buen estado
2. buscar / apartamento en el centro
3. vender / casa grande
4. necesitar / dos mecánicos
5. buscar / camarero competente

B. Ventas. Tú y tu compañero(a) están leyendo los anuncios clasificados en *Prensa Libre*. Decidan qué dicen los anuncios. Luego escriban otros cinco anuncios que fácilmente se pueden encontrar en un periódico de su ciudad universitaria. Lean sus anuncios a la clase.

1. vender / casa en lago de Atitlán
2. necesitar / alquilar casa cerca de Tolimán
3. comprar / todo tipo de artesanía maya-quiché
4. buscar / habitación para dos estudiantes en Antigua
5. reparar / coches

«Santa Rita, Rita, lo que **se** da, no **se** quita». (dicho popular)

___ *Saint Rita gives but does not take away.*

___ *Once you give a gift, you don't take it back.*

CAPÍTULO 7

Enamorados de... ¡Colombia!

In this chapter, you will learn how to . . .

- speak about relationships.
- express emotions.
- express preferences.
- talk about your preferred artwork.

Comunicación

¿QUÉ SE DICE...?
- Al hablar de las cosas del amor
- Al planear cosas que hacer con tu pareja
- Al expresar gustos artísticos

Cultura

¿SABÍAS QUE...?
La música colombiana
La imagen negativa de Colombia

NOTICIERO CULTURAL
Colombia: la esmeralda de Sudamérica

VIDEO CULTURAL
Colombia, ¡puerta a Sudamérica!
Fernando Botero, ¡reconocido internacionalmente!

EL RINCÓN DE LOS LECTORES
«Un día de éstos» de Gabriel García Márquez

En preparación

Destrezas

¡A ESCUCHAR!
Distinguishing intonation patterns

¡A VER!
Using visual images to interpret content

¡A ESCRIBIR!
Formulas for giving written advice

¡A LEER!
Using context clues

Busca Juanes en Google™ Images y YouTube™ para escuchar y ver a este popular cantante colombiano.

Busca café colombiano en Google™ Images y YouTube™ para empezar a saborear esa delicia colombiana.

Busca Fernando Botero *en Google*™ *Images y YouTube*™ *para ver excelentes ejemplos de sus pinturas y esculturas.*

¡Las fotos hablan!

A que ya sabes... Indica cierto (C) o falso (F) según tu opinión.

C F 1. Colombia es uno de los mayores productores de café del mundo.

C F 2. En Colombia podemos disfrutar del Caribe, del Pacífico, del Amazonas, pero no de la Cordillera de los Andes.

C F 3. Fernando Botero es un famoso pintor y escultor nacido en Medellín, Colombia.

C F 4. Colombia ha producido grandes artistas, tanto pintores como músicos.

C F 5. El cantante colombiano Juanes recibió cinco premios Grammy en un solo año.

¡Desde Bogotá con amor!

TAREA

Antes de empezar este *Paso*, estudia la lista de vocabulario de la página 254 y escucha el corte 33 de tu Text Audio CD2. Luego estudia *En preparación*.

1er día   7.1 Direct-object nouns and pronouns, páginas 256–257

2do día   7.2 Irregular -**go** verbs, página 258

Haz por escrito los ejercicios de *¡A practicar!* correspondientes.

¿Eres buen observardor?

	Cristóbal Colón (Calle 10 No. 5-32)	Colsubsidio (Calle 26 No. 25-40)	Jorge E. Gaitán (Car. 7 No. 22-47)	T. Nacional La Castellana (Calle 95 No. 30-13)	T. de Bellas Artes de Bta. (Cra. 68 No. 90-88)	Auditorio León de G. (Cra. 30 No. 45-03)	Delia Zapata (Cra. 6 No. 10-76)	Plaza de Toros (Cll. 26 No. 6-00)	Teatro Varasanta (Cra. 15 No.39-39)
Viernes 7	REINO UNIDO / Kneehigh Theatre / Cimbelino / 8:00 p.m.	ESPAÑA / C.C.de V.de Madrid / Barroco / 8:00 p.m.	ESPAÑA / Ballet Flamenco de A. / Viaje al sur / 8:00 p.m.	E.E.U.U. / Mabou Mines / Casa de muñecas / 8:00 p.m.	ESPAÑA / Teatro de La Abadía / Argelino servidor... / 8:00 p.m.				
Sábado 8	REINO UNIDO / Kneehigh Theatre / Cimbelino / 8:00 p.m.	ESPAÑA / C.C.de V.de Madrid / Barroco / 8:00 p.m.	ESPAÑA / Ballet Flamenco de A. / Viaje al sur / 8:00 p.m.	E.E.U.U. / Mabou Mines / Casa de muñecas / 8:00 p.m.	ESPAÑA / Teatro de La Abadía / Argelino servidor... / 8:00 p.m.	COLOMBIA / El colegio del cuerpo / Fuerza de sangre / 7:00 p.m.			
Domingo 9	REINO UNIDO / Kneehigh Theatre / Cimbelino / 3:00 y 8:00 p.m.	ESPAÑA / C.C.de V.de Madrid / Barroco / 6:00 p.m.	ESPAÑA / Ballet Flamenco de A. / Viaje al sur / 6:00 p.m.	E.E.U.U. / Mabou Mines / Casa de muñecas / 3:00 y 8:00 p.m.	ESPAÑA / Teatro de La Abadía / Argelino servidor... / 6:00 p.m.	COLOMBIA / El colegio del cuerpo / Fuerza de sangre / 3:00 p.m.			
Lunes 10	REINO UNIDO / Kneehigh Theatre / Cimbelino / 8:00 p.m.	ESPAÑA / C.C.de V.de Madrid / Barroco / 8:00 p.m.	ESPAÑA / Ballet Flamenco de A. / Viaje al sur / 8:00 p.m.	E.E.U.U. / Mabou Mines / Casa de muñecas / 8:00 p.m.	ESPAÑA / Teatro de La Abadía / Argelino servidor... / 8:00 p.m.	COLOMBIA / El colegio del cuerpo / Fuerza de sangre / 7:00 p.m.			
Martes 11	REINO UNIDO / Kneehigh Theatre / Cimbelino / 8:00 p.m.	ESPAÑA / C.C.de V.de Madrid / Barroco / 8:00 p.m.	ESPAÑA / Ballet Flamenco de A. / Viaje al sur / 8:00 p.m.						
Miércoles 12					AUSTRALIA / Circa / Bajo la luz de las e. / 8:00 p.m.				
Jueves 13	RUSIA / Nueva G. de Moscú / Un poema ridículo / 8:00 p.m.		SERBIA / Ballet T.N. Belgrado / La Reina Margot / 8:00 p.m.	CANADÁ / 4d art / La tempestad / 8:00 p.m.	AUSTRALIA / Circa / Bajo la luz de las e. / 8:00 p.m.	ARGENTINA / Ultratango / Concierto / 7:00 p.m.	COLOMBIA / Colective Punto Org. / Vidas ejemplares / 8:00 p.m.		
Viernes 14	RUSIA / Nueva G. de Moscú / Un poema ridículo / 8:00 p.m.	ISRAEL / K.C. Dance Company / Ekodoom / 8:00 p.m.	SERBIA / Ballet T.N. Belgrado / La Reina Margot / 8:00 p.m.	CANADÁ / 4d art / La tempestad / 8:00 p.m.	AUSTRALIA / Circa / Bajo la luz de las e. / 8:00 p.m.	VENEZUELA / Cía. Mimi Lazo / Golpes a mi puerta / 8:00 p.m.	PERÚ / T.La Plaza Isil / La celebración / 8:00 p.m.	R. CHECA / Farm in the Cave T.E. / Canto de un emigrante / 8:00 p.m.	COLOMBIA / T. Matacandelas / Velada metafísica / 6:00 y 9:00 p.m.

Programación de Salas del XI Festival Iberoamericano de Teatro de Bogotá

Ahora, ¡a analizar!

1. Este anuncio es para un festival de...
   a. cine.
   b. teatro.
   c. baile.

2. Los participantes en el festival son...
   a. solo de Colombia.
   b. todos de Latinoamérica.
   c. de todas partes del mundo.

3. Todas las presentaciones son por la...
   a. mañana.
   b. tarde.
   c. tarde y noche.

4. Imagina que esta noche vas a invitar a una persona a una de estas funciones.
   a. ¿A quién vas a invitar?
   b. ¿Qué obra van a ver? ¿Por qué? ¿Cómo vas a explicar tu selección?
   c. ¿Lo (La) vas a recoger o te va a recoger? ¿A qué hora?
   d. ¿Vas a llevarlo (o llevarla) a cenar antes o después de la función? ¿Quién va a pagar?

¿Qué se dice...? CD2, Track 28

Al hablar de las cosas del amor

Música | Cine | Deportes|

El blog del CHISME PURO

En una entrevista de la revista Espectáculos, el cantante español Alejandro Sanz, quien grabó un disco con la famosa cantante colombiana Shakira, reconoció que la ama.

«Cuando conocí a Shaki fue un descubrimiento profesional buenísimo y personal también. Ella es una amiga, es mi hermana, con eso ya aclaro todo. Ella está enamoradísima de Antonio de la Rúa, y con eso no se puede luchar, quise hacerlo, pero llegué tarde, ha sido mi tortura», confesó el cantautor.

Bueno, el tiempo pasó desde aquella entrevista, y si Shakira estuvo enamorada de Antonio de la Rúa, ya no lo está. Según todas las informaciones, entre ellos hubo un problema de fidelidad, y recordamos que en 2005, Shakira afirmó: «Digo que si mi novio (Antonio de la Rúa) me engaña, lo dejo inmediatamente». La pregunta que se hacen las revistas del corazón es: ¿Va a dar el paso Alejandro Sanz ahora que Shakira no está comprometida? Pronto lo vamos a saber.

Suscríbete

Indica si El blog del Chisme Puro indica esto o no.

Sí No 1. Alejandro Sanz está locamente enamorado de Shakira.

Sí No 2. Ella no lo ama a él.

Sí No 3. Shakira todavía está enamorada de su novio, Antonio de la Rúa.

Sí No 4. Antonio la ama y la respeta mucho.

Sí No 5. Es muy probable que ella lo deje por infidelidad.

Sí No 6. No se sabe si Alejandro la va a enamorar ahora que no está comprometida.

Colombia, además de haber dado al mundo grandes escritores y artistas, ha tenido un gran impacto en el mundo musical internacional. Año tras año, los premios Grammy Latino siguen yendo a grandes músicos colombianos como Shakira, los Aterciopelados, Carlos Vives, Juan Fernando Fonseca, Charlie Zaa, Los Tri-O y Juanes. Es fácil entender por qué Colombia continúa teniendo un papel de gran prestigio internacional: las influencias de los ritmos caribeños y del Pacífico, mezclados con los ritmos europeos e indígenas, hacen de Colombia un país de enorme creatividad musical.

En tu opinión: ¿Por qué crees que tantos excelentes músicos vienen de Colombia? ¿Cuántos cantantes latinos, que puedes nombrar, hay en los Estados Unidos? ¿Por qué crees que hay tantos?

Ahora, ¡a hablar!

EP 7.1

A. En la cita. Con tu compañero(a), túrnense para preguntar si hicieron lo siguiente la última vez que salieron en una cita. Pueden inventar las respuestas.

MODELO   Tú: **¿Lo/La invitaste personalmente o por teléfono?**
Compañero(a): **La invité personalmente.** o **Lo invité personalmente.**

1. ¿Lo/La fuiste a buscar a su casa?
2. ¿Lo/La llevaste al cine?
3. ¿Lo/La invitaste a cenar?
4. ¿Lo/La sacaste a bailar?
5. ¿Lo/La acompañaste a su casa?
6. ¿Lo/La llamaste el día siguiente?

EP 7.1

B. ¡Quieres salir! Alguien te invita a salir por primera vez y te propone algunas actividades. ¿Qué le contestas tú?

MODELO   Amigo(a): ¿Quieres ver la nueva película?
Tú: **Sí, quiero verla.** o **No, no la quiero ver.**

1. ¿Puedo llamarte esta noche?
2. ¿Puedo pasar a buscarte a las 8, el viernes?
3. ¿Quieres visitar mi restaurante favorito?
4. ¿Quieres ver mi película favorita?
5. ¿Quieres conocer a mis padres?

EP 7.2

C. Buenos modales. Los colombianos, como la mayoría de los hispanos, siempre son muy educados y saben impresionar a todo el mundo. ¿Eres tú como los colombianos? ¿Qué haces para impresionar a otras personas?

MODELO   Los jóvenes colombianos hacen muchas cosas para impresionar a sus novias.
Yo también hago muchas cosas para impresionar a mi pareja. o
Yo no hago nada para impresionar a mi pareja.

1. Los colombianos siempre traen bebidas o comida a las fiestas.
2. Los hombres les dicen piropos a las mujeres.
3. Los jóvenes colombianos hacen todo con sus amigos.
4. Ellos nunca ponen los pies (feet) en la mesita.
5. Los jóvenes colombianos son muy corteses.

A propósito...

Cuando estás de acuerdo con algo afirmativo que dice otra persona, dices: «yo también». Cuando estás de acuerdo con algo negativo, dices: «yo tampoco».

EP 7.2

D. Costumbres. Con tu compañero(a), túrnense para preguntar si tienen los siguientes hábitos relacionados con las citas.

MODELO   ¿Sales durante la semana o solo los fines de semana?
Salgo sólo los fines de semana.

1. ¿Dices siempre todo lo que piensas?
2. ¿Traes a otros amigos contigo a tus citas?
3. Si van a casa, ¿oyen música o miran la televisión?
4. ¿Pones flores y velas en tu casa?
5. ¿Haces café u otra bebida especial para él/ella?

E. Tu media naranja. Tomaste la decisión de encontrar a tu «media naranja» por Internet. Llena este formulario sin escribir tu nombre, y tu profesor(a) va a distribuirlo. En grupos de cuatro o cinco personas, lean los formularios y decidan si la persona de alguno de los formularios puede ser la media naranja *(ideal partner)* de la otra.

@mor... ¡por Internet!
Encuentra a tu verdadero amor... ¡hoy día!

Solo hay que rellenar este formulario con datos personales
sobre tu propio perfil y el de la persona que buscas.
Hazlo ahora mismo y envíaselo a
@mor... ¡por Internet!

Te garantizamos que en menos de una hora recibirás más citas de lo que buscas.

Tu perfil

Aspecto físico: Soy... _____

Personalidad: Soy... _____

En una cita yo siempre... _____

Perfil de persona que deseas conocer

Aspecto físico: La persona que busco es... _____
_____
_____

Personalidad: La persona que busco es... _____
_____
_____

En una cita la persona que busco siempre... _____
_____
_____

Y ahora, ¿por qué no conversamos?

F. ¡Paso a paso! Tú y tus compañeros(as) están hablando por primera vez. Conversen un poco para llegar a conocerse. Alternen preguntando y respondiendo.

1. ¿Cuáles son sus deportes favoritos? ¿Con qué frecuencia los practican?
2. ¿Cómo pasan el tiempo libre? ¿Qué hacen?
3. Si miran la tele con frecuencia, ¿cuáles son sus programas favoritos? ¿Con qué frecuencia los miran?
4. ¿Qué tipo de música escuchan? ¿Quiénes son sus artistas favoritos?
5. ¿Visitan a sus familiares con frecuencia? ¿Los visitan cada fin de semana? ¿Una vez al mes?

G. Actividades. ¿Qué hacen tus compañeros(as) de clase cuando salen con su novio(a)? Para saberlo, entrevístalos usando el cuadro en la página 236. Encuentra a compañeros(as) que puedan contestar afirmativamente a cada pregunta y pídeles que firmen en el cuadrado apropiado. No olvides que una persona no debe firmar en más de un cuadrado.

Antes de salir	Durante la cita	Antes de despedirse
Invita a la otra persona sin pensarlo mucho. *Firma* _____	Lo paga todo. *Firma* _____	Invita a su amigo(a) a tomar un café en casa. *Firma* _____
Siempre acepta invitaciones para salir. *Firma* _____	Controla la conversación. *Firma* _____	Siempre está contento(a) de terminar la cita. *Firma* _____
Es tímido(a). Casi nunca toma la iniciativa. *Firma* _____	Nunca habla de cosas personales. *Firma* _____	Siempre promete llamar al día siguiente. *Firma* _____
Decide qué actividades hacer. *Firma* _____	Toma bebidas alcohólicas. *Firma* _____	Siempre se despide (*says good-bye*) con un beso. *Firma* _____

H. **¡Luces! ¡Cámara! ¡Acción!** Tú, tu novio(a) y dos amigos(as) están imaginando la primera visita de tu novio(a) a casa de tus padres. Dramatiza esta situación con tres compañeros(as). Tus compañeros(as) de clase deben decirle a tu novio(a) qué puede hacer para impresionar a tus padres. También deben hablar de temas de conversación apropiados y no apropiados para tu novio(a) y tus padres.

I. **¡Nuestra comunidad!** En tu universidad o comunidad, entrevista a una persona latina, de origen colombiano si es posible. Conversa sobre cuáles son las actividades favoritas de los jóvenes en su comunidad de origen: la discoteca, el cine, la playa, los paseos... Pregúntale si nota alguna diferencia entre lo que hacen los jóvenes en su país de origen para divertirse, y lo que hacen en los Estados Unidos. Comparte la información con toda la clase y decidan si más o menos todos presentaron una idea similar sobre el estilo de vida de los jóvenes en un país y otro.

Un paso atrás, dos adelante

Capítulo 6

Repasemos. En el Capítulo 6 aprendiste a hablar y a discutir sobre las noticias de prensa, de lo que pasó en tu programa de televisión favorito, y a preparar y a leer anuncios clasificados. Repasa lo que sabes, completando el siguiente texto con las palabras necesarias.

EL POLICÍA: ¿Qué _____ [pretérito: **pasar**] aquí?

PROTAGONISTA: _____ [saludo formal por la noche], señor agente. Yo _____ [pretérito: **llamar**] porque _____ [pretérito: **oír**] unos ruidos terribles en el dormitorio de la criada y cuando _____ [pretérito: **llegar**], _____ [pretérito: **encontrar**] a la víctima en la cama sin vida.

EL POLICÍA: ¿Y qué _____ [pretérito: **hacer**] usted?

PROTAGONISTA: _____ [pretérito: **estar**] esperando unos minutos, pero no _____ [pretérito: **pasar**] nada.

EL POLICÍA: ¿Y hay más testigos?

PROTAGONISTA: No. _____ [pretérito: **comenzar**] a gritar _____ [adverbio: **desesperado**] pero nadie me ____ [pretérito: **oír**].

Saber comprender

Estrategias para escuchar: distinguir patrones de entonación

In previous chapters you learned to listen for stress variations in English and Spanish cognates. Listening to intonation, that is, the rise and fall of a speaker's voice, can be very helpful when distinguishing between questions and statements in Spanish. Questions in Spanish usually have one of the following two intonation patterns.

1. *In questions requiring yes/no answers, the voice rises on the last word of the question.*

   ¿Quieres venir conmigo?

   ¿Viven cerca de aquí?

2. *In questions that begin with an interrogative word and request information, the speaker's voice usually drops on the last word of the question.*

   ¿Qué vas a hacer el sábado?

   ¿A qué hora vienes por mí?

Being aware of these intonation patterns for questions will help you better understand a conversation.

Distinguir patrones de entonación. Escucha la conversación entre Manolo, un joven muy tímido, y Carmen, una chica muy atractiva. Al escuchar, indica el número de preguntas sí/no que escuchas y el número de preguntas que piden información.

_____ Sí/No   _____ Que piden información

Ahora, ¡a escuchar!

Vuelve a escuchar la conversación de Manolo y Carmen e indica con un círculo la letra que mejor completa cada oración.

1. Carmen piensa...
   a. estudiar.   b. mirar la tele.   c. visitar a una amiga.

2. Manolo piensa...
   a. estudiar.   b. mirar la tele.   c. ir al cine.

3. Manolo...
   a. la invita.   b. la acepta.   c. no la acepta.

4. Carmen...
   a. lo invita.   b. lo acepta.   c. no lo acepta.

5. Manolo va a buscar a Carmen...
   a. a las seis.   b. a las siete.   c. a las siete y diez.

Colombia: la esmeralda de Sudamérica

Antes de empezar, dime...

1. ¿A cuántos océanos tiene salida los Estados Unidos? ¿Cuáles son?
2. ¿Cuáles son algunas de las atracciones más grandes de los Estados Unidos?

Los Andes colombianos

Colombia es el único país de Sudamérica que tiene salida al Pacífico y al Atlántico (mar Caribe). Además, tiene cuatro zonas climáticas: la costa del océano Pacífico, el altiplano de los Andes, los llanos y la costa del mar Caribe.

El verdadero oro de Colombia

Gracias al clima subtropical, los principales productos del país son su sabrosísimo café, una gran variedad de flores —entre ellas, las hermosas orquídeas—, bananas y caña de azúcar. De fama mundial son también las esmeraldas que se producen en el país —de allí el nombre de «Colombia, la esmeralda de Sudamérica».

Bogotá, Colombia

La capital, Bogotá, tiene todo lo que se espera de una ciudad moderna: rascacielos, hoteles lujosos, oficinas elegantísimas, tiendas fascinantes, excelentes restaurantes y una gran diversidad de actividades culturales. Allí y en los alrededores puedes visitar, entre otras maravillas, la Catedral de Sal y el famoso Museo del Oro, que es un verdadero tesoro de colecciones del oro prehispánico.

En tu próxima visita a Sudamérica... ¡Colombia te espera!

COLOMBIA

Nombre oficial
República de Colombia

Capital
Bogotá

Población
45.013.674 (est. 2008)

Unidad monetaria
peso colombiano

Índice de longevidad
72,5 años

Alfabetismo
92,8 por ciento

Datos interesantísimos sobre Colombia
- Colombia es el cuarto país más grande de Sudamérica.
- En 1995, Colombia exportó esmeraldas con un valor de $452 millones de dólares.
- Varias ciudades de Colombia, como Medellín, donde el clima varía muy poco, gozan de una eterna primavera.
- La música más popular de Colombia es la cumbia y el vallenato, pero también son populares la salsa y el merengue.
- Colombia produce un 12 por ciento del café consumido en el mundo entero.
- El Museo del Oro en Bogotá tiene mas de 30.000 objetos de oro de las principales culturas precolombinas de Colombia.
- Cerca de Bogotá se encuentra la Catedral de Sal, construida en el interior de una mina de sal, uno de los logros artísticos más notables de la arquitectura colombiana.

Y ahora, dime...

Contesta estas preguntas con un(a) compañero(a) de clase.

1. Explica el título de esta lectura.
2. Prepara un esquema como el siguiente y complétalo con información de la lectura.

⚡ Por el ciberespacio... a Colombia
Keywords to search:
Geografía de Colombia
Catedral de Sal
Museos de Colombia
To learn more about Colombia, go to the *¡Dímelo tú!* website at academic. cengage.com/spanish/dimelotu

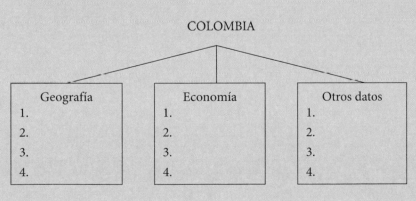

COLOMBIA

Geografía	Economía	Otros datos
1.	1.	1.
2.	2.	2.
3.	3.	3.
4.	4.	4.

Decidimos salir a pasear por Cartagena

TAREA

Antes de empezar este *Paso*, estudia la lista de vocabulario de la página 254 y escucha el corte 34 de tu Text Audio CD2. Luego estudia *En preparación*.

1er día   7.3 Present tense of **e —> i** stem-changing verbs, página 259

Haz por escrito los ejercicios de *¡A practicar!* correspondientes.

¿Eres buen observador?

Si te decides por Colombia, seguro que repites.
En Colombia no compites por un trozo de playa caribeña
y nada te impide ser el rey o la reina de la selva amazónica.
Si prefieres la montaña, tienes tres cordilleras que miden lo justo para ti.
La gente sonríe más en Colombia. Y todos los que la visitan, se despiden con un
«¡Hasta pronto!»
Si eliges Colombia, ¡Colombia te elige a ti!

Ahora, ¡a analizar!

1. ¿Cuál es el propósito de este anuncio?
2. ¿Qué significa, «Si te decides por Colombia, seguro que repites»?
3. ¿Por qué no es necesario competir «por un trozo de playa» en Colombia?
4. ¿Por qué crees que puedes ser «el rey o la reina de la selva amazónica» en Colombia?
5. ¿Cuáles son los atractivos para ti de Colombia, según el anuncio?

¿Qué se dice...? 🎧

Al planear cosas que hacer con tu pareja

🎧
CD2,
Track 30
Hola, Vicente. Te saludo desde Cartagena. Estoy muy contenta por tu decisión de venir a visitarme. No sé si al final te traes a tu amigo Ricardo contigo. Si deciden venir los dos, encantada. ¿Qué te parece este plan?

Yo normalmente hago la ruta del Amazonas para los turistas, y los viernes tengo día de descanso. Si quieres, el viernes los traigo al Parque Nacional Natural de Amacayacu que es una maravilla, y visitamos algunas poblaciones indígenas.

También quiero quedarme con ustedes un par de días en alguna hacienda cafetera. Muchas tienen habitaciones para albergar a turistas. Podemos montar a caballo, pasear en bicicleta por la montaña, pescar... Tú me dices lo que prefieren.

Y si quieren tener una experiencia diferente, podemos darnos un baño de lodo en el volcán del Totumo, cerca de Cartagena. ¡Se ve divertido!

Bien. Ya me dicen si deciden venir juntos para hacer planes más concretos.

Abrazos.

🎧 Querida Esmeralda: Espero que estés bien. Ya
CD2, tengo los planes para la semana que vamos a
Track 31 pasar juntos en Bogotá. Sigo con muchísimas
ganas de verte. Te pido la confirmación de la
fecha y la hora de tu vuelo, para esperarte. Estas
son algunas de las cosas que podemos hacer:

En el centro de Bogotá permiten pasear en bicicleta los domingos y días de fiesta de las 7 de la
mañana a las 2 de la tarde. Son más de 75 millas
de carreteras y calles para nosotros.

Voy a ver si me hago el valiente
y no me pongo demasiado nervioso descendiendo los rápidos
del río Negro en Cundinamarca.
Sé que es algo que te encanta.

Y como sé también que oyes mucha salsa, vamos a visitar Cali, la capital
colombiana de la salsa. Aunque no la conozco, dicen que es una ciudad
muy interesante.

Si me dices cuándo llegas, te espero en el aeropuerto. Espero tus noticias.
Te quiero mucho. Un beso.

¿Sabías que...?

Colombia, contra la imagen internacional de violencia y narcotráfico, es un país
precioso, de gente hospitalaria, apasionada por la música, la literatura, el arte...
Y se destaca también su gran gusto por la comida, el café y la buena compañía.
Con todo, la imagen negativa que se proyecta de Colombia no es correcta, especialmente si se tienen en cuenta las estadísticas y se comparan con las de otros
muchos países que no tienen esa imagen.

En tu opinión: ¿Por qué crees que Colombia proyecta una imagen negativa?
¿Proyecta los Estados Unidos alguna imagen negativa? Explica. ¿Cómo se pueden
cambiar esas imágenes?

Ahora, ¡a hablar!

A. **¿Qué prefieren?** Ester y Elías, y Carmen y Pancho, hablan de sus planes para salir. ¿Qué dice cada uno?

EP 7.3

> **MODELO** Ester y Elías: seguir interesados / ir al Museo del Oro
> **Nosotros seguimos interesados en ir al Museo del Oro.**

1. Ester: elegir / ir al Museo Nacional
2. Elías: pedir / visitar el museo Donación Botero
3. Pancho: preferir / el restaurante Radio Sutatenza porque servir / muy bien la carne
4. Ester y Elías: preferir / el restaurante Aguamar porque freír / muy bien el pescado
5. Ester y Elías: ¿por qué no repetir / la visita al club Cha-chá?
6. Carmen y Pancho: ¿por qué no seguir / con nuestro plan de ir al club Lola?

B. **¡Aquí sirven bebidas riquísimas!** Tú, tu compañero(a) y Ester y Elías celebran tu cumpleaños en el restaurante favorito de Ester y Elías, La Embajada Antioqueña. ¿Qué hacen todos? Túrnense para describir lo que hacen.

EP 7.3

> **MODELO** **Elías pide las bebidas.**

Vocabulario útil

conseguir	preferir	sonreír
decir	querer	traer
elegir	reír	
pedir	servir	

1. Yo...   3. Tú...   5. Tú y yo...
2. Ester...   4. Ester y Elías...   6. El mesero...

C. **Somos diferentes.** Tu compañero(a) y tú se comparan con Ester y Elías. Con tu compañero(a), decidan qué hacen igual o diferentemente.

EP 7.3

> **MODELO** Ester y Elías siempre consiguen boletos para el teatro.
> **Nosotros conseguimos boletos para un concierto rock.** o
> **Nosotros también conseguimos boletos para el teatro.**

1. Ester y Elías salen muchas veces con otras parejas.
2. Ester y Elías siempre visten elegantemente.
3. Ester y Elías consiguen salir casi todas las noches.
4. Ester y Elías piden pizza por teléfono los sábados por la noche.
5. Ester y Elías siguen hablando dos horas en el restaurante después de cenar.
6. Ellos repiten la misma actividad todos los domingos.

D. **Gente corriente.** Con tu compañero(a), imaginen que son uno de estos personajes y que salieron juntos a cenar esta noche. Identifíquense con dos de estas personas y en primera persona digan qué dicen, qué piden en el restaurante, por qué eligen la comida que eligen, por qué sonríen y qué hacen en este momento. Sean creativos.

EP 7.3

Ester   Elías

Y ahora, ¿por qué no conversamos?

E. Entrevístense. Entrevista a un(a) compañero(a) y luego él (ella) te entrevista a ti.

1. ¿Con qué frecuencia sales con tu pareja? ¿Salieron el fin de semana pasado? ¿Adónde fueron?
2. ¿A qué hora salen generalmente? ¿Se divierten?
3. ¿Normalmente repiten las mismas actividades o siempre hacen algo distinto?
4. ¿Cómo visten cuando salen, formal o informalmente? ¿Cuándo visten formalmente?
5. ¿Qué pides tú y qué pide tu pareja cuando van a comer algo después del cine? ¿Cuándo van a un restaurante elegante?
6. ¿Qué dicen tus amigos de tu pareja? ¿Qué dicen los amigos de tu pareja de ti?

F. Una fotonovela de corazón. Para el periódico local de Antioquia, en Colombia, les pidieron a los estudiantes de su clase que escriban una fotonovela basada en estos cuatro dibujos. Con tu compañero(a), inventen el diálogo que tienen estas personas. Sean creativos. Lean sus diálogos a la clase.

G. ¡Luces! ¡Cámara! ¡Acción! Tú y un(a) compañero(a) de clase van a salir por primera vez con una nueva persona. Escriban el diálogo que tienen al decidir cuándo van a salir, adónde van a ir, qué van a hacer, cómo van a viajar, quién va a buscar a quién, cuánto dinero van a necesitar y a qué hora piensan regresar. Representen esta situación delante de la clase.

🎵 *Dímelo tú! Playlist* Escucha: «Volverte a ver» de Juanes

¡Escríbelo!

Estrategias para escribir: dar consejos por escrito

Cuando escribimos cartas que dan sugerencias o consejos (advice), *hay que usar ciertas estructuras. La más sencilla es usar ciertos verbos que ya conoces con el infinitivo, tanto afirmativa como negativamente.*

necesitar + infinitivo	**Necesitas ser** más activa.
(no) deber *(should)* + infinitivo	**(No) debes hablar** con tu novia.
(no) tener que + infinitivo	**(No) tienes que decidir** en este momento.

Dar consejos por escrito. Ahora piensa en un(a) amigo(a) que tiene problemas sentimentales y prepara una lista de sus problemas. Incluye lo que dice tu amigo(a) y lo que dice su pareja. Si no tienes un(a) amigo(a) con problemas, invéntalo(la).

¿Necesitan consejos?

Ahora, ¡a escribir!

A. **En preparación.** Prepárate para escribirle una carta a tu amigo(a) con problemas sentimentales. Empieza por crear un grupo de ideas para sugerir y aconsejar *(advise).* Escribe todas tus ideas usando ciertos verbos más el infinitivo. Organiza tus ideas en grupos que puedan elaborarse en párrafos.

B. **El primer borrador.** Ahora prepara un primer borrador de tu carta de consejo. Incluye la información de la lista de ideas que preparaste en la sección previa.

C. **Ahora, a compartir.** Comparte tu primer borrador con dos o tres compañeros(as). Haz comentarios sobre el contenido y el estilo de las cartas de consejo de tus compañeros(as) y escucha sus comentarios sobre tu carta. ¿Están claros los consejos? ¿Hay bastantes consejos o necesitan más? ¿Es lógica la organización de la carta? Concéntrate específicamente en cómo da los consejos. ¿Da sugerencias y consejos usando **necesitar, deber** y **tener que** correctamente? Indica todos los errores de las cartas de tus compañeros(as) y luego decide si necesitas hacer cambios en tu carta basándote en los errores que ellos(as) te indiquen a ti.

D. **La versión final.** Prepara la versión final de tu carta y entrégala. Escribe la versión final en la computadora, siguiendo las instrucciones recomendadas por tu instructor(a).

Si no amas el arte colombiano, es porque no lo conoces

TAREA

Antes de empezar este *Paso*, estudia la lista de vocabulario de las páginas 254–255 y escucha el corte 35 de tu Text Audio CD2. Luego estudia *En preparación*.

1er día   7.4 Review of direct-object nouns and pronouns, página 260

2do día   7.5 The verbs **saber** and **conocer**, página 261

Haz por escrito los ejercicios de *¡A practicar!* correspondientes.

¿Eres buen observador?

Ahora, ¡a analizar!

1. ¿Conoces a estas personas? ¿Quiénes son?
2. ¿Sabes de dónde es Celia Cruz y si todavía vive?
3. ¿Qué sabes de J. Lo y de Shakira? ¿Quiénes son? ¿De dónde son? ¿Por qué son famosas?
4. ¿Sabes quiénes son Itatí y Camil? ¿Qué hicieron en Brasil?
5. ¿Conoces a Lucía Méndez? ¿Sabes si es cantante, artista o actriz? ¿Cómo lo sabes?

♪ *Dímelo tú! Playlist* Escucha: «La tortura» de Shakira

¿Qué se dice...? CD2, Track 32

Al expresar gustos artísticos

¿Conoces las obras de Fernando Botero, el pintor y escultor colombiano más reconocido internacionalmente? ¿Sabes, por ejemplo, que nació en Medellín en 1932? ¿Sabes que a los doce años su tío lo inscribió en una escuela de toreros, y que sus primeras pinturas fueron sobre toros y toreros? Fernando Botero vendió su primer cuadrito por un precio bastante bajo. ¿Sabes cuánto fue? Apenas dos pesos. Hoy día sus obras las valoran en mucho más dinero.

Seguro que conoces algunas de sus obras. Por ejemplo, *La Gioconda*. Botero normalmente representa, tanto en escultura como en pintura, a personas y animales bastante gorditos. En esta famosa versión de la Gioconda, vemos que el cuerpo no es proporcionado. Las manos son mucho más pequeñitas que el resto del cuerpo. La cabeza es también enorme en relación con el cuerpo. Pero aparte del volumen de La Gioconda, Botero consigue recrearla con frescura y personalidad propia.

Los que conocen bien sus trabajos los admiran y aseguran que en su obra la monumentalidad, el humor y la ironía se combinan con un gran talento. La crítica y la gente en general valoran la rebelión de la forma y el volumen que lo caracteriza.

A propósito...

Spanish diminutive suffixes **-ito(a)** and **-cito(a)**, as in **gorditos**, are attached to nouns to indicate that something is small—**casita** *(little house)*, **cochecito** *(little car)*— or that something is charming or endearing—**mi abuelita** *(my dear grandmother)*, **mi tita** *(my dear aunt)*.

Critical Thinking: Does English use diminutives? What do you think the use of diminutives can add to a language?

¿Es cierta (C) o falsa (F) la siguiente información sobre Fernando Botero?

1. C F Fernando Botero es medellinense o «paisa».
2. C F Las obras de Fernando Botero puedes comprarlas hoy día por muy poco dinero.
3. C F Fernando Botero es famoso, pero sus obras no las conoce el gran público.
4. C F Las primeras obras de Botero fueron sobre temas de la pintura flamenca.
5. C F Fernando Botero simplemente imita la pintura de Da Vinci.

Ahora, ¡a hablar!

EP 7.4

A. Sentimientos. ¿Qué sientes tú hacia estas personas y cosas?

MODELO   mamá
          Yo la amo.

Vocabulario útil

admirar	odiar
adorar	resolver
amar	respetar
detestar	ignorar

1. una buena obra de arte
2. tu mejor amigo(a)
3. tus compañeros(as) de cuarto
4. tu pareja
5. la universidad
6. la tarea
7. los políticos
8. los problemas de dinero
9. los profesores
10. las enfermedades

EP 7.4, 7.5

B. El arte y yo. ¿Cómo reaccionas ante Colombia? ¿Qué te parecen las obras de Botero? ¿Las canciones de Shakira? ¿De Juanes? Con tu compañero(a), túrnense expresando sus reacciones.

MODELO   la música de Juanes
          No la conozco. o
          La disfruto mucho.

1. el arte de Botero
2. Shakira
3. el café colombiano
4. la playa en Tyrona, Colombia
5. Bogotá
6. la Catedral de Sal
7. Cartagena
8. el Museo del Oro en Bogotá
9. *La Gioconda* de Botero
10. ¿...?

EP 7.4

C. Compañeros(as) de cuarto. Tú y tu compañero(a) de cuarto están hablando de sus novios(as). Tu compañero(a) dice que tiene un problema: no sabe si su pareja lo (la) ama realmente o no. Prepara preguntas que puedes hacerle para ayudarlo(la) a solucionar su problema. Luego haz tus preguntas a un(a) compañero(a) de clase y tu compañero(a) va a hacerte sus preguntas.

MODELO   **¿Te invita a su apartamento?**
          ¿Acepta tus invitaciones?

EP 7.5

D. ¡Tu obra de arte ideal! Con dos o tres compañeros(as), hablen sobre arte. ¿Qué dicen sobre estos temas?

MODELO   arte abstracto
          Yo no sé mucho sobre arte abstracto.

                       pintores impresionistas
                       las obras de arte de Fernando Botero
yo (no) sé/conozco   distinguir una iglesia románica de una barroca
                       los mejores museos de arte del mundo
                       hablar de arte contemporáneo

E. ¿Qué opinas? La vida está llena de cosas y personas sobre las que opinar. Con tu compañero(a) decidan lo que admiran, detestan, odian, les encanta, les fascina... de lo que ven en estos dibujos.

Y ahora, ¿por qué no conversamos?

F. Datos personales. Entrevista a un(a) compañero(a) para obtener algunos datos personales.

1. ¿Es fácil o difícil para ti expresar tus sentimientos? ¿Por qué?
2. ¿Quién es la persona que más admiras? ¿Que más amas? ¿Por qué?
3. ¿Odias a alguna persona? ¿Por qué?
4. ¿Quién es la persona que más te ama?
5. ¿Eres una persona básicamente sociable o no? ¿Por qué?
6. ¿Qué se necesita para tener una relación ideal?

G. ¿Tú o tu compañero(a)? ¿Quién tiene la mejor personalidad, tú o tu compañero(a)? Para saberlo, individualmente contesten estas preguntas y sigan el orden de las flechas *(arrows)* hasta llegar al final. Comparen sus resultados e informen a la clase si están de acuerdo o no.

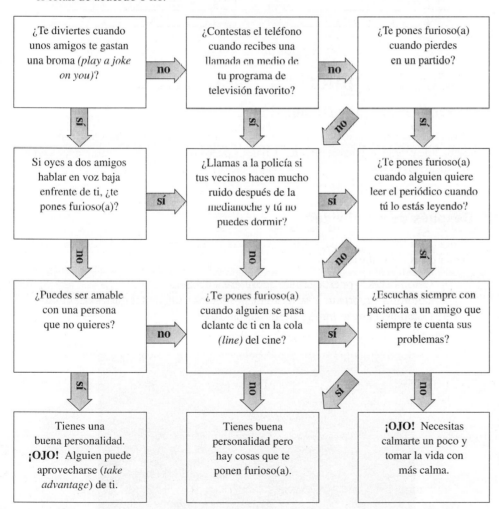

H. ¡Luces! ¡Cámara! ¡Acción! En grupos de tres o cuatro, dramaticen una escena de su telenovela favorita. Puede ser un triángulo amoroso o dos parejas que tienen una relación complicada.

Saber comprender

Estrategias para ver y escuchar: usar imágenes visuales para interpretar el contenido

*In **Capítulo 2** you learned to use visual images to anticipate the content of a reading selection. Because videos always consists of rich visual images to illustrate what is being said, they frequently also help you understand words that you may not know. As you watch the video, pay close attention to the images, especially when you hear narrative that you do not understand. More often than not, the images being shown will aid your comprehension considerably. Apply this strategy as you view the segment on Colombia. Then use this and other listening strategies you have learned to help you understand the segment on Fernando Botero.*

Interpretar el contenido aprovechando las imágenes visuales. Mira ahora la primera parte del video que tu profesor(a) va a poner sin volumen *(mute)*, para que puedas prestar atención a las imágenes. Al verlo, escribe cuatro cosas que crees que el video trata.

El video trata de...

☐ 1. _____ ☐ 3. _____
☐ 2. _____ ☐ 4. _____

Colombia, ¡puerta a Sudamérica!

Al ver la primera parte del video

Mira ahora la primera selección del video con sonido y marca (✓) los temas en tu lista arriba que predijiste correctamente. ¿Cuántos de los temas que sí se tratan aparecen en tu lista arriba?

Después de ver el video

Ahora di en tus propias palabras qué evidencia visual u oral hay en el video para confirmar estos comentarios.

1. Colombia es la puerta grande de América del Sur.
2. Colombia exporta una variedad de productos a diferentes partes del mundo.
3. Colombia tiene grandes y hermosas ciudades.

Bogotá de noche

Interpretar el contenido aprovechando las imágenes visuales. Mira ahora la segunda parte del video sin volumen y presta atención a las imágenes. Escribe cuatro cosas que crees que el video trata.

El video trata de...

☐ 1._____
☐ 2._____
☐ 3._____
☐ 4._____

Fernando Botero, ¡reconocido internacionalmente!

Al ver la segunda parte del video

Mira ahora la segunda selección con sonido y marca (✓) los temas en tu lista arriba que predijiste correctamente. ¿Cuántos de los temas que sí se tratan aparecen en tu lista arriba?

Después de ver el video

Ahora indica si estás o no estás de acuerdo con los siguientes comentarios y explica por qué.

Sí   No   1. Los personajes de Botero representan a la élite colombiana.
Sí   No   2. Sus personajes y objetos gordos reflejan humor y también la realidad del país.
Sí   No   3. Botero, además de pintor, es actor de cine.
Sí   No   4. Antes de empezar a pintar un cuadro, Botero siempre piensa mucho sobre el tema y planifica cuidadosamente.

El rincón de los lectores

Estrategias para leer: pistas del contexto

In the previous chapter you learned several techniques for recognizing context clues including

1. *using the meaning of the rest of the sentence.*
2. *being satisfied with the generalized meaning.*
3. *looking for help in punctuation and grammar.*
4. *learning to recognize key words and to ignore others.*

Pistas de contexto. Practica usando las técnicas que ya sabes para reconocer las pistas de contexto en esta selección. Busca las palabras de la columna A en la lectura y estudia el contexto de las oraciones donde las encuentres. Luego selecciona según el contexto las frases de la columna B que tienen el mismo significado de cada palabra de la columna A.

A	B
1. alcalde	a. poniendo brillante
2. muela	b. usa una pistola o revólver
3. puliendo	c. expresarse en voz alta
4. salita de espera	d. tranquilamente
5. gritar	e. un diente de la parte de atrás de la boca
6. pega un tiro	f. silla grande
7. sin apresurarse	g. oficial principal del pueblo o de la ciudad
8. sillón	h. cuarto donde esperan los pacientes

El autor

Gabriel García Márquez nació en Colombia en el año 1928. En 1961 se fue a vivir a México donde maduró la idea para una de sus novelas más famosas, *Cien años de soledad.* Publicó esta novela en el año 1967. La mayoría de los críticos consideran esta novela la más importante de la literatura española de la época por su temática y técnica creativa. En 1982, García Márquez recibió el Premio Nobel de Literatura.

En «Un día de éstos», Gabriel García Márquez expresa su oposición a los militares de Colombia. Es el cuento de un militar que va al dentista del pueblo con un absceso. El dentista odia a los militares y no quiere atenderlo, pero el militar amenaza con matarlo si no le saca la muela. Al final, el dentista le saca la muela al militar, pero no usa anestesia.

Lectura

Un día de éstos (fragmento)

—Papá.

—Qué.

—Dice el **alcalde** que si le sacas una **muela.**

—Dile que no estoy aquí.

Estaba **puliendo** un diente de oro. Lo retiró a la distancia del brazo° y lo examinó con los ojos a medio cerrar. En la **salita de espera** volvió a **gritar** su hijo.

Lo retiró... He held it at an arm's distance

—Dice que sí estás porque te está oyendo.

El dentista siguió examinando el diente. Sólo cuando lo puso en la mesa con los trabajos terminados, dijo:

—Mejor.

Volvió a operar la fresa.° De una cajita de cartón° donde guardaba las cosas por hacer, sacó un puente° de varias piezas y empezó a pulir el oro.

fresa *dentist's drill* / **cajita de...** *cardboard box* / **puente** *dental bridge*

—Papá.

—Qué.

Aún no había cambiado de expresión.

—Dice que si no le sacas la muela te **pega un tiro.**

Sin apresurarse, con un movimiento extremadamente tranquilo, dejó de pedalear en la fresa, la retiró del **sillón** y abrió por completo la gaveta° inferior de la mesa. Allí estaba el revólver. —Bueno —dijo—. Dile que venga a pegármelo.°

gaveta *drawer*
Dile... *Tell him to come and shoot me*

A ver si comprendiste

Contesta basándote en la selección de «Un día de éstos» que leíste.

1. Haz comentarios sobre el diálogo en este fragmento. ¿Cómo indica el autor que una persona deja de hablar y otra empieza? En tu opinion, ¿por qué no hay signos de interrogación cada vez que el dentista dice «Qué»? ¿Qué emociones se expresan en el diálogo?

2. Esta escena es muy dramática. Hay mucha tensión. ¿Qué crees que esté pensando cada personaje mientras ocurre este diálogo? Escribe los pensamientos del hijo, del dentista y del militar.

Pensamientos del hijo:

Pensamientos del dentista:

Pensamientos del militar:

Paso 1 CD2, Track 33

Festival

baile *(m.)*	*dance*
festival *(m.)*	*festival*
función *(f.)*	*function*

Cosas del amor

amor *(m.)*	*love*
beso	*kiss*
cita	*date*
comprometido(a)	*engaged*
flor *(f.)*	*flower*
infidelidad *(f.)*	*infidelity*
juntos	*together*

Acciones de enamorados

acompañar	*to accompany*
admirar	*to admire*
adorar	*to adore*
controlar	*to control*
impresionar	*to impress*
odiar	*to hate*
prometer	*to promise*
respetar	*to respect*

Citas

cortés	*polite*
familiares *(m. pl.)*	*relatives*
iniciativa	*initiative*
modales *(m. pl.)*	*manners*
puntual	*punctual*
recoger	*to pick up, to gather*
vela	*candle*

Verbos

nombrar	*to name*
oír	*to hear*
poner	*to put*
traer	*to bring*

Palabras útiles

cosa	*thing*
Latinoamérica	*Latin America*
narcotráfico	*narcotraffic*
obra	*work*
parte *(f.)*	*part*
participante	*participant*
perfil *(m.)*	*profile*
personalmente	*personally*
pies *(m. pl.)*	*feet*
siguiente	*next*

Paso 2 CD2, Track 34

Al hacer planes para salir

boleto	*ticket*
consejo	*advice*
elegir	*to elect*
formalmente	*formally*
gentileza	*kindness*
informalmente	*informally*
reír	*to laugh*
sonreír	*to smile*

Dietas

carne *(f.)*	*meat*
dieta	*diet*
freír	*to fry*
fruta	*fruit*
pescado	*fish*
postre *(m.)*	*dessert*
servir	*to serve*
vegetariano(a)	*vegetarian*
vestir	*to dress*

Examen: ¿Eres buen amigo?

abusar	*to abuse, to take advantage*
ayudar	*to help*
competir	*to compete*
delatar	*to reveal, to denounce*
despedir	*to fire, to dismiss*
determinar	*to determine*
imagen *(f.)*	*image*
negativo(a)	*negative*
obligar	*to obligate*
permitir	*to allow*
problema *(m.)*	*problem*
proyectar	*project*
punto	*point*
repetir	*to repeat*
revelar	*to reveal, to develop*
secreto	*secret*
significar	*to signify, to mean*
solución *(f.)*	*solution*
suficiente	*sufficient, enough*
sumar	*to sum up, to add*

De visita en Colombia

fotonovela	*photoromance*
reina	*queen*
rey *(m.)*	*king*

---

selva	*jungle*
trozo	*piece*

Palabras útiles

casi	*almost*
de vuelta	*in return*
elegantemente	*elegantly*
en absoluto	*absolutely not, not at all*
excelente	*excellent*
propósito	*purpose, intent*
seguir	*to continue*
según	*according to*
seguro(a)	*sure, secure, safe*

Paso 3 CD2, Track 35

Arte

abstracto(a)	*abstract*
acrílico	*acrylic*
acuarela	*watercolor*
barroco(a)	*baroque*
contemporáneo(a)	*contemporary*
escultura	*sculpture*
granito	*granite*
impresionista	*impressionist*
mármol *(m.)*	*marble*
óleo	*oil (painting)*
pintor(a)	*painter*

Sentimientos

comprender	*to comprehend*
detestar	*to detest*
expresar	*to express*
sentimiento	*sentiment*

Descripción

datos *(m. pl.)*	*facts*
élite	*elite*
ideal	*ideal*
personal	*personal*

Personas

extranjero(a)	*foreigner*
personaje *(m.)*	*character (in a novel)*
político(a)	*politician*

La naturaleza y sus productos

montaña	*mountain*
naturaleza	*nature*

oro	gold	ignorar	to ignore	enfermedad (f.)	illness
producto	product	resolver	to resolve	iglesia	church
sal (f.)	salt	saber	to know (facts)	reconocido(a)	recognized, known
				relación (f.)	relationship
Verbos		**Palabras útiles**		situación (f.)	situation
conocer	to know, to be familiar with	básicamente	basically	todavía	still
distinguir	to distinguish	disco	record, disc		

EL ESPAÑOL... de Colombia

Comida colombiana

ajiaco	chicken stew
bandeja paisa	dish of steak, pork, beans, rice, sausage, and fried egg
tinto	strong Colombian coffee with sugar

En preparación 7

Paso 1

7.1 Direct-object nouns and pronouns
Agreeing and disagreeing, accepting and refusing

■ Direct-object nouns and pronouns answer the questions *Whom?* or *What?* in relation to the verb of the sentence.

I'll see <u>her</u> tonight.   *(Whom will I see? Her.)*
They have <u>my tickets</u>.   *(What do they have? My tickets.)*

Identify the subjects and direct objects in the following sentences and check your answers.*

1. She doesn't expect her surprise birthday party.
2. Can you hear them now?
3. Shall I put flowers on this table?
4. Bring it tomorrow.

■ In Spanish, whenever the direct object is a specific person or persons, an **a** is *always* placed before it. This personal **a** is never translated into English.

¿Por qué no invitamos **a** tus padres?   *Why don't we invite your parents?*
En 2008 visité Bogotá.   *In 2008 I visited Bogotá.*
Siempre traen **a** Gloria.   *They always bring Gloria.*

■ Direct-object pronouns replace direct-object nouns. The direct-object pronouns in Spanish are shown below.

	Singular		Plural
me	me	**nos**	us
te	you *(fam.)*	**os**	you *(fam.)*
lo/la	you *(formal, m./f.)*	**los/las**	you *(formal, m./f.)*
lo	him, it *(m.)*	**los**	them *(m.)*
la	her, it *(f.)*	**las**	them *(f.)*

■ Direct-object pronouns must be placed *directly* in front of a conjugated verb.

Te amo.   *I love you.*
Nunca **me** escuchas.   *You never listen to me.*
Yo **la** quiero mucho.   *I love her very much.*

■ The direct-object pronoun may follow and be attached to an infinitive or a present participle.

Voy a traer**los** mañana.   }
Los voy a traer mañana.   } *I'm going to bring them tomorrow.*
Está esperándo**me** ahora.   }
Me está esperando ahora.   } *He's waiting for me now.*

Note that when a direct-object pronoun is attached to a present participle, a written accent is required to maintain the original stress: **esperando —> esperándome.**

Google™ y YouTube™ BUSCA: Spanish direct object pronouns

Heinle Grammar Tutorial: Direct object pronouns

*Answers: 1. *subject:* She / *direct object:* party; 2. *subject:* you / *direct object:* them; 3. *subject:* I / *direct object:* flowers; 4. *subject:* (you) / *direct object:* it

¡A practicar!

A. Examen. Juanita is taking the placement exam at the **Universidad Nacional de Colombia.** How does she answer the examiner's questions?

PROFESOR: ¿Me ves bien de allí?

JUANITA: Sí, profesor. _____ veo bien.

PROFESOR: ¿Tienes un lápiz número 2?

JUANITA: Sí, __lo__ tengo.

PROFESOR: ¿Escuchas bien el CD?

JUANITA: Sí, __lo__ escucho muy bien.

PROFESOR: ¿Me escuchas bien a mí y a la profesora Salas?

JUANITA: Sí, __los__ escucho muy bien a los dos.

PROFESOR: ¿Entiendes bien las instrucciones?

JUANITA: Sí, sí, __las__ entiendo.

PROFESOR: Bien, entonces empecemos.

B. ¿Me quieres? Pancho is unsure about his relationship with Salomé. He is now drilling her with dozens of questions about him- and herself. What does he ask and how does she respond?

MODELO   amar intensamente / a mí

PANCHO: **¿Me amas intensamente?**

SALOMÉ: **Sí, te amo intensamente.**

1. desear / a mí
2. comprender / a mí
3. admirar / a mí
4. querer para siempre / a mí
5. perdonar siempre / a mí
6. esperar todos los días / a mí

C. ¿Qué hacen ustedes? You are at a party and a new friend asks you several questions regarding you and your boyfriend (girlfriend). How do you answer?

MODELO   ¿Ven videos juntos *(together)*? ¿Dónde?

Sí, los vemos en mi apartamento. o

No, no los vemos juntos.

1. ¿Ven la televisión juntos? ¿Dónde?
2. ¿Escuchan discos juntos? ¿Dónde?
3. ¿Leen novelas o periódicos juntos? ¿Dónde?
4. ¿Preparan comidas juntos? ¿Dónde?
5. ¿Hacen las tareas juntos? ¿Dónde?
6. ¿Lavan el auto juntos? ¿Dónde?

D. ¡Qué casualidad! You and your new friend realize that you both love Colombia. What do you ask each other? How do you each respond? Alternate asking and answering.

MODELO   visitar / museo Fernando Botero

—**¿Visitaste el museo Fernando Botero?**

—**Sí, lo visité.** o **No, no lo visité.**

1. leer / la novela *Cien años de soledad*
2. visitar / el Museo del Oro
3. recorrer / las calles de Barranquilla
4. admirar / la periodista Sonia Uribe
5. escuchar / Shakira y Juanes
6. ver jugar al fútbol / a Faustino Asprilla

«El que tiene tienda, que **la** atienda». (dicho colombiano)

____ You need to look after your own things.

____ If you own the store, you have to work in it.

7.2 Irregular -go verbs

Telling what people do, say, or hear

In **Capítulo 2**, you learned the irregular verbs **tener, salir,** and **venir.** Following are several other Spanish verbs that have the same irregular ending in the **yo** form in the present tense: **-go.** Note that some of these verbs also have stem changes.

🔗 **Google**™ y **YouTube**™ BUSCA: Spanish irregular **-go** verbs

Heinle Grammar Tutorial: Verbs with Irregular First Persons

hacer	traer	poner	decir	oír
to do, make	*to bring*	*to put*	*to say, tell*	*to hear*
hago	traigo	pongo	digo	oigo
haces	traes	pones	dices	oyes
hace	trae	pone	dice	oye
hacemos	traemos	ponemos	decimos	oímos
hacéis	traéis	ponéis	decís	oís
hacen	traen	ponen	dicen	oyen

¡A practicar!

A. **¡No hay como un buen tinto colombiano!** In Colombia, **un tinto** refers to black coffee. What does this person do when he is feeling a little depressed? To find out, complete the following paragraph with the appropriate form of the verb in parentheses.

Cuando yo estoy deprimido, siempre _____ (tener) mucho sueño y generalmente me _____ (hacer) un buen tinto. Todo el mundo _____ (decir) que el café no es bueno para la salud *(health)* pero nosotros, los colombianos, _____ (decir) que el tinto es ideal para la depresión. Yo nunca _____ (poner) demasiado azúcar *(sugar)* en mis tintos. Cuando yo _____ (llevar) café a las fiestas, siempre _____ (oír) lo que dicen todos: —¡Mmm! ¡Está delicioso!

B. **Buena impresión.** Raúl is from Medellín, the city of eternal spring, where flowers are abundant year round. María is dating Raúl. To find out what a typical date is like from her point of view, complete the following statements with the appropriate form of the verb in parentheses.

1. Cuando Raúl _____ (venir) a nuestra casa, siempre _____ (traer) unas orquídeas para mi mamá.
2. Mamá siempre _____ (decir) que las orquídeas son lindísimas.
3. Yo siempre las _____ (poner) en un florero y luego _____ (poner) el florero en la mesa.
4. Mi mamá y mi abuelo _____ (hacer) su refresco preferido, ponche.
5. Mi papá _____ (decir) que es obvio que nosotros queremos impresionarlo.

C. **¡Qué caballero!** Now, working with a partner, complete the following paragraph with the appropriate form of the verb in parentheses to see Raúl's point of view. Then, with your partner, write a short paragraph telling what you do when you go to your girlfriend's/boyfriend's parents' home. Your instructor will call on volunteers to read their paragraph to the class.

Cuando yo _____ (venir) a tu casa siempre _____ (hacer) todo lo posible para impresionar a tu familia. Generalmente _____ (traer) orquídeas para tu mamá. A veces hasta _____ (traer) algo para tu papá. Yo sospecho que ellos lo agradecen *(appreciate)* porque _____ (oír) sus comentarios. Yo siempre _____ (decir) que la cortesía es muy importante.

«Oye lo que yo **digo** y no mires lo que **hago**». (refrán)

____ *Do as I say, not as I do.*

____ *Listen to what I say, and don't stare at me.*

7.3 Present tense of *e —> i* stem-changing verbs

Stating what people do

In **Capítulo 4,** you learned that some Spanish verbs have an **e —> ie** or an **o —> ue** vowel change whenever the stem vowel is stressed. A number of **-ir** verbs have an **e —> i** vowel change.

pedir		seguir	
to ask for		*to follow*	
pido	pedimos	sigo	seguimos
pides	pedís	sigues	seguís
pide	piden	sigue	siguen

Other frequently used **e —> i** stem-changing verbs include **decir** *(to say, tell)*, **repetir** *(to repeat)*, **vestir** *(to dress)*, and **servir** *(to serve)*. Note that derivatives of these verbs will also be stem-changing: **conseguir** *(to get, obtain)* and **despedir** *(to fire, dismiss)*. Remember that all **-ir** stem-changing verbs undergo a one-vowel change in the present participle:

e —> ie	**o —> ue**	**e —> i**
divirtiendo	durmiendo	pidiendo
prefiriendo	muriendo	siguiendo
sintiendo		diciendo

Heinle Grammar Tutorial:
Stem-changing Verbs e —> i

¡A practicar!

A. Dietas. What do these people think about dieting?

1. Yo siempre _____ (pedir) fruta; nunca _____ (pedir) postres.
2. Yo _____ (seguir) una dieta que me permite comer de todo.
3. Mi médico _____ (repetir) constantemente: «No es necesario estar a dieta, pero sí es necesario hacer ejercicio».
4. Pues yo solo voy a restaurantes donde _____ (servir) comida vegetariana.
5. Yo no _____ (seguir) los consejos de nadie. ¡Yo como lo que quiero, cuando quiero!

B. En un café de Cali. Justino, who has been spending his junior year studying in Cali, Colombia, has invited several of his friends for a farewell reunion as the school year comes to an end. Complete the following paragraph with the appropriate form of the verb in parentheses to find out what they do when they get to their favorite café.

Nosotros _____ (seguir) a Justino a una mesa grande. Él _____ (conseguir) sillas para todos y _____ (pedir) cervezas para Pedro y María. Él, Carmen y yo _____ (decir) que preferimos un refresco. Cuando la mesera _____ (servir) las bebidas, todos nosotros _____ (decir): —¡Salud!

C. Una noche con Miguel. Virginia Salazar always enjoys going out with Miguel, a Colombian friend. With a partner, complete the following paragraph with the appropriate form of the verb in parentheses to find out why. Then together write a brief paragraph telling what you do that makes your dates special. Your instructor will call on individuals to read their paragraphs to the class.

Cuando Miguel y yo _____ (salir), siempre es divertido. Él siempre se _____ (vestir) elegantemente. Nosotros nunca _____ (repetir) las mismas actividades; siempre _____ (hacer) algo diferente. Por ejemplo, a veces vamos a un restaurante colombiano que _____ (servir) comida exquisita. Él _____ (pedir) unos platos colombianos deliciosos. Todos los meseros conocen a Miguel y _____ (servir) la comida inmediatamente.

«El que la **sigue**, la **consigue**». (refrán)

____ *A determined stalker gets what he wants.*

____ *Only those who are tenacious enough, reach their objective.*

7.4 Review of direct-object nouns and pronouns

Referring to people and things indirectly

■ Direct-object nouns answer the question *Whom?* or *What?* in relation to the verb. Identify the subjects and direct objects in the following sentences.*

1. Te adoro, Rodolfo. Y tú, ¿me amas?
2. Yo no lo puedo creer. Dice que ya no me quiere.

■ Direct-object pronouns are always placed directly in front of a conjugated verb, but may be attached to the end of an infinitive or a present participle. They are always attached to an affirmative command. Identify the direct-object pronouns in the following sentences.†

1. ¿Bebidas alcohólicas? ¡Las detesto!
2. Mis abuelos me quieren mucho pero no me permiten salir de noche.
3. —Llámanos al llegar, por favor.
   —Sí, los llamo. Lo prometo.

Heinle Grammar Tutorial: Direct Object Pronouns

Note that, as with the case of present participles, when a direct-object pronoun is attached to an affirmative command of two or more syllables, a written accent is required to maintain the original stress: **Llama > Llámanos.**

¡A practicar!

A. ¿Quién va a traerlos? Your Spanish teacher is throwing a party this weekend for everyone in your class. Of course, all of you volunteered to help out! Answer these questions by telling who in your class is doing these things.

MODELO   ¿Quién va a traer los discos? (Francisco)
Francisco va a traerlos. o
Francisco los va a traer.

1. ¿Quién va a traer la bandeja paisa?
2. ¿Quién va a hacer el ajiaco?
3. ¿Quiénes van a preparar el tinto?
4. ¿Quién va a tocar la guitarra?
5. ¿Quiénes van a comprar los refrescos?
6. ¿Quiénes van a limpiar la casa después de la fiesta?

B. ¿Qué piensan de ti? With a partner, take turns telling each other how the following people feel about both of you.

Vocabulario útil

admirar	no querer	amar	querer
adorar	odiar	detestar	respetar

1. tus padres
2. tus hermanos(as)
3. tu perro(a) o gato(a)
4. tu profesor(a) de español
5. tu novio(a)
6. tus abuelos

«**Decirlo** y **hacerlo**, serás bien servido». (refrán)

____ *You are better off doing it yourself.*

____ *Say it and do it, if you expect to be served.*

* Answers: 1. *subjects:* Yo / tú; *direct objects:* Te / me; 2. *subjects:* yo / Él (or Ella); *direct objects:* lo / me
† Answers: 1. Las 2. me 3. nos / los / Lo

7.5 The verbs *saber* and *conocer*

Stating what you know and who or what you are acquainted with

saber		conocer	
to know (how)		*to know, to be acquainted with*	
sé	sabemos	conozco	conocemos
sabes	sabéis	conoces	conocéis
sabe	saben	conoce	conocen

■ **Saber** is used when speaking of knowing specific, factual information. When followed by an infinitive, **saber** means *to know how to do something.*

No **sé** cómo se llama pero **sé** que ella **sabe** bailar cumbia muy bien.

I don't know her name but I know that she knows how to dance the cumbia very well.

■ **Conocer** is used when talking about knowing a person or being familiar with a place or a thing. When speaking of knowing people, **conocer** is always followed by the personal **a.**

Conozco varias obras de García Márquez pero no lo **conozco a** él.

I know several of García Márquez's works but I don't know him.

Heinle Grammar
Tutorial:
Saber vs. Conocer

¡A practicar!

A. ¿Quién es? Justin is trying to find out as much as he can about the new Colombian girl in his history class. Complete the following sentences with the appropriate form of **saber** or **conocer** to find out what his friends say.

NATALIA: Yo no la *conozco* pero _____ que vive en la residencia.

VÍCTOR: Mi novia _____ a su hermana.

ROSA: Julio y Roberto *saben* su número de teléfono.

GLORIA: Mis padres *conocen* a sus padres.

ROBERTO: Yo no ~~sabes~~ *sabe* quién es pero ella *sabe* bailar cumbia muy bien.

ANTONIO: Si quieres *conocer* la, te la puedo presentar.

B. ¡Lo siento, pero...! What do these people say when asked for specific information?

MODELO   **Sí, yo conozco a su hermana, pero no sé su nombre.**

1. Yo la _____ muy bien, pero no _____ su número de teléfono.
2. Yo _____ la casa de Andrés, pero no _____ su dirección.
3. Lo siento, yo _____ francés, pero no _____ Francia.
4. Nosotros no _____ Medellín muy bien, pero _____ dónde está ese restaurante.
5. Mamá no _____ cómo se llama el último libro de Gabriel García Márquez.
6. Ustedes _____ Cartagena, ¿verdad? ¿ _____ cuáles son las mejores playas?

C. ¡No conozco a nadie! A friend invited you and your partner to a party. When you get there you realize there are lots of people there you don't know. Take turns asking each other who they are.

MODELO   Pablo y Antonio
TÚ: **¿Quiénes son esos chicos? No los conozco.**
COMPAÑERO(A): **Son Pablo y Antonio. o Se llaman Pablo y Antonio.**

1. Jacobo
2. Ángela y Matilde
3. tú
4. Esteban y Luisa
5. Víctor Mario y tú
6. Luz María

«El que **sabe**, **sabe**, y el que no, es jefe». (refrán)

____ *He who knows the least is the most likely to govern.*

____ *He who knows the boss, knows he will get the farthest.*

CAPÍTULO 8

Chile te lo da...
¡todo!

In this chapter, you will learn how to . . .

- shop at a market.
- order a meal at a restaurant.
- describe your favorite foods.
- describe your vacation.

Comunicación

¿QUÉ SE DICE...?
- Al hacer compras en el mercado
- Al pedir la comida en un restaurante
- Al describir las vacaciones

Cultura

¿SABÍAS QUE...?
Variedad en los nombres de las comidas
La uva carménère
La isla Robinson Crusoe

NOTICIERO CULTURAL
Chile: un paraíso alto y largo

VIDEO CULTURAL
Isabel Allende: contadora de cuentos

EL RINCÓN DE LOS LECTORES
«Oda al tomate», poema de Pablo Neruda

En preparación

PASO 1
8.1 Indirect-object nouns and pronouns
8.2 Review of **gustar**

PASO 2
8.3 Double object pronouns

PASO 3
8.4 Review of **ser** and **estar**
8.5 The verb **dar**

Destrezas

¡A ESCUCHAR!
Linking sounds

¡A VER!
Anticipating specific information

¡A ESCRIBIR!
Describing an event

¡A LEER!
Using punctuation to help interpret poetry

Busca deportes invernales Chile *en Google™ Images para ver fotos de la gran variedad de deportes de nieve en Chile.*

Busca Chile cosecha de uva *en Google™ Images para familiarizarte con la elaboración del vino chileno.*

Busca pesca chilena *en Google™ Images para ver más fotos de esta importante industria nacional.*

¡Las fotos hablan!

A que ya sabes... Indica si las siguientes oraciones describen a Chile (**Ch**) o a California (**Ca**). Puedes seleccionar los dos, si crees que describe a los dos.

Ch Ca 1. Produce una gran variedad de vino.

Ch Ca 2. Produce y exporta una gran variedad de fruta.

Ch Ca 3. Produce y exporta una gran cantidad de verduras.

Ch Ca 4. Tiene una gran industria de pescado y marisco.

Ch Ca 5. A pocos kilómetros de la capital hay grandes pistas de esquí.

Ch Ca 6. El fútbol es su principal deporte, siendo en 1972 anfitriona de la Copa del Mundo.

A disfrutar de las riquezas naturales

¿Eres buen observador?

DESCUBRIENDO EL DESIERTO DE ATACAMA

Día 1. Calama
Llegada a Calama. Día libre.

Día 2. San Pedro de Atacama y Petroglíficos
Desayuno en el hotel. Salida a las 8:30 de la mañana para visitar los Petroglíficos y las áreas de Hierba Buena y Río Grande. Continuar a San Pedro de Atacama para visitar la iglesia y la casa de Pedro de Valdivia, entre otras atracciones. Almuerzo en San Pedro de Atacama por la tarde, visita al Mirador del Valle de la Luna y Valle de la Muerte. Un paseo de 30 minutos en el Valle de la Luna. Cena en el corazón del valle. Regreso a Calama. Llegada a Calama aproximadamente a las 9:00 de la noche.

Atacama

Valle de la Muerte

Día 3. Caspana – Pukará de Turi
Desayuno en el hotel. Muy temprano, a las 5:00 de la mañana, salida hacia los géisers de Tatio. Visita a los campos geotermales admirando los animales de la región. Baño en las piscinas geotermales. Visita al Mirador Los Volcanes. Más tarde, descubrir Pukará de Turi y parada para el almuerzo. Regreso al hotel a las 4:00 de la tarde.

Géisers y fumarolas

Volcán en el desierto

Día 4. Mina Chuquicamata

Desayuno continental. Por la mañana, viaje a Chuquicamata para visitar la mina de cobre a tajo abierto. Más tarde, excursión a Saltpeter. Primero a María Elena, para visitar el museo y una casa típica que data de 1800. Almuerzo en el camino a la abandonada refinería Chacabuco Saltpeter. Visita al cementerio de Unión Pampa y regreso a Calama. Llegada a las 5:00 de la tarde.

Mina de cobre Chuquicamata

Día 5. Calama

Transporte al aeropuerto de regreso a casa.

Mina abandonada en Chacabuco

Ahora, ¡a analizar!

1. En el desierto de Atacama se encuentran...

   ☐ géiseres.　　☐ impresionantes catedrales.　　☐ minas activas.

   ☐ lagos grandes.　☐ museos.　　☐ piscinas geotermales.

   ☐ hoteles.　　☐ restaurantes elegantes.　　☐ volcanes.

2. ¿Qué es lo que más te interesa a ti de Atacama? Explica.

¿Qué se dice...? 🎧

Al hacer compras en el mercado

CD3,
Track 2

VENDEDOR: ¡Pescado fresco! ¿Qué puedo servirle hoy, señorita?

ANA MARÍA: ¿Me puede vender un kilo de merluza?

VENDEDOR: Por supuesto, señorita. Está riquísima. La trajeron hoy por la mañana de Viña del Mar. Puedo ofrecerle también unos camarones de mar buenísimos.

ANA MARÍA: No me gustaron los últimos que me vendió.

VENDEDOR: ¿En serio, señorita? ¿Segura que fui yo? Aquí hay otros pescaderos, y yo vendo lo mejor de lo mejor.

ANA MARÍA: Si me promete que estos están buenos, me llevo medio kilo.

VENDEDOR: Le juro, señorita, que son los camarones más sabrosos del mercado. Si no le gustan estos, mañana me lo dice, y le devuelvo su plata.

CD3,
Track 3

VENDEDORA: ¿Le gustan los duraznos?

LUIS MANUEL: Me encantan, pero los encuentro un poco verdes, ¿no?

VENDEDORA: Para mañana ya están maduros. ¿Cuántos kilos le pongo?

LUIS MANUEL: ¿Kilos? Si me da tres duraznos tengo suficiente. Vivo solo.

VENDEDORA: Le redondeo y le pongo el kilo, ¿está?

LUIS MANUEL: ¿Y a cuánto está el kilo?

VENDEDORA: Barato, caballero. Por ser usted, cuatrocientos pesos. Una ganga.

LUIS MANUEL: ¿Cuatrocientos? Pero si en el puesto de al lado los venden por 200...

VENDEDORA: ¿Me va a regatear unos pobres duraznos, caballero? Bueno, pues por ser la primera venta de hoy, se los dejo a 300. Pero no les gano nada.

LUIS MANUEL: Bueno, está bien.

VENDEDORA: ¿No le apetece llevarse una buena papaya?

SATURNINO: ¿Entonces no te gustan estos melones?

ROSA: No están mal, pero son un poco caros.

SATURNINO: Los tomates tienen buena cara.

ROSA: Pero tenemos un montón de tomates en casa.

SATURNINO: ¿Y porotos?

ROSA: También hay bastantes porotos.

SATURNINO: Pues nada. ¿Te decides por los melones?

ROSA: Venga. Compra tres o cuatro, por si tenemos visita este fin de semana.

SATURNINO: ¡Qué rica es la fruta chilena!

¿Sabías que...?

Hay mucha variedad en los nombres de las comidas en distintas regiones de las Américas, por ejemplo, entre México y Centroamérica y entre los países del Cono Sur: Chile, Argentina, Uruguay y Paraguay. A continuación aparecen algunos ejemplos.

Frutas y verduras	México y Centroamérica	El Cono Sur
avocado	aguacate	palta
beans	frijoles	porotos
string beans	ejotes	porotos verdes
chili pepper	chile	ají
corn	elote	choclo
peach	durazno	durazno/melocotón
peanut	cacahuate	maní
peas	chícharos	arvejas
pineapple	piña	ananá
potato	papa	papa/patata

En tu opinión: ¿Por qué crees que varían tanto los nombres de frutas y verduras en el mundo hispano? ¿Ocurre algo similar en inglés? ¿Puedes dar algunos ejemplos?

Ahora, ¡a hablar!

A. Cumpleaños. ¿Recuerdas la última vez que le hiciste una fiesta de cumpleaños de sorpresa a un(a) amigo(a)? ¿Qué hiciste para esa persona?

EP 8.1

MODELO   preparar una fiesta
Le preparé una fiesta.

1. preparar una cena especial
2. hacer un pastel
3. regalar un libro de...
4. desear «feliz cumpleaños»
5. comprar un CD de...
6. sacar muchas fotos
7. servir... para tomar
8. ¿...?

B. ¿Frutas y verduras chilenas? En invierno, la mayoría de las frutas y verduras de los supermercados de los Estados Unidos viene de Chile. Con tu compañero(a), túrnense para preguntar qué frutas o verduras chilenas le ponen a sus comidas.

EP 8.1

MODELO   TÚ: **¿Qué le pones a tus queques?**
COMPAÑERO(A): **Les pongo unas excelentes manzanas chilenas.**

Comida	Fruta	Verdura
sopa	fresa	apio
estofado	manzana	col
omelet	durazno	lechuga
ensalada	melón	papa
queque	piña	rábano
cóctel de fruta	plátano	tomate
jugo	naranja	zanahoria

C. Gustos individuales. No a todos nos gustan las mismas comidas. En grupos de cuatro, hablen de sus gustos relacionados a estas comidas y a las verduras y frutas en la actividad anterior y otras como espinacas *(spinach)*, pulpo *(octopus)*, tofu, ... que ustedes quieran mencionar. Empiecen por preguntarse si les gustan o no las siguientes comidas hasta encontrar una que no le gusta a uno de ustedes pero sí a los demás. Terminen por informar a la clase sobre los gustos de cada individuo en su grupo diciendo: «A todos nos gustan los calamares excepto a (nombre)» o «A (nombre) le gusta el tofu pero al resto de nosotros no nos gusta».

EP 8.1, 8.2

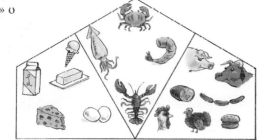

Productos lácteos	Pescados y mariscos	Carnes y fiambres
leche	cangrejo	carne de puerco/de res
helado	calamar	jamón
mantequilla	camarón	salchicha
queso	langosta	pollo/pavo
huevos	salmón	hamburguesa

D. Un día de mercado. Hoy es día de mercado y tienes que empezar el día poniéndole precio a tu mercancía. Suponiendo que un dólar es igual a aproximadamente 600 pesos chilenos, en grupos de cuatro decidan el precio y preparen unas etiquetas *(labels)* con el nombre y el precio del producto. Luego, cuando la clase les pregunte por los precios, entre todos van a decidir quiénes son los más caros del mercado.

EP 8.1

Y ahora, ¿por qué no conversamos?

E. Hábitos culinarios. ¿Qué conexión hay entre lo que comes y cuándo, dónde y con quién comes? Para saberlo, completa este cuadro con información sobre lo que comiste ayer. Luego, en grupos de tres comparen sus formularios y contesten las preguntas que siguen.

	¿Qué comiste?	¿Dónde comiste?	¿Con quién comiste?	¿De qué hora a que hora?
desayuno				
almuerzo				
cena				
entre comidas				

1. ¿Cuál es la comida más común para el desayuno? ¿El almuerzo? ¿La cena? ¿Entre comidas?
2. ¿Dónde y con quién comen con más frecuencia?
3. ¿Cuánto tiempo toman para desayunar? ¿Almorzar? ¿Cenar?
4. ¿Cuál es la hora más popular para comer entre comidas?

F. ¡Luces! ¡Cámara! ¡Acción! Tú y tu compañero(a) de cuarto llegan al mercado municipal de Santiago. Hay otras personas esperando, hablando de cosas irrelevantes, como lo caros que están los precios, la telenovela de anoche, etcétera. Cuando les llega su turno, el (la) vendedor(a) les pregunta qué se les ofrece, y ustedes compran la fruta y verdura que más les gusta. Trabajen en grupos de cinco: uno(a) de vendedor(a), dos personas esperando y dos comprando.

Un paso atrás, dos adelante

Capítulo 7

Repasemos. En el Capítulo 7 aprendiste a proponer y a decir que no a una cita. También aprendiste a expresar tus preferencias y tus emociones. Repasa lo que sabes, completando el siguiente texto con las palabras necesarias.

Una cita en la biblioteca

TU AMIGO(A): ¿El libro, ya no _____ [pron. objeto directo] necesitas más?

Tú: No, ya no lo _____ [**necesitar**]. Aquí está.

TU AMIGO(A): Gracias. Oye, _____ [pron. objeto directo] molesto si te _____ [**decir**] una cosa?

Tú: No, no _____ [pron. objeto directo] molestas.

TU AMIGO(A): _____ [**Tener**] dos entradas para el recital de Shakira del sábado y quiero _____ [**invitar** + pron. objeto directo].

Tú: El sábado sí. Normalmente _____ [**hacer**] mi tarea los sábados. Pero _____ [**preferir**] ir a oír a Shakira.

TU AMIGO(A): Yo no _____ [**saber/conocer**] dónde queda la Biblioteca Luis Ángel Arango. ¿Tú _____ [pron. objeto directo] _____ [**saber/conocer**]?

Tú: Yo sí _____ [pron. objeto directo] _____ [**saber/conocer**]. Creo que _____ [**ser/estar**] en la calle 11.

Saber comprender 🎧

Estrategias para escuchar: enlace de sonidos

In Chapter 5, you learned that linking is the combining of the final sound of one word with the beginning sound of the word that follows. Linking is common to all languages. In English, for example, "What did you eat?" becomes something similar to "Whadjeet?" when final and initial word sounds are linked. This perfectly normal phenomenon can make listening comprehension very challenging for the beginning student. In Chapter 5 you also learned the three basic rules for linking in Spanish:

1. *Vowel to vowel: Always link a final vowel with an initial vowel.*

   Vuelvo_enseguida con sus bebidas.
   No tengo_hambre.

2. *Consonant to consonant: Always link identical final and initial consonant sounds.*

   Las_salchichas están ricas y las_zanahorias* exquisitas.
   Me gusta preparar_rábanos con tomate y cebolla.

3. *Consonant to vowel: Always link a final consonant with an initial vowel.*

   Para mí, un_agua mineral con_hielo.
   El_apio no me gusta del todo.

Understanding linking will greatly help you improve your listening comprehension.

Enlace de sonidos. Ahora, antes de escuchar hablar a Claudio Téllez y a Elena Contreras, que acaban de llegar a su restaurante favorito en Viña del Mar, marca dónde en sus primeros intercambios con el mesero debe haber enlace, según las tres reglas básicas de enlace en español. Luego al escuchar el diálogo, fíjate si en efecto enlazan sus palabras según tus indicaciones.

Una playa en Viña del Mar

> Mozo: ¿Está bien esta mesa o prefieren una más cerca de la ventana?
> Elena: Aquí está bien, gracias.
> Mozo: Muy bien. ¿Desean algún aperitivo, un vino blanco, una cerveza... ?
> Elena: Para mí agua mineral con hielo.

¡Ahora, a escuchar!

Claudio Téllez y Elena Contreras, dos estudiantes de la Universidad de Santiago, están celebrando su primer aniversario de novios en Delicias del Mar, un restaurante en Viña del Mar. Escucha su conversación, y luego indica quién hace cada una de estas cosas: el mozo (**M**), Elena (**E**) o Claudio (**C**).

_____ 1. Los lleva a una mesa.
_____ 2 Pregunta si prefieren una mesa cerca de la ventana.
_____ 3. Ofrece un aperitivo.
_____ 4. Pide un vaso de agua mineral.
_____ 5. Pide vino tinto.
_____ 6. Sugiere una ensalada de zanahorias.
_____ 7. Dice que no le gustan las zanahorias.
_____ 8. Imagina que la sopa es buena.

*Notice that the same sounds may have different spellings.

Vocabulario

Paso 1 CD3, Track 7

Bebidas

pisco	alcoholic drink made from muscatel grape
vino blanco	white wine
vino tinto	red wine

Carnes y aves

pavo	turkey
pollo	chicken
carne de puerco (f.)	pork
carne de res (f.)	beef
salchicha	sausage

Frutas

durazno	peach
fresa	strawberry
manzana	apple
melón (m.)	melon
naranja	orange
piña	pineapple
plátano	banana

Pescados y mariscos

calamar (m.)	squid
cangrejo	crab
langosta	lobster
pulpo	octopus
salmón (m.)	salmon

Verduras

aguacate (m.)	avocado
apio	celery
col (f.)	cabbage
lechuga	lettuce
papa	potato
rábano	radish
tomate (m.)	tomato
verdura	vegetable
zanahoria	carrot

Palabras relacionadas con la comida

desayunar	to eat breakfast
desayuno	breakfast
lácteo(a)	milky

Mercado

cerámica	ceramics
guantes (m. pl.)	gloves
mercancía	merchandise
poncho	cloak, square piece of fabric with opening for the head

Palabras y expresiones útiles

feliz cumpleaños	happy birthday
helado(a)	cold
lago	lake
mina	mine
natural	natural
ramo	bouquet (of flowers)
riqueza	richness, wealth
sorpresa	surprise

Comida y preparaciones

al ajillo	sautéed in garlic
cóctel de fruta	fruit cocktail
empanada	turnover
ensalada	salad
estofado	stew
fiambres (m. pl.)	cold cuts
frito(a)	fried
helado	ice cream
hamburguesa	hamburger
huevo	egg
mantequilla	butter
pan (m.)	bread
pastel (m.)	cake, pie
queque (m.)	cake

Verbos y expresiones útiles

desear	to desire
devolver	to reimburse, to return
regalar	to give a gift
sacar fotos	to take pictures

Paso 2 CD3, Track 8

Bebidas

café cortado	espresso with a tiny bit of milk
con gas	carbonated
jugo	juice
vino espumoso	sparkling wine
vino rosado	rosé wine

Mariscos y pescado

ceviche (m.)	raw fish marinated in lemon juice
congrio	conger eel
corvina	meagre (fish)
lubina	sea bass
merluza	hake
reyneta (reineta)	angel fish

Comidas

arroz (m.)	rice
bistec (m.)	steak
cebolla	onion
comida basura	junk food
entremés (m.)	appetizer
plato principal	main dish

Condimentos

azúcar (m.)	sugar
pimienta	pepper
sal (f.)	salt

Preparación de comidas

a la parrilla	grilled
a la plancha	griddle fried
a la sal	covered with salt
asado(a)	roasted
calentito(a)	warm
cazuela	casserole
cortado(a)	cut
gusto	taste, flavor
mixto(a)	mixed
revuelto(a)	scrambled

Cubiertos

cuchara	spoon
cuchillo	knife
servilleta	napkin
tenedor (m.)	fork

Verbos y expresiones

probar	to try, to taste
recomendar (ie)	to recommend
valer la pena	to be worthwhile

Palabras útiles

botella	bottle
copa	(wine) glass
exigente	demanding
extinción (f.)	extinction
mozo(a)	waiter/waitress
por favor	please
zapatilla	slipper

Paso 3 CD3, Track 9

Islas

área (el área/las áreas)	area
conjunto	group, collection

costa	coast	misterioso(a)	misterious	habitantes (m. pl.)	inhabitants
fauna	fauna, animal life	poblado(a)	populated	marinero	sailor
flora	flora, plant life	primer	first	población (f.)	population
isla	island	repleto(a)	replete, full		
kilómetro	kilometer	transparente	transparent		
mar	sea				
millas cuadradas	square miles				
trasbordador (m.)	ferry				
turismo	tourism				

Clima

cálido(a)	warm
clima (m.)	climate
sostenible	sustainable
suave	gentle, mild
templado(a)	moderate

Cueca

cueca	Andean folk dance
paseo	walk
paso	step
zapateo	heel-tapping

Verbos y expresiones verbales

asesinar	to assassinate
contar (ue)	to tell (a story)
coquetear	to flirt
dar	to give
dar problemas	to cause problems
degustar	to taste, to sample
escoger	to choose, to select
iniciar	to initiate, to begin
valorar	to value

Descripción

a menudo	frequently
breve	brief, short
cosmopolita	cosmopolitan
elegancia	elegance
estrecho(a)	narrow
fascinante	fascinating
fuerza	strength
generoso(a)	generous
grandioso(a)	grand, magnificent
largo(a)	long

Leyendas

impresión (f.)	impression
inspiración (f.)	inspiration
legendario(a)	legendary
leyenda	legend

Cuerpo humano

brazo	arm
cintura	waist
cuerpo	body
humano(a)	human

Palabras y expresiones útiles

beneficio de la duda	benefit of a doubt
Día de las Madres	Mother's Day
demás	other
luego	then
perfume (m.)	perfume
pipa	pipe
propina	tip
tema (m.)	topic
trayecto	trajectory
viñedo	vineyard

Gente

arpilleras	hand-sewn art scenes made of fabric
dictadura	dictatorship

EL ESPAÑOL... del Cono Sur

ají (m.)	chili pepper
ananá	pineapple
arvejas (f. pl.)	peas
choclo	corn
maní (m.)	peanut
melocotón (m.)	peach
palta	avocado
patata	potato
plata	money
porotos (m. pl.)	beans
porotos verdes (m. pl.)	string beans

Paso 1

8.1 Indirect-object nouns and pronouns
Stating to whom and for whom people do things

■ You learned in **Capítulo 7** that direct objects answer the question *Whom?* or *What?* in relation to the verb of the sentence. Indirect objects answer the questions *To whom/what?* or *For whom/what?* in relation to the verb.

Identify the direct and indirect objects in the following sentences. Note that in English the words *to* and *for* are often omitted. Check your answers below.*

1. She doesn't want to tell me the price.
2. No, I will not buy any more bones for your dog!
3. We'll write you a letter.
4. Give us the keys and we'll leave the door open for you.

Now identify the indirect objects in the following Spanish sentences. Check your answers below.†

5. Bueno, ¿van a traernos el menú, o no?
6. Me puedes traer un café.
7. ¿Te sirvo algo más?
8. Voy a pedirte un aperitivo, ¿está bien?

■ Study this chart of indirect-object pronouns in Spanish.

Indirect-object pronouns			
me	*to me, for me*	**nos**	*to us, for us*
te	*to you, for you* (familiar)	**os**	*to you, for you* (familiar)
le	*to you, for you* (formal) *to her, for her* *to him, for him*	**les**	*to you, for you* (formal) *to them, for them*

In Spanish, both the indirect-object pronoun and the indirect-object noun may be included in a sentence for *emphasis* or for *clarity* when using **le** or **les.** The preposition **a** always precedes the indirect-object noun.

¿Le pido más café **al mozo?**	*Shall I ask the waiter for more coffee?*
A ustedes les voy a servir un postre muy especial.	*I'm going to serve you a very special dessert.*

*ANSWERS: 1. D.O.: price / I.O.: me; 2. D.O.: bones / I.O.: dog; 3. D.O.: letter / I.O.: you; 4. D.O.: keys, door / I.O.: us, you
†ANSWERS: 5. nos; 6. Me; 7. Te; 8. te

Like direct-object pronouns, indirect-object pronouns in Spanish are placed in front of conjugated verbs. They may also be attached to the end of infinitives and present participles. Note the placement of the object pronouns in the following sentences and indicate if a change in word order is possible. Check your answers below.*

1. ¿Qué puedo servirle, señorita?
2. Les recomiendo la sopa de mariscos. ¡Está exquisita!
3. Están preparándonos algo muy especial.
4. ¿Nos puede traer una botella de vino tinto, por favor?

When object pronouns are used with affirmative commands, they also follow and are attached to the verb, which usually requires a written accent to keep the original stress of the verb.

Pregúntele si quiere café o té.   *Ask him/her if he/she wants coffee or tea.*
Dígame si quiere más.   *Tell me if you want more.*

Heinle Grammar
Tutorial: Indirect
Object Pronouns
I, II, III

¡A practicar!

A. En Viña del Mar. La familia Carrillo está en Armandita, su restaurante preferido en Viña del Mar. ¿Qué les sirve la camarera?

MODELO   a nosotros / empanadas
          Nos sirve empanadas.

1. a mí / camarones al ajillo
2. a mi papá / sopa de mariscos
3. a mis hermanos / pescado frito
4. a todos nosotros / café helado
5. a mi mamá / calamares fritos
6. a mis hermanas / ensalada de camarones

B. En el viaje al norte. Ramón acaba de regresar de un viaje al Valle de Elqui, en el norte de Chile, y trae regalos para todos sus familiares y amigos. ¿Qué les trae?

MODELO   a Paloma / pulsera de plata (*silver bracelet*)
          A Paloma le trae una pulsera de plata.

1. a mamá / cerámicas
2. a ustedes / tarjetas postales
3. a ti / charango (*small Andean guitar*)
4. a mí / libro de la historia de Chile
5. a su papá / botella de pisco
6. a Pepe y a Paco / discos compactos

C. ¿Y en el viaje al sur? ¿Qué les compró Ramón a todos en su viaje a la Región de Lagos, en el sur de Chile?

MODELO   a Paloma / chaqueta de lana
          A Paloma le compró una chaqueta de lana.

1. a mamá / ramo de copihues (*Chilean national flower*)
2. a ustedes / ponchos
3. a ti / suéter de lana
4. a mí / libro de la Patagonia
5. a su papá / otra botella de pisco
6. a Pepe y a Paco / camisetas de Puerto Montt

«A los tontos no **les** dura el dinero». (proverbio)

____ *Fools have a hard time making money.*

____ *Only fools don't save for a rainy day.*

---

*ANSWERS: 1. ¿Qué le puedo servir...? 2. No change 3. Nos están preparando... 4. ¿Puede traernos...?

8.2 Review of *gustar*

Talking about likes and dislikes

Remember that the verb **gustar** means *to be pleasing to* and is the Spanish equivalent of *to like*. The forms of **gustar** are *always preceded* by an indirect-object pronoun.

Me gusta la sopa, pero no **me gustan** las hamburguesas.

I like soup but I don't like hamburgers. (Soup is pleasing to me, but hamburgers are not.)

Heinle Grammar Tutorial: Gustar and Similar Verbs

If what is liked is an action (**cantar, leer, trabajar,** etc.) or a series of actions, the singular form of **gustar** is generally used.

Me **gusta** hacer ejercicio.
Nos **gusta** correr y caminar rápido.

I like to exercise.
We like to run and walk fast.

¡A practicar!

A. **¡Qué rico!** ¿A todos les gusta la comida que les sirven en el restaurante del Hotel Pérez Rosales en Puerto Montt?

MODELO   a nosotros / mariscos
Nos gustan mucho los mariscos. [o] **No nos gustan los mariscos.**

1. a mí / carne de puerco
2. a nosotros / salchicha
3. a mi mejor amigo(a) / calamares
4. a mis compañeros(as) de cuarto / ensalada de zanahorias
5. a mi mamá / pescado frito
6. a mis hermanos / ensalada

B. **Gustos.** ¿Conoces los gustos de tus familiares y amigos? ¿Y qué no les gusta?

MODELO   abuela: postre sí, verduras no
A mi abuela le gusta el postre. No le gustan las verduras.

1. hermano: jugar al fútbol sí, estudiar no
2. hermana: el verano sí, el invierno no
3. papá: el tomate sí, los porotos no
4. mamá: las flores sí, el vino no
5. mejor amigo(a): lavar platos sí, cocinar no
6. ¿y a mí?: los postres sí, el pescado no

«Cuanto más conozco a los hombres, más **me gustan** los perros». (frase célebre)

____ *Men look a lot like their dogs.*

____ *The more I get to know people, the more I like dogs.*

8.3 Double object pronouns
Referring indirectly to people and things

■ When both a direct- and an indirect-object pronoun are present in a sentence, a specific word order must be maintained. The two pronouns must always be together, with the indirect-object pronoun preceding the direct-object pronoun. *Nothing may separate them.* As with single object pronouns, the double object pronouns are placed directly in front of conjugated verbs, or may be attached to infinitives, present participles, and affirmative commands.

Te lo recomiendo.	*I recommend it to you.*
Ella va a traér**noslo.**	*She is going to bring it to us.*

Remember that the first pronoun in the sentence is not always the subject of the verb. As subject pronouns are often not stated in Spanish, the first pronoun in a sentence may well be the object of the verb.

Translate the following sentences. Check your answers below.*

1. Prefiero la sopa del día, pero me la sirve caliente.
2. Y la cuenta, ¿cuándo nos la van a traer?
3. ¿Es posible? ¿Todavía están preparándotelo?
4. ¿Puedes pasármelos, por favor?

Notice in examples 3 and 4 that whenever two object pronouns are attached to a present participle or an infinitive, the original stress of the verb form is maintained by a written accent, which is always necessary.

Indicate where written accents need to be placed on the italicized verb forms of the following sentences. Check your answers below.†

1. ¿Piensas *devolvernoslo* esta tarde?
2. ¿Están *preparandomelo* ahora mismo?
3. Estoy *pensandomelo* bien.

■ In Spanish, whenever two object pronouns beginning with the letter **l** occur together in a sentence, the indirect-object pronoun (**le, les**) changes to **se.**

$$
se \begin{cases} lo \\ la \\ los \\ las \end{cases} \qquad se \begin{cases} lo \\ la \\ los \\ las \end{cases}
$$

—El vino «Casillero del Diablo» es exquisito.
—~~Les~~ lo recomiendo. → **Se** lo recomiendo.
—¿Vas a comprar dos botellas?
—Sí, voy a regalár~~les~~las a papá. → Sí, voy a regalár**se**las a papá.

Since **se** may refer to **le** or **les,** it is often necessary to use the preposition **a** plus a noun or prepositional pronoun to clarify its meaning.

Voy a regalár**se**las **a papá.**	*I'm going to give them to Dad.*
Se lo recomiendo **a ustedes.**	*I recommend it to you.*

Heinle Grammar Tutorial: Direct and Indirect Objects Together

---

*ANSWERS: 1. I prefer the soup of the day, but serve it to me hot. 2. And the bill, when are they going to bring it to us? 3. Is it possible? They are still preparing it for you? 4. Can you pass them to me, please?
†ANSWERS: 1. devolvérnoslo; 2. preparándomelo; 3. pensándomelo

¡A practicar!

A. Tenemos hambre. Tú y tus amigos están en el café Bravísimo de Viña del Mar. ¿Qué hace el mozo?

MODELO servir arroz a Mariano
El mozo le sirve arroz a Mariano.
El mozo se lo sirve a Mariano.

1. traer el menú a nosotros
2. traer los entremeses a Mariano y a Juanita
3. traer jamón a mí
4. servir vino blanco a nosotros
5. servir ensalada a Juanita
6. servir sopa de cebolla a Mariano y a mí

B. ¡Ay, qué sabroso! El mozo del restaurante Los Adobes de Argomedo, en Santiago, conoce bien los gustos de cada miembro de la familia Gamboa. ¿A quiénes les recomienda estos platos?

MODELO el pescado frito / al señor Gamboa
Se lo recomienda al señor Gamboa.

1. la cazuela de pollo / a papá y a mí
2. los calamares / a mi hermana mayor
3. los huevos fritos / a mi hermanito
4. el arroz blanco / a toda la familia
5. las empanadas de queso / a mí
6. el helado / a mi hermana menor

C. ¿Tantos regalos? Paquito, el hermanito menor de Ramón, quiere saber para quién son todos los regalos. ¿Qué le dice Ramón?

MODELO ¿Para quién son los discos compactos? ¿Para Paloma?
Sí, se los traigo a Paloma.

1. ¿Para quién son los capihues? ¿Para mamá?
2. ¿Para quién son las camisetas? ¿Para mí?
3. ¿Para quién son las dos botellas de pisco? ¿Para papá?
4. ¿Para quién es el libro? ¿Para Miguel?
5. ¿Para quiénes son los ponchos? ¿Para nosotros?
6. ¿Para quién es el suéter? ¿Para él?

«¡Dí**melo** tú!» (expresión popular)

___ *Don't tell me your problems!*

___ *You tell me!*

8.4 Review of *ser* and *estar*

Describing, identifying, expressing origin, giving location, and indicating change

Ser is used

- with adjectives to describe physical attributes, personality, and inherent characteristics.
  Chile **es** un país largo y angosto.

- to identify people or things.
  Nosotros **somos** estudiantes.

- with impersonal expressions.
  Es importante estudiar mucho.

- to tell time.
  Son las cinco y media.

- to express nationality.
  El vino **es** chileno.

Ser is used with **de**

- to express origin.
  Elisabetta y Giovanni **son** de Italia.

- to tell what material things are made of.
  El poncho **es** de lana.

Estar is used

- with adjectives to describe temporal evaluation of states of being, behavior, and conditions.
  Elisabetta y Giovanni **están** encantados con su visita a La Tirana.

- to indicate location.
  La Tirana **está** cerca de Iquique.

- to form the progressive tense.
  Giovanni y Elisabetta **están** celebrando el cumpleaños de Giovanni.

Heinle Grammar Tutorial: Ser and **Estar** IV Contrasting Uses

¡A practicar!

A. Nuevos amigos. Rebeca es de Antofagasta, en el norte de Chile. Ahora está estudiando en la Universidad de Chile en Valparaíso. Completa este correo electrónico con la forma correcta de **ser** o **estar** para saber qué les escribe a sus padres.

Queridos papás:

¿Cómo _____ ustedes? Recibí su carta y _____ muy contenta porque vienen a visitarme este domingo. Hace tres semanas que vivo en el nuevo departamento y mis compañeras _____ simpatiquísimas. Rosa _____ alta y morena como yo; siempre nos preguntan si _____ hermanas. Marina siempre _____ ocupada porque _____ una estudiante muy diligente. Toni, el hermano de Marina, y Rosa _____ novios. Él _____ muy tímido y cuando nos visita siempre _____ muy nervioso.

Me despido ahora porque Marina y Rosa me _____ diciendo: «Rebeca, tú _____ muy perezosa hoy. ¿Cuándo vas a preparar la comida?».

Hasta pronto,

Rebeca

B. **¡En Santiago!** Ahora Rebeca está en Santiago durante las vacaciones de primavera. Completa la carta que le escribe a su prima Lorena con la forma correcta de **ser** o **estar**.

Querida prima:

¿Cómo _____ tú? Yo _____ muy bien y _____ contentísima aquí en Santiago. La gente en general _____ muy simpática. Casi todos _____ amistosos y siempre dicen que _____ impresionados conmigo porque yo estudio y también trabajo en una tienda. Bueno, tú sabes, el dinero... no me gusta pedirles tanto a mis padres. Y ahora, unos amigos y yo _____ estudiando inglés y el curso _____ caro. Todos _____ estudiantes de un instituto privado. ¡Ah! ¿Te gusta Ricky Martin? Él _____ aquí en Santiago ahora. Ayer lo vi. ¡Él _____ guapísimo! No _____ mi cantante favorito, pero canta muy bien y baila... ¡uuuh!

Bueno, ya casi _____ las dos de la mañana y yo_____ muy cansada. Buenas noches y hasta pronto.

Rebeca

«No **son** todos los que **están**, ni **están** todos los que **son**». (proverbio)

____ *Many are called, but few are chosen.*

____ *Not all that belong are present, nor do all that are present, belong.*

Heinle Grammar Tutorial: Irregular Verbs: **estar, ir, dar**

8.5 The verb *dar*

Telling what people give

The verb **dar** is irregular in both the present tense and in the preterite.

Present tense		Preterite tense	
dar *(to give)*		**dar** *(to give)*	
doy	damos	di	dimos
das	dais	diste	disteis
da	dan	dio	dieron

¡A practicar!

A. **La propina.** Tú y unos amigos salieron a cenar juntos al restaurante del Hotel O'Higgins en Viña del Mar. Ahora están decidiendo cuánto deben dejarle de propina al mozo. ¿Cuánto le da cada uno?

MODELO Antonio / 500 pesos
Antonio le da quinientos pesos.

1. Pablo / 650 pesos
2. María y Juan / 425 pesos
3. yo / 700 pesos
4. Ana / 250 pesos
5. Carmen y Pedro / 475 pesos
6. en total, / ¿...?

B. Navidad. Es el 25 de diciembre y Rebeca está pasando las vacaciones de verano en Antofagasta, en casa de sus padres. ¿Qué regalos se dieron todos en la Nochebuena (24 de diciembre), para las Navidades?

MODELO   tú / papá
                       Yo le di una botella de pisco a papá. Él me dio una blusa.

Vocabulario útil

una camisa	un perfume	un teléfono
una corbata	un perro	un televisor
unas flores	una pipa	unas vacaciones
un pastel	un suéter	un vestido

1. mamá / papá
2. tú / hermano(a)
3. tú y tus hermanos / abuelos
4. tú / mamá
5. tu mejor amigo(a) / tú

«Te **doy** un dedo y me quieres tomar el brazo». (dicho popular)

____ *You are going to cost me an arm and a leg.*

____ *I give you an inch and you take a mile.*

CAPÍTULO 9

¡Qué buen día para... los hispanos en los Estados Unidos!

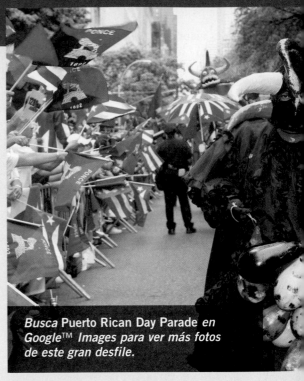

Busca Puerto Rican Day Parade *en* Google™ *Images para ver más fotos de este gran desfile.*

In this chapter, you will learn how to . . .

- discuss the weather and how it affects you.
- describe your daily routine.
- ask for and give directions.
- describe a typical weekend.

Comunicación

¿QUÉ SE DICE...?
- Al hablar del clima
- Al describir la rutina diaria
- Para pedir direcciones

Cultura

¿SABÍAS QUE... ?
El español estadounidense
Los distintos grupos de inmigrantes latinos en California

NOTICIERO CULTURAL
Los hispanos en los Estados Unidos
Gente... Gloria y Emilio Estefan, Sandra Cisneros y Marc Anthony

VIDEO CULTURAL
San Diego, ¡intensamente artístico y cultural!
Texas, ¡el segundo estado más grande!

EL RINCÓN DE LOS LECTORES
«Una pequeña gran victoria», poema de Francisco X. Alarcón

En preparación

PASO 1
9.1 Weather expressions
9.2 **Mucho** and **poco**

PASO 2
9.3 Reflexive verbs

PASO 3
9.4 Affirmative **tú** commands

Destrezas

¡A ESCUCHAR!
Listening "from the top down"

¡A VER!
Getting the gist of what is said

¡A ESCRIBIR!
Organizing detailed information in a formal e-mail

¡A LEER!
Punctuation in modern poetry

Busca Calle Ocho *en* Google™ *Images para ver más fotos de esta fascinante calle.*

Busca Hispanic murals en Google™ Images para ver una colección emocionante de murales hispanos.

¡Las fotos hablan!

A que ya sabes... Completa estas oraciones y explica por qué seleccionaste cada respuesta.

1. El desfile en la primera foto probablemente tiene lugar en...
   a. Puerto Rico.   b. Nueva York.   c. Los Ángeles.
2. La segunda foto probablemente se sacó en la ciudad de...
   a. San Juan, Puerto Rico.   b. La Habana, Cuba.   c. Miami, Florida.
3. La tercera foto es de un mural en...
   a. San Francisco.   b. Miami.   c. Dallas.

¡Hace frío por todo el suroeste de los EE.UU.!

¿Eres buen observador?

El tiempo hoy en México

Simbología			
☼	Despejado	⛅	Intervalos Nubosos
☁	Cielos Nubosos	☁	Cielos Cubiertos
🌦	Intervalos nubosos con lluvia débil	🌧	Cielos nubosos con lluvia débil
🌧	Cielos cubiertos con lluvia débil	🌧	Intervalos nubosos con lluvia moderada
🌧	Cielos nubosos con lluvia moderada	🌧	Cielos cubiertos con lluvia moderada
⛈	Intervalos nubosos con chubascos tormentosos	⛈	Cielos nubosos con chubascos tormentosos
⛈	Cielos cubiertos con chubascos tormentosos	🌧	Intervalos nubosos con chubascos tormentosos y granizo
⛈	Cielos nubosos con chubascos tormentosos y granizo	⛈	cielos cubiertos con chubascos tormentosos y granizo
🌨	Intervalos nubosos con nevadas	🌨	Cielos nubosos con nevadas
🌨	Cielos cubiertos con nevadas		

Ahora, ¡a analizar!

1. Hace buen tiempo en el norte de México.

   ____ cierto   ____ falso

2. Está lloviendo en el sur de México.

   ____ cierto   ____ falso

3. En Texas, Nuevo México y Arizona el cielo está cubierto de nubes hoy.

   ____ cierto   ____ falso

4. En el sur de California está despejado y hace sol.

   ____ cierto   ____ falso

5. En la costa este de los Estados Unidos llueve muchísimo.

   ____ cierto   ____ falso

6. Nieva en Alaska pero no en los Estados Unidos continentales.

   ____ cierto   ____ falso

y los Estados Unidos

¿Qué se dice...?

CD3, Track 10

Al hablar del clima

Y ahora, el tiempo en los Estados Unidos. Como pueden ver en el mapa, tenemos alta presión en casi todo el país, con temperaturas superiores a los 80 grados en muchas regiones de los Estados Unidos, especialmente en California.

En San Francisco, por ejemplo, nos informan que están sufriendo una ola de calor que no es normal para esta temporada del año, con temperaturas mucho más altas de lo normal, en torno a los 80 grados.

En el noroeste, lluvias generalizadas en los estados de Washington y Oregón donde la temperatura no sobrepasa los 60 grados Fahrenheit.

La intensa lluvia que cayó en las últimas horas y la poca visibilidad en el estadio han provocado la cancelación del partido de béisbol entre los Mariners de Seattle y los Red Sox de Boston.

En el noreste, muchos chubascos y nevadas, con temperaturas por debajo de los 20 grados Fahrenheit. El tráfico se encuentra detenido en muchas de las carreteras y autopistas, aunque se espera que dentro de poco todo vuelva a la normalidad.

Ahora, ¡a hablar!

EP 9.1

A. ¿Qué tiempo hace aquí y en Sudamérica? ¿Qué tiempo hace generalmente donde vives en los siguientes días de fiesta? Tú vas a contestar primero y luego tu compañero(a) va a decir qué tiempo hace en Buenos Aires durante la misma época.

MODELO   Navidad
       TÚ: **En Navidad nieva y hace mucho frío en...**
COMPAÑERO(A): **En Buenos Aires hace calor y llueve un poco en el verano.**

1. Pascua Florida (*Easter*)
2. Día de Acción de Gracias
3. Día de San Valentín
4. el 4 de julio
5. Día de las Madres
6. el día de tu cumpleaños

> **A propósito...**
>
> **¡Ojo!** Al hablar del tiempo, no olvides que **nieve** y **lluvia** son sustantivos. Los verbos son **nieva** y **llueve** en presente y **nevó** y **llovió** en pretérito. Recuerda también que para hacer pronósticos del tiempo, puedes usar el verbo **ir** + *infinitivo*, como por ejemplo: **va a nevar** o **va a llover**.

B. ¿Qué te gusta hacer... ? Con tu compañero(a), túrnense para decir qué les gusta hacer en estas situaciones.

MODELO cuando está nevando
Tú: **Cuando está nevando me gusta esquiar.**
Compañero(a): **A mí, no. Cuando está nevando me gusta permanecer en casa.**
o **A mí también. Cuando está nevando me gusta esquiar.**

Vocabulario útil

esquiar	pasear por el campo	ir de compras
pasear por el parque	montar en bicicleta	ir a la playa
permanecer en casa	correr	estar cerca de la chimenea

1. cuando llueve
2. cuando hace sol
3. cuando hay neblina
4. cuando hace mucho viento
5. cuando hace buen tiempo
6. si hace mucho frío
7. cuando nieva
8. si hace muchísimo calor

C. ¿Qué tiempo hace y cómo se siente? Describe estos dibujos.

MODELO **Hace mucho calor y el señor está sudando.**

1.
2.
3.
4.
5.
6.

D. El tiempo. Imagina que estás en un parque de tu ciudad. Hay mucha actividad a tu alre-dedor. Con tu compañero(a), describan qué pasa en cada escena, qué tipo de clima hace y todos los detalles posibles sobre las personas que están en ella: ¿Quiénes son ellos? ¿Cuál es su profesión? ¿Qué ropa llevan? ¿Por qué se mueven los árboles?...

Y ahora, ¿por qué no conversamos?

E. Lugares favoritos. Con tu compañero(a), túrnense para decir cuáles de estos lugares les gustaría visitar y en qué temporada. Cada uno debe seleccionar tres. Expliquen por qué seleccionaron esos lugares y temporadas. Mencionen qué tiempo hace allí durante su temporada preferida.

Anchorage, Alaska
Antigua, Guatemala
Atacama, Chile
Buenos Aires, Argentina
El Yunque, Puerto Rico
Hawai

Isla de Pascua, Chile
Ciudad de México
Madrid, España
Playa en Tyrona, Colombia
San Juan, Puerto Rico
Tikal, Guatemala

F. **¡Luces! ¡Cámara! ¡Acción!** Tú y dos compañeros(as) trabajan para la estación de radio de su universidad. Son meteorólogos. Cada uno(a) de ustedes va a informar al público sobre el clima en una de estas regiones de los Estados Unidos. Preparen su parte del pronóstico. Luego preséntenselo a la clase. No olviden incluir las presentaciones y saludos típicos de los meteorólogos.

La costa del Este   El Noreste   El Sudoeste

G. **¡Nuestra comunidad!** En tu universidad o comunidad, entrevista a una persona hispana. Luego compara los resultados de tu entrevista con los de dos compañeros(a) de clase. Pregúntale a la persona que entrevistes...

1. ¿Cómo es el clima en el país de origen de su familia?
2. ¿Les gusta a él (ella) y a su familia el clima de la ciudad donde viven? ¿Cómo les afecta?
3. ¿Qué actividades les gusta hacer al aire libre cuando hace buen tiempo? ¿Cuando nieva? ¿Cuando hace calor? ¿Cuando hace viento?
4. ¿Creen que el clima es una buena razón para cambiar de ciudad o de país? ¿Bajo qué circunstancias?
5. ¿Qué piensan del tema del calentamiento global? ¿Creen que es algo real o piensan que es algo ficticio? ¿Cómo lo justifican?

Un paso atrás, dos adelante

Capítulo 8

Repasemos. En el Capítulo 8 aprendiste a comprar en un mercado. También aprendiste a hablar de tus comidas favoritas y de tus viajes. Repasa lo que sabes, completando el siguiente texto con las palabras necesarias.

Día de mercado

VENDEDORA: ¿Qué _____ [pron. objeto indirecto] _____ [dar] hoy?

Tú: Buenos días. ¿Me _____ [poner] un kilo de naranjas, por favor?

VENDEDORA: ¿Cómo _____ [pron. objeto indirecto] _____ [pron. objeto directo] _____ [poner]? ¿Grandes o pequeñas?

Tú: Grandes, por favor.

VENDEDORA: Aquí tiene. ¿Algo más?

Tú: Las cebollas, ¿a cuánto _____ [ser / estar] de precio?

VENDEDORA: [Ser / Estar] _____ muy bien de precio. A 250 pesos el kilo. Y _____ [ser / estar] sabrosísimas.

Tú: ¿Puede _____ [dar + pron. objeto indirecto] dos kilos, por favor?

VENDEDORA: Por supuesto. ¿_____ [pron. objeto indirecto] _____ [pron. objeto directo] _____ [poner] en la misma bolsa con las naranjas?

Tú: Sí, muchas gracias.

Saber comprender CD3, Track 11

Estrategias para escuchar: escuchar «de arriba hacia abajo»

If you are thoroughly familiar with the subject of a conversation and can anticipate what will be said, you are able to listen casually to the general flow, picking out the occasional specific words that convey the gist of what is being said and letting your knowledge of the topic fill in the blanks on everything else. This approach is known as listening "from the top down."

Escuchar «de arriba hacia abajo». Para familiarizarte con lo que es el verano en San Francisco, escucha a tu profesor(a) leer esta descripción de un día típico de verano en la ciudad. Luego completa las oraciones que siguen.

1. El día típico de verano en San Francisco empieza con...
   a. frío.
   - b. neblina.
   c. calor.

2. A mediodía en verano, usualmente los cielos en San Francisco están...
   a. llenos de neblina.
   - b. despejados.
   c. nublosos.

3. A eso de las cuatro de la tarde en los días de verano en San Francisco, la neblina...
   a. desaparece.
   b. se convierte en lluvia.
   - c. reaparece.

4. Por la noche, en verano en San Francisco, con frecuencia...
   a. hace viento y frío.
   b. llueve.
   c. hay mucha neblina.

5. Según Mark Twain, el invierno más frío que él pasó fue en San Francisco en...
   a. otoño.
   b. invierno
   - c. verano.

¡Ahora, a escuchar!

Escucha el pronóstico del tiempo en San Francisco para el 15 de julio. Luego, con un(a) compañero(a), decidan cómo la información de la columna B se combina con la información de la columna A según el pronóstico que escucharon.

A	B
1. por la mañana C	a. de 45 grados
2. a mediodía d	b. más neblina
3. por la tarde b	c. neblina
4. por la noche e	d. sol y temperaturas de 65 grados
5. una temperatura por la noche a	e. viento

Los hispanos en los Estados Unidos

Antes de empezar, dime...

¿Cuáles son tus impresiones? Simplemente expresa tu opinión.

1. Los tres grupos más grandes de latinos en los Estados Unidos son...
   a. mexicanos, cubanos y salvadoreños.
   b. mexicanos, cubanos y puertorriqueños.
   c. mexicanos, puertorriqueños y dominicanos.
2. El porcentaje de la población de los Estados Unidos que representa los hispanos en este país es aproximadamente...
   a. 5%.   b. 15%.   c. 25%.
3. Los hispanos han impactado la cultura estadounidense en las áreas de...
   ☐ arquitectura.   ☐ pintura.   ☐ literatura.   ☐ música.
   ☐ cocina.   ☐ moda.   ☐ cine.   ☐ política.

Cuando se habla de los «hispanos» en los Estados Unidos no se habla de un solo grupo ni de una sola cultura. Los hispanos en los Estados Unidos representan un gran número de grupos y una gran variedad cultural. Los tres grupos más numerosos son los mexicoamericanos (65%), los puertorriqueños (12%) y los cubanoestadounidenses (5%). También hay miles de nicaragüenses, salvadoreños, guatemaltecos, hondureños, dominicanos... Cada uno de estos grupos tiene sus propias costumbres y su propia cultura: costumbres culinarias, manera de hablar, de vestir, literatura, música,...

La influencia de la población hispana en los Estados Unidos se hace notar en todos los aspectos de la vida de este país: en la arquitectura, la pintura, la literatura, la música, la cocina, la moda y el cine, entre otros. Los hispanos estadounidenses participan activamente del arte, la política y áreas fundamentales de la administración del país. A continuación puedes disfrutar de unas listas muy incompletas de grandes hispanos en los Estados Unidos conocidos como grandes novelistas, poetas, dramaturgos, músicos, actores y deportistas. Podríamos seguir nombrando a hispanos sobresalientes en las artes visuales, la arquitectura, la moda, la cocina, el gobierno y otros campos.

Los hispanos de los Estados Unidos, para concluir, son un grupo multicolor, cada vez con más relevancia y confianza en un futuro mejor y en su capacidad de poder unir como en un arco iris *(rainbow)* cultural, lo mejor de los Estados Unidos y el mundo de habla hispana.

Edward James Olmos

Dolores Prida

Cristina Aguilera

Actores
Anthony Quinn
César Romero
Raúl Julia
Rita Moreno
Andy García
Edward James Olmos
Salma Hayek
Cameron Díaz
Emilio Estévez
Jennifer López
Jimmy Smits
Penélope Cruz

Dramaturgos
María Irene Fornes
Eduardo Machado
Carlos Morton
Gregorio Nava
Miguel Piñero
Dolores Prida
Reinaldo Provod
Luis Valdez

Músicos
Cristina Aguilera
Carlos Santana
Gloria Estefan

Ricky Martin
Rubén Blades
Shakira
Marc Anthony
Tito Puente

Novelistas
Rudy Anaya
Ricardo Aguilar
Melantzón
Isabel Allende
Julia Álvarez
María Teresa Babín
Ángel Castro
Sandra Cisneros
Junot Díaz
José Luis González
Óscar Hijuelos
Rolando Hinojosa Smith
Francisco Jiménez
Tomás Rivera
Esmeralda Santiago
Pedro Juan Soto
John Peter «Piri» Thomas

Poetas
Francisco Alarcón
Alurista

Jorge Argueta
Lorna Dee Cervantes
Daisy Cubias
Rodolfo «Corky» Gonzales
Orlando González Esteva
Elías Miguel Muñoz
Juana Rosa Pita
Gary Soto
Chiqui Vicioso

Deportistas
Carlos Beltrán
Guillermo Coria
Milka Duno
Mary Jo Fernández
Óscar de la Hoya
Pau Gasol
Manu Ginobil
Nancy López
Pedro Martínez
Juan Pablo Montoya
Eduardo Nájera
David Nalbandian
Fabricio Oberto
Albert Pujols
Mariano Rivera
Sammy Sosa

Esmeralda Santiago

Jorge Argueta

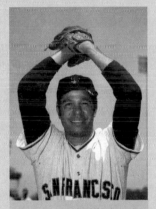
Juan Antonio Marichal

🔲 **Por el ciberespacio... a los Estados Unidos**

Keywords to search:
políticos hispanos
arquitectura hispana
artistas hispanos
To learn more about the United States, go to the *¡Dímelo tú!* website at academic.cengage.com/spanish/dimelotu

Y ahora, dime...

Con un(a) compañero(a) de clase, seleccionen a una persona de cada una de las seis listas. Luego divídanselas entre los dos para que cada uno investigue a tres de las personas en Internet e informe a la clase de sus resultados.

¡Mi rutina en San Francisco, California!

TAREA

Antes de empezar este *Paso*, estudia la lista de vocabulario de la página 320 y escucha el corte 15 de tu Text Audio CD3. Luego estudia *En preparación*.

1er día   9.3 Reflexive verbs, páginas 323–325

Haz por escrito los ejercicios de *¡A practicar!* correspondientes.

¿Eres buen observador?

1. Cuando te laves los dientes, **utiliza un vaso**. No dejes el grifo abierto. Llena moderadamente el lavabo para lavarte la cara, las manos o afeitarte. Ahorrarás 12 litros al minuto.
2. No uses el inodoro como **cubo de basura**, coloca una papelera. Ahorrarás de 6 a 12 litros cada vez.
3. Cierra levemente la **llave de paso** de vivienda, no apreciarás la diferencia y ahorrarás una gran cantidad de agua diariamente.
4. **Repara** los grifos o ducha que gotean o cámbiales por sistemas monomando. Ahorrarás una media de 170 litros de agua al mes. Pon **dispositivos de ahorro** en los grifos y duchas, reducirás el consumo casi en un 50%.
5. Utiliza la lavadora y el lavavajillas con la **carga completa** y el programa adecuado. Cuando lavas a mano consumes un 40% más de agua.
6. Riega tus plantas y el jardín al **anochecer** o amanecer. Utiliza sistemas de riego automáticos, por goteo o aspersión.
7. Instala una cisterna de **doble pulsador**. Reducirás a la mitad el consumo de agua.
8. **Dúchate** en vez de bañarte y cierra el grifo mientras te enjabonas. Ahorrarás un media de 150 litros cada vez.
9. Ponte en contacto con tu ayuntamiento para comunicar pérdidas de agua.
10. Utiliza siempre el sentido común y no desperdicies ni una gota de agua.

Consumir agua de forma eficiente es mucho más fácil de lo que imaginas.

Siguiendo algunos consejos puedes ahorrar una enorme cantidad de agua.

Ahora, ¡a analizar!

1. Ahorramos agua si al lavarnos los dientes...
   (__) usamos un vaso. (__) dejamos el grifo abierto.
2. Si nos afeitamos, es mejor...
   (__) dejar correr el agua. (__) poner un poco de agua en el lavabo.
3. Es preferible arrojar la basura...
   (__) al inodoro. (__) a una papelera.
4. Lavar los platos a mano es... que lavarlos a máquina.
   (__) más eficiente (__) menos eficiente
5. Ahorras mucha agua si...
   (__) te duchas en vez de bañarte. (__) te bañas en vez de ducharte.

¿Qué se dice...?

Al describir la rutina diaria

Mario es estudiante de la Universidad de California en San Diego. También trabaja medio tiempo en un supermercado. Vive solo.

Se despierta muy temprano y siempre se levanta enseguida cuando oye los despertadores (porque no confía en un solo despertador).

Generalmente se prepara un buen desayuno. Pero hoy desayuna algo ligero porque tiene prisa. Tiene que estar en el trabajo a las 9 y en clase a las 11.

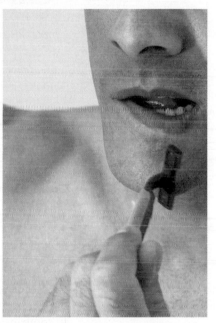

Primero se ducha y luego se peina. Lo único que hace lentamente es afeitarse para no cortarse.

Después del trabajo y de las clases, Mario llega a casa muy cansado. Primero se quita el suéter y los pantalones y se pone unos jeans para estar más cómodo. A veces su hermano Santiago lo acompaña para ver su programa de deportes favorito.

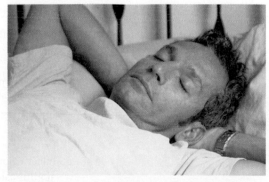

Después de cenar se sienta a ver la tele un rato. Se acuesta a eso de las once y se duerme enseguida.

¿Sabías que...?

Como estudiaste en *Para empezar,* página 13, hay muchas palabras del español incorporadas al inglés: *plaza, rodeo, corral, sierra...* También hay palabras del inglés incorporadas al español: **champú, jeans, shorts, béisbol...** Debido al contacto diario con el inglés, los hispanohablantes en algunas comunidades de los Estados Unidos usan un gran número de «palabras prestadas» del inglés que van formando una versión de «Spanglish». Estas palabras, por tener equivalentes en el español normativo, no comunican fuera de las comunidades que las usan. Algunos ejemplo son:

Español estadounidense	Español más común
armi	ejército
bas	autobús
biles	cuentas
breca	freno
colegio	universidad
daime	diez centavos
escuela alta	escuela secundaria
gasolín	gasolina
magazín	revista
sainear	firmar

En tu opinión: ¿Por qué crees que unas palabras del inglés estadounidense como champú y béisbol son aceptadas en el español normativo y otras como biles y daime no son aceptadas?

Ahora, ¡a hablar!

EP 9.3

A. Dos rutinas. Compara tu rutina diaria con la rutina de Mario en *¿Qué se dice... ?* ¿Hacen las mismas cosas o hay algunas que él hace que tú no haces y viceversa? ¿Hacen todo en el mismo orden o se organizan de distintas maneras?

MODELO   **Mario se levanta temprano; yo siempre me levanto tarde.** o **Mario y yo siempre nos levantamos temprano.**

EP 9.3

B. Un sábado típico. La rutina de Toñi y Gregory durante el fin de semana depende bastante del clima, pero nunca hacen las mismas cosas. Explica lo que Toñi hace y tu compañero(a) va a decir lo que hace Gregory.

MODELO   hacer viento: Toñi–quedarse / casa / leer / novela; Gregory–salir / correr como siempre
TÚ: **Cuando hace viento Toñi se queda en casa a leer una novela.**
COMPAÑERO(A): **Gregory sale a correr como siempre.**

1. llover: Toñi–quedarse / cama / hasta 11 A.M.; Gregory–salir / correr como siempre
2. no llover: Toñi–levantarse / 7:00 A.M. y hacer / ejercicio; Gregory–salir / correr como siempre
3. hacer buen tiempo: Toñi–desayunar / terraza; Gregory–prepararse / licuado / manzanas, fresas y plátanos / el desayuno
4. hacer mal tiempo: Toñi–quedarse / casa / todo el día; Gregory–sentarse / ver programas / deportes / todo el día
5. hacer calor: Toñi–bañarse / piscina; Gregory–practicar fútbol / mañana e / irse al gimnasio / tarde
6. hacer frío: Toñi–¿... ?; Gregory–¿... ?

C. Planes. ¿Qué planes tienen tú y tu compañero(a) para este fin de semana? Tomen turnos para preguntarse.

MODELO   levantarse tarde/temprano

TÚ: **¿Vas a levantarte tarde?**

COMPAÑERO(A): **¡Claro! No voy a levantarme hasta las 12.** o **No, voy a levantarme a las 7 porque tengo que escribir un trabajo para la profesora Lozano.**

Vocabulario útil

despertarse tarde/temprano	irse de compras por la mañana/tarde/noche
vestirse formalmente/informalmente	salir con amigos/novio(a)/padres
desayunar mucho/poco	divertirse en...
bañarse en la playa/piscina	acostarse tarde/temprano

D. Actividades diarias. Los Rodríguez comienzan el día de una manera bastante común. ¿Qué hacen? Con tu compañero(a), túrnense en decir lo que hacen los dos. Luego imagínense que hablan en nombre de ella y de él, y cuéntennos su rutina en primera persona.

Y ahora, ¿por qué no conversamos?

E. ¿Qué haces tú? Hazle preguntas a un(a) compañero(a) de clase para saber cómo pasa el fin de semana.
Pregúntale...

1. a qué hora se acuesta y a qué hora se levanta los viernes. ¿Y los sábados? ¿Y los domingos?
2. qué hace después de levantarse. ¿Y de ducharse? ¿Se afeita todos los días el fin de semana o solo los domingos?
3. si desayuna los sábados y domingos. ¿Qué come? ¿Quién le prepara el desayuno?
4. si generalmente se queda en casa los sábados y domingos o si sale con sus amigos. ¿Qué hace durante el día? ¿Qué hace de noche?
5. ¿...?

F. ¡Luces! ¡Cámara! ¡Acción! Tú estás tratando de convencer a un(a) amigo(a) de que la vida en tu universidad es más tranquila o más divertida que la vida en su universidad. Dramatiza esta situación con un(a) compañero(a). Comparen su rutina diaria al hacerlo.

¡Escríbelo!

Estrategias para escribir: organización de información detallada en el correo electrónico

Nos hemos acostumbrado a escribir correos electrónicos rápidamente sin poner mucha atención a los detalles. Sin embargo, para escribir un correo electrónico formal a una persona que no conoces personalmente o a personas mayores, debes poner más atención al detalle y proveer toda la información que se espera de ti.

Organización de información detallada. Tus padres y/o tu instructor(a) quieren que mejores tu español y por eso, te piden que mantengas correspondencia con un(a) estudiante de la Universidad Nacional Autónoma de México. ¿Qué aspectos de tu vida piensas que le interesaría a un(a) estudiante universitario(a) de México conocer sobre tu vida y tu universidad? Piensa y contesta las siguientes preguntas para ayudarte a organizar esa información.

1. ¿Quién eres? ¿De dónde eres? ¿Cuántos años tienes?
2. ¿Dónde estudias? ¿Qué estudias? ¿Cuáles son tus clases favoritas?
3. ¿Qué haces para divertirte?
4. ¿Cuál es tu rutina diaria?
5. ¿Cómo es el clima en tu ciudad?

Ahora, ¡a escribir!

A. En preparación. Para empezar, basa tu correo electrónico en las preguntas anteriores. Añade a la lista más información para escribir una buena descripción que destaca las actividades importantes de un(a) estudiante como tú.

B. El primer borrador. Ahora usa toda esa información para formar la base de la escritura. Tu correo electrónico debe seguir el orden de las preguntas que hiciste.

C. Ahora, a compartir. Intercambia tu escritura con la de dos compañeros(as). Haz comentarios sobre el contenido y el estilo de la escritura de tus compañeros(as) y escucha los comentarios de ellos sobre tu escritura. Pídeles que te indiquen qué más les interesaría que incluyeras en tu correo electrónico. Si hay errores de ortografía o de gramática, menciónalos.

D. Ahora, a revisar. Agrega a tu escritura la información que consideres necesaria, basada en los comentarios de tus compañeros(as). Revisa los errores de gramática, de puntuación y de ortografía.

E. La versión final. Escribe ahora la última versión de tu correo electrónico y entrégasela a tu profesor(a).

De visita en San Francisco, California

PASO 3

¿Eres buen observador?

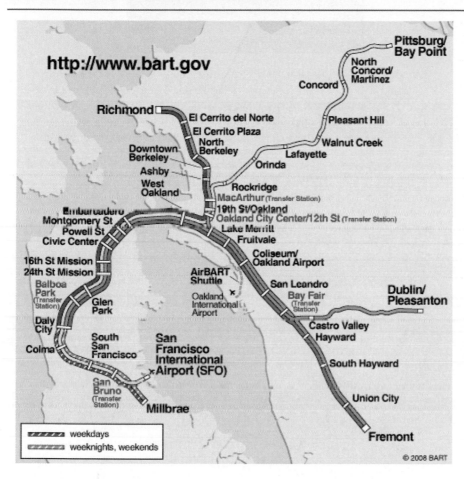

http://www.bart.gov

TAREA

Antes de empezar este *Paso*, estudia la lista de vocabulario de las páginas 320–321 y escucha el corte 16 de tu Text Audio CD3. Luego estudia *En preparación*.

1er día 9.4 Affirmative **tú** commands, páginas 326–327

Haz por escrito los ejercicios de *¡A practicar!* correspondientes.

Ahora, ¡a analizar!

Indica si las siguientes instrucciones te llevan a los lugares que dicen.

1. Sí _____ No _____ Para ir de Fremont a Pleasanton, bájate en Bay Fair y cambia a la línea celeste.
2. Sí _____ No _____ Para ir de Concord a Orinda, toma la línea amarilla y bájate en la segunda parada.
3. Sí _____ No _____ Para ir al aeropuerto internacional de San Francisco desde Oakland, toma la línea amarilla y bájate en South San Francisco.
4. Sí _____ No _____ Para ir de San Leandro a Castro Valley, bájate en la segunda parada.
5. Sí _____ No _____ Para ir de Mission a Downtown Berkeley, toma cualquiera de las líneas.

¿Qué se dice...? 🎧 CD3, Track 13

Para pedir direcciones

ADRIANA: Disculpa. ¿Puedes decirme cómo llegar a la Misión Dolores?

NOELIA: Sí, ¡cómo no! Sigue por esta calle seis o siete cuadras, hasta la calle Church y el parque Dolores. Allí toma la calle Church a la izquierda y sigue hasta la calle dieciséis. Gira a la derecha en la calle dieciséis, y a una cuadra, en la esquina con la calle Dolores, está la misión.

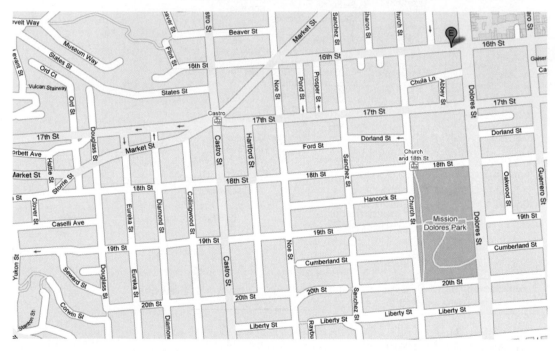

NOELIA: También puedes tomar el autobús en la calle Castro y bajar por la calle dieciséis.

ADRIANA: ¿Y cómo sé en qué parada bajarme?

NOELIA: Pregúntale al conductor. Dile que vas a la Misión Dolores y seguro que te dice cuándo bajarte.

ADRIANA: Muy bien. Muchísimas gracias. Muy amable.

NOELIA: De nada. Buena suerte.

GONZALO: ¿Dónde puedo encontrar una panadería?

AMALIA: Creo que la panadería más cercana está en la calle Castro. Para ir a la calle Castro, sigue por esta calle y rodea el parque Misión Dolores por la derecha. En la calle dieciocho, gira a la izquierda y sigue por la calle dieciocho cinco o seis cuadras hasta llegar a la calle Castro. Allí vas a encontrar varias panaderías.

La población hispana es la que crece con más rapidez en todo el país con 31%, o unos 11 millones de hispanos ya establecidos en California. Se dice que para el año 2020 los hispanos representarán el 43% de la población en California, mientras que los blancos serán aproximadamente el 34%. Ya para el año 2010 las poblaciones de blancos e hispanos serían iguales, cuando cada grupo representará un 39% de la población del estado. En el área de la bahía de San Francisco, la población latina ya supera los 1,5 millones, con siete emisoras de televisión y otros siete periódicos en español. La riqueza de culturas hispanas en California se refleja en la gran variedad culinaria en el distrito de La Misión en San Francisco, donde fácilmente se encuentran el batido de guanábana ecuatoriano, las pupusas salvadoreñas, las arepas venezolanas, los chuchitos guatemaltecos, el nacatamal nicaragüense y claro, los taquitos mexicanos.

En tu opinión: ¿Por qué crees que California es el destino predilecto de tantos inmigrantes latinos? ¿Cuál será la atracción de San Francisco? ¿Crees que es fácil o difícil mezclar varias culturas como la ecuatoriana, salvadoreña, venezolana, guatemalteca, nicaragüense y mexicana en el distrito de La Misión en San Francisco? Explica tu respuesta.

Ahora, ¡a hablar!

EP 9.4

A. ¿Cómo llego? Ricardo, un estudiante de la Universidad Estatal de San Francisco, va a la casa de Patricia, pero no sabe dónde vive. ¿Qué instrucciones le da Patricia?

> **MODELO**   llamar antes de venir
> **Llama antes de venir.**

1. tomar el autobús #5
2. bajarse en la parada de la calle Judah
3. doblar a la izquierda en la esquina de la carnicería Ramírez
4. caminar unas tres cuadras
5. entrar en el edificio 34
6. subir al tercer piso
7. tocar la puerta B

B. Consejos de un buen amigo. Tu amigo José es compañero de la universidad y es muy tímido. Ahora está triste porque no conoce a ninguna chica con quien salir. ¿Qué consejos le das?

EP 9.4

> **MODELO**   preocuparse / por tu imagen
> **Preocúpate por tu imagen.**

1. cortarse / el pelo
2. vestirse / más informalmente
3. comprarse / ropa a la moda
4. interesarse / por los otros
5. divertirse / mucho
6. ir / a los partidos de fútbol
7. invitar / a tus amigos al cine

C. Y tú... Están organizando una fiesta para celebrar el comienzo del curso académico en la universidad y tú y tu compañero(a) están organizándolo todo. ¿Qué les piden a sus amigos? Túrnense para dar instrucciones.

MODELO   Marcelo ir / comprar las sodas, por favor
Marcelo, ve a comprar las sodas, por favor.

1. Adela comprar / ingredientes para los bocadillos en el supermercado
2. Pamela traer / los discos de Gloria Estefan, por favor
3. Bárbara venir / temprano para ayudar a preparar los bocadillos, por favor
4. Anselmo limpiar / las sillas de la terraza
5. Cristina salir / a recibir a los invitados
6. ¿... ?

D. Cuídalo, por favor. Tú y tu compañero(a) se van a pasar las vacaciones de primavera fuera y antes de salir dan las instrucciones a su compañero(a) de departamento sobre lo que tiene que cuidar en la casa. ¿Qué le dicen?

MODELO   cambiarle / agua / pez una vez / semana
Cámbiale el agua al pez una vez por semana.

1. bañar / perro una vez / lo menos
2. ponerle / agua / las plantas una vez / por semana
3. abrir / ventanas / el día
4. cerrar / ventanas / noche
5. recoger / correspondencia / mediodía
6. contestar / el teléfono y escribe / nombre / persona que llamó
7. darle / de comer / gato cada día / la noche

E. En mi pueblo, de todo. Tu compañero(a) va a pasar las vacaciones en tu pueblo y ahora le estás mostrando los lugares más importantes de la plaza del pueblo (dibujo en la página 315). Mientras tanto, él/ella aprovecha para preguntarte dónde puede hacer o comprar distintas cosas. ¿Qué te pregunta? ¿Qué le respondes?

MODELO

COMPAÑERO(A): **¿Qué hago para tomar el autobús?**
TÚ: **Para tomar el autobús, ve a la parada que está al lado de la iglesia.**

Vocabulario útil

carnicería
cervecería
esquina
frutería
panadería
papelería
perfumería
tabaquería
zapatería

Y ahora, ¿por qué no conversamos?

F. Problemas anónimos. Comparte con la clase un problema que tienes tú o uno(a) de tus amigos (o inventa uno). El resto de la clase va a darte consejos para solucionar el problema. Escribe tu problema en una hoja de papel, pero no la firmes. Tu profesor(a) va a seleccionar varios para que la clase dé consejos. (El resto se van a usar en la Actividad G.) Todos los problemas van a ser anónimos.

G. ¡Luces! ¡Cámara! ¡Acción! Trabajas para un periódico y escribes la sección «Consejos para los jóvenes». Tú y dos compañeros(as) forman un equipo de escritores que dan consejos a los problemas que reciben. Preparen consejos a los problemas que su profesor(a) les va a dar. Presenten sus consejos frente a la clase: uno(a) presenta la situación y los otros dos leen los consejos que prepararon.

Saber comprender

Estrategias para ver y escuchar: ver y escuchar «de arriba hacia abajo»

In Paso 1 you learned that, if you are thoroughly familiar with the subject, you can listen casually to the general flow of a conversation, picking out the occasional specific words that convey the gist of what is being said and letting your knowledge of the topic fill in the blanks on everything else. This approach, known as "listening from the top down," works the same way when viewing a video on a very familiar topic.

Ver y escuchar «de arriba hacia abajo». Aunque nunca hayas visitado San Diego, probablemente sabes bastante de esa encantadora ciudad. Usa ahora ese conocimiento *(knowledge)* que ya tienes para determinar el significado de las palabras subrayadas *(underlined)* en estas oraciones y seleccionar la palabra con el mismo sentido *(meaning)*.

1. San Diego, California, está situada en el extremo sur de la costa pacífica a solo unas dieciocho millas <u>de la frontera</u> con México.
   a. de la reunión   b. del límite   c. de la resolución
2. Los habitantes de San Diego están muy orgullosos de su interesante <u>ambiente</u> artístico.
   a. atmósfera   b. salón   c. museo
3. La influencia española mexicana se puede experimentar en *Old Town,* un barrio animado y <u>pintoresco</u>.
   a. atractivo   b. sin color   c. peligroso
4. Casa Bandini es el muy premiado restaurante donde pueden <u>probar</u> una auténtica comida mexicana.
   a. cocinar   b. preparar   c. comer

Primera parte: San Diego, ¡intensamente artístico y cultural!

Al ver el video

¿Comprendes lo que se dice? Mientras ves el video por primera vez, anota tres cosas que aprendiste que no sabías antes, y tres que ya sabías.

SAN DIEGO

Lo que no sabía	Lo que ya sabía
1.	1.
2.	2.
3.	3.

Después de ver el video

Ahora, usa el conocimiento que ya tenías de San Diego y la nueva información que aprendiste al ver el video para contestar estas preguntas. Compara tus resultados con los de dos compañeros(as).

1. ¿Cuál es la población de San Diego: más de un millón, dos millones o tres millones?
2. ¿En qué consiste *Old Town* San Diego?
3. ¿Qué se puede comprar en el Café Coyote por un dólar?
4. ¿Cuál es la importancia histórica de Presidio Park?
5. ¿Cuál es el atractivo más popular de Balboa Park?

Segunda parte: Texas, ¡el segundo estado más grande!

Ver y escuchar «de arriba hacia abajo». Usa la misma estrategia al prepararte para ver la segunda parte del video: *Texas, ¡el segundo estado más grande!* Usa el conocimiento que ya tienes del gran estado de Texas para determinar el significado de las palabras subrayadas en estas oraciones y seleccionar la palabra con el mismo sentido.

1. Seis <u>banderas</u> han ondeado sobre Texas incluyendo las de España y México.
   a. estandartes
   b. aviones
   c. presidentes

2. La <u>herencia</u> mexicana también se encuentra en las comidas, la música y las fiestas.
   a. alegría
   b. inteligencia
   c. influencia

3. Millones de visitantes llegan a San Antonio cada año a visitar el Paseo del Río con sus cafés <u>al aire libre</u>.
   a. en terrazas y patios
   b. elegantes
   c. en barcos

4. Texas, por su historia, su diversidad y su aire mexicano es un estado <u>sin igual</u>.
   a. típico
   b. único
   c. informal

Al ver el video

¿Comprendes lo que se dice? Mientras ves el video por primera vez, anota tres cosas que aprendiste que no sabías antes, y tres que ya sabías.

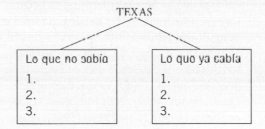

Después de ver el video

Ahora, usa el conocimiento que ya tenías de Texas y la nueva información que aprendiste al ver el video para contestar estas preguntas. Compara tus resultados con los de dos compañeros(as).

1. ¿Es Texas el estado más grande de los Estados Unidos?
2. ¿De qué es buen ejemplo la misión de San José en San Antonio?
3. ¿Qué porcentaje de la población de San Antonio es mexicoamericano?
4. ¿Cuáles son algunas de las atracciones de San Antonio?

El rincón de los lectores

Estrategias para leer: reconocer versos, estrofas y la lógica de la puntuación en la poesía moderna

En la poesía tradicional siempre encontramos una puntuación que sigue las reglas tradicionales de la sintaxis. La poesía moderna, sin embargo, no siempre tiene puntuación, como tampoco estrofas claramente delineadas. Algunos poetas como Francisco X. Alarcón, el poeta chicano que escribió el poema que sigue, con frecuencia no usa ni puntuación ni estrofas. Sin embargo, todos sus poemas tienen oraciones completas —solo les falta la puntuación— y se pueden dividir fácilmente en estrofas. Si la ausencia de puntuación te hace más difícil entender la poesía moderna, ponle la puntuación mentalmente mientras la lees.

Reconocer versos, estrofas y la lógica de la puntuación en la poesía moderna. En parejas, lean el poema y decidan dónde falta la puntuación. Pongan las letras mayúsculas que faltan, los puntos finales, las comas y las comillas. Si es necesario, escriban el poema de nuevo.

1. ¿Cuántas oraciones completas tiene el poema? ¿Cuáles son?
2. ¿En cuántas estrofas se puede dividir el poema? ¿Cuántos versos habría *(would there be)* en cada estrofa?

El autor

El poeta **Francisco Xavier Alarcón** nació en Wilmington, California, pero se crió tanto en los Estados Unidos como en México. Totalmente bilingüe, se educó en escuelas primarias y secundarias en el Este de Los Ángeles y en Guadalajara, México. Empezó sus estudios universitarios en la Universidad Comunitaria del Este de Los Ángeles y terminó su licenciatura en la Universidad Estatal de California en Long Beach. Hizo sus estudios graduados en la Universidad de Stanford. Poeta, crítico y editor chicano, ha publicado diez colecciones de poemas: *Tattoos* (1985); *Ya vas, Carnal* (1985); *Quake Poems* (1989); *Body in Flames / Cuerpo en llamas* (1990); *Loma Prieta* (1990); *Snake Poems* (1992); *Poemas zurdos* (1992); *No Golden Gate for Us* (1993); *From the Other Side of Night / Del otro lado de la noche* (2002). También ha publicado una serie de libros de poemas bilingües para niños: *Laughing Tomatoes and Other Spring Poems / Jitomates risueños y otros poemas de primavera* (1997); *From the Bellybutton of the Moon and Other Summer Poems / Del ombligo de la luna y otros poemas de verano* (1998); *Angels Ride Bikes and Other Fall Poems / Los Ángeles andan en bicicleta y otros poemas del otoño* (1999); *Iguanas in the Snow and Other Winter Poemas / Iguanas en la nieve y otros poemas de invierno* (2001). Actualmente es catedrático de la Universidad de California en Davis.

Una pequeña gran victoria

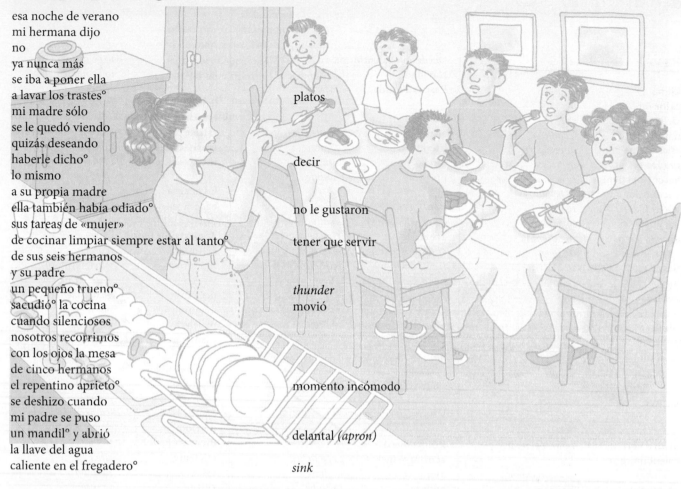

esa noche de verano
mi hermana dijo
no
ya nunca más
se iba a poner ella
a lavar los trastes°   platos
mi madre sólo
se le quedó viendo
quizás deseando
haberle dicho°   decir
lo mismo
a su propia madre
ella también había odiado° no le gustaron
sus tareas de «mujer»
de cocinar limpiar siempre estar al tanto° tener que servir
de sus seis hermanos
y su padre
un pequeño trueno°   *thunder*
sacudió° la cocina   movió
cuando silenciosos
nosotros recorrimos
con los ojos la mesa
de cinco hermanos
el repentino aprieto° momento incómodo
se deshizo cuando
mi padre se puso
un mandil° y abrió   delantal *(apron)*
la llave del agua
caliente en el fregadero° *sink*

A ver si comprendiste

Contesten estas preguntas en parejas.

1. ¿Dónde se encuentra el poeta esa «noche de verano»? ¿Quiénes lo acompañan? ¿Cuántos miembros tiene la familia en total?
2. ¿Quién dijo no? ¿A qué y a quiénes dijo no? ¿Por qué crees que lo dijo?
3. ¿Cómo reaccionó la madre? ¿Por qué cree el poeta que su madre reaccionó de esa manera? ¿Estás de acuerdo con el poeta? ¿Por qué?
4. Explica por qué el poeta menciona a seis hermanos y luego a cinco hermanos. ¿Es un error?
5. ¿Cómo se solucionó el problema? ¿Quién lavó los platos al final? ¿Qué opinas de eso? ¿Puede ocurrir esta situación en tu familia? ¿Por qué?
6. Explica el título del poema.

⊿ Por el ciberespacio... los poetas hispanos en los Estados Unidos
Keywords to search:

Lily Rodríguez
poetas hispanos
Francisco Alarcón

To learn more about **los poetas hispanos,** go to the *¡Dímelo tú!* website at academic.cengage.com/spanish/dimelotu

Vocabulario

Paso 1 CD3, Track 14

Clima
calor *(m.)*	heat
cielo	sky
clima *(m.)*	weather
estar despejado	to be clear
grados *(m. pl.)*	degrees
hacer buen tiempo	to be nice weather
hacer calor	to be hot
hacer frío	to be cold
hacer sol	to be sunny
hacer viento	to be windy
hay neblina	it's foggy
llover (ue)	to rain
lluvia	rain
neblina	fog
nevar (ie)	to snow
nieve *(f.)*	snow
nube *(f.)*	cloud
nublado(a)	cloudy
¿Qué tiempo hace?	What's the weather like?
tiempo	weather

Relacionado con el clima
al aire libre	in the open air
calentamiento global	global warming
chimenea	fireplace
congelado(a)	frozen
empapado(a)	soaking wet
meteorólogo(a)	meteorologist
pronóstico	forecast
sudar	to perspire
temblar	to shiver

Profesiones
deportista *(m./f.)*	athlete
dramaturgo *(m./f.)*	playwright
músico *(m./f.)*	musician
novelista *(m./f.)*	novelist
poeta *(m./f.)*	poet
político(a)	politician

Días feriados
Año Nuevo	New Year
Día de Acción de Gracias	Thanksgiving
Día de las Madres	Mother's Day
Día de San Valentín	St. Valentine's Day
Navidad	Christmas
Pascua Florida	Easter

Materias
arquitectura	arquitecture
literatura	literature
moda	fashion, style
pintura	painting

Palabras útiles
aculturación *(f.)*	acculturation
árbol *(m.)*	tree
contaminación *(f.)*	pollution
ficticio(a)	ficticious
poco	little

Verbos
afectar	to affect
justificar	to justify
montar en bicicleta	to ride a bicycle
permanecer	to remain, to stay
reaparecer	to reappear

Paso 2 CD3, Track 15

Rutina diaria
acostarse (ue)	to go to bed
afeitarse	to shave
bañarse	to bathe
despertarse (ie)	to wake up
dormirse (ue)	to fall asleep
ducharse	to shower, to take a shower
lavarse	to wash oneself
levantarse	to get up
peinarse	to comb one's hair
ponerse	to put on
quitarse	to take off
sentarse (ie)	to sit down
vestirse (i, i)	to dress oneself, to get dressed

Otros verbos
acordarse (ue)	to remember
ahorrar	to save
arrojar	to throw
bajarse	to get off
callarse	to become quiet
divertirse (ie)	to have a good time, to enjoy oneself

irse	to go away
llamarse	to be named, to be called
llevarse	to take away
marcharse	to leave
salirse	to leave unexpectedly
sentirse (ie, i)	to feel
turnarse	to take turns

En la casa
basura	trash
cama	bed
despertador *(m.)*	alarm clock
grifo	faucet
inodoro	toilet, lavatory
lavabo	wash basin, sink
licuado	mixed, blended (drink)
máquina	machine
papelera	wastepaper basket
vaso	glass

Palabras útiles
capitolio	capital building
chaqueta	jacket
cuero	leather
diario(a)	daily
dientes *(m. pl.)*	teeth
eficiente	efficient
estadio	stadium
rutina	routine

Paso 3 CD3, Track 16

Lugares
carnicería	butcher shop
cervecería	pub, brewery
esquina	corner
frutería	fruit store
panadería	bakery
papelería	stationery store, book store
perfumería	perfume store
piso	floor
tabaquería	tobacco store
zapatería	shoe store

Para dar direcciones
a la derecha	to the right
a la izquierda	to the left
cuadra	block

doblar	*to turn*	**pertenecer**	*to belong*	**Palabras y expresiones útiles**	
girar	*to veer*	**preocuparse**	*to worry*	**celeste**	*light blue*
línea	*line*	**solucionar**	*to solve*	**correspondencia**	*mail*
		tocar	*to knock (at a door),*	**cualquiera**	*any, anybody*
Verbos y expresiones verbales			*to ring (a doorbell)*	**fusión** *(f.)*	*fusion*
aportar	*to contribute*			**imagen** *(f.)*	*image*
cortarse	*to cut oneself*	**Bebidas y bocadillos**		**miembros**	*members*
estar de acuerdo	*to be in agreement*	**bocadillo**	*snack, tidbit*	**pez** *(m.)*	*(live) fish*
interesarse	*to become interested*	**ingredientes** *(m. pl.)*	*ingredients*	**planta**	*plant*
mencionar	*to mention*	**soda**	*carbonated beverage*		

EL ESPAÑOL... estadounidense

armi	*ejército*
bas	*autobús*
biles	*cuentas*
breca	*freno*
colegio	*universidad*
daime	*diez centavos*
escuela alta	*escuela secundaria*
gasolín	*gasolina*
magazín	*revista*
sainear	*firmar*

9.1 Weather expressions

Talking about the weather

■ In Spanish, **hacer, estar,** and the verb form **hay** are commonly used to describe weather conditions.

¿Qué tiempo **hace** hoy?	*What's the weather like today?*
Hace mucho frío.	*It's very cold.*
Sí, pero no **hace** viento.	*Yes, but it's not windy.*
Está despejado.	*It's clear.*
En el norte **está** nublado.	*In the north it's cloudy.*
¿**Hay** neblina hoy?	*Is it foggy today?*
No, pero **hay** mucha contaminación.	*No, but there is a lot of pollution (smog).*

Heinle Grammar Tutorial: Weather Expressions

■ The verb **tener** is used to describe how a person feels as a result of the weather conditions.

¿No **tienes** frío?	*Aren't you cold?*
No, en realidad, **tengo** mucho calor.	*No, actually, I'm very hot.*

Heinle Grammar Tutorial: Verbal expressions (**tener, haber, deber**)

■ The verb **estar** can also be used to describe a person's condition as a result of the weather.

Estoy congelado.	*I'm frozen.*
Está temblando.	*He's shivering.*
Están sudando.	*They are perspiring/sweating.*
Estamos empapados.	*We are soaking wet.*

¡A practicar!

A. ¿Qué tiempo hace? Unos amigos quieren saber qué tiempo hace en diferentes partes de los Estados Unidos. ¿Qué les dices tú?

1. verano en Phoenix, Arizona
2. invierno en Buffalo, Nueva York
3. primavera en Des Moines, Iowa
4. otoño en Boston, Massachusetts
5. todo el año en Chicago, Illinois
6. todo el año en Seattle, Washington

B. ¿Es igual? Di ahora qué tiempo hace en diferentes lugares del mundo, en las siguientes fechas.

1. la Navidad en San Francisco
2. la Navidad en Buenos Aires
3. el 4 de julio en California
4. el 4 de julio en Alaska
5. el Año Nuevo en París
6. el Año Nuevo en Santiago de Chile

> «Cuando **llueve** y **hace** viento, quédate adentro». (proverbio)
>
> ___ *When it's rainy and windy it is best not to go out.*
>
> ___ *Neither rain nor wind will keep us from doing our job.*

9.2 *Mucho* and *poco*

Expressing indefinite quantity

■ **Mucho** and **poco** may modify a noun or a verb. When the former is the case, **mucho** and **poco** act as adjectives and must agree in number and gender with what is being modified.

Hay **pocos** carros pero **mucha** contaminación.	*There are few cars but a lot of pollution.*
Hay **mucha** nieve pero hace **poco** frío.	*There is a lot of snow, but it's not very cold.*

■ When **mucho** and **poco** modify a verb, they are adverbs and do not vary in form.

Nieva **mucho** en el invierno.	*It snows a lot in the winter.*
Llueve **poco** aquí en el verano.	*It rains very little here in the summer.*

■ **Muy** is never used to modify **mucho**. Use the word **muchísimo** instead.

Hay **muy poca** nieve pero **muchísima** lluvia.	*There is very little snow but a lot of rain.*

¡A practicar!

A. Así es mi vida. Completa el párrafo con **mucho** o **poco** según tu propio (*your own*) estilo de vida.

Yo tengo _____ amigas y _____ amigos y por eso salgo _____. Este semestre estudio _____ porque tengo _____ clases. Trabajo _____ y gano (*earn*) dinero. Tengo _____ tiempo libre. En mi tiempo libre practico _____ deportes y miro _____ la televisión. En mi ciudad hay _____ cosas que hacer.

B. Problemas de un estudiante. ¿Cómo se prepara Rafael, estudiante de la Universidad de Nuevo México en Albuquerque, para empezar las clases después de las vacaciones de verano? Para saberlo, completa el párrafo con **mucho** o **poco**.

El semestre empezó esta semana y yo tuve que comprar _____ libros. ¡Ay, qué caros son! Por eso, ahora yo tengo muy _____ dinero. ¡Estoy pobre! Además, tengo _____ clases, pero _____ energía. Debo organizar mi vida. Necesito trabajar _____ horas y pasar _____ tiempo en la biblioteca. Este semestre voy a tener _____ tarea y _____ tiempo. ¡Qué horror!

> «Quien **mucho** abarca, **poco** aprieta». (proverbio)
>
> ____ *If you take on too much, you're not likely to do a good job.*
>
> ____ *The harder you try, the more likely you are to succeed.*

Paso 2

9.3 Reflexive verbs

Talking about what people do for themselves

lavarse			
to wash			
I wash (myself)	**me** lavo	**nos** lavamos	*we wash (ourselves)*
you wash (yourself) informal	**te** lavas	**os** laváis	*you wash (yourselves)*
you wash (yourself) formal	**se** lava	**se** lavan	*you wash (yourselves)*
he/she/it washes (himself/herself/itself)	**se** lava	**se** lavan	*they wash (themselves)*

A verb is called *reflexive* when the subject does the action to or for himself, herself, themselves, and so on, that is, when the subject receives the action of the verb. A reflexive pronoun always accompanies such a verb; it agrees in person and number with the subject of the verb. Reflexive pronouns precede a conjugated verb.

Los niños **se bañan** de noche.	*The children bathe (themselves) at night.*
Yo siempre **me acuesto** a las once.	*I always go to bed at eleven.*

Reflexive verbs appear in vocabulary lists with the reflexive pronoun -**se** attached to the infinitive ending. The following is a list of frequently used reflexive verbs. Some of these verbs have been used in previous chapters nonreflexively.

acostarse (ue)	*to go to bed*
afeitarse	*to shave*
bañarse	*to take a bath, to bathe*
despertarse (ie)	*to wake up*
divertirse (ie, i)	*to have a good time, to enjoy oneself*
dormirse (ue, u)	*to fall asleep*
ducharse	*to shower, to take a shower*
lavarse	*to wash oneself*
levantarse	*to get up, to stand up*
llamarse	*to be named, to be called*
peinarse	*to comb one's hair*
ponerse	*to put on (clothing)*
quitarse	*to take off (clothing)*
sentarse (ie)	*to sit down*
sentirse (ie, i)	*to feel*
vestirse (i, i)	*to get dressed*

The reflexive pronoun is necessary only when the subject does something to or for itself.

Mamá **se despierta** primero y luego **despierta** a los niños.	*Mom wakes up first and then wakes up the children.*
Primero **me baño** y luego **baño** a los niños.	*First I bathe, and then I bathe the children.*

Reflexive pronouns, like direct- and indirect-object pronouns, are always placed directly in front of conjugated verbs. They are attached to the end of infinitives, present participles, and affirmative commands. As with object pronouns, a written accent is often necessary to keep the original stress of present participles and affirmative commands when reflexive pronouns are attached.

Siempre **me** afeito antes de duchar**me**.	*I always shave before taking a shower.*
No vamos a levantar**nos** hasta el mediodía.	*We're not going to get up until noon.*
Los jóvenes están divirtiéndo**se** muchísimo.	*The young people are enjoying themselves very much.*
Quíta**te** la ropa y acuésta**te** en seguida.	*Take your clothes off and go to bed right away.*

Making a verb reflexive can change its meaning. These are some common examples. Some of these words may have other meanings not included here.

Verbo		Forma reflexiva	
acordar	*to agree, to decide*	acordarse	*to remember*
bajar	*to go down*	bajarse	*to get off*
callar	*to be quiet*	callarse	*to become quiet*
dormir	*to sleep*	dormirse	*to fall asleep*
ir	*to go*	irse	*to go away*
llevar	*to carry*	llevarse	*to take away*
marchar	*to march*	marcharse	*to leave*
poner	*to put*	ponerse	*to put on, to wear*
salir	*to leave*	salirse	*to leave unexpectedly*

Heinle Grammar
Tutorial: Reflexive Verbs

¡A practicar!

A. Todos los días... ¿Cuál es la rutina en casa de los Chávez según Marta, la hija mayor?

1. Yo (levantarse) a las 6:30.
2. Yo (ducharse) rápidamente pero no (lavarse) el pelo todos los días.
3. Papá (afeitarse) después de (ducharse).
4. Mamá (peinarse) y luego (peinar) a mi hermanita.
5. Mi hermana y yo (vestirse) rápidamente.

B. ¡Un pájaro raro! La rutina del profesor Gamboa es muy interesante. Para saber por qué, completa el párrafo con la forma apropiada de los verbos que están entre paréntesis.

Por lo general, el profesor Gamboa (acostarse) muy temprano, a eso de las 9:30 o las 10:00 de la noche. ¿Por qué tan temprano? Porque (levantarse) cuando todo el mundo está durmiendo, a las 4:00 de la mañana. ¿Qué hace a esa hora? Pues, primero (prepararse) una taza de café. Luego (sentarse) a trabajar frente a la computadora. No (bañarse) ni (afeitarse) hasta las 11:30 porque no tiene que ir a la universidad hasta el mediodía. Ah, ¡y nunca (peinarse)! Es un pájaro raro *(rare bird)*.

C. ¿Y tú? Responde a las siguientes preguntas sobre tu propia rutina diaria.

1. ¿A qué hora te despiertas diariamente?
2. ¿Prefieres ducharte o bañarte?
3. ¿Cuántas veces al día te peinas?
4. ¿A qué hora te levantas los fines de semana?
5. ¿A qué hora te acuestas normalmente?
6. ¿Desayunas antes o después de vestirte?
7. ¿Qué te quitas antes de acostarte?
8. ¿Te duermes con música?

D. Una nueva rutina extraordinaria. Manuel habla con sus padres de su rutina y su vida en su nueva universidad, la Universidad del Estado en Sacramento. Para saber qué les dice, decide cuál de los verbos completa correctamente estas frases.

1. Marta y yo (acordamos / nos acordamos) reunirnos todos los sábados para estudiar.
2. En esta ciudad, como no hace mucho frío, (ponemos / nos ponemos) una chaqueta de cuero en invierno.
3. Yo (me duermo / duermo) todos los días a las 10 de la noche.
4. Quiero participar en la banda de la universidad para (marcharme / marchar) en el estadio.
5. Cuando nos cansamos de la vida en la ciudad (nos vamos / vamos) a disfrutar del campo.
6. Cuando venimos de la universidad, Marta y yo (bajamos / nos bajamos) en la parada enfrente del Capitolio.

«Quien borracho **se acuesta**, con agua **se desayuna**». (proverbio)

____ *If you drink too much, you're likely to wake up in the shower.*

____ *If you go to bed drunk, you're going to wake up with a hangover.*

9.4 Affirmative *tú* commands
Giving orders and directions

Commands are used to order someone to do or not to do something. **Tú** commands are used with people with whom you are familiar or whom you address as **tú**. There are different forms for affirmative and negative **tú** commands. In this chapter, you will learn only affirmative **tú** commands.

■ In general, the affirmative **tú** command is identical to the third-person singular of the present indicative.

Infinitive	Command
tomar	**Toma** café.
leer	**Lée**lo.
dormirse	**Duérme**te.

Habla con el profesor y **explícale** tu problema.   *Talk to the professor and explain your problem to him.*
Trae el mapa.   *Bring the map.*

■ There are eight irregular affirmative **tú** command forms. Note that most are derived from irregular first-person singular forms ending with **-go**.

Infinitive	*yo* present tense	*tú* command
decir	digo	**di**
poner	pongo	**pon**
salir	salgo	**sal**
tener	tengo	**ten**
venir	vengo	**ven**
hacer	hago	**haz**
ir	voy	**ve**
ser	soy	**sé**

■ Object and reflexive pronouns always follow and are attached to affirmative commands. The placement of pronouns follows this order: reflexive, indirect, direct.

Tráe**melas.**   *Bring them to me.*
Acuésta**te.**   *Go to bed.*
Lléva**selo.**   *Take it to him.*

Heinle Grammar Tutorial: Informal Commands (**tú**)

Notice that whenever pronouns are added to a verb, accents are often necessary in order to maintain the original stress.

¡A practicar!

A. ¡Organízate! El hermano menor de Olga es muy desorganizado. ¿Qué consejos le da Olga a su hermano?

MODELO   acostarse / más temprano
       Acuéstate más temprano.

1. levantarse / más temprano
2. vestirse / rápidamente
3. poner / la ropa en tu cuarto
4. salir / antes de las 7:30
5. ir / directamente a clase
6. hacer / tu tarea todas las noches

B. ¡Por favor! Tú decides establecer un poco de orden en el uso del baño en tu casa o apartamento. Dile a tu hermano(a) o a tu compañero(a) de cuarto lo que tiene que hacer para evitar que todos quieran usar el cuarto de baño a la vez. Usa mandatos en la segunda persona **(tú)**.

1. levantarse temprano
2. ducharse rápidamente
3. vestirse en su cuarto
4. lavarse el pelo por la noche
5. peinarse rápidamente
6. ¿... ?

C. ¡Dímelo tú! El título de este libro de texto tiene dos significados según el contexto dentro del cual se usa: *You tell me* (*it*)! o *You don't say!* Explica la estructura del título a base de las reglas que acabas de aprender —la forma del verbo, el acento, los pronombres, etcétera.

«**Dame** pan y **dime** tonto». (dicho popular)

___ *I don't care what people say as long as I get what I want.*

___ *Let them eat cake!*

CAPÍTULO 10

Nicaragua: tierra de lagos, volcanes, terremotos y poetas

In this chapter, you will learn how to . . .

- talk about proper action to take in case of an emergency.
- talk about the past.
- describe what happened.
- talk about the lives and works of a writer.

Busca terremoto en Managua *en Google™ Images y YouTube™ para aprender sobre los daños del terremoto de Managua.*

Busca huracán Félix Nicaragua *en Google™ Images y YouTube™ para aprender sobre su desastroso efecto en octubre 2007.*

Busca Nicaragua tierra de lagos y volcanes *en Google™ Images y YouTube™ para ver una variedad de fotos de este hermoso paisaje.*

¡Las fotos hablan!

A que ya sabes... Mirando las fotos, trata de completar estas afirmaciones.

1. El volcán en la primera foto es uno de los _____ que rodean Managua, la capital de Nicaragua.
   a. tres   b. cinco   c. veinticinco
2. La destrucción del edificio de gobierno en la segunda foto probablemente fue causada por un _____.
   a. terremoto   b. golpe militar   c. huracán
3. Nicaragua, por su cercanía al Caribe, está expuesta a _____.
   a. tornados   b. huracanes   c. sequías

¡Viviendo seguros en... Nicaragua!

TAREA

Antes de empezar este *Paso,* estudia la lista de vocabulario de la página 350 y escucha el corte 21 de tu Text Audio CD3. Luego estudia *En preparación.*

1er día 10.1 Present subjunctive: Theory and forms, páginas 352–353

10.2 Subjunctive with expressions of persuasion, página 353

Haz por escrito los ejercicios de *¡A practicar!* correspondientes.

¿Eres buen observador?

¿QUÉ HACER EN CASO DE TERREMOTO?

ANTES: Se recomienda que...
- prepares un plan de emergencia para la familia en caso de terremoto.
- practiques cómo cortar la electricidad, el agua y el gas rápidamente.
- dispongas de un equipo de emergencia: linterna, radio transistor, botiquín de primeros auxilios...
- tengas agua en recipientes de plástico para al menos una semana para toda la familia.

DURANTE: Te sugerimos que...
- mantengas la calma y reacciones deliberadamente.
- estés lejos de cuadros, chimeneas y objetos que puedan caerse.
- te protejas debajo de los huecos de las puertas o de algún mueble sólido.
- si estás en el exterior, procures mantenerte a distancia de los edificios altos, postes de energía eléctrica y otros objetos que te puedan caer encima.

DESPUÉS: Te pedimos que...
- no muevas a los heridos con fracturas.
- cierres las llaves de paso del agua y del gas y comuniques cualquier escape a sus compañías.
- no camines por cristales rotos o cables eléctricos y sigas las instrucciones de las autoridades.

Ahora, ¡a analizar!

1. Localiza Managua en el mapa de Nicaragua en las primeras páginas de este libro y mira este mapa de las zonas sísmicas de Nicaragua. La ciudad capital de Managua tiene una amenaza de terremoto...
   a. muy alta. b. alta. c. mediana. d. baja.
2. En el noreste, en la Costa del Caribe de Nicaragua, la amenaza es...
   a. muy alta. b. alta. c. mediana. d. baja.
3. En caso de un terremoto, nos recomiendan...
   a. que llevemos rápidamente a los heridos al hospital más cercano.
   b. que no movamos a los heridos.

¿Qué se dice...?

En caso de emergencia

CAMPAÑA DE PREVENCIÓN DE DESASTRES NATURALES

Nicaragua es un paraíso natural que es a menudo azotado por los desastres naturales. Tanto los habitantes de Nicaragua como los visitantes deben observar estos consejos de la Cruz Roja Nicaragüense, que de todos modos son válidos para cualquier parte del mundo.

Para evitar incendios forestales, se pide que...

- no arrojen fósforos ni cigarros encendidos.
- no enciendan fuego para cocinar fuera de los lugares preparados para ello.
- no lancen cohetes ni ningún otro fuego artificial.

Si caminan a pie por el monte y hay un incendio en las proximidades les recomendamos que...

- se alejen del incendio lo antes posible.
- no corran ladera arriba a menos que sepan que existe un lugar seguro.
- no intenten cruzar las llamas, salvo que vean claramente lo que hay detrás de ellas.

Ante una posible erupción de un volcán les recomendamos que...

- conozcan la situación del volcán. ¿Está activo? ¿Cuándo fue la última vez que entró en erupción?
- eviten los terrenos erosionados o deforestados.
- usen el tiempo desde el comienzo de la actividad hasta la crisis volcánica para buscar refugio fuera de la zona y para seguir las directrices de las autoridades.

Como preparación para un huracán, les aconsejamos que...

- se informen sobre los planes de emergencia de su comunidad, las señales de advertencia y las rutas de evacuación.
- desconecten las fuentes de alimentación de gas y de agua antes de abandonar la casa.
- compren un extinguidor de incendios y se aseguren de que todos sepan dónde está y cómo usarlo.
- pongan en un sitio seguro los documentos importantes, como pólizas de seguro y testamentos, y mantengan un inventario para su seguro del hogar.
- anoten los números de teléfono de emergencia junto a cada aparato de teléfono.

Ante los constantes terremotos de Nicaragua, les aconsejamos que...

- escojan un lugar seguro en cada sala —debajo de una mesa resistente, de un escritorio o contra una pared interior donde nada pueda caerles encima.
- elijan un contacto familiar que resida fuera de la zona para mantenerse en contacto con el resto de la familia.
- tomen un curso de primeros auxilios en la oficina local de la Cruz Roja de su localidad y mantengan actualizada su capacitación.

Nicaragua: de la realidad a la esperanza

Antes de empezar, dime...

1. ¿Cuál es el origen del nombre de los Estados Unidos?
2. ¿Qué tipo de desastres naturales ocurren en los Estados Unidos?
3. ¿Cuáles son algunos de los más recientes? ¿De los más destructivos?
4. ¿Por qué sigue viviendo la gente en esos sitios?

NICARAGUA

Nombre oficial
República de Nicaragua

Capital
Managua

Población
5.785.846 (julio 2008 est.)

Unidad monetaria
córdoba oro

Índice de longevidad
71,2 años

Alfabetismo
67,5 por ciento

Nicaragua recibió su nombre del cacique Nicarao, jefe indígena de la tribu que en época precolombina pobló las orillas del Cocibolca, el actual lago de Nicaragua (3000 kms^2). Se trata del país más grande de América Central y, con Belice, el menos poblado, con casi 6.000.000 de habitantes.

Nicaragua ofrece una gran variedad de rutas para explorar su belleza natural. La ruta colonial nos lleva a explorar las ciudades de León y Granada. León, al igual que la famosa ciudad de Pompeya en la antigua Roma, fue enterrada en 1614 por el volcán Momotombo. Esta ciudad fue transladada posteriormente al lugar que ocupa hoy en día. La ruta de la abundante agua nos lleva a nadar y disfrutar del clima y a descubrir los lagos, ríos y misteriosas lagunas en los cráteres de los volcanes, además de las playas de la costa del Pacífico y Atlántico. Para los turistas más aventureros existe la ruta del fuego que nos transporta a explorar

exuberantes volcanes, algunos todavía activos, que bordean la costa del Pacífico. Poder subir hasta la punta del cráter o divisar la naturaleza en todo su esplendor es llevarse memorias inolvidables de Nicaragua. Para los amantes de la naturaleza, la ruta del café nos envuelve en sus majestuosas zonas cafetaleras de Matagalpa y Jinoteca.

La gran mayoría de la población nicaragüense es mestiza, con un sector en la costa del Atlántico de herencia africana. La población indígena predominante es la de los indígenas misquitos. El 60% de la población de Nicaragua tiene menos de 17 años.

Nicaragua ocupa una de las zonas más geológicamente inestables y jóvenes de la tierra, el istmo centroamericano: una gran depresión de casi 600 kms que separa América del Norte y América del Sur.

Nicaragua está también llena de volcanes, de tal modo que un día despejado es posible ver entre veinte y veinticinco volcanes desde el centro de la capital, Managua. A solo dieciséis kilómetros de Managua se halla el cráter del volcán Xiloá, con un hermoso lago donde se puede nadar, pescar y dar un paseo en bote.

Datos interesantísimos sobre Nicaragua

- El lago de Nicaragua mide 92 millas de largo por 34 millas de ancho. Hay 302 isletas en el lago.
- Managua, la capital, fue casi totalmente destruida por un terremoto en 1972.
- León es considerada «la capital intelectual» de Nicaragua. Su catedral es la más grande de toda Centroamérica.
- Granada, una hermosa ciudad colonial, es la ciudad más antigua de toda Centroamérica.
- En 2006, Presidente Enrique Bolaños anunció un plan para construir un nuevo canal entre el océano Pacífico y el océano Atlántico. Se proyecta completarlo para el año 2018.
- Violeta Barrios de Chamorro, Presidenta de Nicaragua de 1990 a 1996, fue la primera mujer elegida presidenta democráticamente en el mundo hispanohablante.

⊿ Por el ciberespacio… a Nicaragua

If you are a cyberspace surfer, try entering one of the following keywords to get to know some of the fascinating sites of **Nicaragua:**

Lago de Nicaragua
Terremotos de Nicaragua
Geografía de Nicaragua

To learn more about Nicaragua, go to the *¡Dímelo tú!* website at academic. cengage.com/spanish/dimelotu

Y ahora, dime...

Con un(a) compañero(a), preparen dos listas: una con los atractivos de Nicaragua que descubrieron en este capítulo (pueden repasar también los Pasos 2 y 3) y otra con los inconvenientes naturales que tiene Nicaragua, según esta lectura.

Vocabulario 🎧

Paso 1 CD3, Track 21

Desastres naturales

desastre natural (m.)	natural disaster
erupción de volcán (f.)	volcanic eruption
incendios forestales (m. pl.)	forest fires
huracán (m.)	hurricane
maremoto	tsunami
tornado	tornado
zona sísmica	earthquake zone

Emergencias

ambulancia	ambulance
ahogarse	to drown
ataque cardíaco (m.)	heart attack
caerse	to fall down
choque eléctrico (m.)	electric shock
emergencia	emergency
envenenamiento	poisoning
hemorragia	hemorrhage
lesión (f.)	injury
riesgo	hazzard
sofocar	to smother, to put out

Víctimas

herido(a)	wounded or injured person
inconsciente	unconscious
lastimado(a)	injured person

Tratamientos

botiquín de primeros auxilios (m.)	first aid kit
dosis (f.)	dosage
masaje cardíaco (m.)	cardiac massage
medicina	medicine

Servicios de urgencia

autoridad (f.)	authority
Cruz Roja	Red Cross
cuerda	rope
extintor de incendios (m.)	fire extinguisher
mantener la calma	to stay calm
primeros auxilios (m. pl.)	first aid

reanimar	to revive
respiración artificial (f.)	artificial respiration
respirar	to breathe
salvavidas (f. pl.)	life preserver
servicios de emergencia/ urgencia (m. pl.)	emergency services
toxicología	toxicology

Casa

escalera	ladder; stairs, staircase
estufa de gas	gas stove
fósforos (m. pl.)	matches
paquete (m.)	package
pasillo	hall, hallway
suelo	floor
toalla	towel
vecino(a)	neighbor

Descripción

aconsejable	advisable
alerto(a)	alert
alto(a)	high
amenaza	threat
bajo(a)	low
de sol a sol	from dawn to dusk
destructivo(a)	destructive
elevado(a)	elevated
en caso de	in case of
encendido(a)	lit up
excesivo(a)	excessive
húmedo(a)	wet, humid
lento(a)	slow
mediano(a)	medium
peligro	danger
reciente	recent
salvo	except

Números ordinales

primer(o)	first
segundo	second
tercer(o)	third
cuarto	fourth
quinto	fifth
sexto	sixth
séptimo	seventh
octavo	eighth
noveno	ninth
décimo	tenth

Verbos

aconsejar	to advise
cubrir	to cover
insistir (en)	to insist
lanzar	to throw, to hurl
morirse	to die
observar	to observe
proporcionar	to provide
quedarse	to stay, to remain
reunirse	to get together, to reunite
romperse	to break, to shatter
sugerir	to suggest
verificar	to verify

Paso 2 CD3, Track 22

Accidente automovilístico

carro	car
chocar	to crash
chofer (m. f.)	chauffeur
conducir	to drive
culpa	fault
grúa	wreaker, tow truck
oxígeno	oxygen
pegar	to hit
peligro	danger
tener la culpa	to be at fault, to be to blame

Descripción

afueras	suburbs, outskirts
entero(a)	whole, entire
extraño(a)	strange
indicio	indication, sign
interior (m.)	interior
sospechoso(a)	suspicious
turístico(a)	tourist

Viajar

destinación (f.)	destination
llegada	arrival
placer (m.)	pleasure
reservación (f.)	reservation

Expresiones indefinidas

alguien	someone, anyone
alguna vez	sometime, ever
alguno	some, any
o... o	either . . . or

Expresiones negativas

jamás	*never*
ni... ni	*neither . . . nor*
ninguno(a)	*none, not any*

Verbos

andar	*to walk*
anticipar	*to anticipate*
anunciar	*to announce*
estar seguro(a)	*to be sure*
evitar	*to avoid*
haber *(aux. verb)*	*to have*
notar	*to notice*
producir	*to produce*
traducir	*to translate*
tratar de	*to try*

Palabras y expresiones útiles

a tiempo	*on time*
actuación *(f.)*	*performance*
comunidad *(f.)*	*community*
guerra	*war*
incidente *(m.)*	*incident*
llaves de paso *(f. pl.)*	*water valves*
objeto	*object*

oportunidad *(f.)*	*opportunity*
por suerte	*luckily*
primitivista	*primitive or naïve art, characterized by vivid colors and simple figures*
si así es	*if so*

Paso 3 CD3, Track 23

Poesía

estrofa	*verse*
metáfora	*metaphor*
oración *(f.)*	*sentence*
pasión *(f.)*	*passion*
ritmo	*rhythm*
verso	*line of a poem*

Ladrón

billetera	*wallet*
documentos de identidad *(m. pl.)*	*identification documents*
miedo	*fear*
pistola	*gun*

Descripción

a continuación	*next, following*
anochecer	*dusk, nightfall*
apenas	*barely*
con el pie izquierdo	*on the wrong foot*
en lugar de	*in place of*
enorme	*enormous*
extravagante	*extravagant*
intelectual	*intelectual*

Verbos

consistir	*to consist*
definir	*to define*
despedirse	*to take leave, to say good-bye*
perseguir (i,i)	*to pursue*
prestar	*to lend*

Palabras útiles

caballo	*horse*
despertador *(m.)*	*alarm clock*
divergencia	*divergence*
estatua	*statue*
reconocimiento	*recognition*
respeto	*respect*
sandinistas	*Nicaraguan revolutionary group*

¡A practicar!

A. Primeras informaciones. Temprano en la mañana hubo un gran incendio en Granada, ciudad que está a orillas del lago de Nicaragua. Para saber cuáles fueron las primeras preguntas que hicieron los bomberos, completa estas preguntas y respuestas con las expresiones indefinidas y negativas apropiadas.

1. —¿Hay todavía _____ en el interior?
   —No, no hay_____.
2. —¿Está seguro que no hay _____ en el interior?
   —Sí, lo estoy.
3. —¿Hay aquí _____ testigo?
   —No, no hay _____ testigo; solo yo.
4. —Señor, ¿usted no vio _____ a la víctima _____ a nadie sospechoso?
   —No, no vi a la víctima ni _____ a nadie sospechoso.
5. —¿Está seguro de que **no** ha entrado _____ persona?
   —Estoy seguro: no vi a _____.

B. ¡Contradicciones! El problema con los testigos es que con frecuencia se contradicen *(they contradict each other)*. ¿Cómo contradice Salvador a Lupe? ¿Qué dice?

LUPE: Vi a alguien cerca de la casa.
SALVADOR: Yo no vi a _____.
LUPE: Noté algo extraño.
SALVADOR: Yo no noté _____.
LUPE: Siempre hay problemas en este barrio.
SALVADOR: Al contrario, _____.
LUPE: Yo sé que hay algunos testigos.
SALVADOR: No, no hay _____.
LUPE: Oí algo extraño a las diez y media.
SALVADOR: Yo no oí _____.
LUPE: Vi a un hombre o a un muchacho entrar en el edificio.
SALVADOR: Yo no vi _____.

«**Nunca** digas: de esta agua no he de beber». (proverbio)

____ *Never say that this water is not good to drink.*

____ *Never say never.*

Paso 3

10.5 Preterite of stem-changing *-ir* verbs
Talking about past events

In **Capítulo 6,** you learned that **-ar** and **-er** stem-changing verbs in the present indicative tense are regular verbs in the preterite. However, all **-ir** verbs whose stems change in the present indicative also have a stem change in the *second-person* formal and the *third-person* singular and plural forms of the preterite. In these verbs, there is only a single-vowel change: $e \rightarrow i$ or $o \rightarrow u$.

seguir ($e \rightarrow i$)		dormir ($o \rightarrow u$)	
seguí	seguimos	dormí	dormimos
seguiste	seguisteis	dormiste	dormisteis
siguió	siguieron	durmió	durmieron

Following are some frequently used stem-changing -**ir** verbs. Note that the present-tense stem change is given first, followed by the preterite stem change.

conseguir (i, i)	*to obtain*	preferir (ie, i)	*to prefer*
despedir (i, i)	*to fire, to discharge*	reírse* (i, i)	*to laugh*
divertirse (ie, i)	*to have a good time*	repetir (i, i)	*to repeat*
dormir (ue, u)	*to sleep*	seguir (i, i)	*to follow, to continue*
mentir (ie, i)	*to lie*	sentir (ie, i)	*to feel, to hear*
morir (ue, u)	*to die*	servir (i, i)	*to serve*
pedir (i, i)	*to ask (for)*	vestirse (i, i)	*to get dressed*
perseguir (i, i)	*to pursue*		

¡A practicar!

Heinle Grammar Tutorial: The Preterite Tense, Part III

A. ¡Con el pie izquierdo! Jaime, un estudiante de la Universidad Politécnica de Nicaragua, dice que ayer se levantó con el pie izquierdo. Veamos qué dice él.

MODELO   Anoche (acostarme) muy tarde.
Anoche me acosté muy tarde.

1. No (dormir) muy bien.
2. Casi no (conseguir) descansar.
3. Por la mañana no (oír) el despertador.
4. (Vestirse) rápidamente.
5. (Preferir) ir a la universidad en autobús.
6. (Llegar) tarde a la parada y (perder) el autobús.
7. Cuando (llegar) finalmente (ver) que era sábado.
8. Cuando (regresar) a casa mis compañeros (reírse) de mí.

B. ¡Un día fatal! A veces es mejor no levantarse por la mañana. Ayer fue uno de esos días para Francisco, otro estudiante de la Universidad Politécnica de Nicaragua. Completa el párrafo con la forma correcta del verbo entre paréntesis para saber por qué.

Anoche Francisco _____ (dormir) muy mal. Por la mañana _____ (perder) el autobús para ir al trabajo y no _____ (conseguir) un taxi hasta las nueve y media. Obviamente, _____ (llegar) tarde al trabajo. Después de un día dificilísimo, al regresar a casa un ladrón lo _____ (seguir) y le _____ (pedir) la billetera. Se la _____ (llevar) con todo su dinero y sus documentos de identidad. Francisco casi _____ (morirse) de miedo.

C. ¡Sí, hay justicia! Ahora la policía está interrogando al ladrón que le robó la billetera a Francisco. Completa el párrafo con la forma correcta del verbo entre paréntesis para saber qué dice el ladrón.

¡Fue facilísimo! Yo _____ (repetir) lo que siempre hago cuando se presenta la oportunidad. _____ (Yo / seguir) al señor por dos cuadras. Como no había *(there was)* nadie en la calle, le _____ (decir) que tenía una pistola y le _____ (pedir) la billetera. Cuando él _____ (sentir) mi pistola a su lado, casi se muere de miedo. Yo _____ (reírme) de lo fácil que fue y _____ (despedirme) cortésmente. Desafortunadamente, ustedes _____ (seguirme) y aquí estoy.

«No pidas a quien **pidió**, ni sirvas a quien **sirvió**». (proverbio)

___ *Beggars can't be choosers.*

___ *Don't expect handouts from the nouveau rich.*

---

* Note that **reír** drops an **e** in the third-person singular and plural: **rio, rieron.**

CAPÍTULO 11

Costa Rica... naturalmente mágica

In this chapter, you will learn how to . . .

- describe what you and others used to do.
- discuss your youth.
- tell what happened while something else was going on.
- talk about what you have or have not done.

Comunicación

¿QUÉ SE DICE...?

- Al hablar del pasado
- Al hablar de lo que pasó mientras ocurrían otras cosas
- Al hablar de lo que (no) has hecho

Cultura

¿SABÍAS QUE...?

Sitio del 5% de las especies de flora y fauna mundial

Ecoturismo

Franklin Chang-Díaz

NOTICIERO CULTURAL

Costa Rica: un paraíso natural

VIDEO CULTURAL

Costa Rica, ¡tierra de bosques y selvas, paz y armonía!

EL RINCÓN DE LOS LECTORES

«La leyenda de Iztarú», una leyenda costarricense

En preparación

PASO 1

11.1 Imperfect of regular verbs

11.2 Imperfect of **ser, ir,** and **ver**

PASO 2

11.3 Preterite and imperfect: Completed and continuous actions

11.4 Preterite and imperfect: Beginning/ end and habitual/customary actions

PASO 3

11.5 Present perfect

Destrezas

¡A ESCUCHAR!

Recognizing verb endings

¡A VER!

Anticipating

¡A ESCRIBIR!

Stating facts

¡A LEER!

Identifying the main idea

Busca Costa Rica flora y fauna en Google™ Images y YouTube™ para saber más de la riqueza natural de este hermoso país.

Busca Costa Rica ecología en Google™ Images y YouTube™ para aprender algo del impresionante compromiso de esta pequeña nación con la ecología.

Busca Costa Rica volcán *en Google*™ *Images y YouTube*™ *para ver la gran variedad de volcanes en este pequeño país.*

¡Las fotos hablan!

A que ya sabes... Indica si los siguientes datos, referentes a Costa Rica, son ciertos (C) o falsos (F). Si no estás seguro(a), puedes adivinar.

C F 1. Tiene la pirámide más alta de Centroamérica.
C F 2. Tiene más de 50 volcanes.
C F 3. Un 25% de su territorio es desierto.
C F 4. Tiene una flora y fauna tropical.
C F 5. Tiene varios programas ecoeducativos para jóvenes.

La vida era hermosa

TAREA

Antes de empezar este *Paso*, estudia la lista de vocabulario de la página 379 y escucha el corte 28 de tu Text Audio CD3. Luego estudia *En preparación.*

1er día   11.1 Imperfect of regular verbs, páginas 380–382

2do día   11.2 Imperfect of **ser**, **ir**, and **ver**, páginas 382–383

Haz por escrito los ejercicios de *¡A practicar!* correspondientes.

¿Eres buen observador?

Áreas de anidamiento

Las Tortugas y Lugares de Desove

Especie	Lugar	Temporada
Verde	Parque Nacional Tortuguero	Jul. - Oct.
Baula	Todas las Costas del Caribe Parque Nacional Baulas Playa Naranjo (Pacífico Norte)	Feb. - Jun.
Pico de Lora	Todas las Costas del Caribe	Dic. - Abr.
Carey	Refugio de Fauna Silvestre Ostional Playa Grande	Ago. - Set.

Ahora, ¡a analizar!

1. ¿Cuántas especies de tortugas hay en Costa Rica? ¿Cuáles son?
2. ¿Cuáles desovan (ponen sus huevos) en un solo lugar? ¿Cuáles desovan en varios lugares?
3. ¿En qué temporadas desovan las tortugas verdes? ¿Las carey? ¿En qué meses lo hacen?
4. ¿Qué especies desovan por temporadas más largas? ¿En qué meses desovan esas especies?
5. ¿Dónde desovan más las tortugas, en la costa del océano Pacífico o en la del mar Caribe?

¿Qué se dice...?

Al hablar del pasado

QUICO: Cuando era estudiante de secundaria vivíamos en San José. Era estudiante en el Colegio La Salle. Estudiaba mucho, no faltaba a mis clases y hacía mi tarea a tiempo; siempre sacaba buenas calificaciones. Jugaba al fútbol para el equipo del colegio y hacía mis quehaceres en casa. Pero más que nada me gustaba pasar los fines de semana acampando con mis amigos en los parques nacionales. Costa Rica tiene una gran cantidad de parques nacionales, reservas biológicas y refugios para fauna... en total unos 160 parques, reservas y refugios...

GINGER: ¡Es increíble! Porque Costa Rica es mucho más pequeña que el estado de Maine, ¿verdad? Pero con todas esas opciones, ¿cómo decidías adónde ir los fines de semana?

QUICO: Ah, eso era fácil... ¡a la playa! Nos encantaba ir a la playa de noche. Muchas veces veíamos las tortugas marinas que venían a desovar. Para mí ese era uno de los espectáculos más impresionantes de la naturaleza. Creo que esa fue una experiencia fundamental para mí, y por eso decidí que quería dedicarme a estudiar y a cuidar animales toda mi vida.

QUICO: Mis papás me decían que teníamos mucha suerte de vivir en Costa Rica, porque es un paraíso natural. Yo pensaba que todo el mundo era como Costa Rica, pero mis padres me dijeron que no, que había muchos países que apenas tenían animales, o que eran como desiertos.

¿Sabías que...?

En Costa Rica, país con un territorio equivalente a más o menos la mitad del estado de Ohio, se encuentra el 5 por ciento de todas las especies de plantas y animales del mundo, en total, entre 500.000 y un millón de especies de flora y fauna. Esto incluye 50.000 especies de insectos, 1.000 especies de orquídeas, más especies de helechos (ferns) que en todo México y Norteamérica, 208 especies de mamíferos, 850 especies de pájaros y 200 especies de reptiles. Además, tiene unos 55 volcanes, varios de ellos todavía activos.

En tu opinión: ¿Por qué crees que hay tanta variedad en la flora y fauna de Costa Rica? ¿Más o menos cuántas especies de pájaros hay en tu estado? ¿De reptiles? ¿Cómo crees que sería tu estado si el 5% de todas las especies de flora y fauna del planeta creciera allí?

Ahora, ¡a hablar!

EP 11.1, 11.2

A. Antes yo... Indica si los siguientes comentarios son ciertos (**C**) o falsos (**F**) según el ¿*Qué se dice...*?

Cuando era estudiante en el Colegio La Salle, Quico...

C F 1. tocaba la trompeta en una banda.
C F 2. pensaba que Costa Rica era un país típico.
C F 3. faltaba a clases con frecuencia.
C F 4. nunca hacía sus quehaceres.
C F 5. escribía para el periódico escolar.
C F 6. veía el desovar de las tortugas.

EP 11.1

B. ¡Sigue mi ejemplo! El profesor José Páez, uno de los profesores de la Universidad de Costa Rica en San José, le está explicando a su hijo cómo llegó a ser profesor. ¿Qué dice que hacía cuando estaba en la escuela secundaria?

MODELO estudiar / cuatro horas / todo / días
Yo estudiaba cuatro horas todos los días.

1. pasar / mucho tiempo con / familia
2. siempre ayudar / mamá por / noche
3. no salir / con / amigos / fines / semana
4. no tomar / bebidas alcohólicas
5. leer / muchos libros
6. practicar / muchos deportes y tocar / banda mi escuela
7. no fumar / ni usar / drogas

EP 11.1, 11.2

C. Recuerdos. Durante los años de la escuela secundaria generalmente se vive una vida muy activa. Pregúntale a tu compañero(a) con qué frecuencia hacían él (ella) y sus amigos lo siguiente.

MODELO hablar por teléfono
TÚ: **¿Con qué frecuencia hablaban por teléfono?**
COMPAÑERO(A): **Nosotros hablábamos por teléfono todos los días.**

Vocabulario útil

a menudo
cada cuatro semanas
casi nunca
cuando es posible
horas y horas
todas las tardes
todos los domingos
todos los fines de semana

1. jugar videojuegos
2. ir a ver partidos al estadio o a la cancha
3. ver deportes en la televisión
4. hablar por teléfono con sus padres
5. hacer las compras para toda la familia
6. irse de vacaciones fuera de la ciudad

D. En la primaria. Cuando estabas en la escuela primaria, tu vida era diferente. Compara tu vida actual con la de tu infancia respondiendo a las preguntas de tu compañero(a).

MODELO   Ahora trabajo mucho.
Compañero(a): **Y antes, ¿trabajabas mucho?**
          Tú: **Antes no trabajaba nunca.**

1. Ahora sufro de estrés.
2. Ahora tengo muchas responsabilidades.
3. Ahora tengo que ganar dinero.
4. Ahora duermo [...] horas.
5. Ahora soy muy responsable.
6. Ahora veo poca televisión.

E. Lo que hacían. Ginger está recordando lo que su familia acostumbraba a hacer los domingos de verano cuando iban al parque. Con un(a) compañero(a), describan lo que la familia de Ginger hacía. Luego digan lo que sus familias hacían los domingos de verano cuando eran niños.

Y ahora, ¿por qué no conversamos?

F. Y tú, ¿qué hacías? La vida cambia constantemente. ¿Qué pasaba en tu vida hace unos tres o cuatro años? Escribe cinco cosas que hacías y compártelas con un(a) compañero(a).

> **MODELO** **En 2006 yo asistía a la escuela secundaria. Vivía en Trenton y trabajaba en un supermercado los fines de semana...**

G. De joven. Pregúntale a tu compañero(a) si cuando era más joven...

1. estudiaba mucho y si era buen estudiante.
2. participaba en muchas actividades. ¿Cuáles?
3. le gustaban los deportes y a cuáles jugaba.
4. le gustaba la música y si tocaba algún instrumento.
5. hacía quehaceres domésticos, y cuáles eran.

H. ¡Luces! ¡Cámara! ¡Acción! Es el año 2020 y ahora eres padre o madre y le quieres dar un buen ejemplo a tu hijo(a). Le dices lo que hacías cuando asistías a la universidad. Acuérdate que tienes que darle un buen ejemplo; exagera lo bueno si es necesario. Dramatiza la situación con un(a) compañero(a) de clase.

I. ¡Nuestra comunidad! En tu universidad o comunidad, entrevista a alguna persona hispana, preferiblemente costarricense, y pregúntale por su país, por la ecología y el cuidado que su gobierno y la gente tiene con el legado natural de su país. Pregúntale cómo se relaciona la gente en su país de origen con el medio ambiente, y si piensa que en los Estados Unidos la vida es tan cercana a la naturaleza o menos o más que en su país.

Un paso atrás, dos adelante

Capítulo 10

Repasemos. En el Capítulo 10 aprendiste a hablar de desastres naturales y de lo que ocurrió. Repasa lo que sabes, completando el siguiente texto con las palabras necesarias.

Un buen susto

TU AMIGO(A): ¡Estoy todavía impresionado(a) con el terremoto que _____ [pretérito = **ocurrir**] anoche!

TÚ: ¿Sí? Yo no _____ [pretérito = **sentir**] _____ [*negative expression*] terremoto, ni me _____ [pretérito = **despertar**]. ¿A qué hora _____ [pretérito = **ocurrir**]?

TU AMIGO(A): A las tres de la mañana, más o menos, la cama _____ [pretérito = **comenzar**] a moverse y no _____ [pretérito = **saber**] qué hacer. Yo _____ [pretérito = **levantarse**] rápidamente y_____ [pretérito = **traer**] a mi hijo debajo de la cama. No puedo creer que no _____ [pretérito = **sentir**] _____ [*negative expression*].

TÚ: Pues no. Y tú ¿debajo de la cama? ¿Pero los dos _____ [pretérito = **caber**] ahí debajo?

TU AMIGO(A): Pues yo no _____ [pretérito = **caber**], pero _____ [pretérito = **poner**] a mi hijo a salvo y yo _____ [pretérito = **esperar**].

TÚ: Pues hay _____ [*indefinite expression = some*] especialistas que sugieren que nosotros no _____ [subjuntivo = **estar**] debajo de los objetos grandes, sino que _____ [subjuntivo = **quedarse**] al lado de ellos para mayor seguridad.

Saber comprender 🎧 CD3, Track 25

Estrategias para escuchar: reconocer las terminaciones de verbos

*In **Capítulo 10** you learned that when you come upon people who are already having a conversation, you may have to employ the "from the bottom up" method of listening until you discover the topic of their conversation and are able to join in. Take a moment to review the new verb endings you studied in **En preparación 11.1**. Then, as you listen to Quico talking with three friends, identify the conversations that talk about the past.*

Reconocer las terminaciones de verbos. Con un(a) compañero(a), escuchen estas tres conversaciones. Luego indiquen si las conversaciones hablan del pasado o no.

	Habla del pasado	**No habla del pasado**
Conversación 1	(__)	(__)
Conversación 2	(__)	(__)
Conversación 3	(__)	(__)

Ahora, ¡a escuchar!

Ahora, con un(a) compañero(a), escuchen otra vez las conversaciones. Luego escriban un resumen de cada conversación.

Conversación 1 _____

Conversación 2 _____

Conversación 3 _____

🎵 *¡Dímelo tú! Playlist* Escucha: «Boceto para esperanza» de Mal País

Costa Rica: un paraíso natural

Antes de empezar, dime...

1. ¿Por qué crees que el país se llama «Costa Rica»? ¿Crees que se refiere a riqueza natural, mineral o cultural?
2. Inventa nombres para tres o cuatro estados de los Estados Unidos a los que se puede aplicar el adjetivo «rico(a)» por diferentes razones. Explica las razones.

COSTA RICA

Nombre oficial
República de Costa Rica

Capital
San José

Población
4.195.914 (julio 2008 est.)

Unidad monetaria
colón

Índice de longevidad
77,4 años

Alfabetismo
95 por ciento

La República de Costa Rica se sitúa en la parte meridional de América Central y tiene a Nicaragua al norte, el mar Caribe al este, Panamá al sudeste y el océano Pacífico al sur y al oeste. Su superficie es de 51.100 kms^2 (la mitad del estado de Virginia), y tiene más de cuatro millones de habitantes. La capital del país es San José.

Costa Rica se define a sí misma en su constitución de 1949 como una república democrática, y como tal, la democracia costarricense es una de las más consolidadas de América Latina. Tiene también el honor de ser el primer país del mundo en hacer la educación obligatoria y gratuita para todos, y en disolver el ejército (1 de diciembre de 1948) y dedicar ese presupuesto a la educación y la salud. El índice de alfabetización del país es del 95%.

🡥 Presidente Óscar Arias, premiado con el Premio Nobel de la Paz en 1987

La mayor riqueza de Costa Rica es la diversidad de su flora y fauna. A pesar de contar con solo el 0,03% del territorio mundial, Costa Rica posee el 5% de todas las especies del planeta con más de 9.000 variedades de plantas, entre ellas más de 1.300 especies de orquídeas.

En Costa Rica viven 850 especies de aves (más que en Estados Unidos y Canadá juntos), 205 especies de mamíferos, 383 especies de reptiles y anfibios y unas 2.000 especies de mariposas. El sistema de Parques Nacionales se extiende a casi todos los ecosistemas de Costa Rica, y ocupa el 24% del territorio del país.

La gran oferta ecoturística de Costa Rica encuentra su respuesta en los millones de turistas que visitan cada año el país, lo que hace de Costa Rica el destino más visitado de Centroamérica.

Y ahora, dime...

Usa este diagrama Venn para comparar Costa Rica con los Estados Unidos. Indica las diferencias y lo que tienen en común con respecto a tamaño, educación, ejército, flora y fauna, parques nacionales, ecoturismo, etcétera.

Costa Rica	Costa Rica y los Estados Unidos	Los Estados Unidos
1.	1.	1.
2.	2.	2.
3.	3.	3.
4	4	4
5.	5.	5.
6.	6.	6.

Datos interesantísimos sobre Costa Rica

- Con ingresos de 1.900 millones de dólares al año en la industria turística, Costa Rica se destaca como el destino más visitado de América Central.
- Costa Rica da cobijo a 205 especies de mamíferos, 850 especies de aves, 169 especies de anfibios, 214 especies de reptiles y 130 especies de peces de agua dulce.
- El río Savegre, ubicado en San Isidro del General, es uno de los ríos más limpios del continente americano.
- En Costa Rica se explotan cinco fuentes de energía, en orden de importancia: hídrica, térmica, geotérmica, eólica y solar.
- La primera planta hidroeléctrica del país, llamada Aranjuez y ubicada en el centro de San José, entró en operación en 1884.
- Costa Rica es el país preferido por muchas compañías multinacionales para situar sus centrales de servicios dentro de la región, destacando Procter & Gamble, Coca-Cola, Intel, HP, Sykes y Dole.

⊿ **Por el ciberespacio... a Costa Rica**

Keywords to search:
Historia de Costa Rica
Parques Nacionales de Costa Rica
Avifauna de Costa Rica

To learn more about Costa Rica, go to the **¡Dímelo tú!** website at academic. cengage.com/spanish/dimelotu

Cuando era niño era muy feliz en... ¡Costa Rica!

TAREA

Antes de empezar este *Paso*, estudia la lista de vocabulario de la página 379 y escucha el corte 29 de tu Text Audio CD3. Luego estudia *En preparación*.

1er día   11.3 Preterite and imperfect: Completed and continuous actions, páginas 383–384

2do día   11.4 Preterite and imperfect: Beginning/end and habitual/customary actions, páginas 384–385

Haz por escrito los ejercicios de *¡A practicar!* correspondientes.

¿Eres buen observador?

¡Irazú entra en erupción! Estaba lloviendo ceniza cuando llegamos a San José.

¡Monos aulladores! Caminábamos por la selva lluviosa cuando vimos los monos aulladores.

¡Un quetzal! ¡Un quetzal! No lo podía creer. Íbamos caminando cuando de repente vi un quetzal.

Ahora, ¡a analizar!

1. ¿Qué efecto tuvo Irazú en San José cuando entró en erupción?
2. ¿Qué animales vieron los turistas mientras caminaban en la selva lluviosa en Costa Rica?
3. Si aullar es hacer un ruido fuerte de animal, ¿por qué crees que esos monos se llaman así?
4. ¿Qué no podía creer un turista cuando iba caminando por el bosque?
5. ¿Ocurrió algo interesante cuando estabas de vacaciones este verano? Si así es, ¿qué ocurrió?

¿Qué se dice...? CD3, Track 26

Al hablar de lo que pasó mientras ocurrían otras cosas

ANDREA: Cuando yo era niña tenía muchos amigos y jugábamos todo el tiempo. Un día fuimos de excursión a ver mariposas y orquídeas en una finca de mariposas cerca de San José. Yo gocé muchísimo con todas las mariposas tan exuberantes y de hermosos colores que había allí. Pero sin darme cuenta, mientras caminaba por uno de aquellos senderos... ¡aplasté una mariposa! Fue horroroso. ¡Me sentía tan culpable! Por suerte, uno de los cuidadores del parque estaba por allí y me vio, vino hasta donde estaba yo con la mariposa herida, y me animó diciéndome que no era culpa mía, que no era normal tener una mariposa en medio del sendero, que tal vez estaba enferma. Eso me hizo sentir todavía peor, pero no podía hacer nada. Fue una experiencia difícil de olvidar.

SIMONE: ¡Pobrecita! Seguro que pasaste un mal rato.

Pues yo también tuve una experiencia interesante aunque no tan traumática como la tuya en una de las excursiones que hicimos al volcán Poás. Como sabés, este volcán es uno de los tres volcanes del continente a los que se puede acceder por carretera, y que tiene uno de los cráteres más grandes del mundo. Pues bien, mientras subíamos en nuestro coche con mi papá y toda la familia, íbamos cantando canciones que conocíamos de la infancia. De pronto, dos de las llantas del coche reventaron al mismo tiempo, y como no teníamos recambio para cambiar las dos llantas, llamamos al servicio de ayuda en carretera, que dijo que ese día no podía venir, que teníamos que esperar hasta el día siguiente.

Como llevábamos comida, agua y ropa, no nos preocupamos demasiado, y pasamos toda la noche en el volcán. Pasamos toda la noche cantando y riéndonos; aquello fue pura vida... Cuando amaneció y vimos el volcán de cerca, me asusté un poco.

Ahora, ¡a hablar!

EP 11.3

A. **¡No dormí en toda la noche!** Marcos, un estudiante de la Universidad de Costa Rica, faltó a todas sus clases esta mañana. Para saber por qué, selecciona el verbo correcto en cada oración.

1. Anoche yo (dormí / dormía) cuando un sonido muy fuerte me (despertó / despertaba).
2. El sonido que (oí / oía) (fue / era) la sirena de un coche de policía.
3. Como (tuve / tenía) que trabajar al día siguiente, (intenté / intentaba) dormirme cuando (sonó / sonaba) el teléfono.
4. Me (levanté / levantaba) para contestar el teléfono pero la llamada no (fue / era) para mí.
5. Como (tuve / tenía) mucho sueño, me (acosté / acostaba) otra vez.
6. Luego, el perro de mi vecino (empezó / empezaba) a hacer ruido y me (desperté / despertaba) otra vez.
7. Cuando (sonó / sonaba) el despertador, no lo (oí / oía) porque para entonces (dormí / dormía) profundamente.

EP 11.3

B. **Interrupciones.** Ernesto, el mejor amigo de Marcos en la Universidad de Costa Rica, tenía la intención de hacer muchas cosas ayer, pero las interrupciones no le dejaron terminar nada. Según Ernesto, ¿qué pasó?

MODELO   estudiar / historia / cuando / teléfono / sonar veinte veces
Yo estudiaba historia cuando el teléfono sonó veinte veces.

1. buscar / información / Internet / cuando / perder / la conexión por el resto de la noche
2. ordenar / cuarto / cuando / amigo / llegar / para irnos al centro
3. leer / libro muy interesante / cuando / novia / llamarme / para hablar de muchas cosas
4. manejar / tienda / cuando / llanta / pincharse
5. preparar / cena / cuando / amigos / invitarme a comer
6. nosotros mirar / televisión / cuando / electricidad / cortarse

EP 11.4

🅜 C. **¡No era perfecto!** Jaime era un adolescente por lo general responsable, pero, como todos los jóvenes, también cometía errores. Di lo que hacía generalmente y tu compañero(a) va a decir qué errores cometió.

MODELO   generalmente (estudiar) mucho antes de un examen, ...
pero una vez no (abrir) el libro hasta después del examen
TÚ: **Generalmente Jaime estudiaba mucho antes de un examen, ...**
COMPAÑERO(A): **pero una vez no abrió el libro hasta después del examen.**

1. siempre (ser) buen estudiante, ... pero un día (sacar) una F
2. siempre (respetar) el límite de velocidad, ... pero un día (recibir) una multa por exceso de velocidad
3. normalmente no (faltar) a clase, ... pero una semana (decidir) faltar a clase sin razón alguna
4. siempre (decir) la verdad, ... pero una vez (mentir) para salir de un problema
5. nunca (tomar) bebidas alcohólicas, ... pero una noche (tomar) un poco más de lo normal para él

D. **¡No fue culpa mía!** Juan Carlos tiene mucho que mejorar, pero siempre tiene excusas. Con tu compañero(a), túrnense para decir qué le pasó la semana pasada.

EP 11.4

MODELO   lunes: llegar tarde / la llanta reventarse
El lunes llegó tarde porque la llanta del coche se reventó.

1. lunes: llegar tarde / el despertador no sonar
2. martes: no ir a trabajar / estar enfermo
3. miércoles: no pagar los recibos del mes / no encontrar los cheques
4. jueves: no sacar el perro a pasear / no tener tiempo
5. viernes: no limpiar la casa / no encontrar los útiles de limpieza
6. sábado: dormir hasta las once de la mañana / el despertador no funcionar
7. domingo: no salir a correr por la mañana / tener que preparar el desayuno para su hermanito

E. **Un mal día.** Con tu compañero(a) decidan las razones por las no pudieron hacer hoy estas actividades que querían hacer. Sean creativos(as) y expliquen con detalle.

EP 11.3, 11.4

Y ahora, ¿por qué no conversamos?

F. **¿Mejores excusas?** ¿Qué excusas dan ustedes? Trabajando en grupos de tres, preparen una lista de posibles excusas para estas situaciones.

MODELO   ¿Por qué no fuiste al laboratorio ayer?
Estaba demasiado cansado. Tuve que preparar un trabajo
(paper) para la clase de inglés.

1. ¿Por qué faltaste al trabajo ayer?
2. ¿Por qué no asististe a clase anteayer?
3. ¿Por qué perdiste el avión el domingo?
4. ¿Por qué no fuiste a visitar a tu familia el sábado?
5. ¿Por qué faltaste al último examen?

G. **Esta es mi vida.** Tu vida va a servir de base para un cuento moderno. Escribe tu versión personal de tu propia vida. Luego compártela con un(a) compañero(a).

MODELO   **Había una vez un(a) muchacho(a) que se llamaba... Vivía en...**

H. **¡Luces! ¡Cámara! ¡Acción!** Ayer fue el cumpleaños de una persona importante para ti y lo olvidaste completamente. ¡No lo (la) llamaste! ¡No le mandaste ni un correo electrónico ni una tarjeta de felicitación! Sabes que se sintió muy mal. Ahora hablas con ella (él) por teléfono para explicarle por qué no llamaste ayer. Dramatiza la situación con tu compañero(a).

Escríbelo! ✏️

Estrategias para escribir: conseguir información específica

En el capítulo anterior aprendiste los tres pasos importantes al escribir una composición: decidir qué información presentar sobre el tema, conseguir esa información y comunicar la información por escrito de una manera clara y organizada. Lo mismo ocurre con el reportaje periodístico. Para escribir un reportaje periodístico es necesario conseguir información específica y partir de hechos concretos y confiables. Es importante que el reportaje conteste siempre las siguientes preguntas esenciales: ¿qué?, ¿cuándo?, ¿dónde?, ¿cómo?, ¿por qué?, ¿quiénes?, ¿cuánto tiempo? y ¿cuáles fueron los resultados?

Ahora, ¡a escribir!

Reportaje. Elige un tema actual relacionado con el medio ambiente y que sea apropiado para reportar en el periódico local de tu ciudad. Puede ser un tema a favor o en contra de... el calentamiento global, la concentración de dióxido de carbono en la atmósfera, la basura y/o la falta de reciclaje, extinción masiva de animales (escoje uno específico), destrucción de los bosques, falta o destrucción de espacios naturales protegidos o uno que te interese a ti en particular.

A. **Conseguir información.** Pensando en el tema específico relacionado con el medio ambiente que vas a reportar, contesta las preguntas de reportaje mencionadas en las estrategias. Luego añade otra información que consideres pertinente a cada respuesta y otras ideas que debes investigar. Es importante que busques la información en Internet, entrevistes a personas nativo hablantes y leas libros de referencia como una enciclopedia, revistas, periódicos, etcétera.

B. **El primer borrador.** Usa las preguntas y la información que conseguiste en **B** para escribir un primer borrador. Pon toda la información relacionada con la misma idea en un párrafo. No te olvides de poner un título que llame la atención del público lector y que informe sobre lo que va a decir tu artículo.

C. **Ahora, a compartir.** Comparte tu primer borrador con dos o tres compañeros(as). Haz comentarios sobre el título, contenido y estilo de los reportajes de tus compañeros(as) y escucha los comentarios de ellos sobre tu reportaje. Fíjate, en particular, en cada uso del pretérito y del imperfecto. Si hay errores, menciónalos. Si necesitas hacer cambios basados en los comentarios de tus compañeros(as), hazlos ahora.

D. **La versión final.** Prepara una versión final de tu composición y entrégala.

No lo he hecho... pero dónde mejor que en Costa Rica

¿Eres buen observador?

Ahora, ¡a analizar!

Beto y Arturo son dos estadounidenses que están de vacaciones en Costa Rica. Acaban de hacer el programa especial de Pachira Lodge en Tortuguero. Indica si han hecho lo siguiente o no.

sí   no   1. Han pasado dos noches y tres días en Tortuguero.

sí   no   2. Han jugado al golf en el campo de golf de Pachira Lodge.

sí   no   3. Han recibido tres comidas al día en el Lodge.

sí   no   4. Han escuchado a guías bilingües en sus salidas diarias.

sí   no   5. Han visitado el Parque Nacional de Tortuguero.

sí   no   6. Han recibido transporte gratis de ida y regreso al aeropuerto de San José.

¿Qué se dice...? 🎧 CD3, Track 27

Al hablar de lo que (no) has hecho

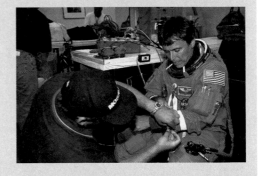

LAURA: Hay muchas cosas que yo no he hecho todavía en la vida y que quiero hacer. Lo primero, las que dicen que son las tres cosas más importantes: escribir un libro, plantar un árbol y tener un hijo. Yo no he escrito ningún libro, aunque he escrito algunos poemas. Tampoco he plantado ningún árbol, aunque sí he plantado algunas plantas. Y tampoco he tenido ningún hijo... pero por ahora quiero sobre todo terminar mis estudios y hacer un viaje por Europa, que todavía no he visitado.

ANDRÉS: Pues yo tengo muchas ganas de visitar muchas cosas del país que hasta ahora no he visto. Para empezar, no he hecho todavía lo que llaman «canopy», o subir a la copa de los árboles en la selva. Me han dicho que es una experiencia inolvidable. Y tampoco he subido al volcán Irazú, ni he visto desde su cima los dos océanos, el Pacífico y el Atlántico. Ni he estado todavía en un descenso por el río Reventazón y me han dicho que es una aventura extraordinaria. Dicen mis amigos que lo han hecho que es excitante, pero que no es nada del otro mundo. Y, sin embargo, aún no me atrevo a hacerlo.

SIMONE: Pues te voy a invitar un día y vamos juntos. Yo lo he hecho, y te puedo decir que tiene algunos rápidos que son de la clase 6 (la clase 7 ya son imposibles). Pero no vas a tener ningún problema, porque yo soy una experta.

¿Sabías que...?

Franklin Chang-Díaz, un costarricense, fue el primer astronauta hispanoamericano en viajar en el transbordador espacial *Challenger*. Franklin nació en San José, Costa Rica, en una familia humilde: su padre era jefe de construcción, su madre ama de casa. En 1968, a los dieciocho años, Franklin viajó a los Estados Unidos con solamente cincuenta dólares en su bolsillo y sin saber inglés, y en 1977 ya había terminado un doctorado en física del plasma en el Instituto de Tecnología de Massachusetts (MIT). Después de mucho esfuerzo personal, en 1981 logró ser astronauta. Fue el primer director latino del Laboratorio de Propulsión en el Centro Espacial Johnson, en Houston. Ha estado en órbita más de mil horas y ha igualado el récord mundial de salidas del planeta con su misión a bordo del *Endeavor*. Por ser un excelente ejemplo para todas las nuevas generaciones de ticos en el mundo, Costa Rica le ha premiado con el título de «ciudadano de honor».

En tu opinión: ¿Por qué crees que Franklin Chang-Díaz decidió ir a los Estados Unidos? ¿Cómo crees que logró ser astronauta? ¿Qué tuvo que hacer? En tu opinión, ¿qué responsabilidades tiene al ser el primer astronauta hispano?

Ahora, ¡a hablar!

A. ¡Falta tiempo! Es diciembre en San José, y Ana María y Rafael están en los últimos días de su visita a Costa Rica. ¿Qué dicen que les falta hacer antes de regresar a los Estados Unidos?

EP 11.5

> **MODELO** visitar el volcán Poás
> **Todavía no hemos visitado el volcán Poás.**

1. ver el Museo Nacional
2. ir al Museo del Jade
3. pasear por el Parque Nacional Braulio Carrillo
4. estar en la Plaza de la Cultura
5. hacer la ruta del río Pacuare en canoa
6. escribir correos electrónicos a sus amigos en los Estados Unidos

B. ¿Qué has hecho hoy? Pregúntale a un(a) compañero(a) si ha hecho lo siguiente.

EP 11.5

> **MODELO** desayunar
> Tú: **¿Ya has desayunado?**
> Compañero(a): **No, todavía no he desayunado.** o **Sí, ya desayuné.**

1. hacer ejercicio
2. almorzar
3. hacer la cama
4. oír las noticias
5. leer el periódico
6. hacer las compras

C. ¡Inolvidable! Hay experiencias que dejan una impresión más profunda que otras. Con dos compañeros(as), túrnense para decir qué han hecho este año que consideran inolvidable. Pueden elegir entre las actividades de esta lista o añadir otras. Informen a la clase quién en su grupo ha tenido las experiencias más interesantes.

EP 11.5

> **MODELO** leer
> **He leído *El ingenioso hidalgo, Don Quijote de la Mancha.***
> **Y he corrido mi primer maratón.**

conocer	hacer	viajar
leer	aprender	terminar
ver	ir	olvidar

D. ¿Lo has hecho hoy? Con tu compañero(a), digan cuáles de estas actividades han hecho hoy y cuáles no. Expliquen por qué las han hecho o no las han hecho.

EP 11.5

Y ahora, ¿por qué no conversamos?

 E. **Y tú, ¿qué has hecho?** Trata de recordar todo lo que has hecho esta semana. Prepara una lista y luego léesela a dos compañeros(as). Escriban en la pizarra todo lo que ustedes hayan hecho en común.

F. **¡Luces! ¡Cámara! ¡Acción!** Tú has llegado a ser una persona muy famosa. Ahora un(a) reportero(a) te va a entrevistar para saber los secretos de tu éxito. Cuéntale cómo has llegado a ser tan famoso(a). Dramatiza la situación con tu compañero(a).

Saber comprender

Estrategias para ver y escuchar: predecir lo que vas a ver y a escuchar

In previous chapters you learned that anticipating what you are going to hear or see makes it much easier to understand. You also learned various techniques for anticipating or predicting what you will hear and see. You learned to predict based on

1. *knowledge you may already have about the topic,*
2. *the title of the work, and*
3. *any visuals—art, photos—that accompany the work.*

Costa Rica, ¡tierra de bosques y selvas, paz y armonía!

Al ver el video

Predecir. Before viewing **Costa Rica, ¡tierra de bosques y selvas, paz y armonía!** use all three of these techniques for anticipating the content of the video. Write down two things that you think you will hear or see on this video based on what you already know about Costa Rica, two things that you predict you will see or hear based on the title, and two based on the photos. Then view the video and check to see if you anticipated correctly.

Lo que predigo ver y escuchar basándome en...

Lo que ya sé de Costa Rica	El título del video	Las fotos
1. _____	_____	_____
2. _____	_____	_____

Después de ver el video

Ahora mira la selección del video sobre Costa Rica y explica el significado o la importancia de lo siguiente.

1. áreas protegidas
2. Sarchí
3. carretas de madera
4. taller Eloy Alfaro e hijos
5. finca de mariposas

El rincón de los lectores

Estrategias para leer: encontrar la idea principal

Generalmente, cada párrafo comunica una idea principal. Al leer, es muy importante siempre reconocer la idea principal de cada párrafo. Con frecuencia esa idea se expresa en la primera o segunda oración del párrafo y se desarrolla con más detalle en las oraciones que siguen. Trata siempre de estar consciente de la idea principal de cada párrafo en las lecturas que hagas.

Encontrar la idea principal. «La leyenda de Iztarú» (en la página 378) tiene cuatro párrafos. A continuación, expresamos en pocas palabras la idea principal del primer párrafo y del último. Lee las primeras oraciones del segundo y tercer párrafo y escribe brevemente la idea principal de esos dos párrafos. Luego lee la leyenda completa y verifica si identificaste las ideas principales correctamente.

Párrafo 1: Los líderes indígenas del norte y del sur de Costa Rica vivían en conflicto.

Párrafo 2: _____.

Párrafo 3: _____

Párrafo 4: Los habitantes de Guarco recibieron una maldición *(curse)*.

Lectura

Esta hermosa leyenda, parte del rico folclore de Costa Rica, trata de explicar un fenómeno natural del país, el volcán Irazú.

La leyenda de Iztarú

Hace muchos años, antes de la llegada de los españoles a Costa Rica...

La parte Norte era gobernada por un cacique llamado Coo, de gran poder y experto agricultor. La parte Sur la gobernaba Guarco, cacique déspota invasor.

Guarco y Coo sostenían una lucha por el dominio de todo el territorio (Valle Central del Guarco). La lucha fue grande; poco a poco, Guarco iba derrotando° la resistencia de Coo, hasta que este murió y dejó el mando° a Aquitaba, un enérgico y fuerte guerrero. Cuando Aquitaba vio que iba a ser derrotado por Guarco, tomó a su hija Iztarú, la llevó al monte más alto de la parte Norte de la región y la sacrificó a los dioses, implorando la ayuda para la guerra.

defeating
el control

Estando en una dura batalla con Guarco, Aquitaba imploró la ayuda de «Iztarú» sacrificada. Del monte más alto salió fuego, ceniza, piedra° y cayeron sobre los guerreros de Guarco que huyeron°. Del costado° del monte salió un riachuelo° que se convirtió en agua caliente destruyendo los palenques° de Guarco.

stone
ran away / lado /río pequeño
defensive fences

Una maldición cundió° y se decía que los habitantes de Guarco trabajarían la tierra, haciendo con ella su propio techo° (teja); el pueblo se llamó luego Tejar de Cartago, la región Norte Cot, y el monte alto volcán Irazú.

se extendió sobre
tile

A ver si comprendiste

1. ¿Quiénes eran Coo, Guarco y Aquitaba? ¿Qué ocurrió entre ellos?
2. ¿Quién era Iztarú? ¿En qué se transformó?
3. ¿Qué efecto tuvo esa transformación en los habitantes de Guarco?
4. La leyenda explica la existencia de ciertos lugares en la Costa Rica moderna. ¿Cuáles son esos lugares?

Vocabulario 🎧

Paso 1 CD3, Track 28

La ecología

bosque (bosque lluvioso) (m.)	forest (rain forest)
desovar	to lay eggs
especie (f.)	species
excursión (f.)	excursion
medio ambiente (m.)	environment
océano	ocean
pájaro	bird
reptil (m.)	reptile
tortuga	turtle

Diversión

cancha	court
trompeta	trumpet
videojuego	video game

Enfermedad

cirugía	surgery
droga	drug
ginecología	gynecology

Protesta

contra	against
discriminación racial (f.)	racial discrimination
ejército	army
estrés (m.)	stress

Niñez

escolar	school, scholastic
primaria	elementary school
quehaceres (m. pl.)	chores, tasks

Verbos

dirigir	to direct
faltar	to be absent, to be missing
filmar	to film
ganar	to earn
invadir	to invade
obtener	to obtain, to get

Palabras útiles

barril (m.)	barrel
doméstico(a)	domestic
ocasión (f.)	occasion
orgulloso(a)	proud
tamaño	size
unido(a)	united
variedad (f.)	variety

Paso 2 CD3, Track 29

Selva

llover a cántaros	to rain cats and dogs
mono(a)	monkey
paraguas (m.)	umbrella
selva lluviosa	rain forest

Volcanes

ceniza	ash
entrar en erupción	to erupt
reventarse	to blow up

Coches

exceso de velocidad (m.)	speeding
límite de velocidad (m.)	speed limit
llanta	tire
multa	fine
pinchar(se)	to puncture, to get a flat tire

Computadoras

cortarse	to cut off
desconectar	to disconnect
electricidad (f.)	electricity
oprimir	to press
pantalla	screen
teclas (f. pl.)	keys

Ruidos

aullar	to howl, to wail
sirena	siren
sonido	sound
sonar (ue)	to ring

Verbos

dejar de	to stop, to quit (doing something)
sacar	to take out (your dog); to earn (a grade)
tranquilizarse	to calm down, to relax

Palabras y expresiones útiles

anteayer (m.)	the day before yesterday
cheque (m.)	check
gente desconocida	strangers
llamada	telephone call
retraso	delay
sin razón	wrong
útiles de limpieza (m. pl.)	cleaning materials

Paso 3 CD3, Track 30

Atletas

atreverse	to dare
campo de golf	golf course
canoa	canoe
experto(a)	expert
hacer la ruta	to follow the trail
ida y regreso	round trip
maratón (m.)	marathon

Selva

cima	top (of a mountain)
copa de los árboles	tree tops
plantar	to plant

Transbordador espacial

astronauta (m.)	astronaut
descenso	descent
existencia	existence
éxito	success
inolvidable	unforgetable
transbordador espacial (m.)	space ship
transformación (f.)	transformation
transporte (m.)	transport

Verbos

hacer la cama	to make the bed
hacer las compras	to go shopping
olvidar	to forget
transformarse	to transform oneself

Palabras y expresiones útiles

bilingüe	bilingual
gratis	free
nada del otro mundo	not a big deal
postal (f.)	postcard
zoológico	zoo

En preparación 11

11.1 Imperfect of regular verbs
Talking about past events

In **Capítulos 4, 6,** and **10,** you learned about the preterite. In this chapter, you will learn about another aspect of the past tense: the imperfect. You will also learn how to distinguish between the preterite and imperfect.

-ar verb endings	trabajar
-**aba**	yo trabaj**aba**
-**abas**	tú trabaj**abas**
-**aba**	usted trabaj**aba**
-**aba**	él, ella trabaj**aba**
-**ábamos**	nosotros(as) trabaj**ábamos**
-**abais**	vosotros(as) trabaj**abais**
-**aban**	ustedes trabaj**aban**
-**aban**	ellos, ellas trabaj**aban**

-er, -ir verb endings	saber	escribir
-**ía**	yo sab**ía**	escrib**ía**
-**ías**	tú sab**ías**	escrib**ías**
-**ía**	usted sab**ía**	escrib**ía**
-**ía**	él, ella sab**ía**	escrib**ía**
-**íamos**	nosotros(as) sab**íamos**	escrib**íamos**
-**íais**	vosotros(as) sab**íais**	escrib**íais**
-**ían**	ustedes sab**ían**	escrib**ían**
-**ían**	ellos, ellas sab**ían**	escrib**ían**

■ Note that the first- and third-person singular endings are identical. Also, *all* the imperfect **-er** and **-ir** endings require a written accent.

■ There are no stem-changing verbs in the imperfect.

■ The imperfect of **hay** is **había** *(there was/were, there used to be),* from the infinitive **haber.**

Heinle Grammar Tutorial: The Imperfect Tense

■ There are only three irregular verbs in the imperfect: **ser, ir,** and **ver.** They are presented in section 11.2.

Uses of the imperfect

■ The imperfect has several English equivalents.

Trabajaba todos los días.
$\left\{\begin{array}{l} \textit{I worked every day.} \\ \textit{I used to work every day.} \\ \textit{I was working every day.} \\ \textit{I would work every day.} \end{array}\right.$

■ Like the preterite, the imperfect is used to talk about an act that has already occurred. However, the imperfect focuses on the continuation of an act or an act in progress rather than on the completed act. Continuation includes repeated habitual action, background action, actions in progress, and certain physical, mental, or emotional states.

Repeated habitual action

Viajaba mucho en el invierno.	*I would travel a lot in the winter.*
Nunca **dormía** más de ocho horas al día.	*I never slept more than eight hours a day.*

Actions in progress

El bebé **dormía** en el otro cuarto.	*The baby was sleeping in the other room.*
Escuchaba mi disco favorito mientras **limpiaba** la casa.	*I was listening to my favorite record while I cleaned the house.*

Background action

Hacía mucho calor, pero todos **estaban** trabajando.	*It was very hot, but everyone was working.*

Physical, mental, or emotional states

En esos días **estábamos** muy enamorados.	*In those days we were very much in love.*
Me **gustaban** mucho las exhibiciones de arte.	*I used to like art exhibits a lot.*

¡A practicar!

A. **Hace diez años.** ¿Quiénes en el pasado hacían lo siguiente: tus padres, tú, tú y tus hermanos, etcétera?

1. _____ vivía con mis padres.
2. _____ no estudiábamos en la universidad.
3. _____ mayor trabajaba en un supermercado.
4. _____ me daban dinero.
5. _____ no conducía el coche de mis padres.
6. ¿Y _____ ? ¿Qué hacías hace diez años?

B. Gente famosa. Las personas famosas no tienen vida privada. Todos sabemos lo que hacen y dicen a cada minuto. ¿Qué hacían estas personas hace unos años?

MODELO 1986 / Tom Cruise / filmar película *Top Gun*
En mil novecientos ochenta y seis Tom Cruise filmaba la película *Top Gun*.

1. 1960 / Martin Luther King, Jr. / protestar contra la discriminación racial
2. 1965 / los Beatles / cantar por todo el mundo
3. 1969 / Richard Nixon / dirigir el país
4. 1969 / Neil Armstrong / trabajar en la NASA
5. 1987 / el costarricense Óscar Arias Sánchez / ser propuesto para el Premio Nobel de la Paz
6. 1989 / los alemanes / celebrar la Alemania unida
7. 1990 / el sudafricano Nelson Mandela / viajar como hombre libre
8. 1996 / Bill Clinton / servir de presidente de los Estados Unidos
9. 2003 / George Bush / insistir en invadir Irak
10. 2008 / Hillary Clinton y Barak Obama / combatir por la nominación presidencial de los demócratas

---

«**Buscaba** el necio su asno y lo **llevaba** debajo». (proverbio)

____ *Only fools search for the evident.*

____ *It takes a fool to find a donkey.*

11.2 Imperfect of *ser, ir,* and *ver*

Describing how you used to be, where you used to go, what you used to see

There are three irregular verbs in the imperfect.

Heinle Grammar Tutorial: The Imperfect Tense; Verbal expressions (**tener, haber, deber**)

ser		ir		ver	
era	éramos	iba	íbamos	veía	veíamos
eras	erais	ibas	ibais	veías	veíais
era	eran	iba	iban	veía	veían

¡A practicar!

A. ¡Cómo nos cambia la vida! Completa los espacios en blanco para saber cómo era la vida de Ana Rosa, una estudiante de la Universidad Latina en Costa Rica.

Antes, cuando mis hermanos y yo _____ (ser) pequeños y vivíamos con mis padres en Puntarenas, todo _____ (ser) más fácil. Primero, _____ (yo / ser) una buena estudiante y nunca _____ (ver) la televisión por la noche. Tampoco _____ (ir) a trabajar todos los fines de semana como trabajo ahora. A veces, cuando yo _____ (ver) que la ocasión lo _____ (permitir), mis amigos y yo _____ (ir) al cine durante el fin de semana y _____ (ver) películas divertidísimas. Bueno, es verdad que ahora nada es fácil, pero también sé que ahora soy una persona muy responsable.

B. ¡Cuántos sacrificios! Marta y Ramiro Roque se conocieron en la Universidad de Costa Rica. Lee lo que ellos dicen y completa con los verbos en imperfecto para saber cómo era su vida estudiantil en la universidad.

Nosotros _____ (ser) estudiantes de medicina y _____ (trabajar) en la Clínica Santa Rita en San José. Marta _____ (ser) estudiante de ginecología, y yo _____ (estudiar) cirugía. Nosotros _____ (ir) a la clínica dos o tres veces por semana pero no nos _____ (ver) mucho porque _____ (trabajar) en diferentes secciones. A pesar de que _____ (ser) novios, no _____ (poder) salir mucho juntos porque _____ (tener) que estudiar día y noche.

> «Cuando tú **ibas,** yo **venía**». (proverbio)
>
> ____ *I have already been down that road.*
>
> ____ *Lead and I will follow.*

11.3 Preterite and imperfect: Completed and continuous actions

Describing completed actions and actions in progress in the past

You have learned that both the preterite and the imperfect are used to talk about the past, but there is a difference in how the two tenses are used. Compare the following.

■ The preterite is used to describe completed past actions.

La conferencia **duró** dos horas.	*The lecture lasted two hours.*
Hablé con mis padres anoche.	*I spoke with my parents last night.*

■ The imperfect is used to focus on continuation or actions in progress and background actions. It is also used to tell time in the past.

Siempre **charlábamos** por horas.	*We always used to chat for hours.*
El teléfono **sonaba** continuamente.	*The phone would ring continuously.*
Eran las seis.	*It was 6:00.*

■ When the preterite and imperfect are used in the same sentence, the imperfect often describes a continuous background action that is interrupted by a completed action expressed in the preterite.

Miraba televisión cuando **llamaste.**	*I was watching television when you called.*
Nos lo **dio** mientras **comíamos.**	*He gave it to us while we were eating.*

■ The imperfect may be used to focus on a future event related to a situation planned in the past.

Debo irme. Tita dijo que la clase **empezaba** a las ocho.	*I must leave. Tita said the class would begin (was going to begin) at 8:00.*

Heinle Grammar Tutorial: The Preterite versus the Imperfect

¡A practicar!

A. ¡Qué día! Marcela Freire, una estudiante del Instituto Centroamericano para Asuntos Internacionales, tuvo un día muy malo ayer. Según ella, ¿qué le pasó? Para saberlo, pon los verbos entre paréntesis en pasado.

Ayer _____ (ser) un día terrible. Para empezar, yo _____ (estar) furiosa porque mi novio no me _____ (llamar) la noche anterior. Luego, cuando yo _____ (salir) de casa, _____ (estar) lloviendo a cántaros. _____ (Buscar) mi paraguas pero no lo _____ (encontrar). Luego, _____ (perder) el autobús y _____ (tener) que esperar el siguiente. Cuando yo finalmente _____ (llegar) a clase, la secretaria _____ (anunciar) que la profesora _____ (estar) enferma. ¡Qué día!

B. ¡No más! Tomás decidió no ir a clase de práctica en la Sinfónica Nacional de Jóvenes. Para saber por qué, pon los verbos en el pasado.

1. ya / ser tarde / cuando / despertarme
2. preparar / desayuno / cuando / teléfono / sonar
3. mientras / bañarse / agua / cortarse
4. cuando / salir / casa / perro / escaparse
5. estar manejando / y de repente / llanta / pincharse
6. mientras / cambiar / llanta / empezar a / llover
7. finalmente / decidir / regresar / casa

C. ¿De veras? Martín, estudiante de la Universidad Latinoamericana, también tuvo muchos problemas. Completa con los verbos en pasado para saber qué pasó.

Es verdad. Anoche mi computadora _____ (dejar) de funcionar. _____ (Ser) las diez y yo _____ (estar) preparando la tarea cuando _____ (sonar) el teléfono. _____ (Ser) mi madre, y nosotros _____ (hablar) por una hora, más o menos. Cuando _____ (regresar) a la computadora, no _____ (haber) imagen en la pantalla. _____ (Oprimir) varias teclas *(keys)* pero sin ningún resultado. No _____ (descubrir) hasta esta mañana que mi compañero de cuarto la había desconectado.

«Hasta que **conocí** a la iguana, **no supe** los colores que **tenía**». (dicho popular)

___ *Until you get to know someone well, you won't know their true colors.*

___ *Because the iguana has many colors, one never knows its true color.*

11.4 Preterite and imperfect: Beginning/end and habitual/customary actions

Describing the beginning or end of actions and habitual past actions

In section 11.3 you learned that the preterite focuses on completed actions and the imperfect focuses on actions in progress.

■ Since the preterite focuses on completed actions, it often emphasizes the beginning or end of an act.

Cuando **vi** a Carlota, **corrí** a saludarla.	*When I saw Carlota, I ran to greet her.*
Salieron corriendo.	*They left running. (They took off running.)*
De repente la computadora no **funcionó.**	*Suddenly the computer did not work. (It just stopped.)*
Me **sentí** muy mal después de la clase de informática.	*I felt very sick after computer science class. (But I got over it.)*

Heinle Grammar Tutorial: The Preterite versus the Imperfect

■ The imperfect is used to describe habitual or customary actions or events in progress.

Siempre **daba** la misma excusa.	*I always gave the same excuse.*
Yo nunca **iba** a la biblioteca de noche.	*I never used to go to the library at night.*

¡A practicar!

A. ¡Excusas! José Carlos no trata bien a su novia, pero siempre tiene una excusa. ¿Qué le dice a su novia?

1. Esta mañana cuando tú (llamaste / llamabas) yo no (contesté / contestaba) porque (estuve / estaba) en el baño.
2. Yo no te (llamé / llamaba) la semana pasada porque (desconectaron / desconectaban) mi teléfono.
3. La llanta de mi coche (se pinchó / se pinchaba) y por eso (llegué / llegaba) tarde.
4. Anoche (trabajé / trabajaba) hasta tan tarde que (decidí / decidía) no llamarte para no despertarte.
5. El sábado pasado no (fui / iba) a tu casa porque mi coche no (funcionó / funcionaba).
6. Ayer no te (invité / invitaba) a la fiesta porque tú no (conociste / conocías) a nadie.

B. ¿Qué le voy a decir? Mauricio Parra, estudiante del Instituto Monteverde en San José, no fue ayer a su clase de química. ¿Por qué? Para saberlo, pon los verbos en el pasado.

¡Qué horror! Yo no _____ (acostarse) hasta muy tarde anoche. Esta mañana cuando _____ (despertarse), ya _____ (ser) las diez menos cinco. Mi clase de química _____ (empezar) en cinco minutos. _____ (Decidir) no ir a clase. Más tarde _____ (hablar) con un compañero de clase y él me _____ (decir) que el profesor _____ (estar) furioso porque yo no había ido a clase. Ahora no sé qué le voy a decir al profesor.

C. ¡Aguafiestas! Pon los verbos entre paréntesis en el pasado para saber lo que ocurrió el sábado pasado en la fiesta de Enrique, en Cartago.

El sábado pasado Enrique _____ (organizar) una fiesta en su casa. Sus padres no _____ (estar) y él _____ (invitar) a muchísima gente. Todos nuestros amigos _____ (ir) y también _____ (llegar) gente desconocida. _____ (Haber) mucha comida y mucha cerveza. Todos _____ (bailar) y _____ (cantar) cuando a eso de la una de la mañana unos vecinos _____ (llamar) a la policía. La policía nos _____ (obligar) a terminar la fiesta. Enrique no les _____ (decir) nada a sus padres.

«Jugué con quien no **sabía** y me llevó lo que **tenía**». (proverbio)

____ *I played with an idiot and he had all the luck.*

____ *I gambled with a stranger and he took everything I had.*

11.5 Present perfect

Talking about what people have or haven't done

As in English, the present perfect tense in Spanish is a compound past tense. It is formed by combining the present indicative of the auxiliary verb **haber** *(to have)* with the past participle.

Present indicative	
haber *(to have)**	
yo **he**	nosotros(as) **hemos**
tú **has**	vosotros(as) **habéis**
usted **ha**	ustedes **han**
él, ella **ha**	ellos, ellas **han**

Present perfect tense	
sentir *(to feel)*	
he sentido	hemos sentido
has sentido	habéis sentido
ha sentido	han sentido

* Do not confuse the auxiliary verb **haber** with the verb **tener,** which is used to express possession.

■ The past participle of most verbs in English is formed by adding -*ed* to the verb; for example, *to travel* ⟶ *traveled, to study* ⟶ *studied, to open* ⟶ *opened.* In Spanish, past participles are formed by adding **-ado** to the stem of **-ar** verbs, and **-ido** to the stem of **-er** and **-ir** verbs.

viajar	**querer**	**sentir**
viaj**ado** *traveled*	quer**ido** *wanted*	sent**ido** *felt*

■ As in English, some Spanish verbs have irregular past participles; the following are those most frequently used.

abrir	**abierto**	poner	**puesto**
cubrir	**cubierto**	resolver	**resuelto**
decir	**dicho**	romper	**roto**
escribir	**escrito**	ver	**visto**
hacer	**hecho**	volver	**vuelto**
morir	**muerto**		

Note that the past participles of verbs related to those listed are also irregular: **descubrir** *(to discover)* ⟶ **descubierto; maldecir** *(to curse)* ⟶ **maldicho; devolver** *(to return something)* ⟶ **devuelto;** and so on.

■ In general, the use of the present perfect tense in Spanish parallels its use in English.

No me **he sentido** bien.	*I haven't felt well.*
Han estado muy enfermos.	*They have been very sick.*
Todavía no **se ha levantado**.	*He hasn't gotten up yet.*
No **hemos devuelto** los libros a la biblioteca.	*We haven't returned the books to the library.*

Note that when used in the present perfect, the past participle is invariable; it does not agree in number or in gender with the noun. Reflexive and object pronouns are always placed before the conjugated form of the verb **haber.**

■ With few exceptions, **haber** functions only as an auxiliary verb. The verb **tener** is used to indicate possession or obligation.

No **me he sentido** nada bien.	*I haven't felt well at all.*
Tengo que llamar al médico.	*I have to call the doctor.*

Heinle Grammar Tutorial: The Present Perfect Tense

¡A practicar!

A. ¡Qué organizado! Cuando una persona organizada viaja, siempre prepara listas de lo que le queda por hacer. ¿Qué dice esta persona de lo que todavía no ha hecho?

MODELO   escribirles a mis tíos en Puerto Limón
               Todavía no les he escrito a mis tíos en Puerto Limón.

1. ver el Jardín Lankaster
2. ir al Parque Bolívar, el zoológico de San José
3. sacar fotos del Teatro Nacional
4. viajar a Cartago
5. hacer compras en el Mercado Nacional de Artesanía
6. visitar el Museo del Jade

B. ¡No he hecho nada! Inevitablemente cuando llega el domingo por la tarde, descubrimos que no hemos hecho algunas cosas que pensábamos hacer durante el fin de semana. Pon los verbos en presente perfecto para ver unos ejemplos típicos.

1. Miguel no _____ (ir) de compras.
2. José no _____ (hacer) la tarea.
3. Yo no les _____ (escribir) a mis padres.
4. Miguel y José no _____ (lavar) la ropa.
5. Nosotros no _____ (poder) limpiar el garaje.
6. Yo no _____ (abrir) los libros para estudiar.
7. Tú no _____ (limpiar) tu cuarto.
8. Ustedes no _____ (llamar) a sus padres.

«La miel no **se ha hecho** para la boca del asno». (proverbio)

____ *Honey should be used to develop a donkey's taste.*

____ *This person is too ignorant to understand this.*

CAPÍTULO 12

Por los caminos del Inca... en Perú

In this chapter, you will learn how to . . .

- describe what you will do on vacation.
- describe what you will do in the future.
- talk about what you would do if . . .
- give advice and instructions.
- give orders.

Comunicación

¿QUÉ SE DICE...?
- Al hablar de lo que harás en las vacaciones
- Al hablar de lo que harías
- Al hablar de lo que otras personas deben hacer

Cultura

¿SABÍAS QUE...?
El soroche en Cuzco
Lucha contra la pobreza en Perú
Mario Vargas Llosa

NOTICIERO CULTURAL
Perú, donde la altura y la profundidad se fusionan

VIDEO CULTURAL
Los Andes, ¡donde lo nuevo y lo antiguo se entrelazan!

EL RINCÓN DE LOS LECTORES
Los multimillonarios y famosos visitan Machu Picchu

En preparación

PASO 1
12.1 Future tense of regular verbs
12.2 Future tense of verbs with irregular stems

PASO 2
12.3 Conditional of regular and irregular verbs

PASO 3
12.4 **Tú** commands: A second look

Destrezas

¡A ESCUCHAR!
Interpreting nonverbal cues

¡A VER!
Listening "from the top down"

¡A ESCRIBIR!
Recognizing different points of view

¡A LEER!
Using contextual clues to decipher meaning

Busca Machu Picchu *en Google*™ *Images y YouTube*™ *para conocer en detalle la ciudad escondida de los incas.*

Busca fortaleza Sacsahuamán *en Google*™ *Images y YouTube*™ *para ver ejemplos del enorme talento arquitectónico de los incas.*

Busca **Tumbas Reales de Sipán** *en Google*™ *Images y YouTube*™ *para visitar este impresionante sitio arqueológico descubierto en 1987.*

¡Las fotos hablan!

A que ya sabes... Estas fotos vienen de un folleto que la agencia de viajes les mandó a Olga Montoya y sus amigos para familiarizarlos con algunos sitios que van a visitar en su viaje a Perú. Indica si Olga y sus amigos harán lo siguiente.

sí   no   1. Visitarán las Tumbas Reales de Sipán.

sí   no   2. Caminarán por la fortaleza de Sacsahuamán.

sí   no   3. Asistirán a un partido de fútbol en Lima.

sí   no   4. Viajarán a Machu Picchu.

sí   no   5. Comprarán réplicas de los ornamentos de oro y turquesa de Sipán.

¡Mañana empezaremos el camino del Inca!

TAREA

Antes de empezar este *Paso*, estudia la lista de vocabulario de la página 411 y escucha el corte 6 de tu Text Audio CD4. Luego estudia *En preparación.*

1er día   12.1 Future tense of regular verbs, páginas 412–413

2do día   12.2 Future tense of verbs with irregular stems, páginas 413–414

Haz por escrito los ejercicios de *¡A practicar!* correspondientes.

¿Eres buen observador?

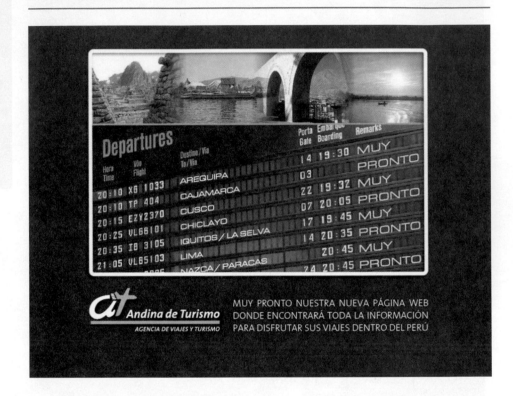

Ahora, ¡a analizar!

Según Andina de Turismo, sus clientes, muy pronto,...

sí   no   1. tendrán opciones para viajar de Perú a Colombia.

sí   no   2. podrán disponer de viajes dentro del país.

sí   no   3. viajarán a Cajamarca, Cuzco, Chiclayo...

sí   no   4. disfrutarán.

sí   no   5. visitarán la moderna capital de Perú.

sí   no   6. irán a Machu Picchu por avión.

¿Qué se dice...? 🎧 CD4, Track 2

Al hablar de lo que harás en las vacaciones

OLGA: Hola, Enrique.

ENRIQUE: Hola, Olga.

OLGA: Te llamo desde Perú. ¡Acabamos de llegar! ¡Lima es fantástica! Si el resto del Perú es igual de interesante, estoy segura de que pasaremos un mes estupendo.

ENRIQUE: Muy bien. Me alegro. ¿Qué planes tienes para estos días?

OLGA: Hoy y mañana estaremos aquí en Lima. Esta mañana visitamos la catedral en la Plaza de Armas. Es hermosa. No sabía que allí estaba la tumba de Francisco Pizarro. También veremos el Palacio Arzobispal. Es de lo mejor de la arquitectura colonial. Esta noche comeremos en un restaurante lindísimo en el hermoso distrito de Barranco. Ya hemos reservado.

ENRIQUE: Pues yo te recomiendo que pruebes el ceviche. Es excelente.

OLGA: ¡Ah! ¡Bien, gracias! Lo probaré y te diré qué me pareció. El miércoles visitaremos la ciudad sagrada de Caral. Gracias por recomendármela.

ENRIQUE: De nada. Recuerda que es la ciudad más antigua de Perú y de América.

OLGA: Sí, impresionante. ¡Sacaré todas las fotos que pueda! Seguro que me encantará.

ENRIQUE: Y después de Lima, ¿dijiste que irán a Cuzco?

OLGA: Sí, viajaremos por tren a Cuzco, la antigua capital de los incas. Dicen que es una ciudad única. Espero no sufrir de soroche, como me contaste.

ENRIQUE: No te preocupes. Seguro que no lo sufrirás.

OLGA: Y de Cuzco a... ¡Machu Picchu!

ENRIQUE: Te encantará. Es un lugar mágico. Si tienen tiempo, les recomiendo el camino del Inca, una antigua e impresionante ruta prehispánica que conecta Cuzco y Machu Picchu y que hoy en día se puede recorrer.

¿Sabías que...?

Debido a que Cuzco está a 3.399 metros (11.155 pies) sobre el nivel del mar, muchos turistas sufren de soroche *(altitude sickness)* durante su visita a la ciudad. En el aeropuerto de Cuzco hay tanques de oxígeno puro para los viajeros que llegan, y los hay también en la mayoría de los grandes hoteles. Los hoteles también sirven té de coca *(coca leaf tea)* 24 horas al día, que es lo que los indígenas beben para evitar el soroche.

En tu opinión: ¿Por qué será necesario proveer té de coca en la mayoría de los grandes hoteles? ¿Hay ciudades importantes en los Estados Unidos construidas a la altura de Cuzco? ¿Cuáles? ¿Qué efecto tendrá el té de coca en el cuerpo humano?

Ahora, ¡a hablar!

A. Compañeros de viaje. En el *¿Qué se dice...?*, ¿quién dice lo siguiente, **él** (Enrique) o **ella** (Olga)?

EP 12.1

él　**ella**　1. Mañana estaremos todo el día en Lima.
él　**ella**　2. Te recomiendo el ceviche.
él　**ella**　3. Seguro que no sufrirás de soroche.
él　**ella**　4. Viajaremos por tren a Cuzco y Machu Picchu.
él　**ella**　5. Comeremos en un restaurante lindísimo que ya hemos reservado.

B. ¡Cuzco! Olga está entusiasmada y quiere saber todos los detalles de lo que harán en Cuzco. ¿Qué le dice el agente de viajes?

EP 12.1

> **MODELO**　　domingo: levantarse muy temprano
> **El domingo se levantarán muy temprano.**

1. lunes: llegar a las 17:30 y dormir dos o tres horas: ser necesario para evitar el soroche
2. lunes: por la tarde caminar por la ciudad
3. martes: visitar la catedral y conocer el Palacio de Manco Cápac
4. martes: por la tarde viajar a la fortaleza de Sacsahuamán
5. miércoles: despertarse a las seis y viajar en tren a Lima

C. Mis próximas vacaciones. Entrevista a un(a) compañero(a) de clase para saber cómo y dónde pasará las próximas vacaciones.

EP 12.1, 12.2

1. ¿Adónde irá? ¿Cómo viajará? ¿Viajará en avión? ¿En tren? ¿En auto?
2. ¿Viajará solo(a)?
3. ¿Dónde se quedará? ¿Cuánto pagará por el alojamiento?
4. ¿Cuánto tiempo estará de vacaciones? ¿Se quedará en el mismo lugar o viajará a otros sitios?
5. ¿Dónde comerá? ¿Comerá en restaurantes de comida típica?
6. ¿Qué hará durante el día? ¿Y de noche?
7. ¿Sacará fotos? ¿Comprará muchos recuerdos?
8. ¿Llevará la cámara de video?

D. Nuestros planes en Perú. Con tu compañero(a), miren este mapa y decidan cuáles son sus planes para las próximas vacaciones de primavera. ¿Qué lugares visitarán? ¿Dónde se quedarán en Lima?, ¿Cuzco?, ¿Machu Picchu? ¿Qué harán en Sacsahuamán?, ¿en el lago Titicaca?, ¿en Machu Picchu? ¿Cuánto tiempo estarán en Perú? ¿Dónde sacarán las mejores fotos? ¿Subirán Huayna Picchu?

EP 12.1, 12.2

E. ¡Qué futuro! El futuro está siempre lleno de promesas, de proyectos y de sueños. ¿Cómo ves tu propio futuro? ¿Cuáles son tus proyectos? ¿Será tu vida mejor que ahora? Con un(a) compañero(a), comparen su vida de ahora con la que piensan tener dentro de diez años.

EP 12.1, 12.2

> **MODELO**　　trabajo
> 　　　Tú: Ahora trabajo de mesero; dentro de diez años seré el dueño del restaurante.
> COMPAÑERO(A): Y yo trabajo en la librería; dentro de diez años trabajaré para una editorial en Nueva York.

1. trabajo　　　4. esposo(a) e hijos
2. estudios　　　5. vivienda (casa o apartamento)
3. coche　　　6. bienes (coches, casas, propiedad, etcétera)

Y ahora, ¿por qué no conversamos?

F. Resoluciones. En enero siempre empezamos el año con resoluciones y proyectos. ¿Cuáles serán tus resoluciones para el año próximo? Discútelas con un(a) compañero(a) y escucha mientras él (ella) te dice las suyas.

G. ¡El año 2025! ¿Qué te traerá el futuro? En grupos de tres o cuatro, digan qué creen que estarán haciendo en el año 2025. Decidan quién tendrá el futuro más interesante y cuéntenselo a la clase.

H. ¡Luces! ¡Cámara! ¡Acción! Tú sabes practicar el arte de la quiromancia *(palm reading)*. Tu amigo(a) quiere saber lo que le espera en el futuro: el trabajo, el amor, la salud y la familia. Lee su palma y cuéntale el futuro. Dramatiza la situación con un(a) compañero(a) delante de la clase.

I. ¡Nuestra comunidad! En tu universidad o comunidad, entrevista a alguna persona de origen hispano, preferiblemente peruano, y hazle preguntas relacionadas con el futuro de su país de origen y de América Latina en general: ¿Superará las dificultades económicas? ¿Se acabarán las barreras raciales? ¿Progresará mucho en materia de democracia y derechos humanos? —y otras preguntas que se te ocurran.

Un paso atrás, dos adelante

Capítulo 11

En el Capítulo 11 aprendiste a hablar de cuando eras más joven, a narrar cosas del pasado y a hablar de lo que has hecho o no has hecho recientemente. Repasa lo que sabes, completando el siguiente texto con las palabras necesarias.

Una semana loca

TU AMIGO(A): ¿Dónde _____ [**estar**] cuando te _____ [**llamar**] la semana pasada?

TÚ: _____ [**Ir**] al Museo Nacional. _____ [**Haber**] una exhibición temporal con mariposas vivas del Valle Central. Se _____ [**llamar**] «El Jardín Secreto» y me _____ [**gustar**] muchísimo.

TU AMIGO(A): ¿Y por qué no me _____ [**invitar**]?

TÚ: Te _____ [**buscar**] por todo el barrio, pero todo el mundo me _____ [**decir**] lo mismo: «_____ [presente perfecto de **estar**] aquí esta mañana»; «lo _____ [presente perfecto de **ver**] en el supermercado esta tarde» ...pero, la verdad, no te _____ [**encontrar**] por _____ [*negative expression*] parte.

TU AMIGO(A): Sí, _____ [presente perfecto de **estar**] muy ocupado(a).

🎵 **¡Dímelo tú!** *Playlist* Escucha: «Yo vengo a ofrecer mi corazón» de Tania Libertad

Saber comprender CD4, Track 3

Estrategias para escuchar: interpretar las pistas no verbales del contexto

*Interpreting what you hear often requires knowing more than just the meaning of individual words. For example, if you hear the words **No he podido dormir** without knowing the circumstances that prompted the speaker to say them, then you can't know whether the speaker just had a bad night's sleep due to illness or worries, or may simply be exaggerating to make a point. To understand fully the meaning of a conversation you must use numerous nonverbal cues as well as individual word meaning. In the remaining chapters you will be asked to interpret what you hear based not only on the meaning of the words, but on your own experience and cultural knowledge as well.*

Interpretar las pistas no verbales del contexto. Escucha el diálogo y trata de contestar estas preguntas. Basa tus respuestas en tu propia experiencia en viajes y en el conocimiento que ya tienes del Perú.

1. ¿Por qué no pudo dormir bien Olga?
   a. Hacía demasiado frío.
   b. Estuvo pensando en las actividades del día siguiente.

2. ¿Cuándo va a explicar Caral en detalle el guía?
   a. Explicará Caral en detalle en camino al sitio.
   b. Explicará Caral en detalle al llegar al sitio.
   c. Explicará Caral en detalle al caminar por el sitio.

3. ¿Cuál es más viejo, el Vaticano en Roma o Caral?
   a. El Vaticano es más viejo.
   b. Caral es más viejo.
   c. Caral y el Vaticano son de la misma época.

4. ¿Qué tiempo va a hacer durante la visita a Caral?
   a. Va a hacer sol.
   b. Va a llover.
   c. Va a hacer frío.

5. ¿Qué tienen en común Caral y el Vaticano?
   a. Fueron construidos durante la misma época.
   b. Los dos fueron centros religiosos.
   c. Los dos son centros cristianos.

Ahora, ¡a escuchar!

Con un(a) compañero(a), escucha otra vez la conversación y revisen las respuestas que escribieron en la sección anterior. Hagan las correcciones necesarias.

Por los caminos del Inca... en Perú ■ trescientos noventa y cinco **395**

Perú, donde la altura y la profundidad se fusionan

Antes de empezar, dime...

1. ¿Cómo eran las civilizaciones indígenas en la región que ahora es los Estados Unidos? Describe su sociedad, arquitectura, ejércitos, etcétera.
2. ¿Cómo son los restos de esas civilizaciones? Describe algunas de sus ruinas.

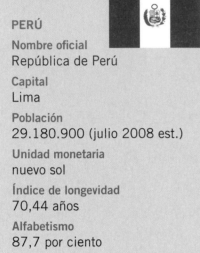

PERÚ

Nombre oficial
República de Perú

Capital
Lima

Población
29.180.900 (julio 2008 est.)

Unidad monetaria
nuevo sol

Índice de longevidad
70,44 años

Alfabetismo
87,7 por ciento

Cuando los españoles llegaron a Perú en 1531, los quechuas (también llamados incas) controlaban la cordillera andina desde Ecuador hasta Argentina. Los quechuas llamaban a su rey o emperador «el inca». La sociedad quechua o incaica estaba dividida en cuatro clases: los gobernantes, los nobles, la gente común y los esclavos. Esta sociedad mantuvo grandes ejércitos muy organizados, construyó edificios impresionantes y estableció un sistema de carreteras que se extendía de un extremo al otro del imperio incaico. Actualmente, la mayoría de sus descendientes viven en el altiplano de Ecuador, de Bolivia y de Perú, donde la lengua quechua todavía se habla extensamente.

La zona de Cuzco, la antigua capital del imperio de los incas, está situada en las mesetas andinas, al sureste de Lima, en el «corazón» mismo del antiguo imperio. Cuzco es una palabra quechua que significa ombligo *(navel)* en español y hace referencia a su localidad en el centro del universo. La ciudad y sus alrededores contienen innumerables ruinas preincaicas e incaicas que incluyen fortalezas como Sacsahuamán, el Templo del Sol y a unas cincuenta millas, la maravillosa ciudad escondida de los incas, Machu Picchu.

En la construcción de estas fortalezas se observa un ejemplo incomparable de cantería *(stone cutting)*: los bloques de granito están colocados uno sobre el otro sin haber utilizado cemento. Los expertos en el tema han llegado a decir que no existe otro tipo de construcción similar que pueda compararse con esta en cuanto a su calidad.

A pesar de ser la civilización incaica la que con más frecuencia se identifica con Perú, en el área peruana se destacaron otras grandes civilizaciones, como por ejemplo, la chavín con sus inmensos templos, la mochica con impresionantes pirámides y finas cerámicas, la chimú con su enorme capital en Chan Chan y sus magníficas obras de oro, la nazca, la huari, sicán y tantas más. La UNESCO ha declarado Patrimonio de la Humanidad a más de diez de estos sitios.

Y ahora, dime...

1. ¿Cómo se comparan las civilizaciones indígenas precolombinas de los Estados Unidos con las de Perú? ¿Por qué crees que fueron tan distintas?
2. ¿Qué quiere decir «Cuzco» en español? Explica su significado.
3. Además de la civilización incaica, ¿cuáles son otras civilizaciones de importancia en Perú? De las varias civilizaciones mencionadas, ¿cuál te interesa más? ¿Por qué?

⊿ Por el ciberespacio... a Perú

Keywords to search:

templos de Chavín
cerámica mochica
oro de Chan Chan
líneas de Nazca

To learn more about Peru, go to the *¡Dímelo tú!* website at academic. cengage.com/spanish/dimelotu

¡Imagínate...
un Perú todavía mejor!

TAREA

Antes de empezar este *Paso*, estudia la lista de vocabulario de la página 411 y escucha el corte 7 de tu Text Audio CD4. Luego estudia *En preparación*.

1er día   12.3 Conditional of regular and irregular verbs, páginas 414–416

Haz por escrito los ejercicios de *¡A practicar!* correspondientes.

¿Eres buen observador?

Plaza de San Martín

Catedral de Lima

El barrio de Miraflores

La playa en Lima

Ahora, ¡a analizar!

De visita en Lima. A Olga y a sus amigos les falta hacer varias cosas en Lima. ¿Adónde (podrían / deberían / tendrían que) ir para hacer lo siguiente?

1. comprar un suéter de alpaca
2. sacar fotos de la estatua de San Martín
3. gozar del sol y la brisa del mar
4. comprar recuerdos de Lima
5. asistir a un servicio religioso

¿Qué se dice...?

Al hablar de lo que harías

Hola, Enrique. Quería enviarte este mensaje y unas fotos para responderte a la pregunta que me hiciste un día sobre cuál sería mi mundo ideal. Viajando por Perú, viendo la grandeza del pasado incaico y la realidad de la pobreza de muchos indígenas hoy día, quiero responderte, y me gustaría conocer tu opinión también.

Para alguien como yo, interesada en la sociología y la historia, te diría que mi mundo ideal sería necesariamente utópico. Para empezar, mi primer objetivo sería erradicar el hambre en zonas desfavorecidas de la tierra. Para ello, cada uno de los países ricos debería contribuir con parte de su Producto Interior Bruto al desarrollo de los países pobres. Para asegurarnos de que el dinero que se envía a estos países no es utilizado para comprar armamento o llenar los bolsillos de los gobernantes, habría que crear una organización internacional para distribuir los fondos no solo en alimentos, sino también como préstamos sin intereses o de bajo interés para personas emprendedoras.

En un mundo ideal no tendrían espacio las guerras. Para ello, yo aglutinaría a cada nación en una asociación de naciones muy especial, por la cual los países se comprometerían a nunca invadirse los unos a los otros, y buscarían soluciones negociadas a todas las crisis. Crearía un organismo para arbitrar y encontrar soluciones a los conflictos actuales.

Siguiendo el modelo de la Unión Europea, obligaría a los gobiernos a mantener unos niveles económicos, prohibiría la pena de muerte y aseguraría el reparto de agua potable de zonas con más agua a zonas con menos agua. Obligaría a todas las corporaciones a emplear parte de sus ganancias en iniciativas sociales y de ayuda a los más necesitados, y controlaría el precio de las medicinas, especialmente aquellas que sirven para los problemas de los ancianos y los más pobres.

Perú ha sido clasificado por el Banco Mundial entre los 12 países más pobres del mundo, con más de 49 por ciento de su población viviendo con un dólar diario, y compartiendo con Bolivia y Haití el último lugar en consumo de calorías por persona en América Latina. El mapa de la pobreza elaborado por el Ministerio de Economía y Finanzas del Perú señala que la pobreza afecta a 56 por ciento de los 25 millones de peruanos, de los cuales 4,7 millones viven en situación extrema. Por otro lado, según el diario Las Américas, «la pobreza en Perú durante 2007 disminuyó en 5,2 puntos porcentuales respecto a 2006, según un informe del estatal Instituto Nacional de Estadística e Informática (INEI), avalado por el Banco Mundial (BM)».

En tu opinión: ¿Es lógico que un país rico en recursos como Perú tenga un índice tan alto de pobreza? ¿Por qué crees que ocurre eso? ¿Piensas que es lógico que los Estados Unidos tenga parte de su población viviendo en la pobreza también?

Ahora, ¡a hablar!

EP 12.3

A. ¿Lo haría? Indica si Olga haría estas cosas según el *¿Qué se dice...?*

sí no 1. Crearía un comité para determinar cuáles de las guerras son útiles o no.
sí no 2. Formaría una nueva especie de Naciones Unidas.
sí no 3. Obligaría a los países ricos a ayudar a los países en desarrollo.
sí no 4. Aumentaría el presupuesto de los ejércitos.
sí no 5. Facilitaría préstamos de bajo interés para personas emprendedoras.

EP 12.3

B. ¡Vamos a ayudar! Tú y tu compañero(a) quieren ayudar a Olga a definir sus objetivos de cambiar el mundo. Tomen turnos en decir qué harían si pudieran ayudar.

MODELO   eliminar la deuda externa de los países en desarrollo
Eliminaría la deuda externa de los países en desarrollo.

1. potenciar la compra de productos de países en desarrollo
2. salir a manifestar contra el hambre en el mundo
3. dar a conocer la situación de los pobres del mundo
4. ir a ayudar como voluntario
5. rebajar el precio de las medicinas contra el SIDA
6. reducir los gastos militares a menos de la mitad
7. ¿...?

EP 12.3

C. ¿Ocho soluciones? Lo que para otros son propuestas, para ti y tu compañero(a) son soluciones. ¿Qué harían ustedes para erradicar la pobreza? Preparen un programa basándose en estas propuestas.

MODELO   reinterpretar / los derechos humanos en clave del siglo XXI
Reinterpretaríamos los derechos humanos en clave del siglo XXI.

1. erradicar / la pobreza extrema y el hambre
2. lograr / la educación primaria universal
3. establecer / la igualdad entre hombres y mujeres
4. reducir / la mortalidad de los menores de cinco años
5. mejorar / la salud materna
6. combatir / el SIDA y otras enfermedades
7. fomentar / la alianza mundial para el desarrollo humano
8. garantizar / la sostenibilidad del medio ambiente

D. Mis buenos deseos. Enrique y Miguel dicen que si ganaran la lotería, se comprarían una casa en Perú. ¿Qué harías tú?

MODELO   dar
Yo les daría dinero a todos los miembros de mi familia.

1. ir	5. hacer
2. construir	6. viajar
3. no tener que	7. comprar
4. invertir / ahorrar	8. ayudar

E. Si yo fuera rico. Con tu compañero(a), digan qué harían con estas cosas si fueran multimillonarios(as).

Mi familia

ORFANATO

Jaguar

Sud América

Si yo fuera millonario

INSTITUTO DE INVESTIGACIONES

CRUCERO PRINCESA DEL PACÍFICO

La selva tropical

Mi empleo

EP 12.3

EP 12.3

Y ahora, ¿por qué no conversamos?

F. Los vecinos. En nuestra sociedad hay personas con necesidades económicas, de asistencia y de otros tipos. Con tu compañero(a) hablen de estas personas, del tipo de necesidades que tienen y de lo que harían para ayudarlas.

G. ¡Luces! ¡Cámara! ¡Acción! Tú y tu compañero(a) están hablando sobre el tema de los viajes en el tiempo. Si pudieran viajar por el tiempo, ¿a qué época del tiempo viajarían? ¿Viajarían al mundo del futuro o del pasado? ¿Cómo sería ese mundo? ¿Cómo sería la sociedad? Dramaticen la conversación que tienen delante de la clase.

Saber comprender

Estrategias para ver y escuchar: ver y escuchar «de arriba hacia abajo»

*In **Capítulo 10, Paso 3,** you learned that your previous knowledge of a topic can help you fill in the blanks when the topic of the video you are viewing is very familiar. This approach is known as listening "from the top down."*

Los Andes, ¡donde lo nuevo y lo antiguo se entrelazan!

Al ver el video

Ver y escuchar «de arriba hacia abajo». Tal vez tu conocimiento de los Andes no es muy extenso pero algo has de saber de esa majestuosa cordillera. Mira ahora el video **Los Andes, ¡donde lo nuevo y lo antiguo se entrelazan!** Luego combina el conocimiento que ya tenías de los Andes con lo que viste en el video para adivinar el significado de las palabras subrayadas.

1. Los Andes corren desde el <u>occidente</u> de Venezuela hasta el sur de Chile.
2. Los aimaras viven de la papa, un <u>alimento</u> nativo de los Andes.
3. Desde Quito se puede ver el <u>Pichincha</u> cubierto de nieve.
4. En los Andes, lo nuevo y lo antiguo <u>se entrelazan</u>.

Después de ver el video

Ahora vuelve a mirar la sección del video sobre los Andes y anota tres cosas que aprendiste que no sabías antes y tres que ya sabías.

LOS ANDES

Lo que no sabía	Lo que ya sabía
1.	1.
2.	2.
3.	3.

¡Escríbelo!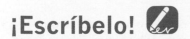

Estrategias para escribir: punto de vista

Cuando escribimos, es importante pensar cuidadosamente en el punto de vista que vamos a desarrollar. El punto de vista afecta muchísimo el resultado final de lo que escribimos. Por ejemplo, ¿crees que el chofer responsable del accidente va a describir el accidente de la misma manera que la víctima o que algún testigo? ¡Es dudoso! Lo más probable es que va a haber tres versiones distintas y los tribunales tendrán que decidir el caso.

Punto de vista. Ahora vuelve al *Noticiero cultural* de este capítulo, «Perú, donde la altura y la profundidad se fusionan». ¿Desde qué punto de vista se escribió esta lectura? ¿Quién es el narrador?

Cambiando el punto de vista. Piensa cómo cambiaría una lectura si el punto de vista fuera distinto. Por ejemplo, indica en una o dos oraciones cómo crees que las siguientes personas describirían al Perú precolombino. Luego compara tu trabajo con el de dos compañeros(as) de clase.

Un conquistador español	Un quechua en Perú ahora	Atahualpa, el último emperador de los incas
1.	1.	1.
2.	2.	2.
3.	3.	3.
4.	4.	4.
...	...	...

Ahora, ¡a escribir!

A. En preparación. Prepara una lista con tres características distintas de la sociedad del Perú precolombino. Luego descríbelas desde el punto de vista de un conquistador español, de un indígena quechua en Perú ahora o de Atahualpa, el emperador inca.

Características	Punto de vista de un conquistador	Punto de vista de un quechua en Perú ahora o de Atahualpa
1.	1.	1.
2.	2.	2.
3.	3.	3.
4.	4.	4.
...	...	...

B. El primer borrador. Usa la información que preparaste en la actividad anterior para decidir si vas a escribir sobre Cuzco desde el punto de vista de un conquistador español, de Atahualpa, el último emperador de los incas, o de un quechua de Perú de ahora. Escribe el primer borrador de una breve composición titulada «Cuzco: el centro del universo inca». No olvides que todo lo que relates tiene que ser desde el punto de vista de tu personaje.

C. Ahora, a compartir. Comparte tu primer borrador con dos o tres compañeros(as). Haz comentarios sobre el contenido y el punto de vista de las composiciones de tus compañeros(as) y escucha sus comentarios sobre tu trabajo. ¿Es lógico y consistente el punto de vista? Haz comentarios sobre los errores de estructura, ortografía o puntuación. Fíjate específicamente en el uso del pretérito, del imperfecto, del futuro y del condicional. Indica todos los errores de tus compañeros(as) y luego decide si necesitas hacer cambios en tu composición, teniendo en cuenta los errores que ellos te indiquen a ti.

D. La versión final. Prepara la versión final de tu composición y entrégasela a tu profesor(a). Escribe la versión final en la computadora, siguiendo las instrucciones recomendadas por tu instructor(a).

¡No te diviertas demasiado... en Perú!

¿Eres buen observador?

TAREA

Antes de empezar este *Paso,* estudia la lista de vocabulario de la página 411 y escucha el corte 8 de tu Text Audio CD4. Luego estudia *En preparación.*

1er día   12.4 **Tú** commands: A second look, páginas 416–417

Haz por escrito los ejercicios de *¡A practicar!* correspondientes.

Consejos para viajar a Perú

Para tu viaje a Perú, te recomendamos:

Para las ciudades

- Lima (La Ciudad de los Reyes) presenta muchos atractivos coloniales pero sobre todo Lima cuenta con una fabulosa infraestructura de restaurantes, hostales, centros comerciales, etcétera. Hay que tener en cuenta la seguridad. No te separes de tu grupo salvo en zonas garantizadas por los guías. Lima tiene más de ocho millones de habitantes y es una ciudad muy grande que fácilmente nos puede confundir. Sigue al guía y no tendrás de qué preocuparte.
- Ciudades como Arequipa, Cuzco, Ica, Puno, Huaraz, son más pequeñas, pero las medidas de seguridad no están de más. No pierdas de vista tus cámaras o equipaje de mano.
- No uses servicios por debajo del estándar de precios y calidad ya que puedes ser estafado fácilmente. Recuerda que pagando lo justo recibirás lo justo.
- No cambies dinero en la calle, ni lleves grandes cantidades de dinero en el bolso.

Para las excusiones

- Si vas por caminatas de un día, simplemente lleva un gorro o sombrero, ropa de acuerdo al lugar donde te encuentres. Lleva también un paraguas o casaca, ya que por las tardes, sobre todo en la sierra, suele haber fuertes vientos.
- Si vas por más de un día, como a Camino del Inca o a los senderos de Huaraz, ten cuidado con lo que llevas, ya que muchas cosas pueden pesar demasiado y ser incómodas. Lleva solo lo que los guías recomiendan para cada zona o dificultad.

Para la aventura

- Si vas a hacer canotaje, lleva más de una muda de ropa completa, también unos buenos anteojos sobre todo oscuros para evitar el reflejo del sol en las aguas. Todo debe estar bien asegurado a tu cuerpo, ya que no tendrás manos para sujetarlos, sobre todo pon mucha atención a la charla previa de tu monitor.
- Si vas de caminata por más de un día, una buena bolsa de dormir te ayudará mucho; empaca lo necesario: unas buenas botas y un impermeable para las lluvias sobre todo en la sierra.
- Si haces bicicleta de montaña, lleva unos buenos anteojos que protejan tus ojos.

Por lo demás no te preocupes, los guías se encargarán de todo: comida, bicicletas, cascos, protectores, carpas...

Ahora, ¡a analizar!

Indica si este anuncio te dice que hagas o no hagas lo siguiente.

 sí   **no**   1. A la menor oportunidad, sepárate de tu grupo para disfrutar de la ciudad.

 sí   **no**   2. Para la selva, olvídate de los repelentes de mosquitos.

 sí   **no**   3. Si vas de excursión por más de un día, ten cuidado con el peso de las cosas que llevas.

 sí   **no**   4. Si haces canotaje, sujeta bien con las manos las cosas, para evitar perderlas.

 sí   **no**   5. Lleva anteojos de sol si haces bicicleta de montaña o canotaje.

¿Qué se dice...?

Al hablar de lo que otras personas deben hacer

Querido Enrique:

Casi al final de mi impresionante viaje por Perú, quisiera compartir contigo unas cuantas fotos más y algunas sugerencias para ser un buen turista en este maravilloso país.

- En un sitio arqueológico, siempre mantente en los senderos.
- No dejes nada detrás de ti al realizar tu recorrido, excepto tus huellas.
- No recojas objetos ni muestras o restos de los edificios. Si estás en la selva, no recojas muestras de flora o fauna, incluyendo flores, semillas y rocas.
- Si visitas la selva, evita molestar a los animales que observas, especialmente si están cortejándose, desovando o alimentándose. No proporciones comida de ningún tipo a los monos u otros animales silvestres.
- Contrata guías locales, compra artesanías locales y hazte cliente de los hoteles y restaurantes de las zonas que visitas.

De pesca en el lago Titicaca

Puente inca moderno

- Apoya los proyectos que benefician las comunidades locales.
- Nunca compres plantas o animales silvestres.
- Compra solo artesanías hechas a base de productos naturales que son producidos específicamente para su comercialización o aquellos fabricados con recursos renovables, como la madera.

- Sé sensible a las tradiciones y a la cultura locales y trata de interactuar con la gente de los lugares que visitas. De esta manera la actividad del turismo será una experiencia positiva para todas las personas involucradas.
- Apoya los programas de conservación.

El condor pasa

El escritor peruano Mario Vargas Llosa nació en Arequipa, Perú, en el año 1936. Empezó a escribir en los años cincuenta, pero no logró su fama hasta 1963 cuando escribió su gran novela *La ciudad y los perros* que fue traducida inmediatamente a más de veinte idiomas y recibió el Premio Biblioteca Breve y el Premio de la Crítica (1963). En el año 1966 publicó su segunda gran obra, *La casa verde.* Sus novelas más recientes son *La fiesta del chivo* (2000), *El paraíso en la otra esquina* (2003), *Travesuras de la niña mala* (2006) y el ensayo *El viaje a la ficción.* Vargas Llosa, aparte de ser un escritor que ha alcanzado gran fama internacional, también ha tenido participación activa en la vida política del Perú. Fue candidato a la presidencia en las elecciones de 1990, en las cuales triunfó el ingeniero Alberto Fujimori.

En tu opinión: ¿Por qué crees que Vargas Llosa recibió el Premio de la Crítica Española en 1963, con tan solo 27 años de edad? ¿Sabes de autores en los Estados Unidos que han recibido premios importantes por sus obras literarias? ¿Por qué crees que el célebre Vargas Llosa perdió las elecciones contra el desconocido Alberto Fujimori? ¿Sabes si algún presidente de los Estados Unidos fue escritor antes de ascender a la presidencia?

Ahora, ¡a hablar!

A. ¿Quién? Indica si Olga aconseja esto o no en el *¿Qué se dice...?*

EP 12.4

sí no 1. No te salgas de la ruta establecida.
sí no 2. Recoge objetos y rocas para regalar a tus amigos.
sí no 3. Apoya los programas de conservación.
sí no 4. Haz hogueras para calentarte y para evitar los mosquitos.
sí no 5. No seas respetuoso con la gente local.
sí no 6. No compres productos locales.

B. ¡Por fin a Perú! Tú vas a estudiar en la Universidad San Marcos en Lima, y la oficina de estudios en el extranjero de tu universidad te da algunas recomendaciones sobre seguridad. ¿Qué te recomienda?

EP 12.4

MODELO   llamar a los Estados Unidos una vez por semana
Llama a los Estados Unidos una vez por semana.

1. salir siempre con otros amigos(as) y regresar con ellos(as)
2. mantener informada a tu familia de dónde y cómo estás
3. no tomar taxis de noche solo(a)
4. hacer la tarea todos los días y practicar tu español en todo momento
5. ser prudente y respetuoso(a)
6. divertirse y no comparar constantemente

C. **¡No más, por favor!** Tu familia y tus amigos también tienen consejos que darte (un poquito más radicales). Di lo que tu familia te dice y tu compañero(a) va a decir lo que tus amigos dicen.

MODELO   no beber el agua
No bebas el agua. o
Solo bebe agua embotellada.

Tu familia:

1. no salir solo(a) de noche
2. no ir a las discotecas
3. no acostarse tarde
4. no caminar por las calles solo(a) de noche
5. no gastar dinero
6. llamar, escribir y enviar correos electrónicos todos los días

Tus amigos

7. ser responsable
8. comprar un teléfono celular
9. salir con un(a) chico(a) peruano(a)
10. divertirte
11. ir a clase todos los días
12. escribirme en español

D. **¡Cuídate!** Un amigo que viaja contigo en Cuzco se enferma y quiere saber qué debe hacer para mejorarse. Aconséjalo.

MODELO   **No comas nada sólido.**

Sugerencias

beber té caliente   no salir del cuarto
llamar al médico   pedir sopa de pollo
no beber agua sin purificar   tomar una aspirina

E. **¡Compórtate bien!** Con tu compañero(a), traten de poner orden en esta escuela diciéndole a cada niño lo que debe o no debe hacer.

Y ahora, ¿por qué no conversamos?

F. Viaje a Machu Picchu. Tú y un(a) compañero(a) están viajando por Sudamérica, visitando y explorando diferentes lugares. Ahora están en las famosas cataratas de Iguazú y quieren viajar por Uruguay, Argentina, Chile y Bolivia para llegar a Machu Picchu. Piensan hacer ocho escalas *(stopovers)* en su viaje. ¿Quién va a llegar primero? Para avanzar una escala, tienes que contestar la pregunta de tu compañero(a) correctamente. Tus preguntas están aquí; las de tu compañero(a) están en el Apéndice A.

1. ¿Cuál es la capital de Bolivia?
2. ¿Cuál es la capital de Ecuador?
3. Nombra tres países atravesados por la cordillera de los Andes.
4. Nombra dos países que tienen frontera con Colombia.
5. ¿De qué nacionalidad era Eva Perón?
6. ¿Quién escribió *¡Dímelo tú!*? Nombra uno de los autores.
7. ¿Cuántos países de habla hispana hay en Centroamérica?
8. ¿Cómo se llama la capital de Perú?
9. ¿Cuál es el país de habla hispana más pequeño de Sudamérica?
10. Nombra dos culturas indígenas de México.
11. Nombra el país en el que se intentó construir un canal similar al de Panamá.
12. Nombra cinco países de Sudamérica y sus capitales.

G. ¡Luces! ¡Cámara! ¡Acción! Tú acabas de regresar de tu viaje al Perú y ahora todos tus amigos te consideran un(a) experto(a). Tu mejor amigo(a) piensa visitar el mismo lugar que visitaste y te pide consejos. Con un(a) compañero(a), escriban el diálogo. Luego dramatícenlo delante de la clase.

El rincón de los lectores 📖

Estrategias para leer: usar pistas del contexto

En el capítulo previo aprendiste a usar pistas de contexto cuando no sabes el significado de una palabra. Aprendiste que varias cosas te pueden ayudar a entender una palabra clave desconocida.

- *el contenido de la oración*
- *no preocuparse por saber el significado específico; basta con tener una idea general del significado*
- *fijarse en la puntuación y la estructura*
- *identificar las palabras clave y no preocuparse por palabras desconocidas que no sean clave*

Usar pistas del contexto. Ahora lee el segundo párrafo de la lectura («Bill Gates visitó de incógnito...») y prepara una lista de las palabras desconocidas cuyo significado no sabes. Luego, dentro de las palabras desconocidas que identificaste, decide cuáles son palabras clave y cuáles no. Trata de identificar el significado de las palabras clave siguiendo uno de los procesos mencionados arriba.

Palabras desconocidas	Palabras clave desconocidas	Significado de palabras clave
1.	1.	1.
2.	2.	2.
...	...	...

Lectura

Los multimillonarios y famosos visitan Machu Picchu

Muchos son los multimillonarios y famosos que últimamente se están dejando ver por Machu Picchu. La semana pasada lo hicieron Cameron Díaz y la pareja Brody-Pataky. Esta semana le ha tocado el turno a Bill Gates. ¿Será que la ciudad escondida de los incas se ha convertido en un destino de moda entre los multimillonarios y famosos?

Bill Gates visitó de incógnito la milenaria ciudadela inca el sábado, donde no pudo evitar ser reconocido por periodistas locales, informó el domingo la prensa limeña. Gates recorrió la edificación del siglo XV, descubierta un 24 de junio de 1911, acompañado de una reducida comitiva de amistades antes de retornar al Cuzco, la antigua capital del imperio inca situada a 100 kilómetros del lugar. En ese lugar asistió, en la explanada de Sacsahuamán, a las celebraciones de la tradicional fiesta del Dios Sol que marca el inicio del solsticio de invierno. En quechua esta fiesta se conoce como «Inti Raymi».

La presencia del cofundador de Microsoft coincide con la de la actriz estadounidense y estrella de Hollywood, Cameron Díaz, que participa en un documental del programa de televisión «4 Real» de la cadena MTV, de Canadá. La actriz norteamericana Cameron Díaz llegó a la ciudad peruana del Cuzco, en una visita que le permitirá conocer lugares históricos y turísticos como la famosa ciudadela de Machu Picchu y la celebración andina del «Inti Raymi».

La famosa actriz llegó el pasado miércoles por la mañana al aeropuerto de Cuzco, donde fue recibida por el responsable de una empresa privada de seguridad que protegerá a la actriz durante su permanencia en la antigua capital del imperio de los incas. Cameron Díaz se alojó en el hotel Libertador de Cuzco, en el centro histórico de la ciudad, y recorrió posteriormente ante la sorpresa de los transeúntes y turistas. La actriz visitó la Plaza de Armas cuzqueña y observó un desfile de alegorías de la Escuela de Bellas Artes de la ciudad.

El actor norteamericano Adrien Brody, ganador del Óscar por la película *El pianista*, también se encuentra en Perú desde hace una semana para acompañar a su novia Elsa Pataky en el rodaje de la película que la actriz está rodando en el departamento norteño de Piura.

Ahora en Perú, en lugar de hippies con ponchos peruanos, se ven modelos que son fotografiadas para las revistas de modas. En las inmediaciones del Machu Picchu y del Valle Sagrado de Cuzco, los turistas pueden recibir masajes con piedras calientes o inscribirse en sesiones de yoga al atardecer, tras una agotadora caminata.

A ver si comprendiste

1. ¿A qué época pertenece Machu Picchu?
2. ¿Dónde está situado Machu Picchu?
3. ¿Cómo se llama la fiesta del inicio del solsticio de invierno en Perú?
4. ¿Qué famosos han visitado últimamente Machu Picchu y Cuzco?
5. ¿Qué crees que atrae a los famosos que visitan Perú?
6. ¿Crees que este turismo es más rentable para los peruanos que el turismo de mochila y bolsa de dormir? Explica tu respuesta.

Vocabulario

Paso 1 CD4, Track 6

Viajar en Perú

alojamiento	*housing*
cámara	*camera*
cámara de video	*video camera*
espectáculo	*show, exhibition*
fortaleza	*fortress*
precolombino(a)	*pre-Columbian*
restos *(m. pl.)*	*remains*
sitio	*site*
vivienda	*housing*

Descripción

antiguo(a)	*old, ancient*
arriba	*above*
lindo(a)	*pretty, lovely*
próximo(a)	*next*
solo(a)	*alone*

Propiedad

bienes *(m. pl.)*	*wealth, property, goods*
propiedad *(f.)*	*property*
tierra	*soil*

Verbos

cultivar	*to cultivate*
disponer	*to arrange, to prepare*
quejarse	*to complain*
reservar	*to reserve*

Palabras y expresiones útiles

dentro	*inside, within*
editorial *(f.)*	*publisher*
opción *(f.)*	*option*
otra vez	*again*
región *(f.)*	*region*

Paso 2 CD4, Track 7

Un mundo ideal

alianza mundial *(f.)*	*world alliance*
derechos humanos *(m. pl.)*	*human rights*
desarrollo humano	*human development*
igualdad *(f.)*	*equality*
salud *(f.)*	*health*
salud materna *(f.)*	*maternal health*
sostenibilidad *(f.)*	*sustainability*
universal	*universal*

Pobreza

deuda	*debt*
disminución *(f.)*	*decrease, reduction*
en desarrollo	*under developmet, developing*

mortalidad *(f.)*	*mortality*
pobreza	*poverty*
SIDA *(m.)*	*AIDS*

Para combatir la pobreza

aglutinar	*to put together*
aumentar	*to increase*
combatir	*to combat*
crear	*to create*
dar a conocer	*to make known*
erradicar	*to erradicate*
facilitar	*to facilitate*
fomentar	*to promote, to encourage*
formar	*to form*
garantizar	*to guarantee*
manifestar	*to demonstrate*
mejorar	*to better*
potenciar	*to increase the power of*
reducir	*to reduce*
reinterpretar	*to reinterpret*

Viajar

agencia de viaje	*travel agency*
compra	*purchase*
gozar	*to enjoy*
hacer la maleta	*to pack a suitcase*
hospedar	*to lodge, to put up*
maleta	*suitcase*

Banco

comité *(m.)*	*committee*
emprendedor(a)	*enterprising*
interés *(m.)*	*interest*
invertir	*to invest*
presupuesto	*budget*
servicio	*service*
valer	*to be worth*

Palabras útiles

de esa manera	*that way*
en clave de	*having . . . as key*
externo(a)	*external*
mitad *(f.)*	*half*
religioso(a)	*religious*

siglo	*century*
sin duda	*without a doubt*
útil	*useful*

Paso 3 CD4, Track 8

Viajar

aduana	*customs*
anteojos de sol *(m. pl.)*	*sunglasses*
atravesar	*to traverse, to cut across*
bolsa de dormir	*sleeping bag*
capital *(f.)*	*capital*
canotaje *(m.)*	*rowing, rafting*
cordillera	*mountain range*
frontera	*border*
moneda	*money, coin*
mosquito	*mosquito*
repelente *(m.)*	*repellent*

Descripción

pesado(a)	*heavy*
prudente	*prudent*
rentable	*profitable*
respetuoso(a)	*respectful*
situado(a)	*located*
sólido(a)	*solid*

Verbos

apoyar	*to support*
atraer	*to attract*
calentar	*to warm up*
intentar	*to attempt, to try*
purificar	*to purify*
sujetar	*to fasten*

Palabras y expresiones útiles

conservación *(f.)*	*conservation*
época	*epoch, period*
hoguera	*bonfire*
inicio	*beginning*
roca	*rock*
sierra	*mountain range*
solsticio	*solstice*

EL ESPAÑOL... de los Andes

alpaca	*alpaca*		cuy *(m.)*	*guinea pig*
andino(a)	*Andean*		incaico(a)	*Inca, Incan*
anticuchos	*barbequed pieces of marinated beef heart*		soroche *(m.)*	*altitude sickness*
ceviche *(m.)*	*raw fish marinated in lemon juice*		té de coca *(m.)*	*coca leaf tea*

En preparación 12

12.1 Future tense of regular verbs

Talking about the future

■ In English, the future is usually expressed with the auxiliary verbs *will* or *shall*: *I will/shall see you later.* The future tense in Spanish is formed by adding the endings **-é, -ás, -á, -emos, -éis,** and **-án** to the infinitive of most **-ar, -er,** and **-ir** verbs.

estar		ser		ir	
estar**é**	estar**emos**	ser**é**	ser**emos**	ir**é**	ir**emos**
estar**ás**	estar**éis**	ser**ás**	ser**éis**	ir**ás**	ir**éis**
estar**á**	estar**án**	ser**á**	ser**án**	ir**á**	ir**án**

Este verano no **viajaré**. *This summer I will not travel.*
En el invierno **iremos** a hacer *In the winter we will go mountain climbing*
    andinismo en Perú.   *in Peru.*

Heinle Grammar Tutorial: The Future Tense

■ There are other ways to talk about future time in Spanish. Remember that the present indicative and **ir a** + *infinitive* are also used to express future time.

Carlos **llega** mañana a las diez. *Carlos will arrive tomorrow at ten.*
Te **veo** más tarde. *I'll see you later.*
Vamos a verla esta noche. *We are going to see her tonight.*
Ella **va a traer**los. *She is going to bring them.*

¡A practicar!

A. ¡Qué planes tengo! Andrés acaba de graduarse y antes que nada quiere pasar las vacaciones en Perú. ¿Qué planea hacer?

MODELO   (yo) / pasar / vacaciones / Perú
                Pasaré las vacaciones en Perú.

1. primero ir / a descansar / playas / Santa María
2. estar / Lima / dos semanas
3. divertirme / todas las noches / discotecas
4. visitar Cuzco / donde poder / ver la fortaleza de Sacsahuamán
5. caminar / toda la ciudad / y ver / mucho de la antigua capital
6. regresar / los Estados Unidos / agosto

B. **¡Me escaparé!** Unos amigos peruanos están hablando de lo que harán después de graduarse. Cambia los verbos al futuro para saber lo que dicen.

1. Yo _____ (ir) a visitar las ruinas de Chan Chan en el norte del país.
2. Alicia y yo _____ (descansar) y _____ (tomar) sol en las playas de Paracas.
3. Gloria y María _____ (viajar) a Machu Picchu.
4. José _____ (quedarse) aquí para descansar.
5. Cecilia y Roberto _____ (volver) a Arequipa durante el verano.
6. Fernando dice que _____ (visitar) a sus parientes en Ica. _____ (Estar) allá todo un mes.

«Aborrece y **serás** aborrecido; quiere y **serás** querido». (proverbio)

___ *You will be treated the same way you treat others.*

___ *If you hate or love others, you will feel the same way.*

12.2 Future tense of verbs with irregular stems
Talking about the future

The future tense of the following verbs is formed by adding the future tense endings to irregular stems.

Future tense: Irregular verbs		
decir:	**dir-**	
haber:	**habr-**	
hacer:	**har-**	
poder:	**podr-**	-é
poner:	**pondr-**	-ás
querer:	**querr-**	-á
saber:	**sabr-**	-emos
salir:	**saldr-**	-éis
tener:	**tendr-**	-án
valer:	**valdr-**	
venir:	**vendr-**	

poder	
podré	podremos
podrás	podréis
podrá	podrán

Note that a majority of the irregular stems are derived by eliminating the vowel of the infinitive ending or replacing it with a **d.**

Tendremos que visitar Chan Chan.   *We will have to visit Chan Chan.*
Los invitados **vendrán** de todas partes.   *The guests will come from all over.*
¿Quiénes **harán** el chuño?   *Who will make chuño?*

Heinle Grammar
Tutorial: The Future Tense

¡A practicar!

A. ¡Hay tanto que hacer! Eva y Adolfo piensan hacer su primer viaje a Perú dentro de un mes. Ahora, Eva está explicándole a su mejor amiga lo que todavía le queda por hacer. ¿Qué dice Eva? Para saberlo, pon los verbos en el futuro.

Yo _____ (tener) que comprar los boletos del vuelo muy pronto. Adolfo, nuestros padres y yo _____ (hacer) la lista de todos los lugares que vamos a visitar. Mamá _____ (ponernos) en contacto con unos parientes en Lima. Mis tías _____ (darme) una lista de regalos que quieren que les compre. Adolfo _____ (poder) visitar a unos amigos suyos en Cuzco. Y mis abuelos dicen que _____ (venir) a despedirnos el día de nuestra salida.

B. ¡Los días pasan volando! La mejor amiga de Eva tiene algunas ideas de cómo ayudarla. Pon los verbos entre paréntesis en el futuro para saber qué le sugiere.

Yo _____ (poder) ir contigo a comprar los boletos. Podemos ir mañana por la tarde porque yo _____ (salir) del trabajo a las dos de la tarde. También nosotras _____ (tener) tiempo de ir a casa a cenar. Te _____ (hacer) una cena especial. Probablemente no _____ (haber) otra oportunidad de estar solas antes de tu viaje.

«Madruga y **verás**, trabaja y **tendrás**». (proverbio)

___ *Early to bed and early to rise makes a man healthy, wealthy, and wise.*

___ *The early bird catches the worm.*

Paso 2

12.3 Conditional of regular and irregular verbs
Stating what you would do

▪ The conditional is used to state conditions under which an action may be completed. In English, the conditional is expressed with *would: I would go if . . .* In Spanish, the conditional is formed by adding the endings **-ía, -ías, -ía, -íamos, -íais,** and **-ían** to the infinitive of most **-ar, -er,** and **-ir** verbs.

estar	
estaría	estaríamos
estarías	estaríais
estaría	estarían

ser	
sería	seríamos
serías	seríais
sería	serían

ir	
iría	iríamos
irías	iríais
iría	irían

Yo **iría** a un concierto de la peruana Tania Libertad.

I would go to one of the concerts of the Peruvian Tania Libertad.

Allí **podría** escuchar la música de Ciro Hurtado también.

There I would also be able to listen to Ciro Hurtado's music.

■ The conditional of the following verbs is formed by adding the conditional endings to irregular stems. Note that the irregular stems of these verbs are identical to those of the irregular future tense verbs.

Conditional: Irregular verbs		
decir:	**dir-**	
haber:	**habr-**	
hacer:	**har-**	
poder:	**podr-**	-ía
poner:	**pondr-**	-ías
querer:	**querr-**	-ía
saber:	**sabr-**	-íamos
salir:	**saldr-**	-íais
tener:	**tendr-**	-ían
valer:	**valdr-**	
venir:	**vendr-**	

hacer	
haría	haríamos
harías	haríais
haría	harían

Haría todo lo posible por conseguir entradas al concierto.
I would do everything possible to get tickets to the concert.
Tú **podrías** ir conmigo.
You could go with me.

Heinle Grammar Tutorial: The Conditional Tense

¡A practicar!

A. ¡Yo lo haría así! Tu mejor amigo(a) desea viajar este verano pero no tiene la mínima idea adónde. Quiere saber adónde irías tú y qué harías en el viaje. ¿Qué le dices?

MODELO primero, buscar información por Internet
Primero, buscaría información por Internet.

1. sin duda, yo decidir viajar a Perú
2. llamar a varias agencias de viaje
3. empezar a trabajar más horas
4. de esa manera, ahorrar más dinero
5. también tomar una clase de historia de Cuzco o de Perú
6. luego, comprar mis boletos
7. hacer mis maletas
8. irme a Perú por todo un mes

B. ¡Me encantaría ir contigo! Ahora que todos los planes están hechos, tu mejor amigo insiste en que hagas el viaje a Perú con él. ¿Qué tendrían que hacer para poder viajar juntos?

MODELO Los dos (tener) que trabajar más horas.
Los dos tendríamos que trabajar más horas.

1. Mi amigo y yo (hablar) con nuestros amigos peruanos.
2. Los dos (tener) que organizar nuestro presupuesto *(budget)*.
3. Los dos (poder) tomar la clase de historia de Perú juntos.
4. Yo definitivamente (tomar) otra clase de español.
5. Mi amigo y yo (practicar) español veinticuatro horas al día.
6. Yo (saber) exactamente qué lugares visitar.

C. ¡Nunca! Como es la primera vez que tu amigo(a) viaja tan lejos, sus padres están un poco preocupados. Tú los llamas para convencerlos. Completa los espacios con los verbos en condicional para saber qué les dices.

¡_____ (Ser) una excelente oportunidad para hacernos bilingües! Nosotros(as) _____ (practicar) más que nunca. _____ (Hablar) continuamente con los miembros de la familia donde nos vamos a hospedar y también _____ (tener) amplia oportunidad de hablar con la gente en la calle, porque _____ (tomar) el autobús a la universidad todos los días. Claro que ya estando allí, _____ (viajar) a Bolivia y a Ecuador, y si nuestro presupuesto lo permitiera, _____ (ir) también al Cono Sur, a Chile, Argentina y Uruguay.

«Menos lobos **irían** en la banda...» (proverbio)

___ *Perhaps there were not enough musicians in the band.*

___ *Perhaps you are stretching the truth.*

Paso 3

12.4 *Tú* commands: A second look
Requesting, advising, and giving orders to people

◾ In **Capítulo 9,** you learned that affirmative **tú** commands are identical to the third-person singular of the present indicative.

Llama a la agencia de viajes.	*Call the travel agency.*
Haz* las reservaciones.	*Make the reservations.*
Pide información sobre Sipán.	*Ask for information about Sipán.*

◾ To form a negative **tú** command, drop the final **-o** from the first-person singular of the present indicative and add **-es** to **-ar** verbs and **-as** to **-er** and **-ir** verbs.

Negative *tú* commands			
tomar:	tomø	No **tomes** cerveza.	*Don't drink beer.*
comer:	comø	No **comas** nada.	*Don't eat anything.*
dormir:	duermø	No **duermas** aquí.	*Don't sleep here.*
salir:	salgø	No **salgas** hoy.	*Don't go out today.*

◾ Reflexive and object pronouns must precede the verb in negative commands and must follow and be attached to the verb in affirmative commands. When two pronouns are present in a sentence, the reflexive pronoun always comes first, and the indirect-object pronoun always precedes the direct-object pronoun.

Heinle Grammar Tutorial: Informal Commands

Llámanos cuando lleguen y no **te olvides** de llamar a tus abuelos.	*Call us when you arrive and don't forget to call your grandparents.*
¡Ah, el pasaporte! **Tráemelo,** por favor.	*Oh, the passport! Bring it to me, please.*

*You have also learned that there are eight irregular affirmative **tú** commands: **di, pon, sal, ten, ven, haz, ve,** and **sé.**

¡A practicar!

A. **¡El soroche!** Es tu primer día en Cuzco y tu amigo(a) sufre de soroche. ¿Qué consejos le das?

1. quedarte / en casa
2. hablar / con el médico
3. tomar / té de coca
4. descansar / todo el día
5. no salir / y no hacer / nada en la casa
6. acostarte / y no levantarte
7. dormir / todo el día
8. si suena el teléfono / no contestarlo

B. **¡Estás enfermo(a)!** Ahora tu amigo(a) de cuarto está hablando por teléfono con su mamá. ¿Qué le dice ella?

1. no comer / nada
2. no mirar / televisión
3. no leer / mucho
4. no tomar / cerveza
5. no salir / al frío
6. no hacer / ejercicios pesados

C. **¡Instrucciones!** Los padres de tu amigo(a) tienen instrucciones muy específicas para ti. ¿Qué te dicen?

MODELO   servirle sopa de pollo dos veces al día
Sírvele sopa de pollo dos veces al día. o
Sírvesela dos veces al día.

1. tomarle la temperatura cada cuatro horas
2. no hablarle si se siente cansado(a)
3. darle una aspirina cada seis horas
4. no despertarlo(la) si suena el teléfono
5. prepararle té todo el día
6. servirle un vaso de agua fresca cada media hora

«**Haz** el bien y **no mires** a quien». (proverbio)

___ *Be nice to everybody.*

___ *One good deed deserves another.*

CAPÍTULO 13

Y el techo del mundo... ¡Bolivia!

In this chapter, you will learn how to . . .

- give advice.
- lead a group in aerobic exercise.
- tell someone what to do or not to do.
- express fear, joy, sadness, pity, surprise, or hope.

Comunicación

¿QUÉ SE DICE...?
- Al dar consejos
- Al hablar de tonificar el cuerpo
- Al sugerir y recomendar

Cultura

¿SABÍAS QUE...?
La hoja de coca
Carnaval de Oruro
Bolivia y el acceso al mar

NOTICIERO CULTURAL
Bolivia: un potosí de cultura y biodiversidad

VIDEO CULTURAL
Bolivia, en el corazón de Sudamérica y del mundo

EL RINCÓN DE LOS LECTORES
Juvenal Nina (fragmento) de Gaby Vallejo

En preparación

PASO 1
13.1 Present subjunctive: Review of theory and forms

PASO 2
13.2 **Usted** and **ustedes** commands
13.3 Present subjunctive of irregular verbs and **ojalá**

PASO 3
13.4 Subjunctive with expressions of emotion
13.5 Subjunctive with impersonal expressions

Destrezas

¡A ESCUCHAR! & ¡A VER!
Interpreting key words

¡A ESCRIBIR!
Being persuasive

¡A LEER!
Outlining a historical reading

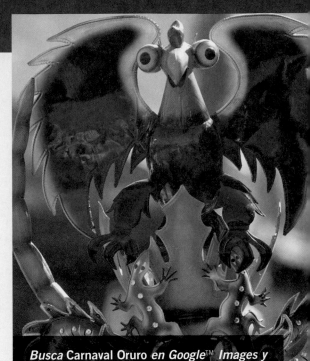

Busca Carnaval Oruro *en Google*™ *Images y YouTube*™ *para disfrutar de esta festividad con más de 50.000 danzantes.*

Busca Madidi Bolivia *en Google*™ *Images y YouTube*™ *para saber más sobre una de las áreas protegidas más ricas del planeta.*

Busca Salar de Uyuni en Google™ *Images y YouTube*™ *para disfrutar de este lugar tan espectacular.*

¡Las fotos hablan!

A que ya sabes… Completa los siguientes comentarios sobre Bolivia basando tus respuestas en estas fotos.

1. En Bolivia se mezcla…
   a. lo natural y lo folclórico.   b. lo industrial y lo indígena.   c. lo moderno, industrial e indígena.
2. El Parque Nacional Madidi en Bolivia…
   a. es una gran reserva natural.   b. es una salina.   c. es una ciudad.
3. El Carnaval de Oruro…
   a. es una tradición moderna de baile y disfraz.   b. es un movimiento social de Bolivia.
   c. es una ocasión tradicional y religiosa donde lucen preciosos disfraces.

¡Te recomiendo que visites Bolivia!

TAREA

Antes de empezar este *Paso*, estudia la lista de vocabulario de la página 442 y escucha el corte 13 de tu Text Audio CD4. Luego estudia *En preparación*.

1ᵉʳ día   13.1 Present subjunctive: Review of theory and forms, páginas 444–445

Haz por escrito los ejercicios de *¡A practicar!* correspondientes.

¿Eres buen observador?

Te invitamos a hacerte socio de la Asociación Estudiantil Masculina ZTE

Ahora, ¡a analizar!

Los socios de la Asociación Estudiantil Masculina ZTE hacen varias actividades, algunas muy buenas para la salud, otras no tan buenas. ¿Qué consejos les puedes dar?

Les recomiendo / sugiero / aconsejo / insisto en / digo que...

tomen más agua	duerman más	coman muchas verduras
no fumen	bajen de peso	coman más pescado
no beban bebidas alcohólicas	bailen más	no tomen tanta cerveza
coman más verduras	jueguen más deportes	corran más

¿Qué se dice...?

CD4, Track 9

Al dar consejos

NARCISO: No me lo vas a creer: ¡Nos vamos a Bolivia!

DAVID: ¿En serio? ¡Me muero de envidia!

AMAYA: ¡Estamos contentísimos!

NARCISO: Pues sí, antes de empezar a trabajar, hemos decidido tomarnos un año libre y pasarlo en Bolivia.

DAVID: Me parece una idea genial. Pero, ¿por qué Bolivia?

NARCISO: Elegimos Bolivia porque es un país que todavía no ha sido arruinado completamente por la modernidad y porque tiene una grandiosa herencia indígena.

DAVID: ¿Y dónde piensan vivir?

AMAYA: Primero pasaremos unos meses en La Paz. Luego en Cochabamba, Sucre y finalmente en Santa Cruz.

DAVID: La Paz es hermosa y hay tanto que ver y hacer ahí. Además es ideal para visitar Copacabana y el lago Titicaca, y también Tiwanaku. Pero mucho cuidado con el soroche. El aeropuerto de La Paz, llamado El Alto, está a cuatro mil metros o trece mil cien pies de altura. Se recomienda tomar dos tazas de mate de coca en cuanto se llega al hotel y descansar inmediatamente durante un par de horas antes de salir a caminar por la ciudad. También se le puede pedir al médico una receta de pastillas para el mal de altura antes de salir de los Estados Unidos.

AMAYA: No te preocupes. Ya he hablado con el médico del soroche y nos ha recetado unas pastillas precisamente para eso. Pero cuéntame algo de Copacabana, Titicaca y Tiwanaku.

DAVID: El lago Titicaca es el lago navegable más alto del mundo. Allí hay dos islas muy visitadas. Una es la Isla del Sol y la otra, la Isla de la Luna. La leyenda cuenta que Manco Cápac (o Manko Qhapaj), el primer inca, y su esposa Mama Ocllo, aparecieron por primera vez en la Isla del Sol con el encargo de Inti, el dios Sol, de fundar el imperio incaico. Copacabana, a orillas del lago, es donde se encuentra el santuario de la Virgen de Copacabana, patrona de Bolivia. Ahí se pueden tomar pequeñas embarcaciones para visitar las dos islas.

NARCISO: Y Tiwanaku, ¿queda lejos de La Paz?

DAVID: No, queda bastante cerca, a menos de dos horas de la ciudad de La Paz. Pueden visitar Tiwanaku y les recomiendo que lo hagan porque es verdaderamente fascinante. Imagínense, la cultura incaica perduró por unos cien años, la tiwanacota más de mil años. ¡Es impresionante!

¿Sabías que...?

El cultivo de la coca está muy extendido en Bolivia. Los indígenas del altiplano consumen las hojas secas de coca desde épocas remotas para soportar mejor los efectos de la altura y para darles fortaleza física. Es muy común tomar una taza de mate de coca, trimate (manzanilla, anís y coca) u otra combinación con hojas de coca. Desde siempre, la hoja de coca ha sido utilizada dentro de la medicina casera para combatir el dolor de estómago, el mal de altura y el cansancio. Pero esta hoja también se utiliza para elaborar la cocaína, droga ilegal. Actualmente se intenta controlar su producción ofreciendo incentivos a los agricultores para que reemplacen esas plantaciones por otros cultivos, como el del café y el de frutas.

En tu opinión: ¿Por qué crees que el mate de coca tiene tantos usos medicinales? ¿El hecho de que se usa también para elaborar la cocaína justifica la erradicación del cultivo de la hoja de coca?

Ahora, ¡a hablar!

EP 13.1

A. ¡El primer coche! Jaime, un joven boliviano, acaba de recibir su licencia de manejar. Según él, ¿qué consejos recibe de su familia?

MODELO   mamá (insistir) en que nunca (manejar) después de tomar alcohol
Mi mamá insiste en que nunca maneje después de tomar alcohol.

1. padres (recomendarme) que siempre (usar) cinturón de seguridad
2. papá (insistir) en que siempre (observar) los límites de velocidad
3. hermano mayor (sugerirme) que siempre (guardar) coche en el garaje
4. hermana (insistir) en que nunca (beber) alcohol si tengo que manejar
5. papá (aconsejarme) que (lavar) con frecuencia el coche
6. padres (decirme) que siempre (tener) la llanta de repuesto en el coche

EP 13.1

B. ¡En el techo del mundo! Narciso y Amaya acaban de llegar a La Paz. Ahora están hablando con el administrador de su hotel. ¿Qué recomendaciones les hace?

MODELO   **Les recomiendo que se sienten a tomar una o dos tazas de mate de coca.**

	sentarse a tomar una o dos tazas de mate de coca
	acostarse y descansar un par de horas
aconsejar	no caminar demasiado estos primeros días
insistir en	comer ligero los primeros días
sugerir	evitar la comida de la calle
recomendar	seguir tomando mate de coca a lo largo de su estadía
	no salir a caminar solos de noche
	gozar de nuestra ciudad

EP 13.1

C. El primer semestre. El primer semestre en la universidad puede ser una experiencia algo traumática para algunas personas. ¿Qué le aconsejas a un(a) nuevo(a) estudiante que acaba de entrar a la Universidad Mayor de San Simón de Cochabamba?

MODELO   estudiar todos los días un poco
Te recomiendo que estudies todos los días un poco.

1. participar activamente en las clases
2. limitar tu vida social
3. entregar los trabajos a tiempo
4. organizar grupos de estudio
5. administrar tu tiempo
6. leer muchísimo
7. mantener una vida sana

D. **¡Únete a nosotros!** Con un(a) compañero(a), miren estos dibujos y escriban diálogos entre la monitora y los clientes del Club Deportivo Azuero. Usen verbos como **recomendar, sugerir, querer, desear**... Estén preparados para presentar los diálogos a la clase.

EP 13.1

Y ahora, ¿por qué no conversamos?

E. **Doctor Sabelotodo.** Tú y tu compañero(a) trabajan para el doctor Sabelotodo, un señor que da consejos en un periódico de su comunidad. ¿Qué consejos puede darles a estas personas? Sugieran varios consejos para cada situación.

Vocabulario útil

aconsejar	permitir	recomendar
insistir	preferir	sugerir

1. Una pareja quiere saber cómo se puede tener un matrimonio feliz.
2. Una joven de dieciocho años necesita conseguir un buen trabajo inmediatamente.
3. Tres compañeros de cuarto quieren saber cómo pueden sacar buenas notas. ¡Es urgente!
4. Dos amigos quieren vivir juntos; necesitan consejos para poder vivir sin problemas.
5. Un joven acaba de divorciarse. Está muy deprimido.

F. **¿Nosotros? ¿Consejeros?** Todos tenemos problemas: de salud, de dinero, de trabajo o de lo que sea. En grupos de tres, preparen una descripción por escrito de dos o tres problemas típicos de estudiantes universitarios y dénsela a su profesor(a). Él (Ella) va a redistribuir las listas para que cada grupo haga varias recomendaciones a fin de solucionar los problemas de su nueva lista.

G. **Sueños.** Todos tenemos sueños que queremos que se hagan realidad algún día. Con un(a) compañero(a), comparte tus sueños. Tu compañero(a) va a darte algunos consejos que te ayudarán a lograr lo que quieras.

MODELO   Tú: **Yo quiero vivir en una mansión grande y elegante.**
COMPAÑERO(A): **Te sugiero que trabajes mucho y ahorres mucho dinero o que te cases con un(a) millonario(a).**

H. **¡Luces! ¡Cámara! ¡Acción!** Tú y tu compañero(a) de cuarto están hablando con un(a) amigo(a) que tiene problemas serios debido al alcohol, las drogas o el tabaco. ¿Qué consejos le dan? Dramatiza la situación con dos compañeros(as) de clase.

I. **¡Nuestra comunidad!** En tu universidad o comunidad, entrevista a una persona de origen sudamericano, boliviano si es posible. Puedes entrevistar a más de una persona si fuera necesario para obtener mayor información. Pregúntale sobre la situación económica, los desafíos y su opinión sobre el nivel de vida en ese país. Informa a la clase de lo que aprendiste.

Un paso atrás, dos adelante

Capítulo 12

Repasemos. En el Capítulo 12 aprendiste a hablar de lo que harás en el futuro en general o durante unas vacaciones en particular; aprendiste también a hablar de lo que harías en diferentes situaciones, y a dar consejos y órdenes a los demás. Repasa lo que sabes, completando el siguiente texto con las palabras necesarias.

Un plan ilusionante

Tu amigo(a): Entonces, ¿cuándo _____ [futuro de **tomar**] las vacaciones este año? Yo las _____ [futuro de **hacer**] en agosto.

Tú: Y yo también. Y creo que _____ [futuro de **ir**] a Perú. ¿Y tú?

Tu amigo(a): Yo no lo _____ [presente perfecto de **pensar**] todavía, pero sí, creo que a mí también _____ [condicional de **gustarme**] ir a Perú.

Tú: Si quieres podemos ir juntos; _____ [command de **pensar**] en una fecha y podemos comprar el billete para ir juntos.

Tu amigo(a): Muy bien. ¿Y qué lugares _____ [condicional de **gustarte**] visitar en Perú? Yo no _____ [condicional de **perderme**] Cuzco ni las ruinas de Machu Picchu por nada del mundo.

Tú: Yo tampoco; además, mi profesor de español nos _____ [presente perfecto de **hablar**] muy bien de la reserva de la biosfera del Manú.

Tu amigo(a): Muy bien, pues _____ [futuro de **visitar**] ese lugar también.

Tú: ¡Perfecto! _____ [command de **llamarme**] cuando encuentres unos billetes a buen precio. _____ [command de **recordar**] que soy vegetariano(a) y que prefiero la ventana al hacer la reserva del avión.

Tu amigo(a): De acuerdo, lo _____ [futuro de **tener**] presente.

Saber comprender

Estrategias para escuchar: interpretar palabras clave

*In **Capítulo 12** you learned that understanding what you hear can involve more than just the words you hear; nonverbal cues are as essential as specific words. Often, little of the necessary meaning of a speech event is encoded in the words and grammar alone. Rather, the linking together of certain key words (**palabras clave**) with your prior knowledge and experience becomes essential to the process of understanding. This is especially important when you don't recognize every word you hear. The dialogue you will now hear portrays expectant parents returning from a prenatal parenting class in Santa Cruz. This dialogue contains some vocabulary with which you will not be familiar. Use the various listening strategies you have learned: listening for cognates and letting what you know about prenatal classes help you.*

Interpretar palabras clave. Escucha este diálogo con un(a) compañero(a). Mientras escuchan, escriban en una hoja de papel todas las palabras clave que no entiendan y que consideren necesarias para poder interpretar el diálogo. Luego escuchen el diálogo otra vez y traten de identificar el significado de esas palabras en base a las palabras cognadas que reconozcan y en base a lo que ya saben de clases para futuros padres.

Ahora, ¡a escuchar!

Indica ☑ todo lo que los nuevos padres aprendieron en sus clases.

☐ bañar al nene con esponja
☐ bañarlo en la tina
☐ cambiarle los pañales de tela
☐ cambiarle los pañales desechables
☐ cargarlo
☐ cuidarlo cuando está enfermo

☐ darle de comer al nene
☐ distintas posiciones para cargarlo
☐ evitar que llore
☐ hacerle masajes con loción
☐ sostenerle la cabeza
☐ vestirlo

Bolivia: un potosí de cultura y biodiversidad

BOLIVIA

Nombre oficial
República de Bolivia

Capitales
La Paz (capital administrativa) y
Sucre (capital constitucional)

Población
9.247.816 (julio 2008 est.)

Unidad monetaria
boliviano

Índice de longevidad
66,53 años

Alfabetismo
86,7 por ciento

Antes de empezar, dime...

1. ¿Cómo puede influir la composición demográfica de un país en su destino o en su futuro? ¿Puedes dar ejemplos de esto?
2. ¿Qué influencia ha tenido en los Estados Unidos el hecho de ser el resultado de una mezcla de pueblos y de razas? ¿Crees que lo beneficia o perjudica?
3. ¿Los habitantes nativo-americanos han influido en los países latino-americanos de la misma manera en que han influido en los Estados Unidos? ¿Por qué sí o por qué no?

Bolivia, cuyo nombre proviene del libertador Simón Bolívar, es un país del tamaño de California y Texas juntos. Limita con Brasil al este, con Perú y Chile al oeste, y al sur con Paraguay y Argentina. La altura media del Altiplano, situado en la cordillera andina, es de 3.558 metros (11.663 pies). En esta región vive la mitad de la población de Bolivia, repartida en las ciudades de La Paz, Oruro y Potosí.

Bolivia tiene algo más de nueve millones de habitantes, de los cuales el 55% es indígena, el 30% es mestizo y el 15% de origen europeo. Bolivia tiene cerca de 40 grupos indígenas. Los principales son los quechuas (2.5 millones), los aimaras (2 millones), los chiquitanos (180.000) y los guaraníes (125.000). La comunidad afroboliviana, formada por descendientes de esclavos traídos a Bolivia a través de Brasil, representa el 0.5% de la población.

Bolivia es una rica combinación de naturaleza y cultura. Es uno de los ocho países con mayor biodiversidad del planeta: altiplano, selva amazónica, altas cumbres nevadas, valles interandinos, desiertos blancos... así también como ciudades catalogadas como «Patrimonio Cultural de la Humanidad».

La impresionante y atractiva riqueza de mineral de plata del Cerro de Potosí dio lugar a que esa ciudad tuviera en el año 1611 alrededor de 160.000 habitantes y se constituyera en una de las cinco urbes más importantes de la época en todo el mundo. Todavía hoy se dice en español «vale un potosí» cuando queremos decir que algo es muy valioso. Desgraciadamente, es precisamente esa tremenda riqueza del territorio boliviano lo que atrajo a los europeos y luego a los poderosos hacendados, a despojar a uno de los países más ricos del mundo de todo lo que tenía, convirtiéndolo así en uno de los más pobres.

En diciembre de 2005, Evo Morales fue elegido presidente de Bolivia. Evo Morales es aimara, y dado que los aimaras representan solo un 25% de la población de Bolivia, se puede afirmar que las diferencias étnicas no jugaron un papel importante en las elecciones. Fueron más bien las diferencias sociales y económicas las que hicieron que una gran mayoría de indígenas de distintos grupos votara por el líder indígena aimara, quien ganó con el más amplio margen de votos desde que se restauró la democracia en Bolivia. El candidato Evo Morales obtuvo casi el 54% de los votos y asumió al mando el 22 de enero de 2006. Es el segundo mandatario boliviano en la historia de la República elegido por mayoría absoluta de votos (el primero fue Víctor Paz Estensoro en 1960).

Morales ha despertado interés en el mundo por ser el primer mandatario de origen indígena en la historia de Bolivia, y por su propuesta de realizar cambios radicales en las estructuras bolivianas. Aunque su gobierno no ha podido todavía cumplir la mayoría de sus promesas por la resistencia de los burócratas y la burguesía de Bolivia, Evo Morales mantiene su popularidad y su presencia inspira a los indígenas de América Latina.

Datos interesantísimos sobre Bolivia

- Bolivia tiene dos capitales, La Paz, la sede de gobierno con el poder legislativo y ejecutivo, y Sucre, la capital con el poder judicial.
- Junto con Paraguay, Bolivia es uno de los dos países americanos que no tiene costas.
- La mina de plata Pailaviri, la más antigua e importante del Cerro Rico de Potosí, se explota continuamente desde 1545.
- La temperatura del agua del lago Titicaca (11 grados Celsius, 51 grados Farenheit) modifica el clima a su alrededor, calentando su entorno y permitiendo los cultivos agrícolas a esa increíble altura.
- Butch Cassidy y Sundance Kid fueron ejecutados en Bolivia en 1907 después de robar una mina, y Ernesto Che Guevara fue ejecutado en Bolivia en 1967 cuando trató de iniciar guerrillas revolucionarias.
- La cultura tiwanacota es considerada una de las más importantes del período precolombino ya que por casi tres milenios (2800 años) logró avances significativos en la ciencia, el arte, la arquitectura y las técnicas de cultivo.

Y ahora, dime...

1. ¿De dónde recibe su nombre Bolivia?
2. ¿Cuáles son las principales etnias de Bolivia?
3. ¿Qué atrajo a los españoles y a los hacendados a regiones como Potosí?
4. ¿Fueron las razones étnicas la mayor razón por la que Evo Morales ganó las elecciones? Si no, ¿cuáles fueron principalmente las razones?
5. ¿Ha cumplido Evo Morales sus promesas electorales? ¿Por qué sí o por qué no?

⊿ Por el ciberespacio... a Bolivia

Keywords to search:

quechuas y aimaras
biodiversidad boliviana
Cerro de Potosí
Evo Morales

To learn more about Bolivia, go to the *¡Dímelo tú!* website at academic.cengage.com/spanish/dimelotu

A tonificar el cuerpo... en Cochabamba

TAREA

Antes de empezar este *Paso*, estudia la lista de vocabulario de la página 442 y escucha el corte 14 de tu Text Audio CD4. Luego estudia *En preparación*.

1er día 13.2 **Usted** and **ustedes** commands, páginas 445–446

2do día 13.3 Present subjunctive of irregular verbs and **ojalá**, páginas 446–447

Haz por escrito los ejercicios de *¡A practicar!* correspondientes.

¿Eres buen observador?

Ahora, ¡a analizar!

Indica cuáles de estas son instrucciones que Nico Rada usaría en su programa de ejercicios aeróbicos en el canal 4 de ATB de Cochabamba.

☐ Levanten los brazos.
☐ Caminen por 20 minutos.
☐ Salten en un pie.
☐ Levanten y bajen la cabeza.
☐ Sigan el ritmo de la música.
☐ Estiren las piernas.
☐ Respiren profundamente.
☐ Tomen un refresco.
☐ Doblen las rodillas.
☐ Corran alrededor del cuarto.
☐ Den vuelta a las manos.
☐ Suban la pierna izquierda.

¿Qué se dice...? CD4, Track 11

Al hablar de tonificar el cuerpo

INSTRUCTORA: Primero, respiren profundamente. Adentro, afuera, otra vez, adentro, afuera. Bien, bien, ahora, flexionen las rodillas, pero mírenme. Quiero que lo hagan correctamente. Así es, uno, dos, tres, cuatro. Ahora ustedes, uno, dos, tres... Bueno. Extiendan los brazos y giren las manos diez veces, uno, dos, tres... A ver, ustedes, miren hacia adelante. Inspiren por la nariz y expiren por la boca. Extiendan los brazos un poco más. Así es.

Ahora todos, doblen las rodillas, brazo contrario, escuchen la música y sigan el ritmo. Uno, dos, tres, cuatro. Uno,... Bien. Lleven el talón al glúteo. Flexionen los codos. Muy bien. Sigan el ritmo y mantengan la respiración. Así es. ¡Fantástico! Tomen aire. Suban los brazos arriba. Expulsen el aire.

Alternen los pasos, rodilla arriba y talón al glúteo. Ahora relájense un poco.

Muy bien, es todo por hoy. Recuerden que mañana la clase será de abdominales y glúteos. Cuídense.

AMAYA: ¡Ay! Estoy muerta. Ojalá la clase de spinning sea más fácil que esta.

NARCISO: Yo estoy molido. No sé si me quedaré para spinning.

DAVID: Anímense. Ojalá tengamos a Pepi de instructora hoy.

IRENE: ¡Ay, qué flojos están todos! Les digo que tienen que sufrir un poco si quieren tonificar el cuerpo. Ojalá se esfuercen más en la próxima clase.

¿Sabías que...?

En el año 2002, la UNESCO reconoció el valor y la importancia del Carnaval de Oruro en Bolivia confiriéndole el título de «Obra Maestra del Patrimonio Oral e Intangible de la Humanidad». Este carnaval tiene su origen en un festival precolombino que recibió influencia cristiana, la cual se puede apreciar hoy en día. Esta celebración es un evento grandioso que agrupa a más de 28.000 bailarines y unos 10.000 músicos que vienen de los distintos departamentos del país para venerar a la Virgen. Las danzas más representativas incluyen la Diablada, que representa la lucha entre el bien y el mal, y la Morenada y los Caporales que representan a los esclavos traídos del África y a sus capataces. Todos ellos recorren unos cuatro kilómetros por las calles de la ciudad de Oruro y terminan en el templo del Socavón, frente al altar de la Virgen de la Candelaria. Por tradición, los bailarines le hacen a ella la promesa de danzar por tres años o más. El Carnaval de Oruro es la mayor expresión folclórica de Bolivia y una de las más grandes representaciones del arte popular y de la cultura tradicional andina.

En tu opinión: ¿Cómo explicas que una celebración indígena precolombina acabe por ser una importante celebración cristiana? ¿Cuánto tiempo crees que dura un desfile con casi 50.000 músicos y bailarines? ¿Hay algo parecido en los Estados Unidos?

⚐ **Por el ciberespacio... a Bolivia**
Keywords to search:
Folclore boliviano
Carnavales de Bolivia
Fiestas de Bolivia

To learn more about Bolivian festivals, go to the *¡Dímelo tú!* website at academic.cengage.com/spanish/dimelotu

Ahora, ¡a hablar!

A. Instructora de aeróbicos. Raquel es instructora de ejercicios aeróbicos en el gimnasio Formas de Cochabamba. ¿Qué les dice a sus alumnos al empezar?

> **MODELO** relajarse / inspirar y luego expirar profundamente
> **Relájense; inspiren y luego expiren profundamente.**

1. con el ritmo de la música / levantar los brazos / luego bajarlos
2. todos juntos / girar la cintura a la izquierda / y luego a la derecha
3. lentamente / subir la pierna izquierda / y luego bajarla
4. con energía / levantar los brazos / luego girar las manos
5. sin perder el ritmo de la música / subir los hombros / y luego bajarlos

B. Anatomía. En el colegio de Fe y Alegría de Oruro, los niños están en su clase de anatomía. ¿Cómo crees que contestan cuando la profesora les pide que digan para qué sirven las siguientes partes del cuerpo?

> **MODELO** **La boca sirve para comer y para hablar.**

1. las manos
2. los oídos
3. los pies

4. los ojos
5. los dientes
6. las piernas

> **A propósito...**
> Recuerda que, en español, al contrario que en inglés, no nos referimos a las partes del cuerpo con pronombres posesivos, excepto cuando expresamos muchísimo dolor o sorpresa. En su lugar, usamos verbos reflexivos o pronominales. En español decimos: «Me lavo las manos» *(I wash my hands)* o «Me duelen los dedos» *(My fingers hurt).*

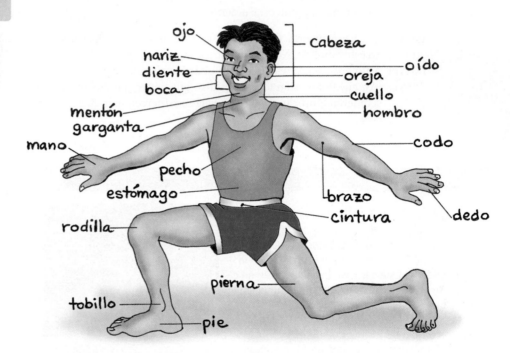

C. ¡Excesos! Los excesos son malos para la salud. ¿Qué daño *(damage)* causan estos malos hábitos? ¿Qué les aconsejas a estas personas?

> **MODELO** El señor Vidal fuma dos cajetillas de cigarrillos al día.
> **Fumar es malo para la garganta y los pulmones.**
> **No fume tanto.** [o simplemente] **No fume.**

1. La señorita Ramírez toma mucho café.
2. El profesor Durán grita mucho.
3. La señorita Carrillo corre sin zapatos.
4. El doctor Ruiz levanta cosas pesadas.
5. La señora Rodríguez lee con poca luz.
6. El señor Humanes bebe mucho licor.
7. El señor Duarte pasa muchas horas frente a la computadora.
8. La profesora Gertel escucha música a todo volumen.

D. ¡Ya no aguanto! Después de la clase de aeróbicos en el gimnasio Formas, Martín está molido. ¿Qué está pensando?

EP 13.3

MODELO   espalda: ojalá no ser nada grave
¡Ay, la espalda! Ojalá no sea nada grave.

1. cuello: ojalá no tener que ir al médico
2. piernas: ojalá poder ir a bailar esta noche
3. cabeza: ojalá la instructora tener una aspirina
4. pies: ojalá no estar hinchados
5. brazos: ojalá poder ir a nadar este fin de semana
6. manos: ojalá no me impedir escribir esta tarde

E. ¡Ahora ustedes! Tú y tu compañero(a) están dando el examen para titularse como profesores de Educación Física. El examen incluye los siguientes dibujos, y ustedes tienen que escribir las órdenes que un instructor de ejercicios aeróbicos usaría para cada ejercicio. Indiquen también los beneficios de cada uno de ellos para quienes los hacen. Su profesor(a) les va a pedir que lean algunos de sus diálogos en voz alta.

EP 13.2

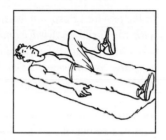

Y ahora, ¿por qué no conversamos?

F. **«¿Aeroteleadicto?»** Hay personas no muy activas que prefieren mirar televisión todo el día en vez de hacer ejercicio. ¿Pueden tú y dos compañeros(as) crear un programa de ejercicios diseñado especialmente para ese tipo de gente? Sean creativos al diseñar ejercicios «aeroteleadictos» y prepárense para presentarlos a la clase.

G. **¡Luces! ¡Cámara! ¡Acción!** Tú y un(a) amigo(a) acaban de terminar su primera clase de ejercicios aeróbicos y los dos están molidos. Están tan cansados que ahora debaten si deben continuar o no con la clase. Dramatiza la situación con un(a) compañero(a). Hablen de cómo se sienten y si deben continuar o no.

Saber comprender

Estrategias para ver y escuchar: interpretar palabras clave

*In the previous **Paso** you learned that linking together certain key words (**palabras clave**) with your prior knowledge and experience can be essential to the understanding process when listening to unfamiliar language. The same is true when listening to unfamiliar language as you view a video. Draw on knowledge you already have about Bolivia to help you understand the video narrative.*

Interpretar palabras clave. Di la palabra o frase que mejor explique el significado de las palabras en negrilla *(bold)*. Usa toda la información sobre Bolivia que has aprendido en esta clase o en otros lugares al interpretar estas palabras.

1. En esta zona, en la **frontera** con Perú, está el lago Titicaca.
2. La mayoría de los aimaras **habita** en el Altiplano, mientras que los quechuas viven principalmente en los valles.
3. Estos sombreros de origen inglés son muy populares entre muchas indígenas **andinas**.
4. Se consideran un elemento importante del **vestuario** femenino.

Bolivia, en el corazón de Sudamérica y del mundo

Después de ver el video

Ahora vuelve a mirar la selección del video sobre Bolivia y anota tres cosas que aprendiste que no sabías antes y tres que ya sabías.

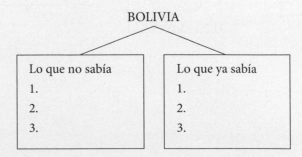

BOLIVIA

Lo que no sabía	Lo que ya sabía
1.	1.
2.	2.
3.	3.

¡Escríbelo! 📖

Estrategias para escribir: persuadir

Muchas veces necesitamos escribir un artículo o un pequeño ensayo para dar información sobre un tema, y al mismo tiempo para persuadir a los lectores sobre el aspecto positivo o negativo de nuestras ideas. Al escribir este tipo de ensayo necesitamos presentar ambos argumentos, el positivo y el negativo, y después indicar por qué uno tiene más valor (validity) que el otro. Normalmente los temas más controvertidos son los que inspiran este tipo de escritura.

Persuadir. Con dos compañeros, haz una lista de temas de actualidad que sean interesantes en el momento de escribir este tipo de composición. Algunas sugerencias son: los efectos de fumar, de tomar bebidas alcohólicas, la controversia sobre la eutanasia, etcétera.

Ahora en los mismos grupos, decidan y escriban algunas razones a favor y en contra de dos de los temas en la lista que acaban de hacer.

De los dos temas seleccionados en el ejercicio anterior decide cuál te interesa más defender o atacar. Basándote en las respuestas dadas a favor o en contra, organiza la explicación de cada argumento. Cuando termines tendrás cuatro listas: una que da razones a favor, una que explica el porqué, otra que da razones en contra y una cuarta que también explica el porqué. Por ejemplo:

Fumar

A favor	¿Por qué?	En contra	¿Por qué?
1. Bueno para la imagen.	1. Es algo más adulto. Muestra independencia.	1. Malo para la salud.	1. Causa cáncer. Puedes morir.
2. Conformidad con el grupo.	2. Todos los amigos fuman.	2. Molesta a muchas personas.	2. No se permite en muchos lugares. Afecta dónde puedes sentarte.
3. ...	3. ...	3. ...	3. ...

Ahora, ¡a escribir!

A. El primer borrador. Basándote en la lista que tienes del ejercicio anterior decide cuál es tu opinión personal sobre el tema. Ahora organiza la información que tienes en párrafos, enfatizando la parte que tú crees que tiene más valor. Agrega una oración como conclusión al final de la composición para cerrar lo que has escrito y convencer una vez más al lector de tu posición. Puedes usar frases como las siguientes:

- Para terminar yo creo que...
- Antes de terminar quiero repetir que...
- Personalmente no me cabe la menor duda de que...
- Tenemos que tener conciencia de...
- Lo más importante es aceptar que...

B. Ahora, a compartir. Intercambia tu composición con dos compañeros(as) para saber su reacción. Cuando leas las de tus compañeros(as) dales sugerencias sobre posibles cambios para mejorar sus argumentos. Si encuentras errores, menciónalos.

C. Ahora, a revisar. Agrega la información que consideres necesaria para tu composición. No te olvides de revisar los errores que mencionaron tus compañeros(as).

D. La versión final. Ahora que tienes todas las ideas revisadas y las correcciones hechas, saca una copia en limpio en la computadora y entrégasela a tu profesor(a).

Me alegro de que disfruten de... ¡Bolivia!

¿Eres buen observador?

TAREA

Antes de empezar este *Paso,* estudia la lista de vocabulario de las páginas 442–443 y escucha el corte 15 de tu Text Audio CD4. Luego estudia *En preparación.*

1er día   13.5 Subjunctive with expressions of emotion, páginas 447–448

2do día   13.6 Subjunctive with impersonal expressions, páginas 448–449

Haz por escrito los ejercicios de *¡A practicar!* correspondientes.

Ahora, ¡a analizar!

¿Cuál es tu reacción a esta revista?

Es interesante que...	debo aprovecharme de los gimnasios.
Es lógico que...	Isapres no va a solucionar todas las enfermedades catastróficas.
Me sorprende que...	ofrezcan diversas alternativas en salud privada.
Temo que...	incluyan convenios y seguros escolares.
Es evidente que...	expliquen las ventajas y características de los seguros de salud.

¿Qué se dice...?

Al sugerir y recomendar

Querida Amaya: No sabes cuánto me alegro de que tú y Narciso hayan decidido ir a vivir a Bolivia. Yo tengo grandes recuerdos de allí. Me preguntas qué te aconsejo que hagan en Bolivia. Una de mis recomendaciones es que visiten la Chiquitanía donde se encuentran las reducciones o misiones establecidas por los jesuitas a principios del siglo XVII.

Estas reducciones son comunidades que tienen como base la educación y la capacitación de los indígenas para desarrollar su propia industria agrícola, ganadera y textilera al igual que su arte y música. Les sorprenderá ver que las reducciones han sido totalmente restauradas y que siguen funcionando como en el pasado.

Van a ver que las iglesias conservan el arte original, que es verdaderamente impresionante. Y no se pierdan los conciertos de música barroca interpretada por jóvenes y niños chiquitanos. Esta música es única en el mundo porque representa la fusión de la música barroca que trajeron los españoles con la nativa y es interpretada con instrumentos hechos por ellos mismos.

También les aconsejo que vayan al Salar de Uyuni para ver los impresionantes lagos de sal, con un hotel hecho de sal construido ahí mismo y un cielo azul espectacular. Si tienen tiempo, les sugiero que tomen unos tres días más y viajen desde el salar hasta las lagunas de colores. Allí podrán ver la laguna colorada, la verde y la negra; también les encantará ver los famosos flamencos rosados y el majestuoso volcán Llicancahur como fondo del paisaje.

Espero que puedan visitar también el Chapare en Cochabamba, una provincia tropical con pozas y ríos de agua cristalina, un bellísimo criadero de orquídeas, mucha fruta y vegetación. Y les propongo también que vayan al parque Madidi en Rurrenabaque en el departamento del Beni, que es la mayor reserva ecológica de América.

¿Sabías que...?

Bolivia es uno de los dos países de las Américas que, junto con Paraguay, no tiene acceso al mar. De hecho, Bolivia perdió su territorio costero en una guerra con Chile llamada la guerra del Pacífico (1879–1884). Desde entonces, esta situación impide que Bolivia se beneficie de las riquezas marítimas y hace difícil el acceso al comercio internacional, que todavía hoy depende en gran parte del mar. Recientemente los gobiernos de La Paz y de Santiago iniciaron conversaciones bilaterales, con una agenda en la que Chile aceptó, por primera vez, incluir la antigua demanda de Bolivia por una salida al litoral del Pacífico.

En tu opinión: ¿Cómo crees que se sienten los ciudadanos de un país que no tiene acceso al mar? ¿Cuáles son las consecuencias para la economía y la vida de ese país? ¿Qué cambiaría en los Estados Unidos si no tuviera las dos costas, la del Atlántico y la del Pacífico?

Ahora, ¡a hablar!

A. Emociones. Tus padres se interesan mucho en lo que tú haces. ¿Qué sienten cuando saben esto de ti?

EP 13.4

> **MODELO**   haces ejercicio todos los días: mis padres (alegrarse)
> **Mis padres se alegran de que haga ejercicio todos los días.**

1. sales a correr todos los días: mi padre (estar contento)
2. vas al médico: mi madre (sorprenderse)
3. no comes carne: mi padre (alegrarse)
4. tomas vitaminas: mis padres (estar sorprendidos)
5. no dejas de fumar: mi padre (estar furioso)
6. quieres bajar de peso: mi madre (temer)

B. ¡Lo sentimos! Alfonso acaba de empezar sus estudios en la Universidad Salesiana de Cochabamba. Ahora que vive lejos de su familia y de sus amigos, todos reaccionan de manera diferente ante su ausencia. Según Alfonso, ¿cuál es la preocupación y la reacción de cada uno?

EP 13.4

> **MODELO**   mi papá / tener miedo / no dedicarme bastante a los estudios
> **Mi papá tiene miedo de que no me dedique bastante a los estudios.**

1. mis padres / temer / salir de noche demasiado
2. mi novia / esperar / escribirle todos los días
3. mi mamá / tener miedo / enfermarme
4. mi hermano / alegrarse / yo ya no estar en casa
5. mi hermanita / sentir / yo no poder jugar con ella
6. mi mejor amigo / temer / yo cambiar demasiado

C. Recomendaciones. El doctor Gastón Cornejo trabaja en la Clínica Los Olivos de Cochabamba. ¿Qué les aconseja a sus pacientes cuando se presentan con los siguientes problemas? Selecciona la recomendación más apropiada para cada problema indicado aquí.

EP 13.5

Problemas	Recomendaciones
1. estrés	a. No es bueno que coma mucha carne.
2. cáncer	b. Es necesario que se opere cuanto antes.
3. presión alta	c. Es importante que tome ocho vasos de agua al día.
4. ataque al corazón	d. Es malo que trabaje demasiado.
5. cálculos en la vesícula	e. Es bueno que corra o camine al menos una hora al día.
6. problemas respiratorios	f. Es peligroso que fume.
	g. Es urgente que deje de tomar bebidas alcohólicas.

D. ¡Necesitas un cambio! ¿Qué le sugieren tú y tu compañero(a) a un(a) amigo(a) que está deprimido(a) y que sufre mucho de estrés?

MODELO ser necesario: buscar un nuevo trabajo
Es necesario que busques un nuevo trabajo.

1. ser bueno: no pensar tanto en las responsabilidades
2. ser obvio: deber pedir unas vacaciones
3. ser importante: empezar un programa de ejercicio
4. ser evidente: no dormir lo suficiente
5. ser urgente: hacer meditación
6. ser cierto: necesitar divertirse más
7. ser increíble: no salir más los fines de semana

E. ¡No puedo hacerlo! No estamos siempre dispuestos a hacer sacrificios, ni siquiera cuando se trata de mejorar nuestra salud. Con un(a) compañero(a), decidan qué les pueden aconsejar a estas personas que dicen que no pueden cambiar.

MODELO No puedo tomar ocho vasos de agua cada día. ¡No me gusta el agua!
Es necesario que tomes ocho vasos de agua al día. También sugerimos que le pongas un poco de limón al agua.

1. No me gusta hacer ejercicio. Prefiero ver la televisión.
2. No puedo comer verduras. ¡Las detesto!
3. No puedo seguir una dieta rígida. ¡Me encanta comer!
4. No puedo correr. Hace demasiado calor en el verano y demasiado frío en el invierno.
5. No puedo hacer ejercicio regularmente. Estoy muy ocupado. Simplemente no tengo tiempo.
6. No puedo dormir ocho horas al día. Tengo muchas obligaciones sociales.

F. ¡Una sesión dura! Después de una sesión dura de ejercicio, estas personas tienen bastantes dudas sobre alcanzar sus objetivos. ¿Qué piensan? Con dos compañeros(as), escriban los pensamientos de cada personaje, sus dudas y certezas. Informen a la clase de sus conclusiones.

Y ahora, ¿por qué no conversamos?

G. Para mejorar. Ahora, en los mismos grupos de tres, denle consejos a cada persona del dibujo de la actividad anterior. Hagan varias recomendaciones sobre lo que pueden hacer para mejorar su condición física.

H. Problemas sociales. Somos animales sociales y como tales a veces tenemos problemas con la gente que nos rodea *(surrounds us).* ¿Qué problemas tienes con las siguientes personas y situaciones? Comparte tus problemas con dos compañeros(as). Tus compañeros(as) van a analizar la situación y te van a dar consejos.

MODELO   jefe

TÚ: **Mi jefe es una persona muy difícil. Es imposible satisfacerlo.**
COMPAÑERO(A): **Es obvio que tu jefe es un dictador. Tememos que un día explotes en la oficina. Es mejor que cambies de trabajo o que pidas cambiar de oficina.**

1. compañeros de trabajo
2. padres
3. esposo(a) o novio(a)
4. profesores
5. tu trabajo
6. tus altos pagos de hipoteca

I. ¡Luces! ¡Cámara! ¡Acción! Con dos compañeros(as), dramaticen la siguiente situación: Dos amigos que solo llevan tres meses de casados te confiesan que ya están cansados de la rutina del matrimonio. Escucha sus problemas y aconséjalos.

El rincón de los lectores 📖

Estrategias para leer: esquemas

Generalmente cuando leemos cuentos o novelas, es importante recordar los detalles importantes que leímos. Los esquemas nos ayudan a organizar y recordar lo que leemos. La forma más fácil de hacer un esquema de información es sacar una lista de los acontecimientos más importantes y debajo de cada acontecimiento anotar los hechos más importantes relacionados con el acontecimiento. Por ejemplo, un esquema de la información en los dos primeros párrafos de esta lectura podría ser el siguiente:

I. *Isla del Sol*
   A. *en el lago Titicaca*

II. *Pachakamaj*
   A. *ha prometido mostrar la fundación del imperio incaica*
   B. *señala brotando de la tierra*
      1. *hombre corpulento con vara de oro en mano*
      2. *mujer morena*

Esquema. Prepara ahora un esquema del resto de la lectura. Luego compara tu esquema con el de dos compañeros(as) y según lo que ellos tienen en su esquema, haz cualquier cambio que te parezca necesario en el tuyo.

La autora

Gaby Vallejo nació en Cochabamba en 1941 y es una de las escritoras bolivianas contemporáneas más premiada y reconocida internacionalmente. Entre sus novelas, destacan *Hijo de Opa*—llevada al cine con el título *Los hermanos Cartagena*—, *La sierpe empieza en cola*, *Encuentra tu ángel y tu demonio* y *Del placer y la muerte*. También son famosos sus relatos para niños, entre los que destacan *Juvenal Nina*, *Mi primo es mi papá*, *Con los ojos cerrados*, *Detrás de los sueños* y *Amor de colibrí*.

En esta novela, el protagonista, Juvenal Nina, es un niño quechua que a invitación del dios de los incas, Pachakamaj, hace un viaje mágico al pasado para ponerse en contacto con sus raíces ancestrales.

En el capítulo IV, Pachakamaj transforma a Juvenal en Piki o pulga (*flea*) antes de ir a la Isla del Sol.

Lectura

Juvenal Nina

Novela para niños (fragmento)

Pachakamaj y Piki Nina se dirigen a la Isla del Sol del lago Titicaca. Pachakamaj ha prometido a Piki mostrarle la fundación del Imperio Incaico y su relación con el sol.

—Piki Nina, allá a la derecha—señala Pachakamaj. Como brotando° de la tierra, entre niebla, polvo° de oro, tierra, un hombre corpulento°, color canela°, con una vara° de oro en la mano, parece moverse lentamente, como despertando, como naciendo de la tierra. Una mujer también morena que parece su hermana o esposa, está unida a él por la otra mano. Se mueven lentamente al principio y luego cobrando fuerzas°, se elevan por los aires.

—Irán—dice Pachakamaj—en busca de un lugar para fundar el imperio y sólo sabrán cuando la vara de oro se hunda° en la tierra. Así lo ha ordenado el Inti.

Margin glosses:
apareciendo
dust / grande / marrón-claro / palo

in crescendo

se entierre, se clave

Calla Piki. Le parece que es un niño con suerte. Ha visto a Manco Kapaj y su esposa surgir° de la tierra de la Isla del Sol, pero algo le preocupa, algo que ha comprendido: Pachakamaj le lleva siempre al pasado que tiene que ver con el sol. Está por preguntarle por qué, pero Pachakamaj que todo sabe, dice —sólo verás el mundo antiguo del Inti, te lo dije al principio.

aparecer, nacer

Entonces Piki recuerda que sí había oído decir eso, al emprender° el viaje y que lo había olvidado con el primer susto. Ahora sí, ya sabe que donde el sol era un dios, un astro° importante y sagrado, ahí seguiría viajando.

iniciar
estrella

Sabes Pikinina, aún hoy, con todas esas cosas que los hombres de tu tiempo llaman científicas, el sol sigue siendo la más importante fuente de energía y de vida.

Entonces Piki salta sobre una piedra con mucho sol y echado, patas arriba°, sonríe, calentándose con los rayos del dios Inti.

legs up in the air

A ver si comprendiste

Contesta las siguientes preguntas.

1. ¿Qué eventos le muestra Pachakamaj a Piki Nina?
2. ¿Por qué le muestra estos eventos?
3. ¿Cómo sabrán Manco Kapaj y su esposa dónde fundar el imperio incaico?
4. ¿Qué preocupa a Piki Nina y qué le responde Pachakamaj?
5. ¿Qué es el sol para el hombre moderno, y qué es para los incas, según Pachakamaj y esta narración?

🎵 *¡Dímelo tú! Playlist* Escucha: «Contigo somos más» de Tupay Bolivia

Vocabulario 🎧

Paso 1 CD4, Track 13

Dieta y ejercicio
caminar	to walk
cinturón	belt
comer ligero	to eat lightly
pastillas	pills

Lugares y viajes
allí (adv.)	over there
embarcación (f.)	vessel
estadía	stay
garaje (m.)	garage
límite (m.)	boundary, limit
llanta de repuesto	spare tire
luna	moon
navegable	navigable
orilla	shore, bank
permanecer	to stay, to remain
quedar lejos	to be located far away
velocidad (f.)	speed

Tradiciones
fundar	to found
guardar	to save, to put away
herencia	inheritance, heritage
imperio	empire
modernidad (f.)	modern times
patrón (patrona)	patron saint
perdurar	to remain, to last
santuario	sanctuary

Extremos
bastante	enough, plenty
arruinado(a)	bankrupt, ruined
finalmente	finally

Palabras y expresiones útiles
además	besides
¿En serio?	Really?
encargo	order, commission
envidia	envy
genial	brilliant
precisamente	precisely
quedarse	to remain, to stay
verdaderamente	really

Paso 2 CD4, Track 14

Ejercicio
doblar	to bend
estar molido(a)	to be exhausted
estar muerto(a)	to be dead tired
estirar	to stretch
expirar	to breathe out
expulsar	to expel
extender	to open up, to spread
flexionar	to flex
girar	to turn, to go around
inspirar	to breathe in
mantener	to maintain
relajarse	to relax
saltar	to jump
spinning	spinning, indoor cycling

El cuerpo
abdominal (m.)	abdominal muscle
boca	mouth
cabeza	head
codo	elbow
cuello	neck
dedo	finger
espalda	back
estómago	stomach
garganta	throat
glúteo	gluteus
hombro	shoulder
mano (f.)	hand
mentón (m.)	chin
nariz (f.)	nose
oído	inner ear
ojo	eye
oreja	outer ear
pecho	chest
pierna	leg
pulmones (m. pl.)	lungs
rodilla	knee
talón (m.)	heel
tobillo	ankle

Aeróbicos
adelante (adv.)	forward
adentro (adv.)	inside
afuera (adv.)	outside
aire (m.)	air
al frente (adv.)	forward, to the front
alternar	to alternate
animarse	to cheer up
bajar	to lower
levantar	to raise

Palabras y expresiones útiles
¡Así es!	That's right!
¡Ay!	Oh dear!
¡Fantástico!	Fantastic!
a todo volumen	volume at full blast
constante	persevering
consumir	to consume
hacia (adv.)	toward
hinchado(a)	swollen
impedir	to prevent
licor (m.)	liquor
luz (f.)	light
molestar	to bother
picante	hot, spicy
recordar	to remember
vaso de agua	glass of water

Paso 3 CD4, Track 15

Problemas de salud
ataque al corazón (m.)	heart attack
cálculo en la vesícula	gallbladder stone
cáncer (m.)	cancer
enfermarse	to get sick
operarse	to undergo surgery
presión alta (f.)	high blood pressure
respiratorio	respiratory

Opiniones impersonales
Es cierto...	It is true...
Es evidente...	It is evident...
Es importante...	It is important...
Es imposible...	It is impossible...
Es increíble...	It is unbelievable...
Es indudable...	It is unquestionable...
Es lógico...	It is logical...
Es necesario...	It is necessary...
Es obvio...	It is obvious...
Es posible...	It is possible...
Es probable...	It is probable...
Es una pena...	It is a shame...

Paisajes y lugares
cielo	sky
criadero	farm, breeding place
flamenco	flamingo
fondo	background
laguna	lagoon
majestuoso(a)	majestic
paisaje (m.)	landscape
poza	deep pool
río	river
salar (m.)	salt flat

La misión

agrícola	*agricultural*
barroco(a)	*baroque*
fusión *(f.)*	*merger*
ganadero(a)	*livestock farmer*
industria	*industry*
interpretar	*to perform*
jesuita	*Jesuit*
misiones *(f.)*	*missions*
nativa	*native*
reducción *(f.)*	*South American Jesuit mission*
restaurar	*to restore*
textil *(m.)*	*textile*

Palabras y expresiones útiles

a principios	*at the beginning, early on*
capacitación *(f.)*	*training*
colorado(a)	*red*
cristalina	*crystal clear*
cuanto antes	*as soon as possible*
espectacular	*spectacular*
propio(a)	*own, self*
recomendación *(f.)*	*reference, recommendation*
única en el mundo	*unique*

Verbos

alegrarse	*to be glad*
conservar	*to preserve*
desarrollar	*to develop*
interpretar	*to perform*
pedir	*to ask*
perderse	*to miss*
proponer	*to propose, to suggest*
sentir	*to regret, to feel sorry*
temer	*to fear*
urgente	*urgent*

En preparación 13

13.1 Present subjunctive: Review of theory and forms
Persuading

In **Capítulo 10** you learned that to form the present subjunctive, personal endings are added to the stem of the **yo** form of the present indicative. The present subjunctive of **-ar** verbs takes endings with **-e**, while **-er** and **-ir** verbs take endings with **-a**.

-ar	cocinar
-e	cocine
-es	cocines
-e	cocine
-emos	cocinemos
-éis	cocinéis
-en	cocinen

-er, -ir	comer	decidir
-a	coma	decida
-as	comas	decidas
-a	coma	decida
-amos	comamos	decidamos
-áis	comáis	decidáis
-an	coman	decidan

■ You also learned that, since the personal endings of the present subjunctive are always added to the stem of the **yo** form of the present indicative, verbs that have an irregular stem in the first person (e.g., **conozco, digo, hago, oigo, pongo, salgo, tengo, traigo, vengo, veo**) maintain that irregularity in all forms of the subjunctive.

decir	traer	permanecer
diga	traiga	permanezca
digas	traigas	permanezcas
diga	traiga	permanezca
digamos	traigamos	permanezcamos
digáis	traigáis	permanezcáis
digan	traigan	permanezcan

■ Finally, you learned that the subjunctive is used in subordinate clauses when the verb in the main clause expresses a request, a suggestion, a command, a judgment, or a doubt.

main clause (indicative) + **que** + dependent clause (subjunctive)

Mi papá recomienda	que	yo **estudie** ingeniería.
También aconseja	que	**trabaje** en una compañía este verano.
Insiste en	que	yo solo me **dedique** a mis estudios en el invierno.

¡A practicar!

A. ¡Que la pasen bien! Berta y Francisco están preparando un viaje a Bolivia, y consultan con una amiga que vivió varios años allí. ¿Qué les dice?

> **MODELO**   recomendar / visitar el lago Titicaca
> **Les recomiendo que visiten el lago Titicaca.**

1. sugerir / leer sobre la historia de Bolivia antes de viajar
2. aconsejar / informarse sobre las distintos grupos indígenas de Bolivia
3. recomendar / aprender mucho de las tradiciones de los bolivianos
4. sugerir / hablar con todo el mundo en Bolivia
5. aconsejar / visitar el santuario de Copacabana a orillas del Titicaca.

B. El choque cultural. Berta y Francisco leyeron en un libro sobre vivir en un país extranjero, y ahora están contándole lo que leyeron a su amiga.

> **MODELO**   recomendar / no comparar constantemente
> **Nos recomienda que no comparemos constantemente.**

1. recomendar/ tener una mentalidad abierta
2. aconsejar / dar tiempo a la nueva realidad
3. insistir / intentar descubrir los valores de la nueva cultura
4. aconsejar / aceptar el choque cultural como algo natural
5. recomendar / salir del círculo de amigos de nuestro país

«El caballo grande, **ande** o no ande». (dicho popular)

___ *Size matters.*

___ *Only big horses know how to trot!*

Paso 2

13.2 *Usted* and *ustedes* commands

Telling people what to do or not to do

The present subjunctive is used to form both affirmative and negative **usted** and **ustedes** commands.

Respiren profundamente.	*Breathe deeply.*
Eva, no **baje** los brazos.	*Eva, don't lower your arms.*
Levanten las piernas.	*Raise your legs.*

As you learned with **tú** commands, object pronouns always precede negative commands but are attached to the end of affirmative commands.

Levántenlas.	*Raise them.*
Eva, no las **doble**.	*Eva, don't bend them.*

¡A practicar!

A. ¡Con la experta en nutrición! Marta Escobar es una experta en nutrición en la Clínica Los Olivos de Cochabamba. Ahora está aconsejando a un paciente que acaba de operarse de la vesícula. ¿Qué le aconseja?

> **MODELO**   dejar inmediatamente el café
> **Deje inmediatamente el café.**

1. comer muchas verduras
2. tomar ocho vasos de agua todos los días
3. no hacer ningún ejercicio
4. no consumir ni condimentos ni picantes
5. evitar las ensaladas
6. venir a verme en dos semanas

B. ¡Levanten los brazos! Los instructores de ballet del Instituto Laredo en Cochabamba hacen ejercicios que practican siempre. Cambia los verbos a mandatos para aprender una de estas rutinas.

MODELO   levantar la pierna izquierda
          Levanten la pierna izquierda.

1. levantar los brazos
2. respirar profundamente
3. doblar las rodillas
4. estirar las piernas
5. hacerlo otra vez

6. estirar los brazos al frente
7. abrir los brazos
8. escuchar el ritmo
9. correr con el ritmo de la música
10. tomar un descanso

«Aguas de abril, **vengan** mil». (proverbio)

___ *April showers are most beneficial.*

___ *It normally rains a lot in April.*

13.3 Present subjunctive of irregular verbs and *ojalá*
Expressing hope

■   The following six verbs have irregular subjunctive forms.

dar	estar	haber
dé*	esté	haya
des	estés	hayas
dé*	esté	haya
demos	estemos	hayamos
deis	estéis	hayáis
den	estén	hayan

ir	saber	ser
vaya	sepa	sea
vayas	sepas	seas
vaya	sepa	sea
vayamos	sepamos	seamos
vayáis	sepáis	seáis
vayan	sepan	sean

As in the preterite, verbs that end in **-car, -gar,** and **-zar** undergo a spelling change in the present subjunctive in order to maintain the consonant sound of the infinitive. For example, note the spelling change in **buscar, jugar,** and **almorzar.**

c → qu *in front of* **e**   **buscar:** bus**que,** bus**que**s, bus**que,** bus**que**mos, bus**qué**is, bus**que**n

g → gu *in front of* **e**   **jugar:** jue**gue,** jue**gue**s, jue**gue,** jue**gue**mos, jue**gué**is, jue**gue**n

z → c *in front of* **e**   **almorzar:** almuer**ce,** almuer**ce**s, almuer**ce,** almor**ce**mos, almor**cé**is, almuer**ce**n

*The accents on the first- and third-person singular forms of **dar** are necessary in order to distinguish them from the preposition **de.**

- **Ojalá*** expresses hope and is always followed by the subjunctive. **Tal vez** (*perhaps*) and **quizá(s)** (*maybe*) are followed by the subjunctive when the speaker wishes to express doubt about something.

Ojalá (que) me **llame** esta noche. *I hope he calls me tonight.*
Quizá **vayamos** al centro mañana. *Maybe we'll go downtown tomorrow.*

Note that **que** does not usually follow the expressions **tal vez** or **quizá(s)**; however, the use of **ojalá** versus **ojalá que** varies from one region to another and is a matter of personal choice.

¡A practicar!

A. ¡Gimnasia! Hoy Martina asiste a su primera clase de gimnasia en la escuela de verano de la Universidad del Valle en Cochabamba. ¿Qué está pensando?

MODELO no ser muy difícil
Ojalá no sea muy difícil.

1. no cansarme mucho
2. saber hacer todos los movimientos
3. haber buena música
4. no estar molida después de la clase
5. la instructora darnos instrucciones claras
6. no tener que correr

B. ¡Ya no aguanto! ¿Qué dudas expresa Martina en la clase de ejercicio?

MODELO tal vez los ejercicios no (ser) muy difíciles hoy
Tal vez los ejercicios no sean muy difíciles hoy.

1. tal vez nosotros (poder) usar el jacuzzi hoy
2. quizá Sergio y Elena no (estar) aquí todavía
3. ojalá nosotros (ser) más constantes en el futuro
4. tal vez yo no (saber) los movimientos
5. tal vez la profesora (traer) agua fresca a la clase hoy
6. ojalá todos los estudiantes (llegar) a tiempo hoy

«**Ojalá** que llueva café». (canción de Juan Luis Guerra)

___ *If only it would rain coffee.*

___ *Maybe it will rain at the coffee plantation.*

Paso 3

13.4 Subjunctive with expressions of emotion

Expressing emotion

Whenever an emotion such as fear, joy, sadness, pity, or surprise is expressed in the main clause of a sentence, the subordinate clause will be expressed in the subjunctive mood.

Main Clause	Subordinate Clause
Tememos	que Ricardo Javier no **venga** hoy.
Me alegro (de)	que **estemos** aquí.
Siento mucho	que ella **esté** enferma.
Les **sorprende**	que el instructor **sea** tan joven.

---

*The expression **ojalá** comes from the Arabic expression *ua xa Alah* (*I hope, May God grant*). The Arabs invaded the Spanish peninsula in the year 711 and controlled large regions of Spain until 1492, almost 800 years. The influence of Arabic on the Spanish language is quite extensive, seen in particular in nouns beginning with **al**, the Arabic equivalent of *the*: **alfombra, almohada** (*pillow*), **algodón** (*cotton*), **alfalfa, álgebra, almuerzo**...

■ If the subject of both clauses is the same, an infinitive is used instead of a subjunctive clause.

¿Esperas **ganar** el premio?	*Do you hope to win the award?*
Me alegro de **poder** estar aquí.	*I am glad to be able to be here.*

■ Here are some frequently used expressions of emotion.

alegrarse (de)	*to be glad*
esperar	*to hope*
estar contento(a) (de)	*to be happy (about)*
estar furioso(a)	*to be furious*
sentir (ie, i)	*to regret, to feel sorry*
sorprenderse (de)	*to be surprised (at, about)*
temer	*to fear*
tener miedo (de)	*to be afraid (of)*

¡A practicar!

A. ¡Deprimida! La pobre Anita, una chica de Sucre, Bolivia, está últimamente muy deprimida. ¿Qué le dice su mejor amiga?

1. Espero que tú _____ (confiar = *to trust*) en mí.
2. Temo que tú no _____ (decirme) todo.
3. Me sorprende que tu familia no _____ (escucharte).
4. Estoy contenta de que nosotras _____ (ser) amigas.
5. Me alegro de que tú _____ (ir) a consultar con una consejera.
6. Espero que ella _____ (ayudarte) mucho también.

B. ¡Me siento muy cansado! Fernando viaja mucho entre La Paz y Potosí, debido a su trabajo. Ya casi no tiene energía para continuar. ¿Qué piensan sus amigos Martín y Marcela?

1. Martín / estar contento / Fernando / sentirse bien
2. Marcela / temer / Fernando / enfermarse más
3. ellos / tener miedo / Fernando / no ir al médico
4. Marcela / esperar / Fernando / seguir los consejos del médico
5. Martín / sorprenderse / Fernando / continuar viajando
6. ellos / alegrarse / Fernando / pensar en buscar un nuevo trabajo

> «Escribir es para mí como hacer ganchillo: siempre temo que se me **vaya** a escapar un punto». (Isabel Allende)
>
> ___ *When writing and needing to escape the grind, I turn to crocheting.*
>
> ___ *Writing to me is like crocheting; there's always the fear of skipping an important stitch (or point).*

13.5 Subjunctive with impersonal expressions

Expressing opinions

Most impersonal expressions are formed with the third-person singular of the verb **ser** followed by an adjective; for example, **es importante, es triste,** and **es bueno.** Note that in impersonal expressions, the subject *it* is understood.

■ If an impersonal expression in the main clause expresses a certainty, such as **es cierto, es seguro, es verdad, es obvio,** then the indicative is used in the following clause.

Es obvio que **vas** a mejorarte.	*It's obvious that you are going to get better.*
Es verdad que el consejero **está** de vacaciones.	*It's true that the counselor is on vacation.*

The following are some frequently used impersonal expressions of certainty:

Es cierto...   Es obvio...
Es evidente...   Es seguro...
Es indudable...   Es verdad...

■ All other impersonal expressions are followed by the subjunctive when a specific person is the subject in the subordinate clause. If no person is specified, then the infinitive is used.

Es increíble que **tengan** tantas clases.   *It's incredible that they have so many classes.*
Es mejor que yo no **vaya** a clase hoy.   *It's better that I not go to class today.*
Es imposible llegar a tiempo.   *It's impossible to arrive on time.*

Some frequently used impersonal expressions often followed by the subjunctive include the following:

Es importante...   Es natural...
Es imposible...   Es necesario...
Es increíble...   Es posible...
Es lógico...   Es probable...
Es mejor...   Es una pena...

¡A practicar!

A. **¿Y en un año?** El médico del centro hospitalario nos dice que estamos en buena forma. ¿Pero qué nos dice en el siguiente examen anual?

1. Es imposible que Uds. _____ (tener) buena salud si continúan fumando.
2. Es obvio que tú _____ (estar) siguiendo mis consejos.
3. Es mejor que Uds. _____ (buscar) un lugar para correr.
4. Es evidente que Uds. _____ (necesitar) salir de la rutina diaria.
5. Es indudable que tú _____ (hacer) un buen ejercicio si caminas todos los días.
6. Es cierto que Uds. _____ (ir) a sentirse bien si toman bastante agua.

B. **¿Qué me dices?** Tu compañero(a) de la clase de arte del Instituto Nacional está muy aburrido(a) con su rutina diaria. ¿Qué le dices?

1. no ser bueno / tú quedarte en casa todos los días
2. ser increíble / también tú ser un fanático del cine
3. ser necesario / nosotros comprar los boletos ahora
4. ser una pena / los boletos ser tan caros
5. ser obvio / ser una buena película
6. ser cierto / trabajar con muy buenos actores

«No es bueno que el hombre **esté** solo». (Libro del Génesis)

___ *No man is an island.*

___ *A man by himself does no good.*

CAPÍTULO 14

¡Lo mejor de Cuba: su gente, su música y... el béisbol!

In this chapter, you will learn how to . . .

- express fears, hopes, and opinions.
- describe people.
- refer to unknown entities.
- relate future events.

Comunicación

¿QUÉ SE DICE...?
- Al expresar opiniones
- Al referirse a algo improbable
- Al hablar de hechos seguros o inciertos

Cultura

¿SABÍAS QUE...?
La perla de las Antillas y el dólar
El béisbol en el Caribe
La música cubana

NOTICIERO CULTURAL
Cuba, nuestro vecino cercano más alejado

VIDEO CULTURAL
Cuba, una joya del Caribe, tierra de música y poesía

EL RINCÓN DE LOS LECTORES
La tradición oral: los refranes

En preparación

PASO 1
14.1 Subjunctive with expressions of doubt, denial, and uncertainty

PASO 2
14.2 Subjunctive in adjective clauses

PASO 3
14.3 Subjunctive in adverb clauses

Destrezas

¡A ESCUCHAR!
Decoding simultaneous conversations

¡A VER!
Listening "from the top down"

¡A ESCRIBIR!
Narrating chronologically

¡A LEER!
Interpreting proverbs and sayings

Busca Cuba béisbol juegos olímpicos en Google™ Images y YouTube™ para ver a este gran equipo llevarse el oro olímpico en 1992, 1996 y 2004.

Busca músicos cubanos en Google™ Images y YouTube™ para conocer a algunos de los mejores músicos del mundo.

Busca gente cubana en Google™ Images y YouTube™ para conocer algo de esta gente encantadora.

¡Las fotos hablan!

A que ya sabes... Indica si estás de acuerdo o no con los siguientes comentarios.

sí   no   1. Los cubanos son muy aficionados a los deportes, en particular al béisbol.

sí   no   2. La cultura afrocubana ha tenido mucha influencia en la música cubana.

sí   no   3. En Cuba, como en los Estados Unidos, todavía hay mucha discriminación contra los afrocubanos.

sí   no   4. La música cubana ha tenido mucha influencia en la música hispana en general.

sí   no   5. En las Olimpiadas de 1996, el equipo cubano obtuvo la medalla de oro en béisbol, al derrotar al equipo estadounidense.

Estando tan en forma, ¡dudo que no ganemos!

TAREA

Antes de empezar este *Paso*, estudia la lista de vocabulario de la página 474 y escucha el corte 20 de tu Text Audio CD4. Luego estudia *En preparación*.

1ᵉʳ día   14.1 Subjunctive with expressions of doubt, denial, and uncertainty, páginas 476–477

Haz por escrito los ejercicios de *¡A practicar!* correspondientes.

¿Eres buen observador?

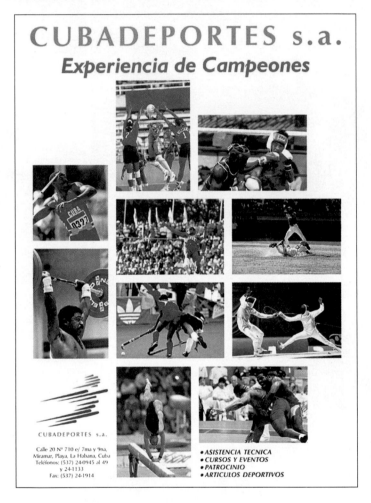

CUBADEPORTES s.a.

Experiencia de Campeones

CUBADEPORTES s.a.

Calle 20 Nº 710 e/ 7ma y 9na,
Miramar, Playa, La Habana, Cuba
Teléfonos: (537) 24-0945 al 49
y 24-1133
Fax: (537) 24-1914

• ASISTENCIA TECNICA
• CURSOS Y EVENTOS
• PATROCINIO
• ARTICULOS DEPORTIVOS

Ahora, ¡a analizar!

1. Esta propaganda es para…
   a. campeones.
   b. las Olimpiadas.
   c. servicios para atletas.
2. Según este anuncio, en Cuba se practica…

   a. el tenis.
   b. la natación.
   c. el béisbol.
   d. el boxeo.

   e. el baloncesto.
   f. el esquí.
   g. el salto de altura.
   h. el levantamiento de pesas.

   i. el fútbol.
   j. la gimnasia.
   k. la lucha libre.
   l. el voleibol.
3. ¿Cuáles de estos deportes has practicado? ¿Cuáles te gustaría practicar?

¿Qué se dice...? CD4, Track 16

Al expresar opiniones

DAVID: Buenas tardes, señoras y señores, nos encontramos en este momento en el Palacio de los Deportes de Vistalegre, en La Habana, donde se están disputando los Juegos Panamericanos. Les habla David Sánchez…

MERCEDES: y Mercedes Romero.

DAVID: Mercedes, ¿cómo ves la competición hasta ahora?

MERCEDES: De momento dudo que el atletismo cubano repita aquí la hazaña de superar el resultado de 10 medallas de oro alcanzado en 2005 en Winnipeg.

DAVID: ¿Y no crees que Osleidys Menéndez, la campeona mundial de 23 años, repetirá medalla de oro en lanzamiento de jabalina femenino?

MERCEDES: Osleidys es una de nuestras esperanzas más claras, pero dudo que este año esté a la misma altura de otras ocasiones.

DAVID: Vamos a confiar en que sí.

MERCEDES: Muy esperada es la carrera de 110 metros con vallas, con el prometedor Dayron Robles. Si Dayron está en buen momento, dudo que haya quien compita con él. Es un atleta excepcional.

DAVID: Bien reñido será el lanzamiento de martillo femenino con la campeona mundial Yipsi Moreno y sus rivales nacionales Yunaika Crawford y Aldenay Vasallo. Pienso que alguna de estas atletas tiene posibilidades concretas de medalla.

MERCEDES: Es posible que Yipsi Moreno parta con algo de ventaja, por tener la experiencia de competir bajo la presión de este tipo de competiciones.

DAVID: ¿Y qué me dices de nuestra escuadra de voleibol? ¿No crees que tenemos la oportunidad de repetir medalla en estos juegos?

MERCEDES: Siento tener que ser pesimista, pero dudo que nuestra escuadra supere esta vez a la de la República Dominicana.

DAVID: Pues como ven, señoras y señores televidentes, el desafío está ahí, pero vamos a confiar en que nuestros atletas estén a la altura de las circunstancias, como suelen estar.

Cuba, la más grande de las islas de las Antillas y frecuentemente llamada «la perla de las Antillas», está a menos de 100 millas de los Estados Unidos. A pesar de esta corta distancia, es el país de toda Latinoamérica más alejado o distanciado de los Estados Unidos. Desde 1958, cuando el movimiento revolucionario de Fidel Castro tomó control, estableció el comunismo y nacionalizó propiedades e inversiones privadas en la isla, los Estados Unidos rompió relaciones diplomáticas con el gobierno cubano y estableció el bloqueo comercial que hasta ahora se mantiene. La escasez de dólares sigue causando serios problemas. Sin embargo, el número de dólares que llega a la isla es tal que el gobierno ha permitido el establecimiento de unos pequeños negocios privados que se basan en dólares y no en la moneda nacional. Por ejemplo, en el Vedado, una de las zonas más elegantes de La Habana, los restaurantes llamados paladares solo aceptan dólares.

En tu opinión: ¿Por qué crees que a Cuba se le ha llamado «la perla de las Antillas»? ¿Qué efecto ha tenido el bloqueo comercial impuesto por los Estados Unidos a Cuba? ¿Por qué crees que, después de casi 50 años, los Estados Unidos todavía no ha terminado el bloqueo? ¿Cómo se explica el uso de dólares en Cuba, dado el bloqueo?

Ahora, ¡a hablar!

A. ¡Viva el deporte! Escucha a tu compañero(a) leer los siguientes grupos de palabras. Usando el vocabulario del dibujo, identifica la palabra que no pertenece al grupo y el deporte que se asocia con las otras tres palabras.

MODELO

COMPAÑERO(A): pelota, bate, salvavidas, lanzador

Tú: **El salvavidas no pertenece a este grupo; estas palabras están relacionadas con el béisbol.**

1. bate, pelota, lanzador, patear
2. nieve, esquí, boxeador, invierno
3. boxeo, cesto, jugador, pelota
4. cancha, bate, red, tenis
5. arquero, cesto, gol, arco
6. piscina, lanzador, zambullirse, salvavidas

B. Boxeo. Ricardo y su amiga Lourdes, dos jóvenes cubanos, están viendo una pelea de boxeo en la televisión. A Lourdes no le gusta mucho el boxeo. ¿Qué le dice a su amigo Ricardo?

EP 14.1

MODELO   ser increíble / gustarte / tanto el boxeo
           Es increíble que te guste tanto el boxeo.

1. yo creer / boxeo / ser inhumano
2. ser probable / los golpes / dañar irreversiblemente el cerebro
3. yo no pensar / ser / un deporte saludable
4. yo no dudar / algunas de las peleas / estar arregladas
5. ser imposible / un boxeador / no terminar / medio loco
6. yo estar seguro de / los organizadores / ganar / la parte mayor del dinero

C. ¿Y ustedes? ¿Qué opinan ustedes del boxeo? Con tu compañero(a), túrnense para expresar sus opiniones sobre lo siguiente.

EP 14.1

MODELO   Las peleas están arregladas.
COMPAÑERO(A): **Yo pienso que las peleas están arregladas.**
           Tú: **Dudo que las peleas estén arregladas.**

Vocabulario útil

estar seguro(a)	(no) dudar	ser cierto	ser posible
(no) creer	(no) pensar	ser imposible	ser probable

1. El boxeo es malo para la salud.
2. Los golpes dañan el cerebro.
3. Las peleas de boxeo siempre están arregladas.
4. Todos los deportistas están interesados en el dinero.
5. El boxeo es el deporte más cruel del mundo.
6. El boxeo es más cruel que las corridas de toros.

D. ¿Y tú qué piensas? Con tu compañero(a) hablen de sus opiniones de estos deportes, de sus jugadores, posiciones y todo lo que sepan de ellos. Luego decidan de cuál, según ustedes, es más cruel/divertido/popular/absurdo/difícil/violento… e informen a la clase de sus conclusiones.

EP 14.1

Y ahora, ¿por qué no conversamos?

E. **¡Debate!** ¿Es la competencia buena o mala para los niños? En grupos de tres, preparen una lista de argumentos a favor o en contra. Luego, en grupos de seis, lleven a cabo su debate. Informen a la clase quién ganó y cuáles fueron los argumentos más válidos.

F. **¡Más debate!** Trabajen en grupos de cuatro. Dos de cada grupo deben defender las opiniones que aparecen a continuación y los otros dos deben oponerse. Al terminar, cada grupo debe decidir quién ganó el debate o si empataron.

1. El fútbol es el deporte más interesante de todos.
2. La corrida de toros combina atletismo y arte.
3. El fútbol americano es demasiado violento.
4. El tenis es un deporte solo para los ricos.
5. El golf es aburrido y absurdo.

G. **¡Luces! ¡Cámara! ¡Acción!** Tú eres el (la) entrenador(a) de un equipo de tu universidad (tú decides qué deporte). Esta noche tu equipo va a participar en el primer partido del campeonato estatal. Ahora un(a) reportero(a) te entrevista y te pregunta acerca de las dudas, incertidumbres y esperanzas que tienes en cuanto a tu equipo. Dramatiza la situación con un(a) compañero(a).

H. **¡Nuestra comunidad!** En tu universidad o comunidad, entrevista a una persona de origen hispano, preferiblemente cubano, acerca de sus gustos y sus opiniones sobre el mundo del deporte en su país de origen y en particular, en su comunidad. Informa a la clase sobre los resultados de tu entrevista.

Un paso atrás, dos adelante

Capítulo 13

Repasemos. En el Capítulo 13 aprendiste a dar consejos, a liderar los ejercicios aeróbicos de un grupo y a decirle a otros lo que tienen o no tienen que hacer. Aprendiste también a expresar temor, alegría, tristeza, pesar, sorpresa o esperanza. Repasa lo que sabes, completando el siguiente texto con las palabras necesarias.

En el gimnasio

Tú: Vamos, amigos, ánimo. ¡_____ [mandato: **levantar**] los brazos! ¡_____ [mandato: **seguir**] el ritmo de la música!

Tu AMIGO(A): Yo ya no _____ [verbo **poder**] más; estoy agotado(a).

Tú: Venga, ánimo, solo _____ [verbo **faltar**] cinco minutos más y nos vamos a tomar unos refrescos.

Tu AMIGO(A): Me temo que en cinco minutos _____ [futuro de **estar**] muerto(a).

Tú: No _____ [mandato: **hablar**]; _____ [mandato: **concentrarse**]. A ver, todos, _____ [mandato: **respirar**] profundamente… Necesito un voluntario que _____ [subjuntivo de **repetir**] este movimiento conmigo. Así, muy bien. Me alegro de que ustedes _____ [subjuntivo de **tener**] tanta energía.

Tu AMIGO(A): ¿Energía?

Saber comprender 🎧

Estrategias para escuchar: descifrar conversaciones simultáneas

When listening to three or more people speak, there usually is more than one conversation taking place at the same time. The listener has to sort out the various comments based on what he or she knows about the people speaking and about the topics being addressed. In the conversation that you will now hear, Ricardo and Lourdes are playing dominoes with Esteban and Niurka. While Ricardo and Esteban concentrate on their game, Lourdes and Niurka converse about other things as they play along. Listen to them talk now, keeping all of this in mind, and try to piece the various conversations together.

Descifrar conversaciones simultáneas. Escucha la conversación entre Ricardo, Lourdes, Esteban y Niurka mientras juegan dominó. Identifica si Ricardo y Esteban (**RE**) o Lourdes y Niurka (**LN**) conversan de los siguientes temas.

_____ del juego de dominó
_____ del boxeo
_____ del peinado
_____ de Taína Elegante
_____ de Martí
_____ de Lola Carrera

Ahora, ¡a escuchar!

Vuelve a escuchar la conversación entre Ricardo, Lourdes, Esteban y Niurka y contesta las siguientes preguntas.

1. ¿Quién fue el primero en jugar? ¿Qué números sacó?
2. Lourdes fue la segunda, ¿le tocó buena mano?
3. ¿De qué conversaban Lourdes y Niurka? ¿Ricardo y Esteban?
4. ¿Quién crees que iba a ganar el juego de dominó? ¿Por qué crees eso?

🎵 *¡Dímelo tú! Playlist* Escucha: «Ojalá» de Silvio Rodríguez

Cuba, nuestro vecino cercano más alejado

Cuba y Puerto Rico fueron las últimas colonias de España en América. Ambas fueron anexionadas por los Estados Unidos como resultado de la guerra de 1898. El 20 de mayo de 1902 se hizó la bandera cubana en el Castillo del Morro de La Habana y se declaró la independencia cubana. Cuba nació con una enmienda en su constitución, la llamada Enmienda Platt, que cedía el derecho a los Estados Unidos a intervenir en Cuba, a tres bases navales en territorio cubano y a la posesión de Isla de Pinos, que en 1922 fue devuelta tras reclamaciones del Congreso cubano.

La primera mitad del siglo XX significó un período de mucha inestabilidad política y social para Cuba. Durante la segunda mitad del siglo XX Cuba llegó a ser conocida como «la madre del extranjero y la madrastra del cubano» debido al favoritismo que el gobierno cubano, bajo el poder del dictador militar Fulgencio Batista, dio a los intereses extranjeros, en particular el de los Estados Unidos. Fue en oposición a Batista que se estableció el movimiento guerrillero dirigido por el joven abogado Fidel Castro, quien tomó control del gobierno el 31 de diciembre de 1958. Algunos años más tarde, proclamó a Cuba república socialista.

La revolución cubana no fue apoyada por todos los cubanos y cerca de un 10% de la población ha ido saliendo de la isla, concentrándose la mayoría en Miami, Florida. Entre los emigrantes que abandonaron el país, había una mayoría de profesionales: abogados, médicos, arquitectos, ingenieros, etcétera. Esto, junto con el embargo impuesto por los Estados Unidos y la caída de los gobiernos comunistas de la Unión Soviética, ha dejado el futuro del país con un rumbo incierto. En 2008, Fidel Castro, aquejado de una enfermedad y de edad avanzada, cedió el poder a su hermano Raúl Castro, abriéndose la posibilidad de un cambio en el régimen cubano. En 2008 la Unión Europea, con la objeción de los Estados Unidos, levantó las restricciones comerciales y las sanciones impuestas sobre Cuba en 2003, cuando el gobierno de Fidel Castro encarceló a 75 disidentes y provocó la congelación de las relaciones diplomáticas de alto nivel con Europa.

Mientras tanto, es irónico que La Habana, la ciudad capital latinoamericana más cercana geográficamente a los Estados Unidos, sea
la que al mismo tiempo se encuentra más alejada políticamente.

CUBA

Nombre oficial
República de Cuba

Capital
La Habana

Población
11.423.952 (julio
2008 est.)

Unidad monetaria
peso cubano

Índice de longevidad
77,27 años

Alfabetismo
99,8 por ciento

Datos interesantísimos sobre Cuba

- En Cuba la palabra *Mambí* se reserva exclusivamente para los soldados que
  pelearon en contra de España en la Guerra de Independencia de 1895–1898.
- La tasa de mortalidad infantil en Cuba en 2006 era del 5,3 por mil, la
  segunda más baja de las Américas, después de Canadá.
- Las raíces de la rica música cubana están en los cabildos, una especie de
  clubes sociales formados por esclavos africanos traídos a la isla.
- Changó y Yemayá son algunas de las divinidades (orishás) de la santería
  cubana, una mezcla de catolicismo y pensamiento mágico inspirado por las
  familias africanas traídas a la isla.
- La Nueva Trova Cubana es el nombre de un movimiento cultural y musical
  muy fértil que se generó en Cuba a fines de la década de los 60 e inicios de
  los 70.
- Debido a la gran cantidad de inmigrantes de esa región, el español de Cuba
  tiene mucha influencia del español hablado en las Islas Canarias.

Y ahora, dime...

Contesten estas preguntas en parejas.

1. ¿Fue Cuba, como Puerto Rico, una colonia de los Estados Unidos? ¿Lo es
   todavía?
2. ¿Por qué fue llamada Cuba «la madre del extranjero y la madrastra del cubano»
   durante la segunda mitad del siglo XX?
3. ¿Qué significa que casi un 10% de la población ha salido de Cuba?
4. ¿Cuál es la actitud de la Unión Europea frente a las sanciones a Cuba? ¿Cuál es
   la reacción de los Estados Unidos?
5. ¿Por qué es irónico que Cuba y los Estados Unidos estén tan alejados
   políticamente?

⏩ Por el ciberespacio... a Cuba
Keywords to search:
   Fidel Castro
   historia de Cuba
   exilio cubano
   futuro de Cuba

To learn more about Cuba, go to the
¡Dímelo tú! website at academic.
cengage.com/spanish/dimelotu

¡Cuba! ¡Cuba! ¡Cuba!...
¡Jonrón!

TAREA

Antes de empezar este *Paso*, estudia la lista de vocabulario de la página 474 y escucha el corte 21 de tu Text Audio CD4. Luego estudia *En preparación*.

1er día   14.2 Subjunctive in adjective clauses, páginas 477–479

Haz por escrito los ejercicios de *¡A practicar!* correspondientes.

¿Eres buen observador?

Ahora, ¡a analizar!

1. El propósito de este anuncio es hacer propaganda para…
   a. una revista deportiva.   b. récords de atletas cubanos.
   c. el partido comunista.

2. Probablemente el deporte más popular en Cuba de «Récord» es…
   a. el fútbol.   b. el béisbol.   c. el atletismo.

3. «Récord» se puede comprar…
   a. solo en países donde se habla español.   b. solo en Cuba.
   c. en más de cincuenta países.

4. Cuando se mencionan estas personas en «Récord», ¿de qué deporte(s) hablan?
   a. bateador   b. entrenador   c. lanzador   d. árbitro   e. nadador   f. corredor

5. La última edición de «Récord» incluía un artículo sobre un deporte muy popular en Cuba, el buceo. El artículo probablemente mencionó…
   a. un cesto y un árbitro.   b. un bate y una pelota.   c. peces tropicales.

¿Qué se dice...? 🎧

Al referirse a algo improbable

NIURKA: ¡Jonrón! ¡Bravo, Ramón Ángel! No hay quien batee la pelota como Ramón Ángel. ¡Qué partidazo!

ESTEBAN: Ni quien corra tanto como él. ¡Arriba Cuba! ¡Eso sí que es verdad! Es el mejor bateador de todos los equipos que compiten en los panamericanos. Si continúan reclutando jugadores que sean tan buenos como Ramón Ángel, no creo que haya nadie que nos derrote. Creo que ganaremos todos los partidos del campeonato.

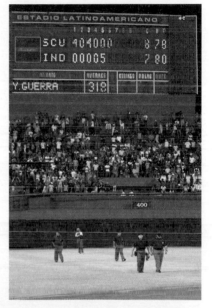

ESTEBAN: ¡Idiota!

LOURDES: Lo que necesitamos es un árbitro que sepa lo que hace.

NIURKA: ¡Claro! ¡Y que además sea imparcial y que sepa algo de pelota! Creo que estos no tienen ni idea. Este deporte requiere árbitros experimentados y que tengan el control del juego en todo momento. ¡Estos parece que no han arbitrado un partido de béisbol en su vida!

ESTEBAN: Ricardo, ¿crees que el año que viene encontrarán un entrenador que tenga tanta experiencia como Germán?

RICARDO: La experiencia no es la única cosa necesaria. Buscan a alguien que sepa ser buen líder también. Alguien que mantenga la cabeza fría en momentos difíciles y sepa hablarle claramente a los jugadores.

ESTEBAN: Yo no creo que tengan dificultad en encontrar a alguien. El puesto está muy bien pagado.

NIURKA: ¡Campeones! ¡Campeones! ¡Olé! ¡Olé! ¡Olé! ¡Viva Cuba! Te lo dije: para ganar este campeonato necesitamos que el equipo mantenga la calma en los momentos complicados, y sepa atacar como mejor sabe: con agresividad.

ESTEBAN: Sí, Niurka. ¡Campeones! ¡Qué alegría! Llama a casa para que pongan unos refrescos a enfriar.

¿Sabías que...?

En algunos países de Hispanoamérica, el béisbol es un deporte muy popular, en particular por todo el Caribe: Cuba, la República Dominicana, Puerto Rico, México, Venezuela y América Central. En efecto, todos los equipos de las grandes ligas estadounidenses mandan a sus ojeadores *(recruiters)* a estos países latinos en busca de nuevos jugadores. En Cuba el béisbol (llamado juego de pelota) es tan popular que, con frecuencia, hasta Fidel Castro dejaba la política a un lado para tomar el bate.

En tu opinión: ¿Por qué crees que hay tanta afición al béisbol en estos países y que surgen tan excepcionales beisbolistas de los países caribeños? ¿Crees que es comparable con los Estados Unidos, dada la gran diferencia en el número de habitantes?

Ahora, ¡a hablar!

EP 14.2

A. ¿Qué opinan? Esteban, Niurka, Ricardo y Lourdes expresan varias opiniones en *¿Qué se dice...?* Indica cuáles de las siguientes son opiniones que expresaron.

sí   no   1. No hay bateador como Ramón Ángel.
sí   no   2. Es imposible que encuentren un entrenador con mucha experiencia.
sí   no   3. El equipo cubano será campeón por muchos años.
sí   no   4. Necesitan un árbitro que sea imparcial y sepa algo de béisbol.
sí   no   5. Lo único que necesita un buen entrenador es mucha experiencia.
sí   no   6. El puesto para el nuevo entrenador está muy bien pagado.

EP 14.2

B. ¡Qué desastre! Hoy el equipo cubano de Camagüey está jugando muy mal y está perdiendo. ¿Qué dice el público?

MODELO   no hay nadie / estar en forma
No hay nadie que esté en forma.

1. no hay nadie / jugar bien
2. necesitamos un lanzador / saber / tirar *(pitch)* la pelota
3. no hay ningún jugador / poder correr rápido
4. el equipo necesita un entrenador / ser cubano / y comprender a los cubanos
5. no hay nadie / manejar bien el bate
6. necesitan buscar un entrenador / tener más experiencia

EP 14.2

C. Se solicita... Tú y tu compañero(a) son parte del comité para contratar a nuevos entrenadores para este curso académico del departamento de Educación Física de su universidad. Turnándose como entrevistador(a) y entrevistado(a), informen y respondan de acuerdo al modelo.

MODELO   instructor(a) de golf: tener diez años de experiencia
TÚ: **Buscamos un(a) instructor(a) de golf que tenga diez años de experiencia.**
COMPAÑERO(A):   **Yo tengo once años de experiencia.**

Vocabulario útil

buscamos   necesitamos   se solicita   deseamos contratar   se ofrece un puesto

1. entrenador(a) para el equipo de fútbol: haber jugado en ligas profesionales
2. instructor(a) de tenis: tener experiencia en otras superficies
3. profesor(a) de educación física: interesarse en entrenar a los discapacitados
4. entrenador(a) para el equipo de béisbol: estar dispuesto(a) a viajar mucho
5. médico(a): tener cinco años o más de experiencia en medicina deportiva
6. dos secretarios(as): poder trabajar noches, sábados y domingos

D. Atletas. Tú quieres saber si tu compañero(a) conoce personalmente a atletas de talento. Hazle preguntas usando las siguientes frases.

MODELO   ser campeón mundial de tenis

TÚ: **¿Conoces a alguien que sea campeón mundial de tenis?**

COMPAÑERO(A):   **Sí, conozco a alguien que es campeón mundial de tenis.** o
     No, no conozco a nadie que sea campeón mundial de tenis, pero conozco a un campeón de fútbol.

1. practicar alpinismo
2. participar en maratones
3. ser entrenador(a) profesional
4. jugar al fútbol profesionalmente
5. haber ganado una medalla olímpica
6. ser boxeador(a) profesional
7. practicar artes marciales

E. Muy interesante. Tu compañero(a) está considerando una carrera en algún deporte de élite y te pregunta qué función tiene cada persona protagonista de estas actividades deportivas. Hazle preguntas como: ¿Quién tiene que… entrenar a los jugadores, ser muy imparcial, animar a los jugadores, siempre estar en forma, manejar el equipo? ¿Quién es responsable de… batear, reclutar, derrotar al otro equipo, correr un maratón, ganar el campeonato, conseguir becas para los jugadores?

Y ahora, ¿por qué no conversamos?

F. ¡Revolución! Imagínate que tú y tus compañeros(as) tienen el poder de crear un nuevo negocio o una nueva universidad. En grupos de tres o cuatro decidan qué tipo de personas van a formar parte de su nueva aventura.

1. Queremos un rector/jefe que…
2. Buscamos profesores/secretarios/trabajadores que…
3. Ofrecemos becas/pagas extras a estudiantes/trabajadores que…
4. Necesitamos atletas/personas que…
5. No queremos a nadie que…

G. Gimnasio. Tú y unos(as) amigos(as) deciden abrir un nuevo gimnasio y necesitan emplear a mucha gente. En grupos de tres o cuatro, decidan qué tipo de empleados necesitan y qué experiencia debe tener cada uno.

MODELO **Necesitamos algunos instructores de ejercicios aeróbicos que sepan animar a la gente.**

H. ¡Luces! ¡Cámara! ¡Acción! Eres el (la) director(a) de una escuela secundaria y te reúnes con los jefes de los departamentos de música, historia, matemáticas y lenguas extranjeras. Cada jefe explicará sus necesidades para el próximo año y tú decidirás cuántos nuevos puestos habrá. En grupos de cinco, dramaticen esta situación delante de la clase.

¡Escríbelo!

Estrategias para escribir: orden cronológico

Cuando escribimos ensayos históricos, como la breve historia de Cuba en el Noticiero cultural del Paso 1, usualmente seguimos un orden cronológico. Es decir, empezamos con el primer incidente que ocurrió, luego mencionamos el segundo, el tercero, etcétera, hasta el final. Después del final, expresamos alguna opinión personal y global sobre el tema.

A. Orden cronológico. ¿Usó la cronología el autor del Noticiero cultural del Paso 1? Para decidirlo, contesten las preguntas que siguen en grupos de tres o cuatro.

1. ¿Empieza la lectura con el primer incidente que ocurrió? Si es así, ¿cuál es?
2. ¿Continúa con el segundo, el tercero, el cuarto, etcétera? Prepara una lista de todos los incidentes en el mismo orden que se mencionan. ¿Es un orden cronológico?
3. En tu opinión, ¿incluye todos los incidentes importantes en la historia de Cuba? ¿Por qué crees eso?
4. ¿Qué criterio crees que usó el autor para decidir qué partes de la cronología iba a incluir y qué partes tendría que excluir?

B. Lista de ideas. Ahora en los mismos grupos, preparen una lista de temas apropiados para ensayos históricos. Mencionen por lo menos diez temas. Luego, individualmente decide cuál de los temas vas a desarrollar y prepara una lista de todos los incidentes importantes relacionados con tu tema. Pon la lista en orden cronológico.

Ahora, ¡a escribir!

A. El primer borrador. Basándote en la lista que tienes del ejercicio anterior, decide cuál es la información más importante y desarróllala en varios párrafos, dando detalles donde te parezca apropiado. Agrega algunas oraciones para expresar tus opiniones como conclusión de lo que has escrito.

B. Ahora, a compartir. Intercambia tu ensayo con el de otros dos compañeros(as) para saber su reacción. Cuando leas los de tus compañeros(as), dales sugerencias sobre posibles cambios para mejorar su desarrollo cronológico. Si encuentras errores, menciónalos.

C. Ahora, a revisar. Agrega la información que consideres necesaria para tu ensayo. No te olvides de revisar los errores que mencionaron tus compañeros(as).

D. La versión final. Ahora que tienes todas las ideas revisadas y las correcciones hechas, saca una copia en limpio en la computadora y entrégale la composición a tu profesor(a).

¡Tal vez consiga el puesto... en Cuba!

TAREA

Antes de empezar este *Paso*, estudia la lista de vocabulario en las páginas 474–475 y escucha el corte 22 de tu Text Audio CD4. Luego estudia *En preparación*.

1er día   14.3 Subjunctive in adverb clauses, páginas 479–481

Haz por escrito los ejercicios de *¡A practicar!* correspondientes.

¿Eres buen observador?

Recién graduados: escuchen los consejos
de nuestra tradición oral...

Poderoso caballero es don Dinero.
Aunque la mona se vista de seda, mona se queda.
Antes de que te cases, mira lo que haces.
Trabajos hacen al hombre sabio.
Antes de hablar, pensar.

Ahora, ¡a analizar!

¿A cuál de los refranes del póster se refiere lo siguiente?

a. El matrimonio es cosa seria; no debes considerarlo hasta que estés bien seguro(a) y preparado(a).
b. La gente sigue siendo igual, aunque se disfrace para aparentar lo que no es.
c. El dinero da autoridad, control e influencia. Cuando seas rico(a) lo notarás.
d. Es mejor no decir nada si no tienes nada que decir.
e. Por mucho que estudies, la experiencia de la vida te va a enseñar más.

¿Qué se dice...? CD4, Track 19

Al hablar de hechos seguros o inciertos

LOURDES: Bueno, el curso termina. Hagamos planes para el año que viene. ¿Quién quiere empezar?

RICARDO: Yo, yo. A ver, a mí me gustaría encontrar trabajo fuera de La Habana. No sé, tal vez como voluntario en algún lugar, sin remuneración, con tal de que tenga la oportunidad de practicar lo aprendido este año, aunque sea en el campo.

LOURDES: ¡Umm! ¿Trabajo sin remuneración? Eso no debe ser ningún problema…

NIURKA: Poderoso caballero es don Dinero.

LOURDES: Pues yo, tan pronto como termine mi carrera de medicina me conseguiré un puesto que pague bien. Con tal de que pueda desarrollar mis altos conocimientos médicos…

NIURKA: Modestia aparte, dirás…

ESTEBAN: Pues yo sigo entrenando para las competencias de natación. Mi sueño es llegar a las Olimpiadas. Aunque tenga otras ofertas para dedicarme a la abogacía, voy a intentar ser un deportista profesional, y ganarme la vida practicando el deporte que me gusta.

RICARDO: Oye, tú, pero eso en Cuba es complicado, ¿no te parece?

NIURKA: Nada es imposible.

LOURDES: Tendrás que entrenar veinticuatro horas al día antes de que te den un puesto en el equipo olímpico. Ya sabes que los deportes de élite son muy competitivos… Y tú, Niurka, ¿qué tienes pensado?

NIURKA: Yo, tan pronto como termine me voy para Miami, a visitar a mi hermano. Mi mamá ya está allá, y tengo muchas ganas de juntarme con ellos.

LOURDES: ¿Pero ya pensaste qué hacer en caso de que te denieguen la visa?

NIURKA: No me la van a denegar. De hecho, ya me la concedieron. La pedí con anticipación para irme en cuanto termine. Ya sabes: más vale prevenir que lamentar.

RICARDO: ¡Qué bien, Niurka! Bueno,… ¿por qué no vamos a tomar un helado en Copelia?

LOURDES: ¡Ay, sí! Me encantan los batidos de mamey que hacen allí.

No cabe duda que la música cubana es una de las más apreciadas en el mundo entero. Muchos de los ritmos latinos bailables más populares tienen su origen en la fascinante mezcla africana latina que es parte de toda música cubana. La rumba, el mambo, la conga, el bolero, la guaracha, la habanera, la danza, el danzón, el son, la nueva trova... todos son ritmos de origen cubano.

En tu opinión: ¿Por qué crees que es tan popular la música cubana? ¿Sabes si es popular en los Estados Unidos? ¿Por qué crees que la música africana ha tenido tanta influencia en la música cubana? ¿Qué influencia ha tenido en la música estadounidense? ¿Cuáles de los ritmos cubanos conoces? ¿Los sabes bailar?

Ahora, ¡a hablar!

EP 14.3

A. ¿Quién? Según el *¿Qué se dice... ?*, ¿quién piensa hacer lo siguiente, Ricardo (**R**), Lourdes (**L**) o Esteban (**E**)?

1. **R   L   E**   1. Buscará un empleo aunque sea sin remuneración.
2. **R   L   E**   2. Tomará un batido de mamey con tal que la lleven a Copelia.
3. **R   L   E**   3. Tan pronto como termine buscará un puesto en medicina.
4. **R   L   E**   4. Tendrá que entrenar veinticuatro horas al día antes de conseguir su sueño.
5. **R   L   E**   5. Intentará ser deportista de élite aunque tenga ofertas para dedicarse a la abogacía.

EP 14.3

B. Decisiones. Ricardo se va a graduar este verano y quiere viajar durante unos seis meses antes de empezar su vida profesional. Ahora está pensando en las cosas a tener en cuenta antes de viajar por un período tan largo. ¿Qué piensa?

MODELO   viajar / a menos que / ofrecerme un buen puesto
Viajaré a menos que me ofrezcan un buen puesto.

1. salir / antes de que / mi novia y yo decidir casarnos
2. poder ir / con tal de que / mi padre prestarme dinero
3. no ir solo / a menos de que / mi amigo Jorge no poder viajar
4. visitar a mis parientes / para que / mis padres estar contentos conmigo
5. no hacer planes / antes de que / todos mis papeles estar en orden
6. no confirmar mis reservaciones / sin que / mi amigo y yo estar seguros de ir

EP 14.3

C. ¿Me aceptarán? Esteban todavía no sabe si lo van a llamar para el equipo cubano. A pesar de todo, como es tan optimista, ya está haciendo planes. ¿En qué está pensando?

MODELO   Celebraré con mis amigos en cuanto (recibir) las noticias.
Celebraré con mis amigos en cuanto reciba las noticias.

1. Empezaré a entrenar siete días por semana tan pronto como (tener) la oferta.
2. Nosotros recibiremos nuevos uniformes en cuanto (llegar) a las Olimpiadas.
3. El entrenador dijo que haremos un viaje por Europa cuando (terminar) las Olimpiadas.
4. Yo me sentiré muy orgulloso aunque nuestro equipo no (ganar).
5. Tendré que comprarles recuerdos a todos mis parientes tan pronto como (llegar) a la ciudad olímpica.
6. Pero seguiré con mi vida diaria hasta que (saber) que me han aceptado.

D. **¡Por fin!** Tú y tus amigos(as) van a graduarse en menos de un mes. En grupos de tres o cuatro, discutan todo lo que piensan hacer.

EP 14.3

> MODELO   **Tan pronto como me gradúe, viajaré a Sudamérica.**
> **Viajaré por tres meses a menos que…**

E. **¿Para qué?** Los seres humanos tenemos la capacidad de complicarnos la vida por diferentes razones. Dile a tu compañero(a) para qué haces lo siguiente y escucha mientras te dice para qué lo hace él (ella).

EP 14.3

> MODELO   trabajar
> Tú: **Yo trabajo para que mis hijos coman bien.**
> COMPAÑERO(A): **Pues yo trabajo para comprarme un coche nuevo.**

1. hacer ejercicio
2. trabajar
3. estudiar
4. peinarme
5. (no) estar a dieta
6. tener tarjetas de crédito
7. participar en deportes
8. ¿…?

F. **A menos que…** Tu compañero(a) tiene grandes planes para el futuro, pero tú tienes tus dudas. Juntos discutan las posibilidades de conseguir sus objetivos si cumplen algunas condiciones, que van a inventar. No olviden usar: a menos que, antes de que, con tal que, para que, sin que, tan pronto como, en cuanto, cuando, aunque, hasta que.

EP 14.3

Y ahora, ¿por qué no conversamos?

G. Cuestiones sociales. Nuestro bienestar en el futuro depende de nuestra sociedad. En grupos de cuatro, debatan estas importantes cuestiones sociales que afectarán la calidad de nuestra vida futura. Dos de cada grupo deben defender las opiniones y los otros dos deben oponerse.

1. Se deben legalizar las drogas.
2. El gobierno debe controlar el precio de la gasolina.
3. La medicina debe ser socializada.
4. Se debe incluir la educación sexual en las escuelas secundarias.

H. Pasos importantes. La graduación no es el único paso importante en la vida. Hay otras decisiones que nos esperan a lo largo de la vida. ¿Qué piensan hacer tú y tu compañero(a) en las siguientes situaciones?

MODELO   Cuando consigamos trabajo…
             Cuando consigamos trabajo podremos comprarnos carro nuevo.

1. Tan pronto como nos graduemos…
2. Cuando tengamos bastante dinero…
3. En cuanto consigamos un buen puesto de trabajo…
4. En cuanto nos casemos…
5. Cuando tengamos hijos…
6. Después de que nos jubilemos…

I. ¡Luces! ¡Cámara! ¡Acción! Acabas de recibir una oferta de trabajo en una buena compañía pero hay algunos inconvenientes: está lejos de donde vives, el horario es pésimo, el sueldo no te convence y no ofrecen un buen plan de seguro médico. Ahora estás hablando con el (la) gerente de la compañía y tratas de conseguir mejores condiciones. Dramatiza esta situación con un(a) compañero(a).

Saber comprender

Estrategias para ver y escuchar: ver y escuchar «de arriba hacia abajo»

*In **Capítulo 9, Paso 2,** you learned that when listening "from the top down" to a video you are viewing, you can listen casually to the general flow, picking out the occasional specific words that convey the gist of what is being said and letting your knowledge of the topic fill in the blanks on everything else.*

Ver y escuchar «de arriba hacia abajo». Even if you've never been to Cuba, you probably know quite a bit about it. Use the knowledge you already have as you view the first part of the video, **Cuba, una joya del Caribe, tierra de música y poesía.** Then, in your own words tell what the underlined words in the following sentences probably mean.

1. Por todas partes se ve la palma real, el hermoso y fuerte árbol nacional.
2. Recorrer La Habana es volver a tiempos antiguos y a la vez volver a los años 50 y 60.
3. …carteles de temas revolucionarios y pequeñas figuras llamadas «muñequitas» que representan a los dioses de la religión africana yoruba.
4. El Malecón es una larga avenida paralela al mar bañada por el sol y las brisas tropicales.
5. El enorme espacio abierto se presta para desfiles y otras celebraciones oficiales.

Cuba, una joya del Caribe, tierra de música y poesía

Después de ver el video

Ahora mira el resto del video sobre Cuba y anota tres cosas que aprendiste que no sabías antes y tres que ya sabías de la economía de Cuba, La Habana y la política en Cuba.

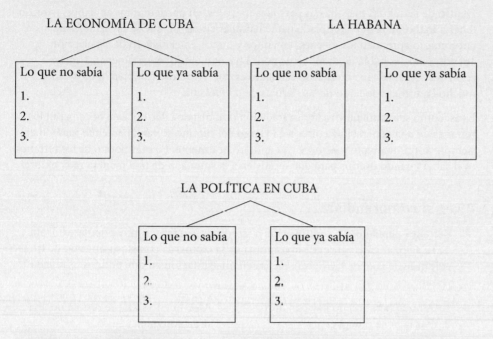

LA ECONOMÍA DE CUBA

Lo que no sabía	Lo que ya sabía
1.	1.
2.	2.
3.	3.

LA HABANA

Lo que no sabía	Lo que ya sabía
1.	1.
2.	2.
3.	3.

LA POLÍTICA EN CUBA

Lo que no sabía	Lo que ya sabía
1.	1.
2.	2.
3.	3.

El rincón de los lectores

Estrategias para leer: interpretación de refranes

Los refranes dan excelentes consejos, pero los dan con muy pocas palabras y, con frecuencia, con humor. Por eso, al interpretar un refrán, es muy importante entender cada palabra y, a la vez, pensar más ampliamente en el significado del refrán. No basta solo con saber el significado literal de las palabras. Siempre hay que pensar en cómo ese significado se aplica a una variedad de situaciones.

Interpretación de refranes. En el *¿Qué se dice...?* de este *Paso*, Niurka dice «Poderoso caballero es don Dinero».

En tu opinión, ¿cuál es el significado literal de este refrán?

   a. Para ser caballero, hay que tener dinero.
   b. El Sr. Dinero tiene mucho poder.
   c. Un caballo fuerte hace rico a su dueño.

Ahora, en tu opinión, ¿cuál es el significado que Niurka intenta comunicar al decirlo?

   a. *It takes money to be a true gentleman.*
   b. *Money is power.*
   c. *Beware of powerful men, as they will take your money.*

La tradición oral: los refranes

Los refranes, o proverbios, forman una parte muy importante de la tradición oral hispana. Estos dichos, que representan la sabiduría colectiva de la comunidad hispana, en muy pocas palabras ofrecen consejos relacionados con todos los aspectos de la vida.

Dentro de la cultura hispana, las personas mayores, en particular los ancianos, parecen tener a mano un refrán apropiado para cualquier situación que se presente. Y de los ancianos, lo aprenden los jóvenes. Lo vimos y oímos en el diálogo de esta lección cuando Lourdes habla de todo lo que podrá hacer cuando tenga dinero y Niurka comenta con el refrán: «Poderoso caballero es don Dinero». También hemos leído muchos refranes a lo largo de las páginas de *¡Dímelo tú!*

Es así como se mantiene viva la rica tradición oral hispana. De boca en boca pasan los refranes de una generación a otra. Y a lo largo del camino se van añadiendo más y más, siempre anónimamente y siempre contándolos oralmente. Lo más bonito de los refranes es el saber cuándo usarlos para que se ajusten a la situación de una manera muy natural.

A ver si comprendiste

A. Refranes populares. A continuación aparecen seis refranes muy populares. Trata de relacionar cada refrán de la columna de la izquierda con su significado de la columna de la derecha. Luego, piensa en una situación en que podrías usar cada refrán.

1. A buen hambre, no hay pan duro.
2. Por la boca muere el pez.
3. No hay mal que por bien no venga.
4. Dime con quién andas y te diré quién eres.
5. Lo barato es caro, y lo caro barato.
6. Quien mucho duerme, poco aprende.

a. Algo bueno siempre resulta de una situación mala.
b. Las personas perezosas no avanzan en la vida.
c. Las personas que hablan demasiado, cometen más errores.
d. Si pagas poco debes esperar menos calidad.
e. Toda la comida es deliciosa para una persona que no ha comido en mucho tiempo.
f. Todos seleccionamos amigos que son como nosotros.

B. Más refranes. Ahora, con un(a) compañero(a), escriban el significado de cada uno de estos refranes. Luego piensen en situaciones donde podrían usarlos. ¿Pueden pensar en un refrán en inglés que tenga el mismo significado?

1. Saber es poder.

2. Quien más tiene, más quiere.

3. El tiempo es oro.

4. Más vale poco que nada.

5. Las noticias malas tienen alas.

6. No hay enemigo chico.

7. Más sabe el loco en su casa que el cuerdo
en la ajena. (Cada uno es rey en su casa.)

8. En abril, aguas mil.

Paso 1 CD4, Track 20

Deportes

boxeo	boxing
esquí (m.)	skiing
gimnasia	gymnastics
levantamiento de pesas	weight lifting
lucha libre	wrestling
natación (f.)	swimming
salto de altura	high jumping

Deportes: personas

aficionado(a)	fan, supporter
árbitro(a)	umpire, referee
arquero(a)	goalie, goalkeeper
atleta (m./f.)	athlete
boxeador (m.)	boxer
entrenador(a)	coach, trainer
lanzador(a)	pitcher
organizador(a)	organizer
salvavidas (m./f.)	lifeguard, lifesaver

Deportes

arco	goal
bate (m.)	bat
campeón (campeona)	champion
cesto	basket
competencia	competition
empate (m.)	tie
gol (m.)	goal
golpe (m.)	strike, hit
juego	game
liga	league
Olimpiadas	Olympics
patear	to kick
pelea	fight
pelota	ball
red (f.)	net

Descripción

alejado(a)	distant, far away
arreglado(a)	arranged, fixed
impuesto(a)	imposed
inhumano(a)	inhuman
saludable	healthy
violento(a)	violent

Relacionado a Cuba

afrocubano(a)	Cuban of African decent
bloqueo	blockade
colonia	colony
perla	pearl

Expresiones impersonales

Es...

absurdo(a)	It's absurd
cierto	It's true
injusto	It's unjust
irónico	It's ironic

Verbos y expresiones verbales

creer	to believe
dañar	to damage, to hurt
derrotar	to defeat, to beat
dudar	to doubt
estar en forma	to be in shape

Palabras útiles

cerebro	brain
influencia	influence
irreversiblemente	irreversibly
sanción (f.)	sanction

Paso 2 CD4, Track 21

Deportes

alpinismo	mountain climbing
artes marciales (m. pl.)	martial arts
atletismo	track and field
buceo	scuba diving

Relacionado a deportes

bateador(a)	batter (baseball)
batear	to bat
campeón mundial	world champion
campeonato	championship
deportivo(a)	pertaining to sports
entrenar	to coach, train
jonrón (m.)	home run
ligas juveniles	junior leagues
medalla	medal
olímpico(a)	olympic
reclutar	to recruit
superficie (f.)	surface
tirar la pelota	to pitch a ball

Profesional y negocios

directiva	board of directors
instructor(a)	instructor
profesional	professional
propaganda	propaganda
rector (m.)	university president
tesorero(a)	treasurer

Descripción

comunista	communist
discapacitado(a)	handicapped
dispuesto(a)	willing
enérgico(a)	energetic
imparcial	impartial

Verbos

animar	to encourage, to cheer
contratar	to hire
manejar	to manage
solicitar	to solicit

Palabras y expresiones útiles

beca	scholarship
edición (f.)	edition
estar dispuesto(a)	to be inclined to
fama	fame

Paso 3 CD4, Track 22

Conjunciones

a menos que	unless
aunque	although
con tal (de) que	provided (that)
cuando	when
después (de) que	after
en caso (de) que	in case
en cuanto	as soon as
hasta que	until
para que	so that
sin que	without, unless
tan pronto como	as soon as

Buscar empleo

decisión (f.)	decision
duro(a)	hard, difficult
escala de pagos	pay scale
remuneración (f.)	pay (for a service)
seguro	insurance
sueldo	salary

Descripción

batido de leche	shake; milk shake
calidad (f.)	quality
igual	same
pésimo(a)	dreadful, terrible
poderoso(a)	powerful

socializado(a)	socialized
uniforme	uniform

Verbos y expresiones verbales

aparentar	to seem
cometer errores	to make mistakes
confirmar	to confirm
considerar	to consider

convencer	to convince
denegar	to turn down, to refuse
disfrazar	to disguise
firmar	to sign
graduarse	to graduate
jubilarse	to retire
legalizar	to legalize

Palabras útiles

ala	wing
caballero	gentleman
gasolina	gasoline
mamey (m.)	tropical fruit
orden (m.)	order
poder (m.)	power
refrán (m.)	saying

En preparación **14**

14.1 Subjunctive with expressions of doubt, denial, and uncertainty

Expressing doubt, denial, and uncertainty

■ When the main clause of a sentence expresses doubt, denial, or uncertainty, the subjunctive must be used in the subordinate clause whenever there is a change of subject.

Main clause	Subordinate clause
Dudo	que **podamos** ir con ustedes.
No creo	que ellos **tengan** las entradas.
Es probable	que yo no **vaya.**

In spoken Spanish it is becoming acceptable to use the subjunctive even when there is no change of subject.

Dudo que (yo) **pueda** hacerlo esta tarde.   *I doubt that I can do it this afternoon.*

■ Remember that expressions of certainty, including those denying doubt, are followed by the indicative mood.

Estoy seguro de que **llegan** hoy.   *I'm sure they arrive today.*
No dudamos que **tienes** el dinero.   *We don't doubt that you have the money.*

BUT:
Es probable que **vengan** solos.   *It is probable that they will come alone.*

■ The verbs **creer** and **pensar** are usually followed by the subjunctive when they are negative or in a question. They are followed by the indicative when used in the affirmative form.

No creo que **estén** bien entrenados.   *I don't believe they are well trained.*
                                             (They don't appear to be and probably aren't.)

¿Crees que lo **acepten** los aficionados?   *Do you believe that the fans will accept him?*
                                                   (They may not.)

Pienso que **están** en el partido.   *I think (believe) they are at the game.*

Google™ y **YouTube**™ BUSCA: Spanish subjunctive doubt/denial/uncertainty

Heinle Grammar Tutorial: The Present Subjunctive

¡A practicar!

A. Domingo deportivo. Celia está mirando su programa deportivo favorito en la tele, *Domingo deportivo,* en su casa en Bahía Girón. Ella es fanática de los deportes. ¿Qué dice cuando mira los diferentes eventos?

MODELO Natación   no creer / su entrenador / ser tan bueno como el nuestro
No creo que su entrenador sea tan bueno como el nuestro.

Béisbol
1. ser lógico / el equipo cubano / tener tanto éxito
2. ser probable / nuestro equipo / ganarle a los Estados Unidos en las Olimpiadas

Boxeo
3. ser cierto / Cuba / tener excelentes boxeadores
4. yo no dudar / esta pelea / terminar en un empate

Voleibol
5. yo no creer / ese equipo / ganar hoy
6. ser increíble / ellos / jugar tan mal

Fútbol
7. yo dudar / nuestro equipo / estar en forma para este partido
8. ser increíble / los árbitros / ser tan injustos

B. ¡Cálmate! Tu amigo Raúl está muy nervioso por el partido de béisbol de esta noche, en La Habana. ¿Qué dice momentos antes del partido?

1. ser obvio / ese bateador / no saber nada
2. ser probable / nuestro lanzador favorito / no poder jugar esta noche
3. estar seguro / nuestro equipo / ya estar cansado
4. ¿creer tú / ellos / tener mejores jugadores?
5. nosotros no dudar / ese jugador / ser excelente

«Por muy manso que **sea** el oso, sigue siendo peligroso». (refrán)

___ *One need not fear a tame bear.*

___ *Appearances may be deceiving.*

Paso 2

14.2 Subjunctive in adjective clauses
Referring to unfamiliar persons, places, and things

Sometimes a clause is used as an adjective to describe a person, place, or thing. For example, in the following sentence the adjective clause describes **mujer.**

Adjective clause

Conozco a una mujer **que ganó cinco medallas de oro.**

The verb of the adjective clause may be in the subjunctive or in the indicative.

■ If the antecedent—the person, place, or thing being described—is indefinite (either non-existent or not definitely known to exist), the verb in the adjective clause must be in the subjunctive.

Busco un entrenador que **hable** ruso.   *I am looking for a coach who speaks Russian. (I'm not sure the person exists.)*

Necesitamos una secretaria que **sepa** taquigrafía.   *We need a secretary who knows shorthand.*

Voy a solicitar un puesto que **ofrezca** más dinero.   *I'm going to apply for a job that offers more money.*

■ If, on the other hand, the antecedent is known to exist, then the verb in the adjective clause must be in the indicative.

Busco al entrenador que **habla** ruso.　　*I am looking for the coach who speaks Russian.*
(I know the person.)

Contratamos a un secretario que **sabe** taquigrafía y contabilidad.　　*We hired a secretary who knows shorthand and bookkeeping.*

Voy a solicitar el puesto que **ofrece** el mejor salario.　　*I'm going to apply for the job that offers the highest salary.*

Note that the mood (indicative or subjunctive) used in adjective clauses indicates whether the speaker is talking about a fact or something hypothetical or abstract.

■ Negative antecedents always refer to the nonexistent. Therefore, the verb in an adjective clause modifying a negative antecedent must be in the subjunctive.

No hay nadie que **esté** dispuesto a trabajar los fines de semana.　　*There isn't anyone who is willing to work on weekends.*

No encuentro **a** nadie que **sepa** hablar japonés.　　*I can't find anyone who knows how to speak Japanese.*

⬈ Google™ y YouTube™ BUSCA: Spanish subjunctive adjective clauses

Heinle Grammar Tutorial: The Subjunctive in Adjective Clauses

■ The personal **a** is not usually used before an indefinite direct object. **Nadie** and **alguien**, however, always take the personal **a** when used as direct objects.

Buscamos un entrenador que **sepa** comunicar bien con los atletas.　　*We are looking for a coach who knows how to communicate with the athletes.*

Buscamos **a** alguien que **sepa** relacionarse con la prensa.　　*We are looking for someone who knows how to work with the press.*

¡A practicar!

A. Nuevo personal. El Comité Cubano de las Olimpiadas está discutiendo lo que el equipo cubano va a necesitar para las siguientes Olimpiadas. ¿Qué dicen ellos?

1. necesitamos / entrenador / ser muy enérgico
2. necesitamos / entrenador / dirigir a los Atléticos
3. buscamos / lanzador / tener experiencia
4. buscamos / lanzador / jugar ahora con los Gigantes
5. necesitamos / bateadores / venir de las ligas juveniles
6. buscamos / bateadores / ya tener fama

B. Club deportivo. Esteban está hablando con su jefe porque él y algunos colegas han decidido crear el Club Deportivo Guantánamo. Según él, ¿qué tipo de personas necesitan para administrar el club?

1. necesitar un presidente que / poder trabajar bien con la directiva y los jugadores
2. tener que encontrar un vicepresidente que / ser responsable y trabajar bien con el presidente
3. para tesorero *(treasurer)* / necesitar a alguien que / saber contabilidad *(bookkeeping)*
4. para secretario / necesitar una persona que / saber bastante de informática
5. también querer nombrar a alguien que / representarnos ante el Comité Deportivo Nacional

C. Los jefes nos apoyan. Ahora Esteban le está contando a su amigo Ricardo lo que les dijo su jefe a él y a sus compañeros. ¿Qué les dijo?

Mi jefe nos dijo que los administradores del hotel estarán a favor de que _____ (nosotros / organizar) un club que _____ (preocuparse) por los intereses deportivos de los trabajadores. Cree que debemos nombrar a una persona que _____ (hablar) con los administradores en seguida. Dijo que hay una persona en la administración que _____ (tener) mucha experiencia en esos asuntos *(matters)*. Y como yo soy una persona que _____ (interesarse) mucho en los deportes y en el bienestar de todos, yo puedo ser el representante. ¡Ah! También dijo que el representante debe ser una persona que _____ (ser) muy activa y que siempre _____ (informar) a la mesa directiva sobre las actividades del grupo.

> «Por septiembre, quien **tenga** trigo que siembre». (refrán)
>
> ___ *Wheat must be planted by September.*
>
> ___ *By September, all wheat fields should be harvested.*

Paso 3

14.3 Subjunctive in adverb clauses

Stating conditions

■ In Spanish, certain conjunctions are *always* followed by the subjunctive. Note that they are used to relate events that may or may not happen. Thus, a doubt is implied, requiring the subjunctive.

Conjunctions that always require subjunctive			
a menos que	*unless*	en caso (de) que	*in case*
antes (de) que	*before*	para que	*so that*
con tal (de) que	*provided (that)*	sin que	*without, unless*

Nosotros ganaremos **a menos que se lastime** José Antonio.	*We'll win unless José Antonio gets injured.*
Yo iré con ustedes **con tal que** Niurka no **conduzca.**	*I'll go with you provided Niurka doesn't drive.*

■ Certain adverbial conjunctions may be followed by either the subjunctive or the indicative. The subjunctive follows these expressions when describing a future or hypothetical action or something that has not yet occurred. The indicative is used to describe habitual or known facts.

Conjunctions that may require subjunctive			
aunque	*although*	en cuanto	*as soon as*
cuando	*when*	hasta que	*until*
después (de) que	*after*	tan pronto como	*as soon as*

Habitual	Future action
Siempre lo hace cuando **llega.**	Lo hará **cuando llegue.**
He always does it when he arrives.	*He will do it when he arrives.*

Factual	Hypothetical
Lo aceptará aunque **tendrá** que jugar con otro equipo.	Lo aceptará aunque **tenga** que jugar con otro equipo.
He will accept it although he will have to play with another team.	*He will accept it although he may have to play with another team.*

🔍 Google™ y YouTube™ BUSCA: Spanish subjunctive adverbial clauses

Heinle Grammar Tutorial: The Subjunctive in Adverbial Clauses

■ When the focus is on an event rather than on a participant, a preposition and an infinitive are used rather than a conjunction and the subjunctive.

Llámame **antes de venir.**	*Call me before coming.*
Lo haré **sin decirle.**	*I'll do it without telling him.*

¡A practicar!

A. Dilema. A veces cambiar o no cambiar de trabajo se transforma en un verdadero dilema. Nina acaba de recibir una nueva oferta y está tratando de decidir si debe permanecer *(remain)* en Bahía Girón o trasladarse a Santiago de Cuba. ¿Qué dice?

1. Tendré que decidir pronto para que mi jefe _____ (buscar) a una nueva persona.
2. Se lo comunicaré a mi novio a menos que él ya lo _____ (saber).
3. Voy a empezar a regalar varios muebles en caso de que yo _____ (decidir) aceptar.
4. No haré ninguna decisión sin que ellos me _____ (explicar) bien la escala de pagos.
5. Se lo contaré a mis padres en cuanto yo _____ (tomar) una decisión.
6. Pero no firmaré hasta que mi novio y mis padres me _____ (decir) que es una buena decisión.

B. El regreso. Mario ha estado viviendo en La Habana, debido a una práctica profesional de seis meses. Ha llegado ahora el momento de regresar a Bahía Girón y se le está transformando en un gran dilema. Veamos qué decide finalmente.

1. No decidiré hasta que _____ (hablar) con mi novia.
2. Será más fácil tan pronto como _____ (saber) si me van a dar trabajo en Bahía Girón.
3. Lo hablaré con mi familia después de que la decisión _____ (estar) tomada.
4. Tendré más posibilidades cuando _____ (graduarme) y ya tenga el título en mano.
5. Alquilaré el nuevo apartamento aunque todavía no _____ (haberme) decidido.
6. Creo que me quedaré en La Habana a menos que mi novia _____ (insistir) en que regrese.

C. Vacaciones. Ahora Antonio y Raúl están planeando salir de vacaciones a Guantánamo. Antonio, como siempre, es muy organizado. ¿Qué le dice a Raúl?

ANTONIO: Saldremos en cuanto _____ (regresar / tú) del banco.

RAÚL: Bien. Pero no regresaré hasta que _____ (poder) cerrar mi cuenta de ahorros.

ANTONIO: No importa con tal que tú _____ (estar) aquí antes de las tres y media.

RAÚL: No te preocupes. La guagua no sale hasta las cuatro y media, a menos que _____ (haber) cambiado el horario.

ANTONIO: Tienes razón. Pero yo prefiero estar en la estación temprano para que nosotros _____ (poder) conseguir buenos asientos *(seats)*.

«Bueno que seas tambor, **con tal que seas** el que toque mejor». *(refrán)*

____ *A good drummer can only get better if he works at it.*

____ *No matter what you do, be the best at it.*

Ahora, ¡a hablar!
Y ahora, ¿por qué no conversamos?

Capítulo 1, Paso 1

Y ahora, ¿por qué no conversamos?

E. ¿Son los mismos? Alicia, Carmen, José y Daniel son estudiantes de la clase de español de tu compañero(a) de cuarto. Tú también tienes unos amigos que se llaman Alicia, Carmen, José y Daniel. La descripción de tus amigos aparece *(appears)* aquí. La descripción de los amigos de tu compañero(a) aparece en la página 28. ¿Son la misma *(same)* persona? *(To decide if they are the same person, ask your partner questions. Do not look at each other's descriptions.)*

MODELO   ¿Es Alicia de El Salvador?
              Sí, es salvadoreña. *o* **No, no es salvadoreña.**

ALICIA: de San Salvador, introvertida, no perezosa, muy seria y muy paciente
CARMEN: de San José, muy seria, tímida, inteligente, muy estudiosa y algo conservadora
JOSÉ: de Tegucigalpa, muy activo pero muy serio, no sociable y muy serio
DANIEL: de Managua, muy atlético pero un poco tímido, activo, estudioso y algo serio

Capítulo 1, Paso 3

Y ahora, ¿por qué no conversamos?

G. ¿Son diferentes? Este dibujo y el dibujo en la página 42 son similares pero tienen cinco (5) diferencias. Descríbele este dibujo a tu compañero(a) y él/ella va a describirte el otro dibujo hasta encontrar *(until you find)* las diferencias. No se permite ver el dibujo de tu compañero(a) hasta completar esta actividad.

Vocabulario útil

bailar	hablar con amigos(as)
estudiar	escuchar música
mirar la tele	hablar por teléfono
escribir una carta	tomar un refresco

Capítulo 3, Paso 1

Ahora, ¡a hablar!

C. ¿Dónde es y cuándo es? Este mapa indica el nombre y las fechas de algunos de los festivales más populares de España. El mapa de la página 101 indica el nombre de las ciudades donde son los festivales. Tu compañero(a) te va a preguntar qué fiestas hay en diferentes ciudades y cuáles son las fechas. Antes de contestar, pregunta a tu compañero(a) dónde está la ciudad que menciona. Escribe el nombre de cada ciudad en el mapa. Al final, compara con el mapa de tu compañero(a) para ver si todas las ciudades y fiestas corresponden. No se permite comparar mapas hasta terminar esta actividad.

MODELO

COMPAÑERO(A): **¿Qué fiesta hay en Barcelona?**

TÚ: **¿Dónde está Barcelona?**

COMPAÑERO(A): **Está en el noreste de España.**

TÚ: **La fiesta de Sant Jordi.**

COMPAÑERO(A): **¿Y cuándo es?**

TÚ: **Es el 23 de abril.**

Tú escribes junto a Sant Jordi, 23 de abril: **Barcelona**

Tu compañero(a) escribe junto a Barcelona: **Sant Jordi, 23 de abril**

Día del Apóstol Santiago
• **25 de julio**

Sanfermines
7 de julio

Sant Jordi
23 de abril

Feria de San Isidro
8 al 15 de mayo

Las Fallas
19 de marzo

La Tomatina
Fines de agosto

Feria de abril
Abril

Feria del Caballo
Primera semana de mayo

Norte
Noroeste — Noreste
Oeste — Este
Suroeste — Sureste
Sur
Puntos cardinales

Capítulo 3, Paso 2

Y ahora, ¿por qué no conversamos?

F. ¿Cuántas diferencias hay? ¿Cuántas diferencias hay entre este dibujo y el de tu compañero(a) en la página 110? Describe tu dibujo para ver cuántas diferencias puedes encontrar con el dibujo de tu compañero(a). Recuerda que no se permite mirar el dibujo de tu compañero(a) hasta terminar esta actividad.

MODELO   **Sí, cuatro personas están bailando y una señora está cocinando.**

Capítulo 3, Paso 3

Y ahora, ¿por qué no conversamos?

E. **¡Qué cambiados están!** Estos son Daniel y Gloria después de estudiar un año en la Universidad de Salamanca. En la página 117, tu compañero(a) tiene un dibujo de Daniel y Gloria antes de ir a estudiar a España. Describan a las personas que aparecen en sus dibujos para saber cómo son los cambios *(changes)*. No se permite mirar el dibujo de tu compañero(a) hasta terminar esta actividad.

Vocabulario útil

cambiado(a)	corto(a)	delgado(a)
diferente	formal	guapo(a)
hermoso(a)	honesto(a)	informal
lacio(a)	limpio(a)	rizado(a)
rubio(a)	sucio(a)	

MODELO   **Daniel ya no es hippie. Ahora está muy elegante. Gloria está muy elegante también.**

Capítulo 4, Paso 2

Y ahora, ¿por qué no conversamos?

E. **En el escaparate.** Tú estás de compras en la Ciudad de México y quieres comprar todas las prendas de esta lista. Por desgracia, muchas prendas no tienen etiqueta *(price tag)*. Pregúntale a tu compañero(a) los precios que quieres saber y dale los precios que él o ella necesita basándote en el dibujo. El escaparate de tu compañero(a) está en la página 141. No se permite mirar el escaparate de tu compañero(a) hasta terminar esta actividad.

Tú quieres comprar:

1. pijamas para tu hermana
2. un traje para ti
3. botas para tu papá
4. pantalones para tu hermano
5. un vestido para tu mamá

Capítulo 5, Paso 1

Ahora, ¡a hablar!

D. **Amigos dispares.** Este es el cuarto de tu amigo Ernesto. Tu compañero(a) tiene el dibujo del cuarto de tu amiga Rosana. Usa este dibujo para describir cómo es el cuarto de Ernesto y en qué condición está. Tu compañero(a) va a usar el dibujo del cuarto de Roxana en la página 171 para describirlo y decir en qué condición está. Decidan cuál es más/menos lujoso y más/menos ordenado.

Capítulo 5, Paso 3

Ahora, ¡a hablar!

A. **¿Quién es quién?** ¿Cómo están relacionadas cada una de las personas con Dolores? Para practicar tu vocabulario de la familia en español, contesta las preguntas de tu compañero(a), que tiene la información en la página 184.

MODELO

COMPAÑERO(A): **¿Cómo están relacionadas Irene y Dolores?**

TÚ: **Irene es hermana de Dolores.**

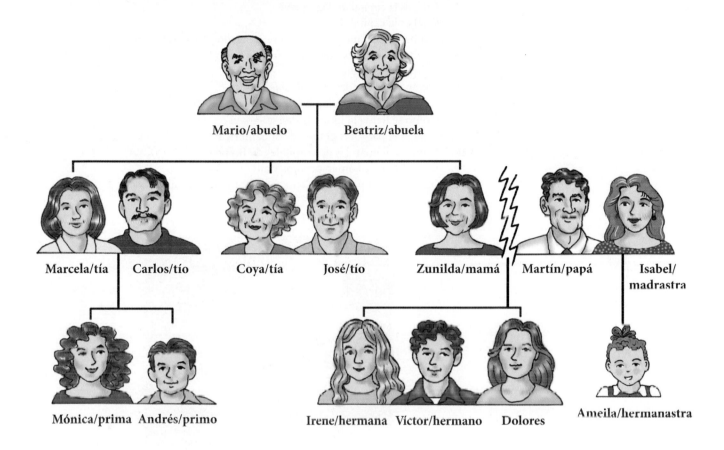

Mario/abuelo   Beatriz/abuela

Marcela/tía   Carlos/tío   Coya/tía   José/tío   Zunilda/mamá   Martín/papá   Isabel/madrastra

Mónica/prima   Andrés/primo   Irene/hermana   Víctor/hermano   Dolores   Ameila/hermanastra

Capítulo 12, Paso 3

Y ahora, ¿por qué no conversamos?

F. Viaje a Machu Picchu. Tú y un(a) compañero(a) están viajando por Sudamérica, visitando y explorando diferentes lugares. Ahora están en las famosas cataratas de Iguazú y quieren viajar por Uruguay, Argentina, Chile y Bolivia para llegar a Machu Picchu. Piensan hacer ocho escalas *(stopovers)* en su viaje. ¿Quién va a llegar primero? Para avanzar una escala, tienes que contestar la pregunta de tu compañero(a) correctamente. Tus preguntas están aquí, las de tu compañero(a) están en la página 409.

1. ¿Cuál es la capital de Paraguay?
2. ¿Cuál es la capital de Perú?
3. Nombra la isla que es estado libre asociado de Estados Unidos.
4. Nombra dos países que tienen frontera con Perú.
5. ¿De qué país es Diego Rivera?
6. ¿Quién escribió *Cien años de soledad*?
7. ¿En qué países de Sudamérica se habla español?
8. ¿Cómo se llama la moneda de Paraguay?
9. ¿Cuál es el país más grande de Sudamérica?
10. ¿Cómo se llaman las dos capitales de Bolivia?
11. ¿En qué país se comen porotos y ají?
12. Nombra cinco países de Centroamérica y sus capitales.

Acentuación

In Spanish, as in English, all words of two or more syllables have one syllable that is stressed more forcibly than the others. In Spanish, written accents are frequently used to show what syllable in a word is the stressed one.

Words without written accents

Words without written accents are pronounced according to the following rules:

A. Words that end in a vowel (**a, e, i, o, u**) or the consonants **n** or **s** are stressed on the next to last syllable.

tardes   ca**pi**tales   **gran**de   es**tu**dia   **no**ches   **co**men

B. Words that end in a consonant other than **n** or **s** are stressed on the last syllable.

bus**car**   ac**triz**   espa**ñol**   liber**tad**   ani**mal**   come**dor**

Words with written accents

C. Words that do not follow the two preceding rules require a written accent to indicate where the stress is placed.

ca**fé**   sim**pá**tico   fran**cés**   na**ción**   José **Pé**rez

Words with a strong vowel (a, o, u) next to a weak vowel (e, i)

D. Dipthongs, the combination of a weak vowel (i, u) and a strong vowel (e, o, a), or two weak vowels, next to each other, form a single syllable. A written accent is required to separate dipthongs into two syllables. Note that the written accent is placed on the weak vowel.

seis	estu**dia**	inter**ior**	**ai**re	**au**to	**ciu**dad
re**ír**	**dí**a	**rí**o	ma**íz**	ba**úl**	veint**iún**

Monosyllable words

E. Words with only one syllable never have a written accent unless there is a need to differentiate it from another word spelled exactly the same. The following are some of the most common words in this category.

Unaccented	Accented	Unaccented	Accented
como (*like, as*)	cómo (*how*)	que (*that*)	qué (*what*)
de (*of*)	dé (*give*)	si (*if*)	sí (*yes*)
el (*the*)	él (*he*)	te (*you D.O., to you*)	té (*tea*)
mas (*but*)	más (*more*)	tu (*your*)	tú (*you informal*)
mi (*my*)	mí (*me*)		

F. Keep in mind that in Spanish, the written accents are an extremely important part of spelling since they not only change the pronunciation of a word, but may change its meaning and/or its tense.

publico (*I publish*)   **público** (*public*)   **publicó** (*he/she/you published*)

Simple tenses

	Present Indicative	Imperfect	Preterite	Future	Conditional	Present Subjunctive	Past Subjunctive	Commands
hablar (to speak)	hablo	hablaba	hablé	hablaré	hablaría	hable	hablara	
	hablas	hablabas	hablaste	hablarás	hablarías	hables	hablaras	habla (no hables)
	habla	hablaba	habló	hablará	hablaría	hable	hablara	hable
	hablamos	hablábamos	hablamos	hablaremos	hablaríamos	hablemos	habláramos	hablemos
	habláis	hablabais	hablasteis	hablaréis	hablaríais	habléis	hablarais	hablad (no habléis)
	hablan	hablaban	hablaron	hablarán	hablarían	hablen	hablaran	hablen
aprender (to learn)	aprendo	aprendía	aprendí	aprenderé	aprendería	aprenda	aprendiera	
	aprendes	aprendías	aprendiste	aprenderás	aprenderías	aprendas	aprendieras	aprende (no aprendas)
	aprende	aprendía	aprendió	aprenderá	aprendería	aprenda	aprendiera	aprenda
	aprendemos	aprendíamos	aprendimos	aprenderemos	aprenderíamos	aprendamos	aprendiéramos	aprendamos
	aprendéis	aprendíais	aprendisteis	aprenderéis	aprenderíais	aprendáis	aprendierais	aprended (no aprendáis)
	aprenden	aprendían	aprendieron	aprenderán	aprenderían	aprendan	aprendieran	aprendan
vivir (to live)	vivo	vivía	viví	viviré	viviría	viva	viviera	
	vives	vivías	viviste	vivirás	vivirías	vivas	vivieras	vive (no vivas)
	vive	vivía	vivió	vivirá	viviría	viva	viviera	viva
	vivimos	vivíamos	vivimos	viviremos	viviríamos	vivamos	viviéramos	vivamos
	vivís	vivíais	vivisteis	viviréis	viviríais	viváis	vivierais	vivid (no viváis)
	viven	vivían	vivieron	vivirán	vivirían	vivan	vivieran	vivan

Compound tenses

Present progressive	estoy estás está estamos estáis están	hablando	aprendiendo	viviendo
Present perfect indicative	he has ha hemos habéis han	hablado	aprendido	vivido
Past perfect indicative	había habías había habíamos habíais habían	hablado	aprendido	vivido

Los verbos con cambios en la raíz

Infinitive / Present Participle / Past Participle	Present Indicative	Past Imperfect	Preterite	Future	Conditional	Present Subjunctive	Past Subjunctive	Commands
pensar *to think* **e → ie** pensando pensado	pienso piensas piensa pensamos pensáis piensan	pensaba pensabas pensaba pensábamos pensabais pensaban	pensé pensaste pensó pensamos pensasteis pensaron	pensaré pensarás pensará pensaremos pensaréis pensarán	pensaría pensarías pensaría pensaríamos pensaríais pensarían	piense pienses piense pensemos penséis piensen	pensara pensaras pensara pensáramos pensarais pensaran	piensa (no pienses) piense pensemos pensad (no penséis) piensen
acostarse *to go to bed* **o → ue** acostándose acostado	me acuesto te acuestas se acuesta nos acostamos os acostáis se acuestan	me acostaba te acostabas se acostaba nos acostábamos os acostabais se acostaban	me acosté te acostaste se acostó nos acostamos os acostasteis se acostaron	me acostaré te acostarás se acostará nos acostaremos os acostaréis se acostarán	me acostaría te acostarías se acostaría nos acostaríamos os acostaríais se acostarían	me acueste te acuestes se acueste nos acostemos os acostéis se acuesten	me acostara te acostaras se acostara nos acostáramos os acostarais se acostaran	acuéstate (no te acuestes) acuéstese acostémonos acostaos (no os acostéis) acuéstense
sentir *to feel* **e → ie, i** sintiendo sentido	siento sientes siente sentimos sentís sienten	sentía sentías sentía sentíamos sentíais sentían	sentí sentiste sintió sentimos sentisteis sintieron	sentiré sentirás sentirá sentiremos sentiréis sentirán	sentiría sentirías sentiría sentiríamos sentiríais sentirían	sienta sientas sienta sintamos sintáis sientan	sintiera sintieras sintiera sintiéramos sintierais sintieran	siente (no sientas) sienta sintamos (no sintáis) sentid sientan
pedir *to ask for* **e → i, i** pidiendo pedido	pido pides pide pedimos pedís piden	pedía pedías pedía pedíamos pedíais pedían	pedí pediste pidió pedimos pedisteis pidieron	pediré pedirás pedirá pediremos pediréis pedirán	pediría pedirías pediría pediríamos pediríais pedirían	pida pidas pida pidamos pidáis pidan	pidiera pidieras pidiera pidiéramos pidierais pidieran	pide (no pidas) pida pidamos pedid (no pidáis) pidan
dormir *to sleep* **o → ue, u** durmiendo dormido	duermo duermes duerme dormimos dormís duermen	dormía dormías dormía dormíamos dormíais dormían	dormí dormiste durmió dormimos dormisteis durmieron	dormiré dormirás dormirá dormiremos dormiréis dormirán	dormiría dormirías dormiría dormiríamos dormiríais dormirían	duerma duermas duerma durmamos durmáis duerman	durmiera durmieras durmiera durmiéramos durmierais durmieran	duerme (no duermas) duerma durmamos dormid (no durmáis) duerman

Infinitive Present Participle Past Participle	Present Indicative	Past Imperfect	Preterite	Future	Conditional	Present Subjunctive	Past Subjunctive	Commands
comenzar	comienzo	comenzaba	**comencé**	comenzaré	comenzaría	**comience**	comenzara	
(e → ie)	comienzas	comenzabas	comenzaste	comenzarás	comenzarías	**comiences**	comenzaras	comienza (**no comiences**)
to begin	comienza	comenzaba	comenzó	comenzará	comenzaría	**comience**	comenzara	**comience**
z → c	comenzamos	comenzábamos	comenzamos	comenzaremos	comenzaríamos	**comencemos**	comenzáramos	**comencemos**
before e	comenzáis	comenzabais	comenzasteis	comenzaréis	comenzaríais	**comencéis**	comenzarais	comenzad (**no comencéis**)
comenzando	comienzan	comenzaban	comenzaron	comenzarán	comenzarían	**comiencen**	comenzaran	**comiencen**
comenzado	**conozco**							
conocer	conoces	conocía	conocí	conoceré	conocería	**conozca**	conociera	
to know	conoce	conocías	conociste	conocerás	conocerías	**conozcas**	conocieras	conoce (**no conozcas**)
c → zc	conocemos	conocía	conoció	conocerá	conocería	**conozca**	conociera	**conozca**
before a, o	conocéis	conocíamos	conocimos	conoceremos	conoceríamos	**conozcamos**	conociéramos	**conozcamos**
conociendo	conocen	conocíais	conocisteis	conoceréis	conoceríais	**conozcáis**	conocierais	conoced (**no conozcáis**)
conocido		conocían	conocieron	conocerán	conocerían	**conozcan**	conocieran	**conozcan**
pagar	pago	pagaba	**pagué**	pagaré	pagaría	**pague**	pagara	
to pay	pagas	pagabas	pagaste	pagarás	pagarías	**pagues**	pagaras	paga (**no pagues**)
g → gu	paga	pagaba	pago	pagará	pagaría	**pague**	pagara	**pague**
before e	pagamos	pagábamos	pagamos	pagaremos	pagaríamos	**paguemos**	pagáramos	**paguemos**
pagando	pagáis	pagabais	pagasteis	pagaréis	pagaríais	**paguéis**	pagarais	pagad (**no paguéis**)
pagado	pagan	pagaban	pagaron	pagarán	pagarían	**paguen**	pagaran	**paguen**
seguir	**sigo**	seguía	seguí	seguiré	seguiría	**siga**	siguiera	
(e → i, i)	sigues	seguías	seguiste	seguirás	seguirías	**sigas**	siguieras	sigue (**no sigas**)
to follow	sigue	seguía	siguió	seguirá	seguiría	**siga**	siguiera	**siga**
gu → g	seguimos	seguíamos	seguimos	seguiremos	seguiríamos	**sigamos**	siguiéramos	**sigamos**
before a, o	seguís	seguíais	seguisteis	seguiréis	seguiríais	**sigáis**	siguierais	seguid (**no sigáis**)
siguiendo	siguen	seguían	siguieron	seguirán	seguirían	**sigan**	siguieran	**sigan**
seguido								
tocar	toco	tocaba	**toqué**	tocaré	tocaría	**toque**	tocara	
to play, to touch	tocas	tocabas	tocaste	tocarás	tocarías	**toques**	tocaras	toca (**no toques**)
c → qu	toca	tocaba	tocó	tocará	tocaría	**toque**	tocara	**toque**
before e	tocamos	tocábamos	tocamos	tocaremos	tocaríamos	**toquemos**	tocáramos	**toquemos**
tocando	tocáis	tocabais	tocasteis	tocaréis	tocaríais	**toquéis**	tocarais	tocad (**no toquéis**)
tocado	tocan	tocaban	tocaron	tocarán	tocarían	**toquen**	tocaran	**toquen**

APPENDIX F

Los verbos irregulares

Infinitive / Present Participle / Past Participle	Present Indicative	Past Imperfect	Preterite	Future	Conditional	Present Subjunctive	Past Subjunctive	Commands
andar *to walk* andando andado	ando andas anda andamos andáis andan	andaba andabas andaba andábamos andabais andaban	**anduve** **anduviste** **anduvo** **anduvimos** **anduvisteis** **anduvieron**	andaré andarás andará andaremos andaréis andarán	andaría andarías andaría andaríamos andaríais andarían	ande andes ande andemos andéis anden	**anduviera** **anduvieras** **anduviera** **anduviéramos** **anduvierais** **anduvieran**	anda (no andes) ande andemos andad (no andéis) anden
*dar *to give* dando dado	**doy** das da damos dais dan	daba dabas daba dábamos dabais daban	**di** **diste** **dio** **dimos** **disteis** **dieron**	daré darás dará daremos daréis darán	daría darías daría daríamos daríais darían	**dé** des **dé** demos deis den	diera dieras diera diéramos dierais dieran	da (**no des**) **dé** demos dad (**no deis**) den
*decir *to say, tell* diciendo dicho	**digo** **dices** **dice** decimos decís **dicen**	decía decías decía decíamos decíais decían	**dije** **dijiste** **dijo** **dijimos** **dijisteis** **dijeron**	**diré** **dirás** **dirá** **diremos** **diréis** **dirán**	**diría** **dirías** **diría** **diríamos** **diríais** **dirían**	**diga** **digas** **diga** **digamos** **digáis** **digan**	**dijera** **dijeras** **dijera** **dijéramos** **dijerais** **dijeran**	**di** (**no digas**) **diga** **digamos** **decid** (**no digáis**) **digan**
*estar *to be* estando estado	**estoy** **estás** **está** estamos estáis **están**	estaba estabas estaba estábamos estabais estaban	**estuve** **estuviste** **estuvo** **estuvimos** **estuvisteis** **estuvieron**	estaré estarás estará estaremos estaréis estarán	estaría estarías estaría estaríamos estaríais estarían	**esté** **estés** **esté** **estemos** **estéis** **estén**	**estuviera** **estuvieras** **estuviera** **estuviéramos** **estuvierais** **estuvieran**	**está (no estés)** **esté** **estemos** estad (**no estéis**) **estén**
haber *to have* habiendo habido	**he** **has** **ha [hay]** **hemos** **habéis** **han**	había habías había habíamos habíais habían	**hube** **hubiste** **hubo** **hubimos** **hubisteis** **hubieron**	**habré** **habrás** **habrá** **habremos** **habréis** **habrán**	**habría** **habrías** **habría** **habríamos** **habríais** **habrían**	**haya** **hayas** **haya** **hayamos** **hayáis** **hayan**	**hubiera** **hubieras** **hubieran** **hubiéramos** **hubierais** **hubieran**	**he (no hayas)** **haya** **hayamos** habed (**no hayáis**) **hayan**
*hacer *to make, to do* haciendo **hecho**	**hago** haces hace hacemos hacéis hacen	hacía hacías hacía hacíamos hacíais hacían	**hice** **hiciste** **hizo** **hicimos** **hicisteis** **hicieron**	**haré** **harás** **hará** **haremos** **haréis** **harán**	**haría** **harías** **haría** **haríamos** **haríais** **harían**	**haga** **hagas** **haga** **hagamos** **hagáis** **hagan**	**hiciera** **hicieras** **hiciera** **hiciéramos** **hicierais** **hicieran**	**haz (no hagas)** **haga** **hagamos** haced (**no hagáis**) **hagan**

*Verbs with irregular *yo* forms in the present indicative

(continued)

Infinitive Present Participle Past Participle	Present Indicative	Past Imperfect	Preterite	Future	Conditional	Present Subjunctive	Past Subjunctive	Commands
ir *to go* yendo ido	voy vas va vamos vais van	iba ibas iba íbamos ibais iban	fui fuiste fue fuimos fuisteis fueron	iré irás irá iremos iréis irán	iría irías iría iríamos iríais irían	vaya vayas vaya vayamos vayáis vayan	fuera fueras fuera fuéramos fuerais fueran	ve (no vayas) vaya vamos (no vayamos) id (no vayáis) vayan
*oír *to hear* oyendo oído	oigo oyes oye oímos oís oyen	oía oías oía oíamos oíais oían	oí oíste oyó oímos oísteis oyeron	oiré oirás oirá oiremos oiréis oirán	oiría oirías oiría oiríamos oiríais oirían	oiga oigas oiga oigamos oigáis oigan	oyera oyeras oyera oyéramos oyerais oyeran	oye (no oigas) oiga oigamos oíd (no oigáis) oigan
poder (o → ue) *can, to be able* pudiendo podido	puedo puedes puede podemos podéis pueden	podía podías podía podíamos podíais podían	pude pudiste pudo pudimos pudisteis pudieron	podré podrás podrá podremos podréis podrán	podría podrías podría podríamos podríais podrían	pueda puedas pueda podamos podáis puedan	pudiera pudieras pudiera pudiéramos pudierais pudieran	puede (no puedas) pueda podamos poded (no podáis) puedan
*poner *to place, to put* poniendo puesto	pongo pones pone ponemos ponéis ponen	ponía ponías ponía poníamos poníais ponían	puse pusiste puso pusimos pusisteis pusieron	pondré pondrás pondrá pondremos pondréis pondrán	pondría pondrías pondría pondríamos pondríais pondrían	ponga pongas ponga pongamos pongáis pongan	pusiera pusieras pusiera pusiéramos pusierais pusieran	pon (no pongas) ponga pongamos poned (no pongáis) pongan
querer (e → ie) *to like* queriendo querido	quiero quieres quiere queremos queréis quieren	quería querías quería queríamos queríais querían	quise quisiste quiso quisimos quisisteis quisieron	querré querrás querrá querremos querréis querrán	querría querrías querría querríamos querríais querrían	quiera quieras quiera queramos queráis quieran	quisiera quisieras quisiera quisiéramos quisierais quisieran	quiere (no quieras) quiera queramos quered (no queráis) quieran
*saber *to know* sabiendo sabido	sé sabes sabe sabemos sabéis saben	sabía sabías sabía sabíamos sabíais sabían	supe supiste supo supimos supisteis supieron	sabré sabrás sabrá sabremos sabréis sabrán	sabría sabrías sabría sabríamos sabríais sabrían	sepa sepas sepa sepamos sepáis sepan	supiera supieras supiera supiéramos supierais supieran	sabe (no sepas) sepa sepamos sabed (no sepáis) sepan

*Verbs with irregular *yo* forms in the present indicative

Infinitive / Present Participle / Past Participle	Present Indicative	Past Imperfect	Preterite	Future	Conditional	Present Subjunctive	Past Subjunctive	Commands
*salir	salgo	salía	salí	saldré	saldría	salga	saliera	
to go out	sales	salías	saliste	saldrás	saldrías	salgas	salieras	sal (no salgas)
saliendo	sale	salía	salió	saldrá	saldría	salga	saliera	salga
salido	salimos	salíamos	salimos	saldremos	saldríamos	salgamos	saliéramos	salgamos
	salís	salíais	salisteis	saldréis	saldríais	salgáis	salierais	salid (no salgáis)
	salen	salían	salieron	saldrán	saldrían	salgan	salieran	salgan
ser	soy	era	fui	seré	sería	sea	fuera	
to be	eres	eras	fuiste	serás	serías	seas	fueras	sé (no seas)
siendo	es	era	fue	será	sería	sea	fuera	sea
sido	somos	éramos	fuimos	seremos	seríamos	seamos	fuéramos	seamos
	sois	erais	fuisteis	seréis	seríais	seáis	fuerais	sed (no seáis)
	son	eran	fueron	serán	serían	sean	fueran	sean
*tener	tengo	tenía	tuve	tendré	tendría	tenga	tuviera	
(e → ie)	tienes	tenías	tuviste	tendrás	tendrías	tengas	tuvieras	ten (no tengas)
to have	tiene	tenía	tuvo	tendrá	tendría	tenga	tuviera	tenga
teniendo	tenemos	teníamos	tuvimos	tendremos	tendríamos	tengamos	tuviéramos	tengamos
tenido	tenéis	teníais	tuvisteis	tendréis	tendríais	tengáis	tuvierais	tened (no tengáis)
	tienen	tenían	tuvieron	tendrán	tendrían	tengan	tuvieran	tengan
*traer	traigo	traía	traje	traeré	traería	traiga	trajera	
to bring	traes	traías	trajiste	traerás	traerías	traigas	trajeras	trae (no traigas)
trayendo	trae	traía	trajo	traerá	traería	traiga	trajera	traiga
traído	traemos	traíamos	trajimos	traeremos	traeríamos	traigamos	trajéramos	traigamos
	traéis	traíais	trajisteis	traeréis	traeríais	traigáis	trajerais	traed (no traigáis)
	traen	traían	trajeron	traerán	traerían	traigan	trajeran	traigan
*venir	vengo	venía	vine	vendré	vendría	venga	viniera	
(e → ie, i)	vienes	venías	viniste	vendrás	vendrías	vengas	vinieras	ven (no vengas)
to come	viene	venía	vino	vendrá	vendría	venga	viniera	venga
viniendo	venimos	veníamos	vinimos	vendremos	vendríamos	vengamos	viniéramos	vengamos
venido	venís	veníais	vinisteis	vendréis	vendríais	vengáis	vinierais	venid (no vengáis)
	vienen	venían	vinieron	vendrán	vendrían	vengan	vinieran	vengan
ver	veo	veía	vi	veré	vería	vea	viera	
to see	ves	veías	viste	verás	verías	veas	vieras	ve (no veas)
viendo	ve	veía	vio	verá	vería	vea	viera	vea
visto	vemos	veíamos	vimos	veremos	veríamos	veamos	viéramos	veamos
	veis	veíais	visteis	veréis	veríais	veáis	vierais	ved (no veáis)
	ven	veían	vieron	verán	verían	vean	vieran	vean

*Verbs with irregular *yo* forms in the present indicative

Supplemental Structures

The following structures are not actively taught in *¡Dímelo tú!* They are presented here for reference.

1. Perfect tenses

In **Capítulo 11** you learned that the present perfect tense is formed by combining the present indicative of the verb **haber** with the past participle. Similarly, the past perfect, future perfect, and conditional perfect tenses are formed by combining the imperfect, future, and conditional of **haber** with the past participle.

Past perfect		Future perfect		Conditional perfect	
había		habré		habría	
habías		habrás		habrías	
había	+ past	habrá	+ past	habría	+ past
habíamos	participle	habremos	participle	habríamos	participle
habíais		habréis		habríais	
habían		habrán		habrían	

In general, the use of these perfect tenses parallels their use in English.

Dijo que **había vivido** allí seis años.	*He said he had lived there six years.*
Para el año 2011, **habremos terminado** nuestros estudios aquí.	*By the year 2011, we will have finished our studies here.*
Yo lo **habría hecho** por ti.	*I would have done it for you.*

The present perfect subjunctive and past perfect subjunctive are likewise formed by combining the present subjunctive and past subjunctive of **haber** with the past participle.

Present perfect subjunctive		Past perfect subjunctive	
haya		hubiera	
hayas		hubieras	
haya	+ past	hubiera	+ past
hayamos	participle	hubiéramos	participle
hayáis		hubierais	
hayan		hubieran	

These tenses are used whenever the independent clause in a sentence requires the subjunctive and the verb in the dependent clause represents an action completed prior to the time indicated by the verb in the independent clause. If the time of the verb in the independent clause is present or future, the present perfect subjunctive is used; if the time is past or conditional, the past perfect subjunctive is used.

Dudo que lo **hayan leído.**	*I doubt that they have read it.*
Si **hubieras llamado,** no tendríamos este problema ahora.	*If you had called, we would not have this problem now.*

2. Past progressive tense

In **Capítulo 3** you learned that the present progressive tense is formed with the present indicative of **estar** and a present participle. The past progressive tense is formed with the imperfect of **estar** and a present participle.

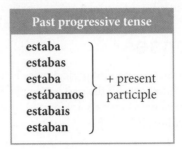

The past progressive tense is used to express or describe an action that was in progress at a particular moment in the past.

Estábamos comiendo cuando llamaste.	*We were eating when you called.*
¿Quién **estaba hablando** por teléfono?	*Who was talking on the phone?*

Another past progressive tense can also be formed with the preterite of **estar** and the present participle. However, its use is of much lower frequency in Spanish.

3. Probability in the past and in the future

Spanish uses both the future and conditional tenses to express probability or conjecture about present or past events or states of being.

¿Qué hora es?	*What time is it?*
No sé; **serán** las ocho.	*I don't know; it's probably 8:00.*
¿Qué **estarían** haciendo?	*I wonder what they were doing.*
Estarían divirtiéndose.	*They were probably having a good time.*

Note that the words *probably* and *I wonder* are not expressed in Spanish, as the verb tenses convey this idea.

4. Stressed possessive adjectives and pronouns

In **Capítulo 2** you learned to express possession using **de** or the possessive adjectives **mi(s), tu(s), su(s), nuestro(a, os, as), vuestro(a, os, as).** Possession may also be expressed using the stressed possessive adjectives equivalent to the English *of mine, of yours, of ours, of theirs.*

Stressed possessive adjectives and pronouns						
mío	**mía**	} *my, (of) mine*	**nuestro**	**nuestra**	} *our, (of) ours*	
míos	**mías**		**nuestros**	**nuestras**		
tuyo	**tuya**	} *your, (of) yours*	**vuestro**	**vuestra**	} *your, (of) yours*	
tuyos	**tuyas**		**vuestros**	**vuestras**		
suyo	**suya**	} *its, his, (of) his* *hers, (of) hers* *your, (of) yours*	**suyo**	**suya**	} *their, (of) theirs* *your, (of) yours*	
suyos	**suyas**		**suyos**	**suyas**		

A. As adjectives, the stressed possessives must agree in number and gender with the thing possessed.

Una amiga **mía** viene a visitarme hoy.   *A friend of mine is coming to visit me today.*
¿Qué hay en las maletas **suyas**, señor?   *What do you have in your suitcases, sir?*
El coche **nuestro** nunca funciona.   *Our car never works.*

Note that stressed possessive adjectives *always* follow the noun they modify. Also note that the noun must be preceded by an article.

B. Stressed possessive adjectives can be used as possessive pronouns by eliminating the noun.

¿Dónde está **la suya**, señor?   *Where is yours, sir?*
El nuestro nunca funciona.   *Ours never works.*

Note that both the article and possessive adjective must agree in number and gender with the noun that has been eliminated.

C. A stressed possessive pronoun may be used without the article after the verb **ser**.

Esta maleta no es **mía**, señor.   *This suitcase is not mine, sir.*
¿Es **suya**, señora?   *Is it yours, ma'am?*

5. Prepositional pronouns

Pronouns used as objects of a preposition are identical to the subject pronouns with the exception of **mí** and **ti.**

Prepositional pronouns			
mí	*me*	**nosotros(as)**	*us*
ti	*you* (fam.)	**vosotros(as)**	*you* (fam.)
usted	*you*	**ustedes**	*you*
él	*him*	**ellos**	*them*
ella	*her*	**ellas**	*them*

Esta carta no es **para ella,** es **para ti.**	*This letter is not for her, it's for you.*
Habló **después de mí.**	*She spoke after me.*
¿Es posible que terminen **antes de nosotros?**	*Is it possible they will finish before us?*

Note that **mí** has a written accent to distinguish it from the possessive adjective **mi.**

A. The prepositional pronouns **mí** and **ti** combine with the preposition **con** to form **conmigo** *(with me)* and **contigo** *(with you).*

Si tú estudias **conmigo** esta noche, yo iré **contigo** al médico.	*If you study with me tonight, I'll go with you to the doctor.*

B. The subject pronouns **yo** and **tú** follow the prepositions **como, entre, excepto,** and **según** instead of **mí** and **ti.**

Según tú, yo no sé nada.	*According to you, I don't know anything.*
Entre tú y **yo,** tienes razón.	*Between you and me, you are right.*

6. Demonstrative pronouns

Demonstrative adjectives may be used as pronouns. They used to be written with an accent mark to distinguish them from their demonstrative adjective counterparts. The new RAE (Real Academia Española) rule establishes that demonstrative pronouns should follow accent rules and therefore, not carry a written accent, unless there is ambiguity.

Esta novela es excelente; **esa** es aburridísima.	*This novel is excellent; that one is extremely boring.*
Ese señor es el jefe, y **aquellos** son sus empleados.	*That gentleman is the boss, and those are his employees.*

The neuter demonstratives **esto, eso,** and **aquello** are used to refer to a concept, an idea, a situation, a statement, or an unknown object.

¡**Esto** es imposible!	*This is impossible!*
¿Qué es **eso?**	*What is that?*

7. Past participles used as adjectives

The past participle may be used as an adjective, and like all adjectives in Spanish, it must agree in number and gender with the noun it modifies.

Los coches **hechos** en Hungría y en Corea son más baratos.	*Cars made in Hungary and Korea are cheaper.*
Sí, pero yo prefiero uno **hecho** y **comprado** en los EE.UU.	*Yes, but I prefer one made and bought in the United States.*

Frequently, the past participle is used as an adjective with the verb **estar.**

Mira, tus lentes **están rotos.**	*Look, your glasses are broken.*
El despertador **estaba puesto.**	*The alarm was turned on.*

8. Present subjunctive of stem-changing verbs

A. Stem-changing -ar and -er verbs follow the same stem changes in the present subjunctive as in the present indicative. Note that the stems of the **nosotros** and **vosotros** forms do not change.

contar (ue)	
cuente	contemos
cuentes	contéis
cuente	cuenten

perder (ie)	
pierda	perdamos
pierdas	perdáis
pierda	pierdan

B. Stem-changing -ir verbs follow the same pattern in the present subjunctive, except for the **nosotros** and **vosotros** forms. These change e → i or o → u.

morir (ue)	
muera	muramos
mueras	muráis
muera	mueran

preferir (ie)	
prefiera	prefiramos
prefieras	prefiráis
prefiera	prefieran

pedir (i)	
pida	pidamos
pidas	pidáis
pida	pidan

9. Present subjunctive of verbs with spelling changes

As in the preterite, verbs that end in -car, -gar, and -zar undergo a spelling change in the present subjunctive in order to maintain the consonant sound of the infinitive.

A. **-car:**   c changes to **qu** in front of **e**

   buscar: bus**que**, bus**ques**, bus**que**...

B. **-zar:**   z changes to **c** in front of **e**

   almorzar: almuer**ce**, almuer**ces**, almuer**ce**...

C. **-gar:**   g changes to **gu** in front of **e**

   jugar: jue**gue**, jue**gues**, jue**gue**...

10. Past subjunctive: Conditional sentences with *si* clauses

The past subjunctive of *all* verbs is formed by removing the **-ron** ending from the **ustedes** form of the preterite and adding the past subjunctive verb endings: **-ra, -ras, -ra, -ramos, -rais, -ran.*** Thus, any irregularities in the **ustedes** form of the preterite will be reflected in all forms of the past subjunctive. Note that the **nosotros** form requires a written accent.

comprar		tener		ser	
comprar~~on~~		tuvier~~on~~		fueron	
comprara	compráramos	tuviera	tuviéramos	fuera	fuéramos
compraras	comprarais	tuvieras	tuvierais	fueras	fuerais
comprara	compraran	tuviera	tuvieran	fuera	fueran

A. The past subjunctive has the same uses as the present subjunctive, except that it generally applies to past events or actions.

| Insistieron en que **fuéramos.** | *They insisted that we go.* |
| Era imposible que lo **terminaran** a tiempo. | *It was impossible for them to finish it on time.* |

B. In Spanish, as in English, conditional sentences express hypothetical conditions usually with an *if*-clause: *I would go if I had the money.* Since the actions are hypothetical and one does not know if they will actually occur, the past subjunctive is used in the *if*-clause.

| Iría a Perú si **tuviera** el dinero. | *I would go to Peru if I had the money.* |
| Si **fuera** necesario, pediría un préstamo. | *If it were necessary, I would ask for a loan.* |

C. Conditional sentences in the present use either the present indicative or the future tense. The present subjunctive is never used in *if*-clauses.

| Si me **invitas,** iré contigo. | *If you invite me, I'll go with you.* |

---

* An alternate form of the past subjunctive uses the verb endings -se, -ses, -se, -semos, -seis, -sen. This form is used primarily in Spain and in literary writing. It is not practiced in this text.

Grammar Guide

For more detailed explanations of these grammar points, consult the Index on pages I-1–I-5 to find the places where these concepts are presented.

ACTIVE VOICE (La voz activa) A sentence written in the active voice identifies a subject that performs the action of the verb.

Juan	cantó	la canción.
Juan	*sang*	*the song.*
subject	verb	direct object

In the sentence above Juan is the performer of the verb **cantar**.

(*See also* **Passive Voice**.)

ADJECTIVES (Los adjetivos) are words that modify or describe **nouns** or **pronouns** and agree in **number** and generally in **gender** with the nouns they modify.

Las casas **azules** son **bonitas**.
*The **blue** houses are **pretty**.*

Esas mujeres **mexicanas** son mis **nuevas** amigas.
*Those **Mexican** women are my **new** friends.*

- **Demonstrative adjectives (Los adjetivos demostrativos)** point out persons, places, or things relative to the position of the speaker. They always agree in **number** and **gender** with the **noun** they modify. The forms are: **este, esta, estos, estas / ese, esa, esos, esas / aquel, aquella, aquellos, aquellas.** There are also neuter forms that refer to generic ideas or things, and hence have no gender: **esto, eso, aquello.**

Este libro es fácil.	*This book is easy.*
Esos libros son difíciles.	*Those books are hard.*
Aquellos libros son pesados.	*Those books (**over there**) are boring.*

Demonstratives may also function as **pronouns**, replacing the **noun** but still agreeing with it in **number** and **gender**:

Me gustan esas blusas verdes.	*I like those green blouses.*
¿Cuáles, **estas**?	*Which ones, **these**?*
No. Me gustan **esas**.	*No. I like **those**.*

- **Stressed possessive adjectives (Los adjetivos posesivos acentuados)** are used for emphasis and follow the noun that they modifiy. These adjectives may also function as pronouns and always agree in **number** and in **gender**. The forms are: **mío, tuyo, suyo, nuestro, vuestro, suyo.** Unless they are directly preceded by the verb **ser,** stressed possessives must be preceded by the **definite article.**

| Ese perro pequeño es **mío**. | *That little dog is **mine**.* |
| Dame el **tuyo**; el **nuestro** no funciona. | *Give me **yours**; **ours** doesn't work.* |

- **Unstressed possessive adjectives (Los adjetivos posesivos no acentuados)** demonstrate ownership and always precede the **noun** that they modify.

| La señora Elman es **mi** profesora. | *Mrs. Elman is **my** professor.* |
| Debemos llevar **nuestros** libros a clase. | *We should take **our** books to class.* |

ADVERBS (Los adverbios) are words that modify **verbs, adjectives,** or other adverbs and, unlike **adjectives,** do not have **gender** or **number.** Here are examples of different classes of adverbs:

Practicamos **diariamente.**	*We practice **daily.*** (adverb of manner)
Ellos van a salir **pronto.**	*They will leave **soon.*** (adverb of time)
Jennifer está **afuera.**	*Jennifer is **outside.*** (adverb of place)
No quiero ir **tampoco.**	*I don't want to go **either.*** (adverb of negation)
Paco habla **demasiado.**	*Paco talks **too much.*** (adverb of quantity)

AGREEMENT (La concordancia) refers to the correspondence between parts of speech in terms of **number, gender,** and **person.** Subjects agree with their verbs; articles and adjectives agree with the nouns they modify, etc.

Toda**s** la**s** lengua**s** son interesante**s.**	*All languages are interesting.* (number)
Ella es bonit**a.**	*She is pretty.* (gender)
Nosotros somos de España.	*We are from Spain.* (person)

ARTICLES (Los artículos) precede nouns and indicate whether they are definite or indefinite persons, places, or things.

- **Definite articles (Los artículos definidos)** refer to particular members of a group and are the equivalent of *the* in English. The definite articles are: **el, la, los, las.**

El hombre guapo es mi padre.	***The** handsome man is my father.*
Las mujeres de esta clase son inteligentes.	***The** women in this class are intelligent.*

- **Indefinite articles (Los artículos indefinidos)** refer to any unspecified member(s) of a group and are the equivalent of *a(n)* and *some.* The indefinite articles are: **un, una, unos, unas.**

Un hombre vino a nuestra casa anoche.	***A** man came to our house last night.*
Unas niñas jugaban en el parque.	***Some** girls were playing in the park.*

CLAUSES (Las cláusulas) are subject and verb combinations; for a sentence to be complete it must have at least one main clause.

- **Main clauses** (Independent clauses) **(Las cláusulas principales)** communicate a complete idea or thought.

Mi hermana va al hospital.	*My sister goes to the hospital.*

- **Subordinate clauses** (Dependent clauses) **(Las cláusulas subordinadas)** depend upon a main clause for their meaning to be complete.

Mi hermana va al hospital	cuando está enferma.
My sister goes to the hospital	*when she is ill.*
main clause	**subordinate clause**

In the sentence above, *when she is ill* is not a complete idea without the information supplied by the main clause.

COMMANDS (Los mandatos) (*See* **Imperatives.**)

COMPARISONS (Las formas comparativas) are statements that describe one person, place, or thing relative to another in terms of quantity, quality, or manner.

- **Comparisons of equality (Las formas comparativas de igualdad)** demonstrate an equal share of a quantity or degree of a particular characteristic. These statements use a form of **tan(to)(ta)(s)** and **como.**

Ella tiene **tanto** dinero **como** Elena.	*She has **as much** money **as** Elena.*
Fernando trabaja **tanto como** Felipe.	*Fernando works **as much as** Felipe.*
Jim baila **tan** bien **como** Anne.	*Jim dances **as well as** Anne.*

- **Comparisons of inequality (Las formas comparativas de desigualdad)** indicate a difference in quantity, quality, or manner between the compared subjects. These statements use **más/menos... que** or comparative **adjectives** such as **mejor/peor, mayor/menor.**

España tiene **más** playas **que** México.	*Spain has **more** beaches **than** Mexico.*
Tú hablas español **mejor que** yo.	*You speak Spanish **better than** I.*

(*See also* **Superlative statements.**)

CONJUGATIONS (Las conjugaciones) represent the inflected form of the verb as it is used with a particular **subject** or **person**.

Yo bailo los sábados.	*I dance* on Saturdays. (1st-person singular)
Tú bailas los sábados.	*You dance* on Saturdays. (2nd-person singular)
Ella baila los sábados.	*She dances* on Saturdays. (3rd-person singular)
Nosotros bailamos los sábados.	*We dance* on Saturdays. (1st-person plural)
Vosotros bailáis los sábados.	*You dance* on Saturdays. (2nd-person plural)
Ellos bailan los sábados.	*They dance* on Saturdays. (3rd-person plural)

CONJUNCTIONS (Las conjunciones) are linking words that join two independent **clauses** together.

Fuimos al centro **y** mis amigos compraron muchas cosas.
*We went downtown **and** my friends bought a lot of things.*

Yo quiero ir a la fiesta, **pero** tengo que estudiar.
*I want to go to the party, **but** I have to study.*

CONTRACTIONS (Las contracciones) in Spanish are limited to preposition/article combinations, such as **de + el = del** and **a + el = al,** or preposition/pronoun combinations such as **con + mí = conmigo** and **con + ti = contigo.**

DIRECT OBJECTS (Los objetos directos) in sentences are the direct recipients of the action of the verb. Direct objects answer the questions *What?* or *Whom?*

¿Qué hizo?	*What did she do?*
Ella hizo **la tarea.**	*She did her **homework.***
Y luego llamó **a su amiga.**	*And then called **her friend.***

(*See also* **Pronoun, Indirect Object, Personal *a*.**)

EXCLAMATORY WORDS (Las palabras exclamativas) communicate surprise or strong emotion. Like interrogative words, exclamatory also carry accents.

¡**Qué** sorpresa!	***What** a surprise!*
¡**Cómo** canta Miguel!	***How well** Miguel sings!*

(*See also* **Interrogatives.**)

GENDER (El género) is a grammatical feature of Romance languages that classifies words as either masculine or feminine. The gender of the word is sometimes used to distinguish meaning (**la papa** = *the potato,* but **el Papa** = *the Pope;* **la policía** = *the police force,* but **el policía** = *the policeman*). It is important to memorize the gender of nouns when you learn the nouns.

GERUNDS (Los gerundios) are the Spanish equivalent of the *-ing* verb form in English. Regular gerunds are created by replacing the **infinitive** endings (**-ar, -er/-ir**) with **-ando** or **-iendo.** Gerunds are often used with the verb **estar** to form the present progressive tense. The present progressive tense places emphasis on the continuing or progressive nature of an action.

Miguel está **cantando** en la ducha.	*Miguel is **singing** in the shower.*
Me gusta **bailar.**	*I like **dancing.***
Detesto **mirar** los anuncios de la televisión.	*I hate **watching** TV commercials!*

(*See also* **Present Participle.**)

IDIOMATIC EXPRESSIONS (Las frases idiomáticas) are phrases in Spanish that do not have a literal English equivalent.

Hace mucho frío.	*It is very cold.* (Literally, *It makes a lot of cold.*)

IMPERATIVES (Los imperativos) represent the mood used to express requests or commands. It is more direct than the **subjunctive** mood. Imperatives are commonly called commands and fall into two categories: affirmative and negative. Spanish speakers must also choose between using formal commands and informal commands based upon whether one is addressed as **usted** (formal) or **tú** (informal).

Habla conmigo.	**Talk** to me. (informal, affirmative)
No me hables.	**Don't talk to me.** (informal, negative)
Hable con la policía.	**Talk** to the police. (formal, singular, affirmative)
No hable con la policía.	**Don't talk** to the police. (formal, singular, negative)
Hablen con la policía.	**Talk** to the police. (formal, plural, affirmative)
No hablen con la policía	**Don't talk** to the police. (formal, plural, negative)

(*See also* **Mood.**)

IMPERFECT (El imperfecto) The imperfect tense is used to make statements about the past when the speaker wants to convey the idea of 1) habitual or repeated action, 2) two actions in progress simultaneously, or 3) an event that was in progress when another action interrupted. The imperfect tense is also used to emphasize the ongoing nature of the middle of the event, as opposed to its beginning or end. Age and clock time are always expressed using the imperfect.

Cuando María **era** joven, ella **cantaba** en el coro.
*When María **was** young, she **used to sing** in the choir.*

Aquel día **llovía** mucho y el cielo **estaba** oscuro.
*That day **it was raining** a lot and the sky **was** dark.*

Juan **dormía** cuando sonó el teléfono.
*Juan **was sleeping** when the phone rang.*

(*See also* **Preterite.**)

IMPERSONAL EXPRESSIONS (Las expresiones impersonales) are statements that contain the impersonal subjects of *it* or *one*.

Es necesario estudiar.	***It is necessary*** *to study.*
Se necesita estudiar.	***One needs to*** *study.*

(*See also* **Passive Voice.**)

INDEFINITE WORDS (Las palabras indefinidas) are **articles, adjectives, nouns** or **pronouns** that refer to unspecified members of a group.

Un hombre vino.	***A man*** *came. (indefinite article)*
Alguien vino.	***Someone*** *came. (indefinite noun)*
Algunas personas vinieron.	***Some people*** *came. (indefinite adjective)*
Algunas vinieron.	***Some*** *came. (indefinite pronoun)*

(*See also* **Articles.**)

INDICATIVE (El indicativo) The indicative is a mood, rather than a tense. The indicative is used to express ideas that are considered factual or certain and, therefore, not subject to speculation, doubt, or negation.

Josefina **es** española.   *Josefina **is** Spanish.*
(present indicative)

(*See also* **Mood.**)

INDIRECT OBJECTS (Los objetos indirectos) are the indirect recipients of an action in a sentence and answer the questions *To whom?* or *For whom?* In Spanish it is common to include an indirect object **pronoun** along with the indirect object.

Yo **le** di el libro **a Sofía**.	*I gave the book **to Sofía.***
Sofía **les** guardó el libro **para sus padres**.	*Sofia kept the book **for her parents.***

(*See also* **Direct Objects** and **Pronouns.**)

INFINITIVES (Los infinitivos) are verb forms that are uninflected or not **conjugated** according to a specific **person.** In English, infinitives are preceded by *to: to talk, to eat, to live.* Infinitives in Spanish end in **-ar (hablar)**, **-er (comer)**, and **-ir (vivir)**.

INTERROGATIVES (Las formas interrogativas) are used to pose questions and carry accent marks to distinguish them from other uses. Basic interrogative words include: **quién(es), qué, cómo, cuánto(a)(s), cuándo, por qué, dónde.**

¿**Qué** quieres?	***What*** *do you want?*
¿**Cuándo** llegó ella?	***When*** *did she arrive?*
¿De **dónde** eres?	***Where*** *are you from?*

(*See also* **Exclamatory Words.**)

MOOD (El modo) is like the word *mode*, meaning *manner* or *way*. It indicates the way in which the speaker views an action, or his/her attitude toward the action. Besides the **imperative** mood, which is simply giving commands, you learn two basic moods in Spanish: the **subjunctive** and the **indicative.** Basically, the subjunctive mood communicates an attitude of uncertainty or negation toward the action, while the indicative indicates that the action is certain or factual. Within each of these moods there are many **tenses.** Hence you have the present indicative and the present subjunctive, the present perfect indicative and the present perfect subjunctive, etc.

- **Indicative mood** (El indicativo) implies that what is stated or questioned is regarded as true.

Yo **quiero** ir a la fiesta.	*I want to go to the party.*
¿**Quieres** ir conmigo?	*Do you want to go with me?*

- **Subjunctive mood** (El subjuntivo) indicates a recommendation, a statement of doubt or negation, or a hypothetical situation.

Yo recomiendo que tú **vayas** a la fiesta.	*I recommend that **you go** to the party.*
Dudo que **vayas** a la fiesta.	*I doubt that **you'll go** to the party.*
No creo que **vayas** a la fiesta.	*I don't believe that **you'll go** to the party.*
Si **fueras** a la fiesta, te divertirías.	*If **you were to go** to the party, you would have a good time.*

- **Imperative mood** (El imperativo) is used to make a command or request.

¡**Ven** conmigo a la fiesta!	*Come with me to the party!*

(*See also* **Indicative, Imperative,** *and* **Subjunctive.**)

NEGATION (La negación) takes place when a negative word, such as **no,** is placed before an affirmative sentence. In Spanish, double negatives are common.

Yolanda va a cantar esta noche.	*Yolanda will sing tonight.* (affirmative)
Yolanda **no** va a cantar esta noche.	*Yolanda will **not** sing tonight.* (negative)
Ramón quiere algo.	*Ramón wants something.* (affirmative)
Ramón **no** quiere **nada.**	*Ramón **doesn't** want **anything.*** (negative)

NOUNS (Los sustantivos) are persons, places, things, or ideas. Names of people, countries, and cities are proper nouns and are capitalized.

Alberto	*Albert* (person)
el pueblo	*town* (place)
el diccionario	*dictionary* (thing)

ORTHOGRAPHY (La ortografía) refers to the spelling of a word or anything related to spelling such as accentuation.

PASSIVE VOICE (La voz pasiva), as compared to **active voice (la voz activa),** places emphasis on the action itself rather than the agent of the action (the person or thing that is indirectly responsible for committing the action). The passive **se** is used when there is no apparent agent of the action.

Luis vende los coches.	*Luis sells the cars.* (active voice)
Los coches **son vendidos por** Luis.	*The cars **are sold by** Luis.* (passive voice)
Se venden los coches.	*The cars **are sold.*** (passive voice)

(*See also* **Active Voice.**)

PAST PARTICIPLES (Los participios pasados) are verb forms used in compound tenses such as the **present perfect.** Regular past participles are formed by dropping the -**ar** or -**er**/-**ir** from the **infinitive** and adding -**ado** or -**ido.** Past participles are the equivalent of verbs ending in -*ed* in English. They may also be used as **adjectives,** in which case they agree in **number** and **gender** with their nouns. Irregular past participles include: **escrito, roto, dicho, hecho, puesto, vuelto, muerto, cubierto.**

Marta ha **subido** la montaña.	*Marta has **climbed** the mountain.*
Hemos **hablado** mucho por teléfono.	*We have **talked** a lot on the phone.*
La novela **publicada** en 1995 es su mejor novela.	*The novel **published** in 1995 is her best novel.*

PERFECT TENSES (Los tiempos perfectos) communicate the idea that an action has taken place before now (present perfect) or before a moment in the past (past perfect). The perfect tenses are compound tenses consisting of the verb **haber** plus the **past participle** of a second verb.

Yo **he comido.**	*I have eaten.* (present perfect indicative)
Antes de la fiesta, yo ya **había comido.**	*Before the party I **had already eaten.*** (past perfect indicative)
Yo espero que **hayas comido.**	*I hope that **you have eaten.*** (present perfect subjunctive)
Yo esperaba que **hubieras comido.**	*I hoped that **you had eaten.*** (past perfect subjunctive)

PERSON (La persona) refers to changes in the subject pronouns that indicate if one is speaking (first person), if one is spoken to (second person), or if one is spoken about (third person).

Yo hablo.	*I speak.* (1st-person singular)
Tú hablas.	*You speak.* (2nd-person singular)
Ud./Él/Ella habla.	*You/He/She speak(s).* (3rd-person singular)
Nosotros(as) hablamos.	*We speak.* (1st-person plural)
Vosotros(as) habláis.	*You speak.* (2nd-person plural)
Uds./Ellos/Ellas hablan.	*They speak.* (3rd-person plural)

PREPOSITIONS (Las preposiciones) are linking words indicating spatial or temporal relations between two words.

Ella nadaba **en** la piscina.	*She was swimming **in** the pool.*
Yo llamé **antes de** las nueve.	*I called **before** nine o'clock.*
El libro es **para** ti.	*The book is **for** you.*
Voy **a** la oficina.	*I'm going **to** the office.*
Jorge es **de** Paraguay.	*Jorge is **from** Paraguay.*

PRESENT PARTICIPLE (*See* **Gerunds.**)

PRETERITE (El pretérito) The preterite tense, as compared to the **imperfect tense,** is used to talk about past events with specific emphasis on the beginning or the end of the action, or emphasis on the completed nature of the action as a whole.

Anoche yo **empecé** a estudiar a las once y **terminé** a la una.
*Last night I **began** to study at eleven o'clock and **finished** at one o'clock.*

Esta mañana **me desperté** a las siete, **desayuné, me duché** y **vine** al campus para las ocho.
*This morning **I woke up** at seven, **I ate** breakfast, **I showered,** and **I came** to campus by eight.*

PERSONAL A (La *a* personal) The personal **a** refers to the placement of the preposition **a** before the name of a person when that person is the **direct object** of the sentence.

Voy a llamar **a** María.	*I'm going to call María.*

PRONOUNS (Los pronombres) are words that substitute for **nouns** in a sentence.

Yo quiero **este.**	*I want **this one.*** (demonstrative—points out a specific person, place, or thing)
¿Quién es tu amigo?	***Who** is your friend?* (interrogative—used to ask questions)
Yo voy a llamar**la.**	*I'm going to call **her.*** (direct object—replaces the direct object of the sentence)
Ella va a dar**le** el reloj.	*She is going to give **him** the watch.* (indirect object—replaces the indirect object of the sentence)
Juan **se** baña por la mañana.	*Juan bathes **himself** in the morning.* (reflexive—used with reflexive verbs to show that the agent of the action is also the recipient)
Es la mujer **que** conozco.	*She is the woman **that** I know.* (relative—used to introduce a clause that describes a noun)
Nosotros somos listos.	***We** are clever.* (subject—replaces the noun that performs the action or state of a verb)

SUBJECTS (Los sujetos) are the persons, places, or things that perform the action or state of being of a verb. The **conjugated** verb always agrees with its subject.

Carlos siempre baila solo.	***Carlos** always dances alone.*
Colorado y **California** son mis estados preferidos.	***Colorado** and **California** are my favorite states.*
La cafetera produce el café.	*The **coffee pot** makes the coffee.*

(*See also* **Active Voice.**)

SUBJUNCTIVE (El subjuntivo) The subjunctive mood is used to express speculative, doubtful, or hypothetical situations. It also communicates a degree of subjectivity or influence of the main clause over the subordinate clause.

No creo que **tengas** razón.	*I don't think that **you're** right.*
Si yo **fuera** el jefe, pagaría más a mis empleados.	*If I **were** the boss, I would pay my employees more.*
Quiero que **estudies** más.	*I want **you to study** more.*

(*See also* **Mood, Indicative.**)

SUPERLATIVE STATEMENTS (Las frases superlativas) are formed by adjectives or adverbs to make comparisons among three or more members of a group. To form superlatives, add a definite article (**el, la, los, las**) before the comparative form.

Juan es **el más alto** de los tres.	*Juan is **the tallest** of the three.*
Este coche es **el más rápido** de todos.	*This car is **the fastest** of them all.*

(*See also* **Comparisons.**)

TENSES (Los tiempos) refer to the manner in which time is expressed through the **verb** of a sentence.

Yo estudio.	*I study.* (present tense)
Yo estoy estudiando.	*I am studying.* (present progressive)
Yo he estudiado.	*I have studied.* (present perfect)
Yo había estudiado.	*I had studied.* (past perfect)
Yo estudié.	*I studied.* (preterite tense)
Yo estudiaba.	*I was studying.* (imperfect tense)
Yo estudiaré.	*I will study.* (future tense)

VERBS (Los verbos) are the words in a sentence that communicate an action or state of being.

Helen **es** mi amiga y ella **lee** muchas novelas.
*Helen **is** my friend and she **reads** a lot of novels.*

- **Auxiliary verbs (Los verbos auxiliares)** or helping verbs are verbs such as **estar** and **haber** used to form the present progressive and the present perfect, respectively.

  Estamos estudiando mucho para el examen mañana.
  ***We are** studying a lot for the exam tomorrow.*

  Helen **ha** trabajado mucho en este proyecto.
  *Helen **has** worked a lot on this project.*

- **Reflexive verbs (Los verbos reflexivos)** use reflexive **pronouns** to indicate that the person initiating the action is also the recipient of the action.

Yo **me afeito** por la mañana.	*I **shave (myself)** in the morning.*

- **Stem-changing verbs (Los verbos con cambios de raíz)** undergo a change in the main part of the verb when conjugated. To find the stem, drop the **-ar, -er,** or **-ir** from the **infinitive: dorm-, empez-, ped-.** There are three types of stem-changing verbs: **o** to **ue, e** to **ie** and **e** to **i.**

dormir: Yo d**ue**rmo en el parque.	*I sleep in the park.* (**o** to **ue**)
empezar: Ella siempre emp**ie**za su trabajo temprano.	*She always starts her work early.* (**e** to **ie**)
pedir: ¿Por qué no p**i**des ayuda?	*Why don't you ask for help?* (**e** to **i**)

Spanish-English Vocabulary

This vocabulary includes all the words and expressions listed as active vocabulary in *¡Dímelo tú!* The number following the English definition refers to the chapter and **paso** in which the word or phrase was first used actively. For example, an entry followed by **13.2** is first used actively in **Capítulo 13, Paso 2**, and an entry followed by the letters **PE** is first used actively in the preliminary chapter, **Para empezar**.

All words are alphabetized according to the 1994 changes made by the Real Academia: **ch** and **ll** are no longer considered separate letters of the alphabet.

Stem-changing verbs appear with the vowel change in parentheses after the infinitive: **(ie), (ue), (i), (ie, i), (e, i), (ue, u),** or **(i, i).** Most cognates, conjugated verb forms, and proper nouns used as passive vocabulary in the text are not included in this glossary.

The following abbreviations are used:

adj. adjective *n.* noun
adv. adverb *pl.* plural
art. article *pp.* past participle
conj. conjunction *poss.* possessive

dem. demonstrative *prep.* preposition
dir. obj. direct object *pron.* pronoun
f. feminine *refl.* reflexive
f. feminine

form. formal *s.* singular
indir. obj. indirect object *subj.* subject
interj. interjection *v.* verb
m. masculine

A

a continuación next, following 10.3
a fines de at the end of
a la derecha to the right 5.1
a la izquierda to the left 5.1
a la parrilla grilled 8.2
a la plancha griddle fried 8.2
a la sal covered with salt 8.2
a la(s) at 2.3
a lo largo de throughout 13.1
a menos que unless 14.3
a menudo frequently 8.3
a orillas de on the shores of
a partir de starting from
a pie walking, on foot 5.2
a principios de at the beginning of
A propósito... By the way . . .
¿A qué hora? At what time? 2.3
A que ya sabes... You probably already know that . . .
a sus órdenes at your service
a tiempo on time 10.2
a to, at *(with time)* 5.1
a todo volumen volume at full blast 13.2
a veces sometimes 5.2
A.C. antes de Cristo B.C. before Christ
abajo below
abandonar to abandon
abogacía law (profession)
abogado(a) lawyer 2.1
    abogado(a) defensor defense lawyer 6.3
abrazarse to embrace
abril *(m.)* April 2.3
abrir to open 3.2
abstracto(a) abstract 7.3
abuelo(a) grandfather (grandmother) 5.3
abuelos grandparents 5.3
abundante abundant 4.2
aburrido(a) boring 1.2

aburrir to bore 5.3
abusar to abuse, take advantage 7.2
acabar to finish 6.2
acceso access 13.3
acceso a internet Internet access 4.2
accidente accident 5.3
aculturación *(f.)* acculturation 9.1
aceite de oliva *(m.)* olive oil 3.3
aceituna olive 3.2
acerca de concerning, about
aclarar to clarify
acogida reception, welcome
acompañar to accompany 7.1
aconsejable advisable 10.1
aconsejar to advise 10.1
acontecimiento event, occurence
acordarse to remember 9.2
acostarse (ue) to go to bed 9.2
acostumbrado(a) accustomed
acre *(m.)* acre
acrílico acrylic 7.3
actividad *(f.)* activity 1.1
activista activist
activo(a) active 1.1
actor *(m.)* actor 2.1
actriz *(f.)* actress 2.1
actuación *(f.)* performance 10.2
actuar to act
acuarela watercolor 7.3
acuerdos de paz peace accords
acusado(a) accused 6.3
acusar to accuse 6.3
adelante forward, ahead
adentro in, inside, within
adepto(a) adept, capable
adiós good-bye PE
adivinar to guess 4.3
administración *(f.)* administration 4.1
administrar to administer 13.1
admirar to admire 7.1
admitir to admit 5.3

adolescente *(m. f.)* adolescent 2.1
adónde where (to)
¿Adónde? Where to? 2.2
adorar to adore 7.1
adquirir to acquire, to buy 10.3
aduana customs 12.3
acróbicos aerobics
aeropuerto airport 6.1
afectar to affect 9.1
afeitarse to shave 9.2
aficionado(a) fan, supporter 14.1
afirmación *(f.)* affirmation, statement
afirmar to affirm, to state
afortunado(a) fortunate 4.3
afrentar to confront 6.2
africano(a) African
afrocubano(a) Cuban of African descent 14.1
afuera out, outside
afueras suburbs, outskirts 10.2
agencia de viaje travel agency 12.2
agente de seguros insurance agent
aglutinar bind
agosto *(m.)* August 2.3
agotador(a) exhausting, tiring
agradable pleasant, likeable
agradecer to appreciate 5.3
agresividad *(f.)* aggressiveness
agresivo(a) aggressive 4.2
agrupación de ideas *(f.)* cluster
agrupar to group, to gather
agua water 4.3
agua dulce drinkable water 4.3
    agua mineral mineral water 4.3
aguacate *(m.)* avocado 8.1
aguafiestas *(m. f.)* party pooper
ahogarse to drown 10.1
ahora now 5.2
Ahora ¡a escribir! Now, let's write!
ahorrar to save 9.2
aislado(a) isolated

ajeno(a) another's, someone else's
ají *(m.)* chili pepper 8.1
ajiaco chicken stew 7.1
al to the 1.3
al aire libre in the open air 9.1
al ajillo sautéed in garlic 8.1
al contrario on the contrary
al frente forward, to the front 13.2
al lado de beside 5.1
ala wing 14.3
albergar to house, to give shelter to
alcanzar to reach, to attain 6.2
alcohólico(a) with alcohol, alcoholic 3.3
alegrarse to be glad 13.3
alegre happy, lively 3.1
alejado(a) distant, far away 14.1
alejarse to move away, to withdraw
alemán(alemana) German 6.2
alerto(a) alert 10.1
alfabetismo literacy rate
algo somewhat 1.1; something 6.3
algodón *(m.)* cotton 4.2
alguien someone, anyone 10.2
alguna vez sometime, ever 10.2
alguno some, any 10.2
alianza mundial *(f.)* world alliance 12.2
alimento food, nourishment
alma *(m.)* soul
almacén *(m.)* store, shop 4.2
almorzar (ue) to eat lunch 4.1
almuerzo lunch
¡Aló! Hello! 2.2
alojamiento housing 12.1
alojar to lodge, to house, to accommodate
alpinismo mountain climbing 14.2
alquilar to rent 6.3
alquiler *(m.)* rent 4.2
alrededores *(m. pl.)* surrounding area
alternar to alternate
alternativa alternative 13.3
altiplano high plateau
alto(a) tall 1.1; high 10.1
altura height
ama de casa *(f.)* housekeeper
amable kind, nice 1.2
amanecer to dawn, to arrive at dawn
amante *(m. f.)* lover
amar to love 6.3
amarillo(a) yellow 4.1
amazónico(a) pertaining to the Amazon
ambicioso(a) ambitious 6.2
ambiente *(m.)* surrounding, ambience
ambulancia ambulance 10.1
amenaza threat 10.1
amenazar to threaten
amigo(a) friend PE
amor *(m.)* love 7.1
ampliamente amply, fully
amueblado(a) furnished 5.1
añadir to add
ananá pineapple 8.1
anaranjado(a) orange 4.1
anatomía anatomy 13.2

andar to walk 10.2
anexionado(a) annexed
anidamiento nesting
animal *(m.)* animal 2.1
animal doméstico *(m.)* pet 5.1
animar to encourage, to cheer 14.2
animarse to become animated or lively, to become encouraged
año year 2.3
Año Nuevo New Year 9.1
anoche last night 5.2
anochecer dusk, nightfall 10.3
anotar to write down, to jot down
anteayer *(m.)* the day before yesterday 11.2
anteojos glasses
anteojos de sol *(m. pl.)* sunglasses 12.3
antepasados *(m. pl.)* ancestors
anterior previous, before 6.3
antes de before 5.1
anticipar to anticipate 10.2
antiguo(a) old, ancient 12.1
antipático(a) unpleasant 1.2
antropólogo(a) anthropologist
anunciar to announce 10.2
anuncio advertisement, classified ad 6.3
aparecer to appear
aparentar to seem 14.3
aparentemente apparently 5.3
apartamento apartment 5.1
apasionado(a) enthusiastic, intense
apellido last name
apenas barely 10.3
apio celery 8.1
apogeo apogee, height
aportar to contribute 9.3
apoyar to support 12.3
apreciado(a) appreciated
aprender to learn 2.3
apresurarse to hurry
apropiado(a) appropriate
aprovecharse to take advantage 13.3
aquejado(a) afflicted, distressed
aquel(la) that over there 4.1
aquellos(as) those over there 4.1
aquí here 5.1
árbitro(la) umpire, referee 14.1
árbol *(m.)* tree 9.1
arco goal 14.1
área (el área / las áreas) area 8.3
aretes *(m.)* earrings 4.2
argentino(a) Argentine
árido(a) arid, dry
armamento armament, weapons
armario closet, wardrobe 5.1
arpilleras hand-sewn art scenes made of fabric 8.3
arquero goalie, goalkeeper 14.1
arquitecto(a) architect 2.1
arquitectura architecture 9.1
arrasar to raze, destroy 6.1
arreglado(a) arranged, fixed 14.1
arrestar to arrest 6.1
arriba above 12.1
arrojar to throw, to hurl, fling 9.2

arroz *(m.)* rice 8.2
arruinado(a) ruined, bankrupted
arte *(m.)* art 1.2
artes marciales *(m. pl.)* martial arts 14.2
artesanía handicrafts, crafts 6.3
artesano(a) artisan
artículo article 2.1
artista *(m. f.)* artist 2.1
arvejas *(f. pl.)* peas 8.1
asado(a) roasted 8.2
asaltado(a) assaulted, attacked
asaltar to assault, to attack
ascendencia ancestry, origin
ascender to ascend, to go up
ascender la peña to climb the rock/boulder 10.3
ascensor elevator 5.1
asegurarse to make sure
asesinar to assassinate 8.3
asesinato assassination 6.3
así like that 6.3
¡Así es! That's right! 13.2
asistente *(m. f.)* assistant
asistir to attend, be present 3.2
aspersión *(f.)* sprinkling
aspirina aspirin 4.3
astronauta *(m.)* astronaut 11.3
astrónomo(a) astronomer 6.1
atacar to attack
ataque cardíaco *(m.)* heart attack 10.1
atasco traffic jam 3.3
atender to assist
atento(a) attentive
aterrorizado(a) terrified 3.1
atleta *(m. f.)* athlete 14.1
atlético(a) athletic 1.1
atletismo track and field 14.2
atracción *(f.)* attraction
atractivo(a) attractive 1.1
atraer to attract 12.3
atravesar to traverse, to cut across 12.3
atreverse to dare 11.3
aullar to howl, to wail 11.2
aumentar to increase 12.2
aunque although 14.3
ausencia absence
auténtico(a) authentic 4.3
auto car 4.1
autobús bus 4.1
autopista freeway
autoridad *(f.)* authority 2.1
autorretrato self-portrait 4.1
ave *(f.)* bird
avergonzado(a) embarrassed, ashamed 3.1
avión airplane 5.2
¡Ay! Oh dear! 13.2
ayer yesterday 4.3
ayuda help 3.2
ayudante *(m. f.)* helper
ayudar to help 7.2
ayuntamiento city hall
azúcar *(m.)* sugar 8.2
azul blue 4.1

B

bachillerato bachelor's degree
bahía bay
bailar to dance (infin.) 1.2
bailarín(balarina) dancer 13.2
baile (m.) dance 7.1
bajar de peso lose weight 13.1
bajar to go down, to get off 5.2
bajar to lower 13.2
bajarse to get off 9.2
bajo(a) low 10.1
balcón balcony 5.1
baloncesto basketball 1.1
bañarse to bathe 9.2
banco bank 1.3
banda music band 1.3
bandeja paisa dish of steak, pork, beans, rice, sausage and friend egg 7.1
bandera flag
bañera shower 5.1
baño toilette, restroom 3.2
bar (m.) bar 3.3
barato(a) cheap, inexpensive 4.2
barbadense (m. f.) citizen of Barbados
¡Bárbaro! Super!, Fantastic!
barrera barrier
barril (m.) barrel 11.1
barrio neighborhood 4.3
barroco(a) baroque 7.3
basarse en to base oneself on
básicamente basically 7.3
basta enough
Bastante bien. Quite well. PE
bastante enough 13.3
basura trash 9.2
batalla battle
bate (m.) bat 14.1
bateador(a) batter (baseball) 14.2
batear to bat 14.2
batido shake; (de leche) milkshake 14.3
bebé (m. f.) baby 3.1
beber to drink 2.1
bebida drink 4.3
beca scholarship 14.2
beige beige 4.1
béisbol (m.) baseball 1.1
beisbolista (m. f.) baseball player 5.3
bello(a) lovely
beneficio de la duda benefit of the doubt 8.3
beso kiss 7.1
biblioteca library 1.3
bibliotecario(a) librarian 2.1
bicicleta bicycle 4.1
bien fine, well 4.3
    Bien, gracias. ¿Y tú? Fine, thank you. And you? PE
bienes (m. pl.) wealth, property, goods 12.1
bienes raíces (m. pl.) real estate
bienestar (m.) well-being
bienvenido(a) welcome
¡Bienvenido(a)! Welcome! PE
bilingüe bilingual 11.3

billetera billfold 10.3
biografía biography 6.1
biología biology 1.2
biólogo(a) marino(a) marine biologist
bistec (m.) steak 8.2
blanco(a) white 4.1
bloque (m.) block
bloqueo blockade 14.1
blusa blouse 4.1
boca mouth 13.2
bocadillo snack, tidbit 9.3
boleto ticket 7.2
bolígrafo pen 1.1
boliviano Bolivian currency
boliviano(a) Bolivian
bolsa de dormir (f.) sleeping bag 12.3
bolsillo pocket
bombero fireman 3.1
bonito(a) pretty 4.2
bordado(a) embroidered 4.2
bordar to embroider
Borinquén Puerto Rico, name before the Spaniards arrived
borrador (m.) draft
bosque (m.) forest 11.1
bosque lluvioso rainforest 11.1
botas boots 4.2
botella de agua bottle of water 2.2
botiquín de primeros auxilios (m.) first aid kit 10.1
botón (botones) button(s) 4.2
boxeador (m.) boxer 14.1
boxeo boxing 14.1
brasileño(a) Brazilian
bravo(a) brave 4.2
brazo arm 8.3
breve brief, short 8.3
brindis (m.) toast (with a drink)
broma joke
bruto(a) stupid, ignorant, brutish 5.3
bucear to scuba dive 10.3
buceo scuba diving 14.2
Buenas noches. Good evening. Good night. PE
Buenas tardes. Good afternoon. PE
bueno(a) good 1.2
Buenos días. Good morning. PE
buscar to look for (infin.) 1.2

C

caballero gentleman 14.3
caballo horse 10.3
cabeza head 13.2
cacique (m.) chieftain
cada every, each 4.3
cadena de televisión TV network
caerse to fall down 10.1
café (m.) coffee house 1.3; coffee 2.2
café cortado espresso with a tad of milk 8.2

cafetería cafeteria 1.3
caja cash register
cajetilla de cigarrillos cigarette pack 13.2
calamar (m.) squid 8.1
cálculo en la vesícula gall bladder stone 13.3
Calendario Azteca Aztec Calendar 4.1
calendario calendar 2.3
calentado(a) heated
calentamiento global global warming 9.1
calentar to warm up 12.3
calentito(a) warm 8.2
calidad (f.) quality 14.3
cálido(a) warm 8.3
caliente hot 4.3
calificaciones (f. pl.) grades
callado(a) quiet 1.2
callarse to stop talking, become quiet 9.2
calle (f.) street 2.1
calmadamente calmly 5.3
calmar to calm
calor (m.) heat 9.1
calzado footwear
cama bed 9.2
cama de matrimonio double bed 5.1
cámara camera 12.1
cámara de video video camera 12.1
camarero(a) waiter 6.3
cambiar to change 5.2
caminar to walk 13.1
caminata walk; hike, trek
camino road, street
camión (m.) truck, (Mex.) bus 6.2
camisa shirt 4.1
camiseta T-shirt 4.1
campeóna champion 5.3
campeón mundial world champion 14.2
campeonato championship 14.2
campo countryside; field 1.3
campo de golf golf course 11.3
caña de azúcar sugar cane
canadiense (m. f.) Canadian
canal (m.) channel (TV, radio)
canario canary 9.3
cáncer (m.) cancer 13.3
cancha court 11.1
canción (f.) song 2.2
cangrejo crab 8.3
canoa canoe 11.3
canotaje (m.) rowing, rafting 12.3
cansado(a) tired 3.1
cansancio tiredness, fatigue
cantante (m. f.) singer 1.1
cantar to sing 3.2
cantidad (f.) quantity
canto song
capacidad (f.) capacity
capacitación training
capataz (m.) foreman, overseer
capital (f.) capital 12.3
capitolio capitol building 9.2
característica characteristic 13.3
carátula sleeve, jacket (of a record)
cárcel (f.) jail 6.3

Caribe Caribbean
caribeño(a) Caribbean
carne (*f.*) meat 7.2
carne de puerco pork 8.1
carne de res (*f.*) beef 8.1
carnicería butcher shop 9.3
caro(a) expensive 4.1
carpa tent
carpintero carpenter
carrera degree; career 1.3
carretera highway, road
carro car 10.2
carta letter 2.3
cartera purse 6.2
cartón (*m.*) cardboard
casa house 1.3
casado(a) married 5.3
casarse to get married 13.1
casco helmet
casi almost 7.2
castillo castle
catarata waterfall
catedral (*f.*) cathedral 4.1
cazuela casserole 8.2
cebolla onion 8.2
ceder to cede, to hand over
celebrar to celebrate 5.2
celeste light blue 9.3
celular cellular phone 1.3
cementerio cemetery
cemento cement
cena dinner 1.2
cenar to eat dinner 3.2
ceniza ash 11.2
centro comercial (*m.*) shopping center 2.1
centro downtown 5.1
centroamericano(a) Central American
cerámica ceramics 8.1
cerca de near 5.1
cerebro brain 14.1
cero zero 6.1
cerrar (ie) to close 4.1
certeza certainty
cervecería pub, brewery 9.3
cerveza beer 1.3
cesto basket 14.1
ceviche (*m.*) raw fish marinated in lemon juice 8.2
chaleco vest 4.2
chamarra jacket 4.2
champán (*m.*) champagne
chantajear to blackmail 9.3
chaqueta jacket 9.2
chatear to chat on the Internet 1.2
che amigo(a); hey, listen 5.1
cheque (*m.*) check 11.2
chico(a) boy / girl 3.1
chimenea fireplace 9.1
chistoso(a) funny 1.1
chocar to crash 10.2
choclo corn 8.1
chocolate (*m.*) chocolate 4.3
chofer (*m. f.*) chauffeur, driver 10.2
choque cultural (*m.*) cultural shock 13.1

choque eléctrico (*m.*) electric shock 10.1
chorizo sausage 3.2
chubasco squall, downpour
ciclismo bike racing 1.1
    ciclismo de montaña mountain biking 1.1
cielo sky 9.1
ciencias empresariales business management 1.2
ciencias políticas political science 1.2
cierto(a) true, certain
cigarrillo cigarette 3.3
cima summit, peak 11.3
cine movie theater 1.2
cinta tape 7.1
cintura waist 8.3
cinturón de seguridad (*m.*) safety belt 13.1
círculo circle
cirugía surgery 11.1
cisterna cistern, tank, reservior
cita date 7.1
ciudad (*f.*) city 1.1
    ciudad natal birthplace 1.1
ciudadano(a) citizen
civilización (*f.*) civilization 6.1
claro(a) clear 4.1
¡Claro! Of course!
clase (*f.*) class PE
clasificados (*pl.*) classified ads 6.2
clave (*f.*) key (answer), password
cliente (*m. f.*) client 2.1
clima (*m.*) climate 8.3
clínica clinic 2.1
cobijo covering; protection, shelter
cobre (*m.*) copper
cocaína cocaine
coche (*m.*) car 5.3
cochera garage 5.1
cocina kitchen 3.2
cocina/estufa stove 5.1
cocinar to cook 2.3
cocinero(a) cook 2.1
cóctel de fruta fruit cocktail 8.1
codo elbow 13.2
cognado cognate
cohetes (*m. pl.*) fireworks
coincidir to coincide
col (*f.*) cabbage 8.1
colectivo bus 5.2
colina hill
collar (*m.*) necklace 4.2
colocado(a) placed
colocar to place
colombiano(a) Colombian
colonia colony 14.1
colonial colonial 6.1
color crema light brown 4.1
combatir to combat 12.2
combinar to combine
comedia play, drama (theater)
comedor (*m.*) dining room 3.2
comenzar (ie) to begin 6.2
comer to eat (*infin.*) 1.2
comer fuera to eat out 2.3

comercio commerce
cometer errores to make mistakes 14.3
cometer to commit, to perpetrate
comida food, meal 1.3
comida basura junk food 8.2
comisaría police station 6.3
comité (*m.*) committee 12.2
comitiva procession, delegation
como as, since 5.2
cómodo(a) comfortable 4.1
¿Cómo? How? 2.2
¿Cómo escribes tu nombre? How do you spell your name? PE
¿Cómo está? (usted) How are you? (formal) PE
¿Cómo estás? (tú) How are you? (familiar) PE
¿Cómo se llama usted? What's your name? (formal) PE
¿Cómo te llamas (tú)? What's your name? (familiar) PE
compañero(a) companion, classmate, partner PE
    compañero(a) de cuarto roommate 1.1
    compañero(a) de empleo co-worker 2.2
comparar to compare 13.1
compartir to share 5.2
compatibilidad (*f.*) compatibility
compatible compitable
competencia competition 14.1
competente competent 6.3
competición (*f.*) competition
competir to compete 7.2
completar to complete
complicar to complicate
compra purchase 12.2
comprar to buy (*infin.*) 1.2
comprender to comprehend, understand 7.3
¿Comprendes lo que se dice? Do you understand what is said?
comprometer to compromise, to endanger
comprometido(a) engaged 7.1
computadora computer
computadora portátil portable computer 2.2
común common 5.3
comunicación communication 1.2
comunicar to communicate 5.2
comunidad (*f.*) community 10.2
comunismo Communism
comunista communist 14.2
comunitario(a) communal, public 5.1
con with 5.1
con cuidado carefully, with care 6.2
con destino a headed toward 5.2
con el pie izquierdo on the wrong foot 10.3
con frecuencia frequently 2.3
con gas carbonated 8.2
con tal (de) que provided (that) 14.3
concebir to conceive of, to imagine
conciencia conscience

concierto concert 1.3
conducir to drive 10.2
conexión (*f.*) connection
confesar to confess
confiar to confide, to trust 13.3
confines (*m. f.*) boundary, limits
confirmar to confirm 14.3
confundido(a) confused 5.2
congelado(a) frozen 9.1
congelar to freeze
congestionado(a) congested
congrio conger eel 8.2
conjunto group, collection 8.3
conmigo with me 6.2
conocer to know 7.3
conocido(a) known
conocimiento knowledge
consecuencia consequence 13.3
conseguir (i, i) to obtain, get 6.2
consejero(a) advisor 13.3
consejo advice 7.2
consentimiento consent, agreement
conservación (*f.*) conservation 12.3
conservador(a) conservative 1.1
considerar to consider 14.3
consistir to consist 10.3
constantemente constantly 4.1
constar de to consist of
construir to construct 6.2
consultar to consult 13.3
contabilidad accounting 1.2
contagioso(a) contagious
contaminación (*f.*) pollution 9.1
contar (ue) to count 4.1; to tell
  (a story) 8.3
contemporáneo(a) contemporary 7.3
contento(a) happy, pleased 3.1
contestar to answer 2.1
contigo with you 3.2
continuar to continue 5.2
contra against 11.1
contradecir (i) to contradict 6.3
contraportada back page
contrastar to contrast 4.1
contratar to hire 14.2
contribuir to contribute
control de seguridad (*m.*) security
  check
controlar to control 7.1
convencer to convince 14.3
convenio agreement (contractual)
conversar to chat, to converse 3.2
convertirse to become, to turn into
copa de los árboles treetops 11.3
coquetear to flirt 8.3
corazón heart 4.1
corbata necktie 4.2
cordillera mountain range 12.3
corredor(a) runner 5.3
correo electrónico email 1.3
correr to run 2.1
correspondencia mail 9.3
corrida de toros bullfight 3.3
corriente common

cortado(a) cut 8.2
cortarse to cut oneself 9.3; to cut off 11.2
corte (*f.*) court 2.1
cortejar to woo, court
cortés polite 7.1
corteza bark (of a tree)
cortésmente courteously 5.3
corto(a) short (length) 3.3
corvina sea bass 8.2
cosa thing 7.1
cosecha harvest
cosmopolita cosmopolitan 8.3
costa coast 8.3
costado side
costar to cost 2.2
costarricense (*m. f.*) Costa Rican
crear to create 12.2
crecimiento growth
creer to believe 14.1
criarse to be brought up
críticar to criticize
crítico critic
crítico(a) critical 5.3
crucero cruise 4.3
cruel cruel 3.3
Cruz Roja Red Cross 10.1
cuaderno notebook 1.3
cuadra block 9.3
cuadrado square
cuadro painting 4.1
¿Cuál(es)? Which one? Which? 2.2
cualquiera any, anybody 9.3
cuando when 14.3
¿Cuándo? When? 2.2
¿Cuánto(a)? How much? 2.2
¿Cuántos(as)? How many? 2.2
cuanto antes as soon as possible 13.3
cuarto room 1.3; quarter, 15-minute
  fraction of the hour 2.3; fourth 10.1
cuarto de baño bathroom 5.1
cubrir to cover 10.1
cuchara spoon 8.2
cuchillo knife 8.2
cueca Andean folk dance 8.3
cuello neck 13.2
cuenta bill 1.3
cuentista (*m. f.*) short story writer;
  storyteller
cuento short story 6.2
cuerda rope 10.1
cuero leather 9.2
cuerpo body 8.3
cuidado careful, be careful
cuidadosamente carefully 5.3
cuidar to take care of
culinario(a) culinary
culpa fault 10.2
culpable guilty, culpable
cultivar to cultivate 12.1
cultivo cultivation, crop
culturalmente culturally 5.3
cumbre (*f.*) summit, crest
cumpleaños birthday 5.2
cumplir...años to be . . . years of age

D

D.C. después de Cristo A.D. after Christ
dañar to damage, to hurt 14.1
dar to give 8.3
dar a conocer to make known 12.2
dar la gana to feel like
dar problemas to cause problems 8.3
darse cuenta to realize
darse la mano to shake hands
datos facts 7.3
de of, from 5.1
de esa manera that way 12.2
de paseo strolling
de repente suddenly 6.2
de sol a sol from dawn to dusk 10.1
de vuelta in return 7.2
debajo de under 5.1
debatir to debate
deber to be obliged, must, should 6.3
década decade
decidir to decide 2.1
décimo tenth 10.1
decir (i) to say; to tell 6.3
decisión (*f.*) decision 14.3
declarar to declare 6.1
decorar to decorate 3.2
dedicarse to dedicate oneself 13.3
dedo finger 13.2
deducir to deduct
defender to defend
definir to define 10.3
degustar to taste, to sample
dejar de to stop (doing something),
  to quit 11.2
dejar to leave 6.1
del from the 1.3
delante de in front of 5.1
delatar reveal, denounce 7.2
delgado(a) slim, thin 3.3
delicioso(a) delicious 3.3
delineado(a) delineated, outlined
demás other 8.3
demasiado(a) too much 13.1
denegar to turn down, to refuse 14.3
densidad (*f.*) density
dentro inside, within 12.1
departamento apartment 5.1
dependiente(a) salesperson 2.1
deporte (*m.*) sport 1.1
deportes acuáticos (*m. pl.*) aquatic
  sports 10.3
deportista (*m. f.*) athlete 9.1
deportivo(a) pertaining to sports 14.2
deprimido(a) depressed 13.1
derecha right 13.2
derechos de la mujer women's rights
derechos humanos (*m. pl.*) human
  rights 12.2
derivado(a) derived
derrotar to defeat, to beat 14.1
desacuerdos disagreements
desafiante challenging 1.3
desafío challenge

desafortunadamente unfortunately 6.2
desaparecer to disappear 4.1
desaparecido(a) disappeared
desarollar to develop
desarrollo humano human development 12.2
desastre disaster 5.1
desastre natural *(m.)* natural disaster 10.1
desayunar to eat breakfast 8.1
desayuno breakfast 8.1
descansar to rest 6.3
descanso rest, break 2.2
descender to descend
descendiente *(m. f.)* descendant
descenso decent 11.3
descifrar to decipher, to decode
desconectar to disconnect 11.2
desconocido(a) unknown
descontento(a) unhappy
describir to describe 1.2
descripción *(f.)* description
descubierto(a) discovered
descubrimiento discovery
descubrir to discover 4.3
desde from 5.2
desear to desire 8.1
desempeñar(se) to fulfill, to carry out
desesperado(a) desperate
desfile *(m.)* parade 13.2
desgraciadamente unfortunately
desierto desert 4.3
deslizarse to slide
desocupado(a) unoccupied
desorganizado(a) disorganized 1.2
desovar to lay eggs 11.1
despedida good-bye, farewell
despedir (i, i) to fire, dismiss 7.2
despedirse to take leave, to say good-bye 10.3
desperdiciar to waste, to squander
despertador alarm clock 10.3
despertarse (ie) to wake up 9.2
despojar to deprive, to dispossess
déspota *(m. f.)* despot, tyrant
después (de) que after 14.3
después de after 5.1
destacar to emphasize, to highlight
destacarse to stand out
destinación *(f.)* destination 10.2
destino destiny
destructivo(a) destructive 10.1
destruir to destroy 6.3
detalle *(m.)* detail
determinar to determine 7.2
detestar to detest 7.3
detrás de behind 5.1
deuda debt 12.2
Día de Acción de Gracias Thanksgiving 9.1
día de la semana *(m.)* day of the week 2.3
Día de las Madres Mother's Day 8.3
Día de San Valentín Valentine's Day 9.1
diamante *(m.)* diamond 6.1
diariamente daily 5.3

diario diary, newspaper 4.3
diario(a) daily 9.2
días feriados holidays
dibujante *(m. f.)* cartoonist
dibujar to draw 5.3
dibujo drawing
diccionario diccionary 2.2
dichos sayings
diciembre *(m.)* December 2.3
dictador(a) dictator 6.2
dictadura dictatorship 8.3
dientes *(m. pl.)* teeth 9.2
dieta diet 7.2
diferencia difference
diferente different 3.3
difícil difficult 1.2
dignidad *(f.)* dignity
dinero money 2.1
dirección *(f.)* address
directiva board of directors 14.2
director(a) de escuela school principal 2.1
dirigir to direct 11.1
discapacitado(a) handicapped 14.2
disco disc, record 7.3
disco compacto compact disc, CD 2.2
discoteca discotheque 1.3
discriminación racial *(f.)* racial discrimination 11.1
discurso lecture 5.3
diseñar to design 2.1
disfrazar to disguise 14.3
disfrutar to enjoy 5.3
disminución *(f.)* decrease, reduction 12.2
disminuir to diminish, to decrease 6.2
disolver to dissolve
disparar to fire (a gun), shoot 6.2
dispares uneven, unequal
disparo gunshot 6.2
disponer to arrange, to prepare 12.1; to have at one's disposal
disponibilidad availability 5.1
disponible available 5.1
disposición *(f.)* disposition, temperament
dispositivo device, mechanism
dispuesto(a) willing 14.2
disputar to dispute, to challenge
distancia distance 5.2
distinguir to distinguish 7.3
distinto(a) distinct, different 5.2
distribuir to distribute
diurno diurnal, day
divergencia divergence 10.3
diversidad *(f.)* diversity
diversión *(f.)* entertainment 4.2
diverso(a) diverse 13.3
divertido(a) funny, amusing 1.1
divertirse (ie, i) to have a good time, enjoy oneself 9.2
divorciarse to divorce 13.1
doblar to turn 9.3; fold
doctor(a) doctor 1.1
documentos de identidad *(m. pl.)* identification documents 10.3
dólar *(m.)* dollar

dolor de estómago stomachache
doméstico(a) domestic 11.1
domicilio domicile, residence 6.2
domingo *(m.)* Sunday 2.3
dominicano(a) Dominican
¿Dónde? Where? 2.2
dormir (ue, u) to sleep 4.1
dormirse (ue) to fall asleep 9.2
dormitorio bedroom 3.2
dosis *(f.)* dosage 10.1
dramatizar dramatize, role-play
dramaturgo *(m. f.)* playwright 9.1
droga drug 11.1
ducha shower 5.1
ducharse to shower, take a shower 9.2
dudar to doubt 14.1
dueño(a) owner 12.1
durante during 4.3
durar to last 2.3
durazno peach 8.1
duro(a) hard, difficult 14.3

E

ecología ecology
economía economics 1.2; economy 13.3
económico(a) economical 6.2
ecoturismo ecotourism 10.3
edición *(f.)* edition 14.2
edificar to build 6.1
edificio building 2.1
editorial publisher 12.1
educación education 1.2
    educación física physical education 1.2
eficazmente efficiently 5.3
eficiente efficient 9.2
egoísta egotistical 1.2
ejecutar to execute
ejercicio exercise 5.3
ejército army 11.1
él he, it *(m.)* 1.1
El gusto es mío. The pleasure is mine. PE
el/la/los/las más the most 7.1
el/la/los/las menos the least 7.1
elaborar to elaborate
elección *(f.)* election
electricidad *(m.)* electricity 11.2
elegancia elegance 8.3
elegante elegant 1.1
elegantemente elegantly 7.2
elegir (i) to choose 7.2
elevado(a) elevated 10.1
élite elite 7.3
ella she, it *(f.)* 1.1
ellos(as) they 1.2
embajador(a) ambassador
embarcarse to embark, to go aboard
emergencia emergency 10.1
emigrar to emigrate
emisora broadcasting station
empacar to pack
empanada turnover, pasty, pie 8.1
empapado(a) soaking wet 9.1

empate *(m.)* tie 14.1
empezar (ie) to begin 4.1
empleado(a) employee 2.1
emplear to employ, to hire
empleo job, employment 2.1
empleo de tiempo parcial part-time job
emprendedor(a) enterprising 12.2
empresa company, firm
en caso de in case of 10.1
en caso (de) que in case 14.3
en clave de having . . . as key 12.2
en cuanto as soon as 14.3
en desarrollo under development, developing 12.2
en efectivo in cash
en efecto actually
en general in general, generally speaking 1.2
en lugar de in place of 10.3
en on, in 5.1
en torno a around, about
enamorado(a) in love 5.3
Encantado(a). Delighted. PE
encantar to charm, to please highly 3.3
encarcelar to jail
encargo errand, task
encender to light
encendido(a) lit up 10.1
encerrar to enclose
encima de on top of 5.1
escoger to select
encontrar (ue) to find 4.1
encuesta survey
energía energy 13.2
enérgico(a) energetic 14.2
enero *(m.)* January 2.3
enfermarse to get sick 13.3
enfermedad *(f.)* illness 7.3
enfermería nursing 1.2
enfermo(a) sick 3.1
enfrente de facing, opposite 5.1
enfriar to cool
engañar to deceive
enjabonarse to lather oneself up
enlace *(m.)* linking
enmienda amendment
enojarse to get angry 5.3
enólogo oenologist, wine specialist
enorme enormous, huge 10.3
ensalada salad 8.1
ensayar to practice
enseguida right away
enseñar to teach; to show 2.1
entender (ie) to understand 4.1
entero(a) whole, entire 10.2
entrada entrance 5.2
entrar to enter 6.3
entrar en erupción to erupt 11.2
entre between 5.1
entregar to turn in 13.1
entremés *(m.)* appetizer 8.2
entrenador(a) coach, trainer 14.1
entrenar to coach, train 14.2
entretenimiento entertainment 6.2

entrevista interview 2.2
entrevistar to interview 2.1
entusiasmado(a) enthused 3.1
envenenamiento poisoning 10.1
enviar to send 1.2
envidia envy 13.2
epidemia epidemic
época epoch, period 12.3
equipaje *(m.)* baggage, luggage
equipo team 6.1; equipment
¿Eres buen observador? Are you a good observer?
erosionado(a) eroded
erradicación *(f.)* eradication 13.1
erradicar to eradicate 12.2
error *(m.)* error 2.1
erupción de volcán *(f.)* volcanic eruption 10.1
Es... 14.1
    Es... absurdo(a) It's absurd 14.1
    Es... cierto It's true 14.1
    Es... injusto It's unjust 14.1
    Es... irónico It's ironic 14.1
escala de pagos pay scale 14.3
escalera ladder; stairs, staircase 10.1
escapar to escape 6.3
escaparate *(m.)* display window 4.2
escasez *(f.)* scarcity
esclavo(a) slave
escoger to choose, to select 8.3
escolar school, scholastic 11.1
escondido(a) hidden
¡Escríbelo! Write it!
escribir to write 1.2
escritor(a) writer, author 2.1
escritorio desk 5.1
escuadra squad, squadron
escuchar to listen to *(infin.)* 1.2; (-ar verbs) 1.3
escuela primaria elementary school 6.2
escultor(a) sculptor
escultura sculpture 7.3
ese(a) that 4.1
esforzarse to strive, to exert much effort
esfuerzo effort
esmeralda emerald
eso (neuter) that 4.1
esos(as) those 4.1
espacio space
espalda back 13.2
español(a) Spaniard
especial special 1.1
especialista specialist 2.1
especialmente *(m.)* especially 3.1
especie *(f.)* species 11.1
espectáculo show, exhibition 12.1
espejo mirror
esperanza hope
esperar to wait 4.3
espíritu *(m.)* spirit
esposo(a) husband / wife 4.1
esquema *(m.)* outline
esquí *(m.)* skiing 14.1
esquiador(a) skier 5.3

esquiar to ski 1.2
esquina corner 9.3
Esta es... This is . . . *(f.)* PE
establecer to establish 6.3
establecimiento establishment
estación *(f.)* station 5.2
estacionado(a) parked 6.3
estacionamiento parking 4.1
estaciones del año *(f. pl.)* seasons
estadía stay 13.1
estadidad *(f.)* statehood
estadio stadium 9.2
estado state
estadounidense from the U.S. 1.1
estafado(a) swindled, cheated
estancia stay
estándar *(m.)* standard
estar to be 3.2
estar de acuerdo to agree, be in agreement 9.3
estar de fiesta to be having fun
estar despejado to have clear skies 9.1
estar dispuesto(a) to be inclined to 14.2
estar en forma to be in shape 14.1
estar hecho(a) pedazos to be falling apart 13.2
estar molido(a) to be exhausted 13.2
estar muerto(a) to be dead tired 13.2
estar pasándolo en grande to have a great time
estar seguro to be sure 10.2
estatua statue 10.3
este *(m.)* east 3.1
Este es... This is . . . *(m.)* PE
este(a) this 4.1
estirar to stretch 13.2
esto (neuter) this 4.1
estofado stew 8.1
estómago stomach 13.2
estos(as) these 4.1
Estrategias para escuchar Listening strategies
estrecho(a) narrow 8.3
estrenar to use for the first time
estrés *(m.)* stress 11.1
estrofa verse 10.3
estudiante *(m. f.)* student PE
estudiar to study 1.2
estudioso(a) studious 1.1
estufa de gas gas stove 10.1
estupendo(a) stupendous, great, terrific 1.2
eterno(a) eternal
etiqueta price tag
étnico(a) ethnic
euro European currency
europeo(a) European
evento event 6.2
evidente evident 13.3
evitar to avoid 10.2
exactamente exactly 5.3
exagerar to exaggerate
examen *(m.)* exam 3.1
examinar to examine 2.1
excelente excellent 7.2

principio beginning 3.1
prioridad priority
privado(a) private 1.3
probablemente probably 4.3
probar to try, to taste 8.2
problema (m.) problem 7.2
producir to produce 10.2
productivo(a) productive 4.3
producto product 7.3
Producto Interior Bruto GDP, Gross Domestic Product
profesión (f.) profession 2.1
profesional professional 14.2
profesor(a) professor PE
profundamente profoundly 5.3
programa (m.) program 1.3
prohibido(a) banned, prohibited 3.3
prohibir to prohibit, to forbid
promesa promise
prometer to promise 7.1
pronóstico forecast 9.1
¡Pronto! Right away!, Hurry! 4.3
propaganda propaganda 14.2
propiedad (f.) property 12.1
propina tip 8.3
propio(a) own, one's own
proponer to propose
proporcionado(a) proportionate
proporcionar to provide 10.1
propósito purpose, intent 7.2
propuesta proposal
protagonista (m. f.) protagonist 6.3
protegerse to protect oneself
protestar to protest 5.3
proveniente proceeding, coming from
proverbio proverb
próximo(a) next 12.1
proyectar to project 7.2
proyecto project
prudente prudent 12.3
público(a) public 1.3
pueblo village, town
puente (m.) bridge
puerta door 2.1
puerto port, harbor
puesto position, job 2.1
pulga flea
pulir to polish
pulmones (m. pl.) lungs 13.2
pulpo octopus 8.1
pulsera bracelet 4.2
punto point 7.2
punto de vista point of view
puntuación (f.) punctuation
puntual punctual 7.1
purificar to purify 12.3
puro(a) pure

Q

¿Qué? What? 2.2
quedarse to stay, to remain 10.1

quehaceres (m. pl.) chores, tasks 11.1
¿Qué hora es? What time is it? 2.3
quejarse to complain 12.1
quemar to burn 6.2
quemar calorías to burn up calories 5.3
queque (m.) cake 8.1
¡Qué pena! What a shame! 5.2
querer (ie) to want 4.1
querido(a) dear (salutation in a letter)
¿Qué se dice...? What does one say to . . . ?
queso cheese 3.2
queso manchego cheese (from La Mancha region) 3.2
¡Qué suerte! What luck! 5.2
¿Qué tal? How are you? PE
¿Qué tiempo hace? What's the weather like? 9.1
quetzal (m.) Guatemalan currency, bird
¿Quién(es)? Who? 2.2
química chemistry 1.2
quinto fifth 10.1
quitarse to take off 9.2

R

rábano radish 8.1
racial racial 6.2
radio (f.) radio 1.2
ramo bouquet (of flowers) 8.1
rápido(a) rapid, fast 4.2
rápidos rapids (of a river)
raramente rarely 5.3
raro(a) strange, rare
rascacielo skyscraper
rasgo charateristic, feature
rayas lines, marks
rayón (m.) rayon 4.2
raza race
reacción (f.) reaction
reaccionar to react 5.3
realidad (f.) reality
realizar to carry out
reanimar to revive 10.1
reaparecer to reappear 9.1
rebaja sale, discount 6.2
rebozo Mexican shawl 4.1
receta recipe 3.2; prescription
recetar to prescribe 2.1
recibir to receive 2.1
recién (adv.) just, recently, newly 6.2
reciente recent 10.1
recital (m.) recital 4.3
reclamar to claim, to demand
reclutar to recruit 14.2
recoger to pick up, gather 7.1
recomendar (ie) to recommend 8.2
reconocer to recognize
reconocido(a) recognized, known 7.3
reconocimiento recognition 10.3
recordar to remember
recorrer distancias to cover a lot of ground 5.3
recorrer to travel; to look around 2.1
recorrido journey, route

recrear to recreate
rector (m.) university president 14.2
recuerdos souvenirs 4.3; memories
recursos humanos human resources
red (f.) system, network 5.2; net 14.1
redactar to write, to draft
redistribuir to redistribute
redondear to round off
reducir to reduce 12.2
reemplazar to replace
referirse to refer to, to mention
refinería refinery 6.2
reforma reform 6.2
refrán (m.) saying 14.3
refrescante refreshing
refresco soft drink 1.3
refugio refuge
regalar to give a gift 8.1
regalo gift 4.2
regar to water (a lawn)
regatear to bargain
región (f.) region 12.1
regla rule
regresar to return 2.3
reina queen 7.2
reino kingdom
reinterpretar to reinterpret 12.2
reír laugh 7.2
relación (f.) relationship 7.3
relacionado(a) related 5.3
relacionar to relate, to report
relaciones internacionales (f. pl.) international relations
relajado(a) relaxed
relajarse to relax 13.2
relatar to relate, to tell
religioso(a) religious 12.2
rellenar to refill, to fill out
reloj (m.) watch; clock
remoto(a) remote
remuneración (f.) pay (for a service) 14.3
reñir to argue, to quarrel; to scold
rentable profitable 12.3
renunciar to renounce, to give up
reparar to repair 6.3
repartido(a) divided, distributed
repelente (m.) repellent 12.3
repetir (i, i) to repeat 7.2
repleto(a) replete, full 8.3
reporte (m.) report 2.1
reportero(a) reporter 2.3
representante representative 6.1
representar to represent 2.1
reptil (m.) reptile 11.1
requisito requirement
rescatar to rescue
reservación (f.) reservation 10.2
reservar to reserve 12.1
residencia residence 5.1
resolver to resolve 7.3
respetar to respect 7.1
respeto respect 10.3
respetuoso(a) respectful 12.3
respiración artificial (f.) artificial

respiration 10.1
respirar to breathe 10.1
respiratorio respiratory 13.3
responder to respond, to answer 6.3
responsabilidad (*f.*) responsibility 2.1
responsable responsible 2.1
respuesta (*f.*) answer PE
restaurado(a) restored
restaurante (*m.*) restaurant 1.2
restaurar to restore
resto rest, remaining 6.2
restos (*m. pl.*) remains 12.1
resultado result 6.3
resumen (*m.*) summary
retirar to withdrawal
retraso delay 11.2
retrato portrait 4.1
reunión (*f.*) meeting, reunion
reunirse to get together, to reunite 10.1
revelar to reveal, develop 7.2
reventarse to blow up 11.2
revista magazine 6.2
revolucionario(a) revolutionary
revuelto(a) scrambled 8.2
rey (*m.*) king 7.2
reyneta angel fish 8.2
rico(a) rich, delicious 3.3
riesgo hazard, risk 10.1
rígido(a) rigid 13.3
río river
riqueza richness, wealth 8.1
ritmo rhythm 10.3
rizado(a) curly 3.3
robar to rob, steal 6.2
roca rock 12.3
rodaje (*m.*) filming
rodear to go around; to surround
rodilla knee 13.2
rogar to beg, plead 6.2; to pray
rojo(a) red 4.1
romántico(a) romantic 1.1
romperse to break, shatter 10.1
ropa clothes 1.3
ropero closet 5.1
rosado pink 4.1
rubio(a) blond(e) 3.3
ruido noise 6.2
ruina ruin 4.3
rumbo direction, course
ruta route 5.2
rutina routine 9.2

S

sábado (*m.*) Saturday 2.3
saber to know (facts) *infin.* 1.2
¿Sabías que...? Did you know that . . . ?
sabiduría knowledge
sabor (*m.*) taste
sabroso(a) savory, delicious 4.2
sacar buenas notas to obtain good grades 13.1

sacar fotos to take pictures 8.1
sacar to take out (your dog), to earn (a grade) 11.2
sacerdote (*m.*) priest
sagrado(a) sacred
sal (*f.*) salt 7.3
sala living room 3.2
sala de espera waiting room
sala de los profesores teachers' lounge 2.1
salario salary 2.2
salchicha sausage 8.1
salida exit 5.2; departure
salir to leave 2.1
salirse to leave unexpectedly 9.2
salmón (*m.*) salmon 8.1
salón (*m.*) lounge, living room 3.2
saltar to jump 13.2
salto de altura high jump 14.1
salud (*f.*) health 12.2
salud materna (*f.*) maternal health 12.2
saludable healthy 14.1
saludar to greet 3.2
saludo greeting PE
salvavidas (*m. pl.*) life preserver 10.1; (*m. f.*) lifeguard, lifesaver 14.1
salvo except 10.1
sanción (*f.*) sanction 14.1
sandinistas Nicaraguan revolutionary group 10.3
sangría a fruity Spanish wine drink 3.2
sano(a) healthy 3.3
santuario temple, sanctuary
satisfacer to satisfy 13.3
sección (*f.*) section 6.2
secretario(a) secretary 2.1
sed (*f.*) thirst 4.3
seda silk 4.2
sede (*f.*) seat (of an organization), headquarters
seguir (i, i) to continue 7.2
según according to 7.2
segundo second 10.1
segundo piso second floor 1.3
asegurar to assure
seguridad (*f.*) security 2.1
seguro de salud health insurance 13.3
seguro escolar school insurance 13.3
seguro insurance 14.3
seguro(a) sure, secure, safe 7.2
seleccionar to select 3.2
selva jungle 7.2
semilla seed
señor (Sr.) Mr. 1.1
señora (Sra Mrs. 1.1
señorita (Srta.) miss 1.1
sensible sensitive
sentado(a) seated
sentarse (ie) to sit down 9.2
sentencia sentence 2.1
sentido común common sense
sentido del humor sense of humor
sentimiento sentiment 7.3
sentirse (ie, i) to feel 9.2
septiembre (*m.*) September 2.3

séptimo seventh 10.1
ser to be 1.1
ser una pena to be a shame 13.3
serie (*f.*) series
serio(a) serious 1.1
serpiente serpent
servicio service 12.2
servicios de emergencia/urgencia (*m. pl.*) emergency services 10.1
servilleta napkin 8.2
servir (i, i) to serve 7.2; to be good for 13.2
sevillana flamenco dance 3.1
sexto sixth 10.1
si así es if so 10.2
sí yes PE
si... if . . . 1.3
SIDA (*m.*) AIDS 12.2
siempre always 5.2
sierra mountain range 12.3
siesta afternoon nap 3.3
siglo century 12.2
significado meaning
significar to signify, mean 7.2
siguiente next, following 7.1
silenciosamante silently 5.3
silla (*f.*) chair 5.1
silvestre wild
símbolo symbol
simpático(a) nice, pleasant, likable 1.1
simplemente simply 5.1
simultáneo(a) simultaneous
sin duda without a doubt 12.2
sin embargo nevertheless
sin que without, unless 14.3
sin razón wrong 11.2
sin without 5.1
sincero(a) sincere 1.1
sirena siren 11.2
sistema (*m.*) system
sitio site 12.1
situación (*f.*) situation 7.3
situado(a) located 12.3
sobornar to bribe, corrupt 6.3
sobre over, on top of, about 5.1
sobrepasar to surpass
sobrevivir survive 4.3
sobrino(a) nephew (niece) 5.3
sociable outgoing, friendly 1.1
social social 6.2
socialista (*m. f.*) socialist
socializado(a) socialized 14.3
sociedad (*f.*) society 5.3
socio (*m. f.*) member 13.1
sociología sociology
soda carbonated beverage 9.3
sofocar to smother, to put out 10.1
sol (*m.*) sun
soldado soldier
soledad (*f.*) solitude, loneliness
soler to be in the habit of
solicitar to solicit, to ask for 14.2
solidaridad (*f.*) solidarity
sólido(a) solid 12.3

solo only 5.2
solo(a) alone 12.1
solsticio solstice 12.3
solución *(f.)* solution 7.2
solucionar to solve 9.3
sombrero hat 4.2
sonar (ue) to ring 11.2
sonido sound 11.2
sonreír smile 7.2
sopa *(f.)* soup 5.1
soportar to support, to hold up; to endure
sorprender to surprise 6.2
sorpresa surprise 8.1
sospechoso(a) suspicious 10.2
sostener to support, to hold up
sostenibilidad *(f.)* sustainability 12.2
sostenible sustainable 8.3
soy I am PE
su / sus your *(fml./pl.)*; their 2.2
su / sus your *(fml./s.)*; his/her 2.2
suave soft, gentle, mild 8.3
subir to go up, climb 4.3; to raise 13.2
subte *(m.)* underground, metro 5.2
subterráneo *(m.)* underground, metro 5.2
sucio(a) dirty 3.3
sudar to sweat, perspire 9.1
sueldo salary 14.3
suelo floor 10.1
sueño dream 13.1
suerte *(f.)* luck 6.2
suéter *(m.)* sweater 4.2
suficiente sufficient, enough 7.2
sufrir to suffer 4.3
sugerir to suggest 10.1
suicidarse to commit suicide
sujetar to fasten 12.3
sumamente extremely, highly
sumar to sum up, add 7.2
sumergirse to submerge oneself
superar to surpass, to exceed
superficie *(f.)* surface 14.2
supermercado supermarket 1.3
superresponsable superresponsible 5.2
sur *(m.)* south 3.1
sureste *(m.)* southeast 3.1
suroeste *(m.)* southwest 3.1
sustraer (substraer) to remove, take away 6.2

T

tabaquería tobacco store 9.3
tajo ravine, gorge
talentoso(a) talented 1.1
tallar to carve
talón *(m.)* heel
tamaño size 11.1
también also 1.1
tambo barrel 6.2
tampoco neither 6.2
tan pronto como as soon as 14.3
tan...como as . . . as 4.2
tanque *(m.)* tank

tanto como as much as 4.2
tanto(a) so much 2.1; as much 5.3
tantos(as) as many 5.3
tantos...como as many as 4.2
tapas *(f.)* appetizers, hors d'oeuvre 3.2
taquillera box office hit 3.3
tarde late 5.2
tarea homework; job; task 1.3
tarjeta de crédito credit card 2.2
tasa de mortalidad mortality rate
taxi taxi 5.2
taza cup 4.3
té *(m.)* tea 4.3
Te presento a... I'd like you to meet . . . (familiar) PE
te to/for you *(s. fam.)* 3.3
¡Excelente! Excellent! PE
teatro theater 1.3
techo roof; ceiling
teclas *(f. pl.)* keys 11.2
tela cloth
tele *(m.)* television (slang) 1.3
teléfono telephone 1.2
  teléfono celular cellular phone 2.2
telenovela soap opera 6.3
televidente *(m. f.)* T.V. viewer
televisión *(f.)* television 1.2
  televisión por cable cable TV 4.2
televisor *(m.)* TV set 5.1
tema *(m.)* topic 8.3
temblar to shiver 9.1
temer to fear 13.3
temperatura temperature 4.3
templado(a) moderate 8.3
templo temple
temporada season; period, time
temprano early 5.2
tenedor *(m.)* fork 8.2
tener calor to be hot 4.3
tener en cuenta to keep in mind
tener éxito to succeed 4.3
tener frío to be cold 4.3
tener ganas de to feel like 4.3
tener hambre to be hungry 4.3
tener la culpa to be at fault, to be to blame 10.2
tener lugar to take place 2.3
tener miedo de to be afraid of 4.3
tener prisa to be in a hurry 4.3
tener que to have to 4.3
tener razón to be right 4.3
tener sed to be thirsty 4.3
tener sueño to be sleepy 4.3
tener suerte to be lucky 4.3
tener to have 2.1
tener... años to be . . . years old 4.3
tenis *(m.)* tennis 1.1
tenista *(m. f.)* tennis player 5.3
teología theology
tercer(o) third 10.1
termal thermal
terminal terminal 5.2
terminar to finish 4.3
terraza flat roof, terrace 3.2

terremoto earthquake 6.1
terrible terrible 4.1
¡Terrible! Terrible! PE
tesis *(f.)* thesis 6.2
tesorero(a) treasurer 14.2
testigo *(m. f.)* witness 6.3
testimonio testimony 6.3
ticos Costa Ricans
tiempo weather 9.1
tienda de ropa clothing store 2.2
tierra soil 12.1; earth, land
tímido(a) shy 1.1
tinto red wine 3.3: strong Colombian coffee with sugar 7.1
tío(a) uncle (aunt) 5.3
típico(a) typical 4.2
tipo type 2.2
tira cómica comic strip 5.3
tirar la pelota to pitch a ball 14.2
tirarse to throw oneself
titularse to get a degree 13.2
título title 3.3
toalla towel 10.1
tobillo ankle 13.2
tocar to play (an instrument); to touch 1.3; to knock (at a door), to ring (a door bell) 9.3
todavía still 7.3
todo el mundo everyone 1.2
todo(a) all, everything 4.1
todos los días every day 5.2
todos(as) everyone, everybody 3.1
tomar la orden to take an order (at a restaurant) 2.1
tomar to drink; to take *(infin.)* 1.2
tomar turnos to take turns
tomar un descanso to take a break 13.2
tomate *(m.)* tomato 8.1
tonificar to tone, to strengthen 13.2
torero(a) bullfighter 3.1
tormentoso(a) stormy, turbulent 4.2
tornado tornado 10.1
toro bull 3.1
torpe clumsy 1.2
torre *(f.)* tower
torta sandwich 4.3; cake 5.2
tortilla española Spanish potato omelette 3.2
tortuga turtle 11.1
tortura torture
totalmente totally 5.3
toxicología toxicology 10.1
trabajador(a) hardworking 1.1
trabajar to work 1.2
trabajo work 2.2
traducir to translate 10.2
traer to bring 7.1
tráfico traffic 3.3
tragedia tragedy
traje *(m.)* suit, outfit
tranquilizarse to calm down, relax 11.2
tranquilo(a) quiet, calm 3.1
transbordador espacial *(m.)* space ship 11.3
transeúnte *(m. f.)* passerby, transient
transformación transformation 11.3

transformarse to transform oneself 11.3
transladado(a) transferred, moved residence
transparente transparent 8.3
transporte (*m.*) transport 11.3
tras after; behind
trasbordador (*m.*) ferry 8.3
trasero(a) back, rear 6.2
tratar de to try 10.2
traumático(a) traumatic
trayecto trajectory 8.3
tren (*m.*) train 4.3
tribunal (*m.*) court, tribunal 2.1
triste sad 3.1
trompeta trumpet 11.1
trozo piece 7.2
tu / tus your (*fam./s.*) 2.2
tú you (*fam.*) 1.1
tumba grave, tomb
turismo tourism 8.3
turístico(a) tourist 10.2
turnarse to take turns 9.2

U

último(a) last, final 2.3
un poco a little, a small amount 3.2
UNAM National Autonomous University of Mexico
unido(a) united 11.1
uniforme uniform 14.3
unir to unite, to combine
universal universal 12.2
universidad university 1.2
urbano(a) urban 1.3
urbe (*f.*) large city, metropolis
urgente urgent 13.1
uruguayo(a) Uruguayan
usar to use 1.2
usted you (formal) 1.1
ustedes you (pl.) 1.2
útil useful 12.2
útiles de limpieza (*m. pl.*) cleaning materials 11.2
utilizar to utilize, to use
utópico(a) utopian
uva grape

V

vacaciones vacation 5.2
valer la pena to be worth while 8.2
valer to be worth 12.2
válido(a) valid
valioso(a) valuable
valor (*m.*) value 6.2
valorar to value 8.3
variado(a) varied; assorted 1.3
variar to vary
variedad (*f.*) variety 11.1
varios(as) various, several 1.3
varón (*m.*) male 5.3
vaso glass 9.2
vecino(a) neighbor 10.1
vegetariano(a) vegetarian 7.2
vela candle 7.1
velocidad (*f.*) velocity, speed
vender to sell 2.1
venerar to venerate, to revere
venezolano(a) Venezuelan
venir to come 2.1
venta sale 6.2
ventaja advantage
ventana window 3.2
ver to see 3.3
verano summer 2.3
verdad (*f.*) truth 5.3
verde green 4.1
verdura vegetable 8.1
veredicto verdict 6.3
verificar to verify 10.1
verso a line of a poem 10.3
vesícula gall bladder 13.2
vestido dress 4.1
vestidor walk-in closet 5.1
vestir to dress 7.2
vestirse (i, i) to dress oneself, to get dressed 9.2
veterinario(a) veterinarian 2.1
vez (*f.*) time, instance 4.1
viajar to travel 2.3
viaje trip (*m.*) 6.1
viajero(a) traveler
víctima (*m. f.*) victim 6.3
victoria victory
vida life 6.2

videojuego video game 11.1
viejo(a) old 5.1
viernes (*m.*) Friday 2.3
vigilar to watch over, to guard
viñedo vineyard 8.3
vino wine 3.2
vino blanco white wine 8.1
vino espumoso sparkling wine 8.2
vino rosado rosé wine 8.2
vino tinto red wine 8.1
violencia violence 6.3
violento(a) violent 14.1
visibilidad (*f.*) visibility
visitar to visit 2.1
vista view 4.3
vivienda housing, dwelling 12.1
vivir to live 2.1
volar (ue) to fly 4.1
volcán (*m.*) volcan 6.1
voleibol (*m.*) volleyball
voluntario(a) volunteer 2.1
volver (ue) to return 4.1
vos you 5.1
voseo use of vos and its verb forms in addressing someone
votar to vote
voz (*f.*) voice 6.2
vuelo flight 6.1

Y

y and 1.1: plus 2.3
yo I 1.1
Yo soy... I am . . . PE

Z

zambullirse to dive 10.3
zanahoria carrot 8.1
zapateo heel-tapping 8.3
zapatería shoe store 9.3
zapatilla slipper 8.2
zapato shoe 4.2
zona sísmica earthquake zone 10.1
zoológico zoo 11.3

English-Spanish Vocabulary

This vocabulary includes all the words listed as active and passive vocabulary in *¡Dímelo tú!*

Stem-changing verbs appear with the change in parentheses after the infinitive: **(ie)**, **(ue)**, **(i)**, **(e, i)**, **(ie, i)**, **(ue, u)**, or **(i, i)**. Most cognates, conjugated verb forms, and proper nouns used as passive vocabulary in the text are not included in this glossary.

The following abbreviations are used:

adj. adjective *n.* noun
adv. adverb *pl.* plural
conj. conjunction *pp.* past participle
dem. demonstrative *poss.* possessive

dir. obj. direct object *prep.* preposition
f. feminine *pron.* pronoun
fam. familiar *refl.* reflexive
form. formal *rel.* relative

indir. obj. indirect object *s.* singular
interj. interjection *subj.* subject
m. masculine *v.* verb

A

a 5.1
a fruity Spanish wine drink sangría 3.2
a line of a poem verso 10.3
a little, a small amount un poco 3.2
abandon abandonar
about acerca de
above arriba 12.1
absence ausencia
abstract abstracto(a) 7.3
abundant abundante 4.2
abuse, take advantage abusar 7.2
access acceso 13.3
accident accidente 5.3
accompany acompañar 7.1
according to según 7.2
accounting contabilidad 1.2
acculturation aculturación *(f.)* 9.1
accuse acusar 6.3
accused acusado(a) 6.3
accustomed acostumbrado(a)
achieve lograr 6.2
achievement logro
acquire, to buy adquirir 10.3
acre acre *(m.)*
acrylic acrílico 7.3
act actuar
action and adventure (movie) película de
   aventuras 3.3
active activo(a) 1.1
activist activista
activity actividad *(f.)* 1.1
actor actor *(m.)* 2.1
actress actriz *(f.)* 2.1
actually en efecto
add añadir
address dirección *(f.)*
adept adepto(a)
administer administrar 13.1
administration administración
   (f.) 4.1
admire admirar 7.1
admit admitir 5.3
adolescent adolescente *(m. f.)* 2.1

adore adorar 7.1
advantage ventaja
advertisement anuncio 6.3
advice consejo 7.2
advisable aconsejable 10.1
advise aconsejar 10.1
advisor consejero(a) 13.3
aerobics aeróbicos
affect afectar 9.1
affirm afirmar
affirmation afirmación *(f.)*
afflicted aquejado(a)
African africano(a)
after después de 5.1, después (de)
   que 14.3
after; behind tras
afternoon tarde 2.3
afternoon nap siesta 3.3
again otra vez 12.1
against contra 11.1
aggresive agresivo(a) 4.2
aggressiveness agresividad *(f.)*
agree estar de acuerdo 9.3
agreement (contractual) convenio
AIDS SIDA *(m.)* 12.2
airline línea aerea 6.1
airplane avión 5.2
airport aeropuerto 6.1
alarm clock despertador 10.3
**alcoholic drink made from muscatel
   grape** pisco 8.1
alert alerto(a) 10.1
all todo(a) 4.1
allow permitir 7.2
almost casi 7.2
alone solo(a) 12.1
along por 5.2
also también 1.1
alternate alternar
alternative alternativa 13.3
although aunque 14.3
always siempre 5.2
ambassador embajador(a)
ambitious ambicioso(a) 6.2
ambulance ambulancia 10.1

amendment enmienda
American (from the U.S.) estadounidense
   1.1
amply, fully ampliamente
anatomy anatomía 13.2
ancestors antepasados *(m. pl.)*
ancestry, origin ascendencia
ancient antiguo(a) 12.1
and y 1.1
Andean folk dance cueca 8.3
angel fish reyneta 8.2
animal animal *(m.)* 2.1
ankle tobillo 13.2
annexed anexionado(a)
announce anunciar 10.2
another's, someone else's ajeno(a)
answer respuesta *(f.)* PE; contestar 2.1
anthropologist antropólogo(a)
anticipate anticipar 10.2; prevenir
any, anybody cualquiera 9.3
apartment piso 3.2, departamento 5.1
apogee, height apogeo
apparently aparentemente 5.3
appear aparecer
appetizer entremés *(m.)* 8.2
appetizers, hors d'oeuvre tapas *(f.)* 3.2
apple manzana 8.1
appreciate agradecer 5.3
appreciated apreciado(a)
appropriate apropiado(a)
April abril *(m.)* 2.3
aquatic sports deportes acuáticos *(m. pl.)*
   10.3
architect arquitecto(a) 2.1
architecture arquitectura 9.1
Are you a good observer? ¿Eres buen
   observador?
area área (el área / las áreas) 8.3
Argentine argentino(a)
argue, to quarrel; to scold reñir
arid, dry árido(a)
arm brazo 8.3
armament, weapons armamento
army ejército 11.1
around, about en torno a

arrange, to prepare disponer 12.1
arranged, fixed arreglado(a) 14.1
arrest arrestar 6.1
arrival llegada 10.2
arrive llegar 2.3
art arte *(m.)* 1.2
article artículo 2.1
artificial respiration respiración artificial *(f.)* 10.1
artisan artesano(a)
artist artista *(m. f.)* 2.1
as soon as possible cuanto antes 13.3
as . . . as tan. . . como 4.2
as, since como 5.2
as many tantos(as) 5.3
as many as tantos... como 4.2
as much tanto(a) 5.3
as much as tanto como 4.2
as soon as en cuanto, tan pronto como 14.3
ascend, to go up ascender
ash ceniza 11.2
ask (a question) preguntar 1.3
ask for pedir (i, i) 3.2; solicitar 14.2
ask for one's hand in marriage pedir la mano
aspirin aspirina 4.3
assassinate asesinar 8.3
assassination asesinato 6.3
assault, to attack asaltar
assaulted asaltado(a)
assist atender
assistant asistente *(m. f.)*
assure asegurar
astronaut astronauta *(m.)* 11.3
astronomer astrónomo(a) 6.1
at a la(s) 2.3, **(with time)** a 5.1
at least por lo menos
at the beginning of a principios de
at the end of a fines de
At what time? ¿A qué hora? 2.3
at your service a sus órdenes
athlete deportista *(m. f.)* 9.1, atleta *(m. f.)* 14.1
athletic atlético(a) 1.1
attack atacar
attacked asaltado(a)
attain lograr 6.2
attempt, to try intentar 12.3
attend, be present asistir 3.2
attentive atento(a)
attract atraer 12.3
attraction atracción *(f.)*
attractive atractivo(a) 1.1
August agosto *(m.)* 2.3
authentic auténtico(a) 4.3
authority autoridad *(f.)* 2.1
availability disponibilidad 5.1
available disponible 5.1
avocado aguacate *(m.)*, palta 8.1
avoid evitar 10.2
Aztec Calendar Calendario Azteca 4.1

B

B.C. before Christ A.C. antes de Cristo
baby bebé *(m. f.)* 3.1
bachelor's degree bachillerato
back espalda, trasero(a) 6.2
back page contraportada
backpack mochila 1.1
bad malo(a) 1.2
baggage, luggage equipaje *(m.)*
bakery panadería 9.3
balcony balcón 5.1
ball pelota 14.1
banana plátano 8.1
bank banco *(m.)* 1.3
banned prohibido(a) 3.3
bar bar *(m.)* 3.3
barely apenas 10.3
bargain regatear
bark (of a tree) corteza
baroque barroco(a) 7.3
barrel tambo 6.2, barril *(m.)* 11.1
barrier barrera
base oneself on basarse en
baseball béisbol *(m.)* 1.1
baseball player jugador(a) de béisbol 2.1, beisbolista *(m. f.)* 5.3
basically básicamente 7.3
basket cesto 14.1
basketball baloncesto 1.1
bat bate *(m.)* 14.1; batear 14.2
bathe bañarse 9.2
bathroom cuarto de baño 5.1
batter (baseball) bateador(a) 14.2
battle batalla
bay bahía
be ser 1.1, estar 3.2
be a shame ser una pena 13.3
be able, poder (ue)1.2
be absent, to be missing faltar 11.1
be afraid of tener miedo de 4.3
be at fault, to be to blame tener la culpa 10.2
be born nacer 6.2
be brought up criarse
be cold tener frío 4.3, hacer frío 9.1
be dead tired estar muerto(a) 13.2
be exhausted estar molido(a) 13.2
be falling apart estar hecho(a) pedazos 13.2
be given to para 5.2
be glad alegrarse 13.3
be good for servir (i, i) 13.2
be having fun estar de fiesta
be hot tener calor 4.3
be hot (ouside) hace calor *(m.)* 2.3
be hungry tener hambre 4.3
be in a hurry tener prisa 4.3
be in shape estar en forma 14.1
be in the habit of soler
be inclined to estar dispuesto(a) 14.2
be lucky tener suerte 4.3
be named, to be called llamarse 9.2
be obliged, must, should deber 6.3

be precise precisar
be right tener razón 4.3
be sleepy tener sueño 4.3
be sunny hacer sol 9.1
be sure estar seguro 10.2
be thirsty tener sed 4.3
be windy hacer viento 9.1
be worth valer 12.2
be worthwhile valer la pena 8.2
be . . . years old tener... años 4.3
beach playa 3.3
beans porotos *(m. pl.)* 8.1
beat derrotar 14.1
because porque 5.2
because of por 5.2
beautiful, lovely hermoso(a) 3.3
become, convertirse
become animated or lively, to become encouraged animarse
become interested interesarse 9.3
bed cama 9.2
bedroom dormitorio 3.2, habitación *(f.)* 3.2
bedside table mesita 5.1
beef carne de res *(f.)* 8.1
beer cerveza 1.3
before antes de 5.1
beg, plead 6.2; **to pray** rogar
begin empezar (ie) 4.1, comenzar (ie) 6.2
beginning principio 3.1, inicio 12.3
behind detrás de 5.1
beige beige 4.1
believe creer 14.1
belong pertenecer 9.3
below abajo
bend flexionar
benefit of the doubt beneficio de la duda 8.3
beside al lado de 5.1
better mejor 4.2
between entre 5.1
bicycle bicicleta 4.1
big, large grande 1.2
bike racing ciclismo 1.1
bilingual bilingüe 11.3
bill cuenta 1.3
billfold billetera 10.3
bind aglutinar
biography biografía 6.1
biology biología 1.2
bird ave *(f.)*, pájaro 11.1
birthday cumpleaños 5.2
birthplace ciudad natal 1.1
black negro(a) 4.1
blackmail chantajear 9.3
block bloque *(m.)*, cuadra 9.3
blockade bloqueo 14.1
blond(e) rubio(a) 3.3
blouse blusa 4.1
blow up reventarse 11.2
blue azul 4.1
board of directors directiva 14.2
boast, to brag jactarse 5.3
body cuerpo 8.3

Bolivian boliviano(a)
Bolivian currency boliviano
bonfire hoguera 12.3
book libro 1.1
bookstore librería 1.1
boots botas 4.2
border frontera 12.3
bore aburrir 5.3
boring aburrido(a) 1.2
boss, leader patrón (patrona), jefe(a) 2.2
bother molestar
bottle of water botella de agua 2.2
boundary, limits confines (m. f.)
bouquet (of flowers) ramo 8.1
box office hit taquillera 3.3
boxer boxeador (m.) 14.1
boxing boxeo 14.1
boy / girl chico(a) 3.1, muchacho(a) 4.1
boyfriend / girlfriend novio(a) 3.3
bracelet pulsera 4.2
brain cerebro 14.1
brave bravo(a) 4.2
Brazilian brasileño(a)
bread pan (m.) 8.1
break romperse 10.1
breakfast desayuno 8.1
breathe respirar 10.1
breathe in inspirar 13.2
breathe out expirar 13.2
bribe, corrupt sobornar 6.3
bridge puente (m.)
brief, short breve 8.3
brilliant genial
bring traer 7.1
broadcasting station emisora
brother (sister) hermano(a) 5.3
brunet(te) moreno(a) 5.3
budget presupuesto 12.2
build edificar 6.1
building edificio 2.1
bull toro 3.1
bullfight corrida de toros 3.3
bullfighter torero(a) 3.1
bunch, pile, heap montón (m.)
burn quemar 6.2
burn up calories quemar calorías 5.3
bus autobús, ómnibus (m.) 4.1, colectivo 5.2
bus stop parada del colectivo 5.1
business management ciencias empresariales 1.2
business negocios 6.2
busy, occupied ocupado(a) 3.1
but pero 1.1
butcher shop carnicería 9.3
butter mantequilla 8.1
button(s) botón (botones) 4.2
buy (infin.) comprar 1.2
by a specified time para 5.2
by means of por 5.2
By the way . . . A propósito...

C

cabbage col (f.) 8.1
cable TV televisión por cable 4.2
cafeteria cafetería 1.3
cage jaula
cake torta 5.2, **pie** pastel (m.), queque (familiar) (m) 8.1
calendar calendario 2.3
call (infin.) llamar 1.2; (-ar verbs) 1.3
calm calmar
calm down tranquilizarse 11.2
calmly calmadamente 5.3
camera cámara 12.1
Canadian canadiense (m. f.)
canary canario 9.3
cancer cáncer (m.) 13.3
candle vela 7.1
canoe canoa 11.3
canvas lienzo
cap gorro
capacity capacidad (f.)
capital capital (f.) 12.3
capitol building capitolio 9.2
car auto 4.1, coche (m.) 5.3, carro 10.2
carbonated beverage soda 9.3
carbonated water gaseosa 3.3, agua con gas 8.2
cardboard cartón (m.)
cardiac massage masaje cardíaco (m.) 10.1
careful, be careful cuidado
carefully cuidadosamente 5.3, **with care** con cuidado 6.2
Caribbean Caribe, caribeño(a)
carpenter carpintero
carrot zanahoria 8.1
carry llevar 1.3
carry out realizar, llevar a cabo
cartoonist dibujante (m. f.)
carve tallar
cash register caja
casserole cazuela 8.2
castle castillo
cat gato(a) 5.1
cathedral catedral (f.) 4.1
cattle rancher ganadero(a)
cause problems dar problemas 8.3
cede, to hand over ceder
celebrate celebrar 5.2
celery apio 8.1
celeste, light blue celeste 9.3
cellular phone celular, móvil (Spain) 1.3
cement cemento
cemetery cementerio
Central American centroamericano(a)
century siglo 12.2
ceramics cerámica 8.1
certainty certeza
chair silla (f.) 5.1
challenge desafío
challenging desafiante 1.3
champagne champán (m.), cava
champion campeón (campeona) 5.3

championship campeonato 14.2
change cambiar 5.2
change of clothing muda de ropa
channel (TV, radio) canal (m.)
character (in a novel) personaje (m.) 7.3
characteristic característica 13.3
charateristic, feature rasgo
charm, to please highly encantar 3.3
chat, to converse conversar 3.2
chat on the Internet chatear 1.2
chauffeur chofer (m. f.) 10.2
cheap, inexpensive barato(a) 4.2
check cheque (m.) 11.2
cheese queso 3.2, **(from La Mancha region)** queso manchego 3.2
chemistry química 1.2
chest pecho 13.2
chicken pollo 8.1
chicken stew ajiaco 7.1
chieftain cacique (m.)
child niño(a) 3.3
childhood niñez (f.)
childish infantil
children hijos 5.3
chili pepper ají (m.) 8.1
chin mentón (m.) 13.2
chocolate chocolate (m.) 4.3
choose, to select escoger 8.3
chores, tasks quehaceres (m. pl.) 11.1
Christmas Navidad 9.1
chronological order orden cronológico (m.)
church iglesia 7.3
cigarette cigarrillo 3.3
cigarette pack cajetilla de cigarrillos 13.2
circle círculo
cistern, tank, reservoir cisterna
citizen ciudadano(a)
citizen of Barbados barbadense (m. f.)
city ciudad (f.) 1.1
city hall ayuntamiento
civilization civilización (f.) 6.1
claim, to demand reclamar
clarify aclarar
class clase (f.) PE
classmate compañero(a) PE
classified ad anuncio 6.3
classified ads clasificados (pl.) 6.2
clean limpiar 1.3; limpio(a) 3.3
cleaning materials útiles de limpieza (m. pl.) 11.2
clear claro(a) 4.1
clever listo(a) 1.2
client cliente (m. f.) 2.1
climate clima (m.) 8.3
climb subir 4.3
climb the rock/boulder ascender la peña 10.3
clinic clínica 2.1
cloak, square piece of fabric with opening for the head poncho 8.1
close cerrar (ie) 4.1
closet ropero 5.1
closet, wardrobe armario 5.1
cloth tela

clothes ropa 1.3
clothes washer lavadora
clothing store tienda de ropa 2.2
cloud nube (f.) 9.1
cloudy nublado(a) 9.1
clumsy torpe 1.2
cluster agrupación de ideas (f.)
co-worker compañero(a) de empleo 2.2
coach, trainer entrenador(a) 14.1,
  entrenar 14.2
coarse, crude grosero(a) 6.3
coast costa 8.3; litoral (m.)
cocaine cocaína
coffee café 2.2
coffee house café (m.) 1.3
coffee table mesita 5.1
cognate cognado
coincide coincidir
cold frío 2.3, helado(a) 8.1
cold cuts fiambres (m. pl.) 8.1
Colombian colombiano(a)
colonial colonial 6.1
colony colonia 14.1
comb one's hair peinarse 9.2
combat combatir 12.2
combine combinar
come venir 2.1
comfortable cómodo(a) 4.1
comic strip tira cómica 5.3
commerce comercio
commit, to perpetrate cometer
commit suicide suicidarse
committee comité (m.) 12.2
common común, corriente 5.3
common sense sentido común
communal, public comunitario(a) 5.1
communicate comunicar 5.2
communication comunicación 1.2
Communism comunismo
communist comunista 14.2
community comunidad (f.) 10.2
compact disk, CD disco compacto 2.2
companion, classmate, partner
  compañero(a) PE
company, firm empresa
compare comparar 13.1
compared with comparado(a) con,
  para 5.2
compatibility compatibilidad (f.)
compatible compatible
compete competir 7.2
competent competente 6.3
competition competencia 14.1,
  competición (f.)
complain quejarse 12.1
complete completar
completely, fully plenamente
complicate complicar
comprehend, understand comprender 7.3
compromise, to endanger comprometer
computer computadora
computer science informática 1.2
conceive of, to imagine concebir
concern preocupación (f.)

concerning, about acerca de
concert concierto 1.3
confess confesar
confide, to trust confiar 13.3
confirm confirmar 14.3
confront afrentar 6.2
confused confundido(a) 5.2
congested congestionado(a)
connection conexión (f.)
conscience conciencia
consent, agreement consentimiento
consequence consecuencia 13.3
conservation conservación (f.) 12.3
conservative conservador(a) 1.1
consider considerar 14.3
consist consistir 10.3
consist of constar de
constantly constantemente 4.1
construct construir 6.2
consult consultar 13.3
contagious contagioso(a)
contemporary contemporáneo(a) 7.3
context clues pistas del contexto
continue continuar 5.2, seguir (i, i) 7.2
contradict contradecir (i) 6.3
contrast contrastar 4.1
contribute aportar 9.3, contribuir
control controlar 7.1
convince convencer 14.3
cook cocinero(a) 2.1; cocinar 2.3
cool enfriar
copper cobre (m.)
corn maíz (m.), choclo 8.1
corner esquina 9.3
cosmopolitan cosmopolita 8.3
cost costar 2.2
Costa Rican costarricense (m. f.), tico(a)
cotton algodón (m.) 4.2
count contar (ue) 4.1
country país (m.) 1.1
country of origin país de origen 1.1
countryside campo 1.3
couple pareja 5.3
court corte (f.) 2.1, cancha 11.1, cortejar
court, tribunal tribunal (m.) 2.1
courteously cortésmente 5.3
cousin primo(a) 5.3
cover cubrir 10.1
cover a lot of ground recorrer distancias
  5.3
covered with salt a la sal 8.2
covering; protection, shelter cobijo,
  refugio
crab cangrejo 8.3
crash chocar 10.2
crazy loco(a) 3.2
create crear 12.2
credit card tarjeta de crédito 2.2
critic crítico
critical crítico(a) 5.3
criticize criticar
cruel cruel 3.3
cruise crucero 4.3
cry llorar

Cuban of African descent afrocubano(a)
  14.1
culinary culinario(a)
cultivate cultivar 12.1
cultivation, crop cultivo
cultural shock choque cultural (m.) 13.1
culturally culturalmente 5.3
cup taza 4.3
curly rizado(a) 3.3
currency moneda
currency of Argentina, Chile,
  Colombia, Cuba, Mexico peso
curse maldición (f.)
customs aduana 12.3
cut corte, cortado(a) 8.2
cut oneself cortarse 9.3; to cut off 11.2

D

A.D. after Christ D.C. después de Cristo
dad papá PE
daily diariamente 5.3, diario(a) 9.2
damage, to hurt dañar 14.1, hacer daño
dance (infin.) bailar 1.2; baile (m.) 7.1
dancer bailarín(a) 13.2
danger peligro 10.1
dangerous peligroso(a) 13.3
dare atreverse 11.3
dark oscuro(a) 4.1
date fecha 2.3; cita 7.1
dawn, day break madrugada, amanecer
day of the week día de la semana (m.) 2.3
day's work, workday jornada
dead muerto
dear (salutation in a letter) querido(a)
death muerte (f.), penalty pena
  de muerte
debate debatir
debt deuda 12.2
decade década
deceive engañar
December diciembre (m.) 2.3
decent descenso 11.3
decide decidir 2.1
decipher, to decode descifrar
decision decisión (f.) 14.3
declare declarar 6.1
decorate decorar 3.2
decrease disminuir 6.2
decrease, reduction disminución (f.) 12.2
dedicate oneself dedicarse 13.3
deduct deducir
defeat, to beat derrotar 14.1
defend defender
defense lawyer abogado(a) defensor 6.3
define definir 10.3
degree; career carrera 1.3
degrees (temperature) grados (m. pl.) 9.1
delay retraso 11.2
delicious delicioso(a) 3.3
Delighted. Encantado(a). PE
delineated, outlined delineado(a)
demanding exigente 8.2

demonstration (protest) manifestación (f.) 5.3
denim mezclilla 4.2
density densidad (f.)
department (college) facultad (f.) 1.2
departure salida
depressed deprimido(a) 13.1
deprive, to dispossess despojar
derived derivado(a)
descend descender
descendent descendiente (m. f.)
describe describir 1.2
description descripción (f.)
desert desierto 4.3
design diseñar 2.1
desire desear 8.1
desk escritorio 5.1
desperate desesperado(a)
despot, tyrant déspota (m. f.)
dessert postre (m.) 7.2
destination destinación (f.) 10.2
destiny destino
destroy destruir 6.3
destructive destructivo(a) 10.1
detail detalle (m.)
determine determinar 7.2
detest detestar 7.3
develop desarrollar, revelar 7.2
device, mechanism dispositivo
diamond diamante (m.) 6.1
diary, newspaper diario 4.3
dictionary diccionario 2.2
dictator dictador(a) 6.2
dictatorship dictadura 8.3
Did you know that . . . ? ¿Sabías que... ?
die morir, morirse (ue, u) 10.1
diet dieta 7.2
difference diferencia
different diferente 3.3
difficult difícil 1.2
dignity dignidad (f.)
diminish disminuir 6.2
dining room comedor (m.) 3.2
dinner cena 1.2
direct dirigir 11.1
direction, course rumbo
dirty sucio(a) 3.3
disagreements desacuerdos
disappear desaparecer 4.1
disappeared desaparecido(a)
disaster desastre 5.1
disc, record disco 7.3
disconnect desconectar 11.2
discotheque discoteca 1.3
discover descubrir 4.3
discovered descubierto(a)
discovery descubrimiento
disguise disfrazar 14.3
dish of steak, pork, beans, rice, sausage and friend egg bandeja paisa 7.1
dishwasher lavaplatos (m. f.), lavavajillas
disorganized desorganizado(a) 1.2
display window escaparate (m.) 4.2

disposition, temperament disposición (f.)
dispute, to challenge disputar
dissolve disolver
distance distancia 5.2
distant, far away alejado(a) 14.1
distinct, different distinto(a) 5.2
distinguish distinguir 7.3
distribute distribuir
diurnal, day diurno
dive zambullirse 10.3
divergence divergencia 10.3
diverse diverso(a) 13.3
diversity diversidad (f.)
divided, distributed repartido(a)
divorce divorciarse 13.1
do, to make hacer 2.2
do exercise hacer ejercicio 5.3
Do you understand what is said? ¿Comprendes lo que se dice?
doctor doctor(a) 1.1, médico(a) 2.1
dog perro(a) 5.1
dollar dólar (m.)
domestic doméstico(a) 11.1
domicile, residence domicilio 6.2
Dominican dominicano(a)
door puerta 2.1
dosage dosis (f.) 10.1
double bed cama de matrimonio 5.1
doubt dudar 14.1
downpour chubasco
downtown centro 5.1
draft borrador (m.)
dramatize, role-play dramatizar
draw dibujar 5.3
drawing dibujo
dreadful, terrible pésimo(a) 14.3
dream sueño 13.1
dress vestido 4.1, vestir 7.2
dress oneself, to get dressed vestirse (i, i) 9.2
drink beber 2.1, bebida 4.3
drink; to take (infin.) tomar 1.2
drinkable potable
drinkable water agua dulce 4.3
drive manejar 5.2, conducir 10.2
driver's license licencia de manejar
drop gota
drown ahogarse 10.1
drug droga 11.1
drug traffic narcotráfico
drug trafficking narcotráfico 7.3
during durante 4.3, durante, por 5.2
dusk, nightfall anochecer 10.3
dwelling vivienda 12.1

E

each cada 4.3
early temprano 5.2
earn (a grade) sacar 11.2; **(money)** ganar 11.1
earrings aretes (m.) 4.2

earth, land tierra
earthquake terremoto 6.1
earthquake zone zona sísmica 10.1
east este (m.) 3.1
Easter Pascua Florida 9.1
easy fácil 1.2
eat (infin.) comer 1.2
    eat breakfast desayunar 8.1
    eat lunch almorzar (ue) 4.1
    eat dinner cenar 3.2
    eat out comer fuera 2.3
ecology ecología
economical económico(a) 6.2
economics 1.2; **economy** economía 13.3
ecotourism ecoturismo 10.3
edition edición (f.) 14.2
education educación 1.2
efficient eficiente 9.2
efficiently eficazmente 5.3
effort esfuerzo
egg huevo 8.2
egotistical egoísta 1.2
eighth octavo 10.1
either . . . o o... o 10.2
elaborate elaborar
elbow codo 13.2
elect elegir (i) 7.2
election elección (f.)
electric shock choque eléctrico (m.) 10.1
electricity electricidad (m.) 11.2
elegance elegancia 8.3
elegant elegante 1.1
elegantly elegantemente 7.2
elementary school escuela primaria 6.2
elevated elevado(a) 10.1
elevator ascensor 5.1
elite élite 7.3
email correo electrónico 1.3
embark, to go aboard embarcarse
embarrassed, ashamed avergonzado(a) 3.1
embrace abrazarse
embroider bordar
embroidered bordado(a) 4.2
emerald esmeralda
emergency emergencia 10.1
emergency services servicios de emergencia/urgencia (m. pl.) 10.1
emigrate emigrar
emphasize, to highlight destacar
empire imperio
employ, to hire emplear
employee empleado(a) 2.1
enclose encerrar
encourage, to cheer animar 14.2
end, conclusion fines 3.1
endless interminable
energetic enérgico(a) 14.2
energy energía 13.2
engaged comprometido(a) 7.1
engineering ingeniería 1.2
English inglés (ingleses)
enjoy disfrutar 5.3, gozar 12.2
enormous, huge enorme 10.3
enough basta, bastante 13.3

enrolled inscrito(a) 6.2
enter entrar 6.3
enterprising emprendedor(a) 12.2
entertainment diversión (f.) 4.2, entretenimiento 6.2
enthused entusiasmado(a) 3.1
enthusiastic, intense apasionado(a)
entrance entrada 5.2
environment medio ambiente (m.) 11.1
environs, outskirts inmediaciones (f. pl.)
envy envidia 13.2
epidemic epidemia
epoch, period época 12.3
equal opportunity employment igualdad de oportunidad en el empleo (f.)
equality igualdad (f.) 12.2
Equator línea ecuatorial
equipment equipo
eroded erosionado(a)
erradicate erradicar 12.2
erradication erradicación (f.) 13.1
errand, task encargo
error error (m.) 2.1
erupt entrar en erupción 11.2, entrar en erupción, hacer erupción
escape escapar 6.3
especially especialmente (m.) 3.1
establish establecer 6.3
establishment establecimiento
eternal eterno(a)
ethnic étnico(a)
euro, European currency euro
European europeo(a)
event evento 6.2; **occurence** acontecimiento
every, each cada 4.3
everyday todos los días 5.2
everyone todo el mundo 1.2
everyone, everybody todos(as) 3.1
everything todo(a) 4.1
evident evidente 13.3
exactly exactamente 5.3
exaggerate exagerar
exam examen (m.) 3.1
examine examinar 2.1
Excellent! ¡Excelente! PE, excelente 7.2
except salvo 10.1
exception excepción (f.)
excessive excesivo(a) 10.1
excessively excesivamente 5.3
excursion excursión (f.) 11.1
excuse excusa 3.2
execute ejecutar
exercise ejercicio 5.3
exhausting, tiring agotador(a)
exiled exiliado(a)
existence existencia 11.3
exit salida 5.2
expensive caro(a) 4.1
experience cold/hot temperatures pasar frío/calor 5.3
experience experiencia 4.3
expert experto(a) 11.3
explain explicar 2.1

express expresar 7.3
expresso with a tad of milk café cortado 8.2
exquisite exquisito(a) 3.3
extend extender
extended extendido(a)
extensively extensamente
external externo(a) 12.2
extinction extinción 8.2
extract extraer
extraordinary, uncommon extraordinario(a) 4.3
extravagant extravagante 10.3
extreme extremo(a) 4.3
extremely, highly sumamente
extroverted, outgoing extrovertido(a) 1.1
eye ojo 13.2

F

facilitate facilitar 12.2
facing, opposite enfrente de 5.1
factory fábrica 2.1
facts datos 7.3; **deeds** hechos
fair feria 3.1
fall otoño 2.3
fall asleep dormirse (ue) 9.2
fall down caerse 10.1
false falso(a)
fame fama 14.2
famous famoso(a) 1.1
fan, supporter aficionado(a) 14.1
Fantastic! ¡Bárbaro!, ¡Fantástico! 13.2
far from lejos de 5.1
fascinate fascinar 3.3
fascinating fascinante 8.3
fasten sujetar 12.3
fat gordo(a) 5.3
father papá PE, padre 5.3
faucet grifo 9.2
fault culpa 10.2
fauna, animal life fauna 8.3
fear miedo 10.3, temer 13.3
February febrero (m.) 2.3
feel sentirse (ie, i) 9.2
feel like dar la gana, tener ganas de 4.3
feet pies (m. pl.) 7.1
female hembra 5.3
ferry trasbordador (m.) 8.3
festival festival (m.) 7.1
fever fiebre (f.)
ficticious ficticio(a) 9.1
fidelity fidelidad (f.)
field campo 1.3
fifth quinto 10.1
fight luchar, pelea 14.1
fighting peleando 5.3
film filmar 11.1
film festival festival de cine (m.) 2.3
filming rodaje (m.)
finally por fin 6.2
find encontrar (ue) 4.1
fine multa 11.2
fine, well, bien 4.3

Fine, thank you. And you? Bien, gracias. ¿Y tú? PE
finger dedo 13.2
finish terminar 4.3, acabar 6.2
fire fuego, incendio 6.2
fire, dismiss despedir (i, i) 7.2
fire (a gun), shoot disparar 6.2, **extinguisher** extintor de fuegos (m.) 10.1
fireman bombero 3.1
fireplace chimenea 9.1
fireworks cohetes (m. pl.), fuegos artificiales
fireworks fuegos artificiales
first primer(o)(a) 6.2
first aid primeros auxilios (m. pl.) 10.1
first aid kit botiquín de primeros auxilios (m.) 10.1
first floor primer piso 1.3
fish (dead) pescado 7.2, **(live)** pez (m.) 9.3
fishing, catch, haul pesca
fixed, nonchangeable fijo(a) 5.2
flag bandera
flamenco dance sevillana 3.1
flames llamas (pl.) 6.2
flashlight linterna
flat, even llano(a)
flat plain llanura
flat roof, terrace terraza 3.2
flea pulga
Flemish painting pintura flamenca 7.3
flight vuelo 6.1
flirt coquetear 8.3
floor suelo 10.1, **(of a building)** piso 9.3
flora, plant life flora 8.3
flower flor (f.) 7.1; florecer
fly volar (ue) 4.1
fog neblina 9.1
fold doblar
follow the trail hacer la ruta 11.3
foment fomentar 12.2
food, meal comida 1.3, alimento
footprints, tracks huellas
footwear calzado
for, (in order) to para 5.1;
for, by, through por 5.1
for a period of time por 5.2
for example por ejemplo
force fuerza
forced forzado(a)
forecast pronóstico 9.1
foreigner extranjero(a) 7.3
foreman, overseer capataz (m.)
forest bosque (m.) 11.1
forest fires incendios forestales (m. pl.) 10.1
forget olvidar 11.3
fork tenedor (m.) 8.2
form formar 12.2; formulario
formal formal 1.2
formally formalmente 7.2
fortress fortaleza 12.1
fortunate afortunado(a) 4.3

forward, ahead adelante
forward, to the front al frente 13.2
found, to establish fundar
founded fundado(a)
fountain fuente (f.) 4.3
fourth cuarto 10.1
fracture fractura
fraternity fraternidad (f.) 1.3
free gratis 11.3, gratuito(a), libre 2.3
freeway autopista
freeze congelar
frequency frecuencia 5.2
frequently con frecuencia 2.3, frecuentemente 5.3, a menudo 8.3
fresh fresco(a) 13.2
Friday viernes (m.) 2.3
fried frito(a) 8.1
friend amigo(a) PE
friendly sociable 1.1
from desde 5.2
from dawn to dusk de sol a sol 10.1
from the del 1.3
front page portada, primera plana 6.2
frozen congelado(a) 9.1
fruit fruta 7.2
fruit cocktail cóctel de fruta 8.1
fruit store frutería 9.3
frustrated frustrado(a) 3.1
fry freír 7.2
fulfill, to carryout desempeñar(se)
function función (f.) 7.1
function, to work funcionar 5.2
funds fondos
funny, amusing divertido(a) 1.1, chistoso(a) 1.1
furious furioso(a) 3.1
furnished amueblado(a) 5.1
furniture (piece of) mueble (m.) 5.1
fusion fusión (f.) 9.3
future futuro

G

gall bladder vesícula 13.2, **gall bladder stone** cálculo en la vesícula 13.3
game juego 14.1
game (competitive) partido 6.2
garage garaje (m.) 3.2, cochera 5.1
garden jardín (m.) 3.2
garment, article (of clothing) prenda 4.2
gas stove estufa de gas 10.1
gasoline gasolina 14.3
GDP, Gross Domestic Product Producto Interior Bruto
generally generalmente 1.3
generous generoso(a) 8.3
genius genio
gentleman caballero 14.3
German alemán(alemana) 6.2
get conseguir, lograr 6.2
get a degree titularse 13.2
get angry enojarse 5.3

get better mejorarse
get married casarse 13.1
get off bajarse 9.2
get sick enfermarse 13.3
get together juntarse, reunirse 10.1
get up levantarse 9.2
get up on the wrong foot levantarse con el pie izquierdo
geyser géiser (m.)
giant gigante
gift regalo 4.2
give dar 8.3
give a gift regalar 8.1
glass vaso 9.2
glasses anteojos
global warming calentamiento global 9.1
gloves guantes (m. pl.) 8.1
gluteus glúteo
go (infin.) ir 1.2; (verb) 1.3
go around; to surround rodear
go away irse 9.2
go down, to get off bajar 5.2
go for a walk or ride pasear 1.2
go shopping ir de compras 4.1, hacer las compras 11.3
go to bed acostarse (ue) 9.2
go up subir 4.3
goal arco, gol (m.) 14.1
goalie, goalkeeper arquero 14.1
gold oro 7.3
golf golf (m.) 1.1
golf course campo de golf 11.3
golf player golfista (m. f.) 5.3
good bueno(a) 1.2
   Good afternoon. Buenas tardes. PE
   Good evening. Good night. Buenas noches. PE
   Good morning. Buenos días. PE
good-bye. adiós PE
good-bye, farewell despedida
Good-bye. See you. Hasta la vista. PE
good-looking, cute guapo(a) 3.3
governed gobernado(a)
governor gobernador
grade nota 6.2
grades calificaciones (f. pl.)
graduate (adj.) graduado(a); graduarse 14.3
grand, magnificent grandioso(a) 8.3
grandchild nieto(a) 5.3
grandfather (grandmother) abuelo(a) 5.3
grandparents abuelos 5.3
granite granito 7.3
grant, to concede impartir
grape uva
grave, serious grave 13.2
grave, tomb tumba
gray gris 4.1
great estupendo(a) 1.2
green verde 4.1
greet saludar 3.2
greeting saludo PE
griddle fried a la plancha 8.2
grilled a la parrilla 8.2

group, collection conjunto 8.3
group, to gather agrupar
growth crecimiento
guarantee garantizar 12.2
Guatemalan colorful woven blouse huipil (m.)
Guatemalan currency, bird quetzal (m.)
guess adivinar 4.3
guest huésped (m. f.), invitado(a) 3.1
guide guía (m. f.) 4.1
guilty, culpable culpable
guitar guitarra 1.3
gun pistola 10.3
gun shot disparo 6.2
gymnasium gimnasio 1.2
gymnastics gimnasia 14.1
gynecology ginecología 11.1
gypsy gitano(a)
gyrate girar 13.2

H

habit hábito
Haitian haitiano(a)
hake merluza 8.2
half medio(a) 5.2, mitad (f.) 12.2
hall, hallway pasillo 10.1
ham jamón 3.2
hamburger hamburguesa 4.3
hammer martillo
hand mano (f.) 13.2
hand-sewn art scenes made of fabric arpilleras 8.3
handicapped discapacitado(a) 14.2
handicrafts, crafts artesanía 6.3
happy birthday feliz cumpleaños 8.1
happy, joyful feliz 3.1
happy, lively alegre 3.1
happy, pleased contento(a) 3.1
hard, difficult duro(a) 14.3
hardworking trabajador(a) 1.1
harvest cosecha
hat sombrero 4.2
hate odiar 7.1
have tener 2.1
have a good time, enjoy oneself divertirse (ie, i) 9.2
have a great time estar pasándolo en grande
have clear skies estar despejado 9.1
have nice weather hacer buen tiempo 9.1
have at one's disposal disponer
have to tener que 4.3
having . . . as key en clave de 12.2
hazard, risk riesgo 10.1
he, it (m.) él 1.1
head cabeza 13.2
headed toward con destino a 5.2
health salud (f.) 12.2
health insurance seguro de salud 13.3
healthy sano(a) 3.3, saludable 14.1
hear oír 7.1
heart corazón 4.1

heart attack ataque cardíaco *(m.)* 10.1
heat calor *(m.)* 9.1
heated calentado(a)
heavy pesado(a) 12.3
heel talón *(m.)*
heel-tapping zapateo 8.3
height altura
Hello! ¡Hola! PE, ¡Aló! 2.2
helmet casco
help ayuda 3.2; ayudar 7.2
helper ayudante *(m. f.)*
hemorrhage hemorragia 10.1
here aquí 5.1
hero héroe *(m. f.)* 2.1
hidden escondido(a)
high alto(a) 10.1
high blood pressure presión alta *(f.)* 13.3
high jumping salto de altura 14.1
high plateau altiplano
highway, road carretera
hike caminata
hill colina
himself, herself él (ella) mismo(a) 6.1
hire contratar 14.2
his/her su / sus 2.2
Hispanic hispano(a)
history historia 1.2
hit pegar 10.2
holidays días feriados
hollow hueco
home run jonrón *(m.)* 14.2
homework tarea 1.3
Honduran hondureño(a)
Honduran currency lempira
honest honesto(a) 3.3
hope esperanza
horrifying, awful horroroso(a) 3.3
horror (movie) película de terror 3.3
horse caballo 10.3
horseback riding montar a caballo
hospitable hospitalario(a)
hospital hospital *(m.)* 2.1
hot caliente 4.3
hour, time hora 2.3
house casa 1.3
house keeper ama de casa *(f.)*
house, to give shelter to albergar
housing alojamiento 12.1
housing, dwelling vivienda 12.1
How? ¿Cómo? 2.2
How are you? ¿Qué tal? PE
How are you? (familiar) ¿Cómo estás? (tú) PE
How are you? (formal) ¿Cómo está? (usted) PE
How do you spell your name? ¿Cómo escribes tu nombre? PE
How many? ¿Cuántos(as)? 2.2
How much? ¿Cuánto(a)? 2.2
howl, to wail aullar 11.2
human humano(a) 8.3
human development desarrollo humano 12.2

human resources recursos humanos
human rights derechos humanos *(m. pl.)* 12.2
humble humilde
hunger hambre *(m.)* 4.3
hurricane huracán *(m.)* 10.1
hurry apresurarse, ¡Hurry! ¡De prisa!
hurt dañar 14.1
husband esposo 4.1

I

I am . . . Yo soy... PE, soy PE
I yo 1.1
I'd like you to meet . . . (familiar) Te presento a... PE
I'd like you to meet . . . (formal) Le presento a... PE
I'm sorry lo siento 3.2
ice cream helado 8.1
ideal ideal 7.3
identification documents documentos de identidad *(m. pl.)* 10.3
identify identificar; identidad *(f.)*
idol ídolo
if so si así es 10.2
if . . . si... 1.3
ignore ignorar 7.3
illegitimate ilegítimo(a) 6.3
illness enfermedad *(f.)* 7.3
image imagen *(f.)* 7.2
immediately inmediatamente 5.3
impartial imparcial 14.2
impatient impaciente 1.1
implement implementar 6.2
imposed impuesto(a) 14.1
impossible imposible 5.1
impress impresionar 7.1
impression impresión *(f.)* 8.3
impressionist impresionista 7.3
impressive impresionante 6.1
in por 5.2
in case of en caso de 10.1, en caso (de) que 14.3
in cash en efectivo
in exchange for por 5.2
in front of delante de 5.1
in general, generally speaking en general 1.2
in love enamorado(a) 5.3
in one's opinion para 5.2
in place of por 5.2; en lugar de 10.3
in relation to others para 5.2
in return de vuelta 7.2
in the direction of con dirección a, para 5.2
in the open air al aire libre 9.1
Inca, Incan incaica
incident incidente *(m.)* 10.2
include incluir 13.3
included incluido(a) 5.1
incomparable incomparable
incompatibility incompatibilidad
increase aumentar 12.2

increase the power of potenciar 12.2
independence independencia 6.2
independent, self-reliant independiente 1.2
indication, sign indicio 10.2
indigenous, native indígena 4.2
infancy infancia 2.2
infidelity infidelidad *(f.)* 7.1
influence influencia 14.1
informal informal 1.2
informally informalmente 7.2
informative informativo(a)
ingredients ingredientes *(m. pl.)* 9.3
inhabitants habitantes *(m. pl.)* 8.3
inheritance herencia
inhuman inhumano(a) 14.1
initiate, to begin iniciar 8.3
initiative iniciativa 7.1
injured person lastimado(a) 10.1
injury lesión *(f.)* 10.1
inner ear oído 13.2
innovator, creative innovador(a)
inside, within dentro 12.1
insist insistir (en) 10.1
inspiration inspiración *(f.)* 8.3
inspire inspirar
instructor instructor(a) 14.2
instrument instrumento 1.3
insult insultar 6.3
insurance seguro 14.3
insurance agent agente de seguros
insurance policies pólizas de seguro
intellectual intelectual 10.3
intelligent inteligente 1.1
intended for para 5.2
intense intenso(a)
interest interés *(m.)* 12.2
interested interesado(a) 3.1
interesting interesante 1.1
interior interior *(m.)* 10.2
international internacional 6.2
international relations relaciones internacionales *(f. pl.)*
Internet access acceso a internet 4.2
interpret interpretar
intervene intervenir
interview entrevistar 2.1; entrevista 2.2
introduce someone or something presentar PE
introduction introducción, presentación
introverted, shy introvertido(a) 1.1
invade invadir 11.1
invader invasor *(m.)*
inventory inventario
invest invertir 12.2
investigate investigar 5.2
investments inversiones *(f. pl.)*
invite invitar 3.2
irreversibly irreversiblemente 14.1
island isla 8.3
isn't it? ¿no? 1.1
isolated aislado(a)
It's absurd Es... absurdo(a) 14.1
it's better that más vale que

it's foggy hay neblina 9.1
It's ironic Es... irónico 14.1
It's true Es... cierto 14.1
It's unjust Es... injusto 14.1
Italian italiano(a)
itinerary itinerario

J

jacket chamarra 4.2, chaqueta 9.2
jail cárcel (f.) 6.3; encarcelar
Jamaican jamaicano(a)
janitor portero(a) 2.1
January enero (m.) 2.3
javelin jabalina
jeans jeans (m.) 4.2
job trabajo, tarea, empleo 2.1
joke broma
journey, route recorrido, jornada
judge juez (m.) 2.1
judge juzgar 2.1
judged juzgado(a) 6.3
juice jugo 8.2
July julio (m.) 2.3
jump saltar 13.2
June junio (m.) 2.3
jungle selva 7.2
junior leagues ligas juveniles 14.2
junk food comida basura 8.2
just solo, solamente, recién (adv.) 6.2, **fair, right** justo(a)
justify justificar 9.1

K

keep guardar 13.1
keep in mind tener en cuenta
key (answer) clave (f.)
key llave (f.) 6.2
keys teclas (f. pl.) 11.2
kick patear 14.1
kill matar 6.3
kilometer kilómetro 8.3
kind, nice amable 1.2
kindness, genteelness gentileza 7.2
king rey (m.) 7.2
kingdom reino
kiss beso 7.1
kitchen cocina 3.2
knee rodilla 13.2
knife cuchillo 8.2
knock (at a door) tocar
know (facts) infin. saber 1.2; verb 7.3
know conocer 7.3
knowledge conocimiento, sabiduría
known conocido(a)

L

laboratory laboratorio 1.3
ladder; stairs, staircase escalera 10.1

lake lago 8.1
lamp lámpara 5.1
landed; landowner, rancher hacendado(a)
language idioma (m.) 3.3
languages lenguas
large city, metropolis urbe (f.)
last durar 2.3, perdurar
last name apellido
last night anoche 5.2
last, final último(a) 2.3
late tarde 5.2
lather oneself up enjabonarse
Latin America Latinoamérica 7.1
laugh reír 7.2
laundry lavadero 5.1
law (profession) abogacía
lawyer abogado(a) 2.1
lay eggs desovar 11.1
lazy flojo(a), perezoso(a) 1.1
leader líder (m. f.)
leadership liderazgo
leaf hoja
league liga 6.2
leak gotear
learn aprender 2.3
leather piel (f.) 4.2, cuero 9.2
leave salir 2.1, dejar 6.1, marcharse 9.2
leave unexpectedly salirse 9.2
lecture discurso 5.3
left izquierda 13.2
leg pierna 13.2
legacy legado
legal legal 2.1
legalize legalizar 14.3
legend leyenda 8.3
legendary legendario(a) 8.3
lend prestar 10.3
less menos 1.2
less than menos que 5.3
letter carta 2.3
lettuce lechuga 8.1
level nivel (m.)
liberal liberal 1.1
librarian bibliotecario(a) 2.1
library biblioteca 1.3
license licencia
lie mentir (ie, i) 6.3
life vida 6.2
life preserver 10.1 salvavidas (m. pl.)
lifeguard, lifesaver salvavidas (m. f.) 14.1
lift weights levantar pesas 5.2
light encender
light brown color crema 4.1
light ligero(a) 13.1
Lights, camera, action! ¡Luces, cámara, acción!
like that así 6.3
Likewise. Igualmente. PE
limit limitación (f.) 5.3; limitar 13.1
line línea 5.2
lines, marks rayas
linking enlace (m.)
lion leon (m.)

list lista
listen to (infin.) escuchar 1.2
Listening strategies Estrategias para escuchar
lit up encendido(a) 10.1
literacy rate alfabetismo
literature literatura 9.1
little poco 9.1, pequeño(a) 1.2
live vivir 2.1
living room sala 3.2, sala de estar, living (m.) 5.1
loan préstamo 4.2
lobster langosta 8.1
located situado(a) 12.3
lodge, to give shelter hospedar 12.2
lodge, to house, to accommodate alojar
logical lógico(a) 13.3
logically lógicamente 5.3
long largo(a) 8.3
long distance larga distancia 2.3
longevity index índice de longevidad (m.)
look at, to watch (infin.) mirar 1.2
look for (infin.) buscar 1.2
lookout point mirador (m.)
lose perder (ie) 4.1
lose weight bajar de peso 13.1
loss pérdida
lost perdido(a) 4.3
lottery lotería
lounge, living room salón (m.) 3.2
love amar 6.3; amor (m.) 7.1
lovely bello(a)
lover amante (m. f.)
low bajo(a) 10.1
lower bajar 13.2
lower level; lower floor planta baja 1.3
luck suerte (f.) 6.2
luckily por suerte 10.2
lunch almuerzo
lungs pulmones (m. pl.) 13.2
luxurious lujoso(a) 5.1

M

machine máquina 9.2
magazine revista 6.2
magical mágico(a)
mail correspondencia 9.3
main principal 6.2
main dish plato principal 8.2
maintain mantener 13.2
majority mayoría
make known dar a conocer 12.2
make mistakes cometer errores 14.3
make sure asegurarse
make the bed hacer la cama 11.3
male varón (m.) 5.3
mammal mamífero
man hombre 4.1
manage manejar 14.2
manager gerente (m. f.)

mandatory mandatario(a), obligatorio(a)
manner modo
manners modales *(m. pl.)* 7.1
map mapa *(m.)*
marathon maratón *(m.)* 11.3
marble mármol *(m.)* 7.3
March marzo *(m.)* 2.3
marimba (musical insturment) marimba 6.1
marine biologist biólogo(a) marino(a)
maritime, sea marítimo(a)
marked marcado(a)
market mercado 4.1
marriage matrimonio 13.1
married casado(a) 5.3
martial arts artes marciales *(m. pl.)* 14.2
marvelous maravilloso(a) 6.1
massage masaje *(m.)*
master key llave maestra *(f.)*
Master's degree maestría
matches fósforos *(m. pl.)* 10.1
maternal health salud materna *(f.)* 12.2
mathematician matemático(a) 6.1
mathematics matemáticas 1.2
mature madurar
May mayo *(m.)* 2.3
me (obj. of prep.) mí 3.3
meaning significado
means modo
measurement medición *(f.)*
meat carne *(f.)* 7.2
mechanic mecánico(a) 6.3
medal medalla 14.2
medicine medicina 10.1
meditate hacer meditación 13.3
medium mediano(a) 10.1
meeting, reunion reunión *(f.)*
melon melón *(m.)* 8.1
member socio *(m. f.)* 13.1
members miembros 9.3
memories memorias, recuerdos
mention mencionar 9.3
menu menú *(m.)* 2.1
merchandise mercancía 8.1
message mensaje 5.2
metallic metálico(a) 4.2
metaphor metáfora 10.3
meteorologist meteorólogo(a) 9.1
Mexican shawl rebozo 4.1
Middle American mesoamericano(a)
midnight medianoche *(f.)* 2.3
military coup golpe militar *(m.)*
military militar
milk leche *(f.)* 1.2
milk shake batido (de leche) 14.3
milky lácteo(a) 8.1
mine mina 8.1
mineral water agua mineral 4.3
minibus micro 5.2
minister ministro *(m. f.)*
minus menos 2.3
mirror espejo
miss señorita (Srta.) 1.1
misterious misterioso(a) 8.3

mix, to blend mezclar
mixed mixto(a) 8.2
mixed, blended (drink) licuado 9.2
moderate templado(a) 8.3
modern moderno(a) 4.1
modernness modernidad *(f.)*
modesty modestia
mom, mother mamá PE
moment momento 4.3
monastery monasterio
Monday lunes *(m.)* 2.3
money dinero 2.1, **coin** moneda 12.3
monkey mono(a) 11.2
monotonous monótono(a) 1.3
month mes *(m.)* 2.3
monthly mensualmente 5.3
more or less más o menos 2.2
more than más que 5.3
more; most más PE
morning / afternoon / evening mañana / tarde / noche 2.3
mortality rate tasa de mortalidad
mortgage payments pagos de hipoteca 13.3
mosquito mosquito 12.3
motality mortalidad *(f.)* 12.2
mother madre 5.3
Mother's Day Día de las Madres 8.3
motivate motivar
motivated motivado(a) 4.2
mount, mountain monte *(m.)*
mountain montaña 7.3
mountain biking ciclismo de montaña 1.1
mountain climbing alpinismo 14.2
mountain range cordillera, sierra 12.3
mouth boca 13.2
move mover 2.1
move away, to withdraw alejarse
move, relocate mudarse 5.1
movement movimiento 13.2
movie película 1.3
movie theater cine 1.2
Mr. señor (Sr.) 1.1
Mrs. señora (Sra) 1.1
much, a lot mucho(a) 1.2
mud lodo
municipality municipio
museum museo 4.1
music música 3.2
music band banda *(f.)* 1.3
musician músico *(m. f.)* 9.1
my mi PE, mi / mis 2.2
My name is . . . Me llamo... PE
mystery misterio 5.2
mythology mitología

N

name nombre *(m.)* 1.1; nombrar 7.1
napkin servilleta 8.2
narrate narrar
narrow estrecho(a) 8.3

National Autonomous University of Mexico UNAM
national nacional 6.2
nationalize nacionalizar
natural natural 8.1
natural disaster desastre natural *(m.)* 10.1
nature naturaleza 7.3
near cerca de 5.1
neck cuello 13.2
necklace collar *(m.)* 4.2
necktie corbata 4.2
need *(infin.)* necesitar 1.2
negative negativo(a) 7.2
neighbor vecino(a) 10.1
neighborhood barrio 4.3
neither tampoco 6.2
neither . . . nor ni... ni 10.2
nephew (niece) sobrino(a) 5.3
nerves nervios
nervous nervioso(a) 3.1
nesting anidamiento
net red *(f.)* 14.1
never nunca 5.2, jamás 10.2
nevertheless sin embargo
New Year Año Nuevo 9.1
newly recién *(adv.)* 6.2
news noticias *(pl.)* 6.2
newspaper periódico 2.1
next próximo(a) 12.1
next to, by junto a 5.1
next, following siguiente 7.1; a continuación 10.3
Nicaraguan nicaragüense *(m. f.)*
Nicaraguan revolutionary group sandinistas 10.3
nice, pleasant, likable simpático(a) 1.1
ninth noveno 10.1
no no PE
no doubt no cabe duda
no one, nobody nadie 6.2
nocturnal nocturno(a)
noise ruido 6.2
none, not any ninguno(a) 10.2
noon mediodía *(m.)* 2.3
normal normal 5.3
north norte *(m.)* 3.1
northeast noreste *(m.)* 3.1
northwest noroeste *(m.)* 3.1
nose nariz *(f.)* 13.2
not even ni siquiera
Not very well. No muy bien. PE
notebook cuaderno 1.3
nothing nada 6.3
notice notar 10.2
novel novela 6.2
nourishment alimento
novelist novelista *(m. f.)* 9.1
November noviembre *(m.)* 2.3
now ahora 5.2
Now let's write! Ahora ¡a escribir!
number número 2.2
numerous numeroso(a) 4.2
nursing enfermería 1.2

O

object objeto 10.2
objective objetivo
obligate obligar 7.2
obligatory obligatorio(a)
observe observar 10.1
obsessively obsesivamente 5.3
obtain, get conseguir (i, i) 6.2, **to get** obtener 11.1
obtain good grades sacar buenas notas 13.1
obvious obvio(a) 13.3
occasion ocasión (f.) 11.1
occupy ocupar
occur ocurrir 6.2, **happen** pasar 6.3
ocean océano 11.1
October octubre (m.) 2.3
octopus pulpo 8.1
oenologist, wine specialist enólogo
of, from de 5.1
Of course! ¡Claro!
of mixed parentage, of white and Indian parentage mestizo(a)
offer oferta
offer ofrecer 13.3
offering ofrenda
office oficina 2.1
Oh dear! ¡Ay! 13.2
oil petróleo 6.2
oil (painting) óleo 7.3
old viejo(a) 5.1
old, ancient antiguo(a) 12.1
older mayor 4.2
olive aceituna 3.2
olive oil aceite de oliva (m.) 3.3
olympic olímpico(a) 14.2
Olympics Olimpiadas 14.1
on en 5.1
on the contrary al contrario
on the shores of a orillas de
on the wrong foot con el pie izquierdo 10.3
on time a tiempo 10.2
on top of encima de 5.1
onion cebolla 8.2
only solo 5.2
open abrir 3.2
open mind mentalidad abierta (f.) 13.1
opponent; candidate opositor(a)
opportunity oportunidad (f.) 10.2
opposite opuesto(a)
optimist optimista (m. f.)
option opción (f.) 12.1
orange anaranjado(a) 4.1, naranja 8.1
orchid orquídea
order orden (m.) 14.3
ordinary ordinario(a)
organize organizar 3.2
organized organizado(a) 1.2
organizer organizador(a) 14.1
original original 4.1
other otro(a), demás 8.3
other half (slang) media najaranja

other, another otro(a) 6.1
our nuestro(a) / nuestros(as) 2.2
Our community! ¡Nuestra comunidad!
out, outside afuera, fuera 5.3
outer ear oreja 13.2
outgoing sociable 1.1
outline esquema (m.), **script** guión (m.)
oven horno 5.1
over, on top of, about sobre 5.1
own, one's own propio(a)
owner dueño(a) 12.1
oxygen oxígeno 10.2

P

pack empacar
pack a suitcase hacer la maleta 12.2
package paquete (m.) 5.2
painter pintor(a) 7.3
painting cuadro 4.1, pintura 9.1
pair par (m.) 13.1
pajamas pijamas (m.) 4.2
palace palacio 4.1
palm palma
palpitating, throbbing palpitante 4.1
Panamanian panameño(a)
pants, trousers pantalones (m.) 4.2
paper papel (m.) 1.1
parade desfile (m.) 13.2
paradise paraíso
Paraguayan paraguayo(a)
pardon, sorry perdón 1.1
park parque 4.1
parked estacionado(a) 6.3
parking estacionamiento 4.1
part parte (f.) 7.1
part time media jornada 5.3
part time job empleo de tiempo parcial
participant participante (m. f.) 7.1
participate participar 5.3
partner, couple pareja
party fiesta 1.3
party animal juerguista
party pooper aguafiestas (m. f.)
pass the time pasar el rato 5.2
pass, to spend (time) pasar 5.2
passaport pasaporte (m.)
passerby, transient transeúnte (m. f.)
passion pasión (f.) 10.3
password clave (f.)
pastime, amusement pasatiempo 1.2
pastry shop pastelería 5.2
patience paciencia 5.3
patient paciente 1.1
patio patio 1.3
pattern patrón (m.)
patterns of intonation patrones de entonación
pay (infin.) pagar 1.2
pay (for a service) remuneración (f.) 14.3
pay scale escala de pagos 14.3
peace paz (f.) 6.1
peace accords acuerdos de paz

peach durazno 8.1, melocotón (m.) 8.1
peanut maní (m.) 8.1
pearl perla 14.1
peas arvejas (f. pl.) 8.1
pen bolígrafo 1.1
pencil lápiz (m.) 1.1
pendant, pin pendiente (m.) 4.2
people gente (f.) 2.1
pepper pimienta 8.2
perceive percibir
percent por ciento
percentage porcentaje (m.)
performance actuación (f.) 10.2
perfume perfume (m.) 8.3
perfume store perfumería 9.3
permanence permanencia
person persona 2.1
person from Medellín, Colombia paisa 7.3
personal personal 7.3
personality personalidad (f.) 1.1
personally personalmente 7.1
pertaining to sports deportivo(a) 14.2
pertaining to the Amazon amazónico(a)
pet mascota, animal doméstico (m.) 5.1
pharmacist farmacéutico(a) 2.1
phenomenal fenomenal 3.1
photo illustrated soap opera magazine fotonovela 7.2
photograph fotografía 4.3; fotografiar 6.1
Photos speak! ¡Las fotos hablan!
phrase frase (f.)
physical education educación física 1.2
physics física 1.2
pick up, gather recoger 7.1
piece trozo 7.2
pill pastilla
pineapple piña, ananá 8.1
pink rosado 4.1
pioneer pionero(a)
pipe pipa 8.3
pitch a ball tirar la pelota 14.2
pitcher lanzador(a) 14.1
pizza pizza 3.2
place colocar; lugar (m.) 4.3
placed colocado(a)
plague plaga
plain, level ground planicie (f.)
planet planeta (m.) 4.3
plant planta 9.3
plant plantar 11.3
plastic plástico 5.1
plate plato 1.3
plateau meseta
play (an instrument) tocar
play the role hacer el papel
play, drama (theater) comedia
player jugador(a) 5.3
playwrite dramaturgo (m. f.) 9.1
plaza, town square plaza 4.1
pleasant, likeable agradable
please gustar 3.3; por favor 8.2
Pleased to meet you. Mucho gusto. PE
pleasure placer 10.2
plus y 2.3

pocket bolsillo
poet poeta *(m. f.)* 9.1
poetry poesía
point punto 7.2
point of view punto de vista
poisoning envenenamiento 10.1
police force policía *(f.)*
police station comisaría 6.3
policeman policía *(m.)* 2.1
policewoman policía *(f.)* 2.1
polish pulir
polite cortés 7.1
political político(a) 9.1
political science ciencias políticas 1.2
politics política 3.3
pollution contaminación *(f.)* 9.1
pool poza
popular popular 1.2
populated poblado(a) 8.3
population población *(f.)* 8.3
pork carne de puerco 8.1
port, harbor puerto
portable computer computadora portátil 2.2
portrait retrato 4.1
Portuguese portugués (portuguesa)
position, job puesto 2.1
post poste *(m.)*
postcard postal *(f.)* 11.3
potato patata 3.2, papa 8.1
poverty pobreza 12.2
power poder *(m.)* 14.3
powerful poderoso(a) 14.3
practically prácticamente 5.3
practice ensayar, práctica 5.3
practice practicar 1.3
prawns gambas 3.2
precious precioso(a) 4.3
precisely precisamente 5.3
pre-Columbian precolombino(a) 12.1
predict, to anticipate predecir
prefer preferir (ie) 4.1
preferable preferible 5.2
preferred preferido(a) 1.1
preference preferencia
prejudice prejuicio 6.2
preoccupied, worried preocupado(a) 3.1
prepare *(infin.)* preparar 1.2; (-ar verbs) 1.3
prescribe recetar 2.1
prescription receta
presentation presentación *(f.)* 6.2
presidency presidencia 6.2
president presidente(a) 6.1
press prensa; oprimir 11.2
pressure presión *(f.)*
pretty bonito(a) 4.2
pretty, lovely lindo(a) 12.1
prevent impedir 13.2
previous previo(a), before anterior 6.3
price precio 4.2
price tag etiqueta
priest sacerdote *(m.)*
primitive or naïve art, characterized by

vivid colors and simple
figures primitivista 10.2
primitive primitivo(a)
priority prioridad
private privado(a) 1.3
prize premio 6.1
probably probablemente 4.3
problem problema *(m.)* 7.2
proceeding, coming from proveniente
procession, delegation comitiva
produce producir 10.2
product producto 7.3
productive productivo(a) 4.3
profession profesión *(f.)* 2.1
professional profesional 14.2
professor profesor(a) PE
profile perfil *(m.)* 7.1
profitable rentable 12.3
profits, gains ganancias
profoundly profundamente 5.3
program programa *(m.)* 1.3
prohibit, to forbid prohibir
prohibited prohibido(a) 3.3
project proyectar 7.2
project proyecto
promise promesa
promise prometer 7.1
propaganda propaganda 14.2
property propiedad *(f.)* 12.1
proportionate proporcionado(a)
proposal propuesta
propose proponer
prosecutor fiscal *(m. f.)* 6.3
protagonist protagonista *(m. f.)* 6.3
protect oneself protegerse
protest protestar 5.3
proud orgulloso(a) 11.1
proverb proverbio
provide proporcionar 10.1
provided (that) con tal (de) que 14.3
prudent prudente 12.3
pub, brewery cervecería 9.3
public público(a) 1.3
publisher editorial 12.1
Puerto Rico, name before the Spaniards
arrived Borinquén
punctual puntual 7.1
punctuation puntuación *(f.)*
puncture, to get a flat tire pinchar(se) 11.2
purchase compra 12.2
pure puro(a)
purify purificar 12.3
purpose, intent propósito 7.2
purse cartera 6.2
pursue perseguir (i,i) 10.3
put poner 7.1
put on, wear ponerse 9.2
pyramid pirámide *(f.)*

Q

quality calidad *(f.)* 14.3
quantity cantidad *(f.)*

quarter, 15-minute fraction of the hour
cuarto 2.3
queen reina 7.2
question pregunta 2.2
quiet callado(a) 1.2
quiet, calm tranquilo(a) 3.1
Quite well. Bastante bien. PE

R

race (ethnic) raza
racial racial 6.2
racial discrimination discriminación
racial *(f.)* 11.1
radio radio *(f.)* 1.2
radish rábano 8.1
rain llover (ue), lluvia 9.1
rain cats and dogs llover a cántaros 11.2
rain forest bosque lluvioso 11.1
raincoat impermeable *(m.)* 4.2
raise levantar 13.2; subir 13.2
rapid, fast rápido(a) 4.2
rapids (of a river) rápidos
rarely raramente 5.3
ravine, gorge tajo
raw fish marinated in lemon juice ceviche
(m.) 8.2
rayon rayón *(m.)* 4.2
raze, destroy arrasar 6.1
reach, to attain alcanzar 6.2
react reaccionar 5.3
reaction reacción *(f.)*
read *(infin.)* leer 1.2
real estate bienes raíces *(m. pl.)*
reality realidad *(f.)*
realize darse cuenta
reappear reaparecer 9.1
rear trasero(a) 6.2
receive recibir 2.1
recent reciente 10.1
recently recién *(adv.)* 6.2
recipe receta 3.2
reception, welcome acogida
recital recital *(m.)* 4.3
recognition reconocimiento 10.3
recognize reconocer
recognized, known reconocido(a) 7.3
recommend recomendar (ie) 8.2
recording grabación *(f.)*
recreate recrear
recruit reclutar 14.2
red rojo(a) 4.1
Red Cross Cruz Roja 10.1
redistribute redistribuir
reduce reducir 12.2
refer to, to mention referirse
referee árbitro(a) 14.1
refill, to fill out rellenar
refinery refinería 6.2
reform reforma 6.2
refreshing refrescante
refrigerator nevera, heladera 5.1
refuge refugio

region región (f.) 12.1
register, to enroll inscribirse
registration matrícula 4.2
regret, to be sorry lamentar
reinterpret reinterpretar 12.2
relate, to report relacionar, **to tell** relatar
related relacionado(a) 5.3
relationship relación (f.) 7.3
relative pariente (m.) 5.3
relatives familiares (m. pl.) 7.1
relax tranquilizarse 11.2; relajarse 13.2
relaxed relajado(a)
religious religioso(a) 12.2
remains restos (m. pl.) 12.1
remember acordarse 9.2, recordar
remote remoto(a)
remove, take away sustraer (substraer) 6.2
renounce, to give up renunciar
rent alquiler (m.) 4.2; alquilar 6.3
repair reparar 6.3
repeat repetir (i, i) 7.2
repellent repelente (m.) 12.3
replace reemplazar
replete, full repleto(a) 8.3
report reporte (m.) 2.1
reporter reportero(a) 2.3
represent representar 2.1
representative representante 6.1
reptile reptil (m.) 11.1
requirement requisito
rescue rescatar
reservation reservación (f.) 10.2
reserve reservar 12.1
residence residencia 5.1
resolve resolver 7.3
respect respetar 7.1
respect respeto 10.3
respectful respetuoso(a) 12.3
respiratory respiratorio 13.3
respond, to answer responder 6.3
responsibility responsabilidad (f.) 2.1
responsible responsable 2.1
rest descansar 6.3
rest, break descanso 2.2
rest, remaining resto 6.2
restaurant restaurante (m.) 1.2
restore restaurar
restored restaurado(a)
result resultado 6.3
retire jubilarse 14.3
return regresar 2.3, volver (ue) 4.1
reunite reunir
reveal onself manifestarse 12.2
reveal, denounce delatar 7.2
reveal, develop revelar 7.2
revive reanimar 10.1
revolutionary revolucionario(a)
rhythm ritmo 10.3
rice arroz (m.) 8.2
rich; delicious rico(a) 3.3
richness, wealth riqueza 8.1
ride a bicycle montar en bicicleta 9.1
right derecha 13.2
right away enseguida

Right away!, ¡Hurry! ¡Pronto! 4.3
rigid rígido(a) 13.3
ring sonar (ue) 11.2
ring (a door bell) tocar 9.3
ripe maduro(a)
river río
road, street camino
roasted asado(a) 8.2
rob, steal robar 6.2
rock roca 12.3
romantic romántico(a) 1.1
roof; ceiling techo
room cuarto 1.3; **bedroom** habitación (f.) 3.2
roommate compañero(a) de cuarto 1.1
rope cuerda 10.1
rosé wine vino rosado 8.2
round off redondear
round trip ida y regreso 11.3
route ruta 5.2
routine rutina 9.2
rowing, rafting canotaje (m.) 12.3
ruin ruina 4.3
ruined arruinado(a)
rule regla
run correr 2.1
run away huir 6.2
runner corredor(a) 5.3

S

sacred sagrado(a)
sad triste 3.1
safety belt cinturón de seguridad (m.) 13.1
sailor marinero 8.3
salad ensalada 8.1
salary salario 2.2, sueldo 14.3
sale venta 6.2, **discount** rebaja 6.2
salesperson dependiente(a) 2.1
salmon salmón (m.) 8.1
salt sal (f.) 7.3
same mismo(a) 6.1, igual 14.3
sanction sanción (f.) 14.1
sandwich torta 4.3
satisfy satisfacer 13.3
Saturday sábado (m.) 2.3
sausage chorizo 3.2, salchicha 8.1
sautéed in garlic al ajillo 8.1
save ahorrar 9.2
savory, delicious sabroso(a) 4.2
say; to tell decir (i) 6.3
saying refrán (m.) 14.3
sayings dichos
scarcity escasez (f.)
schedule horario 3.3
scholarship beca 14.2
school insurance seguro escolar 13.3
school principal director(a) de escuela 2.1
school, scholastic escolar 11.1
science fiction (movie) película de ciencia ficción 3.3
score goals marcar goles 5.3
scrambled revuelto(a) 8.2

scream gritar 6.3
screen pantalla 11.2
scuba dive bucear 10.3
scuba diving buceo 14.2
sculptor escultor(a)
sculpture escultura 7.3
sea mar 8.3
sea bass corvina 8.2, lubina 8.2
seafood marisco 3.3
season, period temporada
seasons estaciones del año (f. pl.)
seat asiento
seat (of an organization), headquarters sede (f.)
seated sentado(a)
second segundo 10.1
second floor segundo piso 1.3
secretary secretario(a) 2.1
section sección (f.) 6.2
security seguridad (f.) 2.1
security check control de seguridad (m.)
see ver 3.3
See you later. Hasta luego. PE
See you soon. Hasta pronto. PE
See you tomorrow. Hasta mañana. PE
seed semilla
seem aparentar 14.3
seem like, to appear like parecer 4.3
select escoger, seleccionar 3.2
self-portrait autorretrato 4.1
sell vender 2.1
send enviar 1.2, mandar 6.3
sense of humor sentido del humor
sensitive sensible
sentence sentencia 2.1, oración (f.) 10.3
sentiment sentimiento 7.3
September septiembre (m.) 2.3
series serie (f.)
serious serio(a) 1.1
serpent serpiente
serve servir (i, i) 7.2
service servicio 12.2
seventh séptimo 10.1
shake hands darse la mano
share compartir 5.2
shave afeitarse 9.2
she, it (f.) ella 1.1
sheet of paper hoja de papel 2.2
shirt camisa 4.1
shiver temblar 9.1
shoe zapato 4.2
shoe store zapatería 9.3
shoot, to fire a shot pegar un tiro
shopping center centro comercial (m.) 2.1
short (length) corto(a) 3.3
short story cuento 6.2
short story writer; story teller cuentista (m. f.)
shoulder hombro 13.2
show mostrar
show, exhibition espectáculo 12.1
shower bañera, ducha 5.1
shower, take a shower ducharse 9.2
showy, flashy llamativo(a)

shy tímido(a) 1.1
siblings hermanos 5.3
sick enfermo(a) 3.1
side lado, costado
sign firmar 14.3
signify, mean significar 7.2
silently silenciosamante 5.3
silk seda 4.2
silver plata 4.2
similar parecido(a) 13.2
simply simplemente 5.1
simultaneous simultáneo(a)
sincere sincero(a) 1.1
sing cantar 3.2
singer cantante *(m. f.)* 1.1
siren sirena 11.2
sit down sentarse (ie) 9.2
site sitio 12.1
situation situación *(f.)* 7.3
sixth sexto 10.1
size tamaño 11.1
skater patinador(a) 5.3
ski esquiar 1.2
skier esquiador(a) 5.3
skiing esquí *(m.)* 14.1
skinny flaco(a) 4.2
skirt falda 4.1
sky cielo 9.1
skyscraper rascacielos
slave esclavo(a)
sleep dormir (ue, u) 4.1
sleeping bag bolsa de dormir *(f.)* 12.3
sleeve, jacket (of a record) carátula
slide deslizarse
slim, thin delgado(a) 3.3
slipper zapatilla 8.2
slow lento(a) 10.1
slowly lentamente 5.3
small island isleta
small plate or dish platito 3.2
small, short, little pequeño(a) 1.2
smart, clever listo(a) 1.2
smile sonreír 7.2
smoke fumar 1.2; humo 3.3
smother, to put out sofocar 10.1
snack, tidbit bocadillo 9.3
snow nevar (ie) 9.1, nieve *(f.)* 9.1
so much tanto(a) 2.1
so that para que 14.3
soaking wet empapado(a) 9.1
soap opera telenovela 6.3
soccer futbol (also fútbol) *(m.)* 1.1
soccer player futbolista *(m. f.)* 5.3
social social 6.2
socialist socialista *(m. f.)*
socialized socializado(a) 14.3
society sociedad *(f.)* 5.3
sociology sociología
soft drink refresco 1.3
soft, gentle, mild suave 8.3
soil tierra 12.1
soldier soldado
solicit, to ask for solicitar 14.2
solid sólido(a) 12.3

solidarity solidaridad *(f.)*
solitude, loneliness soledad *(f.)*
solstice solsticio 12.3
solution solución *(f.)* 7.2
solve solucionar 9.3
some, any alguno 10.2
someone, anyone alguien 10.2
something algo 6.3
sometime, ever alguna vez 10.2
sometimes a veces 5.2
somewhat algo 1.1
son (daughter) hijo(a) 5.3
song canción *(f.)* 2.2, canto
sound sonido 11.2
soup sopa *(f.)* 5.1
south sur *(m.)* 3.1
southeast sureste *(m.)* 3.1
southwest suroeste *(m.)* 3.1
souvenirs recuerdos 4.3
space espacio
space ship transbordador espacial *(m.)* 11.3
Spaniard español(a)
Spanish dance; march pasodoble *(m.)* step 3.2
Spanish gypsy dance, music and songs flamenco 3.1
Spanish potato omelette tortilla española 3.2
Spanish smoked ham jamón serrano 3.2
Spanish speaker hispanohablante *(m. f.)*
spare tire llanta de repuesto 13.1
sparkling wine vino espumoso 8.2
special especial 1.1
specialist especialista 2.1
species especie *(f.)* 11.1
speed velocidad
speed limit límite de velocidad *(m.)* 11.2
speeding exceso de velocidad *(m.)* 11.2
spelling ortografía
spend gastar 4.2
spirit espíritu *(m.)*
spoon cuchara 8.2
sport deporte *(m.)* 1.1
spring primavera 2.3
sprinkling aspersión *(f.)*
squad, squadron escuadra
square cuadrado
square miles millas cuadradas 8.3
squid calamar *(m.)* 8.1
stadium estadio 9.2
stand out destacarse
standard estándar *(m.)*
starting from a partir de
state estado
statehood estadidad *(f.)*
station estación *(f.)* 5.2
stationery store, bookstore papelería 9.3
statue estatua 10.3
stay estadía, estancia 13.1
stay calm mantener la calma 10.1
stay, to remain permanecer 9.1, quedarse 10.1
steak bistec *(m.)* 8.2
steal robar 6.2
step paso 8.3

step on pisar
stepbrother (stepsister) hermanastro(a) 5.3
stepfather padrastro 5.3
stepmother madrastra 5.3
stew estofado 8.1
still todavía 7.3
stomach estómago 13.2
stomachache dolor de estómago
stone, rock piedra
stop (doing something), to quit dejar 11.2
stop talking, become quiet callarse 9.2
store guardar 13.1
store, shop almacén *(m.)* 4.2
stormy, turbulent tormentoso(a) 4.2
stove cocina/estufa 5.1
straight (hair) lacio(a) 3.3
strange extraño(a) 10.2, rare raro(a)
strangers gente desconocida *(f.)* 11.2
strawberry fresa 8.1
stretch estirar 13.2
street calle *(f.)* 2.1
strength fuerza 8.3;
stress estrés *(m.)* 11.1
strike, hit golpe *(m.)* 14.1
string beans porotos verdes *(m. pl.)* 8.1
strive, to exert much effort esforzarse
strolling de paseo
strong fuerte 1.1
strong Colombian coffee with sugar tinto 7.1
student estudiante *(m. f.)* PE
student exchange intercambio
studious estudioso(a) 1.1
study estudiar 1.2
stupendous estupendo(a) 1.2
stupid, ignorant, brutish bruto(a) 5.3
style, fashion moda 9.1
submerge oneself sumergirse
subsequently, later posteriormente
suburbs, outskirts afueras 10.2
succeed tener éxito 4.3
success éxito 11.3
suddenly de repente 6.2
suffer sufrir 4.3
sufficient, enough suficiente 7.2
sugar azúcar *(m.)* 8.2
sugar cane caña de azúcar
suggest sugerir 10.1
suit, outfit traje *(m.)*
suitcase maleta 12.2
sum up, add sumar 7.2
summary resumen *(m.)*
summer verano 2.3
summit, peak cima, cumbre *(f.)* 11.3
sun sol *(m.)*
sun glasses anteojos de sol *(m. pl.)* 12.3
Sunday domingo *(m.)* 2.3
Super! ¡Bárbaro!
supermarket supermercado 1.3
superresponsible superresponsable 5.2
support apoyar 12.3
support, to hold up; to endure soportar
sure, secure, safe seguro(a) 7.2

surface superficie *(f.)* 14.2
surgery cirugía 11.1
surpass, to exceed superar, sobrepasar
surprise sorprender 6.2; sorpresa 8.1
surrounding, ambience ambiente *(m.)*
surrounding area alrededores *(m. pl.)*
survey encuesta
survive sobrevivir 4.3
suspicious sospechoso(a) 10.2
sustainability sostenibilidad *(f.)* 12.2
sustainable sostenible 8.3
swear jurar
sweat, perspire sudar 9.1
sweater suéter *(m.)* 4.2
swim *(infin.)* nadar 1.2
swiming pool piscina 1.3
swimmer nadador(a) 5.3
swimming natación *(f.)* 14.1
swimming pool pileta 5.1
swindled, cheated estafado(a)
swollen hinchado(a) 13.2
symbol símbolo
system sistema *(m.)*
system, network red *(f.)* 5.2

T

T-shirt camiseta 4.1
T.V. network cadena de televisión
T.V. viewer televidente *(m. f.)*
table mesa 5.1
take llevar 1.3
take a break tomar un descanso 13.2
take advantage aprovecharse 13.3
take an order (at a restaurnat) tomar la
    orden 2.1
take away llevarse 9.2
take care of cuidar
take leave, to say good-bye despedirse 10.3
take off quitarse 9.2
take out (your dog) sacar 11.2
take pictures sacar fotos 8.1
take place tener lugar 2.3
take turns tomar turnos, turnarse 9.2
talented talentoso(a) 1.1
talk, to speak *(infin.)* hablar 1.2
talkative hablador(a) 1.2
tall alto(a) 1.1
tank tanque *(m.)*
tape cinta 7.1
task 1.3
taste sabor *(m.)*, flavor gusto 8.2, to
    sample degustar
taxes impuestos
taxi taxi 5.2
tea té *(m.)* 4.3
teach; to show enseñar 2.1
teacher maestro(a) 1.3
teachers' lounge sala de los profesores 2.1
team equipo 6.1
teddy bear osito de peluche 5.3
teeth dientes *(m. pl.)* 9.2
telephone teléfono 1.2

telephone call llamada 11.2
television (slang) tele *(m.)* 1.3
tell (a story) contar (ue) 8.3
temperature temperatura 4.3
temple templo
temple, sanctuary santuario
tennis tenis *(m.)* 1.1
tennis player tenista *(m. f.)* 5.3
tent carpa, tienda de campaña
tenth décimo 10.1
terminal terminal 5.2
Terrible! ¡Terrible! PE
terrific estupendo(a) 1.2
terrified aterrorizado(a) 3.1
testimonio testimony 6.3
text messages mensajes de texto *(m. pl.)*
Thanksgiving Día de Acción de Gracias 9.1
that ese(a) 4.1
that eso *(neuter)* 4.1
that over there aquel(la) 4.1
that way de esa manera 12.2
That's right! ¡Así es! 13.2
the el 1.3
the day before yesterday anteayer *(m.)* 11.2
the least el/la/los/las menos 7.1
the left a la izquierda 5.1
the most el/la/los/las más 7.1
The pleasure is mine. El gusto es mío. PE
the right a la derecha 5.1
theater teatro 1.3
their su / sus your (fml. pl.); 2.2
then luego 8.3
theology teología
there . . . to be haber 10.2
there is, there are hay
thermal termal
these estos(as) 4.1
thesis tesis *(f.)* 6.2
they ellos(as) 1.2
they love it! ¡les encanta! 2.1
thief ladrón (ladrona) 5.3
thing cosa 7.1
think pensar (ie) 4.1
third tercer(o) 10.1
thirst sed *(f.)* 4.3
this este(a) 4.1, esto *(neuter)* 4.1
This is . . . *(f.)* Esta es... PE, *(m.)* Este es...
    PE
those esos(as) 4.1
those over there aquellos(as) 4.1
thought pensamiento
threat amenaza 10.1
threaten amenazar
throat garganta 13.2
throughout a lo largo 13.1
throw oneself tirarse
throw, to hurl, fling arrojar 9.2,
    lanzar 10.1
Thursday jueves *(m.)* 2.3
ticket boleto 7.2
tie empate *(m.)* 14.1
time, instance vez *(f.)* 4.1
tip propina 8.3
tire llanta 11.2

tired cansado(a) 3.1
tiredness, fatigue cansancio
title título 3.3
to/for him, her, it le 3.3
to/for me me 3.3
to/for you *(pl. formal)* les; to/for them 3.3
to/for you *(s. fam.)* te 3.3
to/for you *(s. formal)* le
toast (with a drink) brindis *(m.)*
tobacco store tabaquería 9.3
together juntos 7.1
toilet, lavatory inodoro 9.2
toilet, restroom baño 3.2
tomato tomate *(m.)* 8.1
tone, to strengthen tonificar 13.2
too much demasiado(a) 13.1
topic tema *(m.)* 8.3
tornado tornado 10.1
torture tortura
totally totalmente 5.3
touch tocar 1.3
tourism turismo 8.3
tourist turístico(a) 10.2
toward hacia, para 5.2
towards hacia
towel toalla 10.1
tower torre *(f.)*
toxicology toxicología 10.1
track and field atletismo 14.2
traffic tráfico 3.3
traffic jam atasco 3.3
tragedy tragedia
train tren *(m.)* 4.3
training capacitación
trajectory trayecto 8.3
transferred, moved residence
    transladado(a)
transform oneself transformarse 11.3
transformation transformación 11.3
translate traducir 10.2
transparent transparente 8.3
transport transporte *(m.)* 11.3
trash basura 9.2
traumatic traumático(a)
travel viajar 2.3
travel agency agencia de viaje 12.2
traveler viajero(a)
traverse, to cut across atravesar 12.3
treasurer tesorero(a) 14.2
tree árbol *(m.)* 9.1
tree tops copa de los árboles 11.3
trial juicio 6.3
trip viaje *(m.)* 6.1
truck, (Mex.) bus camión *(m.)* 6.2
true, certain cierto(a)
trumpet trompeta 11.1
truth verdad *(f.)* 5.3
try tratar de 10.2, to taste probar 8.2
tsunami maremoto 10.1
Tuesday martes *(m.)* 2.3
turkey pavo 8.1
turn doblar 9.3, girar 9.3
turn down, to refuse denegar 14.3
turn in entregar 13.1

turnover, pasty, pie empanada 8.1
turtle tortuga 11.1
TV set televisor *(m.)* 5.1
twin gemelo(a)
type tipo 2.2
typical típico(a) 4.2

U

ugly feo(a) 1.1
umbrella paraguas *(m.)* 11.2
umpire árbitro(a) 14.1
unbearable insoportable 3.3
unbelievable, incredible increíble 6.1
uncertainty, doubt incertidumbre
uncle (aunt) tío(a) 5.3
uncomfortable incómodo(a)
unconscious inconsciente 10.1
under debajo de 5.1
under development, developing en
    desarrollo 12.2
undergo surgery operarse 13.3
underground, metro subte *(m.)* 5.2,
    subterráneo *(m.)* 5.2
understand entender (ie) 4.1
uneven, unequal dispares
unforgettable inolvidable 11.3
unfortunately desgraciadamente, por
    desgracia, desafortunadamente 6.2
unhappy descontento(a)
uniform uniforme 14.3
unite, to combine unir
united unido(a) 11.1
universal universal 12.2
university universidad 1.2
university president rector *(m.)* 14.2
unjustly injustamente 6.3
unknown desconocido(a)
unless a menos que 14.3
unoccupied desocupado(a)
unpleasant antipático(a) 1.2
unrepeatable irrepetible 4.3
unstable inestable
unsure incierto(a)
until hasta 5.2, hasta que 14.3
uphill ladera arriba
urban urbano(a) 1.3
urgent urgente 13.1
Uruguayan uruguayo(a)
us nos, nosotros 3.3
use for the first time estrenar
use of vos and its verb forms in
    addressing someone voseo
use usar 1.2
useful útil 12.2
utilize, to use utilizar
utopian utópico(a)

V

vacation vacaciones 5.2
Valentine's Day Día de San Valentín 9.1

valid válido(a)
valuable valioso(a)
value valor *(m.)* 6.2; valorar 8.3
varied, assorted variado(a) 1.3
variety variedad *(f.)* 11.1
various, several varios(as) 1.3
vary variar
vegetable verdura 8.1
vegetarian vegetariano(a) 7.2
velocity, speed velocidad *(f.)*
venerate, to revere venerar
Venezuelan venezolano(a)
verdict veredicto 6.3
verify verificar 10.1
verse estrofa 10.3
very muy 3.3
Very well, thank you. And you? Muy bien,
    gracias. ¿Y Ud.? PE
vest chaleco 4.2
veterinarian veterinario(a) 2.1
victim víctima *(m. f.)* 6.3
victory victoria
video camera cámara de video 12.1
video game videojuego 11.1
view vista 4.3
village, town pueblo
vineyard viñedo 8.3
violence violencia 6.3
violent violento(a) 14.1
visibility visibilidad *(f.)*
visit visitar 2.1
voice voz *(f.)* 6.2
volcano volcán *(m.)* 6.1
volcanic eruption erupción de volcán *(f.)*
    10.1
volleyball voleibol 1.1
volume at full blast a todo volumen 13.2
volunteer voluntario(a) 2.1
vote votar

W

waist cintura 8.3
wait esperar 4.3
waiter/waitress mesero(a) 2.1, camarero(a)
    6.3, mozo(a) 8.2
waiting room sala de espera
wake up despertarse (ie) 9.2
walk andar 10.2, caminar 13.1
walk caminata, paseo 8.3
walk-in closet vestidor 5.1
walking, on foot a pie 5.2
walkway explanada
want querer (ie) 4.1
war guerra 10.2
warm calentito(a) 8.2, cálido(a) 8.3
warm up calentar 12.3
warrior guerrero
wash lavar 1.3
wash basin, sink lavabo 9.2
wash oneself lavarse 9.2
waste, to squander desperdiciar
wastepaper basket papelera 9.2

Watch out! ¡Ojo!
watch over, to guard vigilar
watch; clock reloj *(m.)*
water (a lawn) regar; agua 4.3
watercolor acuarela 7.3
water valves llaves de paso 10.2
waterfall catarata
wave ola
way modo
we nosotros(as) 1.2
wealth, property, goods bienes *(m. pl.)* 12.1
wear llevar 1.3
weather tiempo 9.1
Wednesday miércoles *(m.)* 2.3
weekend fin de semana *(m.)* 4.3
weight lifter levantador(a) de pesas 5.3
weight lifting levantamiento de
    pesas 14.1
welcome bienvenido(a), Welcome!
    ¡Bienvenido(a)! PE
wellbeing bienestar *(m.)*
west oeste *(m.)* 3.1
wet, humid húmedo(a) 10.1
What a shame! ¡Qué pena! 5.2
What does one say to . . . ? ¿Qué se dice... ?
What luck! ¡Qué suerte! 5.2
What time is it? ¿Qué hora es? 2.3
What? ¿Qué? 2.2
What's the weather like? ¿Qué tiempo
    hace? 9.1
What's your name? (familiar) ¿Cómo te
    llamas (tú)? PE
What's your name? (formal) ¿Cómo se
    llama usted? PE
when cuando 14.3
When? ¿Cuándo? 2.2
where (to) adónde
Where? ¿Dónde? 2.2
Where to? ¿Adónde? 2.2
Which one? Which? ¿Cuál(es)? 2.2
white blanco(a) 4.1
white wine vino blanco 8.1
Who? ¿Quién(es)? 2.2
whole, entire entero(a) 10.2
Why? 2.2 ¿Por qué?
Why not converse? ¿Por qué no
    conversamos?
wife esposa 4.1
wild silvestre
willing dispuesto(a) 14.2
win ganar 4.3
window ventana 3.2
wine vino 3.2
wing ala 14.3
winter invierno 2.3
winter, wintery invernal
wisdom tooth muela
with alcohol, alcoholic alcohólico(a) 3.3
with con 5.1
with me conmigo 6.2
with you contigo 3.2
withdrawal retirar
without sin 5.1
without a doubt sin duda 12.2

without, unless sin que 14.3
witness testigo *(m. f.)* 6.3
woman mujer 4.1
women's rights derechos de la mujer
woo cortejar
wood madera
wool lana 4.2
word palabra
work trabajar 1.2; trabajo 2.2, obra 7.1
world alliance alianza mundial *(f.)* 12.2
world champion campeón mundial 14.2
world mundo 6.2
worry preocupación *(f.)*; preocupar 5.3;
    preocuparse 9.3
worse peor 4.2
wounded or injured person herido(a) 10.1
wreaker, tow truck grúa 10.2
wrestling lucha libre 14.1
write downm, to jot down anotar

write escribir 1.2
Write it! ¡Escríbelo!
write, to draft redactar
writer, author escritor(a) 2.1
wrong sin razón 11.2

Y

year año 2.3
yell gritar 6.3
yellow amarillo(a) 4.1
yes sí PE
yesterday ayer 4.3
you *(fam.)* tú 1.1, *(formal)* usted 1.1, *(pl.)*
    ustedes 1.2
You probably already know that . . .
    A que ya sabes...
you vos 5.1

young jóven 5.3
younger menor 4.2
your *(fam. s.)* tu / tus 2.2, *(fml. s.)* su /
    sus 2.2

Z

zero cero 6.1
zoo zoológico 11.3

Index of Grammar

Index of Culture

Index of Functions and Contexts

Text/Realia Credits

Ch. 2: RAZA DE MIL COLORES, Copyright 2003 Calima Music Productions, EMI Music and Universal Music. All rights on behalf of Calima Music Productions administered by Sony/ATV Music Publishing LLC, 8 Music Square West, Nashville, TN 37203. All rights reserved. Used by permission.

Ch. 3: *A Margarita Xirgu, con unas rosas* by Federico García Lorca, © Herederos de Federico García Lorca. From *Obras Completas* (Galaxia Gutenberg, 1996 edition). All rights reserved. For information regarding rights and permissions, please contact lorca@artslaw.co.uk or William Peter Kosmas, Esq., 8 Franklin Square, London W14 9UU.

Ch. 4: *Como agua para chocolate* by Laura Esquivel. Used by permission of Doubleday, a division of Random, Inc.

Ch. 5: © Joaquín Salvador Lavado (QUINO). *Toda Mafalda*— Ediciones de La Flor, 1993. "Hombre pequeñito", de Alfonsina Storni, public domain / del dominio público.

Ch. 6: Article courtesy of Prensa Libre, Ciudad de Guatemala, Guatemala Siglo XXI Editores, S.A. de C.V., México, D.F., for the selection from *Me llamo Rigoberta Menchú y así me nació la conciencia*.

Ch. 7: Editorial Televisa, Miami, FL, for "¿Te conviene el @mor por internet?" by Pilar Obón. Courtesy of Televisa, Chile.

"Un día de estos" from *Los funerales de la mamá grande*. Included in *Todos los cuentos por Gabriel García Márquez (1947–1972)*, Plaza y Janés, S.A. Barcelona, Spain.

Ch. 8: Pablo Neruda. "Oda al tomate", ODAS ELEMENTALES © Fundación Pablo Neruda, 2008.

Ch. 9: *"Una pequeña gran victoria"* from *Body in Flames/Cuerpo en llamas* by Francisco Alarcón. Chronicle Books, 1990.

Ch. 10: "¿Qué sos Nicaragua?" included in *From Eve's Rib* by Gioconda Belli. Curbstone Press.

Ch. 11: "La leyenda de Iztarú" in *Leyendas Costarricenses* publicada por la Editorial de la Universidad Nacional, Globus

Comunicación (1997). In *Hispanic Business* magazine.

Ch. 12: Screenshot found at http://www.andinapero.com, © Andina de Turismo. "Los multimillonarios y famosos visitan Machu Pichu", as found at www.noticiasdot.com, permiso de reproducción concedido por Ángel Cortés, Director General de Noticias Digitales S.L.

Ch. 13: *Salud y estado físico* Excerpt from *Juvenal Nina* by Gaby Vallejo.

Ch. 14: *Cubadeportes*, Ciudad de Habana, Cuba.

Photo Credits

All photographs not credited are the property of Cengage Learning and Heinle Image Resource Bank.

p. 2–3: ©John Warden/Photolibrary
p. 3 top right: ©Mark Antman/The Image Works
p. 3 bottom right: ©Michele Burgess/Photolibrary
p. 4 top right: ©Peter Menzel/Stock Boston
p. 4 bottom: ©Image Source/ Photolibrary
p. 5 top left: ©Creatas/Photolibrary
p. 5 top right: ©Eric Audras/PhotoAlto Agency/Jupiter Images
p. 5 bottom: ©Don Klumpp/Stone/Getty Images
p. 6 top left: ©Somos/Veer/Jupiter Images
p. 6 top right: ©Spike Mafford/ UpperCut Images/Getty Images
p. 6 bottom left: ©Yellow Dog Productions/Photodisc/Getty Images
p. 6 bottom right: ©Image Source Pink/Jupiter Images
p. 8: ©PhotoSky4t.com/Shutterstock
p. 10 top left: ©Royalty-Free/CORBIS
p. 10 top center: ©Alvaro Pantoja/ Shutterstock
p. 10 top right: ©John Brown/Oxford Scientific (OSF)/Photolibrary
p. 10 bottom left: ©Royalty-Free/CORBIS
p. 10 bottom right: ©Walter Bibikow/Jon Arnold Images Ltd/Alamy
p. 11 top left: ©Robert Frerck/ Odyssey/Chicago
p. 11 top right: ©Richard Bickel/CORBIS
p. 11 bottom left: ©Jack Hollingsworth/Blend Images/Jupiter Images
p. 11 bottom right: ©Chip and Rosa Maria de la Cueva Peterson
p. 12 top: ©PhotoCreate/Shutterstock
p. 12 bottom: ©Alex Neauville/Shutterstock
p. 13: ©Thinkstock Images/Jupiter Images
p. 22–23: ©David R. Frazier Photolibrary, Inc./Alamy
p. 23 top: ©José Vicente Resino Ramos
p. 23 bottom: ©Daniel Garcia/AFP/Getty Images
p. 24 top: ©Robert Frerck/Odyssey/Chicago
p. 24 bottom left: ©Robert Frerck/Odyssey/Chicago
p. 24 bottom right: ©David Young-Wolff/PhotoEdit
p. 25 top: ©Michael Bush/UPI/Landov
p. 25 center: ©AP Photo/Dan Steinberg
p. 25 bottom: ©P. Tilly/Shutterstock
p. 30 top: ©Daniel Loncarevic/Shutterstock
p. 30 center: ©Sandra A. Dunlap/Shutterstock
p. 30 bottom: ©Andre Nantel/Shutterstock
p. 31 top: ©Rolf Richardson/Robert Harding Travel Library/Photolibrary
p. 31 center: ©Michael Zysman/Shutterstock

p. 31 bottom: ©Jim Lipschutz/ Shutterstock
p. 33 top left: ©T-Design/Shutterstock
p. 33 top center left: ©Ant Clausen/Shutterstock
p. 33 top center right: ©martinlubpl/Shutterstock
p. 33 top right: ©Ronen/Shutterstock
p. 33 center left: ©Monkey Business Images/Shutterstock
p. 33 center: ©Franziska Richter/Shutterstock
p. 33 center right: ©Phil Date/ Shutterstock
p. 33 bottom: ©Lisa F. Young/ Shutterstock
p. 37: ©Andresr/Shutterstock
p. 38: ©Brent Winebrenner/Lonely Planet Images
p. 39 top: ©Phil Date/Shutterstock
p. 39 center: ©Bob Daemmrich/The Image Works
p. 39 bottom: ©Sandro Donda/ Shutterstock
p. 44 top: ©Galyna Andrushko/ Shutterstock
p. 44 center: ©Dr. Morley Read/Shutterstock
p. 44 bottom: ©rm/Shutterstock
p. 45 top left: ©Joel Blit/Shutterstock
p. 45 top right: ©Daniela Weinstein/Shutterstock
p. 45 bottom: ©Colman Lerner Gerardo/Shutterstock
p. 60–61: ©AP Photo/Bill Kostroun
p. 61 top right: ©Tonis Valing/Shutterstock
p. 61 bottom right: ©Snowleopard1/Shutterstock
p. 63 top: ©Frank Cantor/ CANTOMEDIA
p. 63 center: ©Katy Winn/Corbis
p. 63 bottom: ©Gregory H. Johnson
p. 65 left: ©AP Photo/Bill Kostroun
p. 65 left center: ©Tonis Valing/Shutterstock
p. 65 center: ©Snowleopard1/Shutterstock
p. 65 center: ©Frank Cantor/ CANTOMEDIA
p. 65 right center: ©Katy Winn/Corbis
p. 65 right: ©Gregory H. Johnson
p. 68: ©AP Photo/Andres Leighton
p. 69 top left: ©Robert Voets/CBS/Landov
p. 69 top right: ©AP Photo/Mark J. Terrill
p. 69 center: ©AP Photo/Jason DeCrow
p. 69 bottom left: ©AP Photo/Ricardo Figueroa
p. 69 bottom right: ©AP Photo/George Widman
p. 70: Courtesy of Discos Fuentes Edimúsica S. A.
p. 71: ©Ann Eriksson/Nordic Photos/Photolibrary
p. 74: ©Adalberto Rios Lanz/Sexto Sol/Photodisc/Photolibrary

p. 77 top: ©Gregory H. Johnson
p. 77 center: ©TriStar Pictures/courtesy Everett Collection
p. 77 bottom: Vintage Front Jacket Cover from CUANDO ERA PUERTORRIQUENA by Esmeralda Santiago. Used by Permission of Vinage Español, a division of Random House.
p. 81 top: ©David Bergman/CORBIS
p. 81 bottom: ©Wendell Metzen/Photolibrary
p. 96–97: ©Beryl Goldberg
p. 97 top right: ©AP Photo/Fernando Bustamante
p. 97 bottom right: ©Pedro Armestre/AFP/Getty Images
p. 99 left: ©David Tomlinson/Lonely Planet Images
p. 99 center: ©Xinhua/Landov
p. 99 right: ©AP Photo/Ramon de la Rocha
p. 103: ©Peter Adams/Digital Vision/Photolibrary
p. 104 top: ©Vinicius Tupinamba/Shutterstock
p. 104 bottom: ©José Vicente Resino Ramos
p. 105 top: ©Adrees Latif/Reuters/Landov
p. 105 bottom: ©Gerster/laif/Aurora Photos
p. 111: ©Carlos Alvarez/Getty Images
p. 112: ©Les Delano/Shutterstock
p. 113: ©Matt Trommer/Shutterstock
p. 115 bottom: ©Rob Fiocca/FoodPix/Jupiter Images
p. 118: ©Art Resource, NY
p. 128–129: ©Cosmo Condina/Stone/Getty Images
p. 129 top right: ©Ulrike Welsch
p. 129 bottom right: ©Royalty-Free/CORBIS
p. 130: ©Gianni Dagli Orti/CORBIS
p. 131 top: *Frieda and Diego Rivera*, 1931 by Frida Kahlo. Oil on canvas 39 3/8" × 31". San Francisco Museum of Modern Art. Albert M. Bender Collection, Gift of Albert M. Bender. ©2004 Banco de México Diego Rivera & Frida Kahlo Museums Trust
p. 131 center: *The Two Fridas*, 1939 by Frida Kahlo. Oil on canvas 68" × 68". Museo Nacional de Arte Moderno, Mexico City, D.F., Mexico. ©2004 Banco de México Diego Rivera & Frida Kahlo Museums Trust. Photo: ©Schalkwijk/Art Resource, NY
p. 131 bottom: *Two Women and a Child*, 1926 by Diego Rivera. Oil on canvas. Fine Arts Museums of San Francisco. Albert M. Bender Collection, Gift of Albert M. Bender. ©2004 Banco de México Diego Rivera & Frida Kahlo Museums Trust
p. 133 top left: ©Nathan Holland/Shutterstock

p. 133 top center: ©Robert Frerck/Odyssey/Chicago
p. 133 top right: ©Japan Travel Bureau/Photolibrary
p. 133 bottom center: ©Steve Vidler/ImageState/Jupiter Images
p. 136 top: ©Walter Bibikow/Jon Arnold Images Ltd/Alamy
p. 136 center: ©Robert Frerck/Odyssey/Chicago
p. 136 bottom: ©S. Nicolas/Iconotec/Photolibrary
p. 139 left: ©Jorge R. Gonzalez/Shutterstock
p. 139 center: ©Vstock LLC/Index Open
p. 139 right: ©Jeff Greenberg/Alamy
p. 142: ©Massimo Rossi/Photononstop/Photolibrary
p. 144 top: ©Ian D Walker/Shutterstock
p. 144 bottom: ©Humberto Ortega/Shutterstock
p. 145: ©Colman Lerner Gerardo/Shutterstock
p. 148: ©Ian D Walker/Shutterstock
p. 150: *Como agua para chocolate* by Laura Esquivel. Used by permission of Doubleday, a division of Random House, Inc.
p. 164–165: ©Robert Frerck/Odyssey/Chicago
p. 165 top right: ©Beryl Goldberg
p. 165 bottom right: ©Chad Ehlers/Nordic Photos/Photolibrary
p. 167 top: ©Lisa McKelvie/Photolibrary
p. 167 bottom: ©Vstock LLC/Index Open
p. 168 left: ©Maria Teijeiro/Photodisc/Getty Images
p. 168 center: ©Christopher Jones/Shutterstock
p. 168 right: ©Dale A Stork/ Shutterstock
p. 173: ©Beryl Goldberg
p. 174 top: ©Jeremy Woodhouse/Photodisc/Getty Images
p. 174 bottom: Courtesy of Leandro http://commons.wikimedia.org/wiki/Image: Inmigracion-argentina.JPG
p. 175: ©AP Photo/Natacha Pisarenko
p. 177 top left: ©JTB Photo/Japan Travel Bureau/Photolibrary
p. 177 top right: ©JTB Photo/Japan Travel Bureau/Photolibrary
p. 177 bottom left: ©Cali/Iconotec/Photolibrary
p. 177 bottom right: ©Scott Christopher/Photolibrary
p. 182 bottom: ©Image Source Black/Jupiter Images
p. 187: ©VisionsofAmerica/Joe Sohm/Digital Vision/Getty Images
p. 188: ©Andrés Salinero/Aurora Photos
p. 189: ©blue line images/Getty Images
p. 200–201: ©Jamie Marshall/Alamy
p. 201 top right: ©Charles & Josette Lenars/CORBIS

p. 201 bottom right: ©Peter McBride/ Aurora Photos
p. 203 top: ©Joy Skipper/Fresh Food Images/Photolibrary
p. 203 center: ©Mike Cohen/ Shutterstock
p. 203 bottom left: ©Kim Seidl/ Shutterstock
p. 203 bottom right: ©Mike Cohen/ Shutterstock
p. 208 top: ©Eric Martin/Iconotec/ Photolibrary
p. 208 bottom: ©Robert Frerck/ Odyssey/Chicago
p. 209 left: ©AP Photo
p. 209 right: ©Yuri Cortez/AFP/Getty Images
p. 211 top: ©Emilio Suetone/Hemis/ Photolibrary
p. 211 bottom: ©Fred Derwal/Hemis/ Photolibrary
p. 213 left: ©Johann Helgason/ Shutterstock
p. 213 right: ©Grigory Kubatyan/ Shutterstock
p. 214: ©Michael Bush/UPI/Landov
p. 215: ©Yuri Cortez/AFP/Getty Images
p. 216 left: ©Henryk T. Kaiser/Index Stock Imagery/Photolibrary
p. 217 top left: ©Homer Sykes/ Reportage/Getty Images
p. 217 top right: ©Image Source Pink/ Jupiter Images
p. 217 center: ©Digital Vision/Getty Images
p. 217 bottom: ©Eitan Abramovich/AFP/ Getty Images
p. 221 left: ©Mike Cohen/Shutterstock
p. 221 right: ©Gudmund/Shutterstock
p. 222: ©Paul S. Howell
p. 223 top: ©mushin44/Shutterstock
p. 223 bottom left: ©Tibor Bognár/ CORBIS
p. 223 bottom right: ©Fred Derwal/Hemis/Photolibrary
p. 230 top: ©Daniel Aguilar/Reuters/ Landov
p. 230 bottom: ©Livia Corona/Stone/ Getty Images
p. 231: *Ritratto ufficiale della giunta militare*, 1971. Oil on canvas. ©Fernando Botero, courtesy, Marlborough Gallery, New York
p. 233 top: ©AP Photo/Seth Wenig
p. 233 bottom: ©Kevin Winter/Getty Images
p. 238 top: ©Andresr/Shutterstock
p. 238 bottom: ©McCordall/RESO/ Photolibrary
p. 239: ©Andrey Shchekalev/ Shutterstock
p. 240 top left: ©Amra Pasic/ Shutterstock
p. 240 top right: ©rm/Shutterstock
p. 240 bottom left: ©Dario Diament/ Shutterstock
p. 240 bottom right: ©Jane O'Callaghan/ Robert Harding Travel/Photolibrary
p. 241 top: ©Liebelt/F1 Online/ Photolibrary
p. 241 center: ©Livia Corona/Stone/ Getty Images
p. 241 bottom: ©Krzysztof Dydynski/ Lonely Planet Images
p. 242 top: ©Corbis/Photolibrary
p. 242 center: ©Colin Monteath/ Oxford Scientific/Photolibrary
p. 242 bottom: ©Lawrence Manning/ Flirt Collection/Photolibrary
p. 245: ©absolut/Shutterstock
p. 247 top left: ©AP Photo/Zoe Selsky
p. 247 top right: ©Grigory Kubatyan/ Shutterstock
p. 247 bottom: *Mona Lisa*, 1977 by Fernando Botero. ©Fernando Botero, courtesy, Marlborough Gallery, New York
p. 250: ©Marinko Tarlac/Shutterstock
p. 252: ©Bernardo de Niz/Reuters/ Landov
p. 262–263: ©Alamer/Iconotec/ Photolibrary

p. 263 top: ©Jason Maehl/ Shutterstock
p. 263 bottom: ©Cephas Picture Library/ Alamy
p. 264 top: ©Bertrand Gardel/Hemis/ Photolibrary
p. 264 top center: ©Image100/Jupiter Images
p. 264 bottom center: ©ene/Shutterstock
p. 264 bottom: ©Chris Sharp/Oxford Scientific/Jupiter Images
p. 265 top: ©Wysocki Pawel/Hemis/ Photolibrary
p. 265 center: ©Martin Bernetti/AFP/ Getty Images
p. 265 bottom: ©Eyecandy Images/ Index Open
p. 266 bottom: ©Image Source Limited/Index Open
p. 269: ©Happy Alex/Shutterstock
p. 270 left: ©Andres Stapff/Reuters/ Landov
p. 270 right: ©Corbis/Photolibrary
p. 271: ©Alvaro Pantoja/Shutterstock
p. 272: ©Richard Nowitz/National Geographic
p. 273 all: ©Andersen Ross/Photodisc/ Photolibrary
p. 278 top: ©Happy Alex/Shutterstock
p. 278 center: ©Martin Bernetti/AFP/ Getty Images
p. 278 bottom: ©Martin Bernetti/AFP/ Getty Images
p. 281: ©Jason Szenes/CORBIS SYGMA
p. 282: ©AP Photo/Michel Lipchitz
p. 283: ©Index Open
p. 294 top: ©Amy Sussman/Getty Images
p. 294 bottom: ©Gabriel Bouys/AFP/ Getty Images
p. 295: ©Chip Somodevilla/Getty Images
p. 297 top left: ©Wolfgang Amri/ Shutterstock
p. 297 top right: ©Brand X Pictures/ Jupiter Images
p. 297 bottom left: ©Fogstock LLC/ Index Open
p. 297 bottom right: ©photosbyjohn/ Shutterstock
p. 302 left: ©Frederick M. Brown/Getty Images
p. 302 center: Courtesy of Dolores Prida
p. 302 right: ©Andrew Alvarez/AFP/ Getty Images
p. 303 left: ©Frank Cantor/ CANTOMEDIA
p. 303 center: ©Teresa Kennett
p. 303 right: ©Louis Requena/MLB Photos via Getty Images
p. 305 top: ©Wessel du Plooy/ Shutterstock
p. 305 center left: ©photolibrary.com pty ltd/Index Open
p. 305 center right: ©Photodisc/Index Open
p. 305 bottom left: ©Holloway/Stone/ Getty Images
p. 305 bottom right: ©Niamh Baldock/ Shutterstock
p. 308 top: ©Gary I. Rothstein/ Reuters/ Landov
p. 308 bottom: ©Gene Blevins/ CORBIS
p. 309: ©Kevin Mazur/WireImage/Getty Images
p. 312: ©Tony Anderson/Taxi/Getty Images
p. 316: ©Shannon Workman/ Shutterstock
p. 317: ©John Blanton/Shutterstock
p. 318: Courtesy of Francisco Xavier Alarcón
p. 328–329: ©Pascal Maitre/Cosmos/ Aurora Photos
p. 329 top right: ©Dr. A. C. Twomey/ Photo Researchers Inc.
p. 329 bottom right: ©Stocktrek Images/ Getty Images
p. 331–332: ©Mark R/Shutterstock
p. 335: ©I. Rozenbaum & F. Cirou/ Rubberball/Jupiter Images
p. 336 top: ©Jan Csernoch/Alamy
p. 336 bottom: ©Charles Taylor/ Shutterstock
p. 337 top: ©Margie Politzer/Lonely Planet Images

p. 337 bottom: ©Guenter Wamser/F1 Online/Photolibrary
p. 339 top left: ©Charles Taylor/ Shutterstock
p. 339 top right: ©vario images GmbH & Co.KG/Alamy
p. 339 bottom left: *Manati Hunting, Lake Nicaragua, 1867* (w/c on paper), Deiezmann, F. (fl. 19th century)/Private Collection, ©Michael Graham-Stewart/ The Bridgeman Art Library
p. 339 bottom right: *El Viejo del Monte* ©Rodolfo Arellano
p. 344 left: ©rj lerich/Shutterstock
p. 344 right: ©Hulton Archive/Getty Images
p. 345: ©AP Photo/Stuart Ramson
p. 346: ©Vince Bucci/Getty Images
p. 347: ©Image Source Pink/Jupiter Images
p. 348 left: Cover from EL PERGAMINO DE LA SEDUCCION: UNA NOVELA by GIOCONDA BELLI, Reprinted by permission of HarperCollins Publishers.
p. 348 right: ©AP Photo/Stuart Ramson
p. 358 top: ©Arthur Morris/Visuals Unlimited
p. 358 bottom: ©AP Photo/Kent Gilbert
p. 359: ©Frank Siteman/Photolibrary
p. 361 top: ©Odilon Dimier/ PhotoAlto/ Photolibrary
p. 361 center: ©Mayela Lopez/AFP/Getty Images
p. 361 bottom: ©Hauser/laif/Aurora Photos
p. 365: ©yofi/Shutterstock
p. 366 top: ©Antonio Jorge Nunes/ Shutterstock
p. 366 center: ©Yuri Cortez/AFP/Getty Images
p. 366 bottom: ©Index Open
p. 367 left: ©Alvaro Pantoja/ Shutterstock
p. 367 right: ©Michael G. Smith/ Shutterstock
p. 368 top left: ©TTphoto/ Shutterstock
p. 368 top right: ©Theo Allofs/Visuals Unlimited
p. 368 bottom: ©Roy Toft/Oxford Scientific/Photolibrary
p. 369 top: ©Ronald Caswell/ Shutterstock
p. 369 top center: ©Timur Kulgarin/ Shutterstock
p. 369 bottom center: ©Ron Chapple/Index Open
p. 369 bottom: ©Sylvester Adams/ Photodisc/Photolibrary
p. 372: ©Sean Gladwell/Shutterstock
p. 374 top: ©Pakhnyushcha/ Shutterstock
p. 374 top center: ©Hagit Berkovich/ Shutterstock
p. 374 bottom center: ©Tomas Stargardter/AFP/Getty Images
p. 374 bottom: Courtesy of NASA
p. 376 left: ©I. Rozenbaum & F. Cirou/ Jupiter Images
p. 376 right: ©Ricatto/Mauritius/ Photolibrary
p. 377: ©Mark Gabrenya/Shutterstock
p. 378: ©Luis César Tejo/Shutterstock
p. 388 top: ©Shutterstock
p. 388 bottom: ©Adrian Phillips/ Shutterstock
p. 389: Courtesy of Susan Einstein
p. 391 top: ©Robert Frerck/Odyssey/ Chicago
p. 391 bottom: ©AP Photo/Karel Navarro
p. 392: ©Jason Scott Duggan/ Shutterstock
p. 395: ©AP Photo/Karel Navarro
p. 396 top: ©Angelo Cavalli/ Photodisc/ Getty Images
p. 396 bottom: ©Jarno Gonzalez Zarraonandia/Shutterstock
p. 397 top: ©Japan Travel Bureau/ Photolibrary
p. 397 bottom: ©Bert de Ruiter/ Alamy
p. 398 top left: ©Pascal Maitre/ Cosmos/ Aurora Photos
p. 398 top right: ©Inga Spence/Index Stock Imagery/Photolibrary

p. 398 bottom left: ©Robert Frerck/ Odyssey/Chicago
p. 398 bottom right: ©Nicolas Raymond/ Shutterstock
p. 399 bottom: ©urosr/Shutterstock
p. 402: ©Digital Vision/Photolibrary
p. 404 top: ©Nicolas Raymond/ Shutterstock
p. 404 bottom: ©Amy Nichole Harris/ Shutterstock
p. 406 top: ©David Ranson/Shutterstock
p. 406 center: ©Glow Images/ Photolibrary
p. 406 bottom: ©Gordon Wiltsie/ National Geographic/Photolibrary
p. 410 top left: ©AP Photo
p. 410 top right: ©Shutterstock
p. 410 bottom: ©Jarno Gonzalez Zarraonandia/Shutterstock
p. 418 top: ©Aizar Raldes/AFP/Getty Images
p. 418 bottom: ©Joel Sartore/National Geographic/Getty Images
p. 419: ©Zack Seckler/Getty Images
p. 421 top left: ©Fabián A. Samaniego
p. 421 top right: ©Jon Arnold Travel/ Photolibrary
p. 421 bottom left: ©Aizar Raldes/AFP/ Getty Images
p. 421 bottom right: ©Kenneth Garrett/ National Geographic Image Collection
p. 425: ©Jeff Hutchens/Getty Images
p. 426 top: ©Frans Lemmens/ Photographer's Choice/Getty Images
p. 426 center: ©Colin Jones/Imagestate/ Photolibrary
p. 426 bottom: ©Tony Waltham/ Robert Harding/Jupiter Images
p. 427: ©David Mercado/Reuters/Landov
p. 429 top right: ©Helen King/Flirt Collection/Photolibrary
p. 429 center right: ©Comstock Images/Jupiter Images
p. 429 bottom right: ©Sugar Gold Images/Denkou Images/Photolibrary
p. 429 left: Courtesy of Fabián Samaniego
p. 436 top left: ©David Mercado/ Reuters/Landov
p. 436 top right: ©AP Photo/Jose Olmos
p. 436 bottom left: ©Joel Sartore/National Geographic Image Collection
p. 436 bottom right: ©Tony Waltham/ Robert Harding/Jupiter Images
p. 441: ©Joel Blit/Shutterstock
p. 450–451: ©Donald Miralle/Getty Images
p. 451 top right: ©Adalberto Roque/ AFP/Getty Images
p. 451 bottom: ©Tibor Bognár/ CORBIS
p. 453 top left: ©Torsten Silz/AFP/Getty Images
p. 453 top right: ©Michael Steele/Getty Images
p. 453 bottom left: ©Rodrigo Arangua/ AFP/Getty Images
p. 453 bottom right: ©Daniel Garcia/ AFP/Getty Images
p. 457: ©Somos/Veer/Getty Images
p. 458 top: ©Sven Creutzmann/Mambo Photo/Getty Images
p. 458 bottom: ©TV CUBANA/AFP/ Getty Images
p. 459: ©Lucian Coman/Shutterstock
p. 461 top: ©Omar Torres/AFP/Getty Images
p. 461 center: ©STR/AFP/Getty Images
p. 461 bottom: ©Sam Yeh/AFP/Getty Images
p. 467 top left: ©Jose Luis Pelaez, Inc/ Blend Images/Jupiter Images
p. 467 top right: ©STR/AFP/Getty Images
p. 467 bottom left: ©Mayskyphoto/ Shutterstock
p. 467 bottom right: ©Antonio Scorza/ AFP/Getty Images
p. 470: ©Sven Creutzmann/Mambo Photography/Getty Images